Mac für Dummies - Schummelseite

Windows- und Mac-Terminologie im Vergleich

Windows-Begriff	Mac-Äquivalent
Zubehör	Dashboard-Widgets, Dienstprogramme, Programme
Alt-Taste	⌥-Taste
Strg-Taste	⌘-Taste
Systemsteuerung	Systemeinstellungen
Geräte-Manager	System-Profiler
Schließen	Beenden
Arbeitsplatz	Schreibtisch (Desktop)
Eigene Bilder	BILDER-Ordner
Eigenschaften	Informationen
Verknüpfung	Alias
Startmenü und Taskleiste	Dock
Windows-Explorer	Finder

Allgemeine Tastaturkurzbefehle

Befehl	Kurzbefehl
Neues Finder-Fenster	⌘ + N
Neuer Ordner	⇧ + ⌘ + N
Neuer intelligenter Ordner	⌥ + ⌘ + N
Öffnen	⌘ + O
Fenster schließen	⌘ + W
Informationen	⌘ + I
Duplizieren	⌘ + D
Alias erzeugen	⌘ + L
Original zeigen	⌘ + R
Zur Seitenleiste hinzufügen	⌘ + T
Auswerfen	⌘ + E
Suchen	⌘ + F

Mac für Dummies - Schummelseite

Schnelle Wege aus der Computerhölle

Ein Programm, das nicht mehr reagiert, sofort beenden: Wählen Sie aus dem -Menü den Befehl SOFORT BEENDEN (oder drücken Sie [⌘]+[⌥]+[ESC]). Klicken Sie auf den Namen des widerspenstigen Programms (vermutlich steht REAGIERT NICHT neben seinem Namen) und dann auf SOFORT BEENDEN. In der Regel ist kein Neustart des Rechners erforderlich.

Einen Neustart durchführen: Falls Ihnen das sofortige Beenden eines Programms nicht aus der Klemme hilft, sollten Sie versuchen, den Mac neu zu starten. Ist der Mac »eingefroren«, sodass Sie den Befehl NEUSTART aus dem -Menü nicht aufrufen können, halten Sie den Einschaltknopf mehrere Sekunden lang gedrückt oder Sie halten die Tasten [Ctrl]+[⌘] gedrückt und drücken den Einschaltknopf. Wenn alles nichts hilft, ziehen Sie den Netzstecker, vergessen Sie jedoch nicht, dass das Trennen vom Stromnetz ohne vorheriges Abmelden nur der letzte Ausweg sein sollte.

Einen Neustart im sicheren Modus durchführen: Drücken Sie den Einschaltknopf (der Mac sollte dazu ganz ausgeschaltet sein) und drücken und halten Sie die [⇧]-Taste, sobald der Startton erklingt. Lassen Sie die [⇧]-Taste erst wieder los, wenn das Apple-Logo erscheint. Der Ausdruck SAFE BOOT wird im Anmeldefenster angezeigt. Im sicheren Modus wird automatisch eine Reihe von Reparaturen durchgeführt, um dem Mac wieder auf die Beine zu helfen. Wurden die Probleme nach dem sicheren Neustart behoben, können Sie den Mac beim nächsten Mal wieder ganz normal starten.

Vier Gründe, sich einen Mac zuzulegen

Er kann Schach spielen: Fordern Sie den Mac zu einer Partie Schach heraus oder sehen Sie zu, wie er gegen sich selbst spielt (Ordner PROGRAMME).

Er spricht mehrere Sprachen: Lassen Sie sich Menüs und Dialogfenster in über 15 verschiedenen Sprachen anzeigen. (Klicken Sie im Fenster SYSTEMEINSTELLUNGEN auf LANDESEINSTELLUNGEN.)

Er verfügt über eine Kindersicherung: Legen Sie fest, welche Websites Ihre Kinder ansehen, mit wem sie E-Mails austauschen oder chatten und welche Programme sie verwenden dürfen. (Klicken Sie im Fenster SYSTEMEINSTELLUNGEN auf BENUTZER.)

Er ermöglicht Videokonferenzen: Halten Sie mit iChat eine Videokonferenz mit bis zu drei weiteren Teilnehmern ab (Ordner PROGRAMME).

Mac
für Dummies

Edward C. Baig

Mac
für Dummies

6., überarbeitete und aktualisierte Auflage

Übersetzung aus dem Amerikanischen
von Birgit Strunz

WILEY-VCH Verlag GmbH & Co. KGaA

Bibliografische Information der Deutschen Nationalbibliothek
Die Deutsche Nationalbibliothek verzeichnet diese Publikation
in der Deutschen Nationalbibliografie; detaillierte bibliografische
Daten sind im Internet über http://dnb.d-nb.de abrufbar.

6., überarbeitete und aktualisierte Auflage 2008

© 2008 WILEY-VCH Verlag GmbH & Co. KGaA, Weinheim

Printed in Germany

Gedruckt auf säurefreiem Papier

Korrektur Frauke Wilkens, München
Satz Conrad und Lieselotte Neumann, München
Druck und Bindung M.P. Media-Print Informationstechnologie, Paderborn

ISBN 978-3-527-70330-2

Über den Autor

Edward C. Baig ist Autor der wöchentlichen Technik-Kolumne der Zeitung *USA Today* und Mitherausgeber des wöchentlich erscheinenden USA Today-Podcast *Talking Tech* mit Ed Baig & Jefferson Graham.

Bevor Ed Baig 1999 als Kolumnist und Reporter bei USA Today anfing, schrieb und redigierte er sechs Jahre lang für *Business Week* Fachartikel zu den Themen Technik, Finanzwesen, Kunst- und Sammlergegenstände, Reisen und Weinproben. Für seine Beiträge zum »*Business Week* Investor Guide to Online Investing« (ein Leitfaden zum Thema Onlineanlagen) erhielt er den »Medill School of Journalism 1999 Financial Writers and Editors Award« (eine journalistische Auszeichnung für Autoren und Redakteure im Bereich Finanzwesen). Zuvor arbeitete Ed Baig drei Jahre lang für *U.S. News & World Report*, bei dem er als führender technischer Autor für die Rubrik »News You Can Use« (Nützliche Nachrichten) verantwortlich war und sich auch in zahlreichen anderen Bereichen versuchte. So erinnert er sich beispielsweise gerne an Sonderbeiträge über Geldanlagen in Baseball-Karten, Karaoke-Maschinen und seltsame Sammlergegenstände wie PEZ-Bonbon-Spender, alte Radios und andere »zauberhafte« Erinnerungsstücke.

Seine journalistische Karriere begann Ed Baig bei der Finanzzeitschrift *Fortune*, bei der er in seinen Anfangsjahren, in denen er Fakten prüfte und seinen Beitrag zu Fortune 500 (Liste der 500 umsatzstärksten US-Gesellschaften) leistete, das bestmögliche Grundtraining erhielt. Während seiner langjährigen Tätigkeit für Fortune schrieb er über die Freizeitindustrie, den lukrativen Partnervermittlungsmarkt sowie die Auswirkungen von Religion auf Manager und engagierte sich stark für das Projekt »Most Admired Companies« (Die bemerkenswertesten Unternehmen) der Zeitschrift; er gründete außerdem die Technik-Kolumne »Products to Watch« (Lohnenswerte Produkte).

Seine Leidenschaft für Geräte aller Art und Technik im Allgemeinen entwickelte Ed Baig bereits als kleiner Junge, als er sich sein erstes Tonbandgerät und ein Kurzwellenradio kaufte. Auch solche Dinge wie 8-Spur-Tonbandgeräte (immer noch irgendwo auf dem Dachboden) und die Videospielekonsole Magnavox Odyssey (ein Vorläufer des in den 70er-Jahren populären Tischtennis-Videospiels PONG) finden sich in seinem Besitz.

Heute verbringt Ed die meiste Zeit mit seiner Familie oder an den Tastaturen seiner zahlreichen Computer. Ansonsten feuert er die New York Giants (Football) und die New York Mets (Baseball) an, hört Musik verschiedenster Stilrichtungen und sieht gern Filme.

Er hat außerdem Politikwissenschaften (BA) am York College sowie Betriebswissenschaften (MBA) an der Adelphi University studiert.

Cartoons im Überblick
von Rich Tennant

Seite 27

»Anton arbeitet gerne mit Mac OS X. Er hat all unsere Word-Dokumente so eingerichtet, dass sie sich mit einem ›Bing!‹ schließen.«

Seite 101

»Wow! Ich hätte nicht gedacht, dass Mac OS X eine E-Mail auch so weiterleiten kann.«

Seite 205

»Natürlich könnte ich dir mehr über mich erzählen, aber ich glaube, die Songauswahl auf meinem iPod sagt mehr über mich, als Worte es könnten.«

Seite 319

»Und nicht vergessen, der verdammte Fileserver soll von flammenden Workstations umgeben sein und darunter schön geschwungen das Wort ›Motherboard‹.«

Seite 453

»Die Fassungen müssen hin und wieder gereinigt werden. Vergewissern Sie sich zuerst, dass das Netzteil der Lampe nicht ans Stromnetz angeschlossen ist, dann ...«

Seite 509

Inhaltsverzeichnis

Kapitel 3
Ins Innere des Mac vordringen

Kapitel 9
Drucken, Scannen und Faxen — 189

Teil III
Mit Überschall in den Cyberspace — 205

Kapitel 10
So finden Sie den Weg ins Internet — 207

Kapitel 11
Elektronische Grüße per E-Mail 235

Kapitel 12
Unterwegs im World Wide Web

Kapitel 13
Mitglied im .Mac-Club werden

Kapitel 14
Eine Verteidigungsstrategie ausarbeiten

Kapitel 17
Film ab für iMovie: Ihr Leben auf digitalem Film und DVD — 389

Einführung

Wir durchleben turbulente Zeiten voller aufregender technischer Entwicklungen: Gerade richtig, um endlich den Mac kennenzulernen! Seit Jahren steht dieser edel gestylte Computer für benutzerfreundliche Einfachheit und virenfreies, stabiles Arbeiten. Inzwischen hat der Mac aber ein paar atemberaubende Veränderungen durchgemacht, die es modernen Computernutzern wirklich schwer machen, an ihm vorbeizukommen.

Apples aufsehenerregende Liaison mit Intel bringt Ihnen, sehr verehrte Computerkäuferinnen und -käufer, den Vorteil, gleich auf zwei Hochzeiten tanzen zu können (es geht doch nichts über einen guten Vergleich): Sie können weiterhin von der tollsten Verbindung aller Zeiten – der Vereinigung von Mac-Hardware und -Software – profitieren und müssen bei einem Umstieg auf den Mac nicht mehr länger auf die Windows-Software verzichten, die Sie vielleicht geschäftlich, aus Gewohnheit oder einfach nur deshalb nutzen, weil Sie es nicht besser wissen.

In der Tat richtet sich dieses Buch zum Teil an Windows-Veteranen, die zumindest schon einmal darüber nachgedacht haben, zum Mac überzulaufen. Es wendet sich außerdem besonders an Menschen, für die Computer – und das Internet – noch absolutes Neuland sind.

Doch obwohl dies in erster Linie ein Buch für Einsteiger ist, bin ich zuversichtlich, dass auch Leser, die bereits ihre ersten Versuche mit Computern im Allgemeinen und Macs im Besonderen hinter sich haben, einige nützliche Tipps und Anregungen darin finden werden.

Über dieses Buch

An dieser Stelle möchte ich ein paar Worte zu der ... *für Dummies*-Reihe verlieren, zu deren Kreis von Buchautoren ich mich nun voller Stolz zählen darf. Die Philosophie der ... *für Dummies*-Bücher basiert auf dem Gedanken, dass wir alle uns gelegentlich wie »Dummies« fühlen, vor allem dann, wenn wir uns völlig neue Fertigkeiten aneignen müssen, insbesondere auf technischen Gebieten, die vor Fachchinesisch geradezu triefen.

Und natürlich sind Sie kein Dummie. *Ganz im Gegenteil*. Schließlich haben Sie schon genügend Cleverness bewiesen, indem Sie sich dieses Buch zugelegt haben, und Sie stehen kurz davor, in eine der technisch fortschrittlichsten Computerarbeitsumgebungen einzutauchen, die ich kenne.

Was mich persönlich angeht, so bin ich erst relativ spät »auf den Mac gekommen«. Ich bin mit MS-DOS groß geworden, später (wie viele andere) zu Windows übergegangen und arbeite auch heute noch täglich mit Windows-Computern. Inzwischen bin ich jedoch auch überzeugter Mac-Anhänger und nutze meine verschiedenen Apple-Rechner tagtäglich. (Keine abfälligen Bemerkungen bitte, ich finde trotzdem noch Zeit für andere alltägliche Tätigkeiten.)

Vor dem Schreiben dieses Buches habe ich mir geschworen, den Anteil an Fachjargon so gering wie möglich zu halten. Ihn ganz zu eliminieren, habe ich nicht geschafft; das wollte ich, um ehrlich zu sein, auch gar nicht, und zwar aus folgenden Gründen:

✔ Möglicherweise läuft Ihnen der ein oder andere dieser abstrusen Ausdrücke in der Werbung oder im Internet über den Weg, und dann ist es nützlich, wenn Sie wenigstens in etwa wissen, was gemeint ist.

✔ Außerdem steht nirgendwo geschrieben, dass wir uns nicht auch ab und zu über die Computerfreaks, die diesen ganzen Mist verzapft haben, ein wenig lustig machen dürfen.

Konventionen in diesem Buch

Jeder, der dieses oder ein anderes *... für Dummies*-Buch schon mal überflogen hat, weiß, dass es nicht gerade mit einem Roman wie etwa *Krieg und Frieden* vergleichbar ist. Aber wenn man darüber nachdenkt, ist es eigentlich schade, dass Tolstoi diesen Titel schon für sein Buch verwendet hat, denn er hätte sich großartig für die ultimative inhaltliche Aufarbeitung der Allianz zwischen Apple und Intel geeignet.

Mac für Dummies macht großzügigen Gebrauch von Aufzählungslisten und *Screenshots* (= Bildschirmfotos), die übrigens zum Teil mit einem praktischen kleinen und kostenlosen Mac-Hilfsprogramm namens Bildschirmfoto erstellt wurden (unverzichtbar für *... für Dummies*-Buchautoren). Voilà, da haben Sie noch nicht mal die Einführung ganz durchgelesen, und schon habe ich Ihnen Ihre erste Mac-Lektion erteilt – einfach so.

Sie finden in diesem Buch außerdem mehrere Infokästen mit unterschiedlichem Material, das für die Einhaltung des Lehrplans oft, aber nicht immer zwingend nötig ist (was ist schon zwingend erforderlich?). Ich hoffe, Sie machen sich trotzdem die Mühe, die meisten davon zu lesen. Einige Kästen enthalten nützliche Infos für die Arbeit mit dem Mac, andere eher technischen Kram und wieder andere geben Ihnen einen kurzen geschichtlichen Überblick zu einem bestimmten Thema.

Wie dieses Buch aufgebaut ist

Das Schöne an den *... für Dummies*-Büchern ist, dass Sie zwischen den einzelnen Kapiteln hin und her springen und nur die Abschnitte lesen können, die Sie gerade interessieren. Es gibt keinen linearen Aufbau, bei dem Sie einem roten Faden folgen müssten. Sie haben ein Problem? Dann fackeln Sie nicht lange und machen Sie einfach einen Abstecher zu Kapitel 21, »Fehlerbehebung im Computerparadies«. Sie möchten fürs nächste Kaffeekränzchen ein Fotobuch Ihrer letzten Urlaubsbilder zusammenstellen? Dann treffen wir uns in Kapitel 16 – Sie sorgen für den Kaffee!

Ein gewisses Ordnungsprinzip *gibt* es aber: Diese *Mac für Dummies*-Ausgabe ist in ein halbes Dutzend Teile aufgeteilt. Und falls das Arbeiten mit dem Computer ein völlig neues Terrain für Sie darstellt, sollten Sie das Buch von Anfang bis Ende durcharbeiten.

Teil I: Grundlagenforschung für Erstsemester

In diesem Teil mache ich Sie mit den Grundlagen Ihres Mac-Studiums vertraut – vom Einschalten bis hin zum Navigieren auf dem Mac-Desktop. Sie erhalten einen Überblick über die wichtigsten Mac-Anschlüsse und Verbindungsstecker, die Funktionsweise des Docks, die mitgelieferte Mac-Software sowie die verschiedenen Mac-Modelle.

Teil II: Alltägliche Aufgaben mit dem Mac bewältigen

Während Teil I eher Stoff für Seminare und Vorlesungen im Hörsaal bietet, begeben wir uns in Teil II direkt ins Labor. Hier erfahren Sie, wie Sie sich (und andere) auf dem Mac häuslich einrichten, Texte verarbeiten und drucken, Backups erstellen und wie Sie aus dem Leoparden im Mac-Betriebssystem ein Schmusekätzchen machen.

Teil III: Mit Überschall in den Cyberspace

In Teil III verrate ich Ihnen alles über das Internet, zum Beispiel wie Sie eine Verbindung herstellen, eine Onlinesuche starten, Einkäufe tätigen und E-Mails verschicken. Außerdem führe ich Sie in Apples elitären, gebührenpflichtigen Club *.Mac* ein.

Teil IV: Mit iLife in ein neues Leben

In Teil IV wenden wir uns den wirklich genussvollen Dingen zu – jenen Programmen mit garantiertem Spaßfaktor, die Sie vielleicht erst dazu veranlasst haben, sich einen Mac zu kaufen: iTunes, iPhoto, iMovie, iDVD, GarageBand und iWeb.

Teil V: Willkommen in der Mac-Freakshow

Teil V repräsentiert so ziemlich das, was Sie normalerweise von einem Computerbuch erwarten. Keine Sorge, Sie können die Kapitel darin ruhig lesen, ohne auf ewig als Computerfreak gebrandmarkt zu sein. Auf jeden Fall sind sie vollgepackt mit praktischen Infos zu den Themen Netzwerke und Fehlerdiagnose.

Teil VI: Der Top-Ten-Teil

Die Top-Ten-Listen sind so etwas wie das Markenzeichen der ... *für Dummies*-Reihe. Hier finden Sie zehn Mac-ophile Website-Adressen, zehn besonders spritzige Dashboard-Widgets und zehn weitere raffinierte Tricks, die Ihr Mac draufhat, vom Schachspielen bis zum Witzeerzählen.

Symbole, die in diesem Buch verwendet werden

Die Seiten dieses Buches zieren in schöner Regelmäßigkeit kleine Bildchen – Symbole genannt. Ich hätte sie eigentlich im Abschnitt »Konventionen in diesem Buch« erwähnen können, denn die Symbole gehören ebenfalls zu den Konventionen der ... *für Dummies*-Reihe (und nicht zuletzt sind sie auch ein grundlegender Bestandteil der heutigen Computerwelt). Ich verwende die Folgenden:

Dieses Symbol verwende ich, wenn eine Abkürzung oder Empfehlung die Durchführung einer aktuellen Aufgabe erleichtert oder beschleunigt.

Mit diesem Symbol fordere ich Sie nachdrücklich dazu auf, bei einem bestimmten Thema besonders achtzugeben und mit Bedacht vorzugehen, damit Sie nicht versehentlich die Art von Chaos anrichten, die Ihrem Mac (und damit Ihrem Geldbeutel) wirklichen und möglicherweise dauerhaften Schaden zufügt.

Einige ... *für Dummies*-Leser werden von der Arbeit mit dem Mac möglicherweise so fasziniert sein, dass sie sich zu den Freaks von morgen entwickeln. Diese Menschen haben dann ein Faible für dieses Symbol, während andere vielleicht lieber Terpentin schlucken würden, als eine Textpassage mit übermäßig technischem Inhalt zu lesen. Wenn Sie sich zu der zweiten Gruppe zählen, können Sie diese Infos ruhigen Gewissens ignorieren. (Aber wären Sie dann nicht auch ein klitzekleines bisschen neugierig, was Sie verpassen?)

Dieses Symbol dient der besonderen Betonung einer bestimmten Sache. Es ist deshalb ratsam, sich außer dem Aufbewahrungsort Ihres Haustürschlüssels und dem Geburtstag Ihres Partners auch ein paar dieser Hinweise gut einzuprägen.

Dieses Symbol macht Sie auf eine besonders raffinierte neue Eigenschaft des Betriebssystems Mac OS X Leopard aufmerksam.

Teil I

Grundlagenforschung
für Erstsemester

In diesem Teil ...

Selbst auf einer Uni für Party-Wissenschaften müssen Sie sich in ein paar akademische Vorlesungen einschreiben. In den ersten Kapiteln dieses Buches erhalten Sie die nötige Starthilfe im Umgang mit dem Computer sowie einen ersten Einblick in die Werkzeuge und Programme, die den Mac so attraktiv machen. Die Hausaufgaben beschränken sich in diesem Stadium noch auf ein Minimum.

Und übrigens: Sie haben einen exzellenten Dozenten gewählt.

Auf ins Mac-Abenteuer

1

In diesem Kapitel

▷ Warum Ihr Computer so besonders ist ...

▷ ... und wie Sie mit ihm kommunizieren

▷ Gestatten: iLife

▷ Einen Blick über den Tellerrand riskieren

▷ Sicheres Arbeiten mit dem Mac

*V*erzeihen Sie mir, wenn ich gleich zu Beginn leicht indiskret werde. Aber denken Sie mal darüber nach: Gibt es – abgesehen von Ihrem/r Ehe- oder Lebenspartner/in – jemanden oder etwas, den oder das Sie ebenso häufig berühren wie Ihre Computertastatur (oder sogar häufiger)? Oder den/das Sie intensiver anstarren als Ihren Computermonitor?

Wenn dies Ihre erste Begegnung mit einem Macintosh-Rechner ist, so ist es vermutlich längst um Sie geschehen und Sie stehen sehr wahrscheinlich am Beginn einer lebenslangen Affäre.

Trotz seines beeindruckenden Äußeren ist der Mac viel mehr als nur eine Computertrophäe. Sie können ihn wegen seines kühnen, intelligenten Designs, seiner Vielseitigkeit und seiner Robustheit bewundern. Zudem kann ein Mac sehr gut auf sich selbst aufpassen: Bis heute hat er sich die Geisel namens Computervirus, von der PCs unter Microsoft Windows auf der ganzen Welt immer wieder befallen werden, äußerst erfolgreich vom Leib gehalten. Außerdem ist Apples Liebling sehr viel stabiler, weshalb es weitaus seltener abstürzt, und es fängt auch nicht so leicht Feuer.

Mac-spektakuläres Arbeiten

Es sollte Sie nicht allzu sehr beunruhigen, zu erfahren, dass es – trotz der stetig wachsenden Beliebtheit von Macintosh-Computern – immer noch sehr viel weniger Mac- als PC-Besitzer gibt. Schließlich fahren auch weitaus weniger Menschen einen Ferrari, dafür aber sehr viele einen VW. Meiner Ansicht nach werden Zahlen sowieso meist überbewertet.

Darüber hinaus sollten Sie sich bewusst machen, in welch illustren Kreisen Sie sich als neues Mitglied der Mac-Gemeinde künftig bewegen werden. Noch immer finden sich nämlich unter den Mac-Nutzern meist die eher coolen Typen: Künstler, Designer, Schauspieler und (ich kann's mir nicht verkneifen) Autoren.

Klar wirken diese Leute oft ein wenig überheblich. Ich habe schon erlebt, wie Mac-Experten mir gegenüber fast handgreiflich wurden, nur weil ihnen eine meiner *positiven* Mac-Rezensionen nicht schmeichelhaft genug war oder weil ich es gewagt hatte, anzudeuten, dass selbst Macs nicht immer perfekt sind. Aber sie sind wirklich schon ziemlich nahe dran, perfekt zu sein, und wenn Sie ein Mac-Novize sind, dann machen Sie sich auf einige Leckerbissen gefasst.

Die meisten Windows-Nutzer setzen sich an ihren Rechner, erledigen ihre Arbeit und das war's. Zwar erledigen auch Mac-Nutzer ihre Arbeit, jedoch tun sie dies häufig mit einer gewissen Hingabe beziehungsweise einem Gefühl der Verbundenheit mit ihrem Computer mit dem hübschen Apfel-Logo drauf, was schlichtweg damit zu erklären ist, dass darin einfach sehr viel Liebe zum Detail steckt. Und da Macs seit geraumer Zeit standardmäßig mit einem Intel-Chip ausgeliefert werden, kann Apples Schmuckstück sogar auch als verflixt guter Windows-Computers agieren.

Und jeder weiß: Das erste Mal vergisst man nie ...

Mac-Formen und -Größen

 Wenn die Leute vom Mac sprechen, beziehen sie sich möglicherweise sowohl auf den eigentlichen Rechner (oder die Hardware) als auch auf die *Betriebssystem*-Software, die ihn zum Laufen bringt. Das eine ist wertlos ohne das andere. Das Mac-Betriebssystem nennt sich *OS X* (ausgesprochen »OH-S-ZEHN«) und auch die aktuelle Version trägt wieder den Namen einer wilden Raubkatze, *Leopard* (mehr über Betriebssysteme erfahren Sie in Kapitel 6).

Die Firma Apple hat einen entscheidenden Vorteil gegenüber den Herstellern von Windows-PCs: Sie produziert nicht nur die Computer selbst, sondern auch die Software, die das Verhalten des Systems bestimmt. Alles kommt aus einer Hand und passt somit zusammen – und das ist irgendwie sympathisch.

Die PC-Welt bildet dazu einen krassen Gegensatz: Während Firmen wie Dell und Hewlett-Packard die Hardware zusammenschrauben, produziert Microsoft das Betriebssystem Windows für die Rechner. Zwar mögen diese Unternehmen enge Kontakte pflegen, doch die Blutsverwandtschaft von Apple teilen sie nicht.

Es gibt eine Auswahl von Macintosh-Rechnern für den Schreibtisch – englisch *desktop* –, daher auch der Begriff *Desktop-Computer*. Diese Spielart behandeln wir ausführlicher in Kapitel 4. Für den Moment brauchen Sie sich nur die drei Hauptvarianten zu merken, den *iMac*, den *Mac mini* und den *Mac Pro*.

Mac-*Laptops* (die so heißen, weil sie in der Regel auf dem Schoß – englisch *lap* – liegen) sind tragbar und als *MacBook* und *MacBook Pro* erhältlich. Man nennt sie gelegentlich auch *Notebooks* (zu Deutsch Notizblöcke) und wie gewöhnliche Spiralnotizblöcke finden auch sie Platz in einer Aktentasche.

Was der Mac am besten kann

Wie jeder Computer seit der Steinzeit (oder zumindest seit den letzten paar Jahrzehnten des zwanzigsten Jahrhunderts) kann der Mac natürlich ganz banale Aufgaben erledigen, wie das Berechnen mathematischer Gleichungen oder Textverarbeitung. Wirklich brillant ist er jedoch, wenn es darum geht, Bilder, Musik und Videos zum Leben zu erwecken.

Sie müssen dazu keine Unmengen an zusätzlicher Software kaufen (auch wenn es davon mehr als genug gibt), und zwar weil Sie mit der mitgelieferten Software schon so unglaublich viel anstellen können. Und das, was Ihnen möglicherweise fehlt, bietet Apple Ihnen zu erschwinglichen Preisen.

Wie Sie den richtigen Mac finden

Sie wissen noch nicht, welchen Mac Sie kaufen sollen? Entscheidungshilfe finden Sie in Kapitel 4. Ein guter Rat vorweg: Wenn Sie die Möglichkeit haben, die Geräte persönlich in Augenschein zu nehmen, dann sollten Sie das unbedingt tun. Es gibt zahlreiche Apple-Vertragshändler in vielen größeren deutschen Städten. Eigene (zum Teil riesige) Filialen unterhält Apple seit Längerem in den USA, Kanada, Großbritannien und Japan; bei Drucklegung dieses Bandes war auch bereits für Deutschland die Eröffnung solcher Niederlassungen geplant. Wie auch immer, das Schlendern durch diese Hightechgeschäfte ist ein wahrer Genuss. Natürlich können Sie Ihren Mac auch über das Internet oder in einem herkömmlichen Computerfachgeschäft erwerben.

Machen Sie sich jedoch darauf gefasst, ein wenig mehr hinzublättern. Auch wenn sich die Preise für Macs und PCs langsam aber sicher annähern, zahlen Sie in den meisten Fällen für einen Mac wesentlich mehr als für einen vergleichbar ausgestatteten PC.

(Auweia! Eingefleischte Mac-Hardliner dürften nach dieser Bemerkung wohl kurz vor dem Explodieren sein und zähneknirschend hervorpressen: »Es gibt keine *vergleichbaren* Windows-Rechner!«)

 Schüler und Studenten bekommen oft Rabatte auf Mac-Desktop-Computer und -Notebooks. Fragen Sie bei Ihrer Universität oder Schule nach, ob sie an dem von Apple angebotenen Programm teilnimmt. Auch Fakultäten und andere Bildungsinstitute, Administratoren und Lehrkräfte bekommen häufig Ermäßigungen.

Praktische Peripherie

Wie Sie sich vorstellen können, arbeitet der Mac mit der ganzen Palette an verfügbaren Peripheriegeräten zusammen. Auch wenn der Großteil dessen, was Sie in *Bits* und *Bytes* erstellen (um es im Computerjargon auszudrücken), in dieser elektronischen Form bleibt, wollen Sie vermutlich die eine oder andere Arbeit auch ausdrucken – auf herkömmlichem Papier, nicht mehr und nicht weniger. Zum Glück können Sie eine Reihe ausgezeichneter Drucker zusammen mit dem Mac verwenden, mehr dazu erfahren Sie in Kapitel 9.

Oder Sie schließen einen Scanner an, der in gewisser Weise das genaue Gegenteil eines Druckers ist, weil Sie hier mit einem Bild beginnen, das bereits in Papierform vorliegt und das Sie dann einscannen und in eine Form übertragen, die Ihr Computer verstehen und darstellen kann.

Manche Geräte vereinen gleich mehrere Funktionen in sich, beispielsweise Drucken, Scannen, Kopieren und Faxen. Sie nennen sich *Multifunktions*- oder *All-in-one*-Geräte.

Verbinden leicht gemacht

Elektrische Geräte miteinander zu verbinden, kann ein Graus sein. So wird unter Umständen schon das Entwirren der einzelnen Stecker und Kabel für den Aufbau eines eigenen Heimkinos zur wahren Herausforderung. Kein Wunder, dass so viele Konsumenten gerne bereit sind, solche Aufgaben für ein kleines Entgelt lieber von einem ordentlichen Techniker erledigen zu lassen – oder ihren technisch begabten Nachbarn zwei Häuser weiter um Hilfe anzuflehen.

Entspannen Sie sich. Sie benötigen keinen Nobelpreis in Elektrotechnik, um Ihren Mac mit anderen Geräten zu verbinden. Wie Sie in Kapitel 2 sehen werden, ist das wirklich kinderleicht.

Mit dem Mac kommunizieren

Der Mac ist bei Weitem nicht so reserviert, wie manche menschliche Zeitgenossen. Im Gegenteil: Er ist freundlich und leicht zugänglich. In den folgenden Abschnitten erfahren Sie warum.

GUI – die Benutzeroberfläche des Mac

Jeder durchschnittliche Computer verfügt heutzutage über eine sogenannte *grafische Benutzeroberfläche* (auch *GUI = Graphical User Interface*) oder *Benutzerschnittstelle* genannt) und die des Mac ist zweifellos eine der einladendsten. Sie umfasst all die farbenfrohen Objekte –Symbole (oder *Icons*), Bilder, Fenster und Menüs (siehe Kapitel 3) –, die Sie auf Ihrem Bildschirm sehen und mit denen Sie (mithilfe Ihrer Computer*maus*) interagieren, um dem Computer und den verschiedenen Programmen zu sagen, wie sie sich verhalten sollen. Glauben Sie mir, das ist allemal besser, als Anweisungen in Form von obskuren Befehlen eingeben oder einen Crashkurs in Programmierung absolvieren zu müssen.

Ausgefeilte Werkzeuge

Angesichts seiner Vielseitigkeit könnte man den Mac schon fast als »Schweizer Taschenmesser« unter den Computern dieser Welt bezeichnen. Und sicher würde er sich auch gut in einer dieser TV-Shopping-Sendungen machen, in denen Sie die genialsten Artikel vom sich selbst leerenden Abfalleimer bis hin zum sprechenden Eierkocher angeboten bekommen.

Aber haben Sie sich schon mal ernsthaft Gedanken darüber gemacht, welche grundlegenden Eigenschaften ein Computer eigentlich mitbringt (beziehungsweise mitbringen sollte)? Werfen wir einmal einen Blick auf einige der »rudimentärsten« (wenn auch praktischen) Funktionen des Mac. Er kann

✔ die Zeit ansagen,

✔ Ihre Familienfotos anzeigen,

✔ mathematische Berechnungen durchführen,

✔ Filme abspielen,

✔ Sie (schriftlich oder in Bild und Ton) mit Ihren Freunden kommunizieren lassen.

Ich wage zu behaupten, dass Sie Ihre ein- bis zweitausend Euro nicht nur für eine einfache Uhr, ein Fotoalbum, einen Rechner, einen DVD-Player und ein Telefon lockergemacht haben. Aber es ist dennoch beruhigend, all diese Funktionen in einem einzigen Gerät vereint zu wissen, und wie der Moderator der oben erwähnten Verkaufssendung nun lauthals verkünden würde: »Aber das ist noch lange nicht alles!«

Selbst beim besten Willen kann ich Ihnen nicht all die raffinierten Eigenschaften, die der Mac noch so auf Lager hat, in diesem kurzen Absatz aufzählen (und ermuntere Sie hiermit zur weiteren Lektüre dieses Buches!). Aber egal ob Sie schon einen Mac gekauft haben oder es erst planen, um damit zu arbeiten, zu spielen oder auch beides – ich bin mir sicher, dass der Inhalt der Werkzeugkiste des Mac Ihre kühnsten Erwartungen übertreffen wird.

Ansprechende Ergebnisse

Ich bin überzeugt, dass Sie viele vergnügliche Stunden mit Ihrem Computer verbringen werden. Aber nach einem langen anstrengenden Arbeitstag werden Sie anderen Menschen auch zeigen wollen, wie ungemein produktiv Sie waren. Egal ob Sie nun einen Brief an Ihren Anwalt geschrieben, einen schicken Prospekt für das Kreiskrankenhaus vor Ort entworfen oder eine Musik-CD für die nächste Vereinsfeier zusammengestellt haben – auch hier wird Ihr Mac Sie mit Stolz erfüllen.

Das Leben genießen mit iLife

Ergänzend zu den Standard-Mac-Programmen bietet Ihnen Apple – beim Kauf eines neuen Mac kostenlos, ansonsten für knapp 80 Euro – ein fabelhaftes Softwarepaket namens *iLife*, mit dessen Hilfe Sie Ihrem künftigen digitalen Lebensstil voll und ganz gerecht werden können. In Teil IV dieses Buches tauchen wir tiefer in die Materie der einzelnen iLife-Komponenten ein, aber hier schon mal ein kurzer Überblick:

✔ **iPhoto:** Ein Heidenspaß für alle Hobby- und Profifotografen (selbst Ansel Adams hätte seine Freude daran gehabt). Mit dieser Software können Sie Ihre besten Schnappschüsse verwalten, mit anderen teilen sowie Kalender und Fotobücher davon drucken lassen.

✔ **iMovie:** Und wann kriegen Sie Ihren ersten Oscar? Mit iMovie verwandeln Sie Ihre Videos mithilfe ansprechender Kinoeffekte in ein anspruchsvolles Filmerlebnis, das Martin Scorsese zu Tränen rühren würde, oder aber in einen Kassenschlager à la Hollywood. Und wer weiß, vielleicht besorgt Ihnen Steve Jobs (der Boss von Apple) einen Job bei Disney oder Pixar.

✔ **iDVD:** Mit diesem Programm erstellen Sie eigene Film-DVDs mit Kapiteln, ganz wie Sie es von den Leih-DVDs aus Ihrer Videothek her kennen.

✔ **GarageBand:** Hat da jemand was von Groupies gesagt? In GarageBand produzieren Sie Ihre eigene Musik mithilfe von »virtuellen« Softwareinstrumenten und Sie können sogar eigene Online-Radiosendungen – oder *Podcasts* – bereitstellen.

✔ **iWeb:** Das jüngste Mitglied der iLife-Truppe verhilft Ihnen im Nu zur eigenen Website oder zum eigenen Blog.

Ein Blick über den Tellerrand

In unserer modernen Welt umfasst das Arbeiten mit einem Computer weitaus mehr als komplizierte Vorgänge im Innern eines neumodischen Apparats auf einem Schreibtisch. Viel häufiger geht es dabei um das, was in jenem magischen Universum des Cyberspace – besser bekannt als Internet – vor sich geht.

Online gehen

In Kapitel 10 verrate ich Ihnen alles, was Sie wissen müssen, um Ihren Weg ins Internet zu finden, und welche Richtungen Sie einschlagen können, sobald Sie online sind. Der Mac bringt bereits die Software mit, die Sie für den Anfang benötigen, sowie (je nach Modell) die nötigen Voraussetzungen für einen schnellen Breitband-Onlinezugang. (Ältere Geräte wählen sich unter Umständen noch per Analogmodem über die Telefonleitung ins Internet ein.)

Vernetzt – mit oder ohne Kabel

Fragen Sie mal ein paar Leute, was der Begriff Vernetzung für sie bedeutet, und Sie werden wahrscheinlich etwas zu hören bekommen von »lauschigen Zusammentreffen mit einflussreichen Menschen, die gut für die Karriere und das soziale Ansehen sind«.

Zwar kann auch ein Mac bei diesen Dingen durchaus hilfreich sein, doch das ist nicht die Art von Vernetzung oder Netzwerk, von der ich hier spreche. Ein Computernetzwerk besteht aus zwei oder mehr Rechnern, die miteinander kommunizieren, um Dateien, Bilder und Musik auszutauschen und – am wichtigsten – eine Onlineverbindung gemeinsam zu nutzen. Selbst bei Macs kann der Aufbau eines Netzwerks etwas kompliziert sein, obgleich Apple alles tut, um den Vorgang so einfach wie möglich zu gestalten. Um ein Netzwerk aufzubauen, können Sie die einzelnen Rechner mit bestimmten Kabeln und Steckern miteinander verbinden – eleganter ist aber die Methode ohne Kabel. Beides und noch mehr erkläre ich Ihnen in Kapitel 19.

Sicher und problemlos arbeiten

Wie bereits erwähnt, ist der Mac bekannt dafür, sich fiese Computerviren und andere schädliche Programme von der Pelle zu halten, die Windows-Besitzer immer wieder ins Unglück stürzen. In den schlimmsten Fällen wird ein virenverseuchter Windows-Rechner (oder bestimmte

Programme darauf) heruntergefahren und persönliche Informationen werden klammheimlich entwendet, ohne dass der Besitzer etwas dagegen tun könnte.

Doch Virenanfälligkeit hin oder her – in der heutigen Zeit sollten selbst Mac-Besitzer stets auf der Hut sein. (Vergessen Sie nicht, dass der Mac unter bestimmten Voraussetzungen zu einem Windows-Computer mutieren kann!) In Kapitel 14 finden Sie fachkundigen Rat, wie Sie Onlinegefahren erfolgreich umschiffen.

So hübsch der Mac auch anzusehen ist und egal wie viel Sorgfalt in seine Herstellung geflossen sein mag, wenn wir es nüchtern betrachten, dann reden wir hier letzten Endes über einen Apparat voller Schaltkreise und Silikon – eine Maschine. Und Maschinen – wie wir alle wissen – werden mit der Zeit klapprig oder zumindest störrisch (oder segnen irgendwann das Zeitliche). Werfen Sie daher unbedingt einen Blick in Kapitel 21, in dem ich Ihnen ein paar Tipps zur Fehlerbehebung gebe, damit Sie und Ihr Mac auch weiterhin in trauter Zweisamkeit miteinander arbeiten können. Betrachten Sie es als die Hightechversion einer psychologischen Paarberatung.

Erste Schritte:
Mac-Praxis für Einsteiger

2

In diesem Kapitel

▶ Den Computer einschalten und sich häuslich einrichten

▶ Die Maus dressieren

▶ Mit der Tastatur arbeiten

▶ Ihre Habseligkeiten auf der Festplatte speichern

▶ Den Arbeitsspeicher kennenlernen

▶ Lebenswichtige Anschlüsse finden

Sie haben also den Sprung gewagt und sich einen Mac zugelegt. Dann haben Sie eine sehr gute Entscheidung getroffen!

Ich wette, Sie brennen darauf, endlich anzufangen. Wahrscheinlich haben Sie schon Ihre ersten Gehversuche unternommen, ohne diese kleine Einführung zu lesen – mir soll's recht sein! Der Mac unterstützt intuitives Arbeiten und schließlich sind Sie ja – trotz des Buchtitels – kein Dummie. Sonst hätten Sie sich kaum für den Mac – und für dieses Buch – entschieden. Außerdem: Wie ständen die Produktdesigner von Apple denn da, wenn Sie es nicht schaffen würden, Ihren Computer einzuschalten?

Falls Sie aber keinen Frühstart hingelegt haben, ist das natürlich auch okay. Dafür bin ich, Ihr persönlicher Lakai und Autor, ja da.

Den Mac einschalten und einrichten

Wie beim Spielen oder Hören eines guten Musikstücks ist es immer am sinnvollsten, ganz von vorn zu beginnen. Beim Mac fangen Sie am besten mit dem Einstöpseln des Stromkabels in die Steckdose an. Damit haben Sie das Gröbste fast hinter sich.

Den Einschaltknopf finden

Nehmen Sie sich eine Sekunde Zeit, um den runden Einschaltknopf (siehe Abbildung 2.1) zu lokalisieren. Wo genau er sich befindet, hängt vom jeweiligen Mac-Modell ab – Apple hat den Einschaltknopf im Laufe der Zeit schon an allen möglichen Stellen untergebracht –, doch es sollte nicht allzu schwer sein, ihn zu finden. Sehen Sie als Erstes auf Ihrer Tastatur nach. Notfalls werfen Sie einen Blick ins Handbuch.

Nur zu – drücken Sie ihn und harren Sie der unglaublichen Dinge, die da kommen mögen. Es fühlt sich fast ein wenig an, als würde man den Zündschlüssel eines schnellen Wagens umdrehen, in der fiebrigen Erwartung, gleich Gas geben zu dürfen.

Statt mit Motorgeräuschen werden Sie zum Zeichen, dass alles in Ordnung ist, mit einem harmonischen Startton begrüßt und das Apple-Logo erscheint kurz auf dem grauen Hintergrund Ihres Monitors.

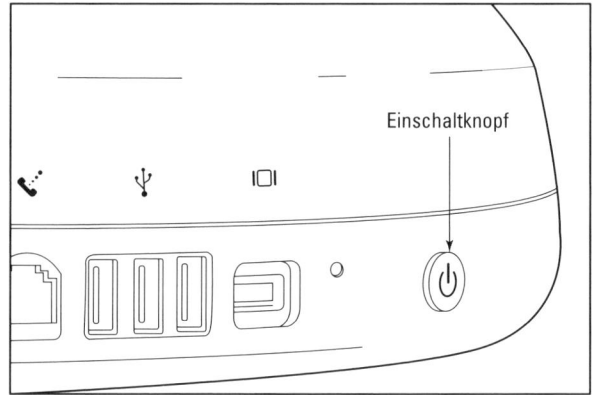

Abbildung 2.1: Am Anfang steht der Einschaltknopf.

Was Sie als Nächstes erwartet

Je nach persönlicher Situation können Sie an dieser Stelle zwei mögliche Szenarien antreffen:

✔ **Ihr Mac kommt frisch aus der Verpackung.** In diesem Fall steht Ihnen der Einrichtungs-vorgang Ihres Computers bevor, der ein wenig nervenaufreibend sein kann, aber leider unumgänglich ist. (Lesen Sie dazu die nächsten Abschnitte.)

✔ **Jemand hat den Mac bereits für Sie eingerichtet.** Sie sehen einen Startbildschirm mit einer Benutzerliste, aus der Sie Ihren Namen wählen müssen. Lesen Sie in diesem Fall weiter hinten in diesem Kapitel beim Abschnitt »Neue Bekanntschaften schließen« weiter. (In einigen Fällen landen Sie auch gleich auf dem Mac-Desktop und können sofort loslegen.)

In beiden Fällen ist es aber unumgänglich, dass Sie mit der Maus umgehen können. Wenn Sie also noch nie zuvor eine Maus verwendet haben sollten, dann lesen Sie sich zuerst den Abschnitt »Maus-Dressur« weiter hinten in diesem Kapitel durch.

Papierkram erledigen

Wenn man einen neuen Mac zum ersten Mal einschaltet, dann ist das ungefähr so, als würde man einen Einbürgerungsantrag für die erste Marskolonie stellen. Denn nachdem das Apple-Logo verschwunden ist, müssen Sie sich durch einen ellenlangen Fragenkatalog kämpfen. Klicken Sie einfach Seite für Seite mit der Maus die zutreffenden Optionen (in Form von

Optionsfeldern und *Markierungsfeldern*) an, wählen Sie Optionen aus den *Einblendmenüs* oder geben Sie über die Tastatur Informationen in die leeren *Textfelder* ein. Klicken Sie auf FORTFAHREN, um zum jeweils nächsten Bildschirm zu gelangen (mit ZURÜCK schalten Sie zur vorherigen Seite).

 Falls Sie die Installation von Mac OS X Leopard selbst vornehmen, müssen Sie ein Zielvolume und einen Installationstyp wählen und können die zu installierenden Komponenten festlegen. Einzelheiten zum Installationsvorgang finden Sie in Kapitel 21.

Zuerst müssen Sie sich auf eine Sprache festlegen, zum Glück ist unter den 15 Möglichkeiten des Einblendmenüs auch die Option DEUTSCH ALS STANDARDSPRACHE VERWENDEN. Sie kommen dann in den Genuss eines kurzen Films, in dem man Sie in mehreren Sprachen bei *Mac OS X Leopard*, dem *Betriebssystem* des Mac, willkommen heißt.

Dann müssen Sie Ihrem neugierigen Computer diverse Fragen beantworten – in welchem Land Sie sich aufhalten (Ihren Pass müssen Sie zum Glück nicht zücken) und welche Tastaturbelegung Sie wünschen.

Falls Sie (zufällig!) einen weiteren Mac besitzen, haben Sie anschließend die Möglichkeit, dessen Netzwerkeinstellungen, Benutzerkonten, Dokumente, Anwendungen, Dateien, E-Mails und andere Voreinstellungen auf den Mac, den Sie gerade einrichten, zu übertragen. Dazu müssen Sie die beiden Macs mit einem *FireWire*-Kabel verbinden (was genau das ist, erfahren Sie weiter hinten in diesem Kapitel).

 Sie haben außerdem die Option, Daten von einer anderen *Partition* des Mac zu transferieren. Diesen Spezialausdruck überspringen wir jetzt einfach mal.

 Sie müssen die Übertragung von Daten jedoch nicht im Rahmen der Installation vornehmen, sondern können dies auch später jederzeit mithilfe des Migrationsassistenten von Mac OS X Leopard nachholen.

Wenn dies Ihre Jungfernfahrt mit dem Mac ist, dann sind diese beiden Optionen natürlich hinfällig. Wählen Sie in diesem Fall MEINE INFORMATIONEN JETZT NICHT ÜBERTRAGEN.

Das Kreuzverhör geht weiter und Sie müssen nun angeben, welchen der angebotenen Internetdienste Sie nutzen.

Sie haben zwei Möglichkeiten:

✔ Falls Sie schon einen Internetzugang haben, können Sie ihn hier gleich einrichten, indem Sie die entsprechende Verbindungsart (TELEFON-MODEM, KABELMODEM und so weiter) wählen. Je nach gewählter Option müssen Sie auf den folgenden Seiten ein paar technische Details eingeben, wie Benutzername, Kennwort, Einwahlnummer, IP- und DNS-Adresse, und werden eventuell nach Ihrem Modemtyp gefragt.

Wenn Sie diesen Weg einschlagen, wählt sich der Mac zum Abschluss selbsttätig ins Internet ein, um Ihre Registrierung an Apple zu senden und Ihren Internetzugang einzurichten. Sorgen Sie also dafür, dass Ihr Mac an einer Telefonleitung hängt. (Hinweise zum Herstellen einer Internetverbindung finden Sie in Kapitel 10.)

✔ Falls Sie sich dieser Aufgabe noch nicht gewachsen fühlen, Ihre Einrichtungsdaten gerade nicht zur Hand oder einfach keine Lust haben, sich bei Apple zu registrieren, dann überspringen Sie diesen Teil einfach, indem Sie auf MEIN COMPUTER STELLT KEINE VERBINDUNG ZUM INTERNET HER klicken. (Ihren Internetzugang können Sie auch später noch einrichten; mehr dazu erfahren Sie in Kapitel 10.)

Falls Sie sich im vorherigen Schritt dazu entschieden haben, Ihren Internetzugang einzurichten, werden Sie nun aufgefordert, Ihre Apple-ID einzugeben, sofern Sie eine haben. Damit können Sie zum Beispiel später einfacher Einkäufe bei Apple tätigen. (Mehr zur Apple-ID und .Mac lesen Sie in den Kapiteln 13 und 15.) Ansonsten klicken Sie einfach auf FORTFAHREN.

Hiernach werden Sie gebeten, Ihren Namen, Ihre Adresse, Telefonnummer und E-Mail-Adresse (falls vorhanden) einzugeben. Ich nehme an, Sie dürfen hier ein wenig flunkern. Argwöhnische Zeitgenossen können sich Apples Datenschutzerklärung durchlesen, so weit ich weiß, wird man Sie nicht nach Ihrer Sozialversicherungsnummer oder Ihrem Führerschein fragen.

 Falls Sie Ihre persönlichen Daten partout nicht preisgeben möchten, können Sie diesen Schritt auch einfach überspringen, indem Sie die Tastenkombination ⌥ + A drücken. (Das nennt sich auch Tastaturkurzbefehl – mehr dazu lesen Sie weiter hinten in diesem Kapitel.) Klicken Sie im darauf folgenden Dialogfenster auf ÜBERSPRINGEN.

Ein wenig geht das Quiz aber noch weiter. Haben Sie Ihre persönlichen Daten angegeben, will Apple nun auch noch wissen, womit Sie Ihren Lebensunterhalt verdienen (ANDERE ist sicher eine gute Wahl) und in welchem Umfeld Sie den Rechner hauptsächlich verwenden. Und Sie dürfen entscheiden, ob Sie künftig über Neuigkeiten aus dem Hause Apple, Software-Updates sowie die neuesten Produkte und Dienstleistungen auf dem Laufenden gehalten werden möchten. Falls nicht, entfernen Sie das Häkchen im dazugehörigen Kästchen.

Einen Benutzer-Account einrichten

Sie haben es fast geschafft. Ein wichtiger Schritt fehlt noch, und zwar das Einrichten einer Identität in Form eines *Benutzerkontos* oder *-Accounts*. Damit sagen Sie dem Mac, dass Sie der Herr über diesen Computer sind. Das heißt, dass nur Sie allein, als allmächtiger *Administrator*, das Recht haben, später weitere Benutzer-Accounts für Ihre Familienmitglieder oder Kollegen einzurichten, wobei jeder Benutzer ein eigenes Kennwort erhält, das seine Dateien vor den neugierigen Blicken der anderen Benutzer schützt (mehr dazu in Kapitel 5).

Geben Sie den Namen des Kontoinhabers ein (zum Beispiel *Krümelmonster*), einen Kurznamen (zum Beispiel *Krümel*), das Kennwort (zum Beispiel *Schokokeks* oder vielleicht etwas, das weniger leicht zu erraten ist) und noch mal das Kennwort (um zu bestätigen, dass die erste Eingabe korrekt war). Außerdem sollten Sie eine Merkhilfe angeben (zum Beispiel *Lecker*), für den Fall, dass Sie Ihr Kennwort einmal vergessen. So etwas passiert Ihnen vielleicht nicht – mir schon.

Bei Mac-Modellen mit eingebauter Webcam werden Sie nun auch noch dazu angehalten, ein Bild für Ihr neues Benutzerkonto (nämlich einen Schnappschuss der iSight-Kamera) zu wählen. Da sollten Sie besser nicht kamerascheu sein!

Den Mac registrieren

Nachdem Sie nun schon so viele Fragen beantwortet haben, wünschen sich die netten Leute bei Apple nichts sehnlicher, als dass Sie Ihren Mac registrieren. Das können Sie auf später oder den Sankt-Nimmerleins-Tag verschieben, denn Ihre Daten an Apple (oder *irgendeine* Firma) zu geben, führt letztendlich nur dazu, dass Sie mit Werbe-E-Mails zugemüllt werden. Die Entscheidung liegt ganz bei Ihnen.

Falls Sie vorhin die Eingabe Ihrer persönlichen Daten übersprungen haben, werden Sie mit diesem Schritt nicht mehr belästigt. (Wenn Sie sich später unbedingt noch registrieren wollen, können Sie das tun, indem Sie das Symbol REGISTRIERUNG SENDEN in Ihrem Benutzerordner öffnen.)

Die Zeitzone sowie Datum und Uhrzeit einstellen

Auch wenn es vielleicht inzwischen draußen langsam dunkel wird, ist dies genau der richtige Zeitpunkt, um Ihre Zeitzone anzugeben, indem Sie auf der Weltkarte so präzise wie möglich auf die Region klicken, in der Sie sich gerade befinden. Im darauf folgenden Fenster müssen Sie das aktuelle Datum und die Uhrzeit eingeben. (Wenn Sie schon mit dem Internet verbunden sind, kennt der Computer bereits die genaue Uhrzeit und das korrekte Datum.)

Nach einer letzten eindringlichen Bitte von Apple, sich zu registrieren, können Sie die Einrichtung abschließen, indem Sie auf FERTIG klicken.

Neue Bekanntschaften schließen

Im *Anmeldefenster* des *Startbildschirms* werden alle Benutzer aufgelistet, die derzeit über einen Benutzer-Account auf dem Rechner verfügen; mit einem persönlichen Schnappschuss oder einer anderen Grafik neben dem jeweiligen Namen. Wenn Sie jetzt auf Ihren Benutzernamen (oder Ihr Bild) klicken, werden Sie nach Ihrem Kennwort gefragt (sofern Sie eines vergeben haben). Haben Sie es richtig eingegeben, gelangen Sie – endlich! – zum Hauptarbeitsbereich des Mac, *Schreibtisch* oder auch *Desktop* genannt, den wir uns im nächsten Kapitel ausführlicher ansehen werden.

 Mit *Schreibtisch* oder *Desktop* ist die Benutzeroberfläche des Mac gemeint, die Sie auf Ihrem Computermonitor sehen.

Maus-Dressur

Bei der Arbeit mit einem Computer erreichen Sie in den meisten Fällen nur dann etwas, wenn Sie irgendetwas *mit der Maus anklicken*. (Es ist ganz einfach: Sie klicken, und es gibt eine Belohnung – Ursache und Wirkung. Das nennt man Konditionierung!)

Eine Computermaus erregt in der Regel weniger Aufsehen als ihr reales Gegenstück (Sie können also ruhig wieder vom Stuhl steigen). Und auch wenn Ihr Hightech-Nager gelegentlich ein paar Macken hat, müssen Sie keine Falle aufstellen, um ihn zur Raison zu bringen.

Manche Mäuse werden über ein Kabel mit dem Rechner verbunden, andere funktionieren über eine drahtlose Verbindung. Wie auch immer, man bezeichnet die Maus auch als *Zeigegerät*, und zwar – machen Sie sich bereit für dieses fortschrittliche Denkmodell – weil man damit, nun ja, auf Objekte *zeigen* kann.

Ich erkläre es Ihnen. Sie bewegen die Maus über eine flache Oberfläche (am besten auf einem *Mauspad*). Während Sie das tun, bewegt sich ein kleiner Pfeil, der sogenannte *Cursor* (auch *Mauszeiger* genannt), auf dem Bildschirm wie durch ein Wunder völlig synchron zu den Bewegungen, die Sie mit der Maus ausführen. Verliert die Maus die Bodenhaftung (zum Beispiel wenn Sie sie über die Schreibtischkante hinausbewegen oder anheben), hört der Cursor auf, sich zu bewegen.

Um mit der Maus auf ein Objekt zu zeigen, das Sie bearbeiten wollen, bewegen Sie den Cursor einfach genau darüber, etwa so:

Macintosh HD

Abbildung 2.2: Mit der Maus auf das Festplattensymbol zeigen.

Klick und Doppelklick in Theorie und Praxis

Haben Sie den Cursor an die gewünschte Stelle dirigiert (zum Beispiel über das Symbol Macintosh HD oben rechts auf dem Mac-Schreibtisch oder – als Trockenübung – einfach an eine leere Stelle), sind Sie bereit fürs *Klicken*. Legen Sie Ihren Zeigefinger auf die linke Seite der oberen Hälfte der Maus, drücken Sie einmal kurz (ohne großen Kraftaufwand) und lassen Sie dann wieder los. Dabei hören Sie ein sanftes Klickgeräusch (und manchmal spüren Sie sogar ein wohliges Prickeln durch Ihren ganzen Körper gehen). Damit haben Sie den ersten Teil der hohen Kunst des Klickens gemeistert.

Kein Grund, gleich eingebildet zu werden. Versuchen Sie es nun mit dem *Doppelklick*, einer Technik, die Sie mindestens ebenso oft benötigen werden, um etwas Bestimmtes zu erreichen. Dazu wiederholen Sie einfach die vorhergehende Übung wie beschrieben, nur dass Sie diesmal genau *zwei Mal*, und zwar möglichst schnell hintereinander klicken – also *doppelklicken* – und dabei versuchen, den Cursor (beziehungsweise die Maus selbst) an derselben Stelle zu halten. Es braucht vielleicht etwas Übung, aber Sie schaffen das schon!

Achtung: Falls Sie direkt auf das Symbol MACINTOSH HD doppelgeklickt haben, hat sich vermutlich ein Fenster geöffnet. Dieses Phänomen studieren wir eingehender in Kapitel 3. Um das Fenster wieder zu schließen, zeigen und klicken Sie mit der Maus auf die rote Schließen-Taste der linken oberen Ecke des Fensters.

Wie Sie dem Mac Befehle erteilen

Wie Sie gesehen haben, können Sie mithilfe der Maus Objekte auf der Benutzeroberfläche des Mac ansprechen, um bestimmte Aktionen auszuführen. Dabei »hört« der Mac in der Regel auf eine bestimmte Befehlssyntax, das heißt, Sie gehen fast immer auf dieselbe Weise vor, um dem Mac Befehle zu erteilen, damit er sie auch versteht.

Probieren Sie es am besten gleich selbst:

1. **Zeigen Sie mit der Maus auf das Festplattensymbol MACINTOSH HD oben rechts und klicken Sie ein Mal darauf.**

   Das Symbol wird *dunkel unterlegt* und signalisiert Ihnen damit: »Ich bin bereit und warte auf weitere Befehle!«. Man sagt auch, das Symbol ist *aktiviert (siehe Abbildung 2.3).*

Abbildung 2.3: Durch einen Klick auf das Symbol der Festplatte wird es aktiviert.

2. **Zeigen und klicken Sie nun auf den Menüpunkt ABLAGE (in der Menüleiste am oberen Bildschirmrand), bewegen Sie dann den Cursor über den Menübefehl ÖFFNEN, bis dieser dunkelblau hinterlegt wird, und klicken Sie dann darauf (siehe Abbildung 2.4).**

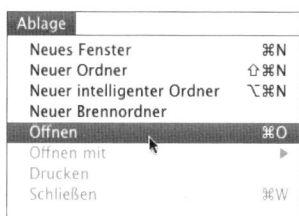

Abbildung 2.4: Ein aktiviertes Symbol über das ABLAGE-Menü öffnen

Ein Fenster mit dem Inhalt Ihrer Festplatte öffnet sich. (Um es wieder zu schließen, klicken Sie auf die rote Schließen-Taste oben links.)

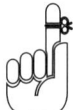 Generell signalisieren dunkel unterlegte Bereiche auf dem Mac, dass ein bestimmtes Objekt (zum Beispiel ein Symbol oder ein Menübefehl) aktiv und bereit zur weiteren Bearbeitung ist.

Diesem Schema werden Sie beim Arbeiten mit dem Mac immer wieder in ähnlicher Form begegnen. Zuerst legen Sie fest, *was* Sie bearbeiten möchten, indem Sie es durch Anklicken aktivieren, anschließend bestimmen Sie, *wie* sie es bearbeiten möchten, indem Sie zum Beispiel einen Menübefehl wählen.

 Weitaus schneller kommen Sie bei dieser Übung zum Ziel, wenn Sie einfach auf das Festplattensymbol doppelklicken. Denn mit einem *Doppelklick* werden so gut wie immer irgendwelche Dinge *geöffnet*, um deren Inhalt anzuzeigen – bei Ihrer Festplatte öffnet sich ein Fenster, ein Dokument wird in einem Programm geöffnet und so weiter.

Links- und Rechtsklick

Wenn Sie zuvor mit einem Windows-Computer gearbeitet haben, dann hatte Ihre Maus wahrscheinlich zwei oder sogar mehr Tasten. In den allermeisten Fällen verwenden Sie für einen einfachen Klick oder einen Doppelklick die Taste oben links, weshalb man sinnigerweise (wenn auch eher selten) von *Linksklick* spricht. Mit dieser Methode *aktivieren* (einfacher Klick) oder *öffnen* (Doppelklick) Sie für gewöhnlich Objekte auf dem Bildschirm. Das Gegenstück zu dieser »Klickart« ist der – na? – *Rechtsklick* (logischerweise mit der rechten Maustaste ausgeführt); diesen Begriff werden Sie häufiger hören. Sie bringen damit ein Menü, das sogenannte *Kontextmenü* (siehe Abbildung 2.5), zum Vorschein, das Befehle enthält, die sich auf das jeweilige angeklickte Objekt beziehen.

Früher hatte die typische Apple-Maus nur eine einzige Taste mit der Funktionalität der linken Maustaste einer PC-Maus. Apples aktuelle programmierbare *Mighty Mouse* sieht zwar immer noch aus wie eine Eintastenmaus, kann aber das Verhalten einer Mehrtastenmaus auf Wunsch simulieren.

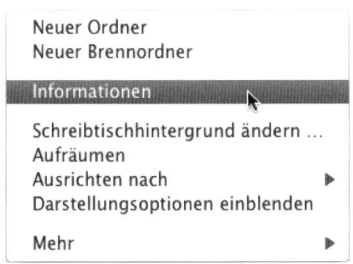

Abbildung 2.5: Ein Kontextmenü

Doch selbst wenn Sie eine Mac-Maus mit nur einer Maustaste haben, ist das gar nicht so schlimm, wie Sie vielleicht denken, denn Sie können damit genauso effektiv *rechtsklicken*.

Halten Sie dazu einfach die `Ctrl`-Taste gedrückt, während Sie zum Beispiel auf eine leere Stelle des Schreibtischs klicken, und schon kommen Sie ebenfalls in den Genuss dieser tollen Eigenschaft.

Wenn ich also im Laufe dieses Buchs von Rechtsklick spreche, beziehe ich mich sowohl auf das Klicken mit der rechten Maustaste als auch auf das Klicken bei gleichzeitig gedrückter `Ctrl`-Taste.

 Nur weil Sie mit einem Mac arbeiten, heißt das übrigens noch lange nicht, dass Sie zwingend die mitgelieferte Maus verwenden müssen. Sie können auch eine andere handelsübliche USB-Maus mit mehreren Tasten anschließen, achten Sie aber vorsichtshalber darauf, dass sie auch Mac-kompatibel ist.

Zeigen und Klicken beim Laptop

Auch an einem Mac-Laptop können Sie eine gewöhnliche Maus anschließen, was jedoch nicht unbedingt ratsam ist, wenn Sie zum Beispiel in einem Flugzeug oder in beengten Verhältnissen arbeiten müssen. Glücklicherweise verfügen die mobilen Macs über eine technische Errungenschaft, die sich *Trackpad* nennt, – ein flaches glattes Feld direkt unterhalb der Tastatur. Hier steuern Sie die Cursorbewegungen, indem Sie Ihre Finger über das Trackpad gleiten lassen. Der Schalter unterhalb dient zum Klicken aller Art. (Lesen Sie mehr darüber in Kapitel 4.)

Sie sind am Zug - Objekte mit der Maus ziehen

Außer den bisher besprochenen Kunststücken können Sie mit der Maus noch mindestens eine weitere wichtige Sache ausführen, nämlich Objekte aller Art auf dem Bildschirm bewegen oder *ziehen*. Platzieren Sie dazu den Cursor genau über einem Symbol auf dem Mac-Desktop (zum Beispiel dem Festplattensymbol MACINTOSH HD), das Sie verschieben möchten. Halten Sie die Maustaste gedrückt und bewegen Sie die Maus über den Schreibtisch, bis Sie die gewünschte Position erreicht haben; lassen Sie dann die Maustaste wieder los.

Den Mac ausschalten

Wir haben dieses Kapitel mit dem unterhaltsamen Thema begonnen, wie Sie Ihren Mac einschalten. (Stimmen Sie mir ausnahmsweise zu, selbst wenn Sie es nicht im Geringsten unterhaltsam fanden.) Auch wenn Sie jetzt vielleicht noch nicht annähernd genug haben, werde ich Ihnen nun sagen, wie Sie die Kiste wieder ausschalten. Hassen Sie nicht auch Leute, die nicht nur immer das Ende im Voraus verraten (»Der Butler war's«), sondern Ihnen auch noch ständig gute Ratschläge erteilen, nur um Ihnen dann zu erklären, warum Sie sie besser nicht hätten befolgen sollen?

Okay. Bereit? Dann sagen Sie: »Hasta la vista, Baby!«

Klicken Sie auf das graue -Symbol in der linken oberen Ecke des Bildschirms und bewegen Sie dann Ihren Cursor innerhalb des Menüs, das daraufhin erscheint, nach unten, bis der Eintrag AUSSCHALTEN blau hervorgehoben wird.

Wenn Sie nun klicken oder die ⏎-Taste auf Ihrer Tastatur drücken, öffnet sich ein *Dialogfenster* (siehe Abbildung 2.6). Ich bin zwar kein Psychotherapeut, aber die Frage, die der Mac Ihnen hier stellt, deutet doch klar auf Trennungsängste hin (oder?): MÖCHTEN SIE DEN COMPUTER JETZT AUSSCHALTEN?

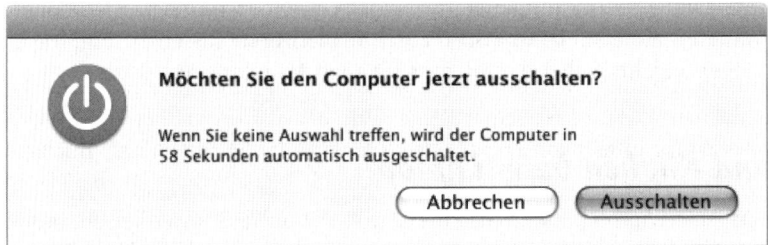

Abbildung 2.6: Möchten Sie den Computer jetzt ausschalten?

Wenn Sie nichts weiter tun, schaltet sich der Mac nach einer Minute von selbst aus. Sie wollen die sofortige Trennung? Dann klicken Sie auf die blaue, »pulsierende« AUSSCHALTEN-Taste oder drücken Sie einfach die ⏎-Taste. Sie haben es sich doch anders überlegt? Dann klicken Sie auf ABBRECHEN.

Alternativ zum Menübefehl können Sie auch einfach den Einschaltknopf drücken, woraufhin ein Dialogfenster erscheint, das Ihnen außerdem die Optionen RUHEZUSTAND und NEUSTART bietet.

In einem Dialogfenster wie dem abgebildeten weist die blaue, pulsierende Taste immer darauf hin, dass die entsprechende Option gerade *aktiviert* ist und durch Drücken von ⏎ ausgelöst werden kann.

Dem Mac ein Nickerchen gönnen

Doch welchen Grund sollten Sie haben – außer dass Sie sich vielleicht schuldig fühlen –, Ihren Mac nicht auszuschalten? Ganz einfach: Sie können ihm etwas Schlaf gönnen, ohne ihn dafür ganz abschalten zu müssen. Während der Mac schläft, verbraucht er weitaus weniger Energie als im Wachzustand. Zwar schnarcht er dabei nicht, doch Sie erhalten zumindest ein Lebenszeichen in Form eines schwachen, langsam blinkenden Lichts. Doch Ihr Rechner hat nur einen leichten Schlaf – Sie können ihn jederzeit wieder aufwecken, indem Sie auf irgendeine Taste drücken. Und das Beste dabei: Alles, womit Sie zuletzt gearbeitet haben (geöffnete Dokumente und Programme) erscheint wieder genau so, wie Sie es verlassen haben. Schalten Sie Ihren Mac dagegen komplett aus, müssen Sie nach dem Hochfahren wieder ganz von vorn beginnen.

 Falls Sie Ihren Mac für längere Zeit eingeschaltet (beziehungsweise im Ruhzustand) lassen möchten, dann stellen Sie unbedingt sicher, dass er an einer Steckdose mit Überspannungsschutz angeschlossen ist, die ihn vor Blitzschlag schützt.

Einen Mac-Laptop können Sie unmittelbar in den Schlaf schicken, indem Sie einfach den Deckel schließen. Bei einem Desktop-Mac wählen Sie RUHEZUSTAND aus dem -Menü.

Die praktischen Seiten Ihrer Tastatur

Wie jede normale Computertastatur – und selbst jede alte Schreibmaschine – kommt auch die Mac-Tastatur im *QWERTZ*-Format daher. Wie bitte? Nun ja, wenn Sie sich die oberste Buchstabenreihe von links nach rechts ansehen, dann lauten die ersten Buchstaben immer Q, W, E, R, T und Z (sofern es sich um eine deutsche Tastatur handelt; bei einer englischen Tastaturbelegung wäre es *QWERTY*, mit vertauschtem Z und Y). Doch Ihre Computertastatur umfasst noch eine ganze Reihe weiterer, ganz spezieller Tasten, von denen die Erfinder der guten alten Schreibmaschine nie zu träumen gewagt hätten.

 Apple vertreibt unterschiedliche, an die verschiedenen Regionen der Welt angepasste Tastaturen. In Europa findet sich der Tastaturstandard ISO, in den USA tippt man mit ANSI und in Japan mit JIS.

Die wichtigsten Funktionen ausfindig machen

In der ersten Reihe der Mac-Tastatur finden Sie eine Menge Tasten mit dem Buchstaben F und einer Zahl, beginnend mit F1 ganz links über F2, F3 und so weiter bis hin zu F12 oder (in manchen Fällen) F16 ganz rechts. Hier handelt es sich um Ihre getreuen *Funktionstasten*, die je nach Mac-Modell in verschiedener Reihenfolge strammstehen. Je nach Einstellung haben manche F-Tasten überhaupt keine Funktion.

Die Tasten F9, F10, F11 und F12 beziehen sich in der Regel auf eine Mac-Funktion namens *Exposé*, die Taste F8 ist für die in Leopard neue Funktion *Spaces* reserviert. Beides werde ich in Kapitel 5 genauer erläutern.

Bei Mac-Laptops können Sie mit den Tasten F1 und F2 die Helligkeit des Monitors steuern, bei anderen Macs erledigen Sie dies mit F14 und F15.

Tasten für alle Tage

Wenn Sie Ihren Computer zum größten Teil für die Textverarbeitung einsetzen, dann sind Ihre »Arbeitstier«-Tasten wahrscheinlich die mit den Vokalen und Konsonanten drauf, die beim *Scrabble*-Spielen die wenigsten Punkte einbringen.

Doch das sind nicht die einzigen Tasten, die beim Schreiben Schwerstarbeit leisten müssen, auch die Leertaste, der Punkt und das Komma werden ganz schön beansprucht. Und wenn Sie's gern dramatisch mögen, dann muss auch das Ausrufezeichen einiges hergeben, ganz zu schweigen von der Umschalt- (⇧) und der Eingabetaste (↵). Und die Buchhalter unter Ihnen werden sicher viel Zeit damit verbringen, auf die Zahlentasten einzuhämmern.

Mehr Tasten für mehr Erfolg

Die folgenden Tasten werden Sie schon bald sehr nützlich finden:

✔ ESC : _Esc_ steht für _Escape_ (zu Deutsch _Flucht, Entkommen_). Diese Taste entspricht der ABBRECHEN-Taste in einem Dialogfenster.

✔ ◄» ◄») ◄ : Über diese drei Tasten können Sie die Lautstärke der Computerlautsprecher regeln, bei Laptops übernehmen diese Aufgabe bestimmte Funktionstasten.

✔ ⏏: Das muss die Lieblingstaste von James Bond sein. Wenn Sie sie drücken, passiert eins der beiden folgenden Dinge: Bei manchen Macs wird eine eingelegte CD oder DVD durch einen schmalen, kaum sichtbaren Schlitz ausgespuckt, bei anderen Modellen wird Ihnen die enthaltene Scheibe auf einem CD-Schlitten serviert. Voilà! (Beim CD-Schlitten zieht die AUSWERFEN-Taste den Schlitten auch wieder ein.) Falls Sie diese Taste auf Ihrer Tastatur nicht finden, halten Sie stattdessen F12 gedrückt, bis das Auswerfensymbol angezeigt wird. (In Leopard finden Sie außerdem ein Auswerfensymbol oben rechts in der Menüleiste.)

✔ ← , Entf : Warum ich hier gleich zwei Tasten aufzähle? Es gibt möglicherweise zwei Tasten auf Ihrer Tastatur, die zum Löschen von Zeichen dienen, aber jede funktioniert auf ihre eigene Art. Die reguläre Löschentaste ist die ← - oder _Rücktaste_, mit der Sie Zeichen links der _Texteinfügemarke_ (= _Textcursor_) löschen. Die andere Löschentaste (Entf) trägt manchmal auch die Bezeichnung _Del_ und löscht Zeichen rechts vom Cursor (weshalb man sie auch _Vorwärtslöschtaste_ nennt). Verwirrenderweise kann man auf manchen Mac-Laptops die Zeichen rechts des Cursors auch löschen, indem man die normale Löschentaste bei gedrückter Funktionstaste Fn drückt.

✔ Pos1 , Ende : Die sprunghaftesten Tasten überhaupt. Drücken Sie Pos1 , und Sie werden umgehend an den Anfang eines Dokuments (oder einer Webseite) katapultiert. Drücken Sie Ende , und Sie landen am Fuß des Dokuments.

✔ Bild↑ , Bild↓ : Mit diesen beiden Tasten blättern Sie ohne Einsatz der Maus jeweils eine Bildschirmseite nach oben beziehungsweise unten.

✔ ⌥ : Wenn Sie die _Wahltaste_ (auf manchen Tastaturen mit alt ⌥ gekennzeichnet) gedrückt halten und gleichzeitig eine Buchstabentaste drücken, können Sie bestimmte Symbole beziehungsweise Sonderzeichen erzeugen. Sie brauchen sich natürlich nicht alle zu merken, aber mit der Zeit werden Sie die Tastenkombinationen für die wichtigsten Symbole auswendig wissen. So schreiben Sie zum Beispiel mit der Tastenkombination ⌥ + L ein @, mit ⌥ + G ein © und mit ⌥ + R ein ®.

✔ `Ctrl`: Die `Ctrl`-Taste bildet zusammen mit der Maus ein leistungsstarkes Team. Klicken Sie bei gedrückter `Ctrl`-Taste, so erscheint ein sogenanntes *Kontextmenü*, dessen Befehle sich auf das Objekt beziehen, auf das Sie gerade geklickt haben. Klicken Sie zum Beispiel mit `Ctrl` auf ein Wort in einem Word-Dokument, so können Sie über das Kontextmenü ein Synonym für dieses Wort nachschlagen. Da diese Funktion zum Beispiel bei einem Foto in einem Grafikbearbeitungsprogramm nicht unbedingt Sinn macht, erhalten Sie hier im Kontextmenü andere Bearbeitungsoptionen. Das gleichzeitige Drücken der `Ctrl`-Taste beim Klicken entspricht dem Klicken mit der rechten Maustaste, dem sogenannten Rechtsklick.

✔ `⌘`: Wenn Sie dieses kleine kleeblattartige Symbol (auch Befehlstaste genannt) in Verbindung mit bestimmten anderen Tasten drücken, so können Sie einen Tastaturkurzbefehl für eine bestimmte Aktion ausführen. Dieses Thema verdient einen eigenen Absatz und so habe ich ihm gleich den nächsten gewidmet.

Eine Abkürzung nehmen

Wenn Ihnen Ihre Maus lieb und teuer ist, dann sollten Sie ihr ab und zu eine kleine Auszeit gönnen. (Sagen Sie ihr aber bloß nicht, dass Sie manchmal ohne sie viel schneller arbeiten können – sonst ist sie am Ende noch eingeschnappt und versagt den Dienst!) Denn das ist das Schöne an *Tastaturkurzbefehlen*: Wenn Sie zum Beispiel bei gedrückter `⌘`-Taste bestimmte andere Tasten drücken, dann können Sie auf diese Weise eine Menge nützlicher Dinge erledigen. Sie müssen sich nur merken, was Sie mit welcher Kombination erreichen.

Für den Anfang lässt sich die Funktionsweise von Tastaturkurzbefehlen am besten am Beispiel eines geöffneten Menüs veranschaulichen. Das -Menü kennen Sie ja schon, lassen Sie uns zur Abwechslung ein anderes öffnen.

Klicken Sie dazu rechts vom -Logo auf den Menüpunkt ABLAGE. Es öffnet sich das Menü aus Abbildung 2.7, und wenn Sie genau hinsehen, sehen Sie rechts neben den einzelnen Menübefehlen seltsame Zeichenkombinationen, und das sind – richtig – die entsprechenden Tastaturkurzbefehle.

Nehmen wir mal den Befehl INFORMATIONEN. Sie könnten jetzt natürlich einfach den Cursor über den Befehl bewegen und klicken. Aber wir wollen ja etwas Neues ausprobieren. Halten Sie stattdessen die `⌘`-Taste gedrückt und tippen Sie ein `I` ein, wie im Menü angezeigt. Zack – und schon öffnet sich ein Fenster mit Informationen zu Ihrem Mac-Schreibtisch (sofern Sie nicht zuvor etwas anderes angeklickt haben). Schließen können Sie das Fenster übrigens wieder mit der Tastenkombination `⌘`+`W`. Eindrucksvoll, oder?

 Manchmal besteht ein Tastaturkurzbefehl aus mehr als nur zwei Tasten. So müssen Sie eventuell zusätzlich zur `⌘`-Taste noch die `⌥`- oder die `⇧`-Taste gedrückt halten und dann einen bestimmten Buchstaben drücken.

Manche der Menübefehle sind in hellgrau oder *abgeblendet* dargestellt, was bedeutet, dass sie im Moment nicht zur Verfügung stehen, weil bestimmte Voraussetzungen nicht erfüllt sind.

(So macht zum Beispiel der Befehl AUSWERFEN wenig Sinn, wenn gerade keine CD eingelegt ist, oder der Befehl ÖFFNEN, wenn zuvor kein Symbol angeklickt wurde.)

Wie auch immer, Tastaturkurzbefehle lassen sich in vielen Situationen einsetzen und können die Arbeit immens erleichtern, ob auf dem Schreibtisch oder in einem Programm. Besonders effektiv lassen sich damit zum Beispiel Inhalte kopieren und an anderer Stelle wieder einfügen, etwa bei der Textverarbeitung. Wie das genau funktioniert, erfahren Sie in Kapitel 8.

Abbildung 2.7: Tastaturkurzbefehl oder Mausklick? Das ist hier die Frage.

Ihre Schätze auf der Festplatte speichern

Sie werden schon bald eine Menge Krimskrams auf Ihrem Mac angesammelt haben: zusätzliche Software, Fotos, Musikstücke, Filme und so weiter. Doch bevor Sie überhaupt mit dem Sammeln angefangen haben, werden Sie bemerken, dass Apple Ihnen schon eine Vielzahl an Dateien und Programmen hinterlassen hat, eben alles, was Ihren Mac so ausmacht.

Insofern ist Ihr Mac wie ein Haus – je länger Sie darin wohnen, desto mehr Kram häuft sich an, den Sie trotz guter Vorsätze fast niemals vollständig loswerden.

Darunter finden sich aber auch viele Schmuckstücke, die es wert sind, aufbewahrt zu werden. Ihr Mac stellt Ihnen zu diesem Zweck einen riesigen Aktenschrank zur Verfügung: die *Festplatte*, die durch das Symbol MACINTOSH HD in der oberen rechten Bildschirmecke repräsentiert wird. Und wie bei jedem richtigen Aktenschrank gilt: je größer, desto besser. Vielleicht möchten Sie irgendwann sogar einen zweiten, sprich eine zweites Festplattenlaufwerk hinzufügen.

Den zusätzlichen Festplattenspeicher können Sie immer gut brauchen, außerdem können Sie die zweite Festplatte für *Backup*-Zwecke nutzen, das heißt eine Kopie Ihrer wertvollsten digitalen Schätze darauf aufbewahren. (Tatsächlich hält Mac OS X Leopard genau zu diesem Zweck eine neue bahnbrechende Lösung – Time Machine – bereit, über die ich Ihnen mehr in Kapitel 7 erzählen werde.) Denn merken Sie sich eins: Festplatten können äußerst empfindlich sein!

Wobei wir bei einem Thema wären, dessen Bedeutung ich Ihnen gar nicht oft und nachdrücklich genug einbläuen kann: Sichern, sichern und abermals sichern! Ich werde Sie in Kapitel 7 sowie im Laufe dieses Buches noch häufiger darauf aufmerksam machen.

Arbeitsspeichergrundlagen oder das Geheimnis des RAM

Nun muss ich Sie leider doch kurz mit einem dieser exotischen Fachausdrücke belästigen (ich hoffe Sie sehen es mir nach): *RAM*. Das steht für *Random Access Memory* (= *flüchtiger Speicher*) und bezeichnet den *Arbeitsspeicher* des Mac. Und ähnlich wie beim Festplattenspeicher (je größer, desto besser), ist es sinnvoll, dem Mac so viel *Arbeits-* oder *RAM-Speicher* wie möglich zu spendieren.

Der Grund ist einfach: Die Festplatte ist der Ort, an dem Sie Ihre Arbeit *dauerhaft* aufbewahren, während der Arbeitsspeicher nur ein *temporärer* Speicher ist, so etwas wie das Kurzzeitgedächtnis des Mac, in dem alle Daten, mit denen Sie gerade arbeiten, vorübergehend gespeichert werden. Viel RAM zu haben, zahlt sich also besonders dann aus, wenn Sie mit mehreren Programmen gleichzeitig arbeiten oder große Dateien bearbeiten wollen. Vielleicht schneiden Sie gerade ein Video, hören dabei Musik und berechnen nebenbei ein paar mathematische Formeln; und von Zeit zu Zeit legen Sie eine kurze Spielpause ein, um die virtuelle Erde von fiesen Aliens zu befreien. Meine Güte, da jonglieren Sie aber mit einer Menge Hightech-Aufgaben gleichzeitig – so etwas nennt sich auch *Multitasking*, und das frisst ganz besonders viel RAM.

 Computerfreaks sprechen im Zusammenhang mit Speichergrößen gerne von *Bits* und *Bytes*. Das winzige Bit (kurz für *Binary Digit*) ist die kleinste Dateneinheit, die ein Computer verarbeitet. Acht Bits ergeben ein Byte, wobei ein Byte in der Regel benötigt wird, um ein einzelnes Zeichen auf dem Bildschirm darzustellen – einen Buchstaben, ein Satzzeichen oder eine Zahl. Ich weiß, das alles ist gerade am Anfang nicht leicht zu verdauen, aber Sie beißen sich schon durch.

In der Regel werden Speichergrößen in *Kilobytes* oder *KB* (1 KB = 1.024 Bytes), *Megabytes* oder *MB* (1 MB = 1.048 576 Bytes) und *Gigabytes* oder *GB* (1 GB = 1.073 741 824 Bytes) angegeben. Damit Sie eine ungefähre Vorstellung von der Größenordnung Ihres Mac-Speichers bekommen: Bei Drucklegung dieses Buches war der günstigste iMac mit einer 250-GB-Festplatte und 1 GB RAM ausgestattet.

Die wichtigsten Buchsen und Anschlüsse finden

An Ihrem Mac befindet sich eine Reihe von Standardanschlüssen, auch *Ports* oder *Schnittstellen* genannt. Vielleicht wissen Sie nicht sofort etwas mit ihnen anzufangen, doch die meisten sind wirklich überlebenswichtig, da Sie Ihrem Mac die Kommunikation mit einer Schar unterschiedlichster Peripheriegeräte ermöglichen. Abbildung 2.8 zeigt die Anschlüsse eines MacBook Pro.

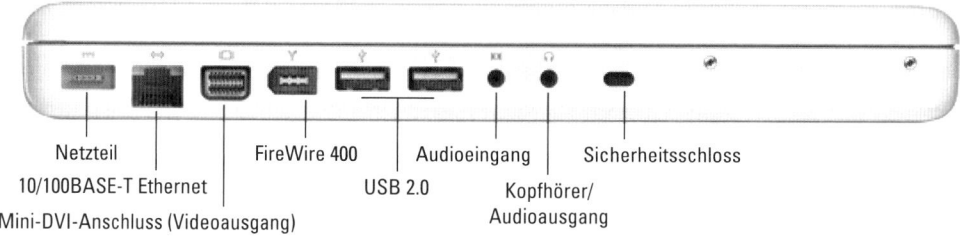

Abbildung 2.8: Die Anschlüsse Ihres Mac

Peripherer Größenwahn: USB versus FireWire

Höchstwahrscheinlich sind Sie selbst noch nie mit einem *Universal Serial Bus* gefahren. Doch Ihr Rechner kennt die USB-Route genau, da er sie täglich benutzt. Denn USB ist die Technologie, mit der Sie all die Geräte, die das Arbeiten erst erträglich machen, an Ihren Mac anschließen: Drucker, Scanner, Digitalkameras, Webcams, iPods, Joysticks, Lautsprecher, externe Festplatten, MIDI-Keyboards, und nicht zu vergessen Maus und Tastatur.

Das Anschließen eines USB-Geräts ist simpel – Sie stöpseln es einfach an einem der USB-Ports Ihres Mac an, der dabei ruhig eingeschaltet sein darf (denn das versteht man unter *Plug & Play*: verbinden und *sofort* loslegen; selten müssen Sie zuvor eine Treibersoftware installieren).

 Einige USB-Geräte können Sie auch bei laufendem Mac wieder entfernen, indem Sie einfach den Stecker aus dem USB-Port ziehen. Doch in manchen Fällen hat es der Mac lieber, wenn Sie ihm vorher Bescheid sagen. Wenn Sie zum Beispiel die Verbindung zu Ihrem iPod kappen wollen, müssen Sie in iTunes (der Musiksoftware des Mac) zuerst ein Auswerfensymbol anklicken, da es sonst zu unliebsamen Reaktionen kommen kann. (Mehr zum Thema iTunes und iPod lesen Sie in Kapitel 15.) Dasselbe gilt für Digitalkameras (und alle festplattenbasierten USB-Geräte). Hier sollten Sie grundsätzlich zuerst auf das jeweilige Auswerfensymbol klicken (oder das Symbol des Geräts in den Papierkorb ziehen), um die Verbindung sicher zu beenden und Datenverluste zu vermeiden.

 USB ist eine fabelhafte Sache. Doch wie bei den meisten guten Dingen im Leben, gibt es auch hier kleinere Nachteile. So können Sie nur eine begrenzte Anzahl an USB-Geräten anschließen. Und obwohl neuere Macs mit bis zu fünf USB-Anschlüssen ausgestattet sind, könnten Sie in »Anschluss-Nöte« geraten. In diesem Fall sollten Sie sich einen sogenannten *USB-Hub* zulegen, einen Erweiterungsadapter, der Ihnen mehr USB-Ports zur Verfügung stellt. Dabei empfiehlt sich ein Hub mit eigener Stromversorgung, warum, erfahren Sie im nächsten Tipp.

 Viele USB-Geräte benötigen keine eigene Stromversorgung, da sie ihren »Saft« vom Mac selbst beziehen. So können Sie zum Beispiel einen iPod wieder aufladen, indem Sie ihn an den USB-Port des Mac anschließen. Das war die gute Nachricht. Die schlechte: Einige der verfügbaren USB-Ports, nämlich die beiden an Ihrer Tastatur, sind ein wenig schwach auf der Brust. Sie arbeiten hervorragend mit kleinen Geräten wie der Maus zusammen, können aber unter Umständen ein Gerät wie eine energiehungrige Digitalkamera nicht mit genügend Strom versorgen. Falls Sie also einmal ein USB-Gerät an Ihrer Tastatur anschließen und feststellen, dass es nicht funktioniert, dann stöpseln Sie das Ding einfach an einen der USB-Ports direkt am Mac an. (Und jetzt wissen Sie auch, warum ein USB-Hub sein eigenes Stromkabel besitzen sollte.)

FireWire – auf diesen schönen Namen hört die andere, von Apple selbst entwickelte Schnittstelle des Mac (sie ist auch unter den Bezeichnungen *i.LINK* oder *IEEE 1394* bekannt; aber ich will Sie nicht mit technischen Details langweilen). Dieser Anschluss arbeitet besonders schnell und findet sich häufig bei digitalen Camcordern, doch auch iPods (mit entsprechendem Adapter) und externe Festplatten können ihn nutzen.

Es gibt zwei Arten von FireWire: das ältere und langsamere *FireWire 400* und das schnellere *FireWire 800*; die letztgenannte Schnittstelle war bei Drucklegung dieses Buches beim Mac Pro, beim MacBook Pro sowie beim iMac vorhanden.

Zwei paar Stiefel: Modem- und Ethernet-Anschluss

Die Modembuchse, die Sie an älteren Mac-Modellen noch finden (sie ist mit einem kleinen Telefonhörersymbol gekennzeichnet), ist identisch mit dem Wandanschluss, an den Sie Ihr normales Telefon anschließen. Sie stöpseln an dieser Buchse ein gewöhnliches Telefonkabel an (und das andere Ende in den normalen Telefonanschluss), um sich mithilfe des eingebauten analogen Modems über die Telefonleitung ins Internet einzuwählen (siehe Kapitel 10).

Doch in unserer heutigen, ultraschnellen Breitbandära sind Einwahlmodems Schnee von gestern, weshalb sich Apple irgendwann dazu entschlossen hat, sie nicht mehr standardmäßig in Macs zu integrieren. Das ist schade, denn es gibt durchaus Situationen, in denen Sie auf die Einwahl per Modem angewiesen sind. Doch genau für solche Fälle bietet Apple optional (für 55 Euro) ein externes USB-Modem an.

Nun zum *Ethernet*-Anschluss. Falls Sie noch ein älteres Mac-Modell mit Modembuchse verwenden, müssen Sie hier aufpassen, denn der Ethernet-Anschluss sieht aus wie eine etwas zu groß geratene Telefonbuchse; und in der Tat wurden (und werden) der Modem- und der Ethernet-Anschluss des Mac sowie die dazugehörigen Stecker oft miteinander verwechselt. Mithilfe des Ethernet-Anschlusses (der mit nach links und rechts weisenden Pfeilen gekennzeichnet ist) stellen Sie eine Breitbandverbindung zum Internet her (zum Beispiel über DSL) oder kommunizieren mit anderen Rechnern in einem Computernetzwerk.

Anschlüsse aller Art

Die folgenden Arten von Anschlüssen finden weniger häufig Verwendung:

✔ **Videoausgang (DVI):** Hier schließen Sie einen (zusätzlichen) externen Monitor oder einen Projektor an, etwa um einen Vortrag zu halten. (Je nach Art des externen Geräts müssen Sie einen entsprechenden Adapter verwenden.)

✔ **Schloss:** An dieser kleinen Öffnung können Sie ein Kensington-Sicherheitskabel anbringen. Damit ketten Sie Ihren Liebling, ähnlich wie Ihr Fahrrad, an ein feststehendes Objekt, zum Beispiel um das Bein eines schweren Schreibtischs, um es vor Langfingern zu schützen.

✔ **Kopfhöreranschluss:** Verwenden Sie einen Kopfhörer, wenn Sie Videospiele spielen oder Musik hören – das verschafft Ihnen und Ihrer Umgebung die nötige Ruhe.

✔ **S-Video-Ausgang:** Über diesen Anschluss verbinden Sie Ihren Computer (mithilfe eines speziellen Kabels) mit einem Fernseher, einem DVD-Player oder einem Projektor. Auf diese Weise können Sie eine im Mac eingelegte DVD auf einem großen Bildschirm ansehen. Für Modelle, die diesen Ausgang nicht haben, gibt es einen günstigen S-Video-Adapter.

✔ **Audio-Anschluss:** Hier können Sie Audiogeräte (zum Beispiel Stereoanlage oder Mikrofon) anschließen. (Je nach Geräteart werden spezielle Adapter benötigt.)

✔ **ExpressCard-Steckplatz:** Dieser Steckplatz (für Speicherkarten-Lesegeräte oder TV-Tuner; zum Beispiel beim MacBook Pro) ist der Nachfolger des PC-Card-Steckplatzes, den Sie an älteren Mac-Notebooks finden.

Beim Mac ist es ähnlich wie im richtigen Leben: Die richtigen Verbindungen können Sie ein ganzes Stück voranbringen!

Ins Innere des Mac vordringen

In diesem Kapitel

▶ Sich auf dem Schreibtisch zurechtfinden

▶ Köstliche Menüs: Die Menüleiste kennenlernen

▶ Mit Symbolen, Ordnern und Fenstern vertraut werden

▶ Inhalte sichten

▶ Das Dock entschlüsseln

▶ Coole Software entdecken

*O*bwohl ich ziemlich sicher bin, dass er niemals einen Computer benutzt hat, könnte der weise chinesische Philosoph Konfuzius den Mac im Sinn gehabt haben, als er sagte: »Wenn du Spaß an deiner Arbeit hast, wirst du keinen Tag deines Lebens mehr arbeiten.« Und zweifellos haben die meisten Menschen Spaß an Ihrem Mac, selbst wenn sie damit *arbeiten*. Aber bevor Sie so richtig loslegen können, sollten Sie sich noch ein paar Grundlagen aneignen. Danach werden Sie die Qualitäten, die den Apple zu einer so sympathischen Früchtchen machen, noch besser zu schätzen wissen.

Der Schreibtisch – ein Rundgang

Alle Wege führen bekanntlich nach Rom. Doch im Falle des Mac führen sie zum *Schreibtisch* und zweigen auch von dort wieder ab. Um jegliche Verwirrung zu vermeiden – ich spreche nicht von dem physischen Schreibtisch, auf (oder unter) dem Ihr Mac steht.

Die Rede ist von dem Arbeitsbereich, der Ihren gesamten Bildschirm einnimmt und der eben *Schreibtisch* oder *Desktop* genannt wird (bei einem PC würde man von dem Windows-Desktop sprechen, beim Mac sagt man auch Mac-Desktop).

 Viele Leute bezeichnen den Mac-Arbeitsbereich auch als *Finder*. Und das ist eigentlich recht einprägsam, denn schließlich handelt es sich hierbei um den zentralen Ort, von dem aus Sie alles, was Sie auf Ihrem Rechner gespeichert haben, mit einem Klick problemlos wieder *finden* können.

Tatsächlich dient der Schreibtisch oder Finder als Startrampe für alles, was Sie so mit Ihrem Computer erledigen. Von dieser Umgebung aus verwalten und speichern Sie Dinge.

Abbildung 3.1 zeigt einen typischen Mac-Desktop mit dem magentafarbenen Standardhintergrundbild von Leopard. Dieses Hintergrundbild und eine Menge anderer Einstellungen können Sie natürlich ändern (siehe Kapitel 5). Oben rechts wird die Uhrzeit angezeigt, unten rechts finden Sie den Papierkorb und überhaupt sehen Sie vor allem im unteren Teil des Bildschirms bereits eine Reihe bunter *Symbole*.

Menüleiste Schreibtisch (Desktop) Festplattensymbol

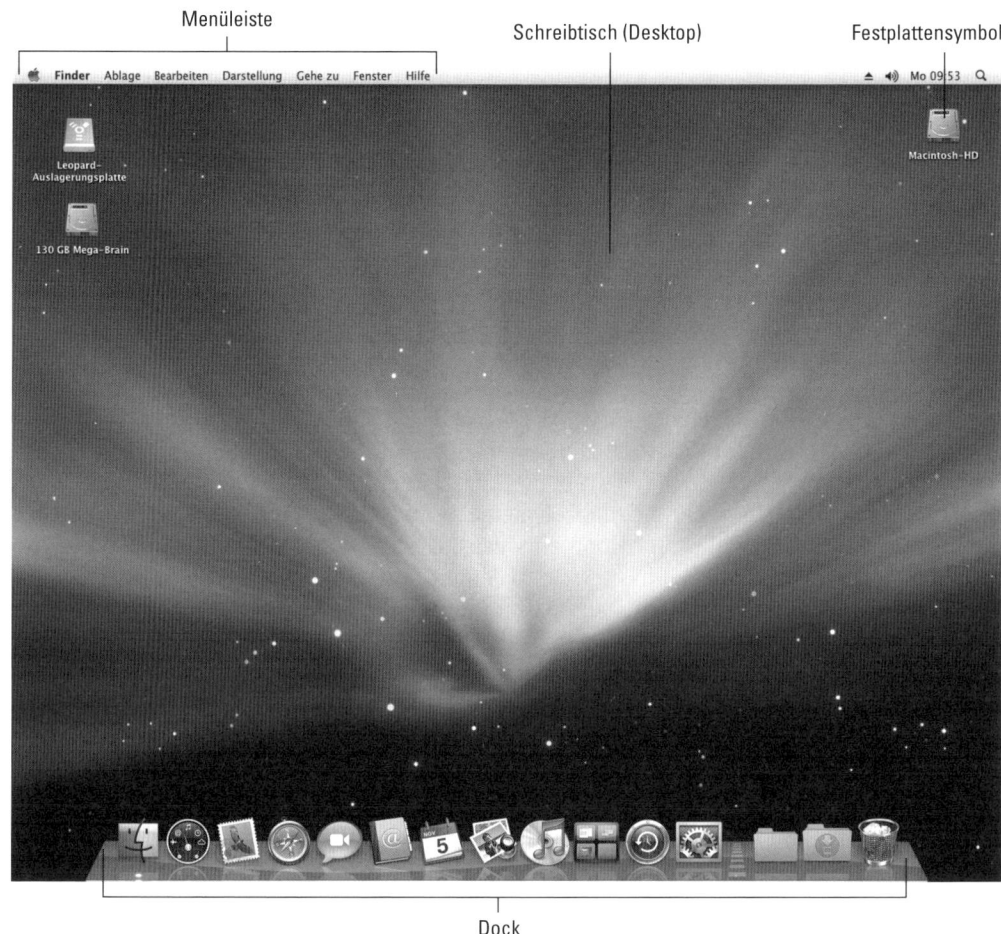

Dock

Abbildung 3.1: Ein typischer Mac-Schreibtisch

Lassen Sie mich einen kleinen Vergleich anbringen: Es gibt Dinge, die in jedem guten Haushalt vorhanden sind (oder es zumindest sein sollten), beispielsweise Kühlschrank, Toaster, Kaffeemaschine, Kleiderschrank, Verbandskasten, Nähzeug und so weiter. Und mehr oder weniger sind die Dinge bei den meisten Menschen auf die gleichen Räume verteilt oder befinden sich an ähnlichen Orten. Wohlgemerkt »mehr oder weniger« und »ähnlich«, denn eigentlich gibt es dafür keine allgemeingültigen Regeln. Schließlich kann jeder sich so einrichten, wie es ihm behagt, und auch wenn die meisten Leute die gleichen Gegenstände besitzen, sieht keine Wohnung aus wie die andere. (Was unter Umständen auch davon abhängt, wie ordentlich die Bewohner sind.)

Lange Rede, kurzer Sinn: Zwar folgt auch der Mac-Schreibtisch bestimmten Gesetzmäßigkeiten, doch Sie können in gewissem Maße davon abweichen, sodass der Desktop folglich bei jedem Nutzer ein wenig anders aussieht. Einzelheiten erläutere ich in Kapitel 5; in den folgenden Abschnitten beschreibe ich einige der wichtigsten Richtlinien.

Die Menüleiste studieren und verkosten

Sie sehen den schmalen hellgrauen Streifen am oberen Ende Ihres Bildschirms? Genau, das Ding mit dem -Symbol links und Wörtern wie FINDER, ABLAGE, BEARBEITEN und DARSTELLUNG weiter rechts. Falls Sie sich die Mühe gemacht haben, Kapitel 2 zu lesen, haben Sie sie wahrscheinlich schon ansatzweise kennengelernt – die *Menüleiste*, die so heißt, weil sich beim Klick auf den Apfel (oder einen anderen Menüpunkt) eine Liste mit Befehlen, *Menü* genannt, öffnet. (Leider können Sie hier keine Cocktails ordern.)

 Ein Klick auf das -Symbol fördert ein Menü mit einigen wichtigen Funktionen zutage. Leser, die Kapitel 2 kennen, sind bereits vertraut mit den Befehlen AUSSCHALTEN und RUHEZUSTAND. Des Weiteren finden Sie die Menüpunkte SOFTWAREAKTUALISIERUNG, SYSTEMEINSTELLUNGEN, NEUSTART und andere, die ich im Verlauf dieses Buches genauer erklären werde. Für den Moment genügt es zu wissen, dass das -Menü so wichtig ist, dass Sie immer darauf zugreifen können, egal ob Sie auf dem Mac-Schreibtisch (im Finder) oder in einem Programm arbeiten.

Klicken Sie also auf den Apfel und dann auf den zweiten Menüpunkt ÜBER DIESEN MAC. Ein *Fenster* öffnet sich und gibt Auskunft darüber, welche Version des Mac OS X-Betriebssystems Ihr Mac verwendet (siehe auch Kapitel 6), welcher *Prozessor* und wie viel Arbeitsspeicher eingebaut sind.

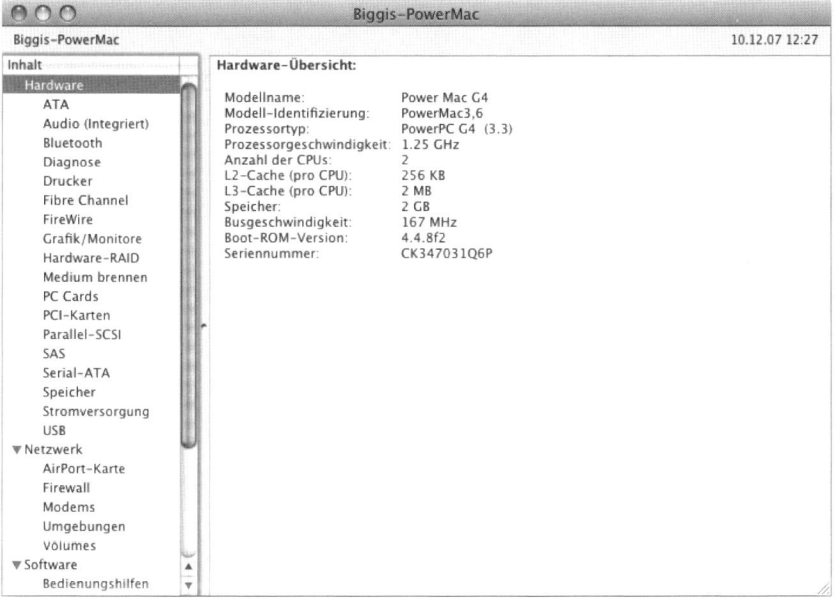

Abbildung 3.2: Das Profil Ihres Mac im System-Profiler

Untermenüs und lange Menüs

Bei den meisten Menüs finden Sie rechts neben dem ein oder anderen Menüpunkt oder -befehl einen kleinen nach rechts weisenden Pfeil. Dieser weist darauf hin, dass darunter weitere Optionen zusammengefasst sind, die in einem seitlich aufklappenden Untermenü angezeigt werden, sobald Sie den Cursor über den Menüpunkt bewegen.

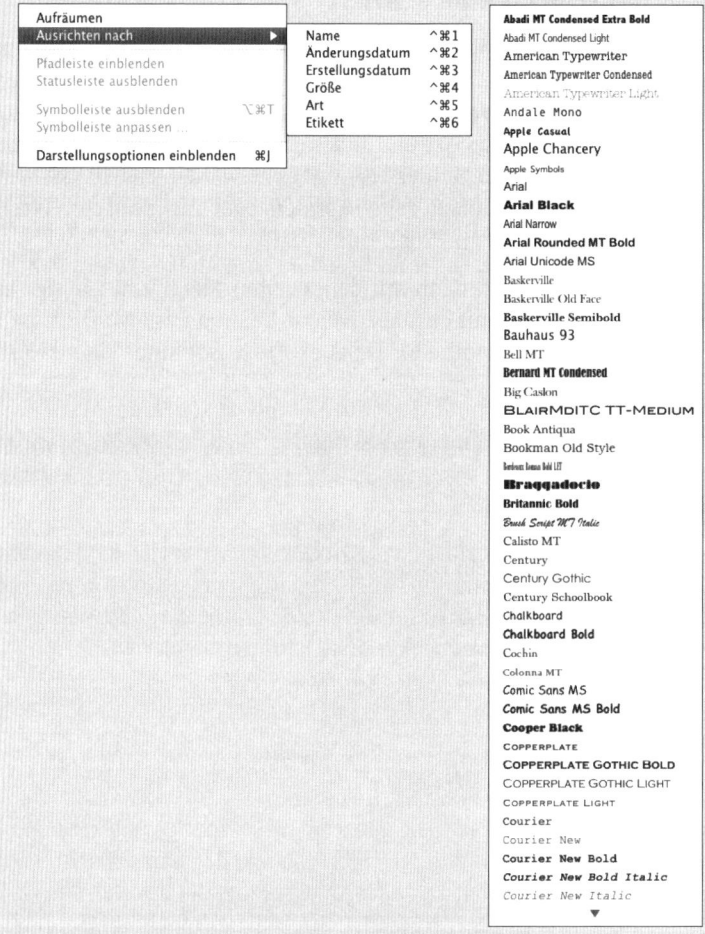

Manche Menüs, wie das rechte gezeigte Schriften-Menü, sind so umfangreich, dass nicht alle Menüpunkte auf einmal angezeigt werden können. In diesem Fall erscheint ein nach unten gerichteter Pfeil am Fuß des Menüs. Wenn Sie den Mauszeiger darüber bewegen, gibt das Menü den Blick auf die restlichen Inhalte frei.

Wenn Sie auf WEITERE INFORMATIONEN klicken, öffnet sich der *System-Profiler* (siehe Abbildung 3.2). Sie finden dort unter anderem die Seriennummer Ihres Mac. (Extrem nützlich, falls Sie dem Gegner in die Hände fallen. Ihren Namen und Rang kennen Sie vermutlich, und mehr müssen Sie Microsoft laut Genfer Konvention auch nicht verraten.) Der Rest ist mehr oder weniger technisches Kauderwelsch im Listenformat. Einige Infos sind aber ganz aufschlussreich, so erhalten Sie zum Beispiel einen Überblick über Ihre Systemeinstellungen und die angeschlossene und installierte Hardware.

Mit Symbolen, Ordnern und Fenstern vertraut werden

Symbole habe ich Ihnen schon kurz vorgestellt, diese niedlichen Bildchen, auf die Sie doppelklicken und dadurch wundersame Dinge in Gang setzen können. Das Schöne dabei (überhaupt beim Arbeiten mit einer grafischen Benutzeroberfläche) ist, dass Sie sich keine Gedanken machen müssen über die komplizierten technischen Vorgänge, die in diesem Moment im Innern Ihres Rechners stattfinden.

Auf dem Mac sowie in der gesamten heutigen Computerwelt werden alle Dinge durch Symbole dargestellt: Textdokumente, Ordner, Festplatten, eine eingelegte CD, Bilder und Programme. Sie finden Symbole auf Ihrem Mac-Desktop, im Dock und in Fenstern. Sie können ein Symbol anklicken, um es zu bearbeiten, doppelklicken, um an seinen Inhalt zu gelangen, oder es mit der Maus an eine andere Stelle bewegen (siehe Kapitel 2).

Versuchen Sie mal einem Doppelklick auf das Symbol MACINTOSH HD, das standardmäßig oben rechts auf dem Schreibtisch erscheint und Ihre Festplatte repräsentiert. Ein *Fenster* mit neuen Symbolen darin öffnet sich. Diese stehen für die einzelnen *Ordner*, in denen sich zum Beispiel Ihre Software und das System sowie Dateien und Dokumente oder wiederum weitere Ordner befinden.

Ordner sind das halbe Leben

Wie Sie sehen, ist die Festplatte des Mac – genau wie ein richtiger Aktenschrank – von Haus aus in virtuelle Ordner unterteilt, die Ihnen helfen sollen, den Überblick zu behalten. Es gibt Ordner, die der Mac von selbst anlegt (zum Beispiel solche, die das Betriebssystem oder Programme betreffen), und solche, die für Sie als Nutzer wichtig sind beziehungsweise die Sie selbst erstellen.

Ihr ganz privater Benutzerordner

Versuchen Sie einmal Folgendes: Doppelklicken Sie im Fenster Ihrer Festplatte (das Sie eben geöffnet haben) auf den Ordner BENUTZER. Suchen Sie dann Ihren persönlichen *Benutzerordner* (kleiner Tipp: das kleine Häuschen mit Ihrem Namen drunter) und doppelklicken Sie auch auf diesen – beachten Sie, wie der Inhalt des Fensters jedes Mal durch neue Inhalte ersetzt wird.

Diesmal sehen Sie mehrere *Unterordner*, in denen Sie künftig zum Beispiel Ihre Musik, Bilder und Filme und natürlich die Dokumente, die Sie erstellen, aber auch E-Mails und Internet-Lesezeichen aufbewahren werden.

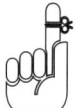

Der Benutzerordner ist Ihr ganz persönlicher Ordner, in dem neben Ihren privaten Dingen auch all Ihre Benutzereinstellungen gespeichert werden. Er verwahrt Ihre Daten jedoch nicht nur, sondern schützt sie auch vor dem Zugriff anderer Benutzer, die eventuell den Mac mit Ihnen teilen (und ebenfalls über einen eigenen Benutzerordner verfügen; siehe Kapitel 5). Aus diesem Grund sollten Sie Ihre Dateien möglichst auch nur innerhalb Ihres Benutzerordners ablegen.

Sofern auf Ihrem Mac mehrere Benutzerkonten eingerichtet sind, sehen Sie im Ordner Benutzer neben Ihrem eigenen Benutzerordner auch die der anderen Benutzer und darin wiederum deren Unterordner. Diese sind mit kleinen roten Punkten mit weißer Linie versehen, die Sie darauf hinweisen, dass Sie keinen Zugang zu den Inhalten dieser Ordner haben. (Ich nenne Sie gern »Pfoten weg«-Symbole.) Sollten Sie sich dennoch Zugriff verschaffen wollen, werden Sie sofort ermahnt.

Ach ja, und bitte – wenn Sie sich eine Menge Ärger ersparen wollen – benennen Sie Ihren Benutzerordner nicht um!

Sie können auf Ihren Benutzerordner auf verschiedene Arten zugreifen:

✔ Wählen Sie aus dem Finder-Menü Gehe zu die Option Benutzerordner. (Oder verwenden Sie den dazugehörigen Tastaturkurzbefehl ⇧ + ⌘ + H).

✔ Klicken Sie in der *Seitenleiste* eines beliebigen geöffneten Fensters auf das Haussymbol mit Ihrem Namen. (Die Seitenleiste besprechen wir weiter hinten in diesem Kapitel genauer.)

Die Geschichte des Drag & Drop

Es muss irgendwann in den 70ern gewesen sein, da legte irgendein kluger Kopf – wer genau es war, ist nicht bekannt – die Grundlage für eine Technik, die die Arbeit mit dem Computer revolutionieren sollte: *Drag & Drop* (= *Ziehen und Ablegen*). Mehrere Quellen berichten, dass Apple einst die Rechte an dieser Technik (sowie am gesamten Prinzip der grafischen Benutzeroberfläche) erwarb und sie weiterentwickelte, bis sie später schließlich bei Personal Computern mit grafischer Benutzeroberfläche zum Standard wurde.

Unter Drag & Drop, wie wir es heute kennen, versteht man das manuelle Verschieben eines Objekts auf intuitive Art von einem Ort an einen anderen (oder von einem Ordner in einen anderen), indem man es bei gedrückter Maustaste von seinem ursprünglichen Speicherort wegbewegt (*Dragging*) und am gewünschten Zielort ablegt, in dem man die Maustaste loslässt (*Dropping*).

Eigene Ordner erstellen und ablegen

Zwar befinden sich in Ihrem Benutzerordner bereits ein paar sinnvolle Ordner. Doch schon ziemlich bald werden Ihnen diese vielleicht nicht mehr ausreichen und Sie möchten Ihre eigenen Ordnerstrukturen anlegen. Zum Glück bietet der Mac die Möglichkeit, eine unendlich große Zahl von eigenen Ordnern zu erstellen und natürlich etwas darin abzulegen.

Lassen Sie uns gleich eine praktische Übung machen:

1. **Wählen Sie aus dem Ablage-Menü den Befehl Neuer Ordner (oder drücken Sie den Tastaturkurzbefehl ⇧ + ⌘ + N).**

   Schon erscheint ein neuer Ordner mit dem Namen *Neuer Ordner* auf Ihrem Schreibtisch (siehe Abbildung 3.3). Benennen Sie ihn am besten gleich um, indem Sie den bereits *farbig hinterlegten* (= *aktivierten*) Ordnernamen überschreiben. (Sollten Sie zuvor woanders hingeklickt haben, ist der Ordner nicht mehr aktiviert. Klicken Sie ihn dann an und drücken Sie die ⏎ -Taste Ihrer Tastatur, um einen neuen Namen einzugeben.)

Abbildung 3.3: Einen neuen Ordner umbenennen

2. **Geben Sie den Namen Speisekarte ein und drücken Sie dann ⏎ .**

3. **Erzeugen Sie noch drei weitere Ordner mit einer der genannten Methoden und nennen Sie sie Tagesmenü, Nachspeisen und Getränke.**

4. **Ziehen Sie nun den Ordner Tagesmenü bei gedrückter Maustaste direkt über den Ordner Speisekarte (sodass die Cursorspitze etwas über der Mitte liegt).**

   Sobald der Ordner Speisekarte dunkel hinterlegt erscheint, lassen Sie die Maustaste los. Wie Sie sehen, ist der Ordner Tagesmenü nun verschwunden – denn er wurde vom Ordner Speisekarte verschlungen. Sie haben soeben erfolgreich *Drag & Drop* angewendet. (Wenn Sie nicht gut gezielt haben, kann es auch sein, dass der Ordner nur darüber oder daneben liegt – probieren Sie's dann einfach noch mal.)

   Als Nächstes wollen wir die beiden verbleibenden Ordner Nachspeisen und Getränke (was wäre ein gutes Menü ohne sie?) *gleichzeitig* auf dieselbe Art in den Speisekarte-Ordner befördern. Ich höre Sie schon fragen: »Wie gleichzeitig?« Nur die Ruhe, ich erkläre es Ihnen. Dazu müssen Sie die beiden Ordner zuerst nacheinander auswählen, und das funktioniert mit einer besonderen, nun ja Auswahltechnik.

5. **Klicken Sie links oberhalb des Ordners Nachspeisen. Halten Sie die Maustaste gedrückt und ziehen Sie den Cursor schräg nach rechts unten über den Ordner Getränke hinweg, sodass beide Ordner vollständig von einem hellen Auswahlrechteck eingeschlossen werden, und lassen Sie dann die Maustaste los.**

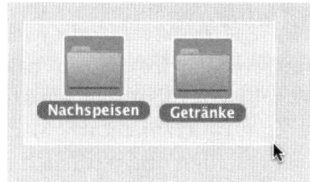

Abbildung 3.4: Zwei Ordner gleichzeitig auswählen

Beide Ordner sollten nun dunkel hinterlegt und eingerahmt angezeigt werden, zum Zeichen, dass sie aktiviert (= *bereit zum Bearbeiten*) sind (siehe Abbildung 3.4).

6. **Fassen Sie nun einen der beiden ausgewählten Ordner an und ziehen Sie ihn zusammen mit dem anderen Ordner in den Ordner** SPEISEKARTE.

    Wenn alles geklappt hat, sind die Ordner nun beim Ordner TAGESMENÜ gelandet.

    Damit haben Sie drei Ordner – und zwei davon gleichzeitig – in einen anderen bewegt. Sie wollen wissen, ob das wirklich stimmt?

7. **Doppelklicken Sie auf den Ordner** SPEISEKARTE.

    Er öffnet sich – und da liegen sie in trauter Dreisamkeit und warten darauf, mit leckeren Gaumenfreuden gefüllt zu werden …

Dasselbe können Sie selbstverständlich mit selbst erstellten Textdateien oder jeder anderen Art von Datei machen.

 Damit das Zielen beim Drag & Drop leichter fällt, können Sie einen Ordner, in den Sie etwas legen wollen, auch zuerst per Doppelklick öffnen und dann die darin abzulegenden Symbole in das Fenster hineinziehen.

Fenster nach Wunsch gestalten

Ich verkneife mir jetzt alle hinkenden Vergleiche mit herkömmlichen Fenstern (oder gar denen, von welchen oft im Zusammenhang mit einem reichen Amerikaner namens Bill Gates die Rede ist) und komme am besten gleich zur Sache …

Sie haben ja eben schon ein Fenster geöffnet und (bildlich gesprochen) ein wenig frischen Wind über Ihren Desktop wehen lassen. Um es wieder zu schließen, klicken Sie auf den roten, gelee-artigen »Knopf« ganz oben links. Und wenn Ihnen der Sinn nach einem neuen Fenster steht, können Sie entweder erneut auf Ihr Festplattensymbol doppelklicken oder Sie wählen zur Abwechslung aus dem Menü ABLAGE den Befehl NEUES FENSTER. In diesem Fall öffnet sich ein Fenster mit dem Inhalt Ihres Benutzerordners (siehe Abbildung 3.5).

Schließen – Ein Klick auf die rote Taste schließt das Fenster.

Minimieren – Ein Klick auf die gelbe Taste blendet das Fenster vorübergehend aus und zeigt es als anklickbares Symbol im Dock an.

Maximieren – Ein Klick auf die grüne Taste vergrößert (beziehungsweise verkleinert) das Fenster.

Darstellung – Mit diesen vier Tasten können Sie sich den Fensterinhalt als Symbole, als Liste, in Spalten oder in der Cover Flow-Darstellung anzeigen lassen (von links nach rechts).

Übersicht/Diashow – Bietet eine Vorschau auf Dateien aller Art und die Möglichkeit, Bilder in einer Diashow anzuzeigen, ohne ein Programm öffnen zu müssen

Aktion – Ein Klick auf diese Taste öffnet ein Menü mit verschiedenen Optionen.

Titelleiste – Dient als »Anfasser« zum Verschieben des Fensters

Werkzeugleisten-Taste – Hiermit blenden Sie Symbol- und die Seitenleiste aus und ein.

Suchfunktion – Hier geben Sie Suchbegriffe ein, um bestimmte Dateien zu finden.

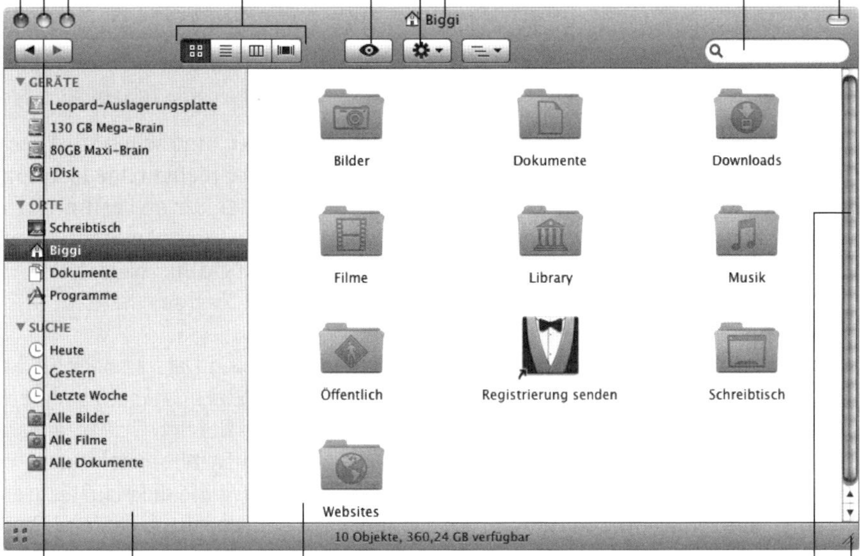

Größenanfasser – Ziehen Sie an diesem Anfasser, um die Fenstergröße anzupassen.

Horizontaler und vertikaler Rollbalken – Durch Ziehen der Rollbalken verschieben Sie den Inhalt eines Fensters horizontal oder vertikal, um nicht sichtbare Symbole anzuzeigen.

Seitenleiste – Enthält die Symbole häufig benutzter Objekte wie Ordner, Programme, Dateien und Festplatten sowie häufig benötigte Suchabfragen und erleichtert somit den Zugriff; es können beliebig viele Symbole in der Leiste platziert werden.

Rückwärts- und Vorwärts-Tasten – Damit bewegen Sie sich zum nächsten beziehungsweise vorhergehenden Fensterinhalt.

Abbildung 3.5: Durchblick in Sachen Fenster

Aber Sie können natürlich weit mehr mit diesen Fenstern anstellen, als sie nur zu öffnen und zu schließen: Sie können sie vergrößern und verkleinern, mit den Rollbalken (auch als Scrollbalken bekannt) darin navigieren, sie an eine andere Stelle des Schreibtischs ziehen oder minimieren, ihr Erscheinungsbild verändern, mehrere Fenster öffnen und Symbole von einem Fenster in ein anderes bewegen, mehrere Fenster übereinander legen und so weiter.

Die Seitenleiste

Wie Sie sicher schon bemerkt haben, befindet sich auf der linken Seite eines jeden Fensters ein Bereich mit immer gleichen Symbolen – die sogenannte _Seitenleiste_. Sie bietet Ihnen die Möglichkeit, schnell und unproblematisch auf alle häufig genutzten Objekte zuzugreifen, ohne sich erst durch Ihre gesamte Festplatte (oder ein Netzwerk) klicken zu müssen.

Im oberen Teil der Seitenleiste befinden sich in der Rubrik GERÄTE standardmäßig die Symbole für Ihre Festplatte und die iDisk (falls vorhanden; siehe Kapitel 13) und wenn Sie ein Speichermedium (zum Beispiel eine CD) einlegen, so erscheint auch dessen Symbol an dieser Stelle. Falls Ihr Mac mit einem lokalen Netzwerk verbunden ist, werden direkt unterhalb, unter der Rubrik FREIGABEN andere Netzwerkrechner angezeigt. In der Rubrik ORTE sind bereits das Symbol Ihres Benutzerordners sowie des Ordners DOKUMENTE, das Symbol PROGRAMME sowie das SCHREIBTISCH-Symbol verankert.

Diese Symbole funktionieren wie eine Abkürzung – ein Klick darauf, und schon wird der Inhalt der entsprechenden Ordner im Fenster angezeigt. Sie brauchen also nicht erst jedes Mal auf Ihr Festplattensymbol doppelzuklicken, dann auf BENUTZER und so weiter, um an bestimmte Inhalte zu gelangen. Und das Beste an der Seitenleiste: Sie können darin auch die Symbole anderer wichtiger Dinge wie oft verwendete Dokumente, Programme und Ordner platzieren.

Und so richten Sie die Seitenleiste ein:

✔ **Symbole hinzufügen und entfernen:** Ziehen Sie die Symbole von Dateien oder Medien, auf die Sie schnell zugreifen können möchten, vom Schreibtisch oder aus einem anderen Fenster in die Seitenleiste (Festplatten und Speichermedien in den Bereich GERÄTE, alles andere in den Bereich ORTE). Geben Sie beim Ablegen acht, dass das Symbol auch tatsächlich in der Seitenleiste landet und nicht »in« einem der Ordner. Lassen Sie die Maustaste erst los, wenn eine blaue Trennlinie zwischen zwei Symbole erscheint (siehe Abbildung 3.6).

> Ziehen Sie ein Symbol, das Sie entfernen wollen, einfach aus der Seitenleiste heraus. Es verpufft in einer Rauchwolke auf Nimmerwiedersehen. (Keine Sorge, Sie haben damit keine Inhalte auf Ihrem Rechner gelöscht, sondern lediglich ein Symbol entfernt.)

✔ **Die Reihenfolge der Symbole ändern:** Bewegen Sie ein Symbol einfach an eine neue Position in der Seitenleiste.

✔ **Die Breite der Seitenleiste ändern:** Ziehen Sie das vertikale Trennelement (der Cursor verwandelt sich in einen Doppelpfeil) nach links oder nach rechts.

✔ **Die Seitenleiste ausblenden:** Klicken Sie auf die Werkzeugleisten-Taste oben rechts im Fenster. (Klicken Sie erneut darauf, um die Seitenleiste wieder einzublenden.)

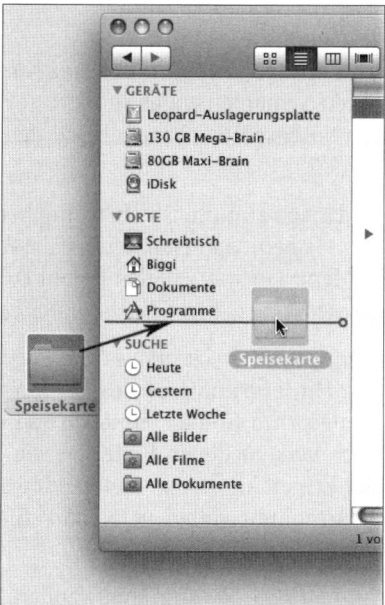

Abbildung 3.6: Einen Ordner in der Seitenleiste verankern

 Darüber hinaus erleichtert Ihnen die Seitenleiste in Mac OS X Leopard die Suche nach bestimmten Dateien und Dokumenten. Mit den vorgegebenen Suchoptionen können Sie zum Beispiel ganz leicht alle Dateien aufrufen, mit denen Sie HEUTE, GESTERN oder LETZTE WOCHE gearbeitet haben, indem Sie auf das jeweilige Suchsymbol klicken. Auch Dateien eines bestimmten Typs wie Bilder, Filme und Dokumente können Sie suchen und auf einen Schlag anzeigen lassen.

Diese Suchabfragemöglichkeit steht in direktem Zusammenhang mit *Spotlight*, dem mächtigen Suchwerkzeug von Leopard, sowie der Möglichkeit von Suchabfragen mithilfe von *intelligenten Ordnern*. Auf beides werde ich in Kapitel 6 ausführlicher eingehen.

Glänzende Aussichten –
Symbole, Listen, Spalten und Cover Flow

Vielseitig wie er ist, erlaubt Ihnen der Mac, den Inhalt eines Fensters auf vier verschiedene Arten zu betrachten. Um sie auszuprobieren, öffnen Sie entweder das Menü DARSTELLUNG und wählen ALS SYMBOLE, ALS LISTE, ALS SPALTEN oder ALS COVER FLOW, oder Sie nutzen gleich die entsprechenden Tasten im Fenster, wie in Abbildung 3.5 beschrieben. Doch schauen wir uns die einzelnen Darstellungen einmal genauer an.

Symboldarstellung

In Abbildung 3.5 sehen Sie den Benutzerordner in der *Symboldarstellung*, so genannt, weil das Fenster hier mit lauter bunten Symbolen angefüllt ist. So erkennen Sie zum Beispiel den Musik-Ordner gleich an seinem Notenschlüsselsymbol und den Filme-Ordner an dem Filmstreifensymbol.

 Wenn Ihnen gerade danach zumute ist, ein wenig herumzuspielen (oder wenn Sie nichts Besseres zu tun haben), dann können Sie die Größe der Symbole verändern, indem Sie aus dem Menü Darstellung den Befehl Darstellungsoptionen einblenden wählen und unter Symbolgrösse den Schieberegler bewegen.

Des Weiteren können Sie in den Darstellungsoptionen die Position der Symbolbezeichnung ändern (Unten oder Rechts), die Hintergrundfarbe des Fensters ändern (klicken Sie auf das Kästchen neben Farbe) oder ein eigenes Bild als Hintergrund einfügen. Außerdem können Sie die Symbole permanent nach verschiedenen Kriterien wie Name, Änderungsdatum, Erstellungsdatum, Größe, Art oder Etikett anordnen (Einblendmenü Ausrichten nach). (Falls Sie die Sortierung nicht dauerhaft einrichten wollen, verwenden Sie stattdessen den Menübefehl Darstellung|Immer ausrichten nach.)

Um Ihre Änderungen auf jedes geöffnete Fenster anzuwenden, klicken Sie auf Als Standard verwenden.

Listendarstellung

Wenn Sie jetzt einen Blick in das Menü Darstellung werfen, sehen Sie ein Häkchen neben dem Eintrag Als Symbole. Wenn Sie nun auf Als Liste klicken, wird dieser Eintrag mit einem Häkchen versehen. Die Symbole schrumpfen deutlich zusammen und die ganzen Unterordner Ihres Benutzerordners erscheinen untereinander in Form einer Liste. Logisch, denn Sie befinden sich in der *Listendarstellung*, wie in Abbildung 3.7 gezeigt. In dieser Darstellungsart werden viel mehr Informationen angezeigt, wie etwa Datum und Zeit der letzten Änderung einer Datei, ihre Größe und Art (zum Beispiel Anwendung oder Ordner). Sie können die Liste nach den Kriterien der einzelnen Spalten ordnen, indem Sie im Spaltenkopf auf die jeweilige Bezeichnung klicken.

 Welche Kriterien angezeigt werden, legen Sie wieder mit dem Menübefehl Darstellung|Darstellungsoptionen einblenden fest. Außerdem können Sie hier die Größe der Symbole und der Beschriftung ändern.

Angenommen, Sie suchen ein bestimmtes Dokument in Ihrem Dokumente-Ordner, können sich aber nicht an seinen Namen erinnern, sondern nur daran, wann Sie es zuletzt bearbeitet haben. Klicken Sie auf die Spalte Änderungsdatum und alle Unterordner und Dateien werden chronologisch angeordnet, vom ältesten bis zum neuesten Objekt oder umgekehrt, je nachdem, in welche Richtung das kleine Dreieck rechts neben der Spaltenbezeichnung zeigt. Ein weiterer Klick auf den Kopf der Spalte (oder das Dreieck) listet die Inhalte in der umgekehrten Reihenfolge auf.

Ein Klick auf die Spaltenbezeichnung sortiert die Liste nach diesem Kriterium.

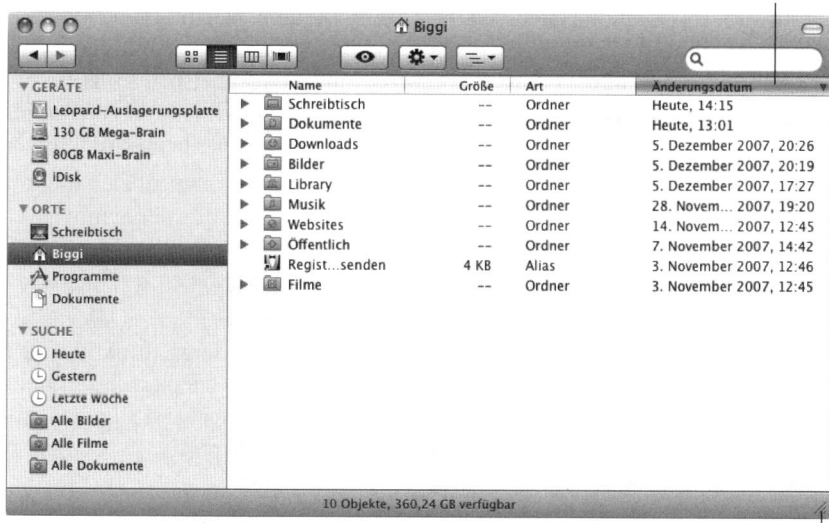

Hier verändern Sie die Fenstergröße. ⏋

Abbildung 3.7: Die Listendarstellung

Falls Dateigrößen für Sie von Bedeutung sind, klicken Sie auf die Spalte GRÖSSE, um die Liste von der größten bis zur kleinsten Datei zu ordnen, auch hier ändern Sie per Klick auf das Dreieck die Sortierreihenfolge. Um die Liste nach der Art der enthaltenen Objekte zu sortieren (zum Beispiel nach Textdateien oder Ordnern), klicken Sie auf die Spalte ART.

 Immer wenn Sie in der Listendarstellung links neben einem Ordnersymbol einen nach rechts zeigenden Pfeil sehen, deutet das darauf hin, dass der Ordner Dokumente oder Unterordner enthält. Um zu sehen, was sich darin befindet, müssen Sie ihn nicht extra per Doppelklick öffnen, sondern können stattdessen einfach auf den Pfeil klicken. Dieser zeigt dann nach unten und gibt den Blick auf die Inhalte des Ordners frei (Dateien und andere Unterordner, die eventuell wiederum mit einem Pfeil versehen sind).

 Sollten in der Listendarstellung nicht alle vorhandenen Spalten zu sehen sein, können Sie folgendermaßen Abhilfe schaffen:

✔ Verkleinern Sie die Breite der Spalten, indem Sie im Spaltenkopf auf die vertikale Trennlinie rechts neben dem Spaltennamen klicken (Sie sehen dann einen Doppelpfeil) und sie (bei gedrückter Maustaste) nach links ziehen.

✔ Ändern Sie die Anordnung der Spalten, indem Sie einen Spaltenkopf bei gedrückter Maustaste nach links oder rechts verschieben.

✔ Ziehen Sie den unteren Rollbalken nach links oder nach rechts.

✔ Und natürlich können Sie die Fenstergröße jederzeit ändern, indem Sie rechts unten am Größenanfasser des Fensters ziehen.

 Der Mac gibt Ihnen die Möglichkeit, die Fenster-Symbolleiste dauerhaft an Ihre Erfordernisse anzupassen. Wählen Sie bei einem beliebigen geöffneten Fenster den Menübefehl DARSTELLUNG|SYMBOLLEISTE ANPASSEN, ziehen Sie aus dem Fenster, das sich daraufhin öffnet, einige Funktionssymbole (zum Beispiel NEUER ORDNER) an die gewünschte Stelle in der Leiste und klicken Sie abschließend auf FERTIG. Um ein Symbol aus der Symbolleiste zu entfernen, ziehen Sie es bei gedrückter ⌘-Taste nach oben aus dem Fenster heraus.

Auswahltechniken für Fleißige

Die weiter vorn in diesem Kapitel erklärte Auswahlmethode, bei der Sie einen Auswahlrahmen um zwei Symbole gezogen haben, um diese zu markieren, funktioniert in den meisten Fällen prächtig, aber eben nicht immer. Deshalb möchte ich an dieser Stelle allen besonders Engagierten noch ein paar spezielle Auswahltechniken vorstellen. Ich empfehle aber auch allen anderen, sie bei Gelegenheit zu studieren, denn Sie werden sie bei der Arbeit mit dem Mac noch häufiger benötigen.

Öffnen Sie für unser kleines Experiment ein Fenster in der Listendarstellung, am besten eines mit viel Inhalt (zum Beispiel den PROGRAMME-Ordner). In der Praxis ist das häufig ein Ordner mit, sagen wir, ein paar Hundert Fotos oder Musikdateien, von denen Sie mehrere auswählen müssen, um sie zum Beispiel in einen anderen Ordner zu verschieben oder zu kopieren.

Sie können nun Folgendes tun:

✔ **Alle Objekte auswählen:** Mit einem Auswahlrahmen bräuchten Sie hier viel Geduld. Wählen Sie daher den Menübefehl BEARBEITEN|ALLES AUSWÄHLEN oder drücken Sie ⌘+A. Alle Objekte werden markiert. Um die Auswahl wieder aufzuheben, klicken Sie an eine leere Stelle im Fenster.

✔ **Mehrere nebeneinander liegende Objekte auswählen:** Klicken Sie auf das erste Symbol, das in der Auswahl enthalten sein soll, um es zu aktivieren. Ziehen Sie dann gegebenenfalls den rechten Rollbalken nach unten bis zum Ende der auszuwählenden Gruppe. Halten Sie die ⇧-Taste gedrückt und klicken Sie auf das letzte Symbol der Auswahl. Erfreulicherweise werden alle Objekte zwischen dem ersten und dem zweiten Klick markiert. Prima! Alternativ können Sie nach dem Klick auf das erste Symbol die ⇧-Taste gedrückt halten und dann die Pfeiltasten auf Ihrer Tastatur verwenden.

✔ **Mehrere nicht nebeneinander liegende Objekte auswählen:** Markieren Sie das erste auszuwählende Symbol. Halten Sie die ⌘-Taste gedrückt und klicken Sie auf das nächste auszuwählende Symbol und so weiter.

All diese Auswahltechniken lassen sich natürlich auch in der Symbol- und in der Spaltendarstellung anwenden und gelten außerdem in den meisten Mac-Programmen, in denen Sie mit Symbolen arbeiten.

Spaltendarstellung

Kommen wir nun zu der besonders nützlichen *Spaltendarstellung*. Wählen Sie dazu aus dem DARSTELLUNG-Menü ALS SPALTEN oder klicken Sie auf die kleine Spaltentaste in der Symbolleiste des Fensters. Ihr Fenster wird daraufhin in mehrere vertikale Abschnitte – oder eben Spalten – aufgeteilt. Der Sinn dieser Aufteilung in mehrere Fenster innerhalb eines Fensters besteht darin, Ihnen bei der Suche nach einer Datei einen Überblick darüber zu verschaffen, wo genau innerhalb einer verschachtelten Ordnerstruktur Sie sich befinden und auf welchem Weg Sie dorthin gelangt sind. Betrachten wir das Ganze an einem Beispiel.

Ganz links befindet sich wie üblich die Seitenleiste mit den Symbolen Ihrer Festplatte, Ihres Benutzerordners und so weiter. Wenn Sie nun Ihren Benutzerordner anklicken – sofern er nicht bereits markiert ist – erscheinen sofort in der ersten Spalte rechts neben der Seitenleiste die darin enthaltenen Unterordner. Und wenn Sie nun auf einen dieser Ordner, zum Beispiel LIBRARY, klicken, wird wiederum der Inhalt dieses Ordners in der nächsten Spalte angezeigt und so weiter und so weiter. Je weiter Sie sich durch die verschiedenen Unterordner hindurchklicken, desto mehr Spalten werden rechts angezeigt, bis Sie schließlich zu den einzelnen Dateien eines Unterordners vorgedrungen sind.

Sie können die Breite der Spalten anpassen, indem Sie den Anfasser unten im Spaltentrennbalken mit der Maus ziehen (wie in Abbildung 3.8 dargestellt). Um die Breite aller Spalten zu verändern, halten Sie beim Ziehen eines beliebigen Anfassers die ⌥-Taste gedrückt.

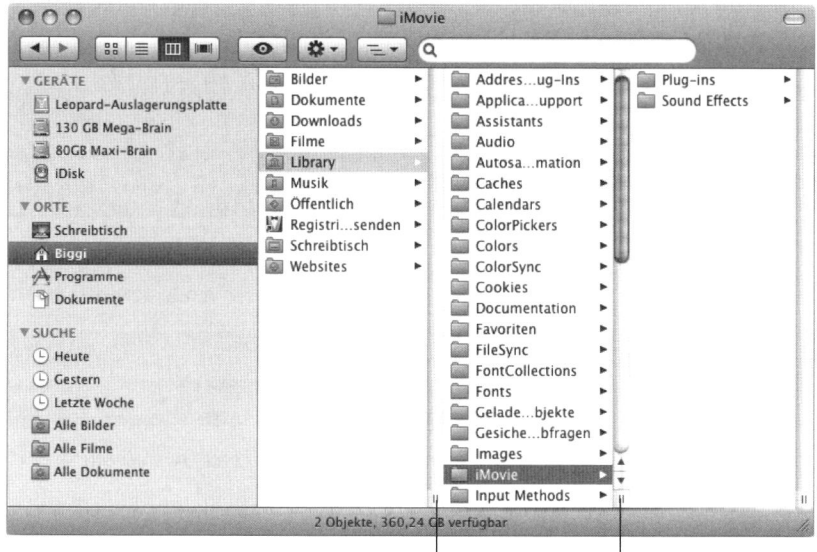

Durch Ziehen der Anfasser ändern Sie die Spaltenbreite.

Abbildung 3.8: Mit der Spaltendarstellung den totalen Überblick behalten

Cover Flow-Darstellung

Und nun kommen wir zur wahrscheinlich unterhaltsamsten der vier Darstellungen, der _Cover Flow-Darstellung_. Diese in Leopard neue Möglichkeit, Ihre Festplatte zu durchwühlen, hat Apple seinem Musikprogramm iTunes entlehnt. Dort konnte man schon seit Längerem auf diese visuell ansprechende Weise durch seine Musiksammlung blättern (mehr dazu in Kapitel 15).

Klicken Sie in einem geöffneten Finder-Fenster auf die Cover Flow-Darstellungstaste (oder wählen Sie die Option aus dem Darstellung-Menü) und schon werden die Symbole Ihrer Ordner, Programme und Dokumente großformatig im oberen Fensterbereich eingeblendet, im unteren Teil erscheinen dieselben Symbole außerdem in der Listendarstellung (siehe Abbildung 3.9). Sie können die Größe der beiden Bereiche einstellen, indem Sie das Trennelement in der Mitte nach oben oder unten verschieben.

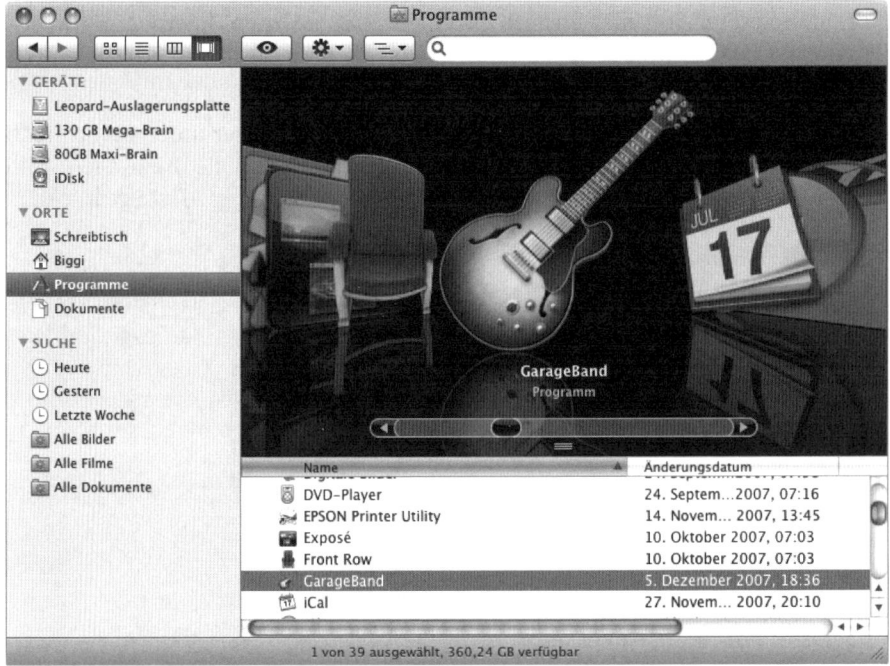

Abbildung 3.9: Der Programme-Ordner in der Cover Flow-Darstellung

Wenn Sie nun die einzelnen Symbole im oberen Bereich anklicken, gleiten sie hübsch animiert eins nach dem anderen in den Vordergrund und wieder weg und Sie können bequem und auf intuitive Art – ganz wie in einem richtigen Aktenschrank – durch die Inhalte eines einzelnen Ordners oder einer ganzen Festplatte blättern. Alternativ können Sie auch auf die Pfeile rechts und links des Schiebereglers klicken. Mithilfe des Schiebereglers oder durch »Gedrückthalten« der Pfeile bewegen Sie sich im Schnelldurchlauf vor- und rückwärts.

Das Schöne an der Cover Flow-Darstellung ist, dass Sie, wenn Sie den Cover Flow-Bereich groß genug ziehen, bereits eine Vorschau der einzelnen Dateien in ganz passabler Größe erhalten. So müssen Sie Ihre sieben Sachen nicht mehr im Blindflug zusammensuchen und bekommen bereits beim Durchblättern eines Ordners einen ziemlich genauen Eindruck vom Inhalt einzelner Textdokumente, PDF-Dateien, Webseiten oder Fotos.

 Wenn Sie in der Cover Flow-Darstellung den Cursor über das Vorschausymbol einer Filmdatei bewegen, erscheint ein kleiner Pfeil, den Sie anklicken können, um die Datei sofort im Fenster abzuspielen. Bei einigen Dokumenttypen (zum Beispiel bei einer Keynote-Präsentation) können Sie sogar die einzelnen Seiten durchblättern.

Inhalte sichten mit der Übersicht-Funktion

Möglicherweise ist Ihnen die Darstellung der Symbole in der Cover Flow-Darstellung immer noch zu klein oder Sie würden gerne ganz genau wissen, was sich in einer bestimmten Datei verbirgt. Früher mussten Sie dazu auf das Symbol doppelklicken und es im zugehörigen Programm öffnen, was jedes Mal ein paar Sekunden oder gar Minuten Zeit kostete.

 An dieser Stelle kommt die ebenfalls neue Leopard-Funktion *Übersicht* ins Spiel. Damit haben Sie nun endlich die Möglichkeit, schnell – und ich meine wirklich *schnell* – mal einen Blick in eine bestimmte Datei zu werfen, ohne dafür extra das entsprechende Programm öffnen zu müssen.

Dabei ist es egal, in welcher Darstellung Sie sich gerade befinden. Markieren Sie zum Beispiel ein Textdokument in einem geöffneten Fenster und klicken Sie auf die Taste mit dem Auge oben in der Symbolleiste oder drücken Sie einfach die Leertaste. Ihr Dokument wird in einem separaten Fenster lesbar eingeblendet und lässt sich dank des Rollbalkens von der ersten bis zur letzten Seite durchblättern. Selbst bei Symbolen auf dem Desktop funktioniert dieser Trick.

Probieren Sie dasselbe mit Fotos, und Sie kommen in den Genuss einer glasklaren Ansicht Ihrer Bilder. Herrlich! Das Ganze funktioniert sogar mit mehreren ausgewählten Objekten, was vor allem bei der Durchsicht von Bildmaterial sehr nützlich ist.

Lust auf eine spontane Diashow? Führen Sie folgende Schritte aus:

1. **Wählen Sie die gewünschten Fotos im Finder aus.**

2. **Wählen Sie Ablage|Übersicht (Tastenkombination ⌘+Y) oder drücken Sie die Leertaste.**

   Im Übersichtfenster wird das erste Bild der Diashow angezeigt (siehe Abbildung 3.10). Wie, Sie hätten es gern noch größer? Keine Sorge, lesen Sie einfach weiter.

3. **Klicken Sie auf das Symbol für den Vollbildmodus (die beiden auseinanderstrebenden Pfeile).**

   Falls die Diashow nicht startet, klicken Sie auf den Wiedergabe-Pfeil.

Sie können die Diashow anhalten, mit den Pfeilen von einem Bild zum nächsten springen und eine Index-Seite mit Miniaturen aller enthaltenen Bilder anzeigen lassen. Ein erneuter Klick auf das Vollbildmodussymbol bringt Sie wieder zurück in die normale Ansicht. Mit dem Schließensymbol ganz rechts beenden Sie die Diashow.

Gar nicht schlecht, was? Und das alles ohne irgendeine spezielle Software.

Abbildung 3.10: Ein mit der Funktion ÜBERSICHT angezeigtes Foto

Symbole klonen

Es gibt Situationen, da möchten Sie eine exakte Kopie von einem Dokument oder Bild, zum Beispiel um es mehreren Projekten zuzuordnen. Um ein Symbol (und damit die Datei) zu klonen, gibt es verschiedene Möglichkeiten, in jedem Fall müssen Sie es aber zuvor auswählen:

✔ Wählen Sie den Menübefehl ABLAGE|DUPLIZIEREN. Ein Duplikat des Objekts mit dem Zusatz KOPIE erscheint im selben Ordner.

✔ Wählen Sie den Menübefehl BEARBEITEN|KOPIEREN. Das Objekt wird in die Zwischenablage des Mac geladen. Öffnen Sie nun den Ordner, in dem die Kopie liegen soll, und wählen Sie BEARBEITEN|OBJEKT EINSETZEN.

Alternativ können Sie das zu duplizierende Symbol bei gedrückter ⌥-Taste an eine leere Stelle desselben Ordners (oder des Schreibtischs) oder in ein anderes Fenster ziehen. Ein grünes Plussymbol am Cursor zeigt an, dass die Datei gerade kopiert wird. Sobald Sie ein Symbol in das Fenster einer anderen Festplatte oder eines eingelegten Speichermediums ziehen, wird die zugehörige Datei automatisch kopiert.

Alle diese Befehle können Sie auch per Rechtsklick aus dem Kontextmenü aufrufen.

Symbole etikettieren

Dass Sie auf dem Mac Dinge in Ordner verpacken können, ist schon eine gewaltige Hilfe bei dem oft aussichtslos scheinenden Unterfangen, ein wenig Ordnung in den Wirrwarr von Dokumenten und Bildern zu bringen, die Sie in Ihrem Benutzerordner so anhäufen.

Es gibt aber noch eine weitere Möglichkeit: Sie können Ihre Ordner und Dateien zusätzlich kennzeichnen, indem Sie ihnen ein Etikett in einer bestimmten Farbe und mit einem bestimmten Titel verpassen. Klicken Sie dazu auf ein Symbol, dem Sie ein Etikett zuweisen möchten, und wählen Sie aus dem ABLAGE-Menü unter ETIKETT eine von sieben Regenbogenfarben.

Zu Beginn sind die Etiketten lediglich nach dem Farbenspektrum benannt. Um den jeweiligen Farben ein aussagekräftiges Stichwort zuzuordnen, rufen Sie im Menü FINDER die Option EIN-STELLUNGEN auf. Wenn Sie im folgenden Dialogfenster auf ETIKETTEN klicken, können Sie in jedes Textfeld etwas Passendes eingeben, etwa *Eilig* bei Rot, *in Arbeit* bei Orange und so weiter.

Um das Etikett eines Symbols wieder zu entfernen, gehen Sie genauso vor wie beim Zuweisen, nur dass Sie diesmal das graue x-Symbol wählen.

Das Zuordnen von Etiketten kann Ihnen die Verwaltung Ihrer Dateien enorm erleichtern. So können Sie zum Beispiel in der weiter vorn in diesem Kapitel beschriebenen Listendarstellung die Dateien innerhalb eines Ordners nach Etiketten geordnet anzeigen lassen. Auch lassen sich mit Etiketten gekennzeichnete Dateien später viel leichter auf dem Mac wiederfinden (mehr dazu in Kapitel 6).

Is was, Doc(k)? - das Dock kennenlernen

Sicher werden Ihre Blicke schon etliche Male voller Neugier und Ungeduld zu der farbenfrohen Leiste am unteren Ende Ihres Bildschirms gewandert sein (siehe Abbildung 3.11). Ja, das ist Ihr *Dock* und auf die, die bislang nur die Microsoft-Benutzeroberfläche bis einschließlich Windows XP kennen, dürfte es zunächst etwas fremd wirken – betrachten Sie es in diesem Fall als eine Art Kreuzung zwischen der Windows-Taskleiste und dem Startmenü. Meiner Meinung nach ist es aber weitaus attraktiver als die herkömmliche Windows-Taskleiste und macht außerdem viel mehr Spaß.

Man könnte das Dock als die »Seitenleiste« des Mac-Schreibtischs betrachten, denn ähnlich wie die Seitenleiste eines Fensters bietet es Ihnen eine komfortable Möglichkeit, schnell und einfach auf häufig genutzte Programme oder Ordner und Dokumente zuzugreifen, ohne erst mühselig über das Festplattensymbol zum jeweiligen Speicherort vordringen zu müssen.

Entfernen Sie ein Symbol aus dem Dock, indem Sie es einfach nach oben wegziehen.

Der helle Punkt weist darauf hin, dass dieses Programm gerade geöffnet ist.

Bewegen Sie die Maus über ein Symbol, um dessen Namen anzuzeigen.

Abbildung 3.11: Das Dock – hier docken Ihre Symbole an.

Was Sie alles im Dock finden

Das Dock ist durch eine (relativ unauffällige) gestrichelte Markierung in zwei Bereiche unterteilt. Links befinden sich die Symbole, die für Ihre Programme stehen, rechts können alle anderen wichtigen Dinge (wie Dokumente, Ordner oder geöffnete Fenster) vorübergehend oder permanent als Symbol abgelegt werden, außerdem finden Sie hier den Papierkorb.

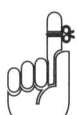

Beachten Sie, dass im Dock ein einziger Klick auf ein Symbol genügt, um ein Programm zu starten oder eine bestimmte Aktion auszulösen, während Sie auf Symbole an anderen Orten auf dem Mac meist doppelklicken müssen, um eine Reaktion zu erzeugen.

In Mac OS X Leopard finden Sie im Dock standardmäßig die folgenden Symbole vor:

✔ **Finder:** Ein Klick auf das kleine blaue Apple-Gesicht öffnet Ihren Benutzerordner in einem neuen Finder-Fenster.

✔ **Dashboard:** Das schwarze Anzeigeinstrumentsymbol führt Sie in die Dashboard-Umgebung mit ihren zahlreichen kleinen Anwendungen namens *Widgets*, die wir in den Kapiteln 6 und 22 ausführlicher behandeln. (Ein Mausklick bringt Sie zurück auf den Schreibtisch.)

✔ **Mail:** Ja, der Mac hat auch ein eigenes E-Mail-Programm (siehe Kapitel 11).

✔ **Safari:** Der multifunktionale Mac-eigene Browser mit dem blauen Kompasssymbol (siehe Kapitel 10).

✔ **iChat:** Mit diesem genialen Programm können Sie Instant-Nachrichten verschicken, kostenlos telefonieren und Videokonferenzen abhalten (siehe Kapitel 12).

✔ **Adressbuch:** Der beste Platz für Ihre Telefonnummern und E-Mail-Adressen (mehr dazu weiter hinten in diesem Kapitel).

✔ **iCal:** Ein eingebauter Kalender (mehr dazu weiter hinten in diesem Kapitel).

✔ **Vorschau:** Ein Programm zum Ansehen von PDF-Dokumenten und Bildern.

✔ **iTunes:** Apples berühmt-berüchtigte Musik-Jukebox (siehe Kapitel 15).

✔ **Spaces:** Eine unter Leopard neue Anwendung, mit deren Hilfe Sie virtuelle Arbeitsbereiche einrichten können. (Einzelheiten finden Sie in Kapitel 5.)

✔ **Time Machine:** Diese ebenfalls neue Funktion übernimmt die Sicherung Ihrer Mac-Daten ganz automatisch für Sie. (Lesen Sie mehr dazu in Kapitel 7.)

✔ **Systemeinstellungen:** Mit dieser Anwendung richten Sie Ihren Mac ganz nach Ihren Erfordernissen ein (siehe Kapitel 5).

✔ **Dokumente und Downloads:** Diese beiden Ordner werden standardmäßig im Dock angelegt, um Ihnen schnellen Zugriff auf wichtige Dateien zu ermöglichen.

✔ **Papierkorb:** Selbst beim Computer muss der Abfall irgendwie entsorgt werden (siehe Kapitel 8).

Sobald Sie eines der Programmsymbole im Dock anklicken (zum Beispiel Safari), beginnt es freudig auf und ab zu hüpfen wie ein Kind kurz vor der Weihnachtsbescherung, während sich die zugehörige Anwendung öffnet.

Wenn unterhalb eines Symbols ein kleiner Lichtpunkt angezeigt wird (bei früheren Versionen von Mac OS X war es ein Pfeil), bedeutet das, dass das zugehörige Programm gerade geöffnet ist, und wenn Sie Ihre Maus über ein Dock-Symbol bewegen, erscheint der Name der jeweiligen Anwendung.

Das Dock auffüllen

Das Dock mit Ihren Lieblingssymbolen aufzufüllen, ist sehr leicht: Ziehen Sie das gewünschte Programmsymbol aus dem P ROGRAMME-Ordner (den Sie über das G EHE ZU-Menü oder die Seitenleiste öffnen) oder aber eine Datei oder einen Ordner von Ihrem Schreibtisch (oder aus einem Fenster) an die entsprechende Stelle des Docks – Programme links, alles andere rechts. Die vorhandenen Symbole rücken brav zur Seite, um dem Neuankömmling Platz zu machen, und natürlich lässt sich die Reihenfolge der Symbole beliebig ändern.

Doch je mehr Symbole Sie hineinlegen, desto überfüllter wird das Dock (und selbst Symbole brauchen Platz zum Atmen). Sie können deshalb ein paar Symbole entfernen, indem Sie sie einfach wieder aus dem Dock herausziehen, woraufhin sie sprichwörtlich in einer kleinen weißen Wolke verpuffen. Auch schrumpfen die Symbole mit zunehmender Menge auf Mikrobengröße zusammen, damit alle sichtbar bleiben. Dieses Problem lösen Sie so.

1. **Öffnen Sie das -Menü.**

2. **Wählen Sie den Menübefehl D OCK|V ERGRÖSSERUNG EINSCHALTEN.**

Wenn Sie Ihren Cursor jetzt über die Symbole bewegen, blähen diese sich auf wie Kaugummiblasen.

Wie stark die Symbole vergrößert werden, können Sie steuern. Wählen Sie aus dem ¿-Menü DOCK|SYSTEMEINSTELLUNGEN und klicken Sie auf das Symbol DOCK. Vergewissern Sie sich im folgenden Dialogfenster, dass das Markierungsfeld VERGRÖSSERUNG aktiviert ist und stellen Sie den Schieberegler so ein, wie Sie's gerne hätten. Mit dem Regler darüber können Sie übrigens die Größe des gesamten Docks steuern.

Mit Stapeln arbeiten

Um allzu großem Gedränge im Dock vorzubeugen und damit Sie noch effektiver an Ihre wichtigen Dokumente kommen, hat Apple sich in Leopard etwas ganz Neues einfallen lassen: *Stacks* oder *Stapel*. Nun, ganz so neu ist die Funktion eigentlich nicht, sie wurde lediglich optisch ziemlich aufgepeppt. Aber egal. Wie Sie mittlerweile wissen, können Sie dem Dock ganze Ordner hinzufügen, um besser auf deren Inhalte zugreifen zu können. Diese Ordner werden in Leopard automatisch zu Stapeln (siehe Abbildung 3.12).

Zwei dieser Stapel finden Sie von vornherein im Dock: DOKUMENTE (enthält alle Dokumente, die Sie im Ordner DOKUMENTE Ihres Benutzerordners speichern) und DOWNLOADS (hier werden alle Dinge, die Sie aus dem Internet herunterladen, abgelegt). Sie entsprechen den beiden gleichnamigen Ordnern innerhalb Ihres Benutzerordners und dienen als Abkürzung zu diesen.

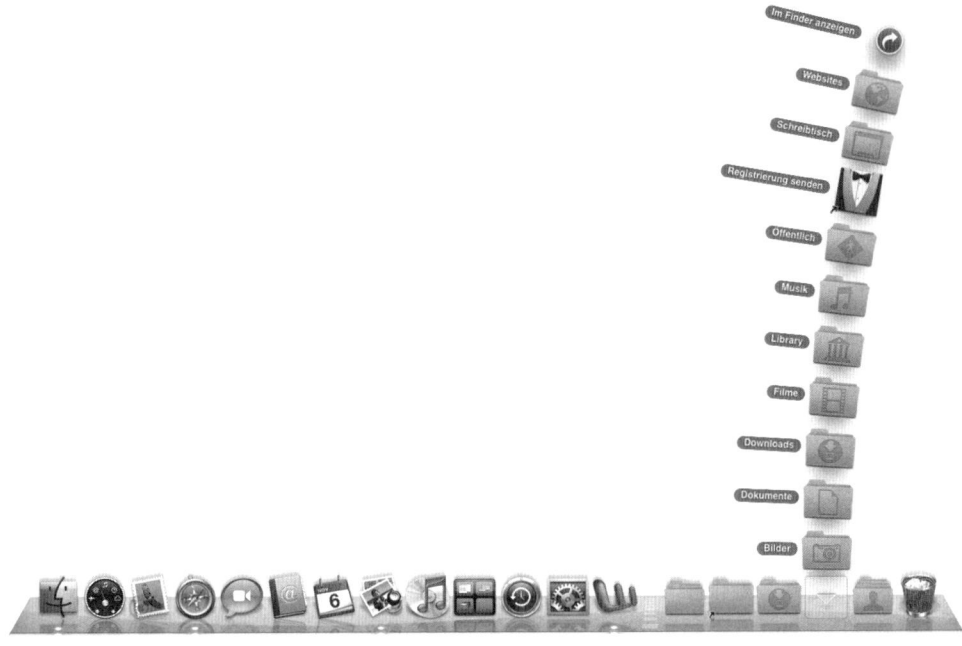

Abbildung 3.12: Der Inhalt des Benutzerordner-Stapels als Fächer

Stapel können mehrere Dokumente oder Bilder, eine Reihe von Programmen oder auch mehrere Ordner umfassen – eben alle Dinge, die Sie häufig und schnell zur Hand haben müssen.

Ziehen Sie beispielsweise den Ordner eines Projekts, an dem Sie gerade arbeiten, oder einen Ordner mit Ihren wichtigen Buchhaltungsunterlagen ins Dock, um daraus einen Stapel zu machen. Sie können so viele Stapel erstellen, wie Sie wollen.

Sobald Sie einen Stapel im Dock anklicken, wird Ihnen sein Inhalt in ansprechender und leicht zugänglicher Form präsentiert. Je nach Anzahl der enthaltenen Objekte, werden diese entweder auf dem Desktop »aufgefächert« oder als »Gitter« (siehe Abbildung 3.13) in einem separaten Fenster – ähnlich wie die Miniaturen in der Symboldarstellung – angezeigt.

 Selbstverständlich können Sie die Darstellungsart für jeden Stapel individuell festlegen. Klicken Sie dazu mit der rechten Maustaste auf das Stapelsymbol im Dock (oder halten Sie die linke Maustaste länger gedrückt) und wählen Sie im Kontextmenü unter ANZEIGEN ALS die entsprechende Option (FÄCHER, GITTER oder AUTOMATISCH).

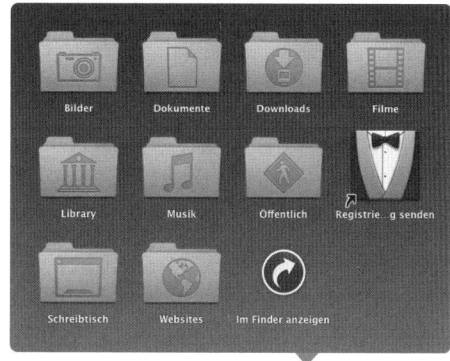

Abbildung 3.13: Der Inhalt des Benutzerordner-Stapels als »Gitter«

Das Dock richtig verankern

Bei Ihrer ersten Begegnung mit dem Dock befindet es sich an der unteren Bildschirmkante. Doch es muss nicht bis in alle Ewigkeit dort verharren – es fühlt sich ebenso an den Seiten wohl (ob links oder rechts hängt eventuell von der politischen Gesinnung des jeweiligen Benutzers ab).

Gehen Sie wieder ins -Menü und wählen Sie dort DOCK|LINKS oder RECHTS POSITIONIEREN.

 Falls Ihnen das Dock beim Arbeiten öfter in die Quere kommt, dann können Sie es auch ganz verschwinden lassen oder zumindest so lange, bis Sie es wieder benötigen. Wählen Sie dazu im -Menü DOCK|DOCK AUSBLENDEN. Wenn Sie den Cursor nun über den unteren Rand (oder je nach Anordnung über eine der Seiten) des Bildschirms bewegen, wo das Dock normalerweise sitzen würde, gleitet es wie aus dem Nichts ins Blickfeld. Bewegen Sie den Cursor wieder weg, zieht es sich wieder

zurück. Sollte Ihnen der Anblick des Docks nun doch fehlen, wählen Sie einfach DOCK|DOCK IMMER EINGEBLENDET.

Die anfangs erwähnte gestrichelte Linie im Dock hat noch eine andere Funktion, als nur die Programmsymbole von den anderen Symbolen zu trennen. Platzieren Sie den Cursor darüber, sodass er sich in einen Doppelpfeil verwandelt. Wenn Sie nun die Maus bei gedrückter Maustaste nach oben und unten bewegen, sehen Sie, wie das Dock seine Größe ändert. Auch auf die eben erklärten Einstellungsoptionen (und noch ein paar weitere) können Sie von hier aus zugreifen, indem Sie mit der rechten Maustaste auf die Linie klicken, um das Kontextmenü zu öffnen.

Fenster minimieren

Nicht nur das Dock ist oft im Weg, auch Fenster machen sich manchmal zu breit auf dem Bildschirm oder überdecken andere Fenster, die Sie vielleicht gerade benötigen. Zwar können Sie solch ein störendes Fenster einfach schließen, aber das ist in vielen Fällen eine zu drakonische Maßnahme, besonders, wenn Sie planen, ein paar Augenblicke später wieder damit zu arbeiten.

Minimieren Sie es stattdessen, indem Sie auf die gelbe Taste – zwischen der roten Schließen- und der grünen Maximieren-Taste – in der oberen linken Ecke klicken. (Das sind die Standardfarben dieser Tasten – ich würde Ihnen ja gern ein Bild zeigen, aber leider ist dieses Buch in Schwarz-Weiß gehalten – und sicher sind Sie inzwischen einigermaßen vertraut mit diesen Bedienelementen.) Daraufhin schrumpft das Fenster wie ein Flaschengeist zusammen (sofern in der Systemeinstellung DOCK – in der Sie auch die Größe eingestellt haben – der TRICHTER-Effekt aktiviert ist) und lässt sich als Symbol auf der rechten Seite des Docks nieder.

Passen Sie auf, dass Sie nicht versehentlich auf die rote Schließen-Taste klicken. Das Gleiche gilt für die grüne Maximieren-Taste, denn damit bringen Sie das Fenster erst auf volle Größe (nützlich um verborgene Inhalte anzuzeigen). Erscheint eine der Tasten blassgrau, heißt das, dass die Funktion gerade nicht verfügbar ist.

Um das Fenster wieder in seiner ganzen Pracht anzuzeigen, genügt ein einfacher Klick auf sein Symbol im Dock.

Falls Ihnen die Ampelfarben der Fenstertasten zu grell sind und Sie's lieber dezenter mögen, können Sie ihnen stattdessen ein schlichtes Graphitgrau zuweisen, indem Sie das Symbol SYSTEMEINSTELLUNGEN im Dock anklicken, auf ERSCHEINUNGSBILD klicken und im Dialogfenster die entsprechende Option aus dem Einblendmenü ERSCHEINUNGSBILD wählen.

Programme öffnen und schließen

So, Feierabend! Es ist 17:00 Uhr (oder sehr viel später, je nachdem, in welcher Branche Sie tätig sind) und damit an der Zeit, die Arbeit zu beenden. Dafür müssen Sie auch die Programme schließen, mit denen Sie in der Regel gearbeitet haben und wie das geht, zeige ich Ihnen jetzt.

Doch halt, dafür sollten Sie natürlich mindestens ein Programm geöffnet haben – klicken Sie zum Beispiel auf das Safari-Symbol im Dock (wenn Sie noch keine funktionierende Internetverbindung haben, läuft das Programm natürlich noch nicht, doch das braucht Sie im Moment nicht zu kümmern). Sollte sich das Safari-Symbol nicht im Dock befinden, öffnen Sie den PROGRAMME-Ordner auf eine der folgenden Arten:

✔ Klicken Sie auf den PROGRAMME-Ordner in der Seitenleiste eines beliebigen Fensters.

✔ Wählen Sie PROGRAMME aus dem Finder-Menü GEHE ZU.

✔ Drücken Sie die Tastenkombination ⇧ + ⌘ + A .

Im PROGRAMME-Ordner doppelklicken Sie dann auf das Safari-Symbol.

Wenn Sie nun, nachdem sich das Safari-Fenster geöffnet hat, einen Blick rechts neben das allgegenwärtige -Menüsymbol werfen, dann steht da nicht mehr FINDER wie üblich, wenn Sie sich auf dem Schreibtisch befinden, sondern SAFARI; und auch die anderen Menüpunkte haben sich entsprechend geändert.

Gerade Computerneulinge finden diesen Umstand oft etwas verwirrend, vor allem dann, wenn alle Fenster eines aktiven Programms geschlossen sind und der Schreibtisch zwar sichtbar ist, nicht aber die entsprechenden Finder-Menüpunkte. (Diese kommen erst wieder zum Vorschein, wenn Sie auf die Schreibtischoberfläche beziehungsweise das Finder-Symbol im Dock klicken oder das Programm schließen.) Wenn Sie also mal nicht genau wissen, wo Sie gerade sind, dann schauen Sie am besten nach, was rechts neben dem -Symbol steht.

Um also Safari zu schließen, wählen Sie aus dem Menü SAFARI den Befehl SAFARI BEENDEN. Hätten Sie nun in Microsoft Word gearbeitet, würden Sie analog WORD|WORD BEENDEN wählen.

Mit dem Tastaturkurzbefehl ⌘ + Q können Sie jedes Programm im Handumdrehen schließen, ohne extra ein Menü öffnen zu müssen. Um zwischen verschiedenen geöffneten Programmen hin und her zu wechseln, klicken Sie einfach auf ihr jeweiliges Symbol im Dock.

Eine Schar kostenloser Programme

Ein positiver Nebeneffekt beim Kauf eines Mac ist die stattliche Menge nützlicher Software, die Sie quasi kostenlos dazubekommen. Manche dieser Programme, zum Beispiel iTunes, sind so umfangreich und raffiniert, dass ich ihnen eigene Kapitel gewidmet habe.

In den folgenden Abschnitten bringe ich Ihnen ein paar kleinere Anwendungen näher, die aber deswegen nicht weniger interessant oder sinnvoll sind. Sie arbeiten zum Teil eng miteinander zusammen. Einige haben bereits ein Symbol im Dock, andere müssen Sie über den PROGRAMME-Ordner öffnen.

Den Überblick behalten

Als moderne Menschen erwarten wir von unseren ebenso modernen Computern ganz selbstverständlich, dass sie uns das Leben erleichtern, indem sie uns so viel Arbeit wie möglich abnehmen und uns helfen, das alltägliche Durcheinander überschaubarer zu machen. Das trifft insbesondere bei Verwaltungsaufgaben aller Art zu und hier ist der Mac bestens gerüstet, zum Beispiel mit den folgenden Anwendungen.

 Werfen Sie unbedingt auch einen Blick in Kapitel 11. Dort behandle ich in aller Ausführlichkeit das Programm Mail, das die Funktionen einiger der hier beschriebenen Programme vorbildlich übernimmt beziehungsweise koordiniert, wobei es zum Teil mit den entsprechenden Anwendungen (Adressbuch, iCal) zusammenarbeitet. So bekommen Sie Ihre Aufgaben und Termine spielend unter einen Hut.

Adressbuch

Ihnen ist auf dem Weg ins nächste Apple-Fachgeschäft eine attraktive Person begegnet? Das *Adressbuch*, das Sie über das Symbol im Dock oder den PROGRAMME-Ordner aufrufen, ist ein praktischer Aufbewahrungsort für neue Adressen, Telefonnummern und E-Mail-Adressen. Sie können sogar ein Bild der jeweiligen Person und einen Kommentar hinzufügen (wie »sehr süß; besitzt einen Mac«).

Und so fügen Sie einen Adressbucheintrag hinzu:

1. **Klicken Sie unterhalb der Spalte NAME auf das Plussymbol (siehe Abbildung 3.14).**

   Alternativ können Sie auch den Menübefehl ABLAGE|NEUE VISITENKARTE wählen.

2. **Geben Sie nun die Kontaktdaten der Person in die entsprechenden Felder ein: Vor- und Nachname, Firma, Telefonnummer und Sonstiges.**

   Mit der ⎯Tab⎯-Taste bewegen Sie sich von einem Feld ins nächste. Sie können auch Felder auslassen, löschen oder hinzufügen. Um zum Beispiel Platz für eine weitere Mobiltelefonnummer zu schaffen, klicken Sie auf das grüne Plussymbol neben dem Feldnamen.

3. **Jetzt können Sie das Adressbuch schließen (ADRESSBUCH|ADRESSBUCH BEENDEN).**

 Falls Ihnen jemand eine virtuelle Visitenkarte schickt (auch *vCard* genannt), ziehen Sie diese einfach in das Adressbuchfenster. Besteht bereits ein Eintrag für diese Person, haben Sie die Möglichkeit, die alten Daten durch die neuen zu ergänzen.

Die Adressbuch-Software pflegt übrigens enge Kontakte mit anderen Mac-Programmen, besonders Mail und iChat, auf die ich im weiteren Verlauf dieses Buches noch genauer eingehen werde.

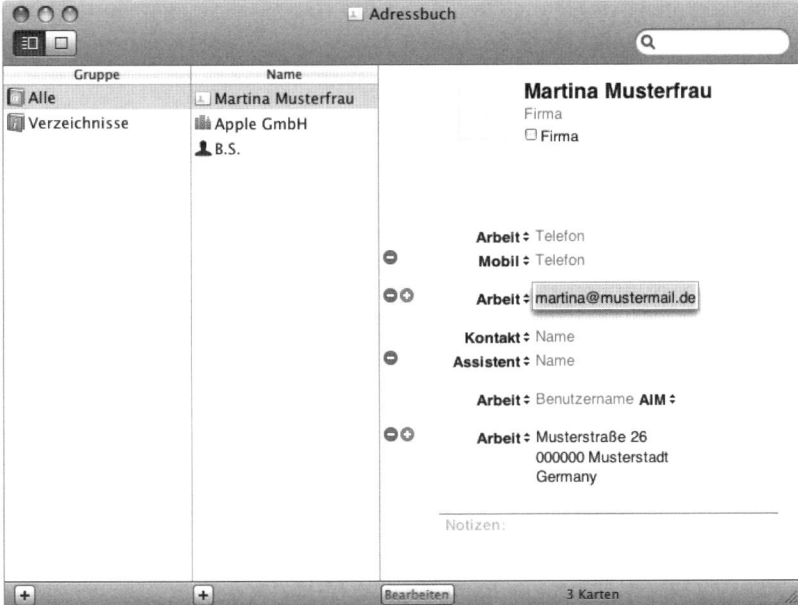

Abbildung 3.14: Einen Adressbucheintrag hinzufügen

Intelligente Gruppen erstellen

Angenommen, mehrere Personen in Ihrem Adressbuch haben etwas gemeinsam. Vielleicht treffen Sie sich mit ihnen jedes Wochenende zum Volleyball spielen. (Ja, gönnen Sie sich eine Pause und ein bisschen Bewegung. Haben Sie Spaß! Ihr Mac wird brav auf Sie warten, wenn Sie ausgepowert, aber glücklich wieder heimkommen.) Mit einer intelligenten Gruppe können Sie bestehende und neue Kontakte anhand ausgewählter Kriterien automatisch einer bestimmten Gruppe zuordnen.

Der Trick besteht darin, bei allen Kontakten, auf die eine bestimmte Sache zutrifft (zum Beispiel jedes Wochenende Volleyball spielen), im Feld NOTIZEN einen passenden Sammelbegriff einzutragen (zum Beispiel *Volleyball*). Wenn Sie nun eine intelligente Gruppe für dieses Kriterium erstellen, wird jeder neue Kontakt, bei dem Sie ebenfalls den Begriff *Volleyball* eingeben, automatisch zu dieser Gruppe hinzugefügt.

So erstellen Sie eine intelligente Gruppe (siehe Abbildung 3.15):

1. Wählen Sie ABLAGE|NEUE INTELLIGENTE GRUPPE.

2. Geben Sie einen Namen für die intelligente Gruppe ein.

   Ich habe sie *Wochenend-Sport* getauft.

3. Legen Sie nun mithilfe der Einblendmenüs ein oder mehrere Kriterien fest. Klicken Sie auf das Plussymbol, um weitere Suchkriterien einzurichten.

4. **Wenn Sie informiert werden wollen, wenn der Gruppe ein neuer Kontakt hinzugefügt wurde, aktivieren Sie das Markierungsfeld** GRUPPE BEI ÄNDERUNGEN HERVORHEBEN. **Klicken Sie auf OK.**

Die intelligente Gruppe erscheint links in der Spalte GRUPPE.

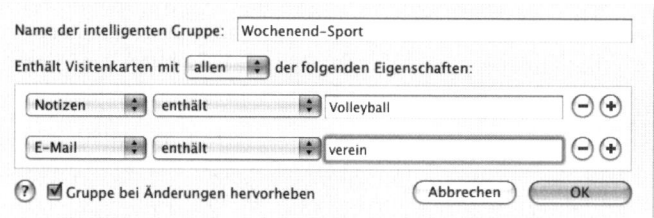

Abbildung 3.15: Eine intelligente Gruppe erstellen

iCal

Zwar ist es schön, dass so viele Ihrer Freunde Teil des Teams sein wollen, aber einen Termin zu finden, an dem alle Zeit haben, ist manchmal nicht leicht.

Den Überblick über all Ihre wichtigen Termine behalten Sie mit der Kalender-Software *iCal*. Dabei können Sie einen Kalender für andere Benutzer Ihres Mac freigeben oder ihn im Internet für weitere Personen veröffentlichen (zum Beispiel indem Sie sich einen *.Mac*-Account zulegen, worauf ich in Kapitel 13 noch genauer eingehen werde).

Sie haben auch die Möglichkeit, selbst Kalender zu abonnieren, die andere Personen ins Internet gestellt haben (zum Beispiel für Sportveranstaltungen, Kinovorführungen und so weiter), und natürlich erinnert Sie iCal automatisch an die Geburtstage aller Personen, deren Geburtsdaten Sie in Ihrem Adressbuch eingetragen haben, und an andere wichtige Termine.

iSync

Vielleicht nutzen Sie schon jetzt mehr als einen Computer (wenn Sie irgendwann zwei Macs besitzen, dürfen Sie sich glücklich schätzen). Und möglicherweise haben Sie neben Ihrem Mobiltelefon auch noch einen iPod oder einen dieser kleinen tragbaren Computer zur Adressen- und Terminverwaltung, *PDA (persönlicher digitaler Assistent)* genannt.

Mit *iSync* können Sie die Termine, Kontaktdaten und Internet-Lesezeichen, die Sie auf Ihren verschiedenen Geräten gespeichert haben, automatisch miteinander abgleichen und synchronisieren. Wenn Sie zum Beispiel eine E-Mail-Adresse auf Ihrem Mobiltelefon ändern, schließen Sie es später an den Mac an (oder stellen eine drahtlose Verbindung via *Bluetooth* her) und die Adresse wird automatisch im Adressbuch des Mac aktualisiert. So können Sie die Daten auf allen Geräten immer auf dem neuesten Stand halten.

Notizzettel

Machen Sie mal einen Rundgang durchs Büro und ich wette, Sie finden mindestens einen Kollegen, der ein paar dieser kleinen gelben Notizzettel an seinen Computermonitor geklebt hat. Sie auch? Nun ja, diese Dinger eignen sich prima, um bei Vorgesetzten den Eindruck zu erwecken, man sei furchtbar beschäftigt. Der Mac enthält eine elektronische Variante dieser kleinen praktischen Papierklebezettel, die Sie wie gewohnt nutzen können, um schnell ein paar wichtige Dinge wie Einkaufslisten, Telefonlisten und Aufgaben zu notieren. Das Programm nennt sich *Notizzettel* und Sie finden es in Ihrem Programme-Ordner.

Und diese virtuellen Notizzettel haben ein paar ganz entscheidende Vorteile gegenüber ihren klebrigen Vorbildern:

✔ Sie können eine Notiz mit dem Größenanfasser unten rechts in der Größe anpassen.

✔ Sie können Text oder Grafiken einfügen und die Schriftart-, -größe und -farbe anpassen.

✔ Sie können eine Rechtschreibprüfung durchführen lassen.

✔ Sie können Ihre Notizen transparent machen, um sehen zu können, was darunter liegt.

✔ Sie können eine Notiz löschen, ohne sie zusammenknüllen oder durchstreichen zu müssen.

✔ Sie müssen Ihren edlen Mac-Monitor nicht mehr mit klebrigen Papierschnipseln zukleistern. (Leider müssen Sie sich nun was anderes einfallen lassen, um Ihrem Chef zu zeigen, wie hart Sie arbeiten.)

Einen neuen Notizzettel zu erstellen, ist gar nicht aufwendig. Wählen Sie einfach Ablage|Neue Notiz und fangen Sie an zu tippen. Sie können übrigens auch aus anderen Anwendungen heraus auf die Notizzettelfunktion zugreifen.

Weitere Varianten von Notizzetteln finden Sie im Dashboard (siehe Kapitel 6) und im Programm Mail (siehe Kapitel 11).

Wichtige Werkzeuge für jeden Tag

Viele Computerbenutzer verbringen einen Großteil ihrer Arbeitszeit damit, Begriffe nachzuschlagen (zum Beispiel mithilfe von Internetsuchmaschinen (Kapitel 10) oder anderen Onlinewerkzeugen (Kapitel 12)), andere wiederum schreiben überwiegend Texte, lösen kleine Rechenaufgaben oder sehen sich lustige Bilder und Filme an. Für all diese Betätigungen finden Sie die passende Software in Ihrem Programme-Ordner.

Lexikon (Dictionary)

Leider können Sie mit der Dictionary-Funktion des Lexikon-Programms nur englische Begriffe nachschlagen. Falls Sie das einmal müssen, brauchen Sie das Gesuchte nur in das Suchfeld oben rechts einzugeben. Recht nützlich ist aber die Suchmöglichkeit im Wikipedia-Lexikon (bei aktiver Internetverbindung) oder im Apple-Lexikon.

TextEdit

TextEdit ist das kostenlose Textverarbeitungsprogramm des Mac. Auch wenn es vielleicht nicht ganz so flexibel ist wie eine umfangreichere, kostenpflichtige Textverarbeitungssoftware à la Microsoft Word (Kapitel 8), so eignet es sich doch ganz gut, um die alltägliche Korrespondenz zu erledigen. Neben Textdokumenten können Sie mit TextEdit auch Tabellen und Listen erstellen und alle Inhalte auf unterschiedliche Arten formatieren. Sie können außerdem Word-Dokumente öffnen und bearbeiten (falls Sie mal eines geschickt bekommen) und sogar Dokumente im Word-Format erstellen. Die Wahrheit ist, dass die meisten Word-Benutzer nur einen Bruchteil der Möglichkeiten des Programms ausschöpfen, sodass TextEdit die Bedürfnisse eines Normalsterblichen ziemlich gut abdecken kann. Das heißt nicht, dass Sie die Finger von Word lassen sollten, aber es ist doch ganz schön zu wissen, dass Sie bereits eine recht ordentliche Textverarbeitungsanwendung an Bord Ihres Rechners haben.

Rechner

Die wenigsten Menschen rechnen heutzutage noch im Kopf – wofür gibt es schließlich Taschenrechner? Der Mac hat natürlich auch einen (im PROGRAMME-Ordner), und zwar gleich drei Varianten in einem: Wählen Sie STANDARD, WISSENSCHAFTLICH oder PROGRAMMIERER aus dem Menü DARSTELLUNG.

Der Standardrechner ist für Normalbürger wie Sie und mich gedacht, die mal eben ein paar einfache Berechnungen durchführen wollen. Sie können die Eingaben entweder über den Zahlenblock Ihrer Tastatur machen oder indem Sie auf die Tasten des Rechners klicken.

Der wissenschaftliche Rechner enthält Zusatzfunktionen wie Wurzel, sin, cos und andere, bei deren bloßer Vorstellung ich schon Schweißausbrüche bekomme. (Zählen Sie am besten nicht auf mich als Autor, wenn der Titel *Mathematik für Dummies* lautet!)

 Der Rechner für Programmierer ist noch einschüchternder. Dort finden sich Tasten wie BINÄRWERT AUSBLENDEN, BYTE TAUSCHEN, UNICODE, RoL und RoR. Wenn Sie deren Bedeutung kennen, haben Sie einen gewaltigen Stein bei mir im Brett.

Der Mac-Rechner hat aber noch weitere Tricks auf Lager, die selbst den raffiniertesten Taschenrechner vor Neid erblassen lassen würden. So kann er zum Beispiel online gehen und Ihnen die aktuellen Währungsumrechnungskurse besorgen. Diese Funktion befindet sich im Menü UMRECHNEN, wo Sie noch andere Umrechnungsfunktionen für unterschiedliche Maßeinheiten finden.

QuickTime

QuickTime ist Apples kostenloser Multimediaplayer, der Ihnen immer dann zu Hilfe eilt, wenn Sie eine kleine Film-, Audio- oder Bilddatei ansehen wollen (die Sie zum Beispiel aus dem Internet geladen haben). Das Programm öffnet sich in der Regel selbstständig, wenn Sie auf eine entsprechende Datei doppelklicken. Wenn Sie Filme selbst bearbeiten wollen oder andere kühne Ambitionen haben (wie Vollbild-Playback), dann empfehle ich Ihnen die zirka 30 Euro teure Version QuickTime Pro.

Vorschau

Die Vorschau ist ein vielseitiges kleines Werkzeug, mit dem Sie Grafiken aller Art, Faxe und Dateien im PDF-Format (*portable document format*) öffnen und ansehen sowie Bildschirmfotos erstellen können. Es öffnet sich für gewöhnlich von selbst bei Bedarf, zum Beispiel wenn Sie auf eine PDF-Datei doppelklicken. Sie können mit der Vorschau auch Bilder zahlreicher Formate drehen, in der Größe verändern und beschneiden.

Entscheidungshilfen –
welcher Mac passt zu Ihnen?

4

In diesem Kapitel

▷ Was der Intel-Chip im Mac macht

▷ Desktop oder Laptop – das ist hier die Frage

▷ Die ganze Wahrheit über die aktuellen Desktop-Macs

▷ Mobil mit den MacBooks

▷ Das Trackpad zähmen

▷ Die Batterie länger leben lassen

*W*elche der folgenden Beschreibungen trifft auf Sie zu?

✔ Aufgrund dessen, was Sie mittlerweile wissen (oder in diesem Buch nachgelesen haben), stehen Sie kurz davor, sich einen Mac zu kaufen. *Die Frage ist nun, welches Modell für Sie am sinnvollsten ist.*

✔ Sie besitzen bereits einen Mac und planen, sich einen zweiten oder gar dritten zuzulegen. *Die Frage ist nun, welches Modell für Sie am sinnvollsten ist.*

✔ Sie haben dieses Buch geschenkt bekommen und hegen keinerlei Ambitionen, sich einen Computer zu kaufen. *Die Frage ist nun, wie Sie der Person, die Ihnen dieses Geschenk gemacht hat, erklären, warum überhaupt kein Mac-Modell sinnvoll für Sie ist (und zwar ohne die Gefühle dieser Person zu verletzen).*

Falls Sie zur dritten Gruppe gehören, kann ich Ihnen leider nicht weiterhelfen. Wenn Sie möchten, dürfen Sie natürlich dennoch weiterlesen. Oder möchten Sie nichts über die gelungene Gehirntransplantation bei den neueren Mac-Modellen erfahren?

Intel Inside? Das Innenleben des Mac

In der Computerindustrie kommt es zuweilen zu seltsamen Verbindungen und eine davon ist das scheinbar geglückte Bündnis zwischen Apple und Intel. Für eingefleischte Mac-Veteranen war der Einbau von Intel-*Prozessoren* (oder -*Chips*) in ihre über alles geliebten Mac-Rechner ein kaum zu verkraftender Skandal – vergleichbar mit einer Liaison zwischen Marge Simpson und Fred Feuerstein.

Schließlich war die Firma Intel jahrelang »der Gegner Nummer eins« gewesen, denn ihre Chips gehörten in Windows-Computer und nicht in Macs (weshalb Mac-Fans dem Unternehmen auch den Spitznamen Win-tel verpassten). Klar, dass Apples Oberboss Steve Jobs 2005 mit seiner Erklärung, man werde die lange Zeit hochgeschätzten, von IBM produzierten *PowerPC G4-* und *G5*-Prozessoren durch Intel-Chips ersetzen, einige Leute ziemlich heftig vor den Kopf gestoßen hat. Kurz darauf kündigte Apple an, ab 2006 seine gesamte Hardwarelinie mit Intel-Chips auszustatten. Dieser Umstellungsprozess ist inzwischen längst abgeschlossen.

Doch was ist überhaupt ein Prozessor? Einfach ausgedrückt stellt er das Gehirn des Computers dar.

Zwei Chips sind besser als einer

Die meisten Macs mit Intel-Prozessoren enthalten eigentlich zwei Chips oder *Prozessorkerne* auf einer einzelnen Silikonplatte. Diese als *Core Duo* oder *Core 2 Duo*) (die noch schnellere Variante) bezeichneten Prozessoren sorgen für doppelt so viele Computerpferdestärken wie das herkömmliche Einzel-Chip-Design (*Core Solo*). Die Idee dahinter ist, dass zwei Chips zusammenarbeiten und sich die Ressourcen nach Bedarf miteinander teilen, aber auch Ressourcen schonen, wenn einer der beiden Prozessorenkerne für eine bestimmte Funktion gerade nicht gebraucht wird. Der Mac Pro ist inzwischen sogar mit bis zu sage und schreibe acht Prozessorkernen (2 x Quad-Core) erhältlich.

Müssen Sie dafür Nachteile in Kauf nehmen?

Die Frage, die allen langjährigen Mac-Anhängern unter den Nägeln brennt, ist die, ob die Intel-Chips irgendwelche Nachteile mit sich bringen. Diese Frage kann größtenteils mit einem klaren Nein beantwortet werden. Intel-basierte Macs sehen weiterhin aus wie Macs, klingen wie Macs und benehmen sich auch so. Welche Ausnahmen es gibt, erkläre ich Ihnen im Kasten »Rosetta wird's schon richten«.

Desktop versus Laptop

Desktop? Laptop? Oder Notebook? Okay, das war eine Fangfrage, denn die beiden letzten beziehen sich schließlich auf ein und dieselbe Sache. Deshalb sollte es wohl Desktop versus Laptop/Notebook heißen.

Welche Mac-Variante am besten zu Ihnen passt, hängt von verschiedenen Faktoren ab: Ihren Lebensgewohnheiten, Ihren finanziellen Möglichkeiten und/oder was Sie beruflich machen. Wenn Sie Unmengen an Vielfliegermeilen verbraten, dann stehen die Chancen gut, dass Sie sich von einem Laptop angezogen fühlen. Wenn Sie meist zu Hause oder im Büro arbeiten, dann ist ein Desktop-Mac wahrscheinlich die bessere Wahl.

Da Sie in beiden Fällen einen Mac bekommen, dürfen Sie sich damit trösten, dass das OS X Leopard-Betriebssystem und andere Softwareleckerbissen, auf die ich in den anderen Kapiteln dieses Buches zu sprechen komme, bereits darin enthalten sind.

Rosetta wird's schon richten

Damit Mac-Veteranen besser mit der Gehirntransplantation bei den neueren Mac-Modellen zurechtkommen, haben Apple und befreundete Unternehmen der Branche sich etwas Besonderes ausgedacht: sogenannte *Universal*-Software-Anwendungen. Diese Programme laufen *nativ* sowohl auf G4/G5-Rechnern als auch auf Intel-basierten Macs oder mit anderen Worten: Sie fühlen sich auf fast allen Macs wohl. Wenn Sie eine solche universelle Anwendung erworben haben, dann sehen Sie das an dem unten gezeigten Universal-Symbol auf der Schachtel. Es dürfte kaum verwundern, dass auch die iLife-Suite, die Sie bereits auf Ihrem neuen Mac haben, dieses Gütesiegel trägt.

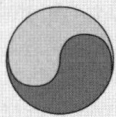

Universal

Doch was ist mit der älteren Software, die Sie vielleicht noch herumliegen haben? Vertragen sich diese Programme auch mit Intel? Die meisten werden es wahrscheinlich tun, und zwar dank einer Technologie namens *Rosetta*, einer Emulationssoftware, die hinter den Kulissen in Aktion tritt. Sie müssen nichts Besonderes tun, um Rosetta zu aktivieren. Leise, unsichtbar und pflichtbewusst verrichtet sie automatisch ihren Dienst, der im Wesentlichen im Übersetzen von Softwarecodes besteht, um sicherzustellen, dass Programme wie Microsoft Office und Adobe Photoshop, die nicht in der Universal-Version vorliegen, weiterhin funktionieren – wenn auch nicht ganz optimal.

Lediglich Uralt-Programme wie die Classic-Anwendungen der Prä-OS X-Ära funktionieren auf »Mac-tel«-Computern gar nicht.

Doch lassen wir beide Kandidaten zu Wort kommen. Die Abstimmung folgt später. Hier zuerst die Gründe, die für den Kauf eines Desktop-Mac sprechen:

✔ Sie erhalten in der Regel »mehr Computer« für Ihre Moneten.

✔ Sie haben eine größere Festplatte.

✔ Sie haben einen größeren Monitor.

✔ Sie haben mehr Anschlüsse.

✔ Sie können leichter ein Betriebssystem-Upgrade vornehmen.

✔ Sie halten die anderen Passagiere nicht bei der Sicherheitskontrolle am Flughafen auf.

✔ Sie haben ein extrem cool aussehendes Gerät zu Hause oder in Ihrem Büro stehen.

Und hier die Gründe für den Kauf eines Mac-Laptops:

✔ Sie können ihn bequem mit sich herumtragen.

✔ Sie können damit auch unter sehr beengten Verhältnissen arbeiten.

✔ Sie können ihn sowohl mit Batterie als auch über die Steckdose betreiben.

✔ Sie können damit Ihren Sitznachbarn im Flugzeug beeindrucken.

Wenn Ihr Herz für einen Desktop-Mac schlägt

In der Regel müssen Sie nach dem Kauf eines Apple Desktop-Computers nicht Ihre Wohnung umräumen oder neu einrichten. Zwar benötigen Sie dafür generell mehr Platz als für ein Mac-Notebook, doch diese Rechner sind wirklich so kompakt gebaut wie nur möglich und sehen in den meisten Fällen so gut aus, dass Sie sowieso gerne ein wenig damit angeben möchten.

iMac

Wie Sie in Abbildung 4.1 sehen, ist der *iMac* der wohl eleganteste Desktop-Computer aller Zeiten.

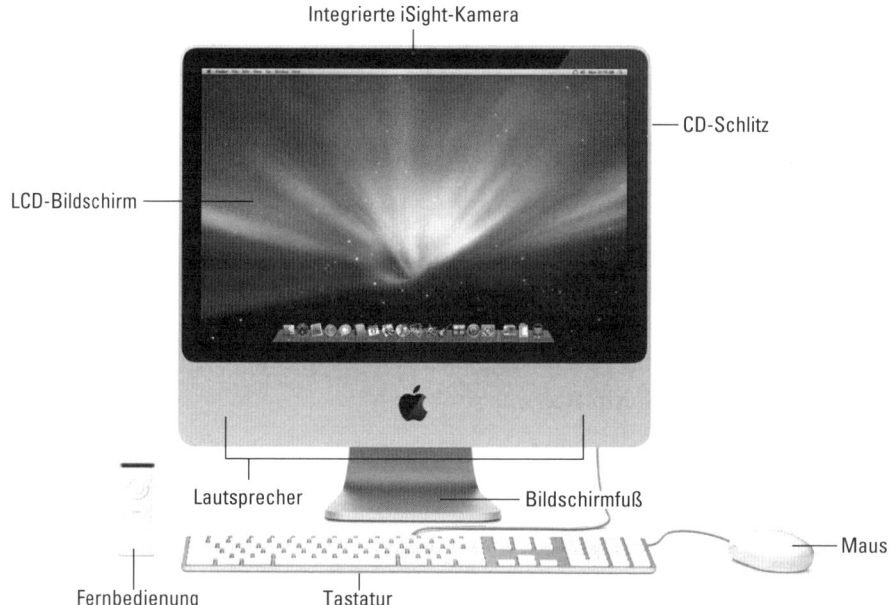

Abbildung 4.1: Der elegante iMac

Doch lassen Sie mich – jetzt da ich Ihnen den Mund wässrig gemacht habe – einen kleinen Vorbehalt einbringen: Der iMac *war* der eleganteste Desktop-Computer, als ich diesen Absatz geschrieben habe. Apple wäre nicht Apple, gäbe es nicht ständig neue Überraschungen. Und wenn Sie, liebe Leser, liebe Leserinnen, dieses Buch schließlich in Händen halten, hat sich die Belegschaft des Hauptsitzes in Cupertino/Kalifornien wahrscheinlich schon längst wieder selbst übertroffen und ein neues, noch cooleres Design ausgedacht.

So, nun ist es heraus und wir können uns wieder dem aktuellen Schmuckstück widmen. Das komplette Innenleben des iMac – Intel Core 2 Duo oder Intel Core 2 Extreme-Prozessor, Arbeitsspeicher, Festplatte, CD/DVD-Laufwerk (8 x SuperDrive/Double Layer) und noch mehr – verbirgt sich in einem extrem flachen Bildschirmgehäuse aus edlem Aluminium. Man kommt nicht umhin, sich zu fragen, wo der Rest des Computers geblieben ist, besonders, wenn man das typische klobige Aussehen von PCs gewohnt ist. Auch die neue, besonders flache und leichtgängige Apple-Tastatur ist eine wahre Freude für jeden, der es stilvoll und platzsparend liebt.

Sobald Sie eine CD oder DVD in den Schlitz an der rechten Seite des iMac stecken, wird sie eingesaugt wie ein Geldschein in einen Fahrkartenautomaten. Das kleine runde Loch im oberen Rahmen des Monitors ist eine eingebaute *iSight*-Videokamera (mögliche Verwendungsarten zeige ich Ihnen in den Kapiteln 5 und 12). Sie bekommen außerdem eine Fernbedienung in der Größe eines Feuerzeugs mitgeliefert, mit der Sie das Abspielen von Musik, Videos und so weiter steuern können. Dies geschieht über die bildschirmfüllende Benutzeroberfläche von *Front Row*, einer Software zum Abspielen und Anzeigen von Medien aller Art (Fotos, Musikdateien, DVDs und Videos). Sehr vorteilhaft, wenn Sie gerade mal nicht direkt vor dem Rechner »kleben«.

Mac mini

Ist der in Abbildung 4.2 gezeigte *Mac mini* wirklich ein Desktop-Computer? Schließlich könnte man ihn leicht mit einem Brotkasten oder einem etwas zu groß geratenen Untersetzer verwechseln. Doch diese zierliche, zirka 5 cm hohe und 16,5 cm breite Aluminiumvorrichtung ist tatsächlich Apples leicht verrückte (aber liebenswerte) Vision von einem erschwinglichen Desktop-Computer. Mit weniger als 1,5 kg ist der Mac mini recht mobil, wenn auch nicht so wie ein Notebook, mit dem Sie mal eben in den Flieger steigen können. (Dafür können Sie mit ihm mal eben von einem Zimmer oder Stockwerk ins andere umziehen.)

Das günstigste Modell ist bereits für 599 Euro zu haben – doch dafür müssen Sie Tastatur, Maus und Monitor selbst mitbringen. (Apple geht davon aus, dass Sie diese »kleinen Nebensächlichkeiten« bereits besitzen, ist aber für den Fall, dass dem nicht so ist, gerne bereit, Sie gegen ein entsprechendes Aufgeld damit zu versorgen). Doch wenigstens ist die Fernbedienung im Lieferumfang enthalten. Fazit: Angesichts seiner geringen Größe und seines attraktiven Preises ist der Mac mini ein idealer Kandidat für einen Zweit- oder Drittrechner (und man kann überdies bequem sein Schlafzimmer mit ihm teilen).

Abbildung 4.2: Für alle, die es kompakt mögen: der Mac mini

Da der Mac mini ebenfalls über Front Row sowie über eine Reihe von Video-anschlüssen verfügt, können Sie ihn leicht an einen großen TV-Monitor oder eine anspruchsvolle Lautsprecheranlage anschließen. Darüber hinaus besitzt der Kleine die Fähigkeit, Musik und Videos abzuspielen, die sich auf anderen Computern in Ihrem Haus, einschließlich Windows-Rechnern, befinden.

Mac Pro

Ich vermute mal, dass die wenigsten von Ihnen nach der Lektüre dieses Kapitels losgehen und sich einen Mac Pro zulegen werden, auch wenn der Gedanke, den »schnellsten Mac aller Zeiten« (wie Apple ihn bereits bei seiner Einführung im Sommer 2006 angepriesen hat) zu besitzen, natürlich sehr verlockend ist. Doch es gibt einen Grund für den Zusatz *Pro*: Dieser Computer ist eigentlich nicht für Otto Normalverbraucher gedacht. Er wurde für fortgeschrittene Nutzer entworfen, die in ihrem Berufsleben (oder in ambitionierten Privatprojekten) mit der Erstellung anspruchsvoller Grafiken, professioneller Musikproduktionen oder anderen komplexen Aufgaben beschäftigt sind. Der Mac Pro ist jedoch noch aus einem anderen Grund erwähnenswert: Mit seiner Veröffentlichung war die Umstellung der alten Mac-Linie auf Intel-Prozessoren vollendet.

Ein Mac Pro-Standardmodell erleichtert Ihre Brieftasche um 2.519 Euro und bietet Ihnen dafür zwei 2,66 GHz Dual-Core Intel Xenon »Woodcrest«-Prozessoren sowie eine 250-GB-Festplatte! Doch dieser Mac ist kein Computer »von der Stange« – er schreit geradezu danach, auf die Erfordernisse unterschiedlicher Benutzer *maßgeschneidert* zu werden. Laut Apple gibt es 33 *Millionen* mögliche Konfigurationen und Sie können sich theoretisch einen Mac Pro zu einem Preis von zirka 10.000 Euro zusammenstellen lassen.

Werden Sie mobil

Sie müssen heutzutage kein Weltenbummler mehr sein, um mit einem Notebook zu lieb-äugeln. Vielleicht möchten Sie einfach nur etwas haben, das Sie von einem Vorlesungsraum in den anderen, von Ihrem Büro nach Hause (und umgekehrt) oder einfach vom Keller ins Schlafzimmer schleppen können.

 Wenn Sie sich für einen Laptop entscheiden, sollten Sie immer das tatsächliche *Tragegewicht* berücksichtigen. Neben dem Gerät selbst müssen Sie noch das Stromkabel und eventuell einen Ersatzakku mit einberechnen. Zwar werden Sie sich an keinem der gängigen Mac-Laptops einen Leistenbruch heben, aber einige Modelle sind leichter als andere.

Als Erstes sollten Sie sich darüber klar werden, welche Bildschirmgröße Sie benötigen. Größere Displays sind zwar schön, aber sie wiegen und kosten natürlich auch mehr. Und Sie verkürzen damit unter Umständen die Lebensdauer Ihres Akkus. Ihnen schwant langsam, dass Batterien bei Laptops eine ernst zu nehmende Sache sind? Sie haben recht. Deshalb gebe ich Ihnen auch am Ende des Kapitels einige Tipps, wie Sie auch noch die letzten Reserven aus ihnen herausquetschen können.

Im Rahmen der Umstellung auf Intel-Prozessoren hat Apple zwei langjährige Mitglieder seiner Laptop-Reihe 2006 in Rente geschickt: das elfenbeinfarbene iBook (sehr beliebt bei Studenten) und das silberne PowerBook. In den folgenden Abschnitten werfen wir einen kurzen Blick auf ihre Intel-basierten Nachfolger – das MacBook und das MacBook Pro.

MacBook Pro

Der Nachfolger des PowerBook ist das *MacBook Pro*, das Sie in Abbildung 4.3 sehen. Es schlägt mit mindestens 1.899 Euro »zu Buche« und wiegt zwischen 2,5 und 3 kg. Rein äußerlich ist es dem PowerBook recht ähnlich, doch damit hören die Gemeinsamkeiten auch schon auf, denn es handelt sich hierbei um das erste »Mac-tel«-Notebook. Das nur wenige Zentimeter hohe Gerät beherbergt einen Core 2 Duo-Prozessor und hat ein helleres 15-Zoll-Display als sein Vorgänger, inklusive einer unauffälligen iSight-Kamera im Rahmen. (Das 17-Zoll-Modell kostet 2.699 Euro.) Auch Front Row und die Apple-Fernbedienung sind im Lieferumfang enthalten.

Abbildung 4.3: Das stattliche MacBook Pro

Einige Merkmale des Vorgängers hat das MacBook jedoch eingebüßt. So hat es ein paar Anschlussbuchsen weniger und das Fehlen eines integrierten Modems (zum Aufbau einer Internetverbindung in Hotels oder an anderen Orten) ist bestenfalls ärgerlich. Sie können allerdings für 55 Euro ein externes Modem dazukaufen, das an einen der USB-Ports angeschlossen wird.

Auch den standardmäßigen PC-Card-Steckplatz, an den Sie Dinge wie Speicherkartenlese-geräte und anderes anschließen können, hat Apple durch die neue Generation, den Express-Card-Steckplatz, ersetzt.

Ein großes Plus ist die Tastatur mit Hintergrundbeleuchtung (und Sensoren für die automa-tische Anpassung an das Umgebungslicht), zum Beispiel wenn im Zug oder Flugzeug das Licht gedämmt wird. Wenn das nicht für Stimmung bei Ihren Mitreisenden sorgt! Und falls Sie Ihr Laptop einmal versehentlich fallen lassen (und glauben Sie mir, das passiert!), dann sorgen die eingebauten Erschütterungssensoren dafür, dass die Festplatte keinen Schaden nimmt.

Mit einem anderen Feature namens *MagSafe* sammeln Sie zwar weniger Pluspunkte bei Ihrer Reisebegleitung, dafür aber umso mehr zu Hause. Lesen Sie dazu den Kasten »Kabel-Fuß-fallen«.

Kabel-Fußfallen

Ist Ihnen das auch schon mal passiert? Sie arbeiten gerade friedlich an Ihrem Laptop, die Tür öffnet sich und Ihr Hund oder Kind – oder beide – kommen hereingestürmt und verheddern sich im Stromkabel. Ihr Laptop fliegt im hohen Bogen vom Schreibtisch und Sie stürzen sofort los (oder ein wenig zeitverzögert, nachdem Sie den ersten Schock über-wunden haben), um festzustellen, wie hoch der Schaden am Ihrem Mac ist. Schämen Sie sich! Vielleicht sollten Sie zuerst nach Ihrem Kind oder Haustier sehen.

Sicher hatten die Apple-Designer eine ähnliche Situation im Sinn, als sie den MagSafe-Adapter entworfen haben, eine raffinierte Innovation, die mit dem MacBook Pro eingeführt wurde. Anstatt das Stromkabel direkt anzuschließen wie bei früheren Mac-Laptops, befes-tigen Sie den MagSafe magnetisch.

Wenn Ihre halbwüchsige Bande (menschlicher oder tierischer Natur) also das nächste Mal sorglos hereinschneit und das Kabel übersieht, sollte dieses sich bei zu großer Spannung automatisch vom Gerät lösen, ohne dass irgendwer oder -etwas Schaden erleidet. Einen Nachteil hat das neue Stromkabel: Das Netzteil ist um einiges klobiger. Dafür lässt sich das Kabel aber mühelos für den Transport aufwickeln.

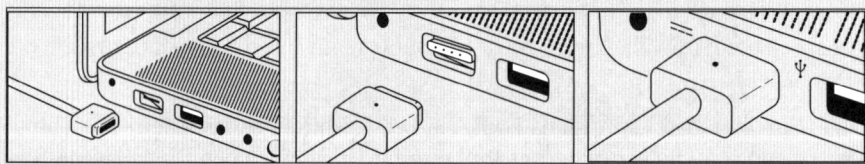

MacBook

Trotz seines niedrigeren Kaufpreises – Sie berappen 1.049 Euro beziehungsweise 1.249 Euro für das weiße und 1.449 Euro für das schwarze Modell – verfügt das MacBook über einige

Merkmale seines großen Bruders aus der Pro-Serie, wie zum Beispiel die eingebaute iSight-Kamera, Front Row, die Apple-Fernbedienung und MagSafe.

Die Unterschiede beschränken sich im Wesentlichen auf folgende Punkte: Es ist etwas leichter (zirka 2 kg) und höher (fast 3 cm), das Display ist kleiner (13 Zoll) und es ist nicht ganz so leistungsfähig im grafischen Bereich (zum Beispiel wenn Sie mit High-End-Grafikprogrammen wie *Aperture*, einer Software für Fotografen, arbeiten wollen). Ähnlich wie sein Vorgänger, das iBook, dürfte das MacBook (siehe Abbildung 4.4) die meisten Anhänger unter der studierenden Bevölkerung finden.

Abbildung 4.4: Das kleinere MacBook

Das Trackpad zähmen

In Kapitel 2 habe ich das Trackpad vorgestellt, das flache Feld mit der glatten Oberfläche direkt unterhalb der Laptop-Tastatur. Das ist die Antwort Ihres Laptops auf die Maus. Zwar können Sie auch an Ihrem Mac-Laptop eine Maus anschließen (und ziehen das eventuell bei der Arbeit an einem Schreibtisch vor), wenn Sie jedoch zum Beispiel in einem öffentlichen Verkehrsmittel sitzen, ist sie eher ein unwillkommener Gast, besonders für Ihren Sitznachbarn, dem Sie damit auf die Pelle rücken.

 Ein Trackpad kann (genau wie die Personen, die es bedienen) manchmal etwas eigen sein. So verweigert es Ihnen unter Umständen den Dienst, wenn Sie gerade frisch aus der Dusche kommen, auch eingecremte Hände liebt es nicht besonders. Genauer gesagt »hasst« ein Trackpad jegliche Art von Feuchtigkeit. Sollte es dennoch einmal nass werden, tupfen Sie es vorsichtig mit einem sauberen saugfähigen Tuch ab. Und verwenden Sie bitte keine Haushaltsreiniger oder Ähnliches!

Am besten zähmen Sie Ihr Trackpad in den Systemeinstellungen (>SYSTEMEINSTELLUNGEN). Klicken Sie auf das Symbol TASTATUR & MAUS und dann auf TRACKPAD und Sie landen in dem in Abbildung 4.5 gezeigten Dialogfenster.

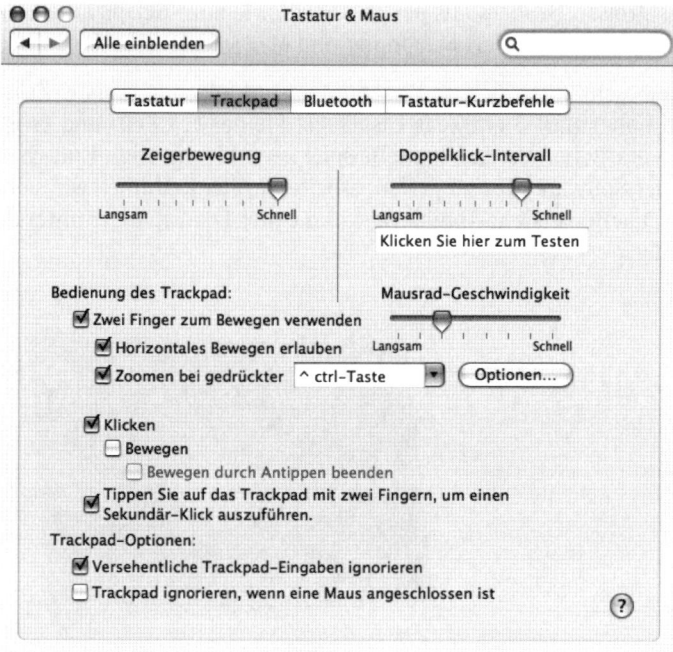

Abbildung 4.5: In diesem Dialogfenster zähmen Sie Ihr Trackpad.

Hier ein paar der Einstellungen, die Sie dort vornehmen können:

✔ Verschieben Sie den Regler ZEIGERBEWEGUNG, um festzulegen, wie schnell der Cursor sich bewegt. Mit dem Regler DOPPELKLICK-INTERVALL stellen Sie ein, wie schnell Sie doppelklicken müssen.

✔ Wenn Sie lieber klicken wollen, indem Sie auf die Trackpad-Oberfläche selbst drücken (beziehungsweise sie antippen), anstatt die Taste unterhalb des Trackpads zu betätigen, aktivieren Sie die Option KLICKEN.

✔ Wenn Sie die Option BEWEGEN aktivieren, können Sie ein Objekt ziehen, indem Sie zwei Mal auf das Trackpad tippen, anstatt die Trackpad-Taste gedrückt zu halten.

✔ Wenn Sie die Option VERSEHENTLICHE TRACKPAD-EINGABEN IGNORIEREN aktivieren, bewegt sich der Cursor nicht mehr, sobald Sie mit zwei Fingern über das Trackpad streichen.

✔ Falls Sie dauerhaft mit einer Maus arbeiten möchten, sollten Sie die Option TRACKPAD IGNORIEREN, WENN EINE MAUS ANGESCHLOSSEN IST aktivieren.

✔ Die Funktion ZWEI FINGER ZUM BEWEGEN VERWENDEN (Scrollen mit zwei Fingern) finden Sie nur bei neueren Modellen. Sie bewirkt, dass der Inhalt eines Fensters durchgeblättert wird, sobald Sie mit zwei Fingern auf dem Trackpad arbeiten (und nicht der Cursor sich bewegt, wie bei einem Finger).

Ihren Laptop mit genügend Saft versorgen

Früher oder später wird es passieren, und zwar meistens dann, wenn es Ihnen so gar nicht in den Kram passt: Ihr Laptop-Akku geht zur Neige. In bestimmten Situationen kann das recht ärgerlich sein, etwa wenn Sie ein paar Stunden vor dem Abgabetermin noch an einem Manuskript schreiben oder sich auf einem Überseeflug eine DVD ansehen und kurz davor sind, zu erfahren, wer der Täter ist. In diesem Zusammenhang muss ich Sie darauf hinweisen, dass das Abspielen von Filmen Ihre Batterien weitaus mehr beansprucht als zum Beispiel das Arbeiten an einer Excel-Tabelle.

 Sehen Sie die kleine Batterieanzeige oben rechts in der Menüleiste (Abbildung 4.6)? Sie liefert Ihnen eine ungefähre Vorstellung davon, wie lange Sie noch arbeiten können, bevor Ihr Akku sich endgültig verabschiedet. Sie können sich die verbleibende Akkuladung auch in Stunden und Minuten oder in Prozent anzeigen lassen. Klicken Sie dazu auf das Batteriesymbol und wählen Sie ANZEIGEN und dann ZEIT oder PROZENTSATZ.

Sicher haben Sie sich schon oft gefragt, warum Sie mit einer ganzen Tankfüllung nie so viele Kilometer schaffen, wie der Hersteller Ihres Autos es in der Werbung versprochen hat. Mit Laptop-Akkus verhält es sich ganz ähnlich. Und ähnlich wie bei Ihrem Wagen hängt die Ausdauer Ihres Akkus im Wesentlichen davon ab, was Sie den Pferdestärken Ihres Laptops alles abverlangen. Gehen Sie aber am besten davon aus, dass die Durchhaltedauer hinter den Versprechungen des Herstellers zurückbleibt.

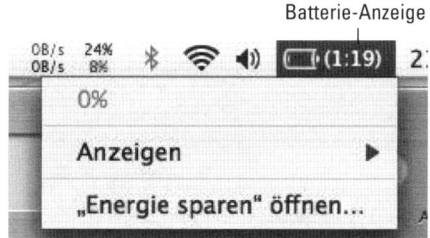

Abbildung 4.6: Hier sehen Sie nach, wie lange Ihr Akku noch durchhält.

 Vielleicht sind Sie schon routinemäßig dazu übergegangen, den Rechner beim Arbeiten möglichst immer ans Stromnetz anzuschließen, um den Akku wieder aufzuladen. Das ist im Prinzip keine schlechte Idee, doch Apple empfiehlt, ab und zu auch mal den Stecker zu ziehen und ein wenig Strom aus der Batterie fließen zu lassen. Falls Sie Ihren Laptop mal für längere Zeit nicht verwenden wollen (schließlich brauchen auch Sie mal Urlaub), dann nehmen Sie den zu 50% aufgeladenen Akku heraus und bewahren ihn separat auf. Der Grund, warum er nicht ganz leer sein sollte, ist der, dass Sie sonst später eventuell Probleme haben, ihn »wiederzubeleben«. (Und ganz voll sollte er deshalb nicht sein, weil sich sonst bei längerer Lagerung die Lebensdauer der Batterie verkürzen kann.)

Akkus haben per se eine begrenzte Lebensdauer und müssen selbst bei intensivster Fütterung und Pflege irgendwann ausgewechselt werden. Wann die Zeit einer Batterie gekommen ist, können Sie leicht erkennen, und zwar daran, dass sie die zugeführte Energie nicht mehr lange speichern kann. Denken Sie in diesem Fall daran, ihr eine umweltverträgliche Bestattung zu gewähren.

Aber Sie sollten nicht kampflos aufgeben. Sie können etwas tun, um die Lebensdauer Ihrer Batterien zu verlängern – Ihr Computer ist nämlich im Grunde ein »Energiespar-Genie«. Sobald Ihr Laptop ans Stromnetz angeschlossen ist, lässt er seinem Spieltrieb freien Lauf: Die Festplatte rotiert dann nach Herzenslust und zu jeder Zeit und das Display darf auf die höchste Helligkeitsstufe eingestellt sein. Bezieht er seine Energie dagegen aus dem Akku, gelten andere Regeln und Sie können ihm ganz genau sagen, wie er sich in diesem Fall verhalten soll:

✔ Dunkeln Sie das Display ab. Ihre Batterie liebt nichts mehr als gedämpftes Licht. Mit der F1-Taste drosseln Sie die Helligkeit.

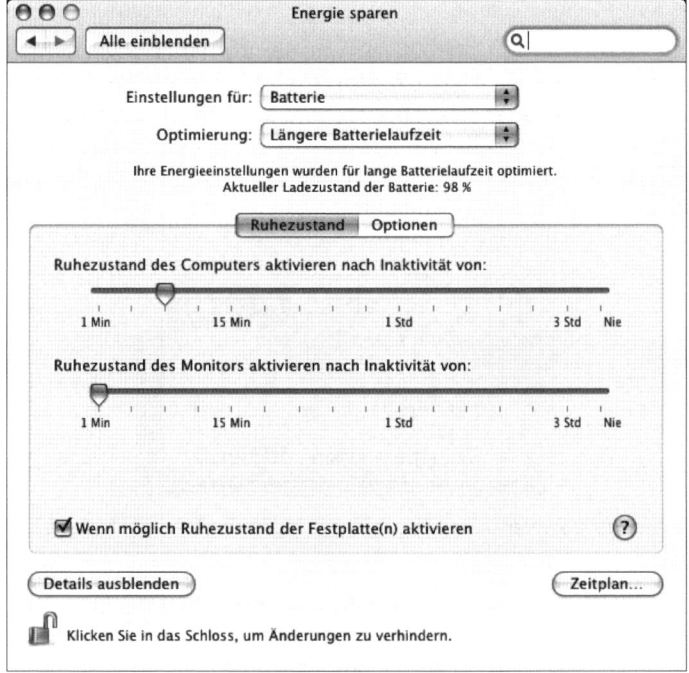

Abbildung 4.7: Die Systemeinstellung ENERGIE SPAREN

✔ Öffnen Sie die Systemeinstellung ENERGIE SPAREN (siehe Abbildung 4.7), indem Sie auf die Batterieanzeige in der Menüleiste klicken und SYSTEMEINSTELLUNG „ENERGIE SPAREN" ÖFFNEN wählen. (Alternativ können Sie SYSTEMEINSTELLUNGEN aus dem -Menü wählen und auf ENERGIE SPAREN klicken). Wählen Sie oben im Fenster aus dem Einblendmenü OPTIMIERUNG die Option LÄNGERE BATTERIELAUFZEIT. Sie finden in diesem Dialogfenster noch andere Einstellmöglichkeiten wie etwa zwei Regler, mit denen Sie sowohl den Rechner als auch den

Monitor bei längerer Inaktivität in den Ruhezustand versetzen können. Aktivieren Sie am besten die Option WENN MÖGLICH RUHEZUSTAND DER FESTPLATTE(N) AKTIVIEREN.

✔ Deaktivieren Sie die drahtlose Kommunikation mit AirPort (Systemeinstellung NETZWERK; siehe Kapitel 19), wenn Sie gerade nicht im Internet surfen, denn AirPort ist ein wahrer Energiefresser. Und wenn Sie im Flugzeug sitzen, sollten Sie es ohnehin nicht verwenden.

✔ Deaktivieren Sie außerdem die drahtlose Kommunikation via Bluetooth (Systemeinstellung BLUETOOTH), um die Batterielaufzeit zu verlängern beziehungsweise wenn Sie im Flugzeug sitzen.

Schließlich ist ein Stromausfall so ziemlich das Letzte, was Sie bei der Verwirklichung Ihrer ambitionierten Ziele gebrauchen können.

Teil II

Alltägliche Aufgaben mit dem Mac bewältigen

The 5th Wave — By Rich Tennant

»Anton arbeitet gerne mit Mac OS X. Er hat all unsere
Word-Dokumente extra so eingerichtet, dass sie sich mit einem
›Bing!‹ schließen.«

In diesem Teil ...

Ich glaube, es ist an der Zeit für ein wenig saubere, ehrliche und harte Computerarbeit – krempeln Sie also die Ärmel hoch. In den folgenden Kapiteln werden Sie Ihren Mac an Ihren persönlichen Geschmack und Arbeitsstil anpassen, ein wenig in den Systemeinstellungen herumwühlen und mit Spotlight Ihre Festplatte durchleuchten. Sie werden erfahren, wie Sie ein Backup Ihrer wertvollen Daten anlegen und wie Sie Dokumente erstellen sowie drucken. Und am Ende des Tages werden Sie Ihren Mac mit dem guten Gefühl ausschalten, alle Dinge erledigt zu haben, die Sie sich vorgenommen haben.

Ihren Mac in Besitz nehmen

5

In diesem Kapitel

▶ Benutzer-Accounts einrichten

▶ Die Kindersicherung einschalten

▶ An- und Abmelden

▶ Passende Schreibtischhintergründe und Bildschirmschoner wählen

▶ Aufräumen mit Exposé und Spaces

▶ Systemeinstellungen: Prioritäten setzen

---

atürlich lieben wir alle unsere Familie und Freunde von Herzen, doch manchmal können sie uns zugegebenermaßen ganz schön auf die Nerven gehen. Diese treuen Seelen wissen ganz genau, wie sie uns herumkriegen und umgekehrt, und jeder – Sie und mich eingeschlossen – hat so seine Eigenheiten.

Ganz ähnlich läuft das mit Ihrem Mac. Ich gehe zwar mal davon aus, dass Sie beide exzellent miteinander auskommen werden, doch es kann nicht schaden, Ihre Beziehung auf eine solide Basis zu stellen und Ihren Computer so einzurichten, dass er ganz Ihren persönlichen Erfordernisse und Vorstellungen entspricht (und nicht denen irgendeines Programmierer-Fuzzys bei Apple). Keine Mac-Arbeitsumgebung ist wie die andere. So werden Sie mit Sicherheit andere Software installiert haben als Ihre Kumpels, und während Sie möglicherweise Dutzende von Symbolen auf Ihrem Schreibtisch tolerieren, ziehen andere einen aufgeräumten Bildschirm vor. Während Sie sich vielleicht ein skurriles Hintergrundbild von Homer Simpson ausgesucht haben, hat Ihr Neffe seinen Mac-Desktop lieber mit einem Poster von Pamela Anderson tapeziert. Jedem das Seine!

Benutzer-Accounts einrichten

Auch wenn der vor Ihnen stehende Mac vermutlich Ihr alleiniges Eigentum ist, ist dennoch die Wahrscheinlichkeit hoch, dass Sie ihn mit jemandem teilen müssen: vielleicht Ihrem Lebenspartner, Ihren Kinder oder Ihren Studien- und Arbeitkollegen. Ich weiß – großzügig wie Sie sind, haben Sie daran gedacht, zumindest Ihre Anverwandten jeweils mit einem eigenen Mac zu bedenken. Aber dann ist es vielleicht so, dass Ihr Jüngster eine Zahnspange braucht oder Sie mit einem neuen Satz Golfschläger liebäugeln, und Ihnen wird klar, dass Ihre Großzügigkeit Grenzen hat. Also ringen Sie sich dazu durch, Ihren geliebten Mac zu teilen – wenigstens für eine Weile. Die Herausforderung hierbei besteht darin, Chaos und Handgreiflichkeiten unter den einzelnen Benutzern zu vermeiden.

Der Mac hilft Ihnen, den Frieden zu wahren, indem er jedem seinen eigenen *Benutzer-Account* zuweist – einen eigenen separaten Arbeitsbereich, der durch ein Kennwort vor Übergriffen geschützt ist. (Leider haben die Leute bei Apple bislang keine Lösung gefunden, um Streitigkeiten darüber zu vermeiden, wer den Mac *wann* und *wie lange* nutzen darf – auch wenn Sie dies unter Mac OS X Leopard bis zu einem gewissen Grad steuern können, wie Sie später noch sehen werden.)

In Kapitel 2 habe ich Ihnen erklärt, wie Sie Ihren eigenen Benutzer-Account im Rahmen der Ersteinrichtung des Mac anlegen. Aber nicht alle Benutzerkonten sind gleich und Ihres ist sowieso ganz besonders. Denn schließlich sind Sie der Besitzer des Rechners – der Häuptling, der Oberboss – oder im bürokratischen Computerjargon ausgedrückt: der *Administrator*.

Das garantiert Ihnen zwar noch lange kein Spesenkonto oder ein Büro mit Plüschecke und Seeblick, aber Sie erhalten ein paar Führungsprivilegien. Sie allein entscheiden nicht nur darüber, wer Ihren Mac benutzen darf, sondern auch, ob irgendeiner der anderen Benutzer (eventuell) dieselben administrativen Rechte übertragen bekommt, über die Sie selbst verfügen.

Überlegen Sie sich lange und gut, wen Sie mit den umfassenden Rechten eines Administrators ausstatten (und damit quasi zu Ihrem Stellvertreter machen). Denn nur ein Administrator darf neue Programme im PROGRAMME-Ordner installieren, festlegen, welche Dateien von allen Benutzern verwendet werden dürfen, oder mit Systemeinstellungen wie DATUM & UHRZEIT oder ENERGIE SPAREN herumhantieren. Und er ist es auch, der die alleinige Macht hat, »zu heuern und zu feuern«, indem er neue Benutzer-Accounts erstellt und vorhandene löscht.

Um ein neues Standardbenutzerkonto (zum Beispiel für einen Arbeitskollegen) anzulegen, gehen Sie folgendermaßen vor:

1. **Wählen Sie SYSTEMEINSTELLUNGEN aus dem -Menü und klicken Sie auf das Symbol BENUTZER.**

   Alternativ können Sie rechts in der Menüleiste auf Ihren Benutzernamen und dann auf den Menüpunkt SYSTEMEINSTELLUNG »BENUTZER« klicken. In beiden Fällen landen Sie im Dialogfenster BENUTZER (siehe Abbildung 5.1).

   Merken Sie sich gut, wie Sie in die Systemeinstellungen gelangen – eine Alternative ist der Klick auf das SYSTEMEINSTELLUNGEN-Symbol im Dock –, denn Sie werden sie im Laufe Ihres Mac-Lebens (und dieses Kapitels) noch häufiger besuchen müssen.

2. **Klicken Sie auf das Plussymbol unterhalb der Liste links im Fenster (wo bereits Ihr eigener Benutzer-Account mit Administratorstatus angezeigt wird).**

   Wahrscheinlich ist das Plussymbol abgeblendet, sodass Sie erst auf das kleine Schlosssymbol unten links klicken und im darauf folgenden Fenster Ihren Benutzernamen und Ihr Kennwort eingeben müssen, bevor Sie irgendwelche Änderungen vornehmen können. (Diese Sicherheitsvorkehrung wird Ihnen noch häufiger in den Systemeinstellungen begegnen.)

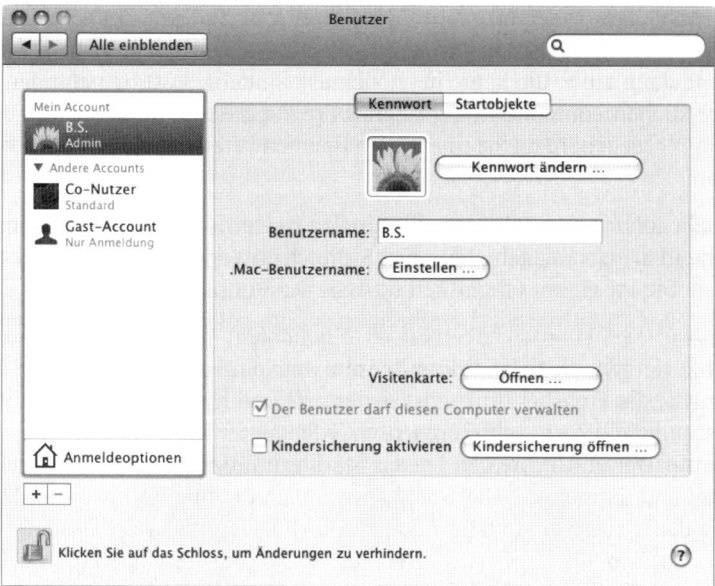

*Abbildung 5.1: In der Systemeinstellung Benutzer können Sie
Benutzer-Accounts einrichten und anpassen.*

3. **Geben Sie einen Namen, einen Kurznamen, ein Kennwort, die Kennwort-Bestätigung sowie gegebenenfalls eine Merkhilfe ein.**

Im Grunde kennen Sie diese Schritte schon von der Einrichtung Ihres eigenen Benutzerkontos her. Wenn es keinen wirklich triftigen Grund gibt, dem neuen Benutzer Administratorrechte einzuräumen (Option Administrator), oder wenn es sich bei dem neuen Nutzer nicht gerade um ein Kind handelt, dessen Account verwaltet werden soll (Option Verwaltet durch Kindersicherung), dann belassen Sie die Option Standard im Einblendmenü Neuer Account. (Und vielleicht sollten Sie netterweise der Person, für die Sie das Konto einrichten, die Möglichkeit geben, ihren Namen und vor allem ihr Kennwort selbst einzutippen.) Klicken Sie auf Account erstellen.

 Sie können den Status eines angelegten Accounts nachträglich ändern, indem Sie die entsprechenden Markierungsfelder aktivieren (Der Benutzer darf diesen Computer verwalten für Administratorstatus, Kindersicherung aktivieren für einen verwalteten Account).

4. **Legen Sie ein Bild fest, das später neben dem Namen des Benutzers angezeigt wird, wenn dieser sich beim Mac anmeldet. (Vielleicht sollten Sie die betreffende Person auch ihr Bild selbst aussuchen lassen.)**

Klicken Sie auf das voreingestellte Bild des neuen Accounts (der Account-Name muss links in der Liste ausgewählt sein) und wählen Sie zum Beispiel den Glückskeks, den freundlichen Lebkuchenmann oder irgendein anderes der niedlichen Bildchen aus dem Menü.

Doch vielleicht steht Ihnen oder dem neuen Benutzer der Sinn nach einem eigenen Bild, das schon auf der Festplatte liegt. Um ein solches auszuwählen, klicken Sie auf BILD BEARBEITEN und dann auf WÄHLEN. Es öffnet sich ein Finder-Fenster, in dem Sie das passende Bild heraussuchen können. Mit dem Schieberegler passen Sie die Größe des gewählten Bildes an, außerdem können Sie das Bild im Rahmen verschieben, um einen Bildausschnitt festzulegen.

Riskieren Sie auch unbedingt einen Blick in den Kasten »Ihren Mac als Passbildautomaten verwenden« in diesem Kapitel und lernen Sie noch eine andere, äußerst amüsante Methode kennen, wie Sie Ihr eigenes Benutzerbild erstellen können.

In Mac OS X Leopard haben Sie die Möglichkeit, einen Gast-Account für Benutzer einzurichten, die Ihren Computer nur vorübergehend nutzen (zum Beispiel Tante Frieda, die kurz bei Ihnen zu Besuch ist) und für die Sie nicht extra ein eigenes Benutzerkonto einrichten möchten. Klicken Sie dazu auf GAST-ACCOUNT in der Benutzerliste und aktivieren Sie das Markierungsfeld GÄSTEN ERLAUBEN, SICH AN DIESEM COMPUTER ANZUMELDEN. Der Gast kann sich dann ohne Kennwort an Ihrem Mac anmelden, in dem er auf GAST-ACCOUNT klickt beziehungsweise GAST als Name eingibt. Die Dateien, die ein Gast während einer Sitzung erstellt, werden gelöscht, sobald er sich wieder abmeldet. Für das aktive Gast-Konto können bei Bedarf gewisse Einschränkungen gelten, wie im nächsten Abschnitt beschrieben. Des Weiteren können Sie Gästen Zugriff auf freigegebene Ordner gewähren (wie Sie Ordner zur gemeinsamen Nutzung freigeben, lesen Sie in Kapitel 19).

Ebenfalls neu ist die Gruppen-Account-Funktion, mit der Sie mehrere bestehende Benutzer-Accounts zu einer Gruppe zusammenfassen können, beispielsweise um dieser Gruppe später Zugriffsrechte auf bestimmte Dateien zu gewähren. Um einen Gruppen-Account anzulegen, gehen Sie genauso vor, wie weiter vorn in diesem Kapitel beschrieben, nur dass Sie im Einblendmenü NEUER ACCOUNT die Option GRUPPE wählen. Nachdem Sie die Gruppe benannt und erstellt haben (GRUPPE ERSTELLEN), können Sie ihr die gewünschten Benutzerkonten zuordnen, indem Sie deren Markierungsfelder anklicken. (Die in einer Gruppe zusammengefassten Benutzer können sich im Anmeldefenster nicht mit dem Gruppennamen anmelden.)

Sicherheitsvorkehrungen treffen

Angenommen, Sie richten einen neuen Benutzer-Account für Ihren Nachwuchs ein (und nehmen wir an, Sie nennen ihn *Krümelmonster*). Als verantwortungsbewusster Elternteil möchten Sie Ihre/n Kleine/n selbstverständlich so gut wie möglich schützen. Als verantwortungsbewusster Mac-Besitzer möchten Sie aber auch Ihren Computer vor Schaden bewahren, den der kleine Racker ihm – selbstverständlich unabsichtlich – zufügen könnte.

Zeit, die *Kindersicherung* zu aktivieren. Sobald Sie das tun, wird das Konto des kleinen Krümelmonsters von einem *Standard-Account* zu einem *verwalteten Account* (mit Ihnen als Verwalter) degradiert. Dann haben Sie das Sagen darüber, was Ihr Kind mit dem Mac anstellen darf und was nicht.

Klicken Sie dazu auf den Benutzernamen Krümelmonster in der Account-Liste und aktivieren Sie das Markierungsfeld Kindersicherung aktivieren. Um festzulegen, welche Beschränkungen für den Account gelten sollen, klicken Sie auf Kindersicherung öffnen und wählen im darauf folgenden Dialogfenster Kindersicherung den entsprechenden Benutzernamen in der Liste. (Alternativ können Sie auf die Kindersicherung auch direkt über das Symbol Kindersicherung in den Systemeinstellungen zugreifen.)

Sie sehen ein Fenster ähnlich wie das in Abbildung 5.2 und können darin nun Einstellungen in den folgenden fünf Bereichen vornehmen: System, Inhalt, Mail & iChat, Zugriffszeiten und Protokolle.

Abbildung 5.2: Mit der Kindersicherung schützen Sie Ihr Kind und Ihren Mac gleichermaßen.

System

Im Bereich System (siehe Abbildung 5.2) stehen zwei Optionen zur Wahl:

✔ **Nur ausgewählte Programme erlauben:** Wenn Sie diese Option aktivieren, darf Krümelmonster nur die von Ihnen weiter unten im Fenster festgelegten Programme nutzen.

✔ **Einfachen Finder verwenden:** Wenn Sie diese Option wählen, findet sich Krümelmonster nach dem Einloggen in einer äußerst spartanischen Arbeitsumgebung – ohne Symbole auf dem Schreibtisch und mit nur einem Fenster – wieder, in der er kaum mehr tun darf, als auf die wenigen Symbole im Dock zu klicken. Ein Benutzer im einfachen Finder darf keine Ordner erstellen, Symbole verschieben oder das Dock verändern. (So kann Ihr Liebling zwar nicht mehr viel kaputt machen, könnte allerdings unter Umständen bald das Interesse am Mac verlieren.)

Bei beiden Möglichkeiten können Sie verschiedene Dinge festlegen, die Krümelmonster auf dem Computer tun darf – wie Drucker verwalten, das Kennwort ändern, CDs und DVDs brennen, das Dock bearbeiten (nicht beim einfachen Finder) –, indem Sie die entsprechenden Optionen aktivieren. Und Sie können bestimmen, mit welchen Programmen Ihr Kind arbeiten darf.

Inhalt

Hier geht es darum, festzulegen, welche Internetseiten sich Ihr Kind ohne Aufsicht ansehen darf. Aktivieren Sie dazu eine der drei Optionen unter WEBSITE-BESCHRÄNKUNGEN:

✔ **UNBESCHRÄNKTEN ZUGRIFF AUF WEBSITES ERLAUBEN:** Hiermit darf Junior sich alle Webseiten ohne Einschränkung und ungefiltert ansehen.

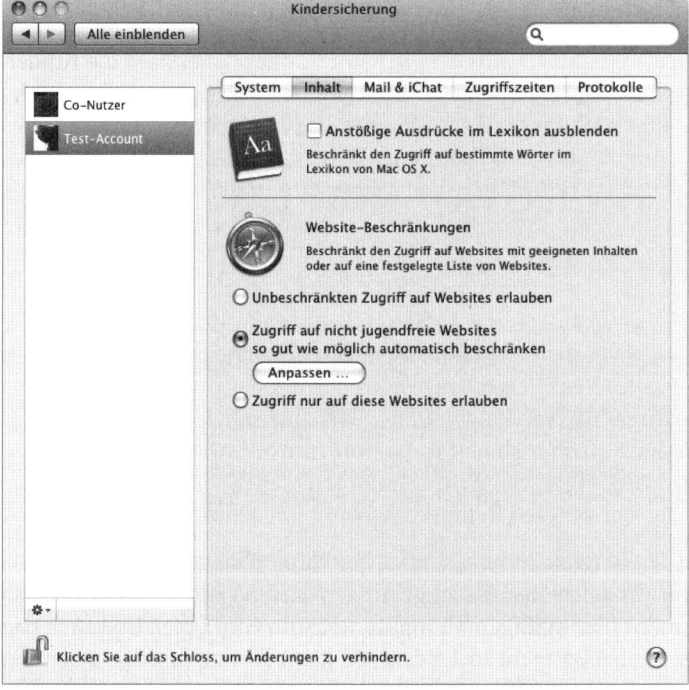

Abbildung 5.3: Hier können Sie den Internetaktionsradius von Junior einschränken.

✔ **ZUGRIFF AUF NICHT JUGENDFREIE WEBSITES SO GUT WIE MÖGLICH AUTOMATISCH BESCHRÄNKEN:** Hier wird die automatische Website-Filterung von Leopard aktiv, die Inhalte selbsttätig auf nicht jugendfreie Inhalte hin überprüft und diese nötigenfalls blockiert. Das automatische Filterverhalten können Sie noch nachjustieren, indem Sie auf ANPASSEN klicken und gewisse Webseiten als immer oder nie zugänglich deklarieren.

✔ ZUGRIFF NUR AUF DIESE WEBSITES ERLAUBEN: Mit dieser Option darf Safari nur auf bestimmte, von Ihnen festgelegte Websites zugreifen.

Wenn Sie außerdem das Kästchen ANSTÖSSIGE AUSDRÜCKE IM LEXIKON AUSBLENDEN aktivieren, kann Ihr Sprössling bestimmte Wörter nicht mehr im Wörterbuch nachschlagen. Schimpfwörter aller Art sind dann tabu.

Mail & iChat

In diesem Bereich legen Sie fest, mit wem Ihr Kind E-Mails austauschen und chatten darf. Legen Sie zuerst fest, welche Dienste Sie beschränken möchten (MAIL BESCHRÄNKEN, ICHAT BESCHRÄNKEN) und geben Sie dann die E-Mail- und IM-Adressen ein (klicken Sie dazu auf das Plussymbol). Aktivieren Sie die Option GENEHMIGUNGS-ANFRAGEN SENDEN AN und geben Sie in das Feld darunter Ihre eigene E-Mail-Adresse ein. Sobald Ihr Kind eine E-Mail von einer Person erhält, die nicht in der Liste steht, werden Sie benachrichtigt und können ihm dann über diese Nachricht gegebenenfalls die Erlaubnis für den Kontakt mit dieser Person erteilen.

 Selbstverständlich müssen Sie keine Kinder haben, um die Kindersicherung einzusetzen. Diese Einschränkungsmöglichkeiten eignen sich auch prima für Angestellte oder Freunde und Verwandte, die eventuell länger zu Besuch bei Ihnen sind. Im letzteren Fall können Sie auch den Gast-Account des Mac aktivieren und entsprechend einrichten, wie weiter vorn in diesem Kapitel beschrieben.

Zugriffszeiten

 Ich habe es zu Beginn des Kapitels bereits angedeutet. Bisher hatten Sie als Elternteil nur begrenzte Möglichkeiten, Ihrem Nachwuchs in Sachen Computerkonsum wirksame Grenzen zu setzen. Zwar dürften sich auch künftig Diskussionen darüber, wer Ihren Mac wie lange nutzen darf, nur schwer vermeiden lassen, doch im Gegensatz zu früher stehen Ihnen mit Leopard nun überzeugende Mittel und Wege zur Verfügung, Ihren Willen durchzusetzen. Schränken Sie die Computernutzung für den verwalteten Benutzer-Account einfach zeitlich ein.

Öffnen Sie dazu den Bereich ZUGRIFFSZEITEN. Hier können Sie ganz präzise festlegen, an welchen Wochentagen Ihr Kind den Mac wie lange nutzen darf. So fallen die Hausaufgaben und andere Pflichten nicht mehr übermäßigem Computerkonsum zum Opfer. Und auch nächtelanges Surfen und Zocken ist ab jetzt nicht mehr drin. Da kann Krümelmonster noch so sehr quengeln, Ihr Wort gilt – ohne Wenn und Aber. Aber seien Sie nicht allzu streng mit Junior, sonst verliert er womöglich noch völlig den Spaß am Mac, und das wollen Sie ja sicher auch nicht.

Protokolle

Als ob Sie mit den bisher beschriebenen Verwaltungsoptionen nicht schon genügend Kontrolle über das Computerverhalten der Mitbenutzer Ihres Mac hätten, bietet Ihnen Apple – frei nach dem Motto: »Vertrauen ist gut, Kontrolle ist besser« – mit der neuen Protokollfunktion auch noch die Möglichkeit, alle Internet-, Programm- und iChat-Aktivitäten Ihres Schützlings zu überwachen.

Im Bereich PROTOKOLLE können Sie für einen Zeitraum bis zu einem Jahr zurückverfolgen, welche Webseiten besucht wurden, welche Programme genutzt wurden und mit wem gechattet wurde. Und wenn Ihr Mac und der Mac Ihres Kindes miteinander vernetzt sind, können Sie dessen Aktivitäten sogar per Fernzugriff einschränken. Dazu müssen Sie lediglich bei der Einrichtung des verwalteten Benutzer-Accounts (den Sie auf dem Mac Ihres Kindes anlegen) in der Systemeinstellung KINDERSICHERUNG die Option KINDERSICHERUNG VON EINEM ANDEREN COMPUTER AUS VERWALTEN aktivieren (der Account darf hierbei nicht in der Liste ausgewählt sein). Danach können Sie sich von Ihrem Rechner aus (über GEHE ZU|MIT SERVER VERBINDEN) beim Mac Ihres Kindes anmelden und die Einstellungen der Kindersicherung steuern. (Mehr zum Thema Netzwerke in Kapitel 19.)

Richtig und gezielt eingesetzt können die Überwachungsfunktionen der Leopard-Kindersicherung entscheidend zur Onlinesicherheit Ihres Nachwuchses beitragen. Aber passen Sie auch auf, dass Sie nicht zum Big Brother werden, sonst erreichen Sie womöglich noch das Gegenteil von dem, was ursprünglich in Ihrer guten Absicht lag.

Ihren Mac als Passbildautomaten verwenden

Erinnern Sie sich noch an die Zeit, als Sie sich mit Ihrem Freund oder Ihrer Freundin in einen dieser münzbetriebenen Passbildautomaten im Kaufhaus oder am Bahnhof gequetscht haben? (Selbstverständlich um jede Menge skurrile Erinnerungsschnappschüsse von sich zu produzieren.) Sicher haben Sie die Beweise – ein paar Papierstreifen mit lächerlichen Grimassen – schon vor etlichen Jahren entsorgt.

Doch lächerliche Grimassen sind wieder in Mode. Denn wenn Sie über einen neueren Mac mit integrierter iSight-Kamera verfügen (oder eine externe Kamera angeschlossen haben), versorgt Apple Sie mit einem eigenem Passbildautomaten (oder zumindest so etwas Ähnlichem) namens *Photo Booth*. Damit können Sie ein ganz akzeptables Bild von sich selbst aufnehmen, zum Beispiel für Ihren Benutzer-Account oder als *Kontaktbild*, wenn Sie später Instant-Nachrichten über iChat verschicken (siehe Kapitel 12).

Aber der Apple-Passbildautomat und der, den Sie von früher kennen, unterscheiden sich in einigen gravierenden Punkten voneinander: Erstens müssen Sie kein Kleingeld einwerfen und zweitens gibt es keinen Vorhang, hinter dem Sie sich verstecken könnten (zu schade!).

Dennoch garantiert der Mac-Passbildautomat Ihnen und Ihrer Familie grenzenloses Vergnügen, und das liegt hauptsächlich an den zahlreichen kuriosen Effekten, mit denen Sie

Ihre Passfotos aufpeppen können. Sehen Sie zu, wie sich Ihr Gesicht zu einer Art Licht-tunnel verformt – erst dann wissen Sie, was es heißt, Spaß zu haben!

Öffnen Sie Photo Booth, indem Sie auf das Symbol im PROGRAMME-Ordner doppelklicken. Wählen Sie dann mithilfe der drei Tasten links, welche Art von Schnappschuss Sie auf-nehmen wollen. Sie haben die Wahl zwischen einem Einzelbild, einer Serie von vier Fotos und einem kurzen Filmclip. Vor der Aufnahme können Sie Ihr Konterfei mit verschie-denen Spezialeffekten versehen (Taste EFFEKTE), zum Beispiel so, als wäre das Bild mit einer Wärmebild- oder einer Röntgenkamera aufgenommen oder mit einem Farbstift gezeichnet worden. Oder Sie erstellen ein Pop Art-Bild à la Andy Warhol oder lassen Ihr Gesicht radioaktiv strahlen. Außerdem können Sie eine passende Videokulisse wählen, vor der Sie posieren wollen. Sobald Sie optimal sitzen (und aussehen), klicken Sie auf das Kamerasymbol unterhalb des Aufnahmebildschirms, der als Sucher dient (wie in der Abbildung unten zu sehen). Ein Countdown von drei bis eins läuft ab, bei null blitzt es, und schon haben Sie Ihren ersten Schnappschuss erstellt.

Die aufgenommenen Fotos werden als digitaler Fotostreifen auf Ihrem Bildschirm an-gezeigt. Wählen Sie das beste Bild, indem Sie es anklicken, und legen Sie mithilfe der entsprechenden Tasten fest, was Sie damit anfangen wollen: Sie können es als Benutzer-Account-Bild oder als Kontaktbild für iChat verwenden, es als E-Mail-Anhang (über Mail) versenden oder in Ihre iPhoto-Mediathek (siehe Kapitel 16) packen. Photo Booth sichert Ihre Fotos übrigens in einem Ordner Namens PHOTO BOOTH, der wiederum im BILDER-Ordner Ihres Benutzerordners liegt.

Alles über das Anmelden

Wie Sie bereits wissen, können Sie Benutzer-Accounts für Familienmitglieder, Freunde oder Kollegen einrichten, die Ihren Mac außer Ihnen benutzen. Darüber hinaus können Sie festlegen, wie sich diese Personen beim Mac anmelden. Wie das geht, beschreibe ich in den folgenden Abschnitten.

Öffnen Sie in den SYSTEMEINSTELLUNGEN abermals das Fenster BENUTZER und klicken Sie dort auf ANMELDEOPTIONEN im unteren Teil der Benutzer-Account-Liste. (Klicken Sie nötigenfalls zuerst auf das Schloss und geben Sie Ihre Benutzerdaten ein.) Sie sehen dann das in Abbildung 5.4 gezeigte Fenster.

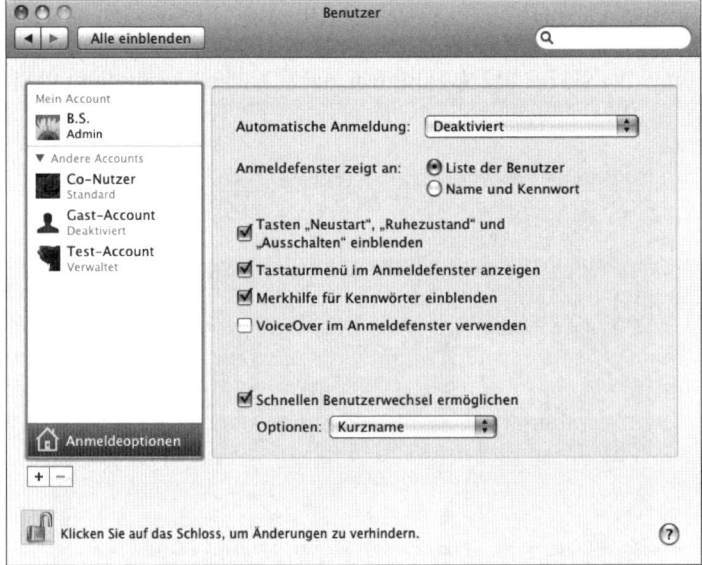

Abbildung 5.4: Die Anmeldeoptionen festlegen

Damit beim Hochfahren des Rechners ein bestimmter Benutzer automatisch angemeldet wird (in den meisten Fällen Sie selbst), aktivieren Sie die Option AUTOMATISCHE ANMELDUNG, indem Sie den entsprechenden Benutzernamen aus dem Einblendmenü wählen. Dafür muss das Kennwort des automatisch anzumeldenden Benutzers eingegeben werden.

 Doch Vorsicht! Wenn die Anmeldeoptionen so eingestellt sind, dass Sie automatisch angemeldet werden, hat jeder Benutzer, der den Mac in Ihrer Abwesenheit startet, unbeschränkten Zugriff auf Ihren persönlichen Arbeitsbereich. Sie sollten diese Funktion daher nur dann nutzen, wenn Sie den Rechner mit niemandem teilen müssen.

Ist die Option für das automatische Anmelden deaktiviert, sieht jeder Benutzer nach dem Hochfahren des Mac das Anmeldefenster. Wie dieses aussieht, hängt unter anderem davon ab, welche der beiden Optionen Sie in den ANMELDEOPTIONEN unter ANMELDEFENSTER ZEIGT AN aktivieren.

✔ Wählen Sie LISTE DER BENUTZER, so erscheint im Anmeldefenster eine Liste der Namen aller Benutzer zusammen mit ihren jeweiligen Grafiken sowie einem Häkchen bei denjenigen, die bereits angemeldet sind. (Und als ob das noch nicht ausreicht, steht außerdem ZURZEIT ANGEMELDET unterhalb des Benutzernamens). Die Benutzer müssen hier auf ihren Namen klicken und dann ihr Kennwort eingeben.

✔ Wählen Sie NAME UND KENNWORT, müssen die Benutzer sowohl ihren Benutzernamen als auch ihr Kennwort in die entsprechenden Felder des Anmeldefensters eingeben.

Bei Bedarf können Sie noch ein paar der Zusatzoptionen aktivieren, die dann ebenfalls im Anmeldefenster angezeigt werden.

Wie auch immer: Nachdem Sie Ihr Kennwort im Anmeldefenster eingegeben haben, klicken Sie auf ANMELDEN oder drücken die ⏎-Taste. War das Kennwort falsch, wackelt das ganze Fenster wie bei einem Erdbeben. Nach ein paar weiteren fehlgeschlagenen Versuchen werden die Eingaben eingeblendet, die Sie bei der Merkhilfe gemacht haben (vorausgesetzt, Sie haben in den ANMELDEOPTIONEN das Markierungsfeld neben MERKHILFE FÜR KENNWÖRTER EINBLENDEN aktiviert).

... und über das Abmelden

Nehmen wir an, Sie haben für heute genug, möchten aber den Mac noch nicht ganz ausschalten. Gleichzeitig wollen Sie jedoch Ihren Arbeitsbereich vor neugierigen Blicken schützen. *Merken Sie sich meine Worte: Nur weil Ihre Familienmitglieder, Freunde und Kollegen aufrechte Bürger sind, heißt das noch lange nicht, dass sie nicht ab und zu mal einen Blick riskieren, wenn gerade niemand hinsieht.* Der beste Weg, Ihren Benutzerbereich zu schließen, ohne den Computer herunterfahren zu müssen, führt über den Menübefehl |*XY* ABMELDEN. (Wobei *XY* natürlich für Ihren Benutzernamen steht).

Ab- und Anmelden auf die schnelle Tour

Stellen Sie sich folgende, nicht allzu abwegige Situation vor: Sie arbeiten gerade an Ihrem Mac und plötzlich – wie soll ich es ausdrücken – verspüren Sie ein gewisses Unwohlsein. Das Pastagericht mit reichlich Pesto, das Sie gestern spät abends noch genossen haben (vielleicht mit dem einen oder anderen Glas Wein), macht Ihnen zu schaffen und die Natur fordert ihren Tribut. Just in dem Moment, als Sie hinauseilen wollen, betritt Ihr Partner das Zimmer: »*Schatz, kann ich kurz meine E-Mails abrufen?*« Normalerweise könnten Sie sich jetzt einfach abmelden, doch da Sie etwas Dringendes zu erledigen haben und außerdem gleich wieder zurück sein werden, fragen Sie sich, ob es nicht einen besseren, schnelleren Weg gibt. Es gibt ihn, und er nennt sich *schneller Benutzerwechsel*. Um diese Funktion nutzen zu können, müssen Sie in den ANMELDEOPTIONEN das Markierungsfeld SCHNELLEN BENUTZERWECHSEL ERMÖGLICHEN aktiviert haben.

Damit Ihr Schatzi (oder wer auch immer) Sie dann kurz bei der Arbeit unterbrechen kann, klicken Sie einfach auf Ihren Benutzernamen oben rechts in der Menüleiste, woraufhin ein Menü mit einer Liste aller Benutzer Ihres Mac eingeblendet wird. Der »Störenfried« kann nun seinen (oder ihren) Namen anklicken und sein (oder ihr) Kennwort eingeben. Ähnlich wie bei einer Drehtür rotiert Ihr Schreibtisch zur Seite, um dem Desktop des neu angemeldeten Benutzers Platz zu machen. Wenn Sie dann (nach einer halben Ewigkeit und deutlich erleichtert) wieder vor Ihrem Monitor Platz nehmen, wiederholen Sie dieselbe kleine Prozedur mit Ihrem eigenen Benutzernamen und Kennwort. Und voilà, Ihr Schreibtisch wirbelt wieder ins Blickfeld, und alles ist genau so, wie Sie es verlassen haben.

Hilfe, ich habe mein Anmeldekennwort vergessen!

Als hart arbeitender Mensch haben Sie viel um die Ohren und müssen sich eine Menge Dinge merken. Da kann einem so etwas wie ein kleines, unscheinbares Kennwort – wie das Anmeldekennwort Ihres Benutzer-Accounts – schon einmal kurzzeitig entfallen. So etwas passiert. Schließlich werden wir alle nicht jünger. Aber was können Sie in einem solchen Fall tun?

Wenn Sie ein Benutzer ohne Administratorrechte sind, sind Sie aus dem Schneider. Denn dann kann Ihnen der Administrator des Mac einfach ein neues Kennwort zuweisen, indem er die Systemeinstellung Benutzer öffnet, Ihren Namen auswählt, auf Kennwort zurücksetzen klickt und ein neues Kennwort eingibt.

Wenn allerdings Sie selbst der Administrator sind und Ihr Kennwort vergessen haben, dann ist die Angelegenheit ein wenig brenzliger. Doch selbst aus dieser auswegslos scheinenden Situation gibt es eine Rettung. Tun Sie nun Folgendes:

1. **Atmen Sie tief durch.**

2. **Suchen Sie die Mac OS X-Installations-CD/DVD heraus und legen Sie sie in das Laufwerk ein.**

3. **Wählen Sie Neustart aus dem -Menü und halten Sie während des Startvorgangs die Taste** $\boxed{\text{C}}$ **gedrückt.**

   Der Mac wird von der CD aus gestartet und das Mac OS X-Installationsprogramm wird aufgerufen. Der Startvorgang kann ein wenig länger dauern.

4. **Legen Sie die Sprache fest und wählen Sie dann aus dem Menü Dienstprogramme die Option Kennwörter zurücksetzen.**

   Klicken Sie hier keinesfalls auf Fortfahren, sondern ignorieren Sie das Installationsfenster einfach. Schließlich wollen Sie Mac OS X Leopard nicht neu installieren.

5. **Klicken Sie auf das Mac OS X-Startvolume und wählen Sie aus dem ersten Einblendmenü den Namen Ihres Benutzer-Accounts.**

6. **Geben Sie in die betreffenden Felder Ihr neues Kennwort sowie eine Merkhilfe ein und bestätigen Sie Ihre Eingabe, indem Sie auf Sichern klicken.**

7. **Schließen Sie das Fenster und wählen Sie den Menübefehl Mac OS X-Installationsprogramm|Mac OS X-Installation beenden.**

8. **Klicken Sie auf** Startvolume, **dann auf Ihre Mac OS X-Festplatte und schließlich auf** Neustart.

Puh, da haben Sie ja noch mal Glück gehabt!

Dateien mit anderen Benutzern austauschen

Wie Sie gesehen haben, sind die Arbeitsbereiche der einzelnen Benutzer eines Mac strikt voneinander getrennt und keiner hat das Recht, in den persönlichen Dateien des anderen herumzuwursteln. Doch hin und wieder möchten Sie die anderen vielleicht an lustigen oder interessanten Dingen teilhaben oder ihnen wichtige Informationen zukommen lassen und umgekehrt. Zum Austausch von Dateien mit anderen Benutzern gibt es eine Reihe von Ordnern mit unterschiedlicher Funktionalität, die Sie im Ordner Benutzer Ihrer Festplatte beziehungsweise in den darin enthaltenen Benutzerordnern der Personen finden, die einen Account auf Ihrem Mac haben.

✔ Der Ordner Öffentlich, der sich im Benutzerordner eines jeden eingerichteten Benutzers befindet. Jeder Benutzer kann in seinem eigenen Öffentlich-Ordner Dateien ablegen, die er den anderen zugänglich machen will. Die anderen Benutzer haben dort standardmäßig Nur-Lese-Rechte, das heißt, sie können nur die darin enthaltenen Dateien öffnen, aber selbst nichts hineinkopieren.

✔ Der Briefkasten-Ordner im Ordner Öffentlich eines jeden Benutzers. Hier können andere Benutzer Dateien hinterlegen, jedoch nicht den Inhalt des Briefkasten-Ordners einsehen.

✔ Der Ordner Für alle Benutzer im Ordner Benutzer. Hier haben alle Benutzer Schreib- und Leserechte, das heißt, sie können sowohl in diesem Ordner liegende Dateien öffnen als auch welche hineinkopieren.

 Falls Ihr Mac in ein Netzwerk integriert ist, haben Sie verschiedene Möglichkeiten, Daten mit den anderen Netzwerkteilnehmern auszutauschen. So können Sie zum Beispiel einen Sharing-Account anlegen oder bestimmte Ordner Ihrer Festplatte für die gemeinsame Nutzung freigeben. Wie Sie ein Netzwerk und das File-Sharing einrichten, erfahren Sie in Kapitel 19.

Scheiden tut weh

Als Boss ist man leider oft der Buhmann, besonders dann, wenn man jemanden feuern muss. Auf den Mac übertragen tun Sie das, indem Sie den Benutzer-Account der in Ungnade gefallenen Person löschen. Klicken Sie in den Systemeinstellungen im Fenster Benutzer auf das Schlosssymbol unten links, um Änderungen vorzunehmen. Markieren Sie dann den Namen des oder der Scheidenden in der Benutzer-Account-Liste und klicken Sie auf die Minus-Taste darunter.

Im folgenden Dialogfenster stehen drei Optionen zur Wahl:

✔ BENUTZERORDNER ALS IMAGE SICHERN: Löscht das Benutzerkonto aus dem Betriebssystem, allerdings wird der Inhalt des Benutzerordners der Person als komprimierte Image-Datei (die Sie durch Doppelklick öffnen können) in einem gesonderten Ordner mit der treffenden Bezeichnung GELÖSCHTE BENUTZER gespeichert. (Falls Sie die Dateien später doch loswerden wollen, können Sie die Image-Datei einfach in den Papierkorb ziehen.)

✔ BENUTZERORDNER NICHT ÄNDERN: Das Benutzerkonto wird aus dem Betriebssystem gelöscht, der Benutzerordner verbleibt jedoch im Ordner BENUTZER und erhält den Zusatz (GELÖSCHT).

✔ BENUTZERORDNER LÖSCHEN: Wenn Sie lieber durch nichts an den ungeliebten Mitarbeiter erinnert werden möchten, wählen Sie diese Option, um alle Spuren seiner Existenz sofort und komplett zu beseitigen.

Tapetenwechsel

Nachdem Sie nun die unangenehme Aufgabe, jemanden aus dem System zu kicken, hinter sich haben, können Sie sich erfreulicheren Dingen zuwenden, zum Beispiel der Verschönerung Ihres Mac-Arbeitsbereichs.

Den Schreibtisch verschönern

Zugegeben, das magentafarbene, kosmische Schreibtisch-Standardhintergrundbild von Leopard ist ganz attraktiv. Nur leider trifft es vielleicht nicht Ihren persönlichen Geschmack. Kein Problem – Sie können es durch etwas Neues, völlig anderes ersetzen.

Wählen Sie SYSTEMEINSTELLUNGEN aus dem -Menü, klicken Sie auf das Symbol SCHREIBTISCH & BILDSCHIRMSCHONER und vergewissern Sie sich, dass der Bereich SCHREIBTISCH aktiviert ist (siehe Abbildung 5.5). Wenn Sie sich jetzt durch die verschiedenen Designkategorien (APPLE-BILDER, NATUR, PFLANZEN und so weiter) in der Liste links klicken, erscheinen im Fenster rechts die darin enthaltenen Hintergrundbilder als Vorschau-Miniaturen. Doch anders als bei der Farbkarte Ihres Einrichtungsberaters können Sie sich hier sofort ansehen, wie Ihr Schreibtisch nach der Renovierung aussehen wird. Dazu genügt ein Klick auf die jeweilige Miniatur.

Neben den vorgegebenen Designkategorien finden Sie außerdem ein Verzeichnis mit dem Inhalt Ihres BILDER-Ordners sowie den Ordner IPHOTO-ALBEN (sofern Sie iPhoto installiert haben), über den Sie auf Ihre gesamte iPhoto-Mediathek (siehe Kapitel 16) zugreifen können; denn keines der Motive aus Apples Designerkollektion geht über das Meisterwerk eines selbst geknipsten Fotos, zum Beispiel Ihrer Familie oder einer Urlaubslandschaft.

 Wenn Sie die Abwechslung lieben – oder sich nicht lange auf eine Sache konzentrieren können –, dann sollten Sie die Option BILD ÄNDERN aktivieren und im dazugehörigen Menü eine für Sie angenehme Zeitspanne einrichten, sodass sich das Hintergrundbild zum Beispiel alle 30 Minuten ändert. Die Option ZUFÄLLIGE

REIHENFOLGE dürfte selbsterklärend sein. Dabei werden nur die Bilder des aktuell ausgewählten Ordners in zufälliger Reihenfolge durchlaufen.

Abbildung 5.5: Gönnen Sie sich einen Tapetenwechsel.

Einen Bildschirmschoner auswählen

Warum heißen Bildschirmschoner eigentlich Bildschirmschoner, und nicht Bildschirmverschönerer? Ganz einfach. Weil ihr ursprünglicher Zweck tatsächlich darin bestand, den Monitor vor einem geisterhaft anmutenden Phänomen zu bewahren – dem *Einbrennen*. Wurde früher ein und dasselbe Bild über einen längeren Zeitraum auf einem Monitor angezeigt, so bildete sich ein permanenter schemenhafter Abdruck, der eben *wie eingebrannt* aussah. Dieses Problem haben gewiefte Ingenieure schon vor langer Zeit gelöst. Dennoch hat der Bildschirmschoner überlebt und wird heute hauptsächlich als Verschönerungsmittel oder zur Unterstreichung der eigenen Persönlichkeit eingesetzt (ähnlich wie bei Handy-Klingeltönen).

Wechseln Sie im Fenster SCHREIBTISCH & BILDSCHIRMSCHONER in den Bereich BILDSCHIRMSCHONER. Wählen Sie dann aus der Liste links einen Bildschirmschoner (siehe Abbildung 5.6), um eine Vorschau davon im Fenster zu sehen. Manche dieser Bildschirmschoner sind wirklich beeindruckend (ich empfehle COSMOS oder NATURE PATTERNS). Wieder können Sie Ihren BILDER-Ordner oder Ihre iPhoto-Mediathek als Quelle auswählen. Außerdem können Sie Bildschirmschoner anderer Hersteller installieren.

Wenn Ihnen die kleine Vorschau nicht genügt, können Sie den gewählten Bildschirmschoner testweise auch bildschirmfüllend ansehen, indem Sie auf TESTEN klicken (bewegen Sie die Maus, um wieder zurückzugelangen). Bei Bildern können Sie außerdem zwischen drei Anzeigestilen (DIASHOW, COLLAGE und MOSAIK) wählen.

Haben Sie Ihre Wahl getroffen (oder den Mac die Auswahl zufällig übernehmen lassen), können Sie mit dem Regler AKTIVIEREN NACH festlegen, nach welchem Zeitraum (in dem Sie untätig waren) der Bildschirmschoner in Aktion treten soll (zwischen 3 Minuten und 2 Stunden oder niemals).

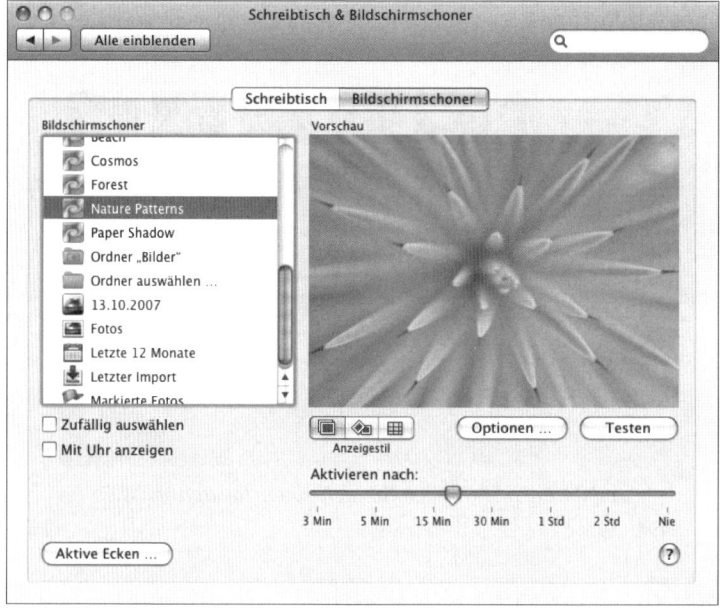

Abbildung 5.6: Verschönern Sie Ihren Bildschirm mit einem Bildschirmschoner.

Ein Klick auf die Taste AKTIVE ECKEN öffnet ein Dialogfenster, in dem Sie einstellen können, dass der Bildschirmschoner gestartet wird, sobald Sie den Cursor in eine bestimmte Bildschirmecke bewegen. (Dabei handelt es sich übrigens um eine *Exposé*-Funktion – eine perfekte Überleitung zum nächsten Abschnitt, der sich mit Exposé und anderen praktischen Leopard-Funktionen zum Aufräumen Ihres Arbeitsbereichs befasst.)

Den Mac-Desktop aufräumen

Sie sind mal wieder so wahnsinnig beschäftigt, dass Ihre Dokumente überall in Ihrem Arbeitszimmer verstreut liegen, Ihr Schreibtisch mit leeren Kaffeetassen übersät ist und verschiedene Kartons und Schachteln sich auf dem Boden stapeln. Und das Schlimmste daran: Sie finden nie das, was Sie gerade brauchen. Ihnen kommt dieses Szenario bekannt vor? Es gibt eine Bezeichnung für Zeitgenossen mit dieser Art von Problem: Chaot. (Sie brauchen sich dafür nicht zu schämen – glauben Sie mir, Sie sind in bester Gesellschaft!)

Auch auf dem Mac-Schreibtisch können die Dinge in Unordnung geraten, besonders wenn Sie an mehreren Projekten gleichzeitig arbeiten. Vielleicht haben Sie die Systemeinstellungen, Safari, iCal, Mail und zahlreiche Textdokumente zur selben Zeit geöffnet, diverse Fenster liegen übereinander gestapelt – ein ähnliches Chaos wie das oben geschilderte bricht aus. Das sieht dann in etwa so aus wie in Abbildung 5.7. Sie sind zu einem hilflosen Opfer in den Fängen des allgegenwärtigen Ungetüms namens *Multitasking* geworden.

Doch Mac OS X Leopard hat gleich zwei perfekte Mittel gegen CSDS (Chaotisches-Schreibtisch-Durcheinander-Syndrom) an Bord: *Exposé* und *Spaces*. Beide sehen wir uns in den folgenden Abschnitten genauer an.

Vorher: Ein unübersichtlicher Schreibtisch mit mehreren geöffneten Fenstern

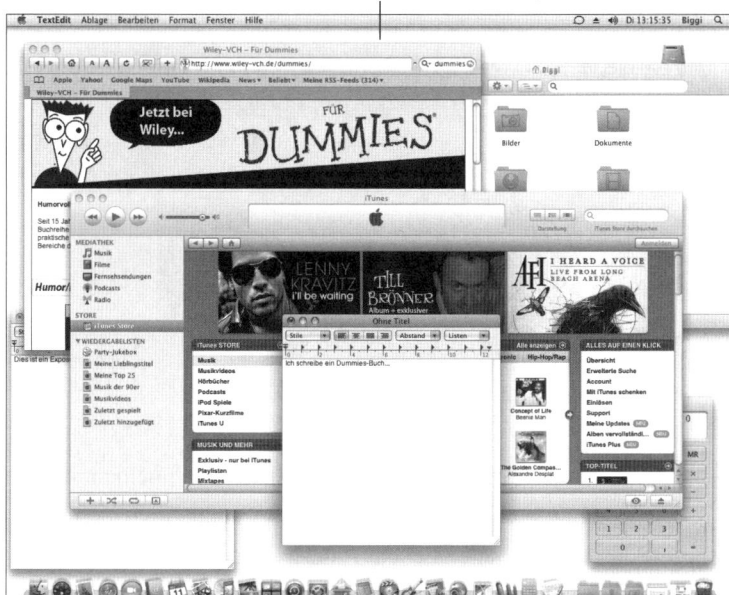

Abbildung 5.7: Ein heilloses Durcheinander aus geöffneten Fenstern

Den Überblick behalten mit Exposé

Exposé verbirgt sich in unmittelbarer Reichweite hinter der [F9]-Taste (oder der Tastenkombination [Fn]+[F9] beim MacBook).

Probieren Sie es gleich selbst und drücken Sie [F9]. Alle derzeit geöffneten und eventuell verdeckten Fenster kommen aus ihren Verstecken hervor. Dabei wird jedes Fenster proportional verkleinert, sodass Sie vorübergehend alle überblicken können (siehe Abbildung 5.8).

Wenn Sie nun den Cursor über eines der verkleinerten Fenster bewegen, erscheint es abgeblendet und der Titel des jeweils geöffneten Dokuments, Programms oder Ordners wird angezeigt.

Um ein bestimmtes Fenster in den Vordergrund zu bringen, zeigen Sie darauf und drücken dann die Leertaste oder klicken einfach hinein (oder drücken erneut F9).

Nachher: Derselbe Schreibtisch nach Drücken der Taste F9

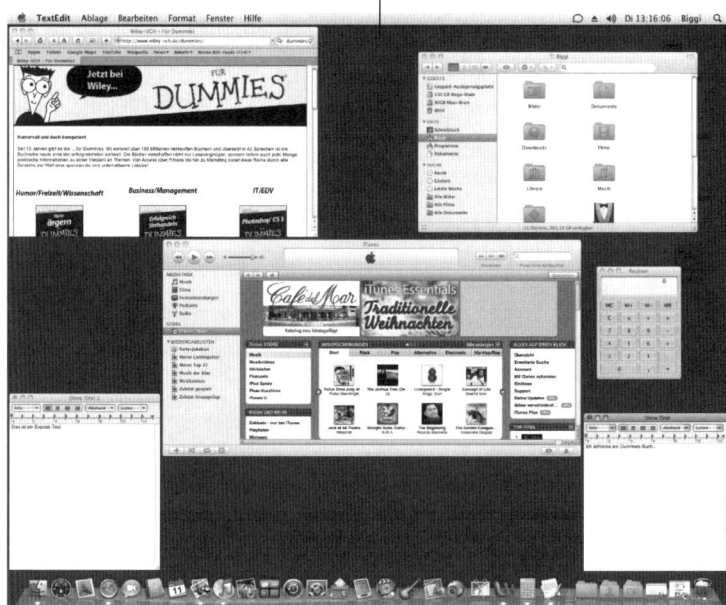

Abbildung 5.8: Exposé in Aktion

Exposé hat noch ein paar andere Tricks auf Lager, die Sie mit den beiden folgenden Tasten in Gang setzen:

✔ **F10:** Zeigt Ihnen alle geöffneten Fenster *des Programms, in dem Sie gerade arbeiten* (siehe Abbildung 5.9). Wenn Sie zum Beispiel gerade in Microsoft Word arbeiten, werden alle derzeit in diesem Programm geöffneten Dokumente in den Vordergrund gebracht (sofern sie nicht minimiert sind) und dabei gegebenenfalls geschrumpft. Drücken Sie erneut F10 , um zum ursprünglichen Zustand zurückzukehren.

✔ **F11:** Diese Taste verbannt *alle* Fenster *aller* geöffneten Programme vorübergehend an die Ränder des Bildschirms, sodass Sie freie Sicht auf den Schreibtisch haben (und zum Beispiel ungestört das beeindruckende Hintergrundbild betrachten können (siehe Abbildung 5.10). Drücken Sie erneut F11 , um die Fenster zurückzubringen.

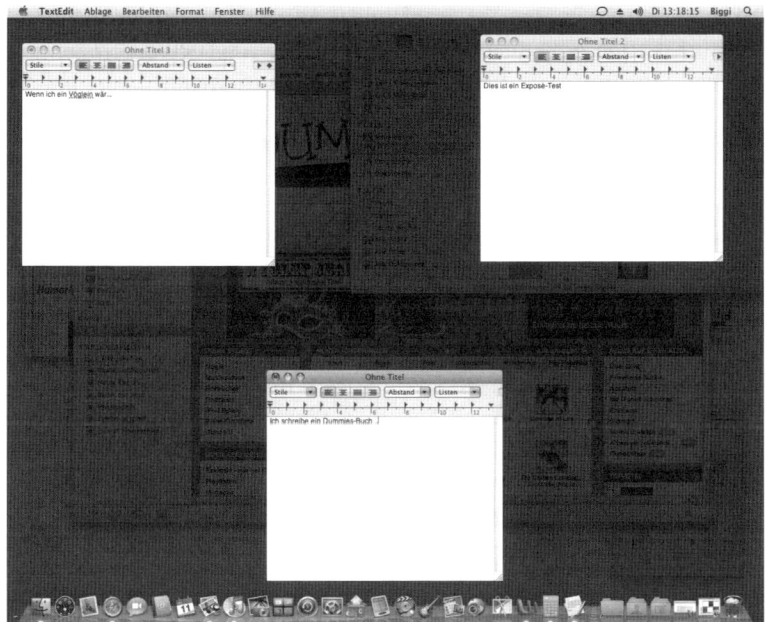

Abbildung 5.9: Drücken Sie `F10`, um alle Fenster des aktuell genutzten Programms einzublenden.

Abbildung 5.10: Drücken Sie `F11`, um alle Fenster vorübergehend auszublenden.

Wenn Ihnen die Tasten F9, F10 und F11 nicht besonders liegen (oder Sie diese schon für andere Zwecke verwenden), dann öffnen Sie die Systemeinstellungen, klicken Sie auf Exposé & Spaces und rufen den Bereich Exposé auf. Im mittleren Teil des Fensters (Exposé) können Sie den einzelnen Exposé-Funktionen andere Tasten zuweisen. Und wenn Sie generell etwas gegen Tastenfunktionen haben, können Sie Exposé im oberen Teil des Fensters (Aktive Ecken) auch so einrichten, dass die drei beschriebenen Exposé-Funktionen (und noch ein paar weitere, zum Beispiel Dashboard) ausgelöst werden, sobald Sie den Cursor in eine bestimmte Bildschirmecke bewegen.

Falls Sie jetzt unbedingt wissen wollen, was es mit dem *Dashboard* auf sich hat, dann blättern Sie einfach schon mal weiter ins nächste Kapitel. Sie sollten jedoch unbedingt später an dieser Stelle weiterlesen, um die neue Leopard-Funktion *Spaces* sowie ein paar der restlichen Systemeinstellungen kennenzulernen.

Reinen (Schreib-)Tisch machen mit Spaces

Rufen wir uns noch einmal das oben geschilderte Fensterchaos ins Gedächtnis. Zwar ist Exposé schon eine gewaltige Hilfe, wenn es darum geht, sich einen Gesamtüberblick zu verschaffen oder gezielt die Fenster bestimmter laufender Programme zu finden. Aber wäre es nicht noch praktischer, wenn Sie sich für den Moment auf eine einzige Aufgabe konzentrieren könnten – zum Beispiel die Erledigung Ihrer Steuererklärung oder Ihrer Geschäftskorrespondenz – und alle ablenkenden Fenster anderer Anwendungen – wie Safari oder iChat –, die Sie zwar im Laufe des Tages ebenfalls, aber eben gerade jetzt nicht benötigen, aus dem Weg räumen könnten? Und damit meine ich nicht, dass Sie diese Fenster von Hand schließen oder minimieren sollen.

Hier kommt das zweite Instrument zur Chaosbeseitigung ins Spiel. Das englische Wort space bedeutet so viel wie Raum, und in Leopard stehen *Spaces* für verschiedene Arbeitsumgebungen, die Sie sich individuell einrichten können, indem Sie mehrere Programmfenster, die Sie für eine bestimmte Tätigkeit benötigen, in einer Gruppe anordnen.

Idealerweise sollten Sie für die folgende Anleitung auf Ihrem Desktop ein paar Fenster verschiedener Programme geöffnet haben (Safari, den Rechner, Adressbuch, iCal, was auch immer).

Um Spaces in Aktion zu sehen, müssen Sie es zuerst aktivieren. Begeben Sie sich dazu erneut in die Systemeinstellung Exposé & Spaces, wechseln Sie in den Bereich Spaces und klicken Sie dort das Markierungsfeld Spaces aktivieren an. Für Spaces ist standardmäßig die Funktionstaste F8 reserviert. Drücken Sie sie und Sie sehen etwas Ähnliches wie in Abbildung 5.11.

Die vier blauen Felder stehen für die vier standardmäßig vorhandenen Arbeitsbereiche (Spaces) und wie Sie sehen, drängen sich die Fenster Ihrer geöffneten Anwendungen alle im ersten Bereich, während die anderen drei völlig leer sind. Dies sollten Sie ändern, indem Sie jetzt einige der Fenster in die anderen Bereiche hineinziehen, sodass sich ein ähnliches Bild ergibt, wie in

Abbildung 5.12. (Verteilen Sie die Programmfenster so, wie es Ihnen am nützlichsten erscheint; für den Anfang reicht es auch aus, nur ein Fenster pro Arbeitsbereich zu platzieren.)

Abbildung 5.11: Spaces in Aktion

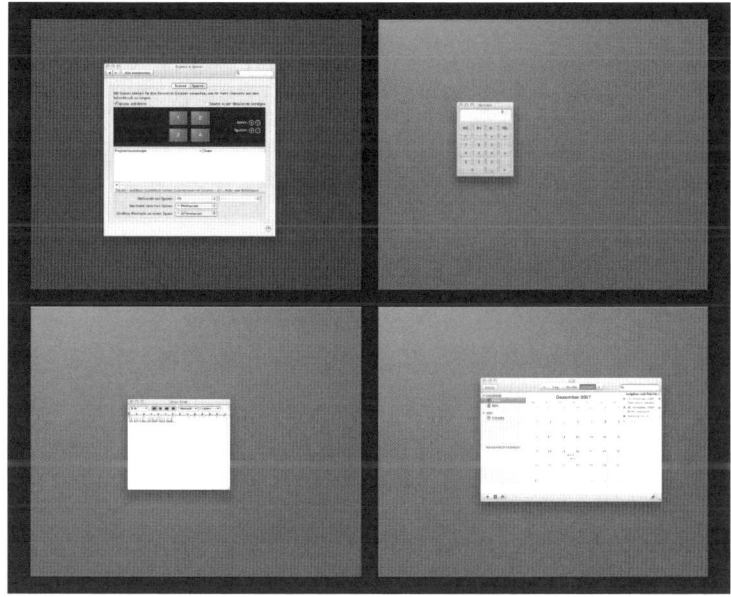

Abbildung 5.12: Ziehen Sie Programmfenster in die verschiedenen Spaces.

Um nun in einen der vier Bereiche zu wechseln, klicken Sie einfach in den betreffenden hinein, und – unglaublich, aber wahr – ein Teil der zuvor sichtbaren Fenster verschwindet spurlos und nur die Fenster der Programme, die Sie dem aktuell gewählten Space zugeordnet haben, werden angezeigt.

 Alternativ können Sie sich in der Spaces-Ansicht auch mithilfe der Pfeiltasten von Space zu Space bewegen und dann ⏎ drücken, um den anvisierten Arbeitsbereich aufzurufen. Oder Sie tippen einfach die Zahl des gewünschten Bereichs auf Ihrer Tastatur ein.

Optimales Arbeitsklima

Nun haben Sie einen ersten Eindruck von der Funktionsweise von Spaces gewonnen. Um jedoch das volle Potenzial dieses Features kennenzulernen und Ihre Arbeitsbereiche optimal anzupassen, sollten Sie noch einmal in die Systemeinstellung SPACES wechseln.

Das Dialogfenster zeigt standardmäßig vier durchnummerierte Arbeitsbereiche an (siehe Abbildung 5.13). Falls jetzt schon abzusehen ist, dass Sie mehr Arbeitsumgebungen benötigen werden, können Sie die Plussymbole für Zeilen und Spalten nutzen, um weitere Spaces (bis zu 16) anzulegen; mit den Minussymbolen reduzieren Sie die Anzahl.

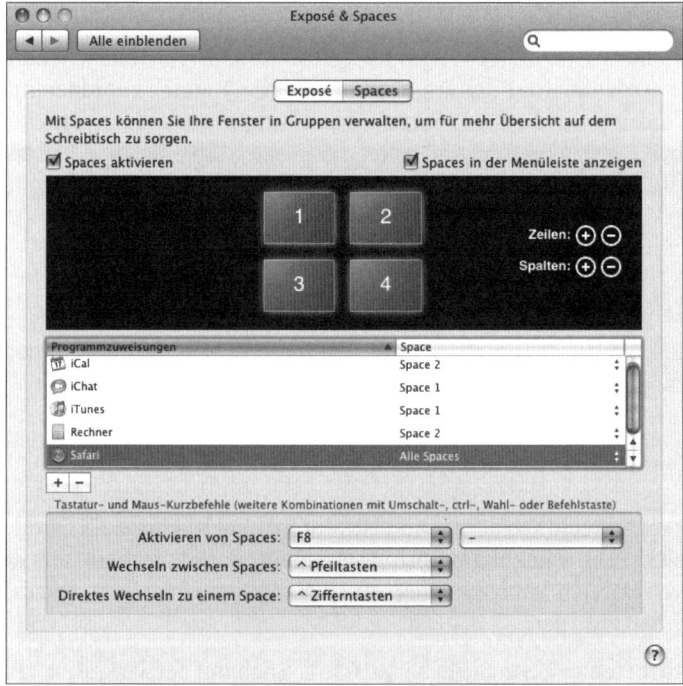

Abbildung 5.13: Richten Sie sich Ihre eigenen Spaces ein.

Im mittleren Fensterabschnitt können Sie den angelegten Spaces die Programme zuweisen, die in der jeweiligen Arbeitsumgebung verfügbar sein sollen. Ein Klick auf die Plus-Taste unterhalb der Spalte PROGRAMMZUWEISUNGEN bringt Sie in Ihren PROGRAMME-Ordner. Wählen Sie eine Anwendung und klicken Sie auf HINZUFÜGEN. Das hinzugefügte Programm wird nun zum Beispiel Space 1 zugeordnet. Um dies zu ändern, klicken Sie rechts neben dem Programmnamen in der Spalte SPACE auf den Space-Namen und wählen einen anderen Space aus. Gruppieren Sie beispielsweise iChat, Mail und Safari im ersten Bereich, TextEdit, iCal, Adressbuch und den Rechner im zweiten, Ihre Lieblingsspiele im dritten und Grafikanwendungen im vierten und so weiter. Aber was ist, wenn Sie nun zum Beispiel Safari oder ein anderes Programm auch in Space 2 oder 4 oder einfach immer benötigen? Dann wählen Sie dafür die Option ALLE SPACES.

Wenn Sie nun mit [F8] die Spaces-Ansicht aufrufen, liegen die Fenster Ihrer aktuell geöffneten Programme entsprechend Ihren Zuweisungen in den jeweiligen Bereichen und Sie können wieder bequem hin und her wechseln.

Angenommen, Sie befinden sich gerade in Ihrem Space für Büroarbeit – mit TextEdit, iCal und Ihrem Rechner –, dann steht Ihnen der gesamte Schreibtisch nur für Ihre Arbeitsdokumente zur Verfügung. Wenn Sie dann auf die Idee kommen, eine kurze Pause einzulegen, um mit ein paar Freunden zu chatten oder eine Partie Schach zu spielen, wechseln Sie einfach in den betreffenden Space, und schon und verschwindet Ihre Arbeit – zumindest für den Moment – völlig aus dem Blickfeld, ohne dass Sie erst irgendein Fenster öffnen oder schließen müssten. Entspannend, oder?

 Falls Sie mit der Anordnung Ihrer Programmfenster doch nicht zufrieden sind oder ein neu geöffnetes Programm einem anderen Bereich zuordnen möchten, müssen Sie dazu nicht extra die Systemeinstellungen aufsuchen. Drücken Sie [F8] und ziehen Sie das Programmfenster in den jeweiligen Space. Oder ändern Sie gleich die Reihenfolge der Spaces, indem Sie sie an die gewünschte Stelle ziehen.

Space wechsle dich

Wenn Ihnen der Weg über die [F8]-Taste und die Spaces-Ansicht zu umständlich erscheint, verrate ich Ihnen jetzt noch ein paar Kniffe, mit deren Hilfe Sie Spaces noch schneller und effektiver nutzen können. Folgende weitere Möglichkeiten, zwischen Ihren Spaces zu wechseln, stehen Ihnen zur Verfügung:

✔ **Über die Menüleisten-Anzeige:** Im Bereich SPACES der Systemeinstellung EXPOSÉ & SPACES finden Sie das Markierungsfeld SPACES IN DER MENÜLEISTE ANZEIGEN. Aktivieren Sie es, und Sie erhalten oben rechts in der Menüleiste ein Symbol mit der Zahl des aktuell genutzten Arbeitsbereichs. Ein Klick darauf bringt ein Menü zum Vorschein, aus dem Sie bequem einen anderen Bereich wählen können. Auch die Systemeinstellung SPACES können Sie von hier aus schnell aufrufen.

✔ **Über Tastaturbefehle:** Wenn Sie lieber ausschließlich mit der Tastatur arbeiten, können Sie die [Ctrl]-Taste gedrückt halten und entweder die Zahl eines anderen Bereichs eintippen oder die Pfeiltasten verwenden. Dabei wird ein größeres Spaces-Symbol eingeblendet, an dem Sie genau sehen, wohin Sie wechseln.

✔ **Über das Dock:** Sobald Sie im Dock auf das Symbol (oder ein minimiertes Fenster) eines Programms klicken, das einem anderen als dem aktuellen Arbeitsbereich zugeordnet ist, wechseln Sie in der Regel in den entsprechenden Space.

 Mit welchen Tastenkombinationen Sie zwischen den einzelnen Spaces wechseln und mit welcher Funktionstaste Sie die Spaces-Ansicht aufrufen, können Sie über die Einblendmenüs in der Systemeinstellung SPACES festlegen.

 Sie können Exposé und Spaces selbstverständlich auch als Team einsetzen. Drücken Sie F8, um alle Spaces einzublenden. Wenn Sie dann zum Beispiel F9 drücken, schrumpft Exposé alle Fenster in allen Spaces, sodass Sie alle gleichzeitig sehen können. Um zu einem bestimmten Fenster zu wechseln, klicken Sie hinein.

Und wer von Ihnen sich jetzt noch über Unordnung auf seinem Mac-Schreibtisch beklagt, dem kann ich beim besten Willen nicht mehr weiterhelfen.

Systemeinstellungen: *Prioritäten setzen*

Sie fragen sich vielleicht, was eigentlich noch übrig ist. Schließlich haben wir die System-einstellungen schon gründlich auf den Kopf gestellt, den Schreibtischhintergrund und den Bildschirmschoner eingerichtet, die Kindersicherung eingeschaltet, mit Exposé und Spaces herumexperimentiert und so weiter. Wie Sie aber in Abbildung 5.14 sehen, gibt es noch eine ganze Reihe anderer Optionen, die wir in den nächsten Abschnitten unter die Lupe nehmen.

Abbildung 5.14: In den Systemeinstellungen passen Sie den Mac an Ihre Erfordernisse an.

Datum und Uhrzeit abstimmen

Im Fenster DATUM & UHRZEIT, das Sie über die Systemeinstellungen öffnen (oder indem Sie auf die Zeitanzeige rechts in der Menüleiste klicken und dann SYSTEMEINSTELLUNG »DATUM & UHRZEIT« ÖFFNEN wählen), können Sie in den folgenden drei Bereichen Einstellungen vornehmen:

✔ **Datum & Uhrzeit:** Wahrscheinlich haben Sie Datum und Uhrzeit schon bei der Einrichtung des Mac festgelegt (siehe Kapitel 2); hier können Sie beides nachträglich manuell einstellen, falls nötig. Dazu klicken Sie in die entsprechenden Felder und überschreiben den Inhalt oder verwenden die Pfeiltasten. (Oder Sie klicken direkt in den Kalender beziehungsweise in die analoge Uhr, deren Zeiger Sie verschieben können. Gegebenenfalls müssen Sie zuerst die Option DATUM & UHRZEIT AUTOM. EINSTELLEN deaktivieren, um Änderungen vornehmen zu können.)

 Patent wie der Mac nun mal ist, kann er seine Uhr *selbstständig* einstellen, und zwar übers Internet, indem er sie in regelmäßigen Abständen mit einem sogenannten *Zeitserver* abgleicht. Richtig sinnvoll ist diese Funktion jedoch nur dann, wenn Sie mehr oder weniger ständig mit dem Internet verbunden sind (zum Beispiel über DSL) und sich nicht nur ab und zu (zum Beispiel über Modem) einwählen. Falls Sie also häufig oder permanent mit dem Internet verbunden sind, sollten Sie unbedingt die Option DATUM & UHRZEIT AUTOMATISCH EINSTELLEN aktivieren. Dann brauchen Sie sich um das lästige Umstellen der Uhr auf Sommer- und Winterzeit keine Gedanken mehr zu machen!

✔ **Zeitzone:** Auch diese Einstellung kennen Sie wahrscheinlich schon vom Einrichtungsvorgang. Sollten Sie einmal umziehen, können Sie hier die Zeitzone anpassen, indem Sie Ihre Region auf der Weltkarte anklicken und dann aus dem Menü NÄCHSTE STADT die passende Hauptstadt auswählen.

✔ **Uhr:** Hier können Sie festlegen, ob Datum und Uhr in der Menüleiste angezeigt werden sollen und wie (als Digitalanzeige oder analoge Uhr, mit oder ohne Sekunden). Außerdem können Sie den Wochentag anzeigen lassen und den Mac sogar dazu veranlassen, die Zeit vorzulesen.

Monitore

Falls Sie mit Ihrer Bildschirmdarstellung völlig zufrieden sind, dürfen Sie diesen Absatz getrost überspringen. Sollten Sie aber erfahren wollen, was es mit der *Monitorauflösung* auf sich hat und was passiert, wenn Sie sie verändern, dann lesen Sie bitte weiter. Die *Auflösung* bestimmt im Wesentlichen die *Schärfe* der Bildschirmdarstellung und wird in *Pixel* angegeben – das sind die winzigen Bildpunkte, aus denen sich Ihr Monitorbild zusammensetzt. (Obwohl Pixel so niedlich und lecker klingt, dass man es glatt mit Cornflakes verwechseln könnte ... aber ich schweife vom Thema ab.)

Im Bereich MONITOR (in der Systemeinstellung MONITORE) sehen Sie links eine Menge von Auflösungen wie 800 × 600, 1024 × 768, 1280 × 1024 und so weiter. Die *erste* Zahl zeigt an, wie viele Pixel *horizontal* auf dem Bildschirm Platz finden, die *zweite* Zahl zeigt die Anzahl der *vertikal* angeordneten Pixel an. Je *größer* die Zahlen, desto *höher* die Auflösung, das heißt, das Bild wird *schärfer* und es passt mehr auf den Bildschirm, da die wiedergegebenen Bildpunkte dann sehr klein sind. Umgekehrt bedeuten *kleinere* Zahlen eine *niedrigere* Auflösung und damit größere Bildpunkte, wodurch das Monitorbild vergrößert, aber unter Umständen auch *unschärfer* angezeigt wird.

Letzteres Phänomen tritt auf, wenn Sie einen Flachbildschirm (wie beim MacBook) besitzen. Der Grund ist, dass diese Monitore tatsächlich aus einer bestimmten Anzahl an quadratischen Bildpunkten (zum Beispiel 1024 x 768) aufgebaut sind, sodass eine niedrigere Auflösung nicht nur zu einer größeren, sondern auch zu einer leicht *verschwommenen* Darstellung führt. Deshalb sieht bei solchen Monitoren eigentlich nur eine Auflösung richtig gut aus, nämlich die höchste (zum Beispiel 1024 x 768 bei einem 15-Zoll-iMac). Haben Sie dagegen noch einen dieser klobigen Röhrenmonitore, wird das Bild auch bei niedrigeren Auflösungen nicht unscharf, da die Pixel in der Größe angepasst werden.

Sie können außerdem einstellen, wie viele Farben Ihr Monitor darstellen soll (zwischen 256 und 16,7 Millionen). Im Bereich FARBEN können Sie Ihren Monitor kalibrieren. Mein Tipp: Spielen Sie ein wenig mit den Einstellungen herum, wenn Sie wollen oder müssen. Doch selbst wenn Sie alles so lassen, wie es ist, dürfte Ihr Monitor ganz ordentlich funktionieren.

Ton

Sie möchten wissen was *Basso* ist oder wie *Sosumi* oder *Tink* klingen? Ich würde es Ihnen ja gern vorspielen. Doch leider ist dies kein Hörbuch, weshalb ich Sie auf die Systemeinstellung TON (das Lautsprechersymbol) verweisen muss. Wann immer der Mac Ihnen etwas sagen will, tut er dies mit einem Warnton, den Sie im Bereich TONEFFEKTE einstellen können. Unter AUSGABE regulieren Sie die Balance von externen Lautsprechern oder Kopfhörern sowie die Gesamtlautstärke und unter EINGABE können Sie Einstellungen für ein internes oder ein externes Mikrofon vornehmen.

Softwareaktualisierung

Ihr Mac mag zwar eine Maschine sein, er hat aber durchaus menschliche Charakterzüge. Und die Firma Apple hat Sie nicht vergessen, nur weil Sie bereits einen ihrer wertvollen Computer erworben haben. Im Gegenteil – Apple feilt unermüdlich am Mac OS X-Betriebssystem (inklusive der mitgelieferten Software), und bringt von Zeit zu Zeit *Updates* heraus, die Sie kostenlos herunterladen und auf Ihrem Mac installieren können. Diese Updates dienen zum Beispiel dazu, kleine Fehler auszubügeln, potenzielle Sicherheitslücken zu schließen oder neue Programmfunktionen hinzuzufügen.

Klicken Sie in den Systemeinstellungen auf Softwareaktualisierung. Im Bereich Planmässige Überprüfung können Sie Ihren Mac dazu veranlassen, täglich, wöchentlich, monatlich oder sofort nach Software-Updates auf der Apple-Website zu suchen. Wenn Sie möchten, lädt der Mac wichtige Updates selbstständig im Hintergrund und belästigt Sie erst, wenn das Update installiert werden kann. Welche Updates Sie im Lauf der Zeit installiert haben, sehen Sie im Protokoll unter Installierte Updates. Sie können die Softwareaktualisierung auch über das -Menü aufrufen.

Bedienungshilfen

Damit auch Menschen mit physischen Einschränkungen den Mac problemlos nutzen können, gibt es die Systemeinstellung Bedienungshilfen. Wählen Sie in diesem Fenster durch Anklicken der entsprechenden Tasten die Bereiche, bei denen Sie Hilfe benötigen: Sehen, Hören, Tastatur, Maus (siehe Abbildung 5.15).

Abbildung 5.15: Die Systemeinstellung Bedienungshilfen

Hier einige Optionen, die Sie einstellen können:

✔ **Voiceover:** Ist diese Option des Bereichs Sehen aktiviert, beschreibt Ihnen die Computerstimme des Mac die Elemente auf Ihrem Monitor beziehungsweise wo Sie sich gerade befinden. Leider ist diese Funktion nur für die englische Sprache ausgelegt.

✔ **Zoom:** Die Zoomfunktion des Bereichs Sehen erlaubt das Vergrößern (Heranzoomen) und Verkleinern der Bildschirmanzeige mithilfe bestimmter Tastenkombinationen.

✔ **Monitor:** Mit dieser Option des Bereichs Sehen können Sie den Kontrast verbessern und die Bildschirmanzeige von Schwarz auf weiss zu Weiss auf schwarz ändern oder dafür Graustufen verwenden wählen.

✔ **Blinkender Monitor:** Im Bereich Hören können Sie festlegen, dass der Bildschirm blinkt, sobald ein Warnton ertönt.

✔ **Tastaturoptionen**: Im Bereich Tastatur können Sie verschiedene Tastaturoptionen einstellen. Mit der Tastenverzögerung legen Sie fest, dass eine Taste verzögert anspricht, nachdem sie gedrückt wurde. Falls Sie Probleme haben, mehrere Tasten gleichzeitig gedrückt zu halten, können Sie die Einfingerbedienung aktivieren, sodass Tastenkombinationen mit Sondertasten (wie ⇧, ⌘, ⌥ und Ctrl) nacheinander ausgeführt werden können.

Der Name des Mac mag zwar an die Buletten-Brötchen einer bekannten Fast-Food-Kette erinnern, doch Sie können nicht behaupten, dass er sich nicht ganz auf Ihre persönlichen Erfordernisse einstellen würde.

Spezielle Talente:
Die Raubkatze im Mac

In diesem Kapitel

▷ Alte und neue Spezialeffekte

▷ Die Essenz von OS X Leopard

▷ Suchen und Finden mit Spotlight

▷ Dashboard-Widgets für jeden Anlass

▷ Automatisieren mit dem Automator

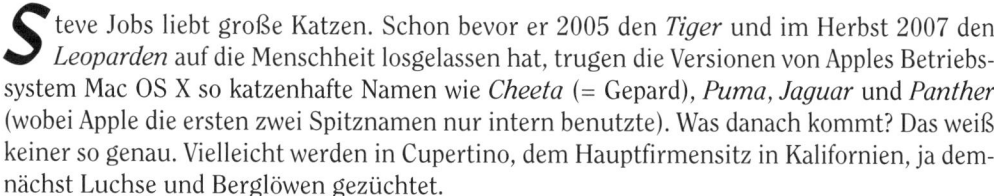

Steve Jobs liebt große Katzen. Schon bevor er 2005 den *Tiger* und im Herbst 2007 den *Leoparden* auf die Menschheit losgelassen hat, trugen die Versionen von Apples Betriebssystem Mac OS X so katzenhafte Namen wie *Cheeta* (= Gepard), *Puma*, *Jaguar* und *Panther* (wobei Apple die ersten zwei Spitznamen nur intern benutzte). Was danach kommt? Das weiß keiner so genau. Vielleicht werden in Cupertino, dem Hauptfirmensitz in Kalifornien, ja demnächst Luchse und Berglöwen gezüchtet.

Aber für ein so mächtiges Betriebssystem braucht es eben eine Bezeichnung mit mehr Biss als einfach nur »OS X« und da eignet sich Leopard (oder der Name einer anderen gigantischen Raubkatze) perfekt als Zusatz. Das X steht übrigens für die römische Ziffer 10.

Hinter dem Codenamen Leopard verbirgt sich die Mac OS X-Version 10.5. Alle ein bis zwei Jahre bringt Apple eine neue kostenpflichtige Version seiner Betriebssystemsoftware heraus (siehe Kasten »Kleine Betriebssystem-Kunde« in diesem Kapitel), vollgepackt mit neuen Funktionen (oder *Features*) und gekennzeichnet durch eine höhere Zahl hinter dem Punkt. Laut eigenen Angaben hat Apple 10.5 Leopard mit 300 neuen Funktionen im Vergleich zur Vorgängerversion ausgestattet. Ich habe nicht nachgezählt.

In der Zwischenzeit frisiert Apple sein Betriebssystem ständig mit kleinen Verbesserungen und Neuerungen auf, die Sie dann in Form von kostenlosen Updates auf Ihren Mac laden und installieren können (siehe Kapitel 5). Diese erkennen Sie dann an der zusätzlichen Versionsnummer. Der Vorgänger Tiger brachte es zuletzt auf Version 10.4.11 inklusive aller Updates. Da fragt man sich, wie viele neue Funktionen noch nötig sind, bis Apple sich endlich dazu entschließt, OS XI einzuführen.

Wenn Sie wissen wollen, welche Mac OS X-Version auf Ihrem System läuft, dann rufen Sie aus dem -Menü die Option ÜBER DIESEN MAC auf. Klicken Sie auf SOFT-WAREAKTUALISIERUNG, um zu erfahren, ob Ihr OS (einschließlich aller enthaltenen Programme) auf dem aktuellen Stand ist.

Alte und neue Spezialeffekte

Wie bereits erwähnt, umfasst die aktuelle Leopard-Version über 300 neue Funktionen und schon die Vorversion Tiger wies etwa 200 Neuerungen auf, die unter Leopard noch weiter verbessert wurden. Selbst wenn ich genügend Buchseiten zur Verfügung hätte, könnte ich – allein schon aufgrund mangelnder Expertise – nicht allen erwähnenswerten Talenten der Raubkatze im Mac gerecht werden. Deshalb werde ich in diesem Kapitel nur auf einige der wichtigsten Funktionen – die Highlights sozusagen – eingehen, von denen Sie den größten Nutzen haben. Der Grund, warum ich sie in diesem Kapitel zusammengefasst habe, ist schlicht und ergreifend der, dass sie an keiner anderen Stelle des Buches mehr so recht Platz gefunden haben.

Zunächst möchte ich Ihnen aber noch einen kleinen Einblick in ganz spezielle, zum Teil recht technische Raffinessen gewähren, die Apple ebenfalls auf seiner langen Liste von Innovationen hat. (Die Beschreibungen habe ich größtenteils wörtlich so von Apple übernommen.)

Hinweis: Ich will diese Verbesserungen auf keinen Fall klein reden – sicher sind sie für bestimmte Nutzerkreise von großem Wert. Falls Sie sich von diesen Infos nicht angesprochen fühlen, so ist das kein Beinbruch und Sie dürfen sie dann auch gerne überspringen.

Für Weltbürger: Mac OS X Leopard steht neben vielen anderen Sprachen auch in Russisch, Polnisch und Portugiesisch zur Verfügung und bietet eine optimierte Unterstützung für internationale Schriften wie Hangul, Tibetisch und Persisch. Außerdem werden drei zusätzliche arabisch-basierte Skripts in Geeza Pro, Uyghur, Kurdisch und Jawi unterstützt.

✔ **Für UNIX-Freaks**: Überwachen Sie alle Aspekte Ihres Programms mit DTrace, das in den Darwin-Kernel integriert ist. Java, Ruby, Python und Perl wurden zudem für die Unterstützung von DTrace erweitert.

✔ **Für Grafiker**: Gestalten Sie faszinierende, animierte Benutzerumgebungen, indem Sie 2-D-Grafiken, OpenGL-Rendering und Video miteinander kombinieren.

✔ **Für Entwickler**: Schöpfen Sie das Potenzial Ihrer vorhandenen Programme bestmöglich aus. Leopard ist das erste etablierte Betriebssystem, das 32-Bit- und 64-Bit-Programme vollständig und nahtlos unterstützt.

Kleine Betriebssystem-Kunde

Leute, es gibt Software und SOFTWARE. Und das Betriebssystem (Operating System, kurz OS) eines Computers – daran besteht kein Zweifel – steht ganz oben auf der Liste, denn es ist, man kann es so sagen, die »Mutter aller Programme«. Wäre dies eine Filmdokumentation über den Mac, der Name des Mac-Betriebssystems würde im Vorspann an allererster Stelle, noch vor dem Titel erscheinen. Alle anderen Softwaremitstreiter auf Ihrem Computer, egal wie talentiert sie auch sein mögen, sind im Vergleich dazu nur Statisten.

Wenn man es recht bedenkt, gäbe es ohne das Betriebssystem nicht einmal einen Film, denn es bildet die Grundlage, auf der alle anderen Programme laufen. Ohne Ihr OS wäre das vielseitige Bildbearbeitungsprogramm, das Sie neulich erstanden haben, so viel wert wie gehackte Sülze.

Und was IHR Betriebssystem angeht, so dürfen Sie sich wirklich glücklich schätzen, Leopard 10.5 (oder was auch immer) zu haben. Denn dieses System (und Mac OS X im Allgemeinen) wird nicht nur wegen seiner schicken, attraktiven Benutzeroberfläche immer wieder über den grünen Klee gelobt – es ist außerdem äußerst robust, zuverlässig und sehr stabil. Das Fundament beziehungsweise den Kern von Mac OS X bildet etwas namens *UNIX* – wiederum selbst ein Betriebssystem, das bereits in den frühen 70er-Jahren entwickelt wurde und heutzutage als Basis für eine Reihe von Betriebssystemen dient. Apples Geniestreich bestand darin, UNIX so zu implementieren, dass Sie als Nutzer nicht die dazugehörige Programmiersprache erlernen müssen. Seien Sie also dankbar, dass es sich unter der Kühlerhaube des Mac befindet und denken Sie am besten nicht weiter darüber nach.

Wie? Sie sind nun doch neugierig geworden und wollen mehr über UNIX erfahren? (Ja, Leute wie Sie kann ich gebrauchen!) Also gut, Sie haben es nicht anders gewollt: Öffnen Sie den PROGRAMME-Ordner und darin den Ordner DIENSTPROGRAMME und doppelklicken Sie auf die Anwendung TERMINAL. Was sich Ihnen hier bietet, ist kein schöner Anblick, wie Sie schon an der Abbildung unten sehen. Keine Symbole, keine ansprechenden Menüs. Sie haben die Welt der grafischen Benutzeroberflächen verlassen und hantieren nun mit einer *Befehlszeilenschnittstelle* herum – das bedeutet, dass Sie irgendwelche obskuren Befehle eingeben müssen, um dem Mac zu sagen, wie er sich verhalten soll. Und wenn Sie nicht wirklich *genau* wissen, was Sie da tun, können Sie sich damit ganz leicht Ihr komplettes System zerschießen – also seien Sie vorsichtig! Neugier hat schon so manche Katze ihr siebtes Leben gekostet ...

Turbosuche mit Spotlight

Puh! Nachdem wir nun mit diesen trivialen Dingen durch sind, ist es an der Zeit sich auf einige Glanzstücke zu konzentrieren, die alle Mac-Nutzer gleichermaßen zu schätzen wissen. Und es geht auch sofort los: Licht aus, Spot an und Bühne frei für *Spotlight*, ein fantastisches

Suchwerkzeug, von dem ich Ihnen garantiere, dass es Ihre kühnsten Erwartungen übertreffen wird. Spotlight wurde mit Tiger eingeführt und in Leopard um weitere Funktionen erweitert; doch selbst wenn dies Apples einzige Innovation der letzten paar Jahren gewesen wäre, stünden diejenigen unter Ihnen, die sich bisher strikt geweigert haben, Ihr Betriebssystem zumindest auf die Vorgängerversion von Leopard zu aktualisieren, spätestens jetzt unter Zugzwang.

Und ich sage Ihnen auch warum. Eine effektive Suchfunktion ist immens wichtig, denn ein Computer ist nur halb so viel wert, wenn er Ihnen nicht ermöglicht, schnell auf bestimmte Dokumente, Bilder, E-Mails oder Programme zugreifen zu können, die Sie gerade brauchen. Vielleicht denken Sie beim Begriff *Suchen* an Internetsuchmaschinen wie *Google, Yahoo!* & Co. Auch das ist natürlich wichtig, doch damit befassen wir uns in Kapitel 9.

Die Suche, von der ich hier spreche, bezieht sich zunächst einmal rein auf die Inhalte Ihres eigenen Mac. Im Laufe der Zeit werden Sie Tausende von Fotos, Musikstücken, Zeugnissen, Projekten, Kontakten, Terminen und so weiter darauf ansammeln. Mit Spotlight können Sie einzelne Objekte zielgenau und in Sekundenschnelle herausklauben wie die Nadel aus dem sprichwörtlichen Heuhaufen, und Sie bekommen die ersten Ergebnisse bereits, während Sie Ihre Suchabfrage eintippen.

 Noch besser: Spotlight kann sogar nach bestimmten Inhalten *innerhalb* von Dokumenten und Dateien suchen. Das erweist sich besonders dann als extrem nützlich, wenn Sie nicht mehr den blassesten Schimmer haben, wie Sie eine bestimmte Datei benannt haben.

Probieren Sie Spotlight am besten gleich selbst aus:

1. **Klicken Sie auf das Lupensymbol oben rechts in der Menüleiste oder drücken Sie ⌘ + Leertaste.**

   Das blaue Spotlight-Suchfeld öffnet sich.

2. **Geben Sie ein Wort oder einen Satz ein, nach dem Sie suchen wollen.**

   Sobald Sie den ersten Buchstaben eingeben, öffnet sich direkt unterhalb ein Fenster mit ersten Suchtreffern. Die Suche wird dann mit jedem neuen Zeichen, das Sie eingeben, immer weiter verfeinert (siehe Abbildung 6.1). Dabei wechseln die Suchergebnisse schneller, als Sie diesen Satz lesen können.

Angenommen, Sie planen eine Expedition in die Tropen und erinnern sich, dass Ihr Cousin Egbert vor einiger Zeit in einer E-Mail an Sie vom Strand eines einsamen Eilands im Pazifik geschwärmt hat. Jetzt könnten Sie natürlich das E-Mail-Programm Ihres Mac öffnen und Ihre Postfächer nach der Nachricht durchforsten – eine von zirka Hundert E-Mails von Egbert (anscheinend hatte Egbert sehr viel Zeit). Da ist es doch sehr viel schneller und einfacher, Egbert oder einfach nur Strand in das Spotlight-Suchfeld einzugeben.

Oder vielleicht möchten Sie Egbert stattdessen kurz anrufen. Ohne Spotlight würden Sie wahrscheinlich Ihr Mac-Adressbuch öffnen und die Telefonnummer Ihres Kumpels heraussuchen. Mit Spotlight brauchen Sie nicht einmal mehr das zu tun. Geben Sie einfach Egbert in das Suchfeld ein und klicken Sie dann in der Kategorie Kontakte des Suchergebnisfensters auf seinen Namen.

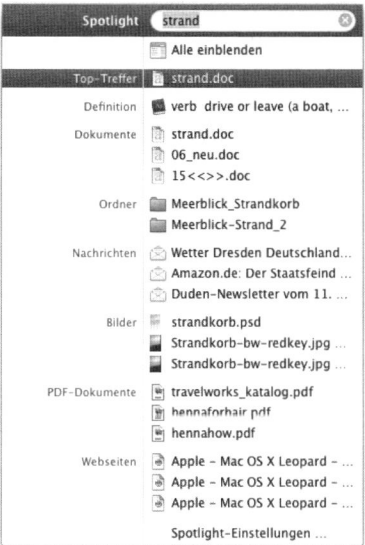

Abbildung 6.1: Das Spotlight-Suchfeld der Ergebnisliste

Ihre Festplatte durchstöbern

Spotlight ist eng mit Ihrem Betriebssystem verzahnt. Hinter den Kulissen indiziert und katalogisiert es alle Dateien auf Ihrem Rechner, sodass Sie jederzeit darauf zugreifen können. Dieser Index wird umgehend aktualisiert, sobald Sie eine Datei hinzufügen, verändern, kopieren oder löschen.

Darüber hinaus durchkämmt Spotlight auch die sogenannten *Metadaten* – das sind Zusatzinformationen zu den einzelnen Dateien. So werden zum Beispiel zu jedem Foto die folgenden Metadaten gespeichert: Kameramodell, Aufnahmendatum, Belichtungsdaten (Blende und Verschlusszeit, mit oder ohne Blitz) und so weiter. Wenn Ihnen also jemand Bilder schickt, die mit einer Kodak-Digitalkamera aufgenommen wurden, dann können Sie diese leicht auf Ihrem Mac wiederfinden – unter den zirka 500 Fotos, die Sie mit Ihrer Canon geknipst haben –, indem Sie als Suchbegriff Kodak eingeben.

Spotlight erledigt Ihre Suchabfrage äußerst souverän und präsentiert Ihnen mutig ein Ergebnis, von dem es glaubt, dass es dem gesuchten Objekt entspricht, als *Top-Treffer*. (In Abbildung 6.1 ist der Top-Treffer ein Dokument mit dem Namen *strand*.) Dabei liegt seine Trefferquote ziemlich hoch. Hat Spotlight die richtige Datei gefunden, klicken Sie auf den Top-Treffer-Eintrag (oder drücken ⏎). Daraufhin öffnet sich das betreffende Programm zusammen mit der gesuchten Datei. Um den Ordner, in dem die Datei liegt, in einem Fenster zu öffnen, verwenden Sie den Tastaturkurzbefehl ⌘ + ⏎.

Doch möglicherweise liegt Spotlight nicht immer richtig mit dem Top-Treffer, weshalb es Ihnen noch zirka 20 weitere naheliegende Suchergebnisse liefert. Diese werden in Kategorien angeordnet angezeigt (PROGRAMME, DOKUMENTE, ORDNER, PDF-DOKUMENTE, FILME, MUSIK, BILDER und so weiter, selbst im Lexikon schlägt Spotlight nach). Auch hier klicken Sie einfach auf einen Eintrag, um die entsprechende Datei zu öffnen.

 Spotlight merkt sich neuerdings sogar, welche Webseiten Sie zuletzt besucht haben sowie deren Inhalte. Auf diese Weise können Sie nach beliebigen Stichwörtern einer kürzlich angesehenen Webseite suchen und diese dann gleich in Safari aufrufen. Wenn das kein Service ist!

Effektives Suchen

Am besten können Sie Ihr Suchergebnis eingrenzen, indem Sie gleich zu Beginn einen möglichst spezifischen Suchbegriff eingeben. Wahrscheinlich werden Sie die E-Mail von Egbert finden, wenn Sie nur nach Strand suchen. Doch Spotlight findet dann auch _alle_ anderen Dateien oder Programme, die eine Übereinstimmung mit der Texteingabe aufweisen, wie etwa PowerPoint-Präsentationen mit dem Hintergrundthema Strand, Urlaubsfotos von Ihnen und Ihrer Familie am Strand oder Musikstücke mit dem Wort »Strand« im Titel. Geben Sie deshalb besser sowohl Egbert als auch Strand ein, um Ihre Suche zu verfeinern.

Wenn Sie ziemlich genau wissen, wonach Sie suchen, in diesem Fall eine E-Mail von Egbert (und kein Bild etc.), dann können Sie Ihre Suchabfrage auf folgende Art filtern: Geben Sie den Suchbegriff ein, gefolgt von der Angabe Art sowie dem Dateityp, nachdem Sie suchen, etwa so:

`Egbert Art:E-Mails`

Wollen Sie zum Beispiel nach einer Präsentation über die schönsten Strände der Welt suchen, die Ihnen jemand geschickt hat, aber Sie können sich nicht erinnern, mit welchem Programm sie erstellt wurde (AppleWorks, Keynote oder PowerPoint), dann versuchen Sie es so:

`Strände Art:Präsentationen`

Vielleicht möchten Sie nur nach Präsentationen suchen, die Sie letzte Woche geöffnet haben, dann geben Sie Folgendes ein:

`Strände Art: Präsentationen Datum: Letzte Woche`

Um nach einem Programm wie Microsoft Word zu suchen, geben Sie Folgendes ein:

`Word Art:Programme`

Egberts Adressdaten finden Sie, indem Sie dies eingeben:

`Egbert Art:Kontakte`

Auch Musikstücke eines bestimmten Interpreten können Sie so ganz schnell finden:

`Beach Boys Art:Musik`

Für eine Liste all Ihrer Strandfotos, geben Sie Folgendes ein:

```
Strand Art:Bilder
```

und so weiter.

 Manchmal erhalten Sie bei einer Spotlight-Suche mehr als 20 mögliche Suchergebnisse, manchmal auch *sehr* viel mehr, die jedoch im Spotlight-Fenster nicht angezeigt werden, da hierfür Ihr Bildschirm einfach nicht groß genug wäre. In solchen Fällen klicken Sie auf ALLE EINBLENDEN ganz oben in der Liste, woraufhin sich ein Fenster ähnlich wie das in Abbildung 6.3 öffnet. Darin werden wirklich *alle* Suchergebnisse Ihrer Abfrage angezeigt und hier können Sie Ihre Suche auf verschiedene Arten verfeinern und sogar abspeichern. Wie Sie mit diesem Fenster umgehen, erfahren Sie in den Abschnitten »Wer sucht, der findet« und »Intelligente Ordner« weiter hinten in diesem Kapitel.

Suchen, wie es Ihnen gefällt

Bis jetzt haben Sie den Suchvorgang und welche Suchergebnisse präsentiert werden ganz und gar Spotlight überlassen. Aber ich muss Sie hoffentlich nicht daran erinnern, wer hier der Boss ist. Schließlich ist das *Ihr* Mac und Sie *ganz allein* können die Art und Weise bestimmen, wie Spotlight seine Suchprozedur durchführen soll.

Spotlight durchkämmt nämlich bei jeder Suchabfrage so ziemlich *alles* auf Ihrer Festplatte – sofern Sie nichts anderes anordnen. Um dies zu ändern, öffnen Sie die SPOTLIGHT-EINSTELLUNGEN, indem Sie auf den gleichnamigen Eintrag unterhalb der Trefferliste klicken. (Alternativ rufen Sie die Systemeinstellungen aus dem ⌘-Menü auf und klicken auf das SPOTLIGHT-Symbol.) Im folgenden Fenster können Sie nun im Bereich SUCHERGEBNISSE durch Anklicken der Markierungsfelder die zu durchsuchenden Dateitypen aktivieren beziehungsweise deaktivieren (siehe Abbildung 6.2). Vielleicht möchten Sie nicht, dass Spotlight protokolliert, welche Webseiten Sie zuletzt besucht haben, dann entfernen Sie das Häkchen bei Webseiten. Außerdem können Sie die Reihenfolge der Kategorien ändern, indem Sie die Einträge mit der Maus an die gewünschte Position ziehen.

Im Bereich PRIVATSPHÄRE können Sie Spotlight sagen, an welchen Orten es *nicht* suchen soll. Ziehen Sie die Ordner (oder Festplatten), die von der Suche ausgenommen werden sollen, in das Fenster (oder klicken Sie auf die Taste mit dem Plussymbol, um sie auszuwählen). Spotlight entfernt diese Objekte daraufhin aus dem Such-Index.

 In Leopard hat Spotlight übrigens nun auch noch die Funktion eines Taschenrechners übernommen. Tippen Sie eine Rechenaufgabe in das Spotlight-Suchfeld ein, und Spotlight wirft den Rechner an und präsentiert Ihnen das Ergebnis in der Trefferliste.

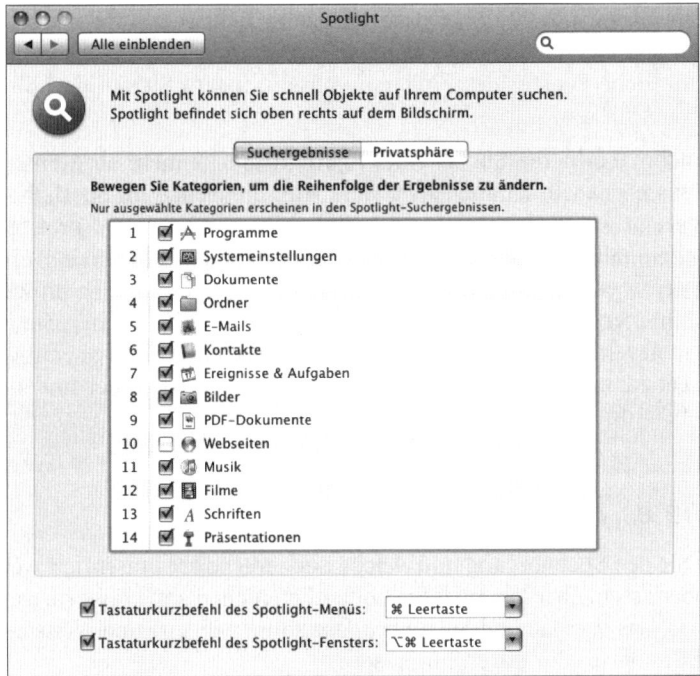

Abbildung 6.2: Die Spotlight-Einstellungen anpassen

Wer sucht, der findet

Da Spotlight so eng mit Ihrem Betriebssystem verwoben ist, verwundert es nicht, dass Sie es nicht nur in zahlreichen Programmen, sondern auch in jedem normalen Finder-Fenster, das Sie öffnen, um nach Dateien und Ordnern zu suchen, wiederfinden. (Drücken Sie ⌘+Ⓝ, um ein neues Fenster zu öffnen.)

Das Suchfeld in jedem Fenster dürfte Nutzern früherer OS X-Versionen (vor Tiger) vertraut sein. Doch hier endet die Vertrautheit auch schon. Während das frühere Suchfeld lediglich für einfache Suchabfragen diente und entsprechend durchschnittliche Ergebnisse lieferte, legt die Spotlight-Variante eine Leistungsfähigkeit an den Tag, die ihresgleichen sucht. Und das nicht nur in puncto Geschwindigkeit, sondern auch, was das Angebot an Suchwerkzeugen und -möglichkeiten betrifft.

Die Spotlight-Suchfunktion im Finder ist ein wahres Multitalent und ermöglicht Ihnen eine wirklich maßgeschneiderte Suche. Um sie in Aktion zu sehen, drücken Sie ⌘+Ⓕ (oder wählen den Menübefehl ABLAGE|SUCHEN). Auf diese Weise erhalten Sie nämlich gleich die »Luxusausführung« des Suchfensters mit allen Werkzeugen, auf die Sie zwar auch in einem gewöhnlichen Finder-Fenster Zugriff haben, aber erst, nachdem Sie einen Suchbegriff in das Suchfeld eingegeben haben.

 Wenn Sie eine Suche über das weiter vorn in diesem Kapitel beschriebene Spotlight-Menü gestartet haben, können Sie, um Ihre Suche auszuweiten, in das Spotlight-Suche-Fenster des Finders wechseln, indem Sie auf den Eintrag ALLE EINBLENDEN klicken.

Sie sehen nun ein Fenster (ähnlich wie das in Abbildung 6.3) mit einer Art Menüleiste direkt unterhalb des Suchfelds mit den Tasten DIESEN MAC, »IHR-KURZNAME«, INHALT und DATEINAME. Durch Anklicken dieser Rubriken legen Sie zum einen fest, *an welchen Orten* Sie suchen wollen (auf Ihrer gesamten Festplatte oder nur in Ihrem Benutzerordner) und zum anderen, ob Sie lediglich nach *Dateinamen* suchen oder auch den *Inhalt* der Dateien durchsuchen lassen möchten. Beachten Sie außerdem die SICHERN-Taste rechts außen. Darauf werde ich weiter hinten in diesem Kapitel im Abschnitt »Intelligente Ordner« noch genauer eingehen.

Wenn Sie nun aus dem Aktionenmenü des Fensters die Option SUCHKRITERIEN EINBLENDEN wählen (oder das Plussymbol neben der SICHERN-Taste anklicken), wird zusätzlich eine Zeile beziehungsweise Leiste mit Einblendmenüs angezeigt. Wenn Sie das Suchen-Fenster mit ⌘+F geöffnet haben (anstatt über den Spotlight-Menüpunkt ALLE EINBLENDEN), ist diese Zeile bereits vorhanden.

Diese Einblendmenüs enthalten verschiedenen Suchparameter, die Sie nach Bedarf wählen können, um Ihre Suche entsprechend zu filtern. (Klicken Sie dazu einfach auf ein Einblendmenü und wählen Sie das gewünschte Kriterium aus.) Zu Beginn ist nur eine »Eingabezeile« für Suchkriterien vorhanden. Sie können weitere hinzufügen, indem Sie auf das Plussymbol am Ende der Zeile klicken. (Klicken Sie auf das Minussymbol am Ende einer Zeile, um diese wieder zu löschen.)

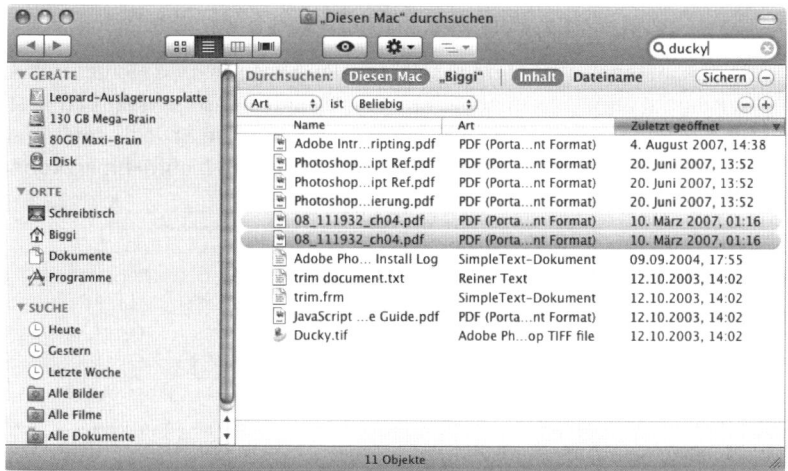

Abbildung 6.3: Mit der Spotlight-Suchfunktion des Finders können Sie Suchabfragen durch Eingabe von Suchkriterien sehr genau definieren.

Je nach gewähltem Suchkriterium erhalten Sie verschiedene Einblendmenüs und Texteingabefelder. Wenn Sie einen Parameter im linken Menü anwählen (in der folgenden Liste fett gedruckt), können Sie ihn im rechten Menü noch genauer spezifizieren (aufgelistete Kriterien). Folgende Möglichkeiten stehen zur Wahl:

✔ **Art:** Suchen Sie nach bestimmten Dateitypen, zum Beispiel Bilder, Text, PDF, Filme, Musik und so weiter. Behalten Sie die Standardeinstellung Beliebig bei, um alle Arten in die Suche einzubeziehen.

✔ **Letztes Öffnungsdatum, Letztes Änderungsdatum oder Erstellungsdatum:** Legen Sie fest, wann Sie eine Datei erstellt, zuletzt geöffnet oder geändert haben: Heute, Gestern, Diese Woche, Innerhalb der letzten 2 Wochen und so weiter oder Genau am, Vor dem, Nach dem und so weiter.

✔ **Inhalt oder Name:** Hier geben Sie einen bestimmten Begriff ein; bei Name können Sie die Eingabe noch verfeinern (zum Beispiel wenn es sich um einen längeren Titel handelt): Enthält, Beginnt mit, Endet mit, Ist.

Nehmen wir an (rein hypothetisch!), Sie möchten alle Musiktitel Ihrer Volksmusiksammlung heraussuchen, die das Wort »Alpenglühen« im Titel haben und die Sie *innerhalb der letzten zwei Wochen* gehört haben (auch wenn es für die Suche nach Musikstücken noch ganz andere Werkzeuge gibt, wie Sie in Kapitel 15 erfahren werden; aber es ist ja auch nur ein Beispiel). Ihre leichteste Übung: Stellen Sie eine Suchabfrage zusammen, die den Suchparameter Art mit dem Dateityp Musik sowie den Parameter Letztes Öffnungsdatum mit der Angabe Innerhalb der letzten 2 Wochen enthält.

 Wenn Sie im ersten Einblendmenü das Kriterium Art auswählen, steht ihnen im zweiten Menü neben den genannten Dateitypen noch die Option Andere zur Verfügung. Ein Klick darauf fördert ein neues Eingabefeld zutage. Hier können Sie bei Bedarf einen Dateityp eintragen, der sich nicht in der regulären Liste befindet.

 Auch im ersten Einblendmenü selbst finden Sie als letzten Menüpunkt Andere. Ein Klick darauf öffnet das in Abbildung 6.4 gezeigte Fenster. Es enthält eine Unmenge weiterer Suchkriterien (inklusive Beschreibung), die Sie aktivieren und damit in das reguläre Einblendmenü mit den Suchparametern aufnehmen können.

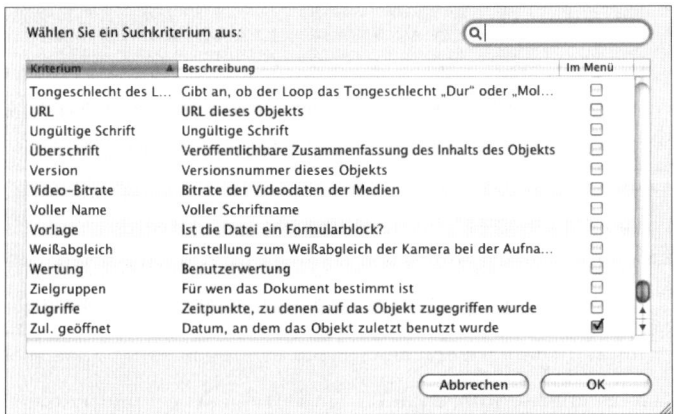

Abbildung 6.4: Weitere Suchkriterien hinzufügen

Mit der zuletzt genannten Funktion können Sie so differenzierte Suchkriterien einstellen wie den Namen eines Autors, Herstellers oder Komponisten, einen Fälligkeitstermin, Tonart, Tempo, Dauer, Genre und Aufnahmejahr eines Musikstücks oder Fotos, die Pixelhöhe eines Dokuments und vieles mehr. Sie finden hier aber auch ein paar wirklich praktische Suchparameter, die sich unter Umständen lohnen, permanent ins Menü aufgenommen zu werden, zum Beispiel:

✔ **GRÖSSE:** Hier geben Sie eine Dateigröße in KB, MB oder GB ein sowie IST GRÖSSER ALS, IST KLEINER ALS.

✔ **DATEIETIKETT:** Hier wählen Sie einfach einen der Farbpunkte aus, um alle Dateien herauszusuchen, die Sie irgendwann mit einem Etikett dieser Farbe versehen haben.

Halt! Bevor Sie Ihr Suchfenster wieder schließen, lesen Sie unbedingt den nächsten Abschnitt!

Intelligente Ordner

Nun haben Sie sich furchtbar viel Mühe gemacht und eine komplexe Suche zusammengestellt. Was, wenn Sie nun Ihr Suchfenster schließen – richtig, dann ist die ganze sorgsam erstellte Suchabfrage futsch! Doch vielleicht wollen Sie irgendwann wieder genau die gleiche oder eine ähnliche Suchaktion durchführen (selbstverständlich unter Berücksichtigung aller bis dahin aufgetretenen Änderungen). Jetzt wissen Sie, wozu die praktische SICHERN-Taste da ist.

Damit können Sie Ihre Suche speichern, und zwar in Form eines *intelligenten Ordners* (was es damit auf sich hat, erfahren Sie in Kürze). Klicken Sie also auf SICHERN und es öffnet sich das in Abbildung 6.5 gezeigte Dialogfenster.

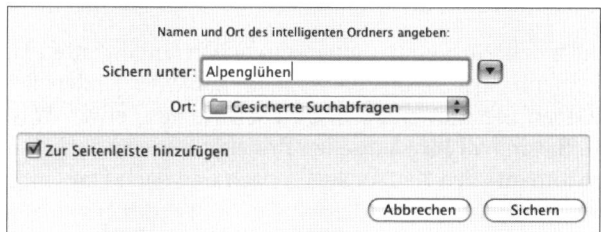

Abbildung 6.5: Eine Suchabfrage in Form eines intelligenten Ordners speichern

Geben Sie einen Namen für die zu sichernde Suchabfrage ein und aktivieren Sie am besten die Option ZUR SEITENLEISTE HINZUFÜGEN, um später schnell und einfach auf den damit verbundenen intelligenten Ordner zugreifen zu können. Klicken Sie auf SICHERN.

Per Standard werden gespeicherte Suchabfragen im Ordner GESICHERTE SUCHAB-FRAGEN (in Ihrem LIBRARY-Ordner) abgelegt, Sie können jedoch einen beliebigen anderen Speicherort wählen.

Wenn Sie nun einen Blick in die Seitenleiste werfen, sehen Sie dort – permanent verankert – den eben gespeicherten intelligenten Ordner. Ab jetzt genügt ein Klick darauf und alle Ergebnisse der darin gespeicherten Suchabfrage erscheinen wieder im Fenster. Und selbstverständlich können Sie die Suchkriterien jederzeit ändern (zum Beispiel um eine ähnliche Suche zu starten), indem Sie SUCHKRITERIEN EINBLENDEN aus dem Aktionenmenü wählen.

Doch wie genau funktionieren diese intelligenten Ordner?

Wie Sie inzwischen wissen, sind die Dateien auf Ihrem Rechner in einer Verzeichnisstruktur organisiert und liegen an ganz bestimmten Orten gespeichert (zum Beispiel in den einzelnen Ordnern Ihres Benutzerordners). Intelligente Ordner scheinen dieses Ordnungsprinzip *auf den ersten Blick* auf den Kopf zu stellen, da sie sich nicht im Geringsten darum scheren, wo genau auf Ihrem Mac die Dateien liegen, die Ihrem Suchbegriff entsprechen, sondern sie anhand der festgelegten Suchkriterien *scheinbar* zusammentragen. Aber in Wirklichkeit geschieht mit diesen Dateien rein gar nichts; sie werden nicht in den intelligenten Ordner kopiert, sondern bleiben genau dort, wo sie hingehören – an ihrem ursprünglichen Speicherplatz. Sie sehen also in einem intelligenten Ordner nicht die gefundenen Dateien selbst, sondern lediglich Verweise darauf – sogenannte *Aliasse* –, die wie eine Abkürzung zu diesen Daten funktionieren. (Mehr zum Thema Aliasse gibt's im nächsten Kapitel.) Der Inhalt eines intelligenten Ordners ist somit rein *virtuell* und dieses Prinzip wird Ihnen noch sehr häufig auf dem Mac begegnen.

Darüber hinaus sind intelligente Ordner ständig auf der Pirsch nach hinzugekommenen Objekten, die den gespeicherten Suchkriterien entsprechen. Mit anderen Worten: Die Suchabfrage ist immer auf dem aktuellen Stand!

Alternativ können Sie gleich zu Beginn Ihrer Suche einen intelligenten Ordner anlegen, indem Sie NEUER INTELLIGENTER ORDNER aus dem ABLAGE-Menü wählen. Falls Sie dann vergessen, die Suchabfrage zu sichern, werden Sie beim Schließen des Fensters daran erinnert.

Vielleicht möchten Sie sich einen einfachen intelligenten Ordner anlegen, der alle Dokumente anzeigt, an denen Sie im Laufe der letzten sieben Tage gearbeitet haben. Geben Sie ihm einen originellen Namen, etwa »Was für eine höllische Woche!«. So sind all Ihre aktuellen Projekte nur einen Klick weit entfernt, wobei ältere Dokumente den Neuzugängen nach und nach Platz machen.

Dashboard-Widgets

Abgesehen von den endlosen Streifzügen durch die virtuellen Korridore des Cyberspace oder dem stundenlangen Spaß mit Apples iLife-Suite (siehe ab Kapitel 15), werden Sie den größten Teil Ihrer »Mac-Zeit« mit der Arbeit in umfangreichen (und oftmals kostspieligen) Software-Anwendungen verbringen – selbst wenn Sie dabei nur einen relativ kleinen Teil der Funktionen ausschöpfen.

Die Wortwerker unter Ihnen werden wahrscheinlich keinen Tag ohne ein Programm wie Microsoft Word oder eine andere professionelle Textverarbeitungssoftware existieren wollen, während das Lebenselixier eines Grafikkünstlers Adobes Bildbearbeitungssoftware Photoshop ist. Doch besteht die Arbeit am Computer nicht nur aus dem Bearbeiten von Bildern oder dem Verfassen von Romanen (oder Dummies-Büchern). Manchmal will man einfach nur ganz schnell eine kurze Information erhalten.

Vielleicht möchten Sie wissen, wie die Temperatur draußen ist oder wie die Aktienkurse stehen. Oder Sie benötigen schnell eine Telefonnummer oder wollen herausfinden, ob Ihr Flugzeug pünktlich landet. Es könnte auch sein, dass Sie kurzfristig noch ein lauschiges italienisches Restaurant für das Abendessen mit Ihrer/m Liebsten suchen oder stattdessen eine Hypothek berechnen müssen.

Für all diese Dinge bietet Ihnen der Mac eine Reihe von Mini-Programmen, *Widgets* genannt (übrigens eine Wortschöpfung aus *Windows* (= *Fenster*) und *Gadget* (= *Werkzeug*)). Diese bereits mit Mac OS X Tiger eingeführten kleinen Helfer können in der Tat recht nützlich sein, etwa wenn Sie eine wichtige DHL-Sendung nachverfolgen müssen oder herausfinden wollen, ob Ihr Lieblingsfußballteam gewonnen hat. Zugegebenermaßen könnten Sie die meisten dieser Dinge auch über Ihren Webbrowser oder auf Ihrem Schreibtisch erledigen, doch keinesfalls so komfortabel und stilvoll.

Am wohlsten fühlen sich die farbenfrohen Widgets im *Dashboard*. Einmal aufgerufen, legt sich diese Anwendung als dunkle durchscheinende Fläche wie ein zweiter Desktop über Ihren Bildschirm (siehe Abbildung 6.6), wobei Ihr Mac-Schreibtisch und alles, was Sie gerade geöffnet haben, völlig unberührt bleiben. Klicken Sie dazu auf das schwarze runde Dashboard-Symbol im Dock oder drücken Sie `F12`. Um auf den Schreibtisch zurückzugelangen, klicken Sie einfach auf eine freie Stelle der Dashboard-Oberfläche oder drücken erneut `F12`.

Für den Anfang hat Apple schon mal eine kleine, gediegene Sammlung von Widgets in das Dashboard gepackt: Rechner, Uhr, Kalender, Notizzettel, Wettervorhersage und so weiter. Noch originellere Widgets finden Sie aber im Internet. Inzwischen sind mehrere Tausend davon im Umlauf und Sie können die besten kostenlos unter `www.apple.com/de/downloads/dashboard` herunterladen.

Wenn Sie das Dashboard öffnen, werden immer nur die Widgets angezeigt, die Sie zuletzt verwendet haben. Die anderen ruhen friedlich in der *Widget-Leiste*, die Sie öffnen, indem Sie auf das weiße Plussymbol unten links klicken. Um ein Widget daraus aufzurufen, ziehen Sie es aus der Leiste in den Dashboard-Bereich oder klicken einfach darauf. Ein erneuter Klick auf das Kreuzsymbol (jetzt ein X) lässt die Leiste wieder verschwinden.

 Die Widget-Leiste hat zwar Ähnlichkeit mit dem Dock, funktioniert aber ein wenig anders. Wenn sich darin mehrere Widgets tummeln, rücken sie nicht zusammen wie die Symbole im Dock, sondern werden auf mehrere Abschnitte verteilt, zwischen denen Sie hin und her wechseln können. Hierzu klicken Sie auf eine der beiden Pfeil-Tasten (siehe Abbildung 6.7) links und rechts der Leiste, und schon huscht die nächste Truppe von Widgets herein. Während Sie den Cursor über die Pfeile bewegen, bekommen Sie angezeigt, wie viele Abschnitte die Leiste enthält und in welchem davon Sie sich gerade befinden.

Zuletzt verwendete Widgets

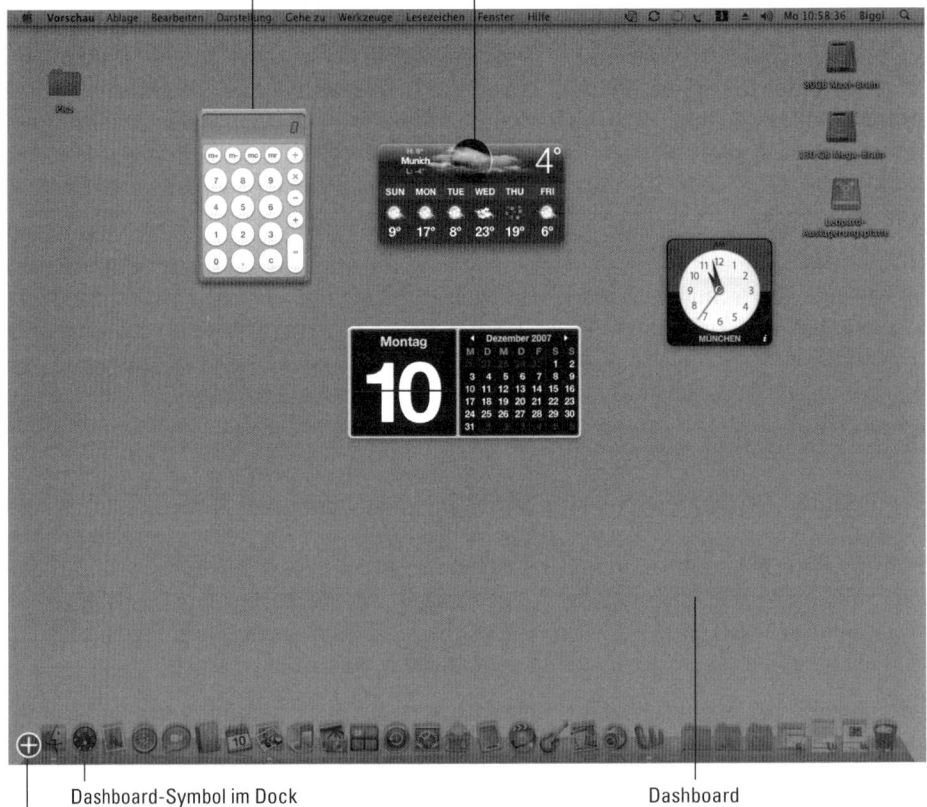

Dashboard-Symbol im Dock   Dashboard
Ein Klick auf das Plussymbol öffnet die Widget-Leiste.

Abbildung 6.6: Widgets in der Dashboard-Umgebung

Um ein Widget zu schließen, klicken Sie auf sein weißes Schließensymbol. Dieses ist übrigens nur dann sichtbar, wenn die Widget-Leiste geöffnet ist.

Die allermeisten Widgets sind kostenlos. Einige sind *Shareware*, das heißt, Sie dürfen das Widget zuerst ausprobieren, bevor Sie etwas dafür zahlen. (Entweder ist die Nutzungsdauer dann begrenzt oder der Funktionsumfang eingeschränkt.) Im zweiten Fall können Sie sich überlegen, ob Sie den Obolus entrichten oder sich mit weniger Funktionen zufriedengeben wollen – das ist eine Gewissensfrage. Aber sofern das Prögrämmchen nicht völlig wertlos für Sie ist, sollten Sie den Urheber für seine Mühe entlohnen.

Einige Widgets funktionieren als Erweiterung zu vorhandenen Mac-Programmen und zeigen zum Beispiel Termine aus iCal oder Kontaktdaten aus dem Adressbuch an oder stellen eine Abspielfunktion für Musik aus iTunes bereit (siehe Kapitel 15). Doch die meisten Dashboard-Widgets funktionieren nur, wenn eine Internetverbindung besteht (siehe Kapitel 10), da sie sich ihre Informationen brandaktuell aus dem World Wide Web holen. Widgets dieser Kategorie zeigen zum Beispiel das Fernsehprogramm oder den Wetterbericht fürs Surfen an (natürlich auf Wellen, nicht im Cyberspace!).

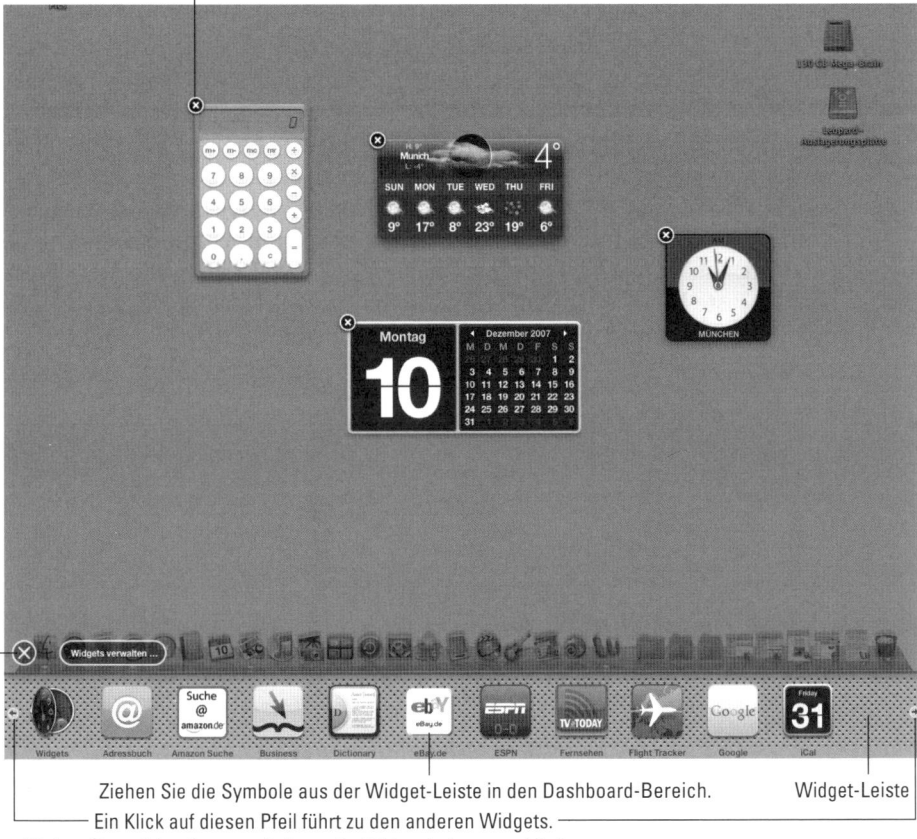

Das Schließen-Symbol eines Widgets ist nur bei geöffneter Widget-Leiste sichtbar.

Ziehen Sie die Symbole aus der Widget-Leiste in den Dashboard-Bereich.   Widget-Leiste

Ein Klick auf diesen Pfeil führt zu den anderen Widgets.

Klicken Sie auf das Kreuzsymbol, um die Widget-Leiste zu schließen.

Abbildung 6.7: Reges Treiben in der Widget-Leiste

Und hier noch ein paar kleine Widget-Tricks:

✔ Wenn Sie bei gedrückter ⇧-Taste F12 drücken, öffnen und schließen sich die Widgets im Zeitlupentempo.

✔ Wenn Sie den Cursor über ein geöffnetes Widget bewegen und ⌘ + R drücken, verbiegt sich das Widget zu einem strudelförmigen Gebilde, wobei der Inhalt aktualisiert wird, sodass die Anzeige von Echtzeitinformationen wieder »up to date« ist.

✔ Sie können die Anordnung der Widgets im Dashboard jederzeit ändern, indem Sie sie an eine andere Stelle ziehen.

✔ Sie können ein und dasselbe Widget mehrmals öffnen, was recht nützlich ist, wenn Sie zum Beispiel wissen müssen, wie spät es an verschiedenen Orten der Welt ist und welche Wetterbedingungen dort gerade herrschen. Ziehen Sie dazu das entsprechende Widget erneut aus der Leiste in den Dashboard-Bereich.

Für alle, die jetzt auf den Geschmack gekommen sind, stelle ich im Top-Ten-Teil dieses Buches (siehe Kapitel 22) noch zehn weitere, fabelhafte Widgets vor.

Bevor wir das Dashboard-Seminar abschließen, möchte ich Ihnen noch ein weiteres Widget vorstellen: »*Ein Widget sie zu knechten, sie alle zu finden ...*« kurzum eines, das alle anderen Widgets in einer Liste vereint (siehe Abbildung 6.8), damit Sie sie leichter verwalten können. Sie rufen es über das Symbol Widgets aus der Widget-Leiste oder die Taste Widgets verwalten auf. Nun können Sie einzelne Widgets Ihrer Sammlung nach Wunsch deaktivieren, indem Sie die jeweiligen Markierungsfelder anklicken (manche Widgets werden dadurch sogar vollständig entsorgt). Ein Klick auf die Taste Weitere Widgets bringt Sie schnurstracks zu Apples Downloadseite, wo Sie sich mit neuen Widgets eindecken können.

Abbildung 6.8: Das Widget zum Verwalten
all Ihrer Widgets

Verpassen Sie auf keinen Fall das in Leopard neue Movie-Widget, mit dem Sie sich direkt im Dashboard die Trailer brandneuer Streifen ansehen können. Ebenfalls neu ist das Widget Webclip. Damit können Sie – unter Zuhilfenahme von Safari – aus Ihrer Lieblingswebsite ein sich automatisch aktualisierendes Dashboard-Widget erstellen. (Mehr dazu in Kapitel 10.)

Automator

Ich bitte um Handzeichen: Wer von Ihnen hat schon mal einen Kurs in Computerprogrammierung absolviert? Irgendjemand? (Und wenn Sie glauben, ich könnte *nicht* sehen, ob Sie sich gerade melden oder nicht, dann haben Sie sich getäuscht!) Das hab ich mir gedacht – nicht besonders viele.

Bereits mit Tiger hat Apple *Automator* eingeführt, eine Software, mit deren Hilfe Sie für wieder-kehrende, zeitaufwendige Aufgaben (wie etwa das Umbenennen eines Stapels von Bilddateien) aus vorgefertigten Bausteinen (*Aktionen* genannt) sogenannte *Arbeitsabläufe* programmieren können, ohne irgendeine Programmiersprache beherrschen zu müssen. Die fertigen, immer wieder verwendbaren Arbeitsabläufe werden auch *Skripte* genannt. Kurz: Automator ist Apples Methode für automatisiertes und müheloses Arbeiten mit dem Computer.

Ich beschreibe hier die Vorgehensweise kurz in der Theorie, zu einem konkreten Beispiel kommen wir später. Sie können den Automator aber schon mal öffnen; er befindet sich wie üblich im PROGRAMME-Ordner – doppelklicken Sie auf den kleinen Roboter. Unmittelbar nach dem Öffnen werden Sie gebeten, einen Ausgangspunkt für den Arbeitsablauf zu wählen. Klicken Sie fürs Erste auf EIGENE und dann auf AUSWÄHLEN.

Es ist wirklich simpel: Die einzelnen Aktionen, aus denen Sie Ihre Skripte in Automator zu-sammenbasteln (zum Beispiel BILDER IN VORSCHAU ÖFFNEN), ziehen Sie einfach aus der Aktionen-Spalte (die Taste AKTIONEN muss aktiviert sein) in den nebenstehenden Arbeitsablaufbereich (siehe Abbildung 6.9). Zuvor wählen Sie links aus der BIBLIOTHEK am besten das Programm beziehungsweise den Bereich, in dem die Aktion stattfinden soll (zum Beispiel FOTOS oder PDFS für das Programm VORSCHAU oder KONTAKTE für das ADRESSBUCH). So werden nur die jeweils relevanten Aktionen angezeigt.

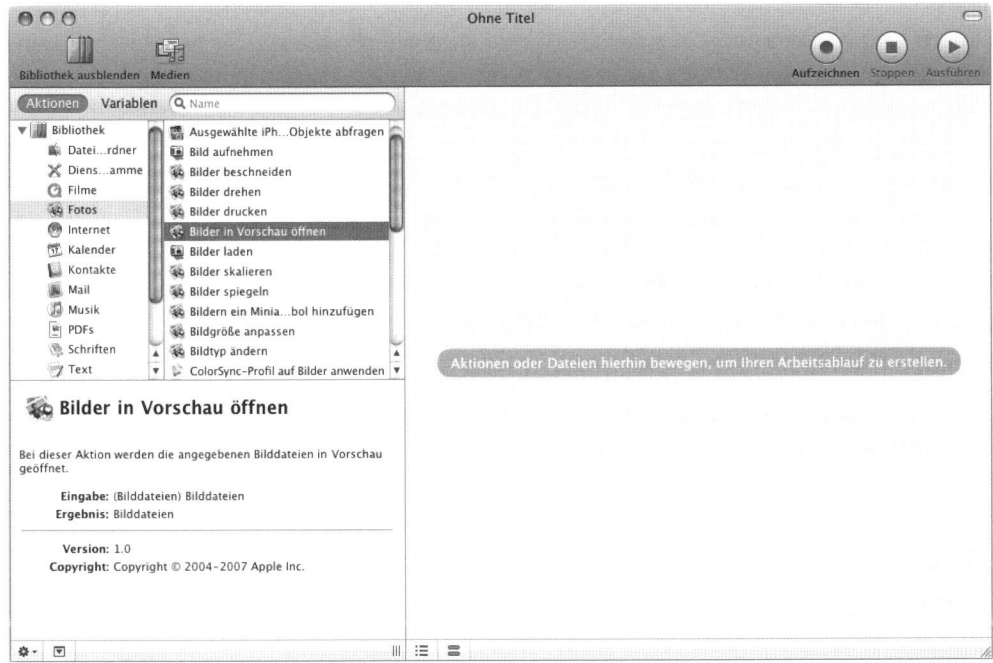

Abbildung 6.9: Programmieren ohne Programmierkenntnisse mit dem Automator

Nachdem Sie im Arbeitsablaufbereich alle Aktionen in der richtigen Reihenfolge angeordnet (und gegebenenfalls individuelle Einstellungen vorgenommen) haben, klicken Sie zum Testen oben rechts auf Ausführen. Daraufhin werden die einzelnen Aktionen nacheinander abgearbeitet, wobei die Ergebnisse einer Aktion an die nächste übergeben werden. Deshalb müssen die Aktionen natürlich zusammenpassen und sinnvoll aneinandergereiht werden.

Automator informiert Sie über den Status der Ausführung durch eine entsprechende Nachricht im unteren Teil des Fensters sowie in den einzelnen Aktionen.

Funktioniert Ihr Arbeitsablauf, sollten Sie ihn speichern (drücken Sie ⌘+⇧+S oder wählen Sie Sichern beziehungsweise Sichern unter aus dem Ablage-Menü). Geben Sie im Sichern-Dialogfenster einen aussagekräftigen Namen ein und wählen Sie einen Speicherort (fürs Erste genügt Ihr Dokumente-Ordner, später legen Sie am besten einen extra Ordner in Ihrem Benutzerordner an).

Sie können wählen, in welchem Dateiformat Sie das Skript speichern wollen:

✔ **Arbeitsverlauf:** Wenn Sie später auf das Arbeitsablaufsymbol klicken, das Sie bei dieser Option erhalten, wird der Arbeitsablauf erneut im Automator geöffnet und kann von dort aus ausgeführt oder gegebenenfalls angepasst werden.

✔ **Programm:** Wenn Sie später auf das Programmsymbol klicken, das Sie bei dieser Option erhalten, wird der Arbeitsablauf automatisch ausgeführt, ohne dass sich Automator öffnet. (Dieses Format eignet sich, wenn Sie das Skript nicht mehr anpassen müssen und es zum Beispiel an andere Nutzer weitergeben möchten.)

Ein Arbeitsablauf kann aus einer einzigen Aktion bestehen. So können Sie beispielsweise eine vorgefertigte iTunes-Aktion wie Leere Wiedergabelisten entfernen in den Ablaufbereich ziehen und den Ablauf speichern und ausführen, um diese Aufgabe zu automatisieren. (Mehr zum Thema Wiedergabelisten und iTunes lesen Sie in Kapitel 15.)

In den meisten Fällen werden Ihre Arbeitsabläufe jedoch mehrere Aktionen umfassen, ähnlich wie das in Abbildung 6.10 gezeigte einfache Skript, mit dessen Hilfe der Mac selbstständig das Adressbuch nach den Personen durchsucht, die in diesem Monat Geburtstag haben, und ihnen automatisch eine E-Mail mit Glückwünschen (und Bild) sendet.

Im Wesentlichen erstellen Sie diesen Arbeitsablauf so:

1. **Klicken Sie in der Spalte Bibliothek auf Kontakte.**

2. **Ziehen Sie aus der Aktionen-Spalte die Aktion Anstehende Geburtstage suchen in den Arbeitsablaufbereich.**

   Stellen Sie als Geburtstagszeitraum Diesen Monat ein.

 Um eine Aktion während der Ausführung anzeigen zu lassen, klicken Sie auf Optionen und aktivieren das entsprechende Markierungsfeld. Sie haben dann die Möglichkeit, während der Ausführung andere Parameter festzulegen.

3. **Klicken Sie in der Spalte Bibliothek auf Mail.**

4. **Ziehen Sie aus der Aktionen-Spalte die Aktion Glückwünsche zum Geburtstag senden in den Arbeitsablaufbereich direkt unter die erste Aktion.**

   Wählen Sie das Bild, das mitgeschickt werden soll.

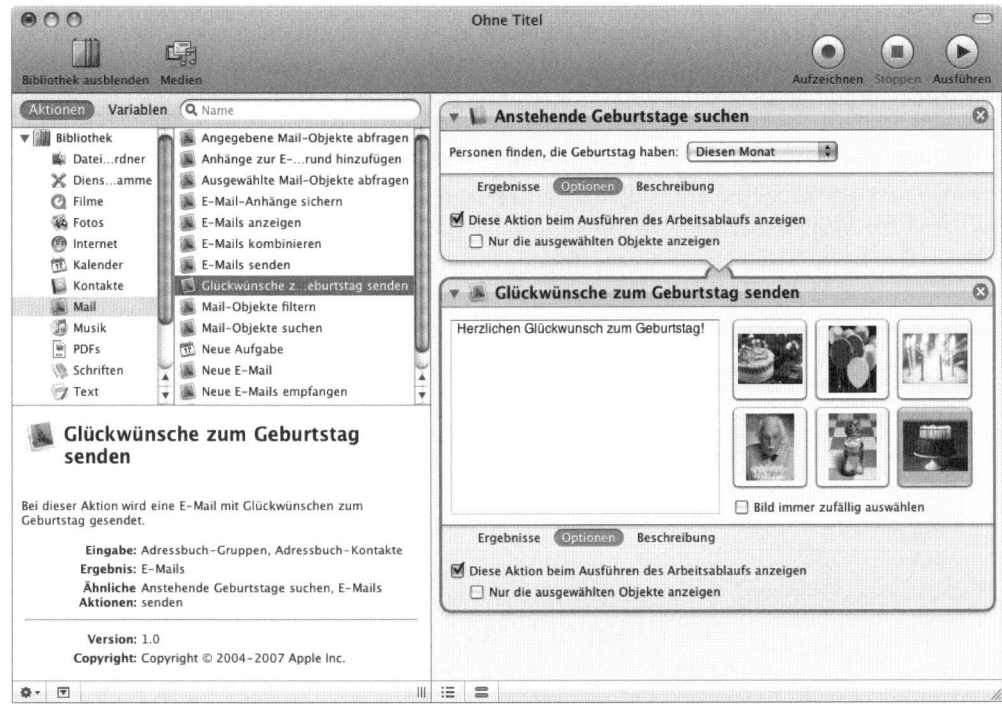

Abbildung 6.10: Mit dem Automator vergessen Sie nie mehr einen Geburtstag.

Sie können Ihre Automator-Bibliothek durch eigene Aktionen erweitern, indem Sie diese importieren (ABLAGE|AKTIONEN IMPORTIEREN). Unter `www.apple.com/downloads/macosx/automator` finden Sie außerdem eine Unmenge an Automator-Aktionen von Drittherstellern (meist für die Verwendung mit bestimmter Software), die Sie oftmals kostenlos herunterladen können.

Kehren wir nun noch einmal kurz zurück zum Fenster AUSGANGSPUNKTE, das Automator Ihnen nach dem Öffnen präsentiert. Diese mit Leopard neu eingeführte Funktion soll dem Nutzer den Einstieg in die Erstellung von Arbeitsabläufen erleichtern, indem sie ihm ermöglicht, schon im Vorfeld die Art des Arbeitsablaufs festzulegen und bestimmte Optionen vorzuwählen. So können Sie gleich zu Beginn zum Beispiel Ordner oder Dateien auswählen, auf die sich der Ablauf beziehen soll, und Automator erstellt daraus dann den ersten Baustein, dem Sie weitere Aktionen hinzufügen.

Wenn Sie Automator gerade erst kennenlernen, sagen Ihnen die hier angebotenen Optionen möglicherweise noch nicht so viel. Erkunden Sie in diesem Fall zuerst ein wenig die Benutzeroberfläche des Programms und stellen Sie ein paar eigene Aktionen zusammen, wie weiter vorn in diesem Kapitel beschrieben. Später, wenn Sie dann ein paar Erfahrungen gesammelt und in der Regel schon vor dem Erstellen eines Arbeitsablaufs wissen, wie dieser aussehen muss, kann das AUSGANGSPUNKTE-Fenster für Sie von Nutzen sein.

 Ebenfalls neu unter Leopard ist die Möglichkeit, in Automator Aktionen aufzeichnen zu lassen. Dabei werden Ihre Tastatur- und Mauseingaben aufgezeichnet und Automator erstellt daraus eine benutzerspezifische Aktion.

Möglicherweise ist die Arbeit mit dem Automator zunächst etwas gewöhnungsbedürftig, doch Sie können sich mit seiner Hilfe einige zeitraubende Aufgaben erleichtern und können froh sein, dass der Leopard ihn im Gepäck hat.

Von Backups und Zeitreisen: Wie Sie Ihre Mac-Daten effizient sichern

7

In diesem Kapitel

▶ Zahlreiche Backup-Möglichkeiten

▶ Auf Zeitreise gehen mit Time Machine

▶ Warum Sie mehrere Backups anlegen sollten

▶ Ihre persönliche Backup-Strategie entwickeln

A ls glücklicher Besitzer eines Mac haben Sie zwar höchstwahrscheinlich mehr Spaß an Ihrer Arbeit als ein gewöhnlicher PC-Nutzer, doch wie jeder gewöhnliche Computerbesitzer sollten und müssen auch Sie sich – wenn Ihnen Ihre Daten lieb sind – um eines kümmern: die Datensicherung. Bisher war diese Pflichtübung je nach verwendeter Backup-Methode eine mehr oder weniger lästige Angelegenheit.

Im ersten Teil dieses Kapitels gebe ich Ihnen einen allgemeinen Überblick über die verschiedenen Möglichkeiten, die Ihnen der Mac zur Sicherung Ihrer wichtigen Daten beziehungsweise zur Erstellung eines *Backups* bisher bot und immer noch bietet. (Auf einige dieser Möglichkeiten gehe ich außerdem im Laufe des Buches im jeweiligen Zusammenhang noch ausführlicher ein.)

Alle diese herkömmlichen Backup-Methoden funktionieren eigentlich prächtig – vorausgesetzt, Sie führen sie *regelmäßig* durch. Und wenn Sie nicht gerade eine entsprechende Backup-Software verwenden, müssen Sie auch ein gewisses Maß an Zeit dafür aufbringen. Aber gerade da liegt für die meisten Menschen der Knackpunkt. Da kriegen sie heute unerwartet Besuch, müssen morgen dringend zum Friseur, übermorgen zum Zahnarzt oder in die Autowerkstatt – wer denkt da noch an regelmäßige Backups? Und außerdem ist dafür ja auch noch Zeit bis morgen, übermorgen, überübermorgen und so weiter. Diese Praxis kann unter Umständen fatale Auswirkungen haben, denn laut Murphys Gesetz geben Festplatten ja immer dann ihren Geist auf (entweder aus Altersschwäche oder weil sie sich einen Virus eingefangen haben), wenn das letzte Backup schon ewig zurückliegt. Und dann sind all Ihre Daten auf Nimmerwiedersehen weg; Fotos, Filme, Musik – Ihr gesamtes digitales Leben.

Doch ein solches Szenario hat mit dem Einzug des aktuellen Mac-Betriebssystems viel von seinem früheren Schrecken verloren, denn der Leopard hat ein brandneues, revolutionäres Feature im Gepäck, das Ihnen den Großteil der Last der Datensicherung und der Sorge um Ihre wertvollen Daten von den Schultern nimmt. Warum? Weil es das Backup *voll automatisch* für Sie erledigt. Ja, Sie hören richtig. Sie benötigen keine zusätzliche Software, Sie müssen keinen Finger mehr rühren (nun ja, vielleicht einmal) – ja, Sie brauchen nicht einmal mehr einen Gedanken daran zu verschwenden.

Sie denken, ich verspreche zu viel? Dann begeben Sie sich im zweiten Teil des Kapitels mit mir auf eine kleine Reise in die Vergangenheit, die jedoch alles andere als Rückschritt bedeutet.

Zahlreiche Backup-Möglichkeiten

Alle der in den folgenden Abschnitten aufgeführten Datensicherungsmethoden können Sie entweder komplett von Hand durchführen (was ziemlich aufwendig sein kann) oder mithilfe spezieller Backup-Software, die den Vorgang der Datensicherung zum Großteil automatisiert oder zumindest sehr erleichtert. Sinnvolle Softwarevarianten nenne ich Ihnen direkt im Anschluss an diese Liste.

 Wie Sie in Kapitel 5 erfahren haben, dient Ihr Benutzerordner nicht nur der Aufbewahrung Ihrer persönlichen Daten, sondern schützt diese auch vor dem Zugriff anderer Benutzer, weshalb Sie all Ihre Dateien auch _ausschließlich_ innerhalb dieses Ordners ablegen sollten. Wenn Sie diesen Rat befolgen, genügt es unter Umständen, eine regelmäßige Sicherungskopie Ihres Benutzerordners zu erstellen. Ihr Betriebssystem und eventuell hinzugekaufte Programme können Sie notfalls mit den jeweiligen Installations-CDs wiederherstellen.

Eine Backup-CD/DVD brennen

Wenn Sie nicht gerade Unmengen von Daten sichern oder archivieren müssen, reicht in vielen Fällen ein handelsüblicher CD-Rohling mit einem Fassungsvermögen von 700 MB. Hier unterscheidet man zwischen zwei Typen: Die _einmal beschreibbare CD-R_ und die _mehrfach beschreibbare CD-RW_ (RW steht für _rewritable = wieder beschreibbar_), die zwar etwas teurer ist, die Sie aber dafür immer wieder als Backup-CD verwenden können. (Wie Sie eine einfache CD auf dem Mac brennen, erfahren Sie übrigens in Kapitel 8.)

 In der Regel haben Sie in Ihrem Mac mindestens ein _kombiniertes DVD-ROM/CD-RW-Laufwerk_ integriert, mit dem Sie Daten auf CD-Rs und CD-RWs brennen (sowie DVDs lesen) können. Viele der neueren Mac-Modelle verfügen aber über ein _Super-Drive-Laufwerk_, mit dem sich Daten sowohl auf die beiden genannten CD-Typen als auch auf _DVD-Rs_, _DVD-RWs_ und sogar auf doppelseitige _DVDs (DVD+R DL)_ brennen lassen. DVDs sind zwar teurer als CDs, bieten dafür aber die siebenfache Menge an Speichervolumen. Achten Sie beim Kauf von Speichermedien darauf, dass sie zum Brennen von Computerdaten geeignet sind und zum Laufwerk Ihres Mac passen.

 Ob Sie auf Ihrem Mac DVDs brennen können und welche Arten, können Sie im _System-Profiler_ des Mac nachsehen. Wählen Sie Über diesen Mac und klicken Sie auf Weitere Informationen. Wählen Sie links unter der Rubrik Hardware den Eintrag Medium brennen.

Ein Backup auf einer zweiten Festplatte anlegen

Je mehr und je größere Dateien sich auf Ihrer Festplatte ansammeln (Fotos, Videos und Musik), desto aufwendiger wird das Brennen auf CDs oder DVDs. Wenn Sie ein wenig Geld übrig haben, lohnt sich daher unter Umständen die Anschaffung einer externen Festplatte (USB oder Fire-Wire), auf die Sie Ihre Daten selektiv kopieren und sie auch problemlos wieder löschen und überschreiben können. Der Betrieb ist denkbar einfach: Sobald Sie die Festplatte angeschlossen und eingeschaltet haben, wird ihr Symbol auf dem Mac-Desktop angezeigt; Sie brauchen es nur noch per Doppelklick zu öffnen und alle zu sichernden Daten in das Festplatten-Fenster ziehen.

 Manche Festplatten müssen Sie möglicherweise vor dem Gebrauch *formatieren*, damit sie problemlos mit dem Mac zusammenarbeiten. Dies erreichen Sie mithilfe des Festplatten-Dienstprogramms (aus dem DIENSTPROGRAMME-Ordner). Wählen Sie darin die Festplatte links in der Liste aus und wechseln Sie in den Bereich LÖSCHEN. Soll die Festplatte ausschließlich am Mac betrieben werden, wählen Sie die Option MAC OS EXTENDED (JOURNALED) und klicken dann auf LÖSCHEN. Achtung: Dabei gehen sämtliche Daten, die sich eventuell noch auf der Festplatte befinden, verloren!

 Wenn Sie technisch versiert sind und das Innenleben Ihres Computers nicht scheuen, können Sie auch eine zweite Festplatte für Backup-Zwecke einbauen.

Im Hinblick auf das neue, leistungsfähige Backup-System Time Machine von Leopard, auf das ich später noch ausführlich eingehe, ist die Anschaffung einer zweiten Backup-Platte die weitaus sinnvollste unter den hier beschriebenen Backup-Methoden.

 Falls Sie übrigens einen iPod besitzen, können Sie ihn gut als Backup-Festplatte einsetzen, da er genauso funktioniert wie eine externe Festplatte.

Die iDisk als Backup-Medium verwenden

Die iDisk ist eine virtuelle Backup-Festplatte, die Apple allen Inhabern eines .Mac-Accounts (99 Euro pro Jahr) im Internet zur Verfügung stellt. (Mehr zum Thema .iDisk und .Mac lesen Sie in Kapitel 13.)

 Wenn Sie sich dazu entschließen, .Mac-Mitglied zu werden, erhalten Sie neben der iDisk auch die nützliche Software Backup, mit der Sie Ihre Backups *automatisieren* können. (Mehr über .Mac und Backup in Kapitel 13.)

Von Floppys und ZIPs

Ihr Mac verfügt über alle möglichen technischen Raffinessen, aber eine Sache werden Sie vermutlich vergeblich daran suchen: ein Diskettenlaufwerk.

Jahrzehntelang war die Diskette (ein magnetischer Datenträger, auch *Floppy (Disk)* genannt) für Computernutzer unverzichtbar. Doch auf einer gängigen 3,5-Zoll-Diskette finden gerade mal 1,44 MB Platz – damit können Sie vielleicht ein paar Textdokumente speichern, aber mehr auch nicht. Apple verzichtete daher schon sehr früh auf Diskettenlaufwerke (ab dem 1998 eingeführten iMac), während sie bis zirka 2004 bei PCs noch zum Standard gehörten.

Ein anderes jahrelang verbreitetes magnetisches Wechselmedium der Firma Iomega, das ganz ähnlich funktioniert, aber deutlich mehr Speicherplatz (zwischen 100 und 750 MB) bietet, ist die ZIP-Diskette. Sie sieht aus wie eine übergroße Diskette und benötigt ein eigenes ZIP-Laufwerk. Einige Jahre lang gab es sogar Macs mit integriertem ZIP-Laufwerk.

Zwar sind Disketten und ZIPs auch heute noch erhältlich, doch mit dem Einzug von USB-Sticks und optischen Speichermedien (CDs und DVDs) mit immer größeren Speicherkapazitäten haben sie mittlerweile weitestgehend an Bedeutung verloren. Wer dennoch nicht auf diese austauschbaren Datenträger verzichten kann oder will, hat die Möglichkeit, über USB ein externes Disketten- oder ZIP-Laufwerk anzuschließen.

Fazit: Während Floppy-Disketten aufgrund ihrer geringen Speicherkapazität inzwischen endgültig ausgedient haben dürften, leistet die ZIP-Diskette als wiederbeschreibbares portables Backup- oder Datentransportmedium unter Umständen noch gute Dienste.

Ein Backup auf einem zweiten Mac erstellen

Wenn Sie stolzer Besitzer von zwei (oder mehr) Macs sind, können Sie sie in einem Netzwerk miteinander verbinden (wie das geht, lesen Sie in Kapitel 19) und Daten von einem Rechner auf den anderen kopieren.

Mit Backup-Software arbeiten

Wenn Sie Ihre Datensicherungen mit einer der aufgelisteten Möglichkeiten per Hand durchführen – das heißt, Sie suchen die Daten jedes Mal zusammen und kopieren Sie per Drag & Drop auf das Speichermedium –, kann das auf Dauer ziemlich lästig und zeitraubend sein. Es gibt jedoch eine Vielzahl von Backup-Programmen verschiedener Hersteller, mit deren Hilfe Sie sich die Sache entscheidend erleichtern können.

Im Zusammenhang mit der iDisk als Sicherungsmedium habe ich bereits das Programm Backup kurz erwähnt. Falls Sie sich das Geld für einen .Mac-Account sparen möchten, stehen Ihnen noch eine ganze Reihe anderer Programme zur Verfügung. Dabei handelt es sich zum Teil um kostenlose Freeware, günstige Shareware oder kostenpflichtige Produkte mit unterschiedlichem Funktionsumfang. Mit den meisten können Sie zeitgesteuerte und selektive Datensicherungen auf unterschiedliche Backup-Medien vornehmen und mit einigen sogar eine startfähige Version Ihres Systems sichern.

Besonders empfehlenswert ist die kostenpflichtige, aber sehr vielseitige und professionelle Software Retrospect, mit der Sie außer den Mac, auf dem es installiert ist, noch zwei weitere vernetzte Computer oder Notebooks einbeziehen können. Weitere kostenpflichtige Backup-Programme sind zum Beispiel Data Backup, ChronoSync, SuperDuper oder Deja Vu. Eine kostenlose Alternative ist SilverKeeper (zum Zeitpunkt der Drucklegung war die Leopard-Version noch in Arbeit).

Eine recht vollständige Liste von Backup-Programmen für den Mac finden Sie zum Beispiel unter `www.pure-mac.com/backup.html` (eventuell sind jedoch nicht mehr alle diese Programme aktuell beziehungsweise auf neueren Mac OS X-Betriebssystemen einsetzbar) und bei `www.heise.de` (unter SYSTEMSOFTWARE|DATEIMANAGEMENT|BACKUP). Auch unter `www.versiontracker.com` können Sie diese und andere Backup-Software für den Mac herunterladen.

Aber zum Glück sind Sie als frischgebackener Nutzer von Mac OS X Leopard nicht mehr länger auf (Not-)Lösungen dieser Art angewiesen. Lesen Sie im nächsten Abschnitt alles über Apples »Geschenk des Himmels« an alle Backup-Muffel.

Auf Zeitreise gehen mit Time Machine

Die mit Leopard eingeführte, zukunftsweisende Backup-Technologie Time Machine ist direkt in das Betriebssystem Mac OS X integriert. Einmal aktiviert, übernimmt sie die Sicherung Ihrer Daten vollautomatisch und völlig unauffällig im Hintergrund. Sie selbst kriegen davon so gut wie gar nichts mit und das Beste dabei: Sie müssen nie wieder selbst daran denken, Ihre Daten zu sichern.

Mussten Sie bei den weiter vorn in diesem Kapitel erwähnten Backup-Methoden unter Umständen noch selbst mühselig Ordner und Dateien zusammenklauben und kopieren oder den Datensicherungsprozess von Hand starten, können Sie sich jetzt zurücklehnen und Ihren Mac übernehmen lassen.

Sie haben versehentlich die Fotos Ihres letzten Australien-Trips gelöscht oder die Adresse einer neuen Flamme aus Übersee? Sie müssen sich nicht für den Rest Ihres Lebens über verlorene Erinnerungen oder verpasste Chancen grämen. Ab jetzt reisen Sie einfach ein Stück weit in die Vergangenheit, zu dem Zeitpunkt, bevor Ihnen das schicksalhafte Malheur passiert ist, suchen die vermissten Dateien heraus und holen sie quasi »zurück in die Zukunft«.

Das hört sich utopisch an? Ist es aber nicht. In den folgenden Abschnitten erfahren Sie, wie Sie Ihren Mac zur Zeitmaschine umfunktionieren.

Hardwarevoraussetzungen

Alles, was Sie für den Einsatz von Time Machine benötigen, ist eine zusätzliche Festplatte; der Einfachheit halber holen Sie sich ein externes FireWire- oder USB 2-Modell. (Sie können auch eine zweite Festplatte einbauen, wenn Sie sich das zutrauen.) Die Festplatte sollte die gleiche Speicherkapazität haben wie Ihr Startvolume – die interne Festplatte, auf der das Mac-Betriebssystem läuft –, am besten aber noch größer sein.

Time Machine in Gang setzen

Die Inbetriebnahme von Time Machine könnte – Apple sei Dank – benutzerfreundlicher kaum sein. Sobald Sie eine externe Festplatte anschließen, fragt das Programm Sie umgehend, ob Sie sie zur Datensicherung verwenden möchten (siehe Abbildung 7.1). Sie brauchen eigentlich nur noch auf ALS BACKUP-VOLUME VERWENDEN zu klicken, und Time Machine kümmert sich um den Rest.

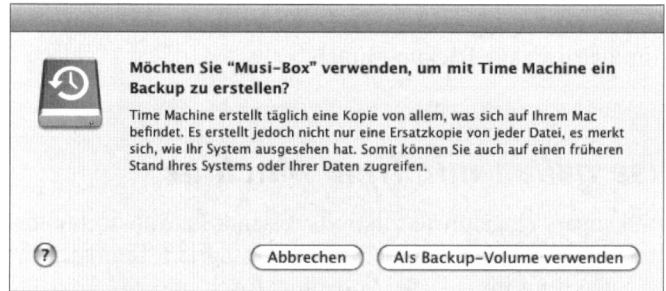

*Abbildung 7.1: Time Machine fragt, ob es die neu angeschlossene
Festplatte für Backup-Zwecke verwenden soll.*

Direkt im Anschluss daran sollte sich die Systemeinstellung TIME MACHINE öffnen, wobei die gewählte Festplatte bereits als Backup-Festplatte angezeigt wird. Falls dies nicht geschieht oder Sie eine andere, bereits angeschlossene Festplatte nutzen möchten, rufen Sie das Fenster manuell auf (|SYSTEMEINSTELLUNGEN|TIME MACHINE) und bewegen den unübersehbaren Aus-/Einschalter auf EIN. Stattdessen können Sie auch auf BACKUP-VOLUME AUSWÄHLEN (beziehungsweise VOLUME WECHSELN) klicken und anschließend das gewünschte Laufwerk auswählen, wie in Abbildung 7.2 gezeigt.

Das Fenster der Systemeinstellung TIME MACHINE zeigt Ihnen die wichtigsten Informationen an: Welche Festplatte Sie gerade für Backup-Zwecke nutzen, wie viel Speicherplatz darauf für das Backup reserviert ist, wann die älteste und die letzte Datensicherung stattgefunden haben und wann die nächste geplant ist. Einen laufenden Backup-Prozess können Sie anhand eines Fortschrittbalkens verfolgen.

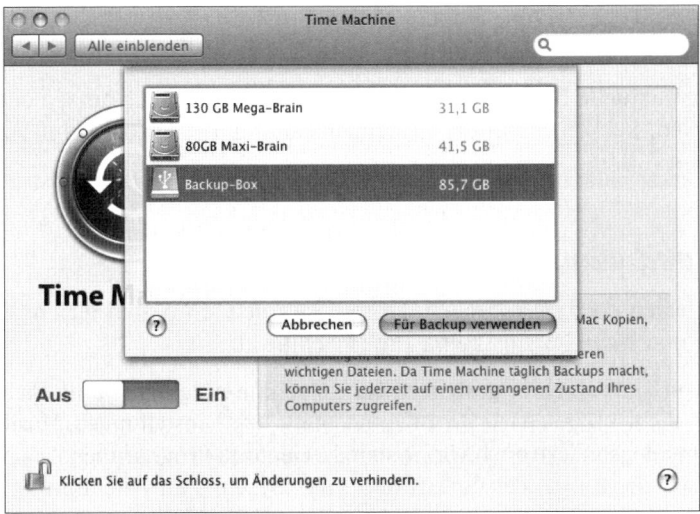

Abbildung 7.2: Ein Backup-Volume für Time Machine einrichten

Abbildung 7.3: Die eingerichtete Backup-Festplatte ist bereit zur Datensicherung.

Sie können einen laufenden Datensicherungsvorgang jederzeit stoppen, indem Sie in der Systemeinstellung TIME MACHINE unter BACKUP SICHERN auf das Schließensymbol rechts neben dem Fortschrittsbalken klicken. (Alternativ können Sie auch in der Seitenleiste eines Finder-Fensters auf das sich drehende Pfeilsymbol rechts neben dem Symbol der Backup-Festplatte klicken.) Time Machine setzt die begonnene Sicherung dann beim nächsten planmäßigen Backup automatisch fort. Um die Sicherung vorzeitig wieder zu starten, klicken Sie im Dock mit der rechten Maustaste auf das Time Machine-Symbol und wählen Backup jetzt erstellen aus dem Kontext-menü. (Von hier aus können Sie bei Bedarf ebenfalls das Backup stoppen.)

Möchten Sie das aktuelle Backup-Volume nicht länger für Backups nutzen oder eine andere Festplatte wählen, klicken Sie in der Systemeinstellung Time Machine auf Volume wechseln (siehe Abbildung 7.3).

Was, wie und wann Time Machine sichert

Ich weiß, Sie haben noch viele Fragen. Lassen Sie mich am besten gleich die drei großen Ws – _Was, Wie_ und _Wann_ – zum Thema Time Machine klären:

✔ **Was wird von Time Machine gesichert:** Time Machine erstellt nicht nur Sicherheitskopien Ihrer persönlichen Dateien wie Benutzer-Accounts und Einstellungen, Musik, Fotos, Filme und Dokumente, sondern auch von Systemdateien und Programmen. Doch es kann noch mehr. Es speichert auch den Status quo Ihres Systems an einem bestimmten Tag. So können Sie aus einer Time Machine-Sicherung im Notfall Ihr gesamtes System wiederherstellen. (Weitere Informationen zur Neuinstallation von Mac OS X Leopard und zur Wiederherstellung des Systems aus einer Time Machine-Sicherung lesen Sie in Kapitel 21.)

✔ **Wie erfolgt die Sicherung:** Time Machine legt auf der gewählten Backup-Festplatte ein Verzeichnis namens Backups.backupdb an, in dem es Sicherungskopien aller lokalen (internen und externen) Festplatten ablegt. Bei der ersten Datensicherung werden alle Inhalte komplett auf die Backup-Festplatte kopiert, danach sichert Time Machine nur noch inkrementell, das heißt, es werden nur Dateien kopiert, die sich seit der letzten Sicherung geändert haben oder neu hinzugekommen sind.

Das als Backup-Festplatte gewählte Laufwerk darf auch andere Daten enthalten; diese werden bei der Sicherung nicht angetastet. Es empfiehlt sich aber dennoch, eine leere Festplatte für die Datensicherung zu verwenden, da erstens die Backup-Festplatte selbst und damit auch die entsprechenden Inhalte von der Sicherung ausgenommen werden und Time Machine zweitens so mehr Platz für die Sicherungskopien hat.

✔ **Wann erfolgt die Sicherung:** Solange der Mac eingeschaltet ist, erfolgt das Backup im Rahmen der vorgegebenen Sicherungsintervalle (oder nachdem Sie die Sicherung manuell gestartet haben) im Hintergrund, während Sie arbeiten. Sobald Sie den Mac zum Schlafen schicken (Ruhezustand), ausschalten oder die Verbindung zur Backup-Festplatte kappen, wird ein möglicherweise gerade laufender Sicherungsvorgang automatisch gestoppt. Erst wenn der Mac wieder läuft und das Sicherungslaufwerk wieder auffindbar ist, wird die Datensicherung fortgesetzt, und zwar genau an der Stelle, an der sie abgebrochen wurde.

Sie können Time Machine mit dem Ein-/Ausschalter jederzeit vorübergehend ausschalten, etwa, wenn Sie gerade größere Mengen von Daten zwischen Verzeichnissen kopieren und vermeiden möchten, dass Zwischenstadien dieser Aktionen eventuell gesichert werden. Oder vielleicht möchten Sie aus Performance-Gründen – etwa wenn Sie mit speicherintensiven Anwendungen und großen Dateien arbeiten – die Datensicherung auf den Abend verlegen, wenn Sie den Mac gerade nicht nutzen.

Time Machine legt Backups für die folgenden Zeiträume sowie in den folgenden Intervallen an:

- Stündliche Backups für die letzten 24 Stunden

- Tägliche Backups für den letzten Monat

- Wöchentliche Backups, bis Ihr Zielvolume voll ist

Ist die Backup-Festplatte voll, werden die ältesten Datensicherungen gelöscht und durch die neuesten ersetzt.

Verloren Geglaubtes (in die Gegenwart) zurückholen

Schon H.G. Wells hat sich seinerzeit in seinem Buchklassiker *Die Zeitmaschine* (aus dem Jahr 1895) ausführlich mit dem Thema Zeitreisen beschäftigt. Doch während sein Protagonist sich dabei mit blutrünstigen Morlocks herumschlagen musste, ist das Zeitreisen auf dem Mac zum Glück völlig ungefährlich und vergleichsweise einfach.

Dringen wir daher nun zum Herzstück von Time Machine vor. Schließlich wollen Sie nach all Ihren (zugegebenermaßen minimalen) Bemühungen ein paar Resultate sehen. Dazu sollten Sie bereits eine vollständige Datensicherung auf einer Backup-Festplatte erstellt haben.

Wie gehen Sie nun vor, wenn Sie versehentlich etwas gelöscht haben? Nehmen wir an, Sie müssen einen wichtigen Brief aus Ihrem DOKUMENTE-Ordner wiederherstellen. Löschen Sie am besten testweise irgendein unwichtiges Dokument, um den Vorgang besser nachvollziehen zu können.

1. **Öffnen Sie Ihren DOKUMENTE-Ordner, sodass Sie das Fenster DOKUMENTE vor sich sehen.**

   Lag das gelöschte Dokument auf Ihrem Schreibtisch, brauchen Sie kein Finder-Fenster zu öffnen.

2. **Klicken Sie nun auf das Dock-Symbol TIME MACHINE. (Falls es sich nicht dort befindet, öffnen Sie Ihren PROGRAMME-Ordner.)**

   Ihr Desktop senkt sich nach unten und vor Ihnen öffnet sich eine galaktische Aussicht, die ein wenig an das Intro der Star Wars-Filme erinnert (Sie wissen schon, der scrollende Text inmitten des Weltalls). Sie sehen das eben geöffnete Finder-Fenster mit den Inhalten Ihres DOKUMENTE-Ordners vor sich, sowie eine Reihe hintereinander angeordneter Fenster, die sich allmählich in den Weiten des Weltraums verlieren.

3. **Suchen Sie nach der vermissten Datei.**

   Werfen Sie einen Blick auf die Leiste am unteren sowie die Zeitleiste am rechten Bildschirmrand. Wie Sie sehen, befinden Sie sich noch im »Hier und Jetzt«. Um nun die Uhr zurückzudrehen, zu dem Zeitpunkt, als die gelöschte Datei noch existierte, klicken Sie entweder rechts auf den in die Ferne weisenden Pfeil oder auf eines der hintereinander angeordneten Fenster – so lange, bis das verschollene Dokument vor Ihnen auftaucht. (Der andere Pfeil bringt Sie zurück an den Anfang der Zeitleiste)

Sie können die Suchfunktion
des Finder-Fensters wie
gewohnt verwenden.

Mit den Vorwärts- und Rückwärtspfeilen
blättern Sie durch die gespeicherten
Sicherungskopien.

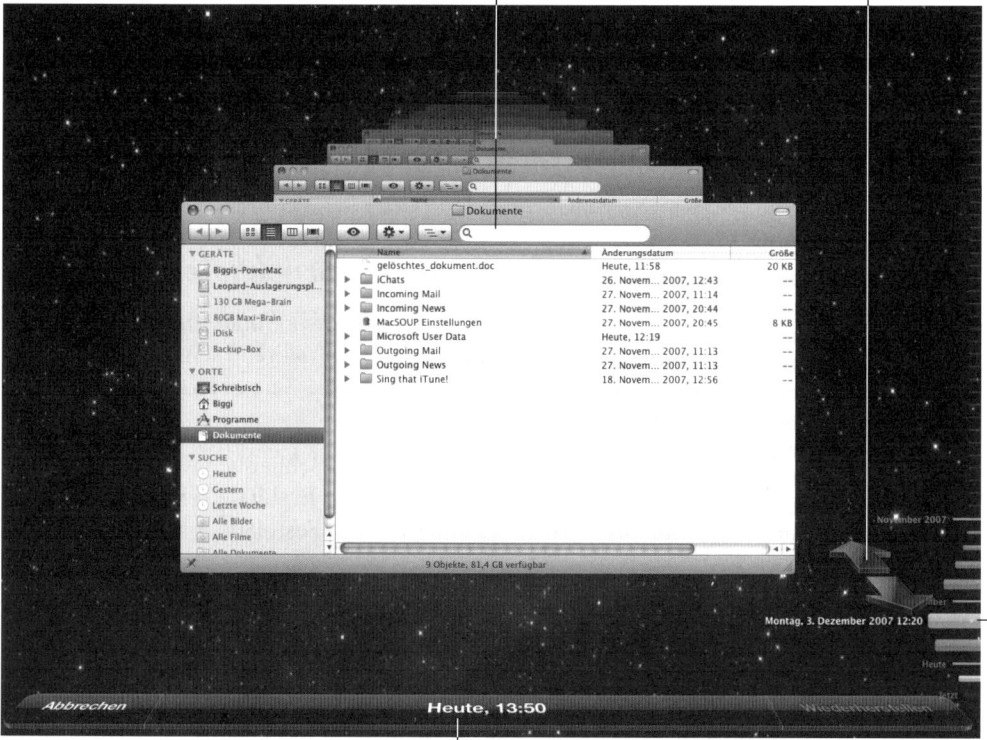

Hier sehen Sie, von welchem Datum die aktuell
angezeigte Sicherungskopie stammt.

An der Zeitleiste können Sie ablesen, zu welchen
Zeitpunkten die Datensicherungen stattgefunden
haben. Klicken Sie auf die einzelnen Balken, um zur
jeweiligen Sicherung zu gelangen.

Abbildung 7.4: Mit Time Machine reisen Sie in die Vergangenheit Ihrer Festplatte.

Ist das Hexerei? Nein. Time Machine zeigt Ihnen lediglich eine seiner zahlreichen Sicherungskopien an. Auch mithilfe der Zeitleiste rechts können Sie in den von Time Machine angelegten Sicherungskopien blättern, indem Sie auf einen der sich hervorhebenden Balken mit der entsprechenden Sicherungszeit klicken.

Die Fenster in der Time Machine-Umgebung lassen sich übrigens wie normale Finder-Fenster bedienen – Sie können Ordner öffnen, auf Objekte klicken, die Darstellungsart ändern und das Suchfeld verwenden.

4. **Stellen Sie das gefundene Dokument wieder her.**

Wählen Sie die gefundene Datei aus und klicken Sie dann unten rechts auf die Taste WIEDERHERSTELLEN. Sie können auch mehrere Dateien gleichzeitig und sogar Ihre gesamte Festplatte wiederherstellen lassen.

5. Geben Sie falls nötig an, welche Version der wiederherzustellenden Datei Sie behalten möchten.

Falls sich auf Ihrer Festplatte gegenwärtig eine Datei mit demselben Namen befindet, fragt Time Machine Sie, ob Sie diese oder die wiederhergestellte Datei oder beide Versionen behalten möchten.

Time Machine funktioniert aber nicht nur mit dem Finder, sondern ist so ausgelegt, dass es auch mit anderen Programmen zusammenarbeiten kann. Gegenwärtig sind das Adressbuch, iPhoto und Mail. Es sollen aber bald noch weitere Programme hinzukommen und auch mit Software von Drittanbietern soll die Zeitreise künftig möglich sein. Auf diese Weise müssen Sie bestimmte verlorene Daten nicht mehr mühsam über den Finder suchen.

Wenn Sie also einen Kontakt, eine E-Mail oder ein Foto aus Ihrer iPhoto-Mediathek wiederherstellen müssen, öffnen Sie statt eines Finder-Fensters zuerst die entsprechende Anwendung und klicken dann auf das Time Machine-Symbol. Nun können Sie direkt im jeweiligen Programmfenster nachverfolgen, wie beispielsweise Ihr E-Mail-Postfach noch vor wenigen Stunden aussah, und den gewünschten Zustand ganz leicht wiederherstellen.

 Wenn Sie eine Datei nicht auf Anhieb finden, können Sie Spotlight bemühen, indem Sie direkt in Time Machine einen Suchbegriff in das Suchen-Feld eingeben, die Suche spezifizieren und auf den Vorwärts-Pfeil klicken. Um sicherzugehen, dass es sich bei der gefundenen Datei auch um die richtige handelt, öffnen Sie sie am besten in der neuen Übersicht-Darstellung von Leopard, indem Sie die Leertaste drücken.

Na, habe ich Ihnen zu viel versprochen? Da möchte man doch glatt immer wieder absichtlich etwas löschen, nur um in den Genuss dieses virtuellen Weltall-Flugs zu kommen.

Die Datensicherung an Ihre Erfordernisse anpassen

Time Machine sichert standardmäßig sämtliche Dateien auf Ihrem Mac. Sie haben jedoch die Möglichkeit, bestimmte Daten von der automatischen Sicherung auszuschließen (siehe Abbildung 7.5), zum Beispiel wenn Sie

✔ mehrere Festplatten besitzen, und bestimmte nicht gesichert werden sollen.

✔ bestimmte Inhalte bereits auf andere Arten regelmäßig sichern (zum Beispiel Fotos, die Sie auf Ihrer iDisk, bei einem Onlinedienst oder auf DVD archivieren).

✔ Speicherplatz sparen möchten. In diesem Fall können Sie Dateien, deren Verlust Sie verschmerzen können, oder Dinge, die Sie notfalls auf andere Art wiederherstellen können, wie die Systemdateien und Programme, vom Backup ausnehmen.

Begeben Sie sich dazu in die Systemeinstellung Time Machine und klicken Sie auf Optionen. Mit der Plus-Taste können Sie nun ein Finder-Fenster aufrufen und die auszuschließenden Verzeichnisse und Dateien auswählen. (Wenn Sie zum Beispiel den Systemordner wählen, werden Sie gefragt, ob Sie nur diesen oder alle Systemdateien ausschließen möchten.) Mit der Minus-Taste löschen Sie zuvor ausgeschlossene Objekte wieder aus der Liste.

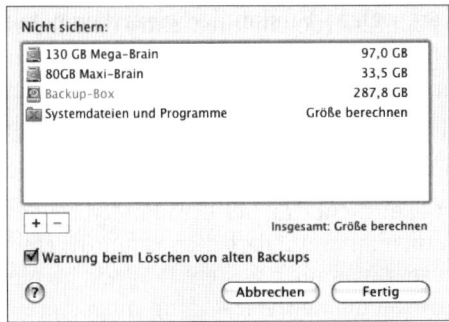

Abbildung 7.5: Festplatten und Ordner von der Datensicherung ausschließen

In diesem Dialogfenster finden Sie außerdem die Option WARNUNG BEIM LÖSCHEN VON ALTEN BACK-UPS. Wenn Sie sie aktivieren, warnt Time Machine Sie, sobald das Backup-Volume voll ist und infolgedessen ältere Sicherungskopien gelöscht werden.

Zwar spart das Ausklammern von Systemdateien und Programmen Platz auf dem Backup-Volume, jedoch haben Sie es später eventuell schwerer, falls Sie in die Verlegenheit kommen sollten, Ihr System wiederherstellen zu müssen. (Mehr zur Wiederherstellung beziehungsweise Neuinstallation von Mac OS X lesen Sie in Kapitel 21.)

Beachten Sie im Fenster der TIME MACHINE-Systemeinstellung außerdem die Taste VOLUME WECH-SELN. Hierüber können Sie ein anderes (oder gar kein) Laufwerk als Backup-Festplatte festlegen. Immer wenn Sie das Volume wechseln oder unter OPTIONEN neue Einstellungen vornehmen, erfolgt kurz darauf (nach 120 Sekunden) eine erneute Datensicherung.

Falls Sie – oh, Glückliche(r) – mehrere Macs besitzen, können diese sich eine einzige Backup-Festplatte teilen.

Warum Sie mehr als ein Backup Ihrer Daten erstellen sollten

Nach allem, was Sie nun wissen, scheint Time Machine die perfekte Lösung für all Ihre Backup-Probleme zu sein. Unbestritten ist dieses Feature ein riesiger Schritt in Sachen Datensicherheit und Benutzerfreundlichkeit, sorgt es doch dafür, dass nun selbst hartnäckige Backup-Verweigerer kaum noch an der Datensicherung vorbeikommen. Dennoch wird Ihnen – sofern Sie nicht eines Tages mit leeren Händen dastehen wollen – die Datensicherung mithilfe herkömmlicher Methoden kaum erspart bleiben. Und ich sage Ihnen auch gleich warum.

Okay, Sie haben also eine zweite Festplatte an Ihrem Mac angeschlossen und führen darauf brav täglich Ihre Sicherungen mithilfe von Time Machine durch. Gut und schön. Nun ist es relativ unwahrscheinlich, dass gleich beide Ihrer Festplatten genau zum selben Zeitpunkt die Lust am Rotieren verlieren und das Zeitliche segnen werden. Aber beide befinden sich eben ständig an ein und demselben Ort, und dass das riskant ist, brauche ich Ihnen eigentlich nicht zu erklären.

Ein Brand, Wasserschaden oder Einbruch in Ihrem Büro oder Ihrem Arbeitszimmer – und Ihr Mac samt Backup-Festplatte gehen hops, baden, sind unwiederbringlich dahin. Da kann Sie selbst das Geld von der Versicherung nicht über den Verlust Ihrer jahrelang gehegten MP3-Sammlung oder Ihrer zahlreichen Familienfoto-Alben hinwegtrösten.

Zu den beiden Faktoren »höhere Gewalt« und »menschliches Versagen« gesellt sich außerdem noch die zugegebenermaßen geringe, aber mit wachsender Beliebtheit des Mac nicht völlig auszuschließende Gefahr, dass sich Ihre Festplatte mit einem Virus infiziert, der sich dann möglicherweise auch auf Ihr angeschlossenes Backup-Volume ausbreitet.

Aber es gibt noch einen anderen wichtigen Grund, den Sie sich – geblendet von dem glanzvollen ersten Auftritt von Time Machine – vielleicht noch nicht vor Augen geführt haben:

 Auch unter Verwendung von Time Machine können Ihnen Daten unter Umständen verloren gehen. Der Grund liegt in den standardmäßig eingestellten Backup-Intervallen. Time Machine erstellt für die letzten 24 Stunden pro Stunde ein Backup; alle länger zurückliegenden stündlichen Sicherungen werden gelöscht. Analog werden für den letzten Monat tägliche Backups angelegt und die täglichen Sicherungen gelöscht, die länger zurückliegen. Nur die wöchentlichen Sicherungen werden so lange aufbewahrt, bis das Backup-Volume voll ist.

So kann beispielsweise eine Bilddatei, die Sie auf Ihren Mac laden und kurz darauf versehentlich wieder löschen, bereits nach einem Tag endgültig verschwunden sein, wenn nicht gerade zu der Zeit, als die Datei noch auf der Festplatte war, eine tägliche Sicherung stattgefunden hat. Und wenn Sie eine Datei genau zwischen zwei Datensicherungen erstellen und auch wieder löschen, so wird sie natürlich gar nicht erst mitgesichert und ist ebenso unwiederbringlich verloren. Überdies werden die ältesten Sicherungskopien gelöscht, sobald die Backup-Festplatte voll ist.

 Aus diesen Gründen sollten Sie sich beim Backup nicht ausschließlich auf Time Machine verlassen, sondern zur Sicherung Ihrer wichtigen Daten auch andere Backup-Methoden in Betracht ziehen.

Eine individuelle Backup-Strategie ausarbeiten

Auch wenn Sie mit derselben Benutzeroberfläche arbeiten und zum großen Teil dieselben Programme verwenden wie Millionen anderer Mac-Nutzer, so haben Sie doch Ihre ganz eigenen beruflichen Anforderungen, Hobbys und Vorlieben, denen Sie mithilfe des Mac gerecht werden wollen und müssen. Daher benötigen Sie auch eine Backup-Strategie, die individuell auf Sie und Ihre Arbeitsweise abgestimmt ist. Und genau aus diesem Grund kann ich Ihnen auch keine allgemeingültigen Regeln nennen, die besagen, was Sie wann, wie und wie oft sichern sollen.

Das hängt ganz von Ihren persönlichen Lebens- und Arbeitsumständen ab. Beantworten Sie sich einfach ein paar Fragen wie diese: Wo arbeiten Sie am häufigsten? Sind Sie viel unterwegs? Wie und von wo aus müssen Sie notfalls auf Ihre Daten zugreifen können? Müssen Sie bestimmte Daten länger archivieren? Welche Backup-Medien sind für Sie am sinnvollsten und praktischsten? Und vor allem: Welche und wie viele Daten könnten Sie zur Not verlieren, ohne dass dies Ihren geschäftlichen oder persönlichen Ruin bedeutet?

Hier deshalb ein paar allgemeine Ansätze, auf deren Basis Sie Ihre persönliche Datensicherungsstrategie entwickeln können:

✔ Legen Sie sich für den Anfang mindestens zwei Backup-Festplatten zu. Die eine schließen Sie permanent an den Mac an und nutzen sie fürs tägliche Backup (das Sie gerne mit Time Machine durchführen können); die andere sollten Sie in angemessenen Abständen (mit Time Machine, per Hand oder mithilfe einer Backup-Software) aktualisieren und an einem sicheren Ort außerhalb Ihres Büros oder Ihrer Wohnung brandsicher, wasserdicht und vor Langfingern geschützt aufbewahren.

✔ Falls Sie eine Foto-, Film- oder Musiksammlung auf Ihrem Mac speichern, sollten Sie darüber nachdenken, jeweils regelmäßige Backups auf einer externen Festplatte, auf DVDs oder online (zum Beispiel auf Ihrer iDisk) anzulegen.

✔ Befinden sich nicht allzu viele oder große Dateien in Ihrem Benutzerordner, so können Sie diesen regelmäßig auf CD oder DVD brennen und diese archivieren.

✔ Legen Sie bei der Arbeit an wichtigen Projekten (zum Abschluss sowie für Zwischenstadien) immer und regelmäßig Backups an.

✔ Brennen Sie regelmäßig Sicherungskopien Ihrer wichtigen Dokumente wie Korrespondenz, geschäftliche Unterlagen und so weiter auf CD/DVD und archivieren Sie diese.

Textverarbeitung – die täglichen Dinge in den Griff bekommen

In diesem Kapitel

▶ Die Grundlagen der Textverarbeitung

▶ Chirurgische Eingriffe am offenen Text

▶ Mit Schriften arbeiten

▶ Ihre Dokumente in Form bringen

▶ Ihre Arbeit sichern und brennen

▶ Ihre Dokumente wiederfinden und überarbeiten

▶ Den Müll rausbringen

▶ Von Aliens und Aliassen

Ich weiß ja – Sie haben sich den Mac eigentlich gekauft, um damit großartige Dinge zu vollbringen: Sie möchten atemberaubende Fotomontagen erstellen, Hollywood-reife Filme produzieren und verblüffende Soundeffekte basteln (bei denen sich die Nackenhaare einzeln aufstellen). Vielleicht hatten Sie sogar vor, so etwas wie der nächste Mozart, Picasso oder zumindest der nächste Steve Jobs zu werden.

Wissen Sie, ich will hier keine Träume zerstören. Aber ich bitte Sie, wenigstens für dieses kurze Kapitel Ihre hochtrabenden Ambitionen ein wenig im Zaum zu halten. Denn bevor Sie den ganz großen Coup landen, *müssen* Sie erst einmal die Grundlagen erlernen. Und die beinhalten nun mal die gute alte Textverarbeitung, mit der Sie – bitter, aber wahr – die meiste Zeit an Ihrem Rechner verbringen werden.

Wenn Sie die Textverarbeitung – immerhin eine der genialsten Erfindungen seit der Espressomaschine – aber erst einmal beherrschen, dann haben Sie auch Ihren Computer unter Kontrolle. *Danach* dürfen Sie ruhig wieder Luftschlösser bauen und in Träumen von einer Karriere als berühmter Grafikkünstler, Komponist oder was auch immer schwelgen.

Die Grundlagen der Textverarbeitung

Ich bin alt genug, um mich an ein Leben ohne Textverarbeitung zu erinnern. (Es ist ja auch noch nicht *sooooo* lange her, oder?)

> *Ich kann mir heutzutage nicht im Mindesten mehr vorstellen, wie die Menschen in einer Zeit überleben konnten, in der sie ihren gesamten Schriftverkehr ohne jeglichen Zugriff auf Computer und Textverarbeitungsprogramme erledigen mussten.*

Pardon, dass ich den Gedankenfluss unterbreche, aber dieser Satz haut mich nicht grade um. Ist viel zu wortreich. Erlauben Sie mir, es auf den Punkt zu bringen.

Ich weiß nicht, wie wir jemals ohne Textverarbeitung auskommen konnten.

Danke, sehr viel kompakter.

Was ich mit dieser Minitextübung bezwecke? Ich möchte Ihnen die Segnungen der Textverarbeitung in all ihrer Pracht veranschaulichen. Hätten Sie den ersten Satz auf einer Schreibmaschine getippt, der Aufwand, auch nur zwei Wörter zu ändern, hätte sich kaum gelohnt. Ihnen wäre nur der Griff zum Tipp-Ex geblieben und wahrscheinlich hätte Sie das Ergebnis optisch nicht überzeugt – oder Sie hätten bald einen völlig neuen Einfall gehabt. Das Ende vom Lied: Sie hätten das Blatt entnervt aus der Schreibmaschine gezerrt und begonnen, Ihre geistigen Ergüsse auf eine neue, leere Seite zu tippen.

Bei der Textverarbeitung, wie wir Sie heute kennen, können Sie Wörter, Sätze oder gar Seiten nach Belieben ersetzen, ganze Textblöcke verschieben und dem Text unterschiedliche Schriften und Schriftarten zuweisen. Sie müssen nicht inmitten eines Projekts in hektische Betriebsamkeit verfallen, um das Farbband zu wechseln (heute müssen Sie lediglich von Zeit zu Zeit die Druckerpatronen wechseln; siehe Kapitel 9).

Bevor Sie jetzt gleich losrennen und sich Microsoft Word (oder eine andere professionelle und teure Textverarbeitungssoftware) besorgen – halten Sie ein! Denn Ihr Mac wird bereits mit einem ganz ordentlichen Textverarbeitungsprogramm geliefert. Es heißt *TextEdit* und befindet sich in Ihrem PROGRAMME-Ordner. Ich will Ihnen hiermit nicht grundsätzlich davon abraten, früher oder später auf eine umfangreichere Anwendung umzusteigen, doch für den Anfang und als Experimentierfeld für dieses Kapitel soll uns TextEdit genügen.

Ihr erstes Manuskript

Der erste Schritt bei der Arbeit in TextEdit (und in jedem anderen Textverarbeitungsprogramm) besteht darin, ein *neues Dokument* anzulegen. Dazu braucht es wirklich nicht viel – Sie öffnen einfach das Programm. Denn genau in diesem Moment öffnet sich auch ein Fenster mit einer leeren weißen Seite, auf der Sie augenblicklich zu schreiben beginnen können (siehe Abbildung 8.1). In TextEdit selbst öffnen Sie ein neues Dokument über den Menübefehl ABLAGE|NEU.

Inspizieren Sie das Fenster genauer. Im oberen Teil steht *Ohne Titel*, das liegt daran, dass keiner bei Apple sich anmaßen wollte, den Titel für Ihren neuen Roman vorwegzunehmen. Zum Benennen und Sichern Ihrer kreativen Auswüchse kommen wir später. Ich persönlich habe die Erfahrung gemacht, dass es manchmal leichter ist, erst zu schreiben und später einen passenden Titel zu finden (aber das ist Geschmacksache).

Sehen Sie die kurze, blinkende, vertikale Linie oben links im Schreibbereich, genau unterhalb des Lineals? Das nennt sich *Einfügemarke* und kennzeichnet die Stelle, an der der erste Buchstabe *eingefügt* wird, wenn Sie zu schreiben beginnen.

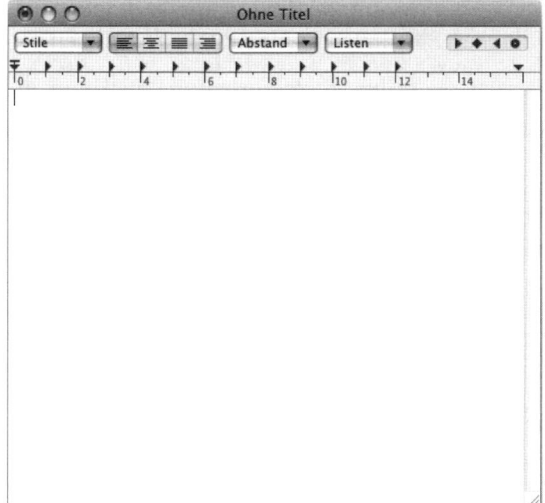

Abbildung 8.1: Am Anfang steht ein leeres Blatt Papier.

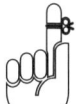 Beachten Sie bitte auch die neue Form Ihres Cursors. Sobald Sie ihn in ein Textdokument bewegen, ändert sich der sonst übliche Pfeil ebenfalls in eine vertikale Linie – einen *Textcursor* –, den Sie jedoch nicht mit der Einfügemarke verwechseln sollten.

Sie befinden sich nun am kritischsten Punkt des gesamten Textverarbeitungsprozesses, und glauben Sie mir, das hat nichts mit Technik zu tun. Auf Ihnen lastet die hohe Erwartung, witzige und geistreiche Prosa zu verfassen, auf dass die gähnende Leere auf dem Blatt vor Ihnen verschwinden möge.

Nur Mut – schreiben Sie drauflos. Vielleicht etwas Originelles wie

Es war eine dunkle und stürmische Nacht

Wenn Sie so holprig getippt haben wie ich, dann steht da jetzt möglicherweise

Es war eine dnkle und stürmische Nahct

Uups! Doch zum Glück meint es Ihr Textverarbeitungsprogramm gut mit Ihnen. Sehen Sie die rote gepunktete Linie unter *dnkle* und *Nahct* (siehe Abbildung 8.2)? Auf diese wenig subtile Art kennzeichnet TextEdit potenzielle Tippfehler. (Vorausgesetzt, Sie haben die Option RECHTSCHREIBUNG WÄHREND DER TEXTEINGABE PRÜFEN in den EINSTELLUNGEN von TextEdit nicht deaktiviert. Doch da wir am Anfang der Übung stehen, ist das unwahrscheinlich.)

Sie können den Patzern auf verschiedene Arten zu Leibe rücken. Drücken Sie einfach die ⬅-Taste, um alle Zeichen links der Einfügemarke wegzulöschen. (Diese Taste ist identisch mit der Rücktaste Ihrer alten Schreibmaschine, die Sie vor Jahren entsorgt haben.) Nachdem Sie das falsch geschriebene Wort eliminiert haben, können Sie es (diesmal sorgfältiger) erneut tippen. Und schon sind alle Spuren Ihrer Hudelei beseitigt.

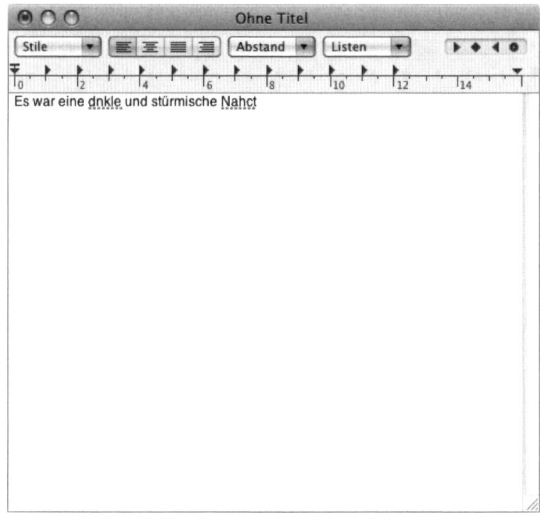

Abbildung 8.2: Uups, ein Tippfehler

Die [←]-Taste ist wirklich praktisch. Sie empfiehlt sich, um ein einzelnes, in Reichweite liegendes Wort wie _Nahct_ auszubessern. Doch in unserer kleinen Fallstudie wollen wir auch das Wort _dnkle_ reparieren und wenn wir dazu die [←]-Taste verwenden wollten, müssten wir zusätzlich _und_ und _stürmische_ opfern – eine Verschwendung von Kraft und Buchstaben.

Hier zwei bessere Lösungswege:

✔ Verwenden Sie die [←]-Taste (im unteren rechten Bereich Ihrer Tastatur), um die Einfügemarke schrittweise nach links zu bewegen, bis sie sich genau rechts neben dem zu löschenden Wort befindet. So werden die Zeichen dazwischen nur übersprungen. Erst dann drücken Sie wieder die [←]-Taste.

✔ Vergessen Sie die Tastatur und bewegen Sie stattdessen den Textcursor genau über dieselbe Stelle und klicken Sie. Wenn Sie gut genug gezielt haben, erscheint die Einfügemarke rechts neben dem verhunzten Wort und Sie können es mit der [←]-Taste löschen.

 Oder Sie probieren diese hilfreiche Funktion: Klicken Sie mit der rechten Maustaste innerhalb des fehlerhaften Wortes. (Falls Ihre Maus keine rechte Maustaste hat, halten Sie beim Klicken die [Ctrl]-Taste gedrückt.) TextEdit präsentiert Ihnen dann eine Liste mit Verbesserungsvorschlägen (siehe Abbildung 8.3). Wählen Sie die richtige Version durch Anklicken aus – et voilà, der Fehler wird umgehend behoben.

Abbildung 8.3: Klicken Sie bei gedrückter Ctrl -Taste in das Wort, um den Tippfehler zu korrigieren.

Text auswählen

Wenden wir uns gleich dem nächsten Experiment zu. (Dazu wäre es vorteilhaft, wenn Sie noch ein wenig mehr Text eintippen und zwischendurch mal die ⏎ -Taste drücken würden.)

Doppelklicken Sie auf irgendein Wort. Sie sehen den Effekt? Es sieht aus, als hätten Sie es mit einem dieser neonfarbenen Filztextmarker »angestrichen«. Man sagt auch, Sie haben das Wort *markiert* oder *ausgewählt*. Und was können Sie mit so ziemlich allen ausgewählten und farbig hinterlegten Objekten auf dem Mac tun? Sie erinnern sich? Richtig, Sie können sie bearbeiten – bewegen, ersetzen und eben auch löschen.

Oft möchte man mehr als nur ein einzelnes Wort auswählen. Vielleicht einen ganzen Satz oder Absatz oder mehrere Absätze. So markieren Sie einen ganzen Textblock, um ihn zu löschen:

1. **Zeigen Sie mit dem Textcursor auf den betreffenden Absatz, am besten genau auf die Stelle, ab der Sie den Text auswählen möchten.**

2. **Klicken Sie, halten Sie die Maustaste gedrückt und ziehen Sie die Maus beziehungsweise den Textcursor über den Bereich, den Sie markieren wollen.**

   Je nachdem, in welche Richtung Sie die Maus bewegen, wird der Text rechts oder links des Klickpunkts markiert. Ziehen Sie die Maus horizontal, um nur eine Zeile auszuwählen, und vertikal, um mehrere Zeilen oder den ganzen Textabsatz zu markieren.

Sie können Text auch markieren, indem Sie ⇧ -Taste gedrückt halten und dabei die Pfeiltasten betätigen.

3. **Lassen Sie die Maustaste los, sobald Sie das Ende des Absatzes (beziehungsweise die Stelle, an der die Auswahl enden soll) erreicht haben, wie in Abbildung 8.4 zu sehen ist.**

4. **Jetzt können Sie den ausgewählten Text auf einen Schlag löschen, indem Sie die** ⟨ ← ⟩**- Taste drücken.**

Alternativ könnten Sie auch einfach etwas Neues eintippen. Der alte Text wird beim ersten Tastenanschlag gelöscht und durch den neuen Inhalt ersetzt.

Mehrere komplette Seiten können Sie ganz schnell und einfach auf folgende Weise auswählen: Platzieren Sie die Einfügemarke direkt vor dem ersten Wort des zu löschenden Teils und blättern Sie dann bis zum Ende der letzten Seite. Halten Sie die ⟨⇧⟩-Taste gedrückt und klicken Sie rechts neben dem letzten Wort des zu löschenden Teils. Der gesamte Bereich zwischen Ihren beiden Klicks wird markiert und kann nun gelöscht oder ersetzt werden.

Und noch eine schnelle Methode, um einen ganzen Absatz auszuwählen: Bewegen Sie den Textcursor darüber und klicken Sie drei Mal.

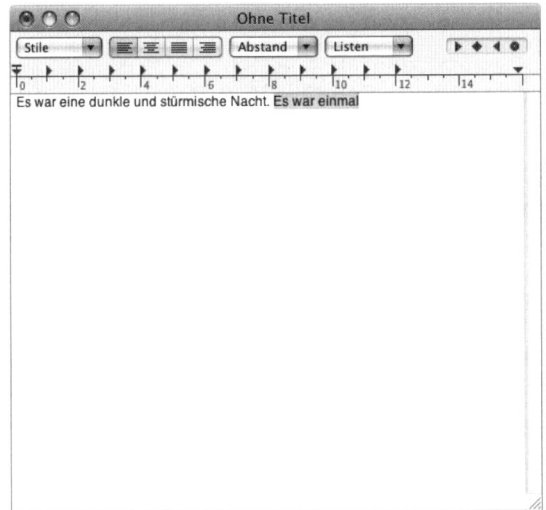

Abbildung 8.4: Mit der Maus können Sie längere Textpassagen auswählen.

Angenommen, Sie waren übereifrig und haben zu viel Text markiert oder haben die Maustaste etwas zu früh losgelassen, sodass die Passage, die Sie auswählen wollten, nicht ganz markiert wurde. Kein Beinbruch! Klicken Sie einfach an eine beliebige Stelle im Dokument, um die Markierung wieder aufzuheben, und versuchen Sie es noch mal.

Zurück zum Original

Ihnen ist folgender Fehler unterlaufen: Sie haben versehentlich Text gelöscht, den Sie eigentlich behalten wollten. Glücklicherweise gewährt Ihnen der Mac immer eine zweite Chance! Wählen Sie aus dem BEARBEITEN-Menü den Befehl EINGEBEN WIDERRUFEN. Wie durch ein Wunder erscheint der verloren geglaubte Text unversehrt im Dokument.

Die lebensrettende Widerrufen-Funktion finden Sie in so ziemlich jedem Mac-Programm und Sie können damit meist viel mehr als nur die letzte Aktion rückgängig machen. Bevor Ihnen also irgendein dummer Fehler den Schlaf raubt, sollten Sie auf diese praktische Funktion zurückgreifen.

Drag & Drop in Textdokumenten

In Kapitel 3 habe ich Ihnen bereits eine kleine Lektion zum Thema *Drag & Drop* im Zusammenhang mit Ordnern, Symbolen und dem Dock erteilt. Jetzt zeige ich Ihnen, wie Sie die erworbenen Kenntnisse in der Textverarbeitung anwenden und mit der Maus zum Beispiel einen ganzen Textblock an eine neue Stelle verfrachten können.

Wählen Sie einen Textabschnitt mit einer der zuvor erklärten Methoden aus. Dann klicken Sie auf eine beliebige Stelle innerhalb des markierten Bereichs, halten die Maustaste gedrückt und ziehen den gesamten ausgewählten Text einfach an eine andere Stelle (zum Beispiel ans Ende des nächsten Absatzes). Sobald die Einfügemarke an der gewünschten Position erscheint, lassen Sie die Maustaste und damit den Text los – er landet sicher am zugewiesenen Platz.

Doch Sie müssen sich nicht darauf beschränken, Text nur innerhalb von TextEdit zu verschieben. Sie können ihn auf dieselbe Weise aus TextEdit heraus und in das geöffnete Dokument eines beliebigen anderen Textverarbeitungsprogramms bringen, zum Beispiel in Word, Notizzettel oder *Pages* (ein Mac-Programm zum Gestalten von schicken Rundschreiben und Broschüren).

Oder Sie erstellen einen *Grafikclip*, indem Sie den markierten Textblock direkt auf den Mac-Schreibtisch ziehen (siehe Abbildung 8.5). Das resultierende Symbol können Sie nun zum einen öffnen, um den Inhalt anzusehen, und zum anderen jederzeit in ein geöffnetes Dokument eines Textverarbeitungsprogramms ziehen, wo der enthaltene Text umgehend eingefügt wird. Diese Funktion ist besonders nützlich, wenn Sie wissen, dass Sie eine bestimmte Textpassage später in einem anderen Programm wiederverwenden wollen.

Bei den beiden zuletzt genannten Arten, Text zu verschieben, handelt es sich genau genommen um *Kopier*-Befehle, da der Text hierbei im Originaldokument an seiner ursprünglichen Position erhalten bleibt.

Wenn Sie beim Ziehen eines markierten Textbereichs innerhalb eines Textdokuments die ⌥-Taste gedrückt halten, wird der Text beim Einfügen kopiert, das heißt, er erscheint an der neuen Position und bleibt gleichzeitig an der ursprünglichen erhalten.

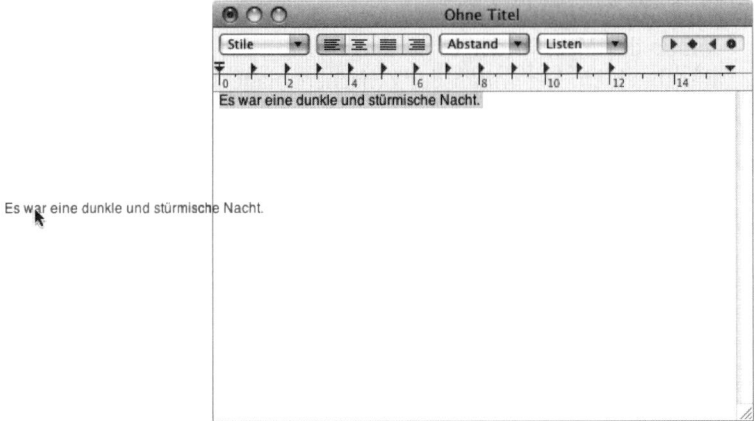

*Abbildung 8.5: Ziehen Sie ausgewählten Text auf den Schreibtisch,
um einen Grafikclip zu erstellen.*

Text ausschneiden oder kopieren und wieder einfügen

In den vorhergehenden Abschnitten haben Sie gelernt, wie Sie Textpassagen innerhalb eines Dokuments per Drag & Drop verschieben und kopieren oder in andere Anwendungen kopieren können. Wie Sie vielleicht gemerkt haben, braucht es dazu ein gewisses Maß an Zielgenauigkeit und Ausdauer. Eine kurze Unaufmerksamkeit – und schon landet der Text an einer völlig ungeeigneten Stelle. Zudem eignet sich die Maus für solche Aktionen nur dann wirklich gut, wenn die Stelle, an die Sie einen Textteil verschieben oder kopieren wollen, ganz in der Nähe liegt, zum Beispiel auf derselben Seite. Angenommen, Sie haben ein zehnseitiges Dokument und möchten einen Absatz von Seite 1 auf Seite 8 befördern – da brauchen Sie einen kräftigen Zeigefinger und viel Geduld!

Deshalb möchte ich Ihnen an dieser Stelle zwei sehr viel präzisere Instrumente für gezielte chirurgische Eingriffe am Text vorstellen: die Befehle AUSSCHNEIDEN, KOPIEREN und EINSETZEN im BEARBEITEN-Menü von TextEdit.

Das Prinzip ist ganz einfach: Markieren Sie den betreffenden Text wie gewohnt und wählen Sie dann je nach Bedarf BEARBEITEN|AUSSCHNEIDEN oder BEARBEITEN|KOPIEREN (oder verwenden Sie die entsprechenden Tastaturkurzbefehle ⌘+X beziehungsweise ⌘+C. Platzieren Sie dann die Einfügemarke an der Stelle, an der der ausgeschnittene oder kopierte Text eingefügt werden soll (⌘+V).

Der Unterschied zwischen den beiden Befehlen dürfte klar sein: Beim Ausschneiden bleibt kein Textschnipsel zurück (Löcher im Dokument bleiben Ihnen zum Glück erspart!), während der Text beim Kopieren an seiner ursprünglichen Position verharrt und nur eine Kopie davon an anderer Stelle eingefügt wird.

 Alles, was Sie zuletzt kopiert oder ausgeschnitten haben, landet in der *Zwischenablage* des Mac, in der es so lange bleibt, bis Sie etwas anderes kopieren oder ausschneiden. Der Inhalt der Zwischenablage kann beliebig oft wieder eingefügt werden.

 Falls Sie sich nicht erinnern, was Sie zuletzt kopiert oder ausgeschnitten und damit in die Zwischenablage verbannt haben, klicken Sie auf das blaue Finder-Symbol im Dock und wählen aus dem BEARBEITEN-Menü ZWISCHENABLAGE EINBLENDEN.

Mit Schriften arbeiten

Zu Großmutters Zeiten, als Schreibmaschinen in Mode waren, war man in puncto Schriftbild ziemlich eingeschränkt – um nicht zu sagen, völlig unflexibel. Anders bei Computern. Hier können Sie das Erscheinungsbild einzelner Buchstaben und Wörter mühelos ändern. Beginnen wir mit einem einfachen Beispiel.

Markieren Sie in Ihrem TextEdit-Dokument ein Wort, öffnen Sie das Einblendmenü STILE und wählen Sie KURSIV (siehe Abbildung 8.6). Der ausgewählte Text wird zu *Text*. Versuchen Sie das Gleiche mit FETT. Der markierte Text wird zu **Text**.

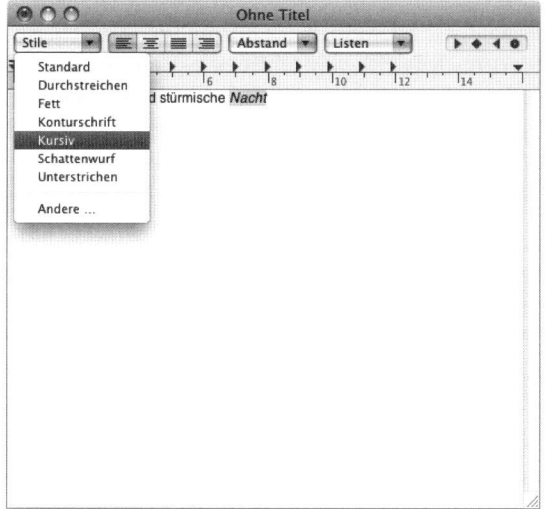

Abbildung 8.6: Das STILE-Menu

 Auch hierfür gibt es die passenden Tastaturkurzbefehle. Drücken Sie vor dem Wort, das Sie kursiv schreiben wollen, ⌘+Ⅰ beziehungsweise ⌘+Ⓑ, um es fett zu schreiben. Um wieder zur Standardschrift zurückzukehren, drücken Sie die jeweilige Tastenkombination erneut. So müssen Sie Ihre Hände beim Schreiben nicht mal von der Tastatur nehmen.

Doch diese kleine Übung ist nur die sprichwörtliche Spitze des Eisbergs. Sie können Ihr komplettes Dokument mit unterschiedlichen *Schriften* oder *Schriftstilen* verschönern oder wie es im Setzerjargon heißt *formatieren*.

Wählen Sie aus dem FORMAT-Menü SCHRIFT|SCHRIFTEN EINBLENDEN, woraufhin sich das in Abbildung 8.7 gezeigte Fenster SCHRIFTEN öffnet. Darin können Sie die Schriftart eines beliebigen markierten Textes ändern, indem Sie eine Schrift im Bereich FAMILIE anklicken (und gegebenenfalls unter STIL einen Schriftstil auswählen). Die verfügbaren Schriften tragen Namen wie ARIAL, BAGHDAD, CHALKBOARD, COURIER, DESDEMONA, HELVETICA, PAPYRUS, STENCIL und TIMES NEW ROMAN.

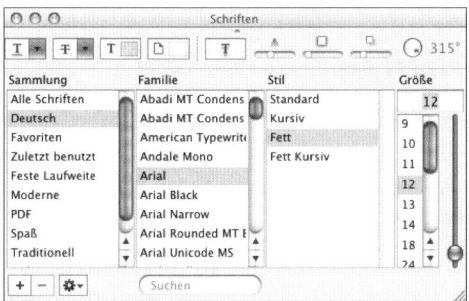

Abbildung 8.7: Eine große Auswahl an Schriften

Wenn Sie Ihre Diplomarbeit nicht gerade über *Fontomologie* geschrieben haben (machen Sie sich keine Mühe, das Wort nachzuschlagen; ich habe es erfunden), erwartet kein Mitglied der Dummies-Fakultät von Ihnen, dass Sie eine Ahnung haben, wie die eben erwähnten Schriften aussehen. Ich weiß es selbst nicht. Aber Sie dürfen schummeln. Nehmen Sie einfach Ihr Dokument als Spickzettel, dort können Sie genau verfolgen, wie der markierte Text sich beim Klick auf die einzelnen Schriftfamilien ändert.

Wie gewöhnlich gibt es noch einen zweiten Weg. Unten links im Fenster SCHRIFTEN sehen Sie ein kleines, sonnenähnliches Symbol, hinter dem sich ein Menü verbirgt. Klicken Sie darauf und wählen Sie die Option VORSCHAU EINBLENDEN (siehe Abbildung 8.8). Nun können Sie im Vorschaufenster oberhalb das Erscheinungsbild der unterschiedlichen Schriftfamilien und ihrer -stile betrachten. Mit VORSCHAU AUSBLENDEN beenden Sie die Vorschau wieder.

Im Bereich GRÖSSE können Sie eine Schriftgröße zuweisen; entweder wählen Sie eine der festen Größen oder Sie ziehen am Schieberegler rechts von der Liste mit den Werten.

Die Vorschau zeigt Ihnen neben dem Erscheinungsbild auch die gewählte Schriftgröße, *Schriftgrad* genannt, an. Dieser wird für gewöhnlich in der typografischen Einheit *Punkt* angegeben (1 Punkt = 0,375 mm), wobei auf einer Länge von 1 Inch (= 2,54 cm) 72 Punkt Platz finden. Ein herkömmlicher Mac-Monitor weist 72 Bildpunkte (= Pixel) pro Inch auf, sodass ein Schriftgrad von 12 Punkt auf dem Bildschirm tatsächlich einer Größe von 12 Punkt entspricht.

Hier sehen Sie eine Vorschau der gewählten Schrift.

Hier blenden Sie die Vorschau ein.

Abbildung 8.8: Die Vorschau für Schriften aktivieren

Die Schriftsammlung

TextEdit wird bereits mit einer ganz annehmbaren Sammlung von Schriften geliefert. Doch vielleicht haben Sie noch ein anderes Textverarbeitungsprogramm installiert, das weitere Schriften enthält, oder Sie sind bereits selbst im Internet auf die Jagd nach neuen Schriften gegangen, die Sie dann installiert haben. Wie auch immer, möglicherweise benötigen Sie ein wenig Hilfe, um Ihre ganzen Schriftsätze zu ordnen und zu verwalten.

Genau das ist die Aufgabe der *Schriftsammlung*, einem Mac OS X-Programm, das Sie im PROGRAMME-Ordner finden (siehe Abbildung 8.9). Die Schriftsammlung ist so etwas wie eine Galerie, in der Sie Ihre besten Schriften in ihrer ganzen Pracht bewundern können, und die Schriften sind hier in der Tat in Sammlungen aufgeteilt.

In der Spalte SAMMLUNG finden Sie die folgenden Hauptschriftgruppen:

✔ **Alle Schriften:** In dieser Gruppe werden alle zurzeit verfügbaren Schriften angezeigt.

✔ **Deutsch:** Nur deutsche Schriftsätze.

✔ **Benutzer:** Die hier enthaltenen Schriften sind dem Benutzer-Account des gerade angemeldeten Benutzers zugeordnet und somit nur diesem zugänglich (mehr über Benutzer-Accounts lesen Sie in Kapitel 5).

✔ **Computer:** Die hier enthaltenen Schriften sind *allen* Benutzern zugänglich.

Erstellen Sie Ihre eigene Schriftsammlung, indem Sie ABLAGE|NEUE SAMMLUNG wählen und einen Namen vergeben. Sie können dann beliebige Schriften aus der SCHRIFT-Spalte in diese neue Sammlung hineinziehen. Um eine Schriftsammlung zu löschen, markieren Sie sie und drücken dann die ⬅️ -Taste.

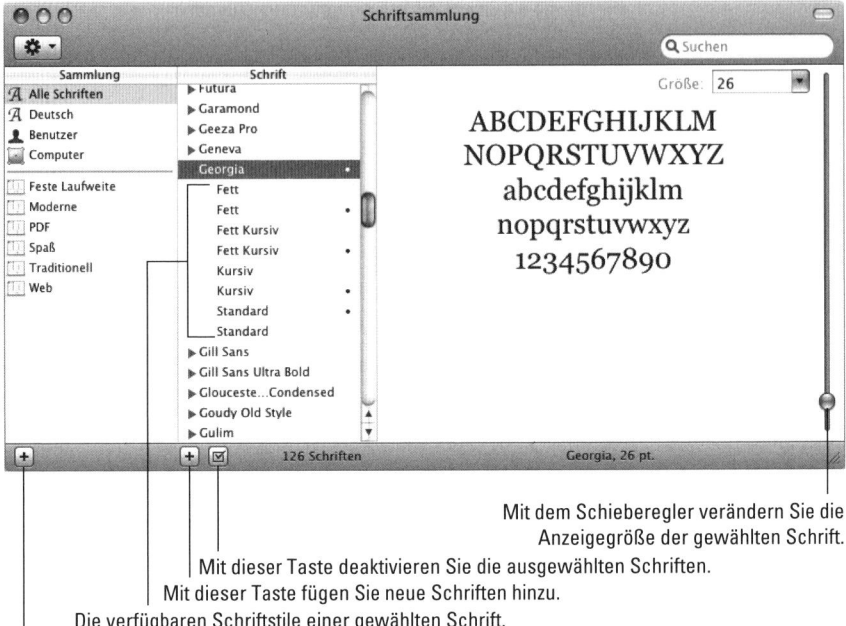

Mit dem Schieberegler verändern Sie die Anzeigegröße der gewählten Schrift.

Mit dieser Taste deaktivieren Sie die ausgewählten Schriften.

Mit dieser Taste fügen Sie neue Schriften hinzu.

Die verfügbaren Schriftstile einer gewählten Schrift.

Klicken Sie auf die Plus-Taste, um eine neue Sammlung zu erstellen.

Abbildung 8.9: Mit der Schriftsammlung verwalten Sie alle Schriften auf Ihrem Mac.

Alles über Ihre Schriften

Ich wette, Sie sind neugierig, wie die Schrift *Zapf Dingbats* entstanden ist. Ich ebenfalls. Und vielleicht interessieren Sie sich dann auch für die Wurzeln der anderen Schriften auf Ihrem System. Hey, Sie haben ein Recht, mehr darüber zu erfahren, schließlich ist es Ihr Mac! Drücken Sie einfach ⌘+I und die Schriftsammlung gibt jede Menge Infos zu den einzelnen Schriften preis, beispielsweise den vollen Namen der Schrift, in welchen Sprachen sie verwendet wird, den Hersteller, Markenrechte und so weiter. (⌘+I lässt die Infos auch wieder verschwinden.) So viel darf ich Ihnen zu Zapf Dingbats allerdings verraten: Diese Schrift enthält definitiv keine Codes von Außerirdischen.

Wenn Sie auf eine Schrift in der Sᴄʜʀɪꜰᴛ-Spalte klicken, können Sie im Bereich rechts daneben ihr Erscheinungsbild betrachten. Bewegen Sie den Schieberegler rechts außen, um die Schriftgröße in der Beispielanzeige anzupassen.

Wie jeder Normalsterbliche kommen Sie in Ihrem Leben wahrscheinlich mit einer kleinen Anzahl von Schriftsätzen aus. Die Chancen stehen gering, dass Sie jemals solch exotische Schriften wie *Ayuthaya* oder *Zapf Dingbats* verwenden müssen (siehe Kasten »Alles über Ihre Schriften« in diesem Kapitel). Ehrlich, ich denke mir diese Namen nicht aus!

Sie können deshalb Schriften, die Sie kaum oder niemals nutzen, deaktivieren, indem Sie sie markieren und dann auf die Taste mit dem Häkchen unterhalb der Schrift-Spalte klicken. Der betreffende Schriftsatz erscheint dann hellgrau und das Wort Aus wird daneben anzeigt. Falls Sie Ihre Meinung ändern, wählen Sie die Schrift einfach erneut aus und klicken abermals auf die Taste (jetzt ohne Häkchen).

Um eine Schrift hinzuzufügen, klicken Sie auf die Plus-Taste unterhalb der Schrift-Spalte und navigieren im folgenden Dialogfenster zum Speicherort des Schriftsatzes. Manche Schriften, die Sie erworben oder kostenlos heruntergeladen haben, können Sie installieren, indem Sie einfach darauf doppelklicken. Der Schriftsatz wird dann automatisch in die Schriftsammlung importiert.

 Ein Punkt rechts neben dem Namen einer Schrift weist darauf hin, dass Duplikate dieser Schriftfamilie existieren. Markieren Sie eine (oder gleich mehrere) dieser Schriften und wählen Sie Bearbeiten|Duplikate auflösen.

Ihr Dokument in Form bringen

Extravagante Schriften sind nicht die einzige Möglichkeit, Ihre Dokumente optisch aufzupolieren. Sie haben noch andere, weitreichende Entscheidungen zu treffen, zum Beispiel über so wichtige Dinge wie Ränder, Absatzeinrückungen, Tabulatoren oder einfachen und doppelten Zeilenabstand. Aber lassen Sie sich nicht einschüchtern – das alles ist immer noch sehr viel einfacher als bei einer Schreibmaschine.

Zurück ins TextEdit-Klassenzimmer. Ränder und Tabulatoren legen Sie in einem TextEdit-Dokument mithilfe der kleinen Pfeile und Symbole im Lineal oberhalb des Schreibbereichs fest:

✔ **Seitenränder:** Die Seitenränder stellen Sie durch Ziehen der nach unten gerichteten Pfeile ein.

✔ **Einrückung:** Mit dem T-Symbol stellen Sie die Einrückung eines Absatzes oder einer einzelnen Zeile ein.

✔ **Tabulatoren:** Um einen Tabulator zu setzen, wählen Sie einen *Tabulatortyp* aus der Palette oben rechts und ziehen ihn an die gewünschte Position im Lineal. Sie können auch einen der bereits vorhandenen Tabulatoren verwenden, indem Sie einen der Pfeile an eine neue Position ziehen. Um einen Tabulator zu löschen, ziehen Sie ihn nach oben aus dem Lineal heraus.

 Es gibt vier Arten von Tabulatoren: der Rechtspfeil erzeugt einen Tabulator, an dem der Text rechtsbündig ausgerichtet wird, an einem Linkspfeil-Tabulator wird der Text linksbündig ausgerichtet, an einem Rauten-Tabulator wird der Text zentriert ausgerichtet, der Kreis erzeugt einen Tabulator für die Ausrichtung von Dezimalzahlen.

 Sollte das Lineal einmal nicht zu sehen sein, wählen Sie FORMAT|TEXT|LINEAL EIN-BLENDEN. Über das Menü FORMAT lassen sich außerdem die Seitenränder ein- und ausblenden.

Markieren Sie nun ein paar Zeilen Text und öffnen Sie das Einblendmenü ABSTAND. Die Option EINFACH erzeugt einen Zeilenabstand wie den in diesem Absatz.

Bei der Option DOPPELT würde diese Zeile hier stehen ...

... und die nächste Zeile hier.

Alles klar?

 Diejenigen unter Ihnen, die gerne die volle Kontrolle über ihren Text haben, soll-ten die Option ANDERE aufrufen (siehe Abbildung 8.10). Hier können Sie in Punkt ganz präzise solche Dinge einstellen wie ZEILENHÖHE, ABSATZABSTAND und andere Parameter.

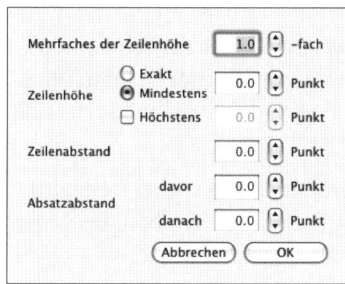

*Abbildung 8.10: Für alle Freunde
präziser Dokumentformatierung*

Und hier noch ein paar andere, mehr oder minder wichtige Funktionen von TextEdit:

✔ **Absatzausrichtung:** Klicken Sie an eine beliebige Stelle innerhalb eines Absatzes und wäh-len Sie FORMAT|TEXT sowie die gewünschte Ausrichtung: LINKSBÜNDIG, ZENTRIERT, BLOCKSATZ oder RECHTSBÜNDIG. Oder klicken Sie einfach auf das entsprechende Symbol in der Werk-zeugleiste über dem Lineal.

✔ **Von rechts nach links schreiben:** Diese Funktion ist wahrscheinlich nützlich, um Hebrä-isch oder Arabisch zu schreiben. Wählen Sie FORMAT|TEXT|RICHTUNG BEIM SCHREIBEN|VON RECHTS NACH LINKS. Um zur normalen Schreibrichtung zurückzukehren, wählen Sie die Option erneut.

✔ **Text finden und ersetzen:** Mit dem SUCHEN-Befehl des BEARBEITEN-Menüs (⌘+F) kön-nen Sie nach bestimmten Wörtern und Sätzen im Text suchen und mehrmals enthaltene Begriffe entweder einzeln oder auf einen Streich ersetzen.

✔ **Listen erstellen:** Manche Inhalte lassen sich am besten in Form einer Liste darstellen, ähnlich wie bei den hier aufgelisteten Funktionen. Über das Einblendmenü LISTEN können Sie verschiedene Listentypen erstellen: mit Aufzählungspunkten, durchnummeriert (normal und römisch), alphabetisch (Groß- und Kleinbuchstaben) und so weiter (siehe Abbildung 8.11). Auch eigene Typen können mit der Option ANDERE erzeugt werden. Markieren Sie ein paar Zeilen und wählen Sie die gewünschte Option.

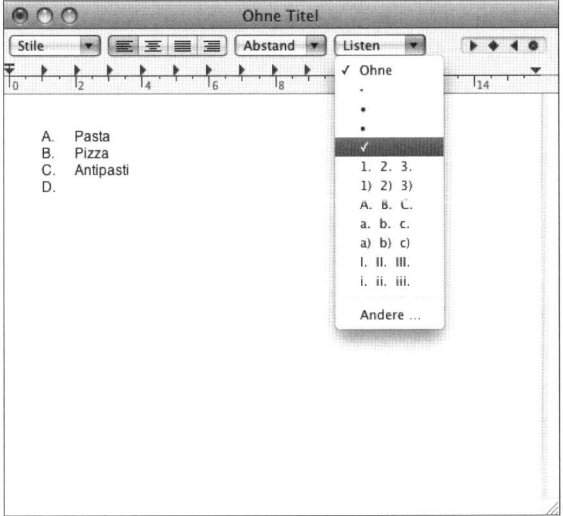

Abbildung 8.11: Eine Liste formatieren

Abbildung 8.12: Die Eigenschaften einer Tabelle festlegen

✔ **Tabellen erstellen:** Vielleicht möchten Sie wichtige Inhalte auch in einer Tabelle hervorheben. Wählen Sie dazu FORMAT|TEXT|TABELLE. Im folgenden Dialogfenster (siehe Abbildung 8.12) geben Sie die Anzahl benötigter Spalten und Zeilen an. Im Bereich ZELLENHINTERGRUND weisen Sie einer oder mehreren ausgewählten Zellen eine Hintergrundfarbe zu, indem Sie aus dem Einblendmenü die Option FÜLLFARBE wählen, auf das Farbfeld rechts klicken und im folgenden Fenster eine Farbe auswählen. Bewegen Sie den Textcursor über die Zeilen- oder Spaltenabgrenzungen, bis er zum Doppelpfeil wird; Sie können dann die Rahmen bei gedrückter Maustaste ziehen und so die Zeilenhöhe und Spaltenbreite anpassen. Sie können auch Zellen verbinden oder teilen, indem Sie sie markieren und die gleichnamigen Tasten im Dialogfenster TABELLE anklicken.

 Neu in TextEdit ist der Menübefehl BEARBEITEN|EINSETZEN UND STIL ANPASSEN. Damit wird ausgeschnittener oder kopierter Text beim Einfügen automatisch an den Stil der neuen Textumgebung angepasst.

Ihre Arbeit sichern

Nun haben Sie ungeheuer viel Zeit investiert, um ein ansprechendes, leserliches Textdokument zu erstellen – es wäre ein Jammer, wenn alles auf einen Schlag einfach *weg* wäre! Doch genau das kann Ihnen in der grausamen Realität der elektronischen Datenverarbeitung passieren – wenn Sie sich nicht eine Sekunde Zeit nehmen und Ihre Datei *sichern*. Und diese Sekunde sollten Sie erübrigen, wenn man bedenkt, dass Sie in nur einem Bruchteil *alles* verlieren könnten.

So stabil der Mac auch sein mag, er ist und bleibt doch eine Maschine, die nicht immun ist gegen Stromausfälle oder menschliches Versagen. Und ob Sie's glauben oder nicht, selbst Buchautoren drücken von Zeit zu Zeit mal die falschen Tasten.

Ihre gesamte, bisher geleistete Arbeit existiert nämlich – so ernüchternd dies klingen mag – nur rein virtuell, da sie nur *vorübergehend* im *flüchtigen* Arbeitsspeichers Ihres Mac gespeichert ist (siehe Kapitel 2). Lassen Sie sich also bloß nicht von dem täuschen, was Sie auf Ihrem Bildschirm sehen. Sollte Ihr Rechner unerwartet abstürzen (und selbst bei Macs kommt das vor!), sind alle ungesicherten Daten nur noch in einer anderen Art von flüchtigem Speicher vorhanden – nämlich Ihrem Kurzzeitgedächtnis.

Und wo sichern Sie nun Ihre Dokumente? Natürlich im *Sichern-Dialogfenster* (siehe Abbildung 8.13). Es schiebt sich von oben über Ihr Dokument, sobald Sie ⌘+S drücken oder ABLAGE|SICHERN wählen.

Sie erinnern sich an meinen Tipp zu Beginn des Kapitels: Erst schreiben, dann einen Titel vergeben? Nun, das ist Ihre Chance, Ihrem Werk einen originellen Namen zu verpassen, und zwar im Feld SICHERN UNTER. Nennen Sie es vielleicht `Dunkel und stürmisch`.

Wenn Sie nun auf SICHERN klicken, wird Ihr Dokument permanent auf Ihrer Festplatte, genauer gesagt im DOKUMENTE-Ordner Ihres Benutzerordners, gespeichert, und zwar so lange, bis Sie wieder daran arbeiten.

Aber es gibt noch mehr Optionen. Den DOKUMENTE-Ordner schlägt der Mac nur standardmäßig vor, weil er in den meisten Fällen eine sinnvolle Wahl ist. Doch Sie können den Speicherort auch selbst bestimmen und haben dabei eine Menge Möglichkeiten. Klicken Sie dazu auf den nach oben weisenden Pfeil rechts neben dem Namensfeld. Das Fenster erweitert sich und erinnert vom Aufbau her an die in Kapitel 3 beschriebene Spaltendarstellung, auch die Seitenleiste ist vorhanden. Nun können Sie bequem einen passenden Speicherort suchen und das Dokument theoretisch in jeden vorhandenen Ordner oder Unterordner stecken; es ist jedoch ratsam, einen Ort innerhalb Ihres Benutzerordners oder auf dem Schreibtisch zu wählen. Zu diesem Zweck können Sie auch einen eigenen, neuen Ordner erstellen, indem Sie auf Neuer Ordner klicken und ihn benennen.

Abbildung 8.13: Das Sichern-Dialogfenster

Ich gestehe. Eine Sache habe ich Ihnen vorenthalten. Als Sie Ihr neuestes Werk Dunkel und stürmisch genannt haben, da war Ihnen sicher nicht klar, dass Sie ihm eigentlich einen etwas längeren Namen gegeben haben, nämlich Dunkel und stürmisch.rtf. Diese kleine *Dateierweiterung* am Ende, auch *Suffix* genannt, steht für *Rich Text Format*, eines der Dateiformate, die der Mac Ihnen freundlicherweise anbietet. Sie hätten die Datei auch im Word-Format speichern können, wofür die Erweiterung *.doc* steht, oder im HTML-Format, der Sprache des World Wide Web (siehe Kapitel 10). Um zu sehen, welche Dateierweiterung die zu speichernde Datei zugewiesen bekommt, deaktivieren Sie das Markierungsfeld Suffix ausblenden.

Fassen wir kurz zusammen: Ihnen wird hiermit wärmstens empfohlen, Ihre Dokumente (und anderen Dateien) bereits während der Bearbeitung zu sichern – und zwar so oft wie möglich!

Ihre Dokumente wiederfinden und überarbeiten

Geschafft! Ihr Manuskript liegt nun sicher auf Ihrer Festplatte gespeichert. Doch nachdem Sie ein paar Baldrianpillen zur Beruhigung eingeworfen und tief und fest durchgeschlafen haben, sehen Sie die Welt am nächsten Morgen mit völlig anderen Augen. Die Zeit des Grübelns ist vorbei – Sie haben sich entschlossen, das zentrale Thema Ihres Werkes zu überarbeiten und ihm überdies einen neuen Namen zu geben: Hell und sonnig.

Zurück zu TextEdit.

Wählen Sie Öffnen aus dem Ablage-Menü – ein Dialogfenster (ähnlich dem Sichern-Dialogfenster von vorhin) öffnet sich. Navigieren Sie darin zu dem Ordner, in dem Sie Ihr Dokument zuletzt abgelegt haben, und doppelklicken Sie auf den Namen der Datei.

Jetzt können Sie Ihre Änderungen vornehmen. Und weil auch diese Änderungen wieder nur vorübergehend im Arbeitsspeicher vorhanden sind – ebenso wie der bestehende Inhalt Ihres Dokuments es war, bevor Sie es auf der Festplatte gespeichert haben –, sollten Sie daran denken, Ihre Arbeit so oft wie möglich zu sichern (⌘ + S). Wenn Sie fertig sind, können Sie Ihr Werk auch gleich umbenennen, indem Sie Sichern unter aus dem Ablage-Menü wählen, wobei Sie dann neben der neuen Version auch noch eine alte mit dem alten Namen haben.

Aus diesem Grund ist es manchmal vorteilhafter, eine Datei manuell umzubenennen (in einem Finder-Fenster oder auf dem Schreibtisch), indem Sie sie anklicken und ↵ drücken. Der Dateiname erscheint dann farbig unterlegt und Sie können ihn einfach überschreiben und nochmals die ↵ -Taste drücken.

 Wie immer versucht der Mac, Ihnen behilflich zu sein. Er geht davon aus, dass Sie ein Dokument, an dem Sie gestern oder vorgestern gearbeitet haben – produktiv wie Sie sind –, schon in Kürze wieder weiterbearbeiten möchten. Und damit Sie nicht so lange danach suchen müssen, präsentiert er Ihnen im Ablage-Menü unter Benutzte Dokumente eine Liste aller kürzlich geöffneten Dokumente. Klicken Sie einfach das gewünschte an, um es zu öffnen.

Am schnellsten finden Sie eine bestimmte Datei mithilfe von Spotlight (siehe Kapitel 6). Klicken Sie dazu auf die Lupe oben rechts in der Menüleiste und tippen Sie den Namen der gesuchten Datei ein.

Ihr Dokument drucken

Nachdem Sie so einen Aufwand betrieben haben, wollen Sie Ihr Dokument selbstverständlich auch ausdrucken. Falls Sie noch keinen Drucker angeschlossen und installiert haben, finden Sie alles, was Sie zu diesem Thema wissen müssen, in Kapitel 9.

Für alle Eiligen, die ihren Drucker bereits eingerichtet und angeworfen haben: Wählen Sie Ablage|Drucken, nehmen Sie nötigenfalls ein paar Einstellungen vor und klicken Sie dann auf Drucken.

Den Müll rausbringen

Wie im täglichen Leben verlieren auch Dokumente oder ganze Ordner auf dem Mac irgendwann ihren Nutzen. Zwar können alte Akten auf Ihrer Festplatte nicht muffig riechen – höchstens virtuell –, dafür verbrauchen sie unter Umständen wertvollen Speicherplatz, den Sie gut anderweitig verwenden könnten. In diesem Fall ist es an der Zeit, ein paar Dinge zu entsorgen und »den Müll rauszubringen«.

Ziehen Sie einfach das Symbol der Datei, die Sie loswerden wollen, über den Papierkorb im Dock. Sobald das Papierkorbsymbol dunkel erscheint, lassen Sie die Maustaste los. Alternativ verwenden Sie den Tastaturkurzbefehl ⌘+⬅ oder wählen Ablage|In den Papierkorb legen.

Ob etwas im Papierkorb liegt, sehen Sie an dem zerknüllten Papier darin. Wie Ihren Papierkorb im Büro sollten Sie auch den Papierkorb des Mac von Zeit zu Zeit leeren. (Sonst beschweren sich noch die Nachbarn.)

Auch hier gibt es mehrere Möglichkeiten: Klicken Sie bei gedrückter Ctrl-Taste auf den Papierkorb und wählen Sie Papierkorb entleeren aus dem Kontextmenü, wählen Sie Papierkorb entleeren aus dem Finder-Menü oder verwenden Sie die Tastenkombination ⇧+⌘+⬅. Ein Dialogfenster warnt Sie, dass diese Aktion den Inhalt des Papierkorbs unwiederbringlich shreddert (siehe Abbildung 8.14). Wenn Sie ganz sicher sind, dass Sie alles darin löschen wollen, klicken Sie auf OK.

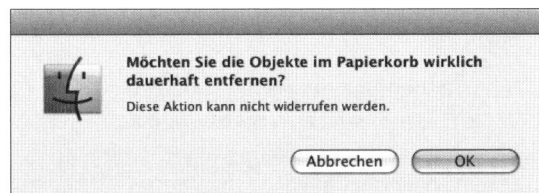

Abbildung 8.14: Der Mac warnt Sie, bevor Sie etwas löschen.

Keine Panik: So bekommen Sie alles zurück

Vorausgesetzt, Sie haben nicht die eben beschriebene drakonische Maßnahme ergriffen und den Papierkorb tatsächlich geleert, können Sie Weggeworfenes jederzeit leicht wieder herausziehen. Und dabei müssen Sie sich nicht mal die Hände schmutzig machen. Klicken Sie auf das Papierkorbsymbol, woraufhin sich ein Fenster mit dessen Inhalt öffnet. Suchen Sie die versehentlich weggeworfene(n) Datei(en) heraus und ziehen Sie sie einfach zurück auf den Schreibtisch oder in ihren ursprünglichen Ordner.

 Selbst nach dem Löschen des Papierkorbs sind Ihre Daten nicht völlig im Nirwana verschwunden. Es gibt kostenpflichtige Software, mit der Sie versehentlich gelöschte Dateien wiederherstellen können. Und wenn Sie einmal etwas Wichtiges *wirklich unwiederbringlich* löschen wollen (sodass Industriespione es *nie wieder* herstellen können), dann wählen Sie statt des regulären Befehls die Option Papierkorb sicher entleeren aus dem Finder-Menü.

Ihre Arbeit auf CD (oder DVD) brennen

Es kommt der Tag, da haben Sie Ihren ersten, mehrere Hundert Seiten starken Bestseller fertiggestellt und möchten eine Kopie davon an Ihren Verleger schicken. Und selbstverständlich sollten Sie auch eine Sicherungskopie erstellen, für den Fall, dass Ihrem Mac mal etwas zustößt. Wie ungemein wichtig Backups sind, habe ich Ihnen ja schon des Öfteren klarzumachen versucht (zuletzt in Kapitel 7).

Für die genannten Zwecke ist das Brennen von CDs (oder DVDs) am sinnvollsten. So können Sie zum Beispiel eine in Ihrem persönlichen Archiv ablegen (sicher wird dies nicht Ihr letzter Roman gewesen sein!) und eine an den Verlag schicken. Und so gehen Sie vor:

1. **Legen Sie eine leere CD oder DVD (R oder RW) in das Laufwerk ein.**

   Fassen Sie sie möglichst nur an den Rändern an, achten Sie außerdem darauf, dass die beschriftete Seite nach oben zeigt. Es öffnet sich das in Abbildung 8.15 gezeigte Dialogfenster.

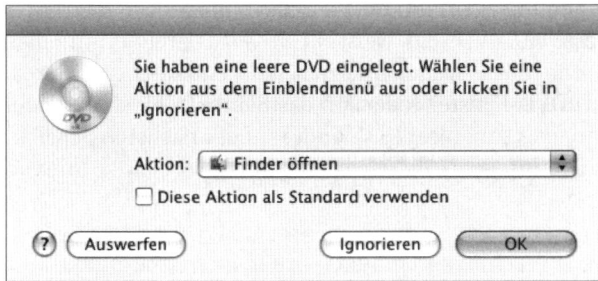

Abbildung 8.15: Eine leere CD oder DVD einlegen

Je nachdem, welche Art Dateien Sie wie brennen möchten, können Sie in diesem Fenster wählen, welche Anwendung sich im Anschluss öffnen soll. Da dies in unserem Fall der Finder ist, lassen Sie die Option Finder öffnen aktiviert und bestätigen mit OK.

Sie haben hier außerdem die Möglichkeit, festzulegen, ob die gewählte Aktion beim Einlegen einer leeren CD/DVD standardmäßig stattfinden soll, was sinnvoll ist, wenn Sie fast ausschließlich Inhalte aus einer bestimmten Anwendung brennen und dies nicht jedes Mal neu angeben wollen. Aktivieren Sie in diesem Fall zusätzlich das Markierungsfeld Diese Aktion als Standard verwenden.

 Sie können dem Mac auch unabhängig von einem Brennvorgang sagen, wie er sich beim Einlegen einer unbeschriebenen CD oder DVD oder auch einer Musik-, Bilder- oder Video-CD verhalten soll. Öffnen Sie dazu in den Systemeinstellungen das Symbol CDs & DVDs und wählen Sie die gewünschten Aktionen aus den jeweiligen Einblendmenüs.

Ein CD-Symbol mit dem Namen Ohne Titel wird auf Ihrem Schreibtisch (sowie in der Seitenleiste eines geöffneten Finder-Fensters) angezeigt. Wenn Sie möchten, können Sie das Symbol jetzt schon umbenennen, indem Sie es anklicken und die ⏎-Taste drücken.

 Falls Sie eine bereits beschriebene CD-RW oder DVD-RW eingelegt haben, müssen Sie sie vor dem erneuten Beschreiben löschen. Öffnen Sie dazu das Festplatten-Dienstprogramm aus dem Dienstprogramme-Ordner des Programme-Ordners. Wählen Sie dort in der Seitenleiste das Symbol der zu löschenden CD/DVD aus. Wechseln

Sie dann in den Bereich LÖSCHEN, wählen Sie eine Löschart (VOLLSTÄNDIG ist gründlicher und dauert länger) und klicken Sie anschließend auf LÖSCHEN.

2. **Doppelklicken Sie auf das CD-Symbol, um es als Fenster zu öffnen.**

3. **Öffnen Sie ein weiteres Finder-Fenster, suchen Sie den Ordner, in dem Ihr fertiges Manuskript liegt, und ziehen Sie ihn in das Fenster der CD/DVD.**

Der Mac macht sich nun daran, die Inhalte in das Fenster zu kopieren (genauer gesagt arbeitet er dabei mit *Aliassen*, die ich später in diesem Kapitel genauer beschreibe.) Dasselbe können Sie natürlich mit allen anderen Dateien und Ordnern auf Ihrem Mac, zum Beispiel Ihrem gesamten Benutzerordner, machen.

Sollte Ihr Benutzerordner (oder was auch immer Sie brennen wollen) zu groß für eine einzige CD/DVD sein, weist Sie der Mac darauf hin. In diesem Fall öffnen Sie den zu brennenden Ordner, und ziehen die enthaltenen Unterordner nacheinander in das CD/DVD-Fenster (oder auf das Symbol), bis das Speichermedium voll ist, und brennen es dann. Der Rest landet auf der nächsten Scheibe. Es gibt außerdem spezielle Brennsoftware wie Toast, die Ihnen dabei hilft, Ihre Sicherungen bequem auf mehrere Datenträger zu verteilen.

Auch aus anderen Programmen – wie iTunes, iPhoto oder iDVD – heraus ist das Brennen von CDs und DVDs möglich, wie Sie in den entsprechenden Kapiteln sehen werden.

4. **Klicken Sie oben rechts im CD/DVD-Fenster auf BRENNEN. (Alternativ können Sie ABLAGE|CD/DVD BRENNEN wählen oder auf das schwarz-gelbe BRENNEN-Symbol neben dem CD/DVD-Symbol in der Seitenleiste klicken.)**

Ein Dialogfenster öffnet sich.

5. **Geben Sie einen Namen für die Backup-CD/DVD ein (falls nicht schon vorhin geschehen), wählen Sie gegebenenfalls eine Brenngeschwindigkeit und klicken Sie auf BRENNEN.**

Das Brennen dauert ein paar Minuten, der Fortschrittsbalken zeigt Ihnen den aktuellen Status an. Ist er vollständig gefüllt, ist Ihre Backup-CD/DVD fertig und Sie können sie nun entweder per Doppelklick auf Ihrem Schreibtisch öffnen oder auswerfen lassen. Beschriften Sie sie danach am besten gleich mit einem wasserfesten CD-Marker.

Die fertige CD/DVD kann übrigens auch von Windows-PCs gelesen werden.

Der Brennordner

Da wir gerade beim Thema sind, will ich Ihnen eine weitere nützliche Funktion von Leopard nicht vorenthalten: den *Brennordner* (siehe Abbildung 8.16). Darin können Sie per Drag & Drop alle wichtigen Dateien und Ordner ablegen, die Sie einmalig oder regelmäßig sichern wollen.

Abbildung 8.16: Ein Brennordner

Wählen Sie im Finder einfach ABLAGE|NEUER BRENNORDNER, und schon wird ein solcher auf Ihrem Schreibtisch angelegt – entweder lassen Sie ihn dort oder Sie ziehen ihn in die Seitenleiste des Finder-Fensters; auch umbenennen können Sie ihn selbstverständlich.

Nachdem Sie alle zu sichernden Dateien darin platziert haben, können Sie diese ganz bequem vom Finder aus brennen. Öffnen Sie den Brennordner mit einem Doppelklick und klicken Sie oben rechts im Fenster auf BRENNEN. Der Mac fordert Sie dann auf, einen CD/DVD-Rohling einzulegen, und zeigt Ihnen auch gleich den benötigten Speicherplatz an.

Wenn Sie nun aber glauben, Sie hätten Ihre Daten zuvor wirklich in den Brennordner kopiert, dann haben Sie sich getäuscht. Dieser Ordner arbeitet nämlich ebenfalls mit *Aliassen* (da ist es schon wieder, dieses Wort!). Das heißt, dass er sich lediglich den Ort *merkt*, an dem die jeweiligen Daten gespeichert sind, und der Mac holt sich diese dann erst beim tatsächlichen Brennvorgang von der Festplatte. Auf diese Weise müssen Sie die einmal im Brennordner abgelegten Daten nie mehr von Hand zusammensuchen, sondern haben sie (inklusive aller Änderungen) mit einem Klick parat, wenn Sie ein Backup davon erstellen wollen.

Wenn Sie Kapitel 6 aufmerksam gelesen haben, dann kommt Ihnen die Sache sicher bekannt vor, denn dort haben wir uns intelligente Ordner angesehen, die nach derselben Methode Inhalte lediglich *virtuell* zusammentragen und anzeigen. Sollte Ihnen das Prinzip dennoch nicht ganz klar geworden sein, dann dürfte der nächste Absatz zum Thema Aliasse endgültig für Erleuchtung sorgen.

Ein Alias erstellen

Sie können von jeder beliebigen Datei auf dem Mac ein sogenanntes *Alias* erstellen, das als Abkürzung zu dieser Datei fungiert, egal wo auf Ihrer Festplatte sie sich befindet. Um das Prinzip eines Alias zu verstehen, hilft es vielleicht zu wissen, was es nicht ist: Es ist *kein* Duplikat einer Datei. (Um ein solches zu erstellen, würden Sie die Datei markieren und ⌘+D drücken oder im Finder ABLAGE|DUPLIZIEREN wählen.)

Tatsächlich erstellen Sie dabei nur eine Kopie des Dateisymbols, die so gut wie keinen Festplattenspeicher in Anspruch nimmt. Ein Klick auf dieses Alias ruft die Originaldatei auf, egal wo diese liegt, und zwar selbst dann, wenn Sie sie umbenannt haben. Es besteht also eine permanente *Verknüpfung* zwischen Alias und Datei.

Doch wozu das Ganze? Schließlich könnten Sie eine solche Datei auch in die Seitenleiste packen, die Funktionsweise ist die gleiche. Nun, vielleicht sind Sie nicht sicher, wo Sie eine Datei ablegen sollen, die vom Thema her gleich in mehreren Ordnern liegen könnte beziehungsweise müsste. Angenommen, Sie haben ein Dokument mit dem Titel Sᴇᴄᴇɴ Zᴡᴇʀɢᴇ. Dieses könnte im Ordner Sᴄʜɴᴇᴇᴡɪᴛᴛᴄʜᴇɴ liegen, aber genauso gut in den Ordnern Bᴜʙɪ, Rᴀʟꜰɪᴇ, Sᴜɴɴʏ, Cʟᴏᴜᴅʏ und so weiter. Da sich von einer Datei mehrere Aliasse erzeugen lassen, können Sie die Datei effektiv in alle acht Ordner legen (obwohl Sie und ich natürlich wissen, dass sie in Wirklichkeit nur an *einem* Ort liegt).

Um ein Alias zu erzeugen, wählen Sie das Symbol der Originaldatei aus und drücken dann ⌘+L oder wählen Aʟɪᴀs ᴇʀᴢᴇᴜɢᴇɴ aus dem Aʙʟᴀɢᴇ-Menü oder dem Kontextmenü (Ctrl-Klick). Alternativ können Sie die Datei bei gedrückter ⌥- und ⌘-Taste an eine andere Stelle ziehen.

Wie Sie in Abbildung 8.17 sehen, unterscheidet sich das Alias vom Originalsymbol durch das Suffix *Alias* sowie einen kleinen Pfeil unten links. Beide Symbole fördern beim Doppelklick *dieselbe* Datei zutage.

 Um den Speicherort der Originaldatei eines Alias ausfindig zu machen, markieren Sie das Alias und wählen Aʙʟᴀɢᴇ|Oʀɪɢɪɴᴀʟ ᴢᴇɪɢᴇɴ.

Abbildung 8.17: Originalsymbol und Alias

Wollen Sie ein Alias loswerden, ziehen Sie es einfach in den Papierkorb. Dabei wird nur das Alias gelöscht, *nicht* die Originaldatei. Haben Sie die Originaldatei separat gelöscht, bleibt das Alias verwaist zurück – Sie können es dann mit einer anderen Datei verknüpfen.

Drucken, Scannen und Faxen

In diesem Kapitel

▶ Einen Drucker wählen

▶ Den Drucker anschließen

▶ Drucken

▶ Problembehebung

▶ Einen Scanner anschließen

▶ Den Mac als Faxgerät verwenden

Computer sind in erster Linie dazu da, sammelwütigen beziehungsweise chaotischen Menschen das Leben zu erleichtern. Die Idee, Dokumente und Dateien in digitaler Form aufzubewahren – und so physisches Durcheinander zu reduzieren – findet in weiten Teilen der Bevölkerung großen Anklang. Auch einige Bäume dürften angesichts dieser Entwicklung erleichtert aufatmen.

Doch der ganze Rummel um das Potenzial von Computern, eine »papierlose Gesellschaft« zu schaffen, dürfte die Entscheidungsträger der Zellstoffindustrie bislang kaum um ihren Schlaf gebracht haben.

Tatsache ist nämlich: Die meisten Menschen wünschen sich – schon aus Gründen der Bequemlichkeit und zur eigenen Erbauung – etwas Greifbares in der Hand zu haben. Sie möchten Ausdrucke, um sie ihren Mitmenschen zeigen zu können. Es ist einfach schöner, Oma gedruckte Fotos ihres Enkels zu überreichen, anstatt einen Computer (oder ein anderes Hightechgerät) aus der Tasche zu ziehen, um den Wonneproppen zu präsentieren. Und selbst im Zeitalter von E-Mail und elektronischer Datenverwaltung tendieren die meisten Leute immer noch dazu, Dokumente und Berichte für Arbeitgeber, Lehrer, Banken und (seufz) das Finanzamt auszudrucken.

Einen Drucker wählen

Doch was genau macht einen modernen Drucker aus? Nett, dass Sie fragen. Die heutigen gängigen Drucker teilen sich in zwei Kategorien: *Tintenstrahldrucker* und *Laserdrucker*, wobei der Hauptunterschied darin besteht, wie die Tinte aufs Papier gebracht wird. Die einzelnen Druckermodelle unterscheiden sich in puncto Druckgeschwindigkeit, Funktionalität, Auflösung (Schärfe), Ausgabequalität und Preis.

Die beliebtesten Modelle stammen von Canon, Epson und Hewlett-Packard, doch es gibt natürlich noch eine Vielzahl anderer Hersteller.

Zwar könnten Sie bei eBay immer noch einen günstigen, gebrauchten *Typenrad-* oder *Nadeldrucker* erstehen, doch diese mechanischen, sogenannten *Anschlagdrucker* gehören definitiv *nicht* zum neuesten Stand der Technik. Drucker dieser Art sollten Sie nicht einmal in die Nähe Ihres modernen Computers bringen, geschweige denn sie damit nutzen. Denn das wäre ungefähr so, als statte man die Queen mit Modeschmuck aus. Nicht zu vergessen die unsäglichen Probleme, mit denen Sie beim Anschließen eines solchen Relikts zu kämpfen hätten.

In den nächsten Abschnitten beleuchten wir die realistischen Druckervarianten ein wenig genauer.

Tintenstrahldrucker

Wie der Name schon andeutet, besitzen Tintenstrahldrucker Düsen, die winzige Tintentropfen aufs Papier sprühen. Manche Modelle sind mit einer einzelnen schwarzen Patrone sowie einer einzelnen Farbpatrone ausgestattet, andere enthalten unter Umständen mehrere Farbpatronen.

Warum ist die Magenta-Patrone immer gerade dann leer, wenn ich sie brauche?

Die meisten von Ihnen werden sich wahrscheinlich einen Tintenstrahldrucker besorgen. Das ist am erschwinglichsten – günstige Modelle sind bereits für unter 40 Euro zu haben.

 Doch aufgepasst: So manches Schnäppchen kann Sie teuer zu stehen kommen. Bei einigen Druckern sind die Betriebskosten exorbitant, nämlich dann, wenn Sie Ihre teuren Originaldruckerpatronen (zirka 30 Euro) häufig wechseln müssen, was vor allem der Fall ist, wenn Sie viele Fotos Ihres putzigen Haustiers ausdrucken. So gesehen sind die Kosten pro gedruckte Seite bei einem Tintenstrahldrucker wesentlich höher als bei seinem Verwandten, dem Laserdrucker. (Um Kosten zu sparen, können Sie aber in vielen Fällen auf günstigere Patronen von Drittherstellern oder wieder aufgefüllte Patronen zurückgreifen.)

Dennoch sind Tintenstrahldrucker in der Regel die flexibelste Lösung für die meisten Konsumenten, vor allem für Hobbyfotografen. Denn neben Standardausdrucken können einige Modelle auch erstklassige Ausdrucke Ihrer Schnappschüsse auf Hochglanzfotopapier und im entsprechenden Format liefern. (Doch eines muss ich betonen: Fotopapier ist wiederum teuer!)

Zwar sind die Textausdrucke von Tintenstrahldruckern meist von angemessener Qualität, dennoch erscheint simpler schwarzer Text bei Weitem nicht so gestochen scharf wie auf einem entsprechenden Laserausdruck. Und unter bestimmten Bedingungen kann die Tinte sogar verschmieren oder es kommt zu einem leicht verschwommenen Druckbild, das heißt, die Konturen können *ausbluten*. Im Allgemeinen eignen sich Tintenstrahldrucker jedoch bestens, um Rundschreiben an Freunde und Familienmitglieder oder Faltblätter für Ihr kleines aufstrebendes Party-Service-Unternehmen zu drucken.

Laserdrucker

Es ist schon bemerkenswert, dass ein gebündelter Laserstrahl solch exzellente Grafikausdrucke produzieren kann. Doch wenn man bedenkt, dass man mit Lasern auch Kurzsichtigkeit korrigieren und andere medizinische Wunder vollbringen kann, dann ist die Sache mit dem Drucken doch wieder nicht so spektakulär.

Laserdrucker bringen die Tinte mithilfe von Hitze und statischer Elektrizität aufs Papier. Früher kosteten solche Drucker, besonders Farblaserdrucker, ein paar Tausend Euro. Zwar findet man immer noch Modelle dieser Preisklasse, doch gibt es mittlerweile auch Farb-Einsteigermodelle für unter 300 Euro.

Ungeachtet der Preisfrage haben Laserdrucker viele Vorteile gegenüber Tintenstrahldruckern. Sie sind über einen längeren Zeitraum gesehen sehr viel ökonomischer, denn Tonerkartuschen sind relativ günstig und müssen nicht allzu oft gewechselt werden. Daher kostet der Betrieb eines effizienten Laserdruckers nur einige Cent pro Seite, also einen Bruchteil der Betriebskosten eines Tintenstrahldruckers.

Aus diesem Grund gehören Laserdrucker zum Grundinventar eines jeden größeren Büros. Dort schätzt man die Ausdrucke in Fotokopiequalität sowie die Möglichkeit, große Seitenzahlen in hoher Geschwindigkeit auszudrucken. Darüber hinaus bieten Laserdrucker in der Regel mehr Funktionen in Sachen Papierverarbeitung.

Einen Nachteil haben Laserdrucker aber doch: Wissenschaftler gehen inzwischen davon aus, dass der durch die Tonerkartuschen abgegebene Feinstaub gesundheitsschädlich ist.

Multifunktionsdrucker

Der Hauptzweck eines Druckers besteht naturgemäß darin, zu drucken. Wenn aber der Mac das Herzstück Ihres Heimbüros bildet, dann möchten Sie vielleicht noch andere Aufgaben erledigen können wie Kopieren, Scannen oder auch Faxen. (Auch wenn der Mac in Verbindung mit einem Modem als Faxgerät fungieren kann, wie Sie später in diesem Kapitel erfahren.) Ein *Multifunktionsdrucker*, auch *All-in-one-Drucker* genannt, vereint einige dieser oder alle Funktionen in sich. Die meisten Multifunktionsgeräte für den Heimbedarf sind Tintenstrahldrucker.

Selbstredend ist es günstiger, ein Multifunktionsgerät zu kaufen als mehrere Einzelgeräte, zudem nimmt es weniger Platz weg. Außerdem sind viele der gängigen All-in-one-Geräte fotofreundlich.

Der einzige Nachteil des Alleskönners: Fällt beispielsweise der Scanner mal aus, müssen Sie wohl oder übel ohne Drucker leben, solange das Gerät in der Reparatur ist.

Was es sonst noch zu beachten gibt

Beim Kauf eines Druckers lohnt es sich außerdem, auf die folgenden Eigenschaften zu achten:

✔ **Großes Papierfach:** Nichts ist ärgerlicher, als während eines umfangreichen Druckvorgangs ständig neues Papier nachlegen zu müssen. Mit einem großen Papierfach bleiben Sie davon verschont. Einige Modelle haben ein separates Fach für Fotopapier, sodass Sie nicht dauernd die Papiersorte wechseln müssen, je nachdem, was Sie gerade drucken wollen.

✔ **Speicherkartensteckplatz:** Eigentlich sollte ich diese Eigenschaft nicht in einem Mac-Buch erwähnen, da ihr Zweck nämlich darin besteht, den Mac außen vor zu lassen. Denn über den Speicherkartensteckplatz können Sie Ihre Fotos direkt von der Speicherkarte Ihrer Digitalkamera lesen und drucken lassen, ohne sie vorher auf den Computer laden zu müssen. (Achten Sie auf die Speicherkartenkompatibilität.)

✔ **LCD-Monitor:** Hier können Sie sich ohne Einsatz des Computers eine Vorschau des zu druckenden Bildes anzeigen lassen (siehe vorheriger Punkt). Die LCD-Anzeige dient jedoch auch zur Bedienung der Menüfunktionen des Geräts.

✔ **Zweiseitiges Drucken:** Zum bequemen Bedrucken der Vorder- und Rückseite (aber das war Ihnen sicher klar).

✔ **Netzwerkkompatibilität:** Zur gemeinsamen Nutzung des Druckers durch mehrere Macs und PCs innerhalb eines Netzwerks, wobei drahtlose Netzwerkdrucker ein wenig kostspieliger sind. Mehr zum Thema Netzwerk lesen Sie in Kapitel 19.

Den Drucker anschließen und zum Laufen bringen

Fast alle Mac OS X-kompatiblen Drucker – und das sind die meisten der heutzutage verkauften –werden an die *USB-Schnittstelle* des Mac (*Universal Serial Bus*) angeschlossen, die Sie in Kapitel 2 kennengelernt haben. Daher brauchen Sie Ihren altersschwachen Drucker mit *paralleler Schnittstelle* gar nicht erst aus der Versenkung zu holen.

 Das ist eines meiner Lieblingsärgernisse: Da berappen Sie einen horrenden Betrag für einen raffinierten Drucker, nur um zu Hause festzustellen, dass kein USB-Kabel mitgeliefert wurde. Das ist leider normal. Die meisten Hersteller sind heutzutage gnadenlos geizig, wenn es darum geht, dieses *notwendige* technische Zubehörteil beizulegen. Dieses Manko begründen sie damit, dass die meisten Menschen genau dieses Teil doch sowieso schon besäßen. Das kaufe ich denen (ihm wahrsten Sinne des Wortes) nicht ab. Meiner Ansicht nach ist das nur eine Masche der Unternehmen, damit sie einen Drucker zwar recht günstig anbieten, aber am Ende doch noch einen saftigen Gewinn einstreichen können.

In der Regel verlassen Sie den Laden beim Kauf eines Druckers ärmer als gedacht. Schließlich müssen Sie ja noch ein, zwei Stapel Druckerpapier kaufen sowie Ersatzpatronen, weil die im Drucker enthaltenen, halb vollen Starterpatronen voraussichtlich nicht sehr lange halten werden. Und natürlich das bereits erwähnte USB-Kabel!

Auf die Plätze, fertig - drucken!

Sie haben Tinte, Papier, ein USB-Kabel und sind auch schon ganz hibbelig – Zeit ist schließlich Geld! Sie sitzen in den Startlöchern? Also gut, packen wir's an.

Schließen Sie den Drucker ans Stromnetz an, verbinden Sie ihn über das USB-Kabel mit dem USB-Port des Mac (prüfen Sie nochmals, ob alle Stecker gut sitzen) und schalten sie ihn ein. Das Gerät durchläuft eine kleine Aufwärmphase und ist kurz darauf startklar. Vorausschauend wie der Mac nun mal ist, hat er die gängigsten Software-*Treiber* (= *Zusatzsoftware*) für die Kommunikation mit verschiedenen Druckermodellen bereits zusammengestellt. Die Chancen stehen gut, dass Ihrer dabei ist, falls nicht, finden Sie ihn mit großer Wahrscheinlichkeit auf der beiliegenden Software-CD oder können ihn von der Webseite des Herstellers herunterladen.

Die Konfiguration von Netzwerkdruckern (drahtlos oder über Ethernet) ist einen Tick komplizierter. Im Hinblick auf die folgende Anleitung gehe ich davon aus, dass Sie einen USB-Drucker angeschlossen haben. Öffnen Sie nun das allseits beliebte TextEdit und gehen Sie folgendermaßen vor:

1. **Öffnen Sie ein Dokument, das Sie ausdrucken möchten.**

2. **Wählen Sie** ABLAGE|DRUCKEN **oder drücken Sie** ⌘+P.

   Den DRUCKEN-Befehl finden Sie übrigens in allen Mac-Programmen im ABLAGE-Menü und auch die Tastenkombination ⌘+P funktioniert programmübergreifend. Das DRUCKEN-Fenster aus Abbildung 9.1 wird geöffnet.

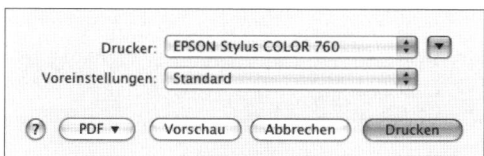

Abbildung 9.1: Fertig zum Drucken?

3. **Öffnen Sie das Einblendmenü** DRUCKER **und wählen Sie Ihren Drucker aus der Liste:**

   Dies ist der Idealfall. Wird Ihr Druckermodell in der Liste angezeigt, heißt das (in den meisten Fällen), dass Ihr Mac ihn sofort erkannt hat und Sie können gleich bei Schritt 5 weiterlesen.

4. **Erscheint Ihr Drucker nicht in der Liste, führen Sie folgende Schritte durch:**

   a. **Wählen Sie aus dem Menü** DRUCKER **die Option** DRUCKER HINZUFÜGEN.

      Das in Abbildung 9.2 gezeigte Fenster öffnet sich.

   b. **Wird Ihr Drucker im Bereich** STANDARD **in der Liste (unter** DRUCKERNAME**) angezeigt, klicken Sie ihn an. Im besten Fall sucht und findet der Mac sofort den passenden Treiber (und zeigt ihn im Einblendmenü** DRUCKEN MIT **an) und Sie können auf** HINZUFÜGEN **klicken und landen wieder im** DRUCKEN**-Dialogfenster. Fahren Sie dann mit Schritt 5 fort.**

Abbildung 9.2: Einen Drucker hinzufügen

c. Erscheint Ihr Drucker nicht in dieser Liste oder ist er vorhanden, aber die Taste HINZUFÜGEN ist ausgegraut, dann öffnen Sie das Einblendmenü DRUCKEN MIT, um einen passenden Druckertreiber (oder das entsprechende Druckermodell) auszuwählen.

Klicken Sie auf die Option WÄHLEN SIE EINEN TREIBER AUS (siehe Abbildung 9.3). Wählen Sie die Angabe, die zu Ihrem Druckermodell passt, aus der Liste und klicken Sie auf HINZUFÜGEN.

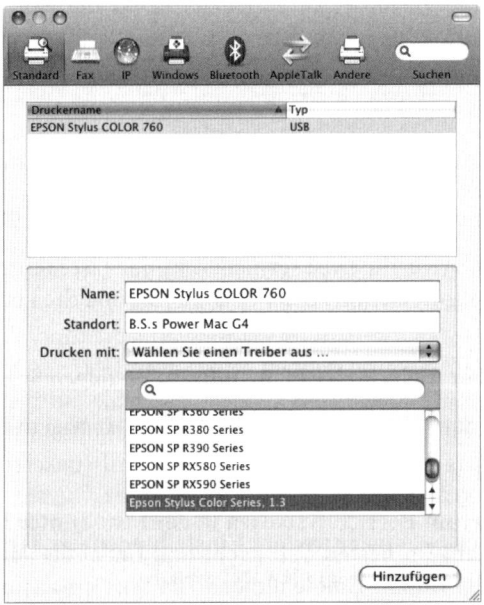

Abbildung 9.3: Einen passenden Treiber wählen

d. **Sollte das auch nicht funktionieren, probieren Sie dies: Klicken Sie auf das Symbol ANDERE oben rechts in der Symbolleiste des Dialogfensters (siehe Abbildung 9.4).**

Wählen Sie Ihren Druckertyp aus dem Einblendmenü (zum Beispiel FIREWIRE oder USB). Daraufhin sucht der Mac nach verfügbaren Druckern und Treibern.

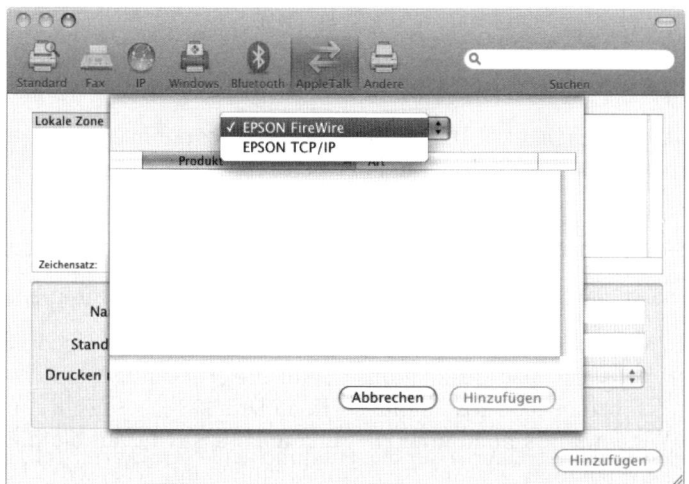

Abbildung 9.4: Eine passende Druckerverbindungsart wählen

Falls Sie im Laufe des Vorgangs die Meldung erhalten, dass kein passender Treiber gefunden wurde, müssen Sie gegebenenfalls die mit dem Drucker gelieferte Software installieren. Sollten die nötigen Treiber dort nicht enthalten oder sollte die Software nicht mehr aktuell sein, besuchen Sie die Website des Herstellers, um nachzusehen, ob das Fehlende zum Download angeboten wird.

Sie können außerdem versuchen, über die Softwareaktualisierung des Mac (wählen Sie | SYSTEMEINSTELLUNGEN|SOFTWAREAKTUALISIERUNG) Aktualisierungen für Ihr jeweiliges Druckermodell zu laden.

 Möglicherweise haben Sie bei der Installation von Mac OS X Leopard keine oder nicht die passenden Druckertreiber installiert. Dies können Sie nachholen, indem Sie die Mac OS X Installations-CD/DVD einlegen und die nötigen Komponenten nachträglich installieren. Öffnen Sie dazu im Mac OS X-Installationsfenster den Ordner OPTIONAL INSTALLS und doppelklicken Sie auf die Datei OPTIONAL INSTALLS. MPKG. Folgen Sie den Anweisungen des Installationsassistenten. Aktivieren Sie im Fenster INSTALLATIONSTYP die zu installierenden Druckertreiber und schließen Sie die Installation ab.

5. **Nehmen Sie im DRUCKEN-Fenster weitere Einstellungen vor. (Ihr Drucker sollte nun im Einblendmenü DRUCKER korrekt ausgewählt sein.)**

Erweitern Sie zunächst das Fenster, indem Sie rechts neben dem Einblendmenü DRUCKER auf den nach unten weisenden Pfeil klicken.

Legen Sie fest, welche Seiten ausgedruckt werden sollen. (Per Standard ist ALLE eingestellt, aber Sie können unter VON und BIS bestimmte Seitenzahlen eingeben; nutzen Sie die ⌜Tab⌝-Taste, um von einem Feld ins nächste zu springen.) Auch die Anzahl der Ausdrucke pro Seite können Sie angeben und ob die Seiten sortiert gedruckt werden sollen. Wenn Sie von TextEdit aus drucken, lassen sich hier auch das Papierformat und die Ausrichtung einstellen.

Anstatt das Dokument auszudrucken, können Sie es über dieses Dialogfenster auch als PDF-Datei speichern. (Wählen Sie aus dem Menü PDF die Option ALS PDF SICHERN.)

Beachten Sie, dass das DRUCKEN-Dialogfenster je nach Programm ein wenig anders aussehen kann, so erhalten Sie zum Beispiel in Microsoft Word eine Vorschau des zu druckenden Dokuments.

6. **Nachdem Sie alles nach Wunsch eingestellt haben, klicken Sie auf DRUCKEN.**

Wenn alles nach Plan läuft, sollte Ihr Drucker nun in die Gänge kommen.

 Selbst wenn der Mac Ihren Drucker sofort erkennt, empfehle ich Ihnen, die mit dem Gerät gelieferte Mac-Installations-CD für die druckereigene Software zu verwenden. Ich betone *Mac*-Installations-CD, da Drucker, die sowohl mit Macs als auch mit Windows-PCs funktionieren – und auch das trifft auf die meisten der heutzutage verkauften Drucker zu – wahrscheinlich mit separaten CDs für die beiden Betriebssysteme ausgeliefert werden. Doch warum sollten Sie das tun, nachdem Ihr Drucker doch tadellos läuft? Gute Frage. Die Antwort ist, dass die Software eventuell druckereigene Sonderfunktionen und Einstellungen bereitstellt, die ansonsten im DRUCKEN-Dialogfenster nicht verfügbar sind. Oder die CD enthält unter Umständen zusätzliche Schriften (siehe Kapitel 8) und nützliche Software-Updates.

 Es kann außerdem nicht schaden, der Webseite des Druckerherstellers hin und wieder einen Besuch abzustatten, um nachzusehen, ob eventuell neue Treiber vorhanden sind.

Drucken nach Maß

Der Mac gewährt Ihnen ein relativ hohes Maß an Kontrolle über das Verhalten Ihres Druckers und das Aussehen Ihrer Ausdrucke.

Sicher ist Ihnen im DRUCKEN-Fenster auch das Einblendmenü TEXTEDIT (in Word KOPIEN & SEITEN) aufgefallen. Beim Klick darauf kommt eine ganze Reihe weiterer Optionen zum Vorschein. Lassen Sie uns ein paar davon genauer inspizieren:

✔ **Layout:** Hier können Sie wählen, wie viele Seiten auf ein einzelnes Blatt gedruckt werden und in welcher Reihenfolge (siehe Abbildung 9.5). Außerdem können Sie eine Rahmenart für die Seiten festlegen (LINIE, DOPPELHAARLINIE und so weiter) sowie beidseitiges Drucken aktivieren.

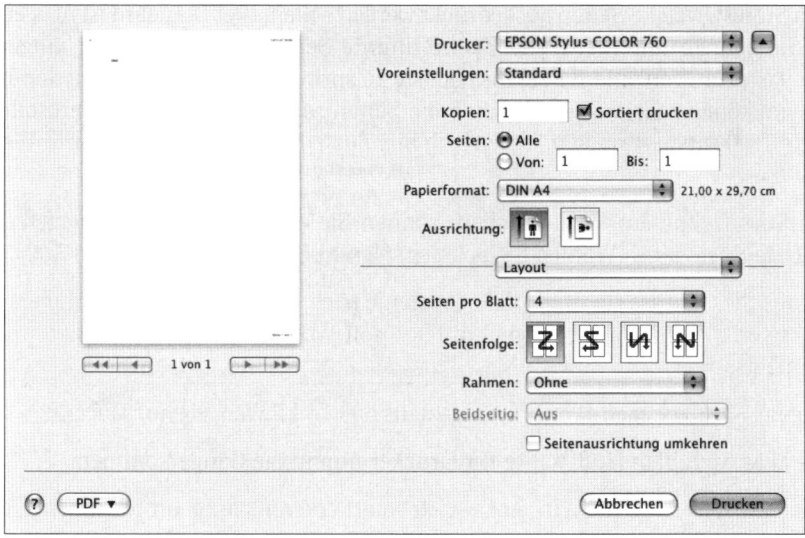

Abbildung 9.5: Ein Drucklayout wählen

✔ **Zeitplan:** Angenommen, Sie müssen Dutzende von Einladungen für die Überraschungs-geburtstagsfeier Ihres Schatzis drucken und wollen sichergehen, dass er oder sie das nicht mitbekommt. Hier können Sie eine Zeit einstellen, zu der Sie beide nicht zu Hause sind.

✔ **Papierhandhabung:** Hier legen Sie die Reihenfolge fest, in der die Seiten gedruckt werden (NORMAL, UMKEHREN) und ob Sie eventuell nur alle geraden oder ungeraden Seiten drucken möchten. Und Sie können zusätzlich ein Papierformat wählen beziehungsweise die Seite verkleinern lassen, sodass sie in ein bestimmtes Format (DIN A4, BRIEFUMSCHLAG etc.) passt.

✔ **Farbmanagement:** Mit dieser Option passen Sie die Farbeinstellungen für den Druck an.

✔ **Deckblatt:** Nehmen wir an, Sie arbeiten für den Bundesnachrichtendienst. Mit dieser Option können Sie ein Deckblatt mit dem Vermerk *Vertraulich*, *Streng vertraulich* oder *Geheim-sache* erstellen. (Als ob das Ihre Familiemitglieder oder Kollegen abhalten könnte ...)

✔ **Druckereinstellungen:** Hier sagen Sie dem Drucker, welchen Papiertyp Sie verwenden (Normal, Fotopapier etc.), und legen die Druckqualität fest. Ein schneller Druck verbraucht weniger Tinte als die beste Qualität. Wenn Ihr Drucker mehrere Papierfächer hat (zum Beispiel eins für das normale und eins für das Fotopapier), können Sie hier zusätzlich die Papierquelle wählen.

✔ **Randloses Drucken:** Einstellung für Drucker mit dieser Funktionalität. Hier weisen Sie Ihren Drucker an, mit oder ohne Rand zu drucken.

Dies ist ein ausgezeichneter Moment, um Ihre Aufmerksamkeit kurz auf die Systemeinstellung DRUCKEN & FAXEN zu lenken (wählen Sie |SYSTEMEINSTELLUNGEN und klicken Sie auf das gleich-namige Symbol im Bereich HARDWARE), wie in Abbildung 9.6 zu sehen.

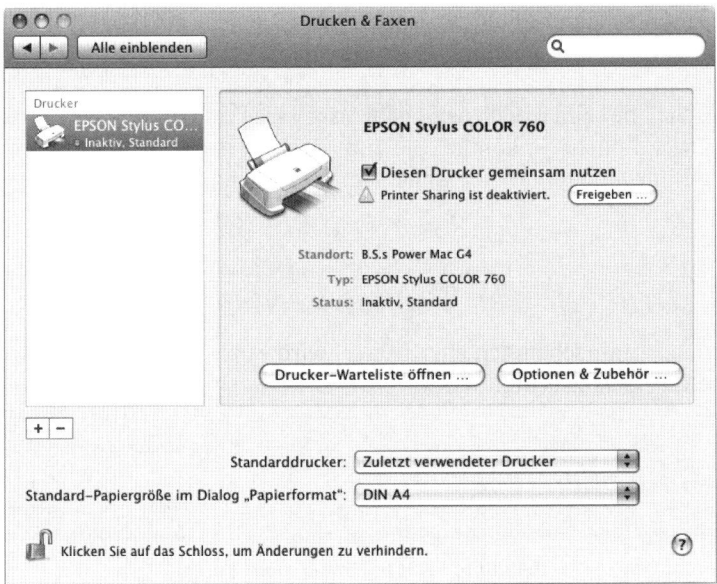

Abbildung 9.6: Die Systemeinstellung DRUCKEN & FAXEN

Hier können Sie eine Standardpapiergröße wählen. Klicken Sie auf DRUCKER-WARTELISTE ÖFFNEN, um zu sehen, welche Druckaufträge sich zurzeit in der Druckerwarteschlange befinden beziehungsweise bearbeitet werden.

Außerdem legen Sie hier fest, ob Ihr Drucker mit den Benutzern anderer Computer gemeinsam genutzt werden soll. Aktivieren Sie dazu das Markierungsfeld DIESEN DRUCKER GEMEINSAM NUTZEN und klicken Sie auf FREIGEBEN. Nun müssen Sie im Fenster SHARING nur noch Sie die Option PRINTER-SHARING aktivieren und den Drucker auswählen, der gemeinsam genutzt werden soll, falls Sie mehrere verwenden.

Eine Vorschau des Ausdrucks anzeigen lassen

Bevor Sie unnötig Tinte und Papier verschwenden, sollten Sie sicherstellen, dass Ihr Dokument auch wirklich Ihren hohen Ansprüchen genügt. Ränder und Zeilenabstand sollten richtig eingestellt, das Gesamtbild übersichtlich und keine *Hurenkinder* oder *Witwen* vorhanden sein. Was hätten die auch in Ihrem Dokument verloren? In der Typografie nennt man so die letzte Zeile eines Absatzes, wenn diese einsam am Anfang der nächsten Seite oder Spalte steht. (Bei der ersten Zeile am Ende der Seite spricht man dagegen von *Schusterjunge* oder *Waisenkind*.)

Der Mac gibt Ihnen die Möglichkeit, eine Vorschau des gedruckten Dokuments anzusehen. Klicken Sie dazu im DRUCKEN-Fenster von TextEdit auf VORSCHAU (diese Taste ist nur im nicht erweiterten DRUCKEN-Fenster verfügbar); in Microsoft Word oder anderen Programmen wählen Sie ABLAGE|DRUCKVORSCHAU.

Wenn Sie mit dem Erscheinungsbild zufrieden sind, klicken Sie auf DRUCKEN, falls nicht, kehren Sie zum Dokument zurück und ändern es entsprechend.

 Das Schöne beim Drucken mit dem Mac: Viele Programme bieten Ihnen zusätzliche Druckoptionen. So können Sie zum Beispiel in iTunes (siehe Kapitel 15) einen CD-Einleger oder im Adressbuch ein Adressbuch ausdrucken.

Wenn Ihr Drucker den Dienst verweigert

Früher oder später (wahrscheinlich eher früher) wird es passieren: Ihr Drucker lässt Sie im Stich. Ich habe bereits angedeutet, warum.

Zu wenig Tinte oder Toner

Tintenpatronen halten nicht ewig vor, schon gar nicht bei Tintenstrahldruckern. Die Symptome sind leicht erkennbar: Die Schrift wird bei jedem Ausdruck blasser, bis man sie schließlich kaum noch lesen kann. Möglicherweise gibt Ihnen die Drucker-Software, die Sie installiert haben, bei jedem Druckvorgang einen groben Anhaltspunkt, wie viel Tinte Sie noch übrig haben. Unter Umständen können Sie den Füllstand Ihrer Patronen auch in der Druckerwarteschlange überprüfen, die Sie öffnen, indem Sie in der Systemeinstellung DRUCKEN & FAXEN auf DRUCKER-WARTELISTE ÖFFNEN klicken und dort FÜLLSTÄNDE aufrufen.

Wie Sie länger Freude an Ihren Fotoausdrucken haben

Macht es einen Unterschied, welches Fotopapier und welche Tinte Sie verwenden? Einige Experten glauben das. So sind manche Wissenschaftler der Meinung, dass die Kombination von Papier und Tinte erheblichen Einfluss auf die Lebensdauer Ihrer Fotoausdrucke hat.

Das unabhängige Testlabor Wilhelm Image Research hat beschleunigte Alterungstests durchgeführt, die gezeigt haben, dass Ausdrucke auf hochwertigem Fotopapier unter Lichteinwirkung mehr als 70 Jahre überdauern können, während Ausdrucke auf günstigem Papier es unter Umständen nur auf eine Lebensdauer von zwei bis drei Jahren bringen. Für die Tests wurde in beiden Fällen wurde derselbe Drucker benutzt. Ein ähnliches Ergebnis zeigte eine Studie hinsichtlich der verwendeten Tintenpatronen. Bei Originaldruckerpatronen betrug die Haltbarkeit knapp 70 Jahre, während Nachfülltinte schon nach zirka zwei Jahren verblasste.

Doch unabhängig von Papier und Tinte können Sie die Lebenserwartung Ihrer Fotos generell verbessern, indem Sie sie vor Licht, Feuchtigkeit, Zigarettenrauch und anderen Luftschadstoffen schützen.

Zu wenig Papier

Sofern Sie das Papierfach Ihres Druckers nicht ständig im Auge behalten, erhalten Sie keinerlei Warnhinweis, wenn der Papiervorrat zur Neige geht. Eine Daumenregel besagt, dass das Papier immer dann ausgeht, wenn Sie kurz vor der Abgabe eines wichtigen Dokuments stehen (eine Hausarbeit, eine Kolumne, ein Vortrag, ein Angebot für einen neuen Kunden – fügen Sie einfach Ihre persönliche Katastrophe ein). Es ist daher ratsam, immer einen kleinen Vorrat an Druckerpapier (und natürlich Ersatzpatronen) in Reichweite zu haben.

 Manchmal quittiert ein Drucker aus unerfindlichen Gründen den Dienst. Öffnen Sie dann die Druckerwarteschlange (klicken Sie in der Systemeinstellung DRUCKEN & FAXEN auf DRUCKER-WARTELISTE ÖFFNEN) und klicken Sie auf FORTSETZEN oder DRUCKEN FORTSETZEN. Sollte das nicht wirken, starten Sie am besten Ihren Drucker neu.

Einen Scanner anschließen

Auch das Anschließen eines *Scanners* ist keine große Sache. Wieder verwenden Sie dazu in der Regel den USB-Port, obwohl auch einige FireWire-Modelle auf dem Markt sind. Vielleicht haben Sie auch ein Multifunktionsgerät (wie weiter vorn in diesem Kapitel beschrieben), in dem der Scanner bereits enthalten ist. In der Regel müssen Sie die mitgelieferte Scanner-Software sowie gegebenenfalls notwendige Mac-Treiber installieren.

Scanner sind so etwas wie »Anti-Drucker«. Denn hier zäumen Sie das Pferd von hinten auf, da Sie bereits einen Ausdruck haben, den Sie auf Ihrem Computer reproduzieren oder besser *digitalisieren* wollen. Sie können Ausgangsmaterial unterschiedlichster Art einscannen: Fotos (Papierabzüge, Dias, Negative), ein Bild aus einem Magazin, Schriftstücke wie Quittungen, Zeitungsausschnitte und so weiter. Einzelgeräte sind heute bereits für unter 50 Euro zu haben, je mehr Funktionen Sie möchten, desto mehr zahlen Sie.

Über eine entsprechende Bildbearbeitungssoftware (zum Beispiel Photoshop) oder das bereits auf dem Mac vorhandene Programm *Digitale Bilder* greifen Sie auf die Funktionen des Scanners zu. Je nach Funktionsumfang der Software können Sie damit zum Beispiel Staubkörner oder Kratzer aus dem gescannten Bild entfernen und verblasste Farben auffrischen.

Den Mac in ein Faxgerät verwandeln

Wenn Ihr Mac über ein eingebautes Einwahlmodem verfügt (siehe Kapitel 10), müssen Sie sich nicht extra ein Faxgerät zulegen. Schließen Sie einfach Ihr Telefonkabel an der Modembuchse des Mac an und schon sind Sie bereit. Leider ist das Modem bei neueren Macs nicht mehr standardmäßig integriert, stattdessen können Sie zusätzlich ein externes Mac-USB-Modem für zirka 50 Euro erwerben.

Ein Fax verschicken

Mithilfe des Apple-Modems können Sie nun über Ihren Computer bequem Faxe verschicken. Denn Sie müssen dazu nicht erst umständlich ein Dokument ausdrucken und es dann in ein Gerät füttern, sondern können ein Fax aus jedem Programm heraus versenden, das über eine DRUCKEN-Option verfügt.

1. **Öffnen Sie das Dokument, das Sie faxen möchten.**

2. **Wählen Sie ABLAGE|DRUCKEN.**

3. **Klicken Sie auf die Taste PDF und wählen Sie aus dem Einblendmenü PDF FAXEN.**

   Ein Fenster wie das in Abbildung 9.7 öffnet sich.

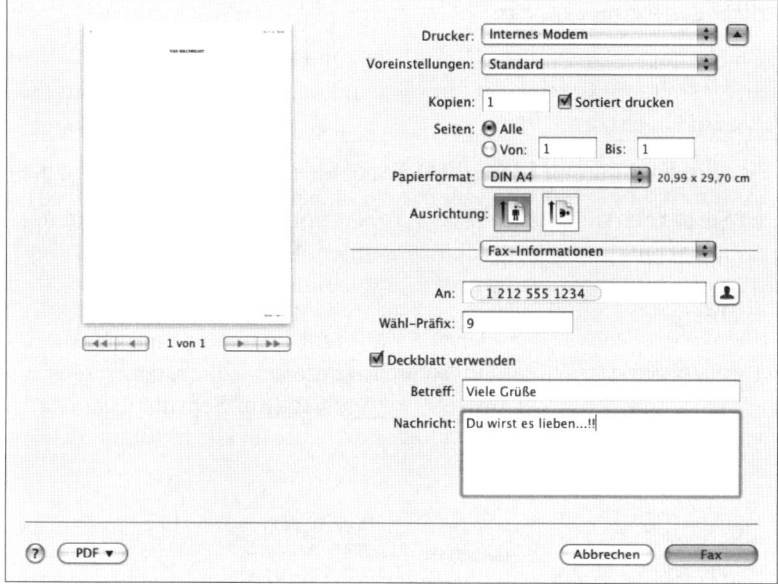

Abbildung 9.7: Füllen Sie alle notwendigen Felder aus, um ein Fax zu versenden.

4. **Geben Sie in das Feld AN die Faxnummer des Empfängers ein**

   Geben Sie eine komplette Telefonnummer mit Vorwahl ein; wenn Sie eine Telefonanlage haben, müssen Sie eventuell eine Vorwahlnummer bei WAHL-PRÄFIX angeben (um eine Amtsleitung zu schalten). Alternativ können Sie auch einen Eintrag aus Ihrem Adressbuch wählen, indem Sie auf die Taste mit der Personen-Silhouette klicken und im Adressbuch auf den Namen des Empfängers doppelklicken.

5. **Soll das Fax ein Deckblatt erhalten, aktivieren Sie die Option DECKBLATT VERWENDEN und geben einen passenden BETREFF sowie eine kurze NACHRICHT ein.**

6. **Das Einblendmenü FAX-INFORMATIONEN umfasst weitere Optionen, zum Beispiel um das Fax zu einer bestimmten Uhrzeit zu versenden oder das Layout anzupassen.**

7. Klicken Sie auf FAX.

Ihr Modem setzt sich unter Quietschen und Kreischen in Gang – das beste Anzeichen dafür, dass Ihr Fax auf dem Weg zu seinem glücklichen Empfänger ist.

Ein Fax empfangen

Wenn Ihr Mac schon Faxe verschicken kann, macht es Sinn, dass er auch welche empfangen kann. Stellen Sie dazu sicher, dass Ihre Telefonleitung frei und Ihr Computer in Betrieb ist (ein Mac im Ruhezustand kann keine Faxe empfangen). Um eingehende Faxe abrufen zu können, gehen Sie folgendermaßen vor:

1. Rufen Sie die Systemeinstellung DRUCKEN & FAXEN auf und wählen Sie links in der Druckerliste das Faxmodem aus

Sollte es nicht angezeigt werden, klicken Sie auf die Plus-Taste unterhalb. Im folgenden Dialogfenster sollte im Bereich FAX Ihr Modem angezeigt werden; wählen Sie es aus und klicken Sie auf HINZUFÜGEN.

2. Geben Sie Ihre Faxnummer in das Feld FAXNUMMER ein (siehe Abbildung 9.8).

Aktivieren Sie das Markierungsfeld FAXSTATUS IN DER MENÜLEISTE ANZEIGEN, um über die Menüleiste auf die Faxfunktionen zugreifen zu können. Diese Option bietet sich an, wenn Sie Faxe nicht automatisch empfangen und Statusinformationen zu eingehenden Faxen erhalten möchten.

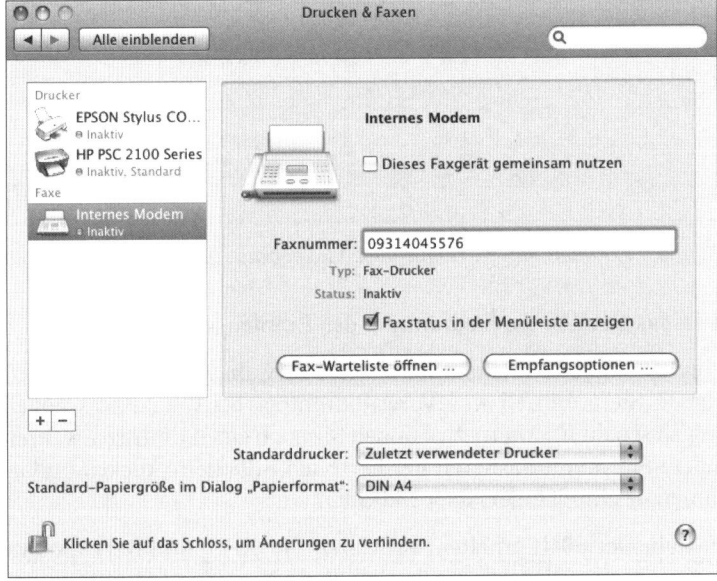

Abbildung 9.8: Den Mac für den Faxempfang einrichten

3. **Klicken Sie auf** Empfangsoptionen **und aktivieren Sie das Markierungsfeld** Faxe auf diesem Computer empfangen.

Geben Sie an, nach wie vielen Klingeltönen der Mac ein eingehendes Fax entgegennehmen soll. Wenn Sie Faxe nicht automatisch empfangen möchten (Faxstatus in der Menüleiste anzeigen muss aktiv sein), stellen Sie die größtmögliche Zahl von Klingeltönen ein. Wenn Sie Faxe automatisch empfangen möchten, müssen Sie sicherstellen, dass der Computer »rangeht«, bevor der eventuell vorhandene Anrufbeantworter anspringt.

4. **Legen Sie fest, wie der Mac mit eingehenden Faxen verfahren soll:**

   ◈ Als PDF sichern im Ordner Für alle Benutzer|Faxe oder in einem anderen Ordner

   ◈ Automatischer Faxausdruck auf dem angegebenen Drucker

   ◈ Als E-Mail an die angegebene E-Mail-Adresse versenden

Wenn sich nun ein Fax ankündigt, brauchen Sie nur noch Jetzt antworten aus dem Faxen-Menü in der Menüleiste zu wählen.

Teil III

Mit Überschall in den Cyberspace

The 5th Wave   By Rich Tennant

»Wow! Ich hätte nicht gedacht, dass Mac OS X eine E-Mail auch _so_ weiterleiten kann.«

In diesem Teil ...

Fühlen Sie sich manchmal auch so, als wären Sie die letzte Person auf der Welt, die gerade das Internet für sich entdeckt hat? Keine Bange! Die nächsten Kapitel bringen Sie auf direktem Weg ins World Wide Web und verraten Ihnen, wie Sie überleben, wenn Sie erst mal »drin« sind. Sie erfahren außerdem, warum E-Mail eine so geniale – und manchmal auch nervtötende – Erfindung ist, und erhalten ein paar tiefe Einblicke in die Vorzüge einer .Mac-Mitgliedschaft.

So finden Sie den Weg ins Internet

In diesem Kapitel

▶ Eine Verbindungsart wählen

▶ Angebote von Internetprovidern vergleichen

▶ Den Internetzugang einrichten

▶ Mit Safari surfen

▶ Die reichen Schätze des Internets entdecken

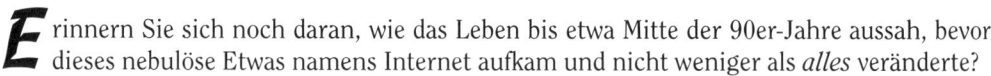

*E*rinnern Sie sich noch daran, wie das Leben bis etwa Mitte der 90er-Jahre aussah, bevor dieses nebulöse Etwas namens Internet aufkam und nicht weniger als *alles* veränderte?

In den dunklen Dekaden davor gingen Menschen noch regelmäßig in Schallplattengeschäfte, um sich ihre Lieblingsmusik zu kaufen. Studenten suchten die Universitätsbibliothek auf, um zu recherchieren. Die Leute zahlten ihre Rechnungen mit Schecks und lasen – man glaubt es kaum – *auf Papier* gedruckte Zeitungen. Und sie griffen sogar zum Telefon, um mit Freunden zu schwatzen.

Wie rückständig.

Heute finden all diese Aktivitäten im Internet jede Sekunde zirka *quadrillionenmal* statt (und das auch noch zirka quadrillionenmal schneller). Der *Cyberspace* bildet das neue Zentrum, in dem Sie (gleichzeitig) einkaufen, Geschäfte machen und Ihren Seelenverwandten finden können, und er ist auch ein virtueller Spielplatz für Kinder.

Sie können sich Computersoftware, Filme und alle möglichen »Bonbons« aus dem Internet besorgen beziehungsweise *herunterladen* (oder auf Neudeutsch: *downloaden*), vieles sogar umsonst. Aber wenn Sie nicht höllisch aufpassen, können Sie genauso gut Ihr letztes Hemd verlieren. (So sollten Sie sich zum Beispiel fragen, wie Sie den Lotto-Jackpot von Timbuktu knacken konnten, ohne jemals einen Spielschein gekauft zu haben.)

Niemand hätte sich in den Anfangsjahren des Internets eine solche Entwicklung träumen lassen. Denn das, was sich schließlich in das allseits bekannte *WWW* verwandelte, war ursprünglich die Erfindung von ein paar Computerfreaks, Wissenschaftlern des US-Verteidigungsministeriums, die in den 60er-Jahren nach einer gewitzten Möglichkeit zum Diskutieren wissenschaftlicher Themen suchten und so – im Interesse der nationalen Sicherheit – die Grundlage für die Mutter aller Netzwerke schufen.

Hunderttausende von Rechnern wurden irgendwann mit ebenso vielen anderen Rechnern vernetzt. Aber das freundliche Gewand, in dem sich das *World Wide Web* oder kurz *Web* heute präsentiert, war zunächst noch Jahrzehnte weit entfernt.

 Wie, das alles ist an Ihnen vorbeigegangen? Selbst wenn Sie es bisher versäumt haben, auf den Cyberspace-Zug aufzuspringen, müssen Sie sich nicht grämen. Den Datenhighway entlangzudüsen, ist nämlich unkomplizierter als Sie denken, und Sie können jederzeit einsteigen. Der Mac bietet Ihnen die Möglichkeit einer komfortablen Onlinereise, ohne dass Sie dazu erst solch rätselhafte Begriffe wie *Domäne*, *TCP/IP* oder *FTP* entschlüsseln müssten. Und Sie müssen sich für diese Reise weder in ein stickiges Abteil quetschen noch für irgendwelche Onlineprüfungen büffeln.

Dennoch ist das Internet kein Ort für Leute, deren Leben eine permanente Siesta ist. Ich warne Sie: Es macht ebenso abhängig wie Nikotin. Wundern Sie sich also nicht, wenn Ihr Hausarzt Ihnen eines Tages eröffnet: »Zu häufiges Surfen im Internet kann Ihren Schlafzyklus beeinträchtigen.«

Sie fühlen sich dem gewachsen? Sie wollen den Sprung in die »digitale Ursuppe« auf jeden Fall wagen? Nun, dann schwört Sie der Rest des Kapitels auf die Gesetze des Cyberspace ein und gibt Ihnen Tipps, wie Sie sich am besten Zutritt verschaffen.

Sich ins Internet einwählen

Auf geht's! Sie können sich Ihren Weg ins Internet auf zwei Arten bahnen – bei beiden schließen Sie enge Freundschaft mit einem kleinen, aber wichtigen Kästchen voller elektrischer Schaltkreise, dem *Modem*. Im folgenden Abschnitt widme ich mich zunächst den *analogen Einwahlmodems*; die *Breitbandmodems* behandeln wir im darauf folgenden Teil.

Einwahl über Analogmodem

Die Einwahl mit einem analogen Modem ist die einfachste und zumindest für den Anfang kostengünstigste Lösung. Es ist fast so einfach wie Telefonieren. Warten Sie – es *ist* Telefonieren. Denn das Modem wählt sich tatsächlich über die ganz normale Telefonleitung ins Internet ein, ähnlich wie Sie, wenn Sie mit Ihrer Mutter telefonieren. Mit dem Unterschied, dass Ihnen Ihr Gesprächspartner beim Internetsurfen keine Schuldgefühle einredet, weil Sie nicht oft genug zu Besuch kommen. Und mit etwas Glück hören Sie auch kein Besetztzeichen.

Möglicherweise bekommen Sie das Modem gar nicht erst zu Gesicht, weil es in das Mac-Gehäuse integriert ist (was bei älteren Modellen der Fall ist). Aber das macht nichts, Sie müssen dann lediglich die Modembuchse an der Rückseite des Mac (oder seitlich, je nach Modell) ausfindig machen. Ein kleines Telefonhörersymbol kennzeichnet den richtigen Eingang. Bei neueren Mac-Modellen ist kein Modem mehr eingebaut, da Apple davon ausgeht, dass die meisten Internetnutzer heutzutage eine Breitbandverbindung haben; Sie können aber optional ein Einwahlmodem dazukaufen, das an den USB-Port des Mac angeschlossen wird. Wie auch immer, Sie nehmen ein Standardtelefonkabel und stecken das eine Ende in die Modembuchse und das andere in den Telefonwandanschluss, an dem sonst Ihr Telefon hängt.

Mit High-Speed ins WWW

Wenn Experten von Modemgeschwindigkeiten sprechen, dann verwenden sie meist Begriffe wie *Kilobits pro Sekunde* oder *Kbps*, was so viel bedeutet wie tausend Bits pro Sekunde. Das winzige *Bit* oder *Binary Digit* ist die kleinste Dateneinheit. Die Geschwindigkeit eines Standard-Einwahlmodems wird in der Regel mit 56 Kbps (oder 56K) angegeben. Die Wirklichkeit sieht jedoch anders aus: Dieser Höchstwert wird selten erreicht, sodass ein 56K-Modem wahrscheinlich in Wirklichkeit nur etwa 48K überträgt. Und wenn Sie keine gute Verbindung haben, schleppen Sie sich unter Umständen mit noch geringeren Geschwindigkeiten durchs Netz. Da kann es schon mal vorkommen, dass Sie langsam von 21 bis 23 oder so zählen (oder sich zwischenzeitlich eine Kanne Kaffee aufbrühen, Wäsche waschen und so weiter), bis die aufgerufene Webseite sich endlich dazu aufrafft, auch nur ansatzweise auf dem Bildschirm zu erscheinen.

Ganz anders sieht dagegen das Surfen mit *Breitbandmodems* (zum Beispiel über einen DSL-Anschluss) aus. Spitzenmodelle bringen es auf 5.000 Kbps oder mehr (manchmal ausgedrückt in 5 *Megabits pro Sekunde* oder 5 *Mbps*). Der Unterschied zwischen einem analogen und einem Breitbandmodem entspricht also in etwa dem zwischen einem Olympialäufer und einem Wochenend-Jogger. Mit einer Breitbandverbindung werden Webseiten blitzschnell aufgebaut, Dateien sind im Nu auf den Rechner geladen und Videoclips laufen so flüssig ab wie im Fernsehen.

 Das hört sich ja alles schön und gut an – bis auf eine Kleinigkeit. Natürlich möchten Sie weiterhin normale Telefongespräche führen können, und zwar mit dem Telefon, das Sie eben entfernt haben. Die Antwort auf dieses Problem bietet ein kleines, günstiges Plastikteil namens *Splitter* oder *Y-Stecker*, das aus einem Telefonanschluss zwei macht. Jetzt können Sie Ihren Mac und das Telefon an ein und denselben Anschluss anstöpseln, können aber weiterhin *nicht* zur selben Zeit telefonieren und im Internet surfen. (Lediglich das ständige Umstöpseln entfällt nun.)

Falls es aber von großer Wichtigkeit für Sie ist, beides gleichzeitig tun zu können, gibt es noch eine andere Lösung: Sie lassen sich eine zweite Telefonleitung installieren und geben damit Ihrem Modem einen eigenen Anschluss. Doch dieses schlaue Arrangement ist erstens pro Monat nicht gerade billig, erfordert zweitens einen Anruf bei der Telekom und ist drittens letztendlich nicht die beste Lösung, wie ich Ihnen im nächsten Abschnitt darlegen werde. Es ist an der Zeit, sich Gedanken über eine Breitbandverbindung zu machen.

Den Breitband-Express nehmen

Wollte man das traditionelle Einwahlmodem mit einem Nahverkehrszug vergleichen, dann wäre das Breitbandmodem der ICE. Wer könnte es Ihnen verdenken, wenn Sie lieber mit dem schnelleren Zug unterwegs sein wollen? Sie zahlen dann zwar etwas mehr für Ihr Ticket – je nach Anbieter, Tarif, Geschwindigkeit und Zusatzleistungen schlagen Breitbandverbindungen monatlich mit zirka 20 Euro bis 50 Euro zu Buche –, dafür haben Sie, abgesehen von der Geschwindigkeit, viele Vorteile:

✔ Sie brauchen keine zweite Telefonleitung.

✔ Sie haben die Möglichkeit einer _permanenten_ Internetverbindung.

✔ Sie können Ihren Internetanschluss mit anderen Computern in einem Netzwerk teilen (siehe Kapitel 19).

✔ Und Sie können sogar über das Internet telefonieren (mehr dazu später in diesem Kapitel).

Sie ahnen es also schon: Der Breitband-Express ist jeden zusätzlichen Cent wert, und wenn Sie die erste ultraschnelle Fahrt hinter sich haben, werden Sie diesen Komfort nicht mehr missen wollen.

DSL oder Kabel?

Es gibt derzeit drei Arten von Breitbandverbindungen. Je nachdem, wo Sie leben, stehen Ihnen unter Umständen alle drei, einige oder gar keine davon zur Verfügung. Alle drei Breitbandtypen erfordern die Anschaffung eines speziellen externen Modems, in manchen Fällen ist auch eine kostenpflichtige Installation durch einen Servicetechniker notwendig.

✔ **Kabel:** Dies ist in der Regel die schnellste Breitbandverbindung und bietet sich an, wenn Sie bereits Kabel-TV-Nutzer sind. Hierbei ist in der Regel ein Besuch durch einen Servicetechniker erforderlich, um den Anschluss einzurichten, wofür unter Umständen zusätzliche Kosten anfallen. Der TV-Kabel-Anschluss wird dabei mit einem separaten Kabelmodem verbunden. Die Verbreitung von Kabelmodemanschlüssen ist in Deutschland im Vergleich zu anderen Ländern bislang noch relativ gering, da die Einrichtung in vielen Fällen Modernisierungsmaßnahmen erfordert. Kabelanbieter: Kabel Deutschland beziehungsweise regionale Anbieter (PrimaCom, ISH, Kabel BW und so weiter)

✔ **DSL:** Wie bei der Einwahl über Analogmodem nutzen Sie auch bei DSL _(Digital Subscriber Line)_ die normale Telefonleitung, können jedoch gleichzeitig surfen und Telefongespräche tätigen. Und wie die Kabelverbindung ist auch DSL um Lichtjahre schneller als der Zugang mit einem herkömmlichen Modem. Manchmal ist die Installation durch einen Servicetechniker nötig und Sie benötigen ein separates DSL-Modem oder einen _Router_ für den Anschluss. DSL ist in Deutschland die am weitesten verbreitete Breitbandverbindungsart. DSL-Anbieter: Deutsche Telekom, 1 & 1, Alice, Arcor, Freenet, Tiscali und so weiter

✔ **Satellit:** Dies ist wahrscheinlich die einzige Alternative, wenn Sie irgendwo in der Pampa leben. Bei dieser Breitbandvariante empfangen Sie das Internetsignal auf dieselbe Art wie beim Satelliten-TV – nämlich über eine Satellitenschüssel oder -antenne an Ihrem Haus. Wenn Sie diesen Weg gehen, sollten Sie sicherstellen, dass Sie sowohl Daten empfangen _(downloaden)_ als auch senden _(uploaden)_ können. Denn falls nicht, benötigen Sie für den Datenversand (Rückkanal) beim Satellitenzugang weiterhin einen regulären Internetanschluss (über die Telefonleitung oder Kabel). Dabei sind die Upload-Geschwindigkeiten in der Regel erheblich geringer als die Download-Geschwindigkeiten, überhaupt ist die Satellitenverbindung im Vergleich zu den anderen Breitbandtypen eher schwerfällig. Darüber hinaus entstehen höhere Einrichtungskosten als bei Kabel oder DSL, da Sie für die Satellitenanlage und andere Hardware- und Softwarekomponenten extra zahlen müssen. Anbieter: TELES, Europe Online (EOL) und so weiter

Die einzelnen Breitband-Dienstleister bieten ihren Kunden unterschiedliche Tarife an: *Flatrate* (unbegrenzte Internetnutzung), *Zeittarif* (nach Onlinezeit), *Volumentarif* (nach übertragener Datenmenge) oder bei DSL *DSL-by-Call* (ohne Grundgebühr; bei geringer Nutzung). Dabei hat sich die Flatrate aufgrund der immer weiter fallenden Festpreise mittlerweile zum Standard entwickelt.

Bevor Sie sich für einen DSL-Zugang entscheiden, sollten Sie sich ein genaues Bild über die tatsächlich anfallenden Kosten und enthaltenen Leistungen machen (zum Beispiel unter `www.dsl-tarife.de`, `www.onlinekosten.de`) und sich nicht von den oft günstig scheinenden Basistarifen blenden lassen. Denn neben dem reinen DSL-Tarif fallen meist noch zusätzliche monatliche Kosten für den DSL-Anschluss selbst sowie unter Umständen Kosten für einen regulären Telefonanschluss der deutschen Telekom (der manchmal weiterhin erforderlich ist) an. Außerdem müssen Sie eventuell einmalige Kosten für die DSL-Hardware und die Einrichtung einkalkulieren. Meist schnüren Anbieter jedoch ein Paket aus DSL-Anschluss und -Tarif, wobei die Hardware vergünstigt oder sogar kostenlos bereitgestellt wird. Lesen Sie dazu auch den Kasten »Telefonieren übers Internet (VoIP)« in diesem Kapitel.

Online ohne Pause

Mit einem analogen Modem wählen Sie sich ins Internet ein, warten, bis die Verbindung steht, sammeln so schnell wie möglich alle Informationen zusammen, die Sie gerade aus dem Internet brauchen, und verabschieden sich dann wieder. Und wehe, Sie vergessen etwas! Für jede neue Onlinesitzung müssen Sie dieselbe Prozedur wiederholen. Da kommen eine Menge Telefonanrufe zusammen – und eine Menge Ärger, wenn es mit der Verbindung nicht klappen will.

Breitbandverbindungen sind in der Regel stabil und es kommt seltener zu Hängern. Die Surferfahrung ist sehr viel befreiender, weil Sie permanent mit dem Internet verbunden sind, zumindest solange Ihr Mac eingeschaltet ist. Sie müssen sich nicht ständig mit den Halbwüchsigen in Ihrem Haushalt um den einzigen verfügbaren Telefonanschluss balgen. Webseiteninhalte sind ständig aktuell, E-Mails (siehe Kapitel 11) und Instant Messages (siehe Kapitel 12) werden im Handumdrehen weitergeleitet. Und Sie können sich den Internetanschluss mit anderen Computern im Haus teilen (siehe Kapitel 19).

Telefonieren übers Internet (VoIP)

Wenn Sie sich für den Breitbandweg (vorzugsweise mit Flatrate) entschieden haben, dann können Sie in den Genuss eines weiteren Leckerbissens kommen, der *Internettelefonie*, auch *Voice over IP* (*VoIP*) genannt (was so viel wie die Übermittlung von Sprache per Internetprotokoll bedeutet). Zahlreiche Internetprovider bieten diese günstige Alternative zum Telefonieren über den Festnetzanschluss mittlerweile an. Und günstig ist gar kein Ausdruck: Oft telefonieren Sie nämlich für nur einen Cent pro Minute innerhalb Deutschlands, für ein paar Cent ins Ausland und wenn Ihr Gesprächspartner denselben VoIP-Anbieter nutzt, ist der Anruf sogar völlig kostenlos. Für Dauerquassler werden auch attraktive Telefon-Flatrates mit monatlichem Pauschalbetrag angeboten.

Die Sprachqualität ist dabei inzwischen genauso gut, wie Sie es vom normalen Telefonieren über das Festnetz gewohnt sind. Alles, was Sie zum Beispiel als DSL-Kunde benötigen, ist eine VoIP-fähige DSL-Hardware (Router), die Sie beim Abschluss Ihres DSL-Vertrags erwerben können. Auf diese Weise können Sie sogar Ihr normales Telefon für die Internettelefonie nutzen, müssen also nicht über den Computer telefonieren oder sich ein spezielles VoIP-Telefon zulegen. Auch kann bei dieser Lösung der Rechner selbst ausgeschaltet bleiben und Sie können trotzdem telefonieren.

Bis vor einiger Zeit war für die Einrichtung eines DSL-Zugangs und damit auch die Verwendung von VoIP ein regulärer Telefonanschluss der Deutschen Telekom *zwingende* Voraussetzung. Doch inzwischen bieten immer mehr Internetprovider (wie Freenet, Tiscali, Strato und Alice) sogenannte *entbündelte DSL-Anschlüsse* an, die es dem Kunden ermöglichen, DSL und VoIP auch *ohne* den teuren Festnetzanschluss der Telekom zu nutzen. Zwar kaufen Sie auch hier einen Telefonanschluss bei Ihrem Provider ein, kommen aber höchstwahrscheinlich billiger weg als mit einem herkömmlichen Festnetzanschluss. Ein Nachteil bei der Nutzung von VoIP: Sonderrufnummern (zum Beispiel Notruf) sind nicht oder (je nach Anbieter) nur eingeschränkt erreichbar. (Ein Mobiltelefon für den Notfall kann hier Abhilfe schaffen.) Doch die Anbieter arbeiten daran und es dürfte nur eine Frage der Zeit sein, bis auch dieses Problem gelöst ist.

Den richtigen Internetanbieter finden

Ein wichtiges Detail fehlt Ihnen allerdings für den Sprung ins Internet noch: Sie müssen sich entscheiden, durch welche Tür Sie die geheiligten Hallen des WWW betreten beziehungsweise bei welchem Torwächter, pardon, Dienstleister sie passieren wollen. Diese Unternehmen werden im Volksmund *Internet Service Provider* (kurz *ISPs*) oder einfach *Internetanbieter* genannt und Sie müssen ihnen wohl oder übel pro Monat ein kleines (oder größeres) Wegegeld zahlen. Es gibt zahlreiche große Anbieter wie 1 & 1, Arcor, Freenet oder AOL, aber auch viele kleinere Provider, die ihren Job meist ebenso gut machen.

Haben Sie sich für eine Breitbandverbindung entschieden, dann haben Sie vermutlich schon Bekanntschaft mit Ihrem ISP geschlossen. Wenn Sie aber planen, zwei Unternehmen »gegeneinander auszuspielen«, sollten Sie zuvor die folgenden Punkte prüfen:

✔ **Service:** Der Ruf eines Unternehmens sagt bereits viel über die Surfqualität aus. Hören Sie sich um, welche ISPs besonders guten Service bieten, von der Einrichtungsanleitung bis hin zur kostenlosen Telefon-Hotline. Es ist sinnvoll, Letztere vor der Vertragsunterzeichnung einmal zu testen. So merken Sie gleich, ob die Kundenbetreuung gut ist oder ob es vielleicht ewig dauert, bis Sie eine lebende Person an den Apparat bekommen.

✔ **Gebühren:** Die Konditionen der verschiedenen Provider ändern sich ständig und häufig gibt es günstige Sonderaktionen für Neueinsteiger. Wenn Sie in einer Region mit zahlreichen Angeboten leben, sollten Sie die einzelnen Tarife gründlich vergleichen, bevor Sie sich entscheiden. Am besten sehen Sie sich gleich nach einer günstigen Flatrate um, alles andere (wie Zeit- oder Volumentarife) ist kaum noch zeitgemäß und angesichts der niedrigen Flatrate-Preise nur noch wenig sinnvoll, es sei denn, Sie sind äußerst diszipliniert oder surfen wirklich nur sporadisch.

✔ **Lokale Einwahlrufnummer:** Dieser Aspekt ist besonders für Nutzer von Analogmodems wichtig. Wählen Sie möglichst ein Angebot, bei dem Sie sich weltweit über eine preiswerte lokale Einwahlrufnummer ins Netz einwählen können, um hohe Kosten für Fernverbindungen zu vermeiden. Wenn Sie viel reisen, ist es hilfreich, mehrere lokale Nummern in der Stadt oder den Städten zu haben, in denen Sie sich oft aufhalten.

✔ **E-Mail:** Bei den meisten ISPs erhalten Sie zum Internetzugang auch gleich noch eines oder mehrere E-Mail-Konten dazu. Dabei gilt: Je mehr, desto besser, vor allem wenn Sie Ihren Mac mit Familienmitgliedern teilen. Fragen Sie auch nach Funktionen zur Vermeidung von Werbemails (*Spam*). Darüber werde ich Kapitel 11 ein paar Worte verlieren.

✔ **Sicheres Surfen:** Falls Sie jüngere Kinder haben, sollten Sie sich nach Internetprovidern umsehen, die eine Kindersicherung oder andere Maßnahmen anbieten, um Ihre Kleinen beim Surfen im Cyberspace zu schützen.

Den Internetzugang einrichten

Ihr ISP steht in der Pflicht, Ihnen eine detaillierte Anleitung zukommen zu lassen, wie Sie Ihren Internetzugang auf dem Mac einrichten. (Tut er dies nicht, sollten Sie sich schleunigst einen anderen Provider suchen!) Denn je nach Zugangsart und Anbieter können die Einstellungen ziemlich variieren, weshalb ich Ihnen auch leider keine Patentlösung liefern kann, mit der Ihr persönlicher Internetzugang funktioniert. In den folgenden Abschnitten gebe ich Ihnen aber zumindest ein paar Anhaltspunkte, wo und wie Sie bei der Einrichtung ansetzen, wenngleich Ihnen diese Angaben nur als Richtlinie dienen sollten.

Vergewissern Sie sich vor der Einrichtung, dass Ihr Modem (analog, DSL oder Kabel) richtig angeschlossen ist. Grundsätzlich können Sie die Einrichtung Ihres Internetzugangs auf zwei Arten vornehmen:

✔ **Im Fenster der Systemeinstellung** Netzwerk**:** Öffnen Sie die Systemeinstellungen und klicken Sie auf Netzwerk. Es erscheint ein Fenster, ähnlich wie das in Abbildung 10.1 gezeigte.

Die *allgemeine* Vorgehensweise in diesem Dialogfenster sieht so aus: Sie wählen links in der Spalte die von Ihnen verwendete Verbindungsart aus (Modem für ein analoges Modem, Ethernet für eine Breitbandverbindung) und konfigurieren diese dann rechts im Fenster, indem Sie die Nutzerdaten eingeben und die Konfigurationen vornehmen, die Ihnen Ihr Internetprovider mitgeteilt hat. Welche dies sind, hängt vom verwendeten Netzwerkdienst ab (zum Beispiel Ethernet, AirPort). Sollte die entsprechende Verbindung nicht in der Spalte links angezeigt werden, müssen Sie sie erst anlegen, indem Sie auf die Plus-Taste (Hinzufügen) unterhalb klicken und die entsprechende Anschlussart wählen.

Bei jeder Verbindungsart finden Sie die Taste Weitere Optionen. Wenn Sie sie anklicken, öffnet sich jeweils ein Dialogfenster mit diversen, ziemlich technischen Einstellmöglichkeiten (wie TCP/IP, DNS, WINS und so weiter), deren Namen schon allein recht einschüchternd wirken können und von denen Sie die meisten nur dann anpassen sollten, wenn es laut Anleitung Ihres ISPs notwendig ist. (Welche Optionen angezeigt werden, hängt von der gewählten Verbindungsart ab.)

Bei einer einfachen Verbindung per Einwahlmodem genügt es häufig schon, die ISP-Einwahldaten in der ersten Maske einzugeben, ähnlich wie in Abbildung 10.1 zu sehen.

Abbildung 10.1: Eine einfache Internetverbindung per Analogmodem

Über Onlinedienste

Zwar ist AOL (America Online) – Ende der 80er-Jahre gegründet – immer noch ein Koloss unter den ISPs, gleichzeitig steht das Unternehmen jedoch für eine bröckelnde Institution: den Onlinedienst, wie wir ihn früher kannten. Onlinedienste sind Internetprovider, die ihren Kunden neben einem gewöhnlichen Internetzugang auch Zugriff auf ihr eigenes Computernetz mit exklusiven und oftmals handverlesenen Inhalten gewähren, darunter Nachrichten, anbietereigene Chat-Räume, Downloadarchive und so weiter. Die ursprüngliche Idee dahinter war, das Internet sicherer und benutzerfreundlicher zu machen. Im Fall von AOL wird dem Nutzer eine spezielle Software (inklusive Webbrowser, E-Mail- und anderen Funktionen) zur Verfügung gestellt, über die er alle Aktionen, die mit dem Internet zusammenhängen, tätigen soll.

Diese aggressive Werbestrategie ging jedoch vielen Menschen zu weit. Darüber hinaus war die firmeneigene Software über Jahre hinweg für AOL-Kunden die *einzige* Zugangsmöglichkeit zum Internet. Nachdem jedoch immer wieder Kritik an dieser Praxis laut geworden war, da sie den Nutzer zum einen auf die Inhalte und Software von AOL beschränkte und zum anderen zu erheblichen Sicherheitslücken führte, ermöglichte das Unternehmen im Jahr 2003 schließlich auch die reguläre DFÜ-Einwahl ins Internet und damit die Möglichkeit, auch andere Browser- und E-Mail-Software einzusetzen. (Zwar wird die AOL-Software auch heute noch vertrieben, sie gilt jedoch unter Experten als instabil, unsicher und zu aufgebläht.) Doch obwohl man bei AOL schließlich wie bei jedem ISP uneingeschränkten Zugriff aufs Internet erhielt, musste man dafür vergleichsweise immer noch recht tief in die Tasche greifen. Auch häuften sich mitunter Beschwerden über zu langsame Verbindungen und mangelnden Kundenservice.

Aus all diesen Gründen haben in den letzten Jahren immer mehr AOL-Mitglieder dem Anbieter schließlich den Rücken gekehrt. Mit dem Aufkommen von schnellen Breitbandverbindungen entdeckten die Menschen, dass sie fast alles, wofür sie bei AOL heftige monatliche Gebühren berappen mussten, auch sehr viel günstiger und schneller anderswo im Cyberspace finden konnten. Da half es auch nicht viel, dass AOL bald darauf wie die Konkurrenz Breitbandverbindungen im Angebot hatte. Fazit: AOL verlor mehr und mehr an Relevanz auf dem Onlineanbieter-Markt.

AOL hat – um mit Konkurrenten wie Yahoo!, MSN und Google Schritt zu halten – auf diese Entwicklung reagiert, indem es inzwischen viele seiner Inhalte, die zuvor nur Mitgliedern vorbehalten waren, frei zur Verfügung stellt und auch die Kosten für DSL gesenkt hat. Angesichts dieser Veränderungen mag sich mancher Interneteinsteiger fragen: Lohnt sich eine AOL-Mitgliedschaft? Viele Kritiker behaupten, dass sie sich nicht einmal zu den besten Zeiten des Unternehmens lohnte, und tatsächlich gibt es nur noch verschwindend wenige Gründe, AOL-Kunde zu werden oder es zu bleiben – selbst für treue Verfechter. Abgesehen von der hervorragenden Kindersicherung sind die meisten der AOL-Sicherheitsfunktionen heutzutage auch anderweitig realisierbar und können insbesondere die Mac-Gemeinde nicht beeindrucken, die solche Dinge wie *Viren* und *Spyware* nur vom Hörensagen kennt (siehe Kapitel 14).

Mac-Nutzer könnte höchstens noch der Online-Radiodienst von AOL und XM Satellite interessieren (kostenlos für AOL-Kunden und gebührenpflichtig für Nicht-Mitglieder). Der einzige Grund für lang gediente AOL-Veteranen, nicht zu wechseln, mag der sein, dass man sich so die Mühe spart, Freunden und Kollegen mitzuteilen, dass die jahrelang genutzte AOL-E-Mail-Adresse nicht mehr gültig ist.

Eventuell müssen Sie vor der Eingabe der Daten das kleine Schloss unten links anklicken, da Änderungen dieser Art ein Konto mit Administratorrechten erfordert (siehe Kapitel 5).

Haben Sie alle notwendigen Felder ausgefüllt und Optionen gewählt, klicken Sie unten rechts auf Anwenden, um die Einstellungen zu aktivieren. Bei einer Breitbandverbindung (Ethernet, Kabelmodem) sollte die Verbindung nun hergestellt werden und Sie müssen nichts weiter tun. Bei der Konfiguration eines internen oder externen Modems klicken Sie zum Abschluss auf Verbinden. Ob die Einwahl funktioniert, hören Sie an den quietschenden Geräuschen Ihres Modems. Ein Klick auf Trennen kappt die Verbindung wieder.

Falls Sie verschiedene Internetverbindungsarten nutzen (Modem, Ethernet oder AirPort) und deshalb öfter die Netzwerkeinstellungen ändern müssen, empfiehlt es sich, für jeden dieser Netzwerkdienste eine eigene Netzwerkumgebung einzurichten, in der die jeweiligen Einstellungen enthalten sind. Auf diese Weise können Sie schnell zwischen den einzelnen Verbindungsarten wechseln. Wählen Sie Umgebungen bearbeiten aus dem Einblendmenü Umgebung, um eine neue Umgebung einzurichten. Klicken Sie auf die Plus-Taste, benennen Sie die neue Umgebung und klicken Sie dann auf Fertig. Die neu angelegte Umgebung ist ab sofort im Einblendmenü Umgebung verfügbar. Wenn Sie jedoch nur einen einzigen Internetzugang einrichten und Ihr Mac sich auch nicht in einem Netzwerk befindet, wählen Sie einfach Automatisch.

Bei der Einrichtung eines Einwahlmodem-Zugangs haben Sie außerdem die Möglichkeit (über das Einblendmenü Konfiguration), mehrere Konfigurationen für verschiedene Anbieter einzurichten.

✔ **Mithilfe des Netzwerkassistenten:** Falls Sie die Konfiguration im Fenster Netzwerk der Systemeinstellungen als zu technisch empfinden, klicken Sie stattdessen unten rechts im Netzwerk-Fenster auf die Taste Assistent und im folgenden Dialogfenster noch einmal.

Der Netzwerkassistent führt Sie Schritt für Schritt durch die Einrichtung Ihres Internetzugangs. (Klicken Sie jeweils auf Fortfahren, um zum nächsten Fenster zu gelangen.) Wenn Sie Hilfe brauchen, klicken Sie einfach unten im Fenster auf Weitere Informationen, und wenn Sie bestimmte Fragen gar nicht beantworten können, dann wenden Sie sich vertrauensvoll an Ihren ISP.

Egal, mit welcher Methode Sie die Einrichtung durchgeführt haben, wenn Sie dabei alle Hinweise Ihres ISPs beachtet haben, dürfte die Verbindung jetzt stehen. Anderenfalls wird Ihnen Ihr Provider sicher gern beistehen. Ansonsten sind Sie nun offiziell online – Gratulation!

Wenn Sie sich über ein Analogmodem ins Internet einwählen, sollten Sie unbedingt noch ein paar nützliche Einstellungen vornehmen. Öffnen Sie dazu erneut die Systemeinstellung NETZWERK, wählen Sie links Ihre Modemverbindung aus und klicken Sie dann auf WEITERE OPTIONEN. Wenn Sie nun in den Bereich PPP wechseln, sehen Sie das in Abbildung 10.2 gezeigte Dialogfenster (im Einblendmenü EINSTELLUNGEN muss SITZUNG gewählt sein).

Aktivieren Sie hier die Option BEI BEDARF AUTOMATISCH VERBINDEN. Dadurch stellt Ihr Mac die Internetverbindung automatisch her, sobald Sie Ihre E-Mails abrufen oder den Browser starten. Aktivieren Sie außerdem die Option VERBINDUNG TRENNEN, FALLS SIE XX MINUTEN NICHT VERWENDET WURDE. Sie verhindert, dass Ihr Mac noch ewig mit dem Internet verbunden ist, obwohl Sie schon längst schlafen gegangen sind. (Geben Sie eine Zeitspanne (in Minuten) in das Feld ein, nach der Ihr Mac die Verbindung automatisch kappen soll.) Bestätigen Sie Ihre Einstellungen mit OK.

Aktivieren Sie nun noch im Hauptfenster der Modemeinstellungen das Markierungsfeld MODEMSTATUS IN DER MENÜLEISTE EINBLENDEN, klicken Sie auf ANWENDEN und schließen Sie die Systemeinstellungen. In der Finder-Menüleiste sehen Sie nun ein kleines Telefonsymbol, über das Sie die Onlineverbindung direkt vom Schreibtisch aus herstellen und wieder trennen können, ohne die Systemeinstellung NETZWERK öffnen zu müssen.

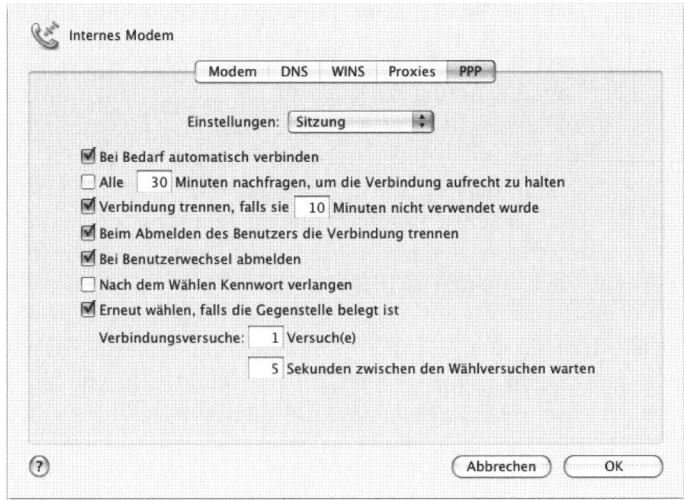

Abbildung 10.2: Nützliche Einstellungen für Nutzer von Analogmodems

Auf Safari gehen

Es ist praktisch unmöglich, das World Wide Web zu ignorieren. Wo Sie gehen und stehen und mit wem Sie auch zusammentreffen – alles und jeder ist heutzutage auf die eine oder andere Art mit dem Internet verstrickt. Da bekommen Sie an einem ganz normalen Tag zu hören wie

Ihr kleiner Neffe »in der Schule eine tolle Website gebaut hat«, Ihre beste Freundin vor ihrem Besuch beim Arzt mithilfe von Wikipedia »schon mal eine Selbstdiagnose vorgenommen« hat oder ein befreundetes Pärchen »eine supergünstige Urlaubsreise online gebucht« hat. Überall springen Ihnen Webadressen entgegen – auf Werbetafeln, Visitenkarten, Bucheinbänden, Zeitschriften und so weiter.

Einfach nur surfen

Technikexperten haben ein Talent dafür, einfache Dinge kompliziert auszudrücken. Anstatt vom *Telefonieren über das Internet* zu sprechen, faseln Sie etwas von *VoIP* oder *Voice over Internet Protocol* und kommen sich dabei unheimlich schlau vor. Da ist es unglaublich erfrischend, zu erfahren, dass Sie, um im Internet zu surfen, lediglich eine Software mit der simplen Bezeichnung *Webbrowser* benötigen (*to browse = blättern*).

Und weil Sie ein so glückliches Händchen bewiesen und sich einen Mac gekauft haben, dürfen Sie nun die Segnungen eines der besten Browser der Branche genießen. Er heißt recht treffend *Safari*, da ein Ausflug in den Cyberspace tatsächlich oft einer Expedition in die Wildnis gleicht. Öffnen Sie ihn am besten gleich, indem Sie auf sein Symbol im Dock klicken.

Um ihn zu zähmen, sollten Sie sich zunächst mit dem Konzept von Webadressen vertraut machen, die von den zuvor erwähnten Technikfreaks auch *URLs (Uniform Resource Locator)* genannt werden. Eine sperrigere Bezeichnung kann man dafür wohl kaum finden.

Die allermeisten Webadressen beginnen mit der Zeichenfolge *http://www* und enden mit einem Suffix, zum Beispiel der Landeskennung *.de* (oder *.uk, .fr, .it*) oder einer Spartenbezeichnung wie *.com* (sprich: *dotkom*), *.edu*, *.gov*, *.net* oder *.org*. Das, was Sie zwischen www. und dem Suffix eingeben, weist meist deutlich (oder weniger deutlich) darauf hin, wo Sie am Ende landen werden. Geben Sie zum Beispiel `www.spiegel.de` oder `www.focus.de` ein, um zu den Websites dieser großen Onlinenachrichtenmagazine zu gelangen, `www.amazon.de` bringt Sie auf die Seiten von Amazon und so weiter. Die URL tippen Sie in das Adressfeld im oberen Teil des Browserfensters ein (siehe Abbildung 10.3).

 Nicht alle Webadressen beginnen mit *www*, einige bestehen lediglich aus dem *Domainnamen* plus Suffix. Bei der Eingabe einer URL können Sie *http://* (und meist auch *www*) weglassen, da Safari es automatisch für Sie einsetzt.

Klick für Klick durchs Internet

Das Surfen im Web wäre eine anstrengende Sache, wenn Sie jedes Mal eine neue URL eintippen müssten, um von einer Internetseite zur nächsten zu gelangen. Zum Glück haben sich die Erfinder von Safari und anderen Webbrowsern das auch gedacht.

In der *Symbolleiste* von Safari sehen Sie links neben dem Adressfeld ein paar Tasten mit Symbolen – welche und wie viele (beziehungsweise in welcher Reihenfolge) hängt von Ihren persönlichen Browsereinstellungen ab (wählen Sie DARSTELLUNG|SYMBOLLEISTE ANPASSEN und ziehen Sie die gewünschten Symbole nach oben in die Adressleiste). Mit dem Menübefehl DARSTELLUNG|SYMBOLLEISTE AUSBLENDEN/EINBLENDEN können Sie die Leiste verschwinden und wieder anzeigen lassen.

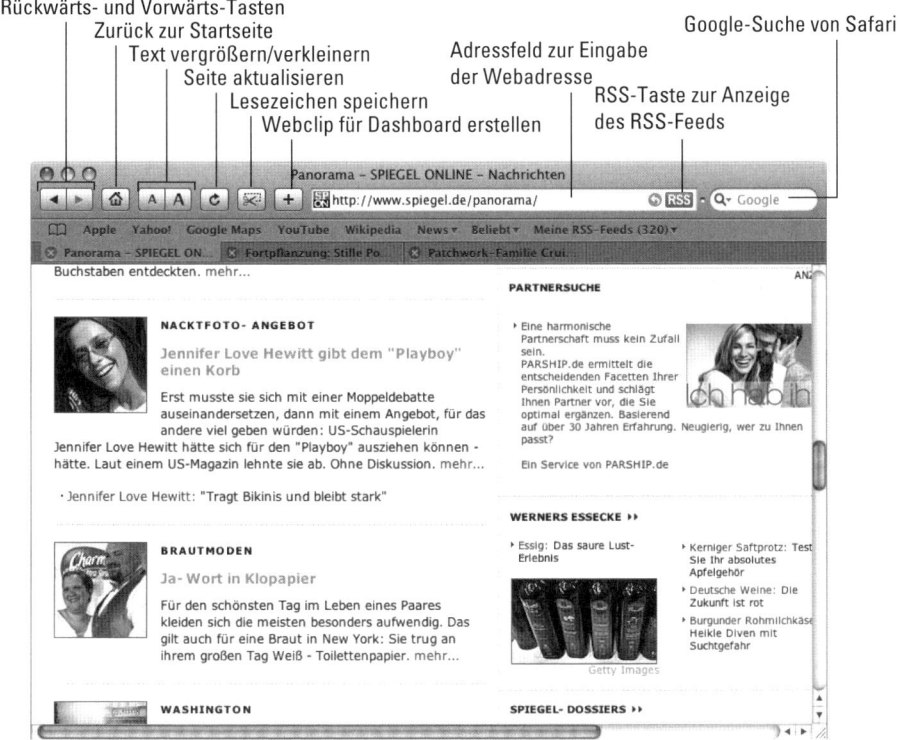

Abbildung 10.3: Das Browserfenster von Safari

Die nach rechts beziehungsweise links weisenden Pfeile funktionieren wie Vor- und Rückwärtsschalter. Der Linkspfeil bringt Sie zurück zu der Seite, die Sie vor der aktuell angezeigten besucht haben, danach gelangen Sie mit dem Rechtspfeil wieder zu der Seite zurück, die Sie zuvor angesehen haben.

 Ein Klick auf das Häuschen in der Symbolleiste (wenn Sie es eingerichtet haben) bringt Sie zurück zu Ihrer Startseite oder Homepage, die Sie gleich als Erstes begrüßt, sobald Sie Ihren Browser anwerfen. Und es ist kein Zufall, dass Apple per Standardeinstellung in Safari seine eigene Website als Ausgangspunkt gewählt hat. Das bedeutet zusätzliche Werbung für Apple und veranlasst Sie unter Umständen dazu, öfter mal dort einzukaufen. Wie Sie sich denken können, geben Internetseiten allgemein und damit Ihr Bildschirm perfekte Werbeflächen ab, sodass wirklich jedes größere Unternehmen von AOL über Google bis Yahoo! liebend gerne sein *Webportal* als Startseite bei Ihnen sehen würde. Doch zum Glück können Sie die Startseite in Safari leicht ändern. Wählen Sie EINSTELLUNGEN aus dem SAFARI-Menü,

klicken Sie auf die Rubrik A‌LLGEMEIN und geben Sie eine Webadresse Ihrer Wahl in das Feld S‌TARTSEITE ein (siehe Abbildung 10.4).

Sicher ist Ihnen schon aufgefallen, dass manche Wörter oder Sätze auf Webseiten blau und unterstrichen dargestellt werden. Dabei handelt es sich um Verknüpfungen zu anderen Internetseiten, sogenannte *Links*. Klicken Sie darauf und Sie gelangen bequem von einer Seite zur nächsten, ohne eine URL eingeben zu müssen.

 Doch Vorsicht: Links werden nicht zwingend blau oder unterstrichen dargestellt (meist aus ästhetischen Gründen). Achten Sie in solchen Fällen einfach auf Ihren Cursor; der zeigt Ihnen nämlich Links beim Darüberfahren mit der Maus an, indem er sich von einem Pfeil in eine zeigende Hand mit weißem Handschuh ändert.

Viele Links sind wirklich nützlich. Vielleicht lesen Sie gerade etwas über die deutsche Fußball-Nationalelf und finden unter einem Link zusätzliche Infos über, sagen wir, Michael Ballack. Seien Sie jedoch wachsam, manche Links sind nämlich nichts anderes als Abkürzungen zu Werbeseiten unterschiedlichster Art, auf denen Sie bestimmt nicht landen wollen.

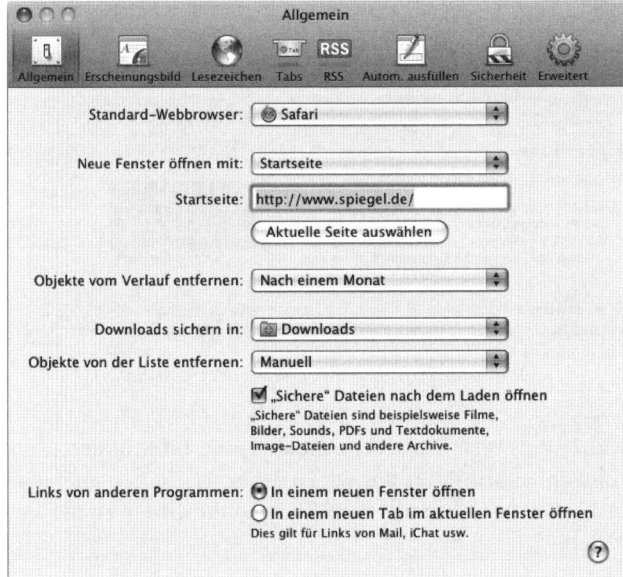

Abbildung 10.4: Ändern Sie Ihre Startseite in den Einstellungen von Safari.

Lesezeichen setzen

Die Chancen stehen gut, dass Sie bald schon eine ganze Schar interessanter Webseiten finden werden, die Ihnen so unwiderstehlich erscheinen, dass Sie sie wieder besuchen wollen (müssen!). Welche Seiten auch immer das sind (keine Angst, ich werde Sie nicht ausfragen), es wäre äußerst unpraktisch, ja unsinnig, sich deren URL merken und jedes Mal erneut eintippen zu müssen. Setzen Sie stattdessen ein *Lesezeichen*.

Wählen Sie dazu aus dem Lesezeichen-Menü von Safari die Option Lesezeichen hinzufügen (oder drücken Sie ⌘+D). Es öffnet sich ein Dialogfenster (siehe Abbildung 10.5), in dem Sie das Lesezeichen benennen und einen Speicherort wählen können. (Klicken Sie danach auf Hinzufügen.) Sie können Ihre Lesezeichen in Ordner (*Sammlungen*) einsortieren.

Um einen Lesezeichenordner zu erstellen, klicken Sie zunächst auf die Buch-Taste links in der Lesezeichenleiste (siehe Abbildung 10.5), woraufhin sich das Lesezeichenfenster mit allen bereits vorhandenen Lesezeichen und -ordnern öffnet. Klicken Sie nun am unteren Ende der Spalte Sammlungen auf die Plus-Taste und benennen Sie den neuen Ordner (alternativ können Sie auch den entsprechenden Befehl aus dem Lesezeichen-Menü wählen). Sobald sie auf eine Sammlung klicken, erscheinen rechts im Fenster die enthaltenen Lesezeichen. Wenn Sie dann auf die Plus-Taste unterhalb der Spalte Lesezeichen klicken, können Sie innerhalb einer Sammlung Unterordner erstellen. Vorhandene Lesezeichen lassen sich wie gewohnt mit der Maus in einen Ordner hineinziehen.

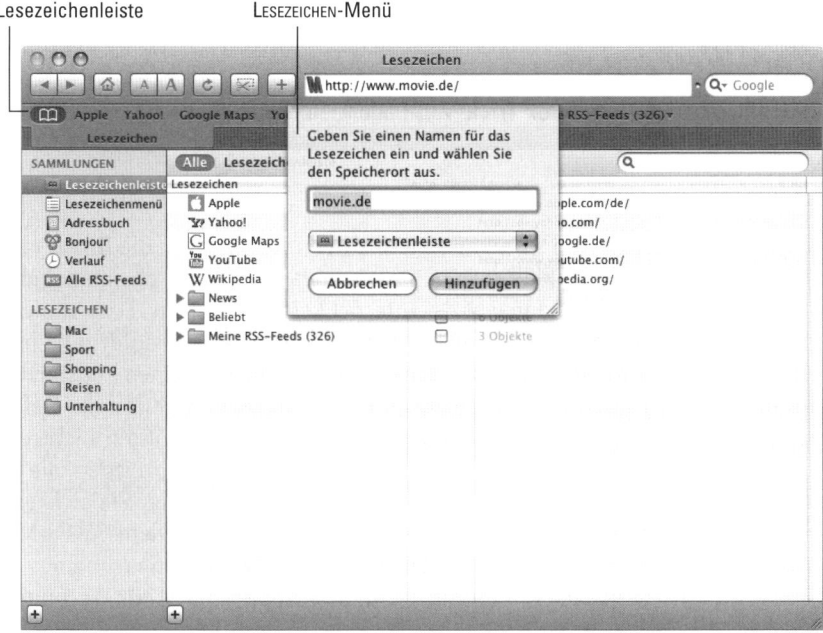

Abbildung 10.5: Ein Lesezeichen setzen

Wollen Sie zum Beispiel ein Lesezeichen für das Webportal einer Filmdatenbank setzen, und können Sie es gleich in einem Lesezeichenordner mit der Bezeichnung Unterhaltung platzieren. Wenn Sie nun die Seite erneut aufrufen wollen, öffnen Sie einfach den Ordner und klicken auf das entsprechende Lesezeichen.

Egal wie gut Ihr Ordnungssinn auch sein mag, irgendwann wird Ihre Lesezeichenliste (erfahrungsgemäß) so überfüllt sein, dass es immer weniger Spaß macht, etwas darin zu suchen. Ich garantiere Ihnen, dass Sie früher oder später zumindest einiger Seiten überdrüssig sein werden.

Um ein Lesezeichen oder einen ganzen -Ordner zu löschen, markieren Sie es beziehungsweise ihn und drücken die ⌫-Taste (oder wählen Sie LÖSCHEN aus dem BEARBEITEN-Menü). Mit LESEZEICHEN ENTFERNEN WIDERRUFEN können Sie die Aktion rückgängig machen.

Wenn Sie eine bestimmte Website so oft besuchen, dass sie einen VIP-Status verdient, sollten Sie ihr einen Platz in der *Lesezeichenleiste* von Safari (unterhalb des Adressfelds) reservieren. Wählen Sie beim Hinzufügen eines Lesezeichens im Lesezeichen-Dialogfenster als Speicherort LESEZEICHENLEISTE. Auch die Lesezeichenleiste können Sie in Ordner unterteilen, die dann als Einblendmenüs angezeigt werden.

Mit dem praktischen Spotlight-Suchfeld rechts im Lesezeichen-Fenster können Sie Ihre Lesezeichen – entweder alle oder nur den jeweils aktiven Ordner – bequem durchsuchen.

Die Safari-Werkzeuge

Safari hat noch eine Menge anderer Tricks auf Lager. Hier eine Auswahl:

Popup-Blocker

Sie kennen das vom Fernsehen. Für all die reichhaltigen Ressourcen, die Ihnen ein Medium bietet, müssen Sie neben den laufenden Zugangskosten fast immer noch einen anderen Preis zahlen, und der heißt Werbung. Da macht das Internet keine Ausnahme. Das Problem ist, dass manche Art von Werbung einen die Wände hochgehen lässt! Die wohl aufdringlichste Art der Internetwerbung sind sogenannte *Popups* – jene alptraumartigen kleinen Fenster, die wie ein Schluckauf ständig penetrant auf sich aufmerksam machen und dem Surfer das Gefühl geben, er befinde sich auf dem Las Vegas Strip (einem Boulevard mit der größten Lichtreklame der Welt). Popups besitzen die Dreistigkeit, sich genau über die Webseite zu legen, die Sie gerade im Begriff waren zu lesen. Mit dem Popup-Blocker von Safari können Sie sich gegen diese Art von Schädlingen wehren. Wählen Sie POP-UPS UNTERDRÜCKEN aus dem SAFARI-Menü (oder drücken Sie ⇧ + ⌘ + K), woraufhin ein Häkchen neben der Option erscheint – Sie haben Ihre Mission erfüllt. Hin und wieder kommt es vor, dass Popups nicht für Werbung, sondern zur Weitergabe von Informationen genutzt werden, oder dass mithilfe eines Popups bestimmte Funktionen auf der Webseite zur Verfügung gestellt werden. In diesem Fall deaktivieren Sie den Popup-Blocker einfach mit denselben Schritten wieder.

Google-Suche mit Safari

Auf der Website von *Google* (eine der größten Suchmaschinen im WWW, zu finden unter www.google.de) können Sie eine umfassende Suche nach bestimmten Webseiten durchführen. Aber Sie können auch die Abkürzung über Safari nehmen, indem Sie Ihren Suchbegriff direkt in das Google-Suchfeld rechts in der Symbolleiste eingeben. Über Google & Co. werde ich Ihnen weiter hinten in diesem Kapitel noch mehr erzählen.

Formulare ausfüllen

Safari kann sich Ihren Namen, Ihre Adresse, diverse Kennwörter, die Sie verwenden, und andere Informationen merken. Wenn Sie ein Internetformular ausfüllen (zum Beispiel bei einem Onlinekauf), ist Ihr Browser in der Lage, Felder für Informationen dieser Art automatisch auszufüllen, vorausgesetzt, er findet etwas Passendes in der Datenbank des Mac. Um diese Funktion zu nutzen, wählen Sie EINSTELLUNGEN aus dem SAFARI-Menü und klicken auf AUTOMATISCH AUSFÜLLEN. Aktivieren Sie nun die Optionen, die Sie nutzen möchten, und klicken Sie gegebenenfalls auf BEARBEITEN, um die Daten entsprechend anzupassen (zum Beispiel bei INFORMATIONEN MEINER ADRESSBUCH-VISITENKARTE ÜBERNEHMEN). Wenn Sie nun ein Formularfeld ausfüllen und Safari nach der Eingabe der ersten paar Buchstaben mehrere übereinstimmende Möglichkeiten findet, so wird ein Menü angezeigt. Klicken Sie dann auf die Pfeiltasten, wählen Sie die richtige Option und drücken Sie ⏎ .

Surfen mit Tabs

Wenn Sie auf einen Link klicken, öffnet sich die neue Seite meist im selben Fenster und ersetzt den vorherigen Inhalt. Vielleicht möchten Sie eine Seite aber aus irgendeinem Grund in einem *neuen* Fenster öffnen. In diesem Fall klicken Sie bei gedrückter Ctrl -Taste auf den Link (oder klicken Sie mit der rechten Maustaste darauf) und wählen LINK IN NEUEM FENSTER ÖFFNEN aus dem Kontextmenü. Generell öffnen Sie ein neues Browserfenster mit dem Menübefehl ABLAGE|NEUES FENSTER (oder ⌘ + N). Auf diese Weise können Sie zwar mehrere Webseiten gleichzeitig geöffnet haben, Sie dürften aber ab einer gewissen Anzahl Schwierigkeiten haben, zwischen ihnen hin und her zu wechseln (oder zwischendurch etwas anderes auf Ihrem Desktop zu erledigen).

Es geht auch aufgeräumter. Safari bietet Ihnen die Möglichkeit, mehrere Webseiten *gleichzeitig* in nur *einem* Browserfenster geöffnet zu haben, und zwar mithilfe von sogenannten *Tabs* – einer Art von Registerkarten unterhalb der Lesezeichenleiste. Wählen Sie am besten gleich DARSTELLUNG|TABLEISTE EINBLENDEN, und Sie sehen sofort, was ich meine. Um in den Genuss dieses komfortablen Features zu kommen, klicken Sie erneut mit der rechten Maustaste auf einen Link und wählen diesmal LINK IN NEUEM TAB ÖFFNEN. Das Ergebnis sieht in etwa wie in Abbildung 10.6 aus.

Begeben Sie sich nun in die Einstellungen von Safari (SAFARI| EINSTELLUNGEN) klicken Sie auf TABS und vergewissern Sie sich, dass die Option ⌘ -KLICK ÖFFNET EINEN LINK IN EINEM NEUEN TAB (siehe Abbildung 10.7) aktiviert ist. (Zwar ist diese Option im neuen Safari standardmäßig eingeschaltet, aber sehen Sie besser trotzdem nach.) Wann immer Sie nun bei gedrückter ⌘ -Taste auf einen Link klicken oder einen URL eingeben und bei gedrückter ⌘ -Taste mit der ⏎ -Taste bestätigen, öffnet sich die Seite in einem neuen Tab. (Ist die Funktion deaktiviert, öffnet sich der Link beim ⌘ -Klick in einem neuen Fenster.) Mit der Option TABS UND FENSTER NACH DEM ANLEGEN AUSWÄHLEN, wird der Tab direkt nach dem Erstellen aktiv und Sie müssen ihn nicht extra anklicken, um seinen Inhalt anzuzeigen.

Oder Sie drücken ⌘ + T , um einen neuen, leeren Tab anzulegen. Wollen Sie einen Tab löschen, klicken Sie auf sein Schließensymbol. Nun können Sie nach Herzenslust zwischen einer ganzen Horde von gleichzeitig geöffneten Webseiten problemlos hin und her wechseln. Eine saubere Sache!

Abbildung 10.6: Surfen mit Tabs in Safari

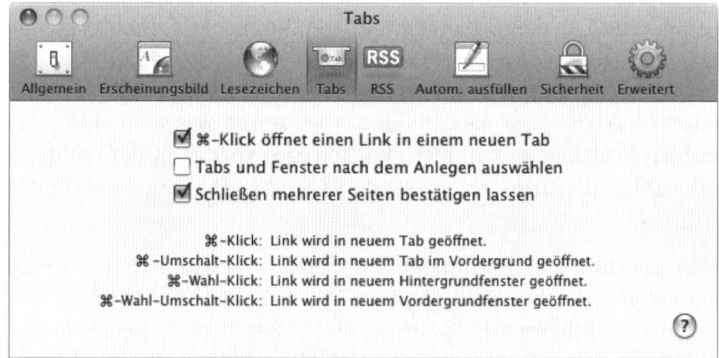

Abbildung 10.7: In den Einstellungen von Safari können Sie das Surfen mit Tabs nach Belieben einrichten.

In Mac OS X Leopard wurde Safari um einige neue, äußerst praktische Tab-Funktionen erweitert, die ich Ihnen im Anschluss unbedingt noch zeigen möchte.

Sie können nun beispielsweise die Reihenfolge Ihrer Tabs neu anordnen, indem Sie sie an die gewünschte Stelle ziehen. Ebenfalls neu ist der Befehl FENSTER|ALLE

FENSTER ZUSAMMENFÜHREN. Damit können Sie mehrere geöffnete Fenster zu einem einzigen zusammenführen, wobei die verschiedenen Fenster automatisch in Tabs angeordnet werden.

Klicken Sie bei gedrückter ⌈Ctrl⌉-Taste auf einen Tab. Das Kontextmenü bietet eine ganze Reihe von Optionen, die Ihnen das Surfen wirklich erleichtern, zum Beispiel:

- ✔ **Andere Tabs schließen:** Schließt alle Tabs bis auf den aktuell geöffneten.

- ✔ **Alle Tabs neu laden:** Lädt den Inhalt aller zurzeit geöffneten Tabs gleichzeitig neu.

- ✔ **Lesezeichen für diese X Tabs hinzufügen (wobei X für die Anzahl geöffneter Tabs steht):** Damit können Sie alle geöffneten Tabs auf einen Streich als Lesezeichen ablegen – das spart jede Menge Zeit.

- ✔ **Tab in ein neues Fenster bewegen:** Alternativ zu diesem Befehl können Sie den Tab einfach aus dem aktuellen Fenster herausziehen, um seinen Inhalt in einem neuen Fenster zu öffnen.

Bilder aus dem Internet abspeichern

Oft stoßen Sie beim Surfen auf ein Bild, das Ihnen so gut gefällt, dass Sie es zum Beispiel als Schreibtischhintergrund haben möchten. Klicken Sie dann einfach bei gedrückter ⌈Ctrl⌉-Taste darauf und wählen Sie aus dem Kontextmenü BILD ALS SCHREIBTISCH-HINTERGRUND VERWENDEN. Das Bild ziert umgehend Ihren Mac-Desktop. Falls Sie etwas anderes mit dem Bild vorhaben, speichern Sie es mit einer der anderen Optionen auf Ihrer Festplatte – im DOWNLOAD-Ordner, in Ihrer iPhoto-Mediathek (siehe Kapitel 16) oder an einem ganz anderen Ort.

Falls Sie sich dagegen einmal auf einer Webseite befinden, die so mit Bildern zugepflastert ist, dass Sie sich davon gestört fühlen (zum Beispiel wenn sich dadurch die Seite im Schneckentempo aufbaut), dann probieren Sie diesen Kniff: Öffnen Sie die EINSTELLUNGEN aus dem SAFARI-Menü und deaktivieren Sie unter der Rubrik ERSCHEINUNGSBILD die Option BILDER ANZEIGEN, SOBALD DIE SEITE GEÖFFNET WIRD. Das Ergebnis ist eine Seite, auf der zwar Text und Überschriften wie zuvor angeordnet sind, aber anstelle der Bilder nur leere Rahmen angezeigt werden. Wenn Ihnen das doch zu nüchtern erscheint, aktivieren Sie die Option einfach wieder.

Safari zum ultimativen Nachrichten-Center aufrüsten

In unserer heutigen Informationsgesellschaft scheint es kaum etwas Wichtigeres zu geben, als immer *up to date* zu sein und jede Menge Daten zu sammeln. Schließlich ist Wissen Macht. Safari stillt Ihren Wissensdurst, indem es eine Technologie namens *RSS* (siehe Kasten »Was zum ... ist RSS?« in diesem Kapitel) unterstützt, mit der Sie sich schnell, flexibel und außerdem vollautomatisch mit dem Neuesten vom Tage aus unterschiedlichen Bereichen versorgen lassen können – und das auch noch kostenlos. Genau das Richtige für Nachrichten-Junkies.

Sie wünschen eine Kostprobe? Dann surfen Sie mal auf die Website eines Nachrichtenmagazin (zum Beispiel www.faz.net oder www.spiegel.de).

Was zum ... ist RSS?

RSS steht für *Really Simple Syndication* (sinngemäß *wirklich einfache Verbreitung*) und ist eine Technologie, die es Internetnutzern ermöglicht, sich die Inhalte von Webseiten in leicht verdaulicher Form – in reinem Textformat, ohne den »Designballast« von Bildern und Grafiken – anzusehen und auch zu abonnieren, um stets über Änderungen und Aktuelles auf dem Laufenden zu sein. Der große Vorteil von RSS besteht für den Nutzer darin, sich enorm zeitsparend über für ihn wichtige Themen informieren zu können, ohne jedes Mal die entsprechenden Internetseiten aufrufen zu müssen. Viele größere Websites und fast jedes Weblog (siehe Kapitel 12) bieten heutzutage sogenannte *RSS-Feeds* oder *Newsfeeds* an.

Zum Lesen eines Feeds wird ein *RSS-Reader* benötigt. Bei Mac OS X Leopard steckt eine entsprechende Newsreader-Funktion in den Programmen Safari und Mail, es gibt aber auch diverse *RSS-Reader*-Software speziell für den Mac, die noch weitere Funktionen bietet (zum Beispiel Vienna, Newsfire, RSSOwl, NewsFan, NetNewsWire und so weiter).

Sobald eine Website RSS anbietet, zeigt Safari Ihnen dies durch eine blaue RSS-Taste oben rechts in der Adressleiste an. Wenn Sie sie anklicken, erhalten Sie eine schlichte Zusammenfassung aller Artikel der Website (oder einer bestimmten Rubrik) und können sich darin diejenigen Schlagzeilen herauspicken, die Sie am meisten interessieren, indem Sie jeweils auf den Link WEITERE INFORMATIONEN klicken.

Damit das Ganze noch mehr Sinn macht, können und sollten Sie RSS-Feeds in Safari wie normale Lesezeichen ablegen, um künftig schnell und gezielt auf die wichtigsten Informationen zuzugreifen, ohne jemals die normale Webseite des Anbieters öffnen zu müssen. Wählen Sie einfach LESEZEICHEN|LESEZEICHEN HINZUFÜGEN, während Sie die betreffende Website in der RSS-Ansicht geöffnet haben (im Dialogfenster muss das Markierungsfeld SAFARI aktiviert sein). Und wenn Sie als Speicherort LESEZEICHENLEISTE oder das LESEZEICHENMENÜ wählen, werden die Artikel obendrein noch automatisch aktualisiert, sofern die entsprechenden Optionen in den Einstellungen aktiviert sind (siehe Abbildung 10.9). Lesen Sie dazu den folgenden Tipp.

 Sie möchten benachrichtigt werden, sobald neue Artikel in einem Newsfeed eintreffen? Dann öffnen Sie die Safari-Einstellungen und klicken Sie auf RSS. Wenn Sie beide Markierungsfelder unter AUTOM. AKTUALISIERUNG DER ARTIKEL IN aktivieren, wird in der Lesezeichenleiste sowie im Lesezeichenmenü neben den einzelnen Feeds in Klammern die Anzahl ungelesener Artikel angezeigt. Sie können hier außerdem festlegen, wie oft Safari nach Updates sucht, wann Artikel gelöscht und ob ungelesene Artikel hervorgehoben werden sollen.

Die als Lesezeichen gespeicherten Newsfeeds können Sie öffnen, ordnen und löschen wie gewöhnliche Lesezeichen, indem Sie auf die Buch-Taste links in der Lesezeichenleiste klicken. Ein Klick auf ALLE RSS-FEEDS zeigt Ihnen alle gespeicherten Newsfeeds an, egal in welchen Lesezeichenordnern sie liegen. Um einen Newsfeed zu öffnen, doppelklicken Sie darauf (beziehungsweise wählen ihn aus der Lesezeichenleiste).

Durchsuchen Sie Ihre RSS-Artikel und sortieren Sie sie nach verschiedenen Kriterien.

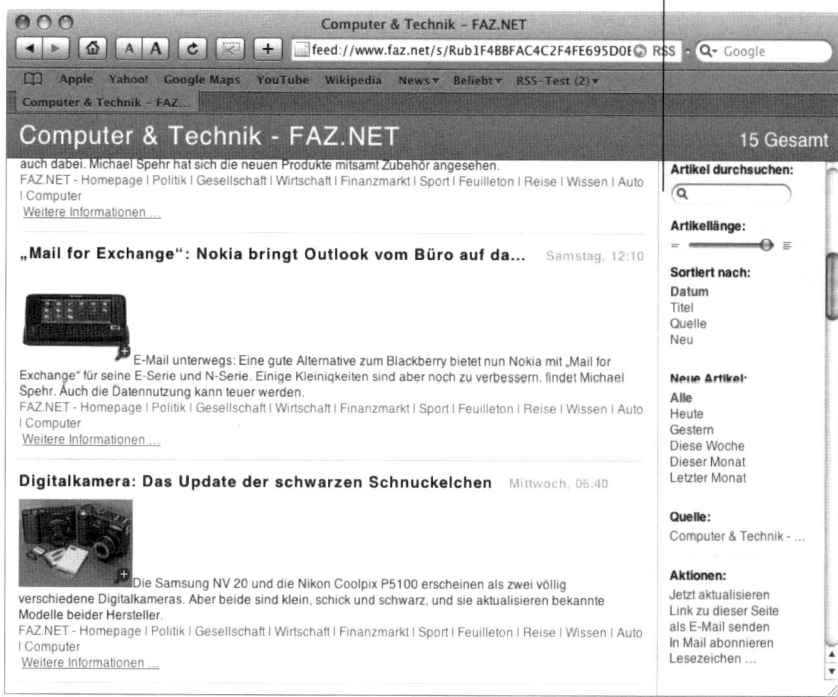

Abbildung 10.8: Die Computersparte der FAZ als RSS-Feed

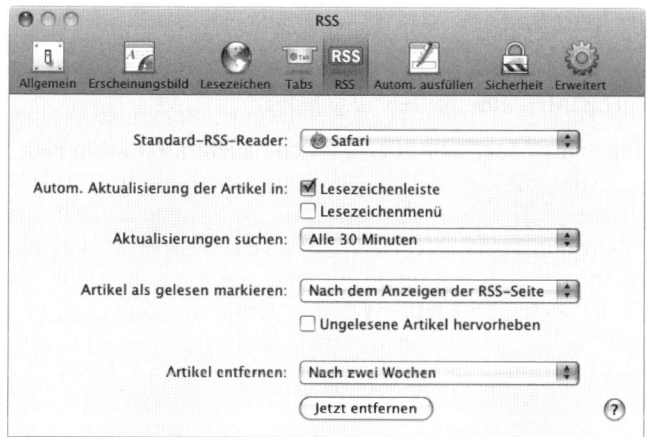

Abbildung 10.9: Ihre RSS-Feeds optimal verwalten

Aber das Beste an der RSS-Funktion von Safari ist, dass Sie sich Ihren *eigenen* Newsfeed mit den wichtigsten Informationen aus *mehreren* Websites zusammenstellen können. Ziehen Sie dazu die gewünschten RSS-Feeds in einen eigens dafür angelegten Lesezeichenordner (zum Beispiel MEINE RSS-FEEDS). Klicken Sie den Ordner im Lesezeichenfenster bei gedrückter [Ctrl]-Taste an und wählen Sie ALLE RSS-ARTIKEL EINBLENDEN aus dem Kontextmenü. Ein Newsfeed mit den Artikeln *sämtlicher* im Ordner liegenden Feeds wird geöffnet, wobei außerdem die einzelnen Nachrichtenquellen in der Leiste rechts angezeigt werden, sodass Sie zwischen diesen hin und her wechseln können.

 Um noch schneller an Ihren persönlichen Nachrichtenmix zu gelangen, legen Sie einen solchen Ordner am besten gleich als Unterordner in der Lesezeichenleiste oder im Lesezeichenmenü ab. Auf diese Weise müssen Sie ihn nur noch in der Lesezeichenleiste anklicken oder im Menü LESEZEICHEN auswählen und ALLE RSS-ARTIKEL EINBLENDEN aus dem jeweiligen Einblendmenü aufrufen.

 Für Nachrichtenfetischisten bietet der Mac einen besonderen Leckerbissen: Verwandeln Sie Ihre RSS-Feeds in einen coolen Bildschirmschoner mit fliegenden Schlagzeilen und rotierenden Texten. Rufen Sie dazu in den SYSTEMEINSTELLUNGEN die Rubrik SCHREIBTISCH & BILDSCHIRMSCHONER auf. Wählen Sie im Bereich BILDSCHIRM-SCHONER aus der Liste links die Option RSS VISUALIZER, klicken Sie auf OPTIONEN, markieren Sie den gewünschten Newsfeed und bestätigen Sie mit FERTIG. Sobald der Bildschirmschoner aktiv ist, werden Sie aufgefordert, Zahlentasten zu drücken, je nachdem, welchen Artikel Sie lesen möchten, zum Beispiel die 1 für den ersten, die 2 für den zweiten Artikel und so weiter, woraufhin dieser direkt im Browser geöffnet wird.

Wie Sie in den beiden folgenden Kapiteln erfahren werden, kommt die RSS-Technik auch noch in anderen Bereichen der Internetkommunikation zum Tragen.

Webseiten durchsuchen

Manchmal möchten Sie eine Webseite nach bestimmten Begriffen durchsuchen, um schneller zu den für Sie interessanten Abschnitten zu gelangen.

 Safari hat eine neue, sehr übersichtliche Suchfunktion im Repertoire, mit der Sie das Gesuchte auf keinen Fall mehr übersehen können. Drücken Sie die Tastenkombination [⌘]+[F] (oder wählen Sie BEARBEITEN|SUCHEN|SUCHEN) und geben Sie Ihren Begriff in das Suchfeld oben rechts ein. Safari hebt daraufhin alle Treffer gelb hervor, sodass sie Ihnen direkt ins Auge springen. Es zeigt Ihnen außerdem an, wie oft der Suchbegriff in der Webseite vorkommt, und gibt Ihnen die Möglichkeit, mit den Pfeiltasten von einem Treffer zum nächsten zu springen. Komfortabler geht es kaum!

PDF-Dateien ansehen

 Zwar konnten Sie auch schon mit früheren Versionen von Safari PDF-Dokumente im Browserfenster öffnen, doch das neue Safari bietet Ihnen für das Lesen, Durchsuchen und Speichern solcher Dateien verbesserte Funktionen.

Klicken Sie auf den Link zu einer PDF-Datei, sodass diese im Browserfenster angezeigt wird. Wenn Sie nun den Cursor an den unteren Fensterrand bewegen, wird dort eine Symbolleiste eingeblendet. (Sobald Sie den Cursor aus dem Bereich der Symbolleiste herausbewegen, verschwindet diese wieder.) Mit den beiden Lupensymbolen vergrößern/verkleinern Sie den Text, mit den beiden anderen Symbolen können Sie das PDF-Dokument im Programm Vorschau öffnen beziehungsweise im Ordner DOWNLOADS auf Ihrer Festplatte speichern.

Web-Clip-Widgets erstellen

In Kapitel 6 habe ich das Dashboard vorgestellt und in diesem Zusammenhang kurz das Web-Clip-Widget erwähnt, und dass es nur im Zusammenspiel mit Safari funktioniert. Wie, das erkläre ich Ihnen jetzt.

 Safari enthält in Mac OS X Leopard eine neue Funktion, die es Ihnen ermöglicht, einen beliebigen Ausschnitt einer Webseite im Dashboard zu öffnen und in ein Web-Clip-Widget umzuwandeln. Dieses wird permanent im Dashboard verankert und zeigt den Inhalt der verknüpften Webseite »live« an, das heißt, das Widget wird immer dann aktualisiert, wenn sich auf der Seite etwas ändert.

Sinnvoll kann die Erstellung eines Web-Clip-Widget sein, um beispielsweise schnell auf den Newsticker-Bereich einer Webseite oder bestimmte Termindaten (zum Beispiel Spielpläne) zugreifen zu können, ohne den Browser und die zugehörige Webseite öffnen zu müssen. (Eine Onlineverbindung sollte natürlich bestehen.)

Und so gehen Sie vor:

1. **Rufen Sie die Webseite auf, aus der Sie ein Web-Clip-Widget erzeugen möchten.**

2. **Klicken Sie in der Symbolleiste auf das Scherensymbol (DIESE SEITE IM DASHBOARD ÖFFNEN).**

3. **Bewegen Sie den Cursor ins Anzeigefenster, wählen Sie den Teil der Webseite aus, der im Widget angezeigt werden soll, und klicken Sie, sobald er hervorgehoben wird.**

   Falls nötig, können Sie den ausgewählten Ausschnitt noch verschieben und seine Größe anpassen, indem Sie an den runden Größenanfassern ziehen.

4. **Klicken Sie oben rechts auf HINZUFÜGEN.**

   Der Web-Clip wird umgehend im Dashboard geladen und als neues Widget präsentiert.

5. **Passen Sie das Erscheinungsbild des Web-Clip-Widget an.**

   Bewegen Sie die Maus über das Widget und klicken Sie auf das i-Symbol, das daraufhin in der rechten unteren Ecke angezeigt wird. Jetzt können Sie einen Rahmen für das Widget wählen. Wenn das Web-Clip-Widget zum Beispiel einen Audioclip enthält, sollten Sie die Option TON NUR IM DASHBOARD ABSPIELEN aktivieren, sodass der Ton nicht mehr abgespielt wird, sobald Sie die Dashboard-Umgebung verlassen. Mit der Taste BEARBEITEN können Sie nachträglich den gewählten Ausschnitt anpassen.

Das Web-Clip-Widget verhält sich wie die anderen Widgets und bleibt so lange im Dashboard, bis Sie es durch Klick auf das Schließensymbol wieder entfernen.

Der (Ver-) Lauf der Dinge

Angenommen, Sie waren neulich auf einer interessanten Seite und haben vergessen, ein Lesezeichen zu setzen. Nun, ein paar Tage später, möchten Sie diesen URL gerne wieder besuchen, können sich aber einfach nicht mehr an den Namen der Website erinnern oder wie Sie dorthin gelangt sind. Das müssen Sie auch gar nicht. Safari protokolliert genau, auf welchen Webseiten Sie gesurft haben. Im Menü VERLAUF finden Sie eine Liste aller Seiten, die Sie im Lauf der letzten sieben Tage aufgerufen haben. Wenn Ihnen der Gedanke unangenehm ist, eine Liste Ihrer Surforgien für so lange Zeit in Ihrem Browser gespeichert zu haben, können Sie sie jederzeit löschen, indem Sie VERLAUF|VERLAUF LÖSCHEN wählen.

Wenn Sie eine bestimmte Seite auch im Verlaufsprotokoll nicht wiederfinden, können Sie den Verlauf neuerdings auch durchsuchen. Öffnen Sie dazu das Lesezeichenfenster (klicken Sie auf das Buchsymbol) und klicken Sie in der Spalte SAMMLUNGEN auf VERLAUF. Jetzt müssen Sie nur noch ein Wort oder mehrere in das Suchfeld des Lesezeichenfensters eingeben und erhalten entsprechende Ergebnisse.

Privates Surfen

Es gibt Situationen, in denen Sie auf keinen Fall möchten, dass andere Nutzer mitbekommen, welche Webseiten Sie besucht haben. Sei es, weil Sie in einem Internetcafé einen Onlinekauf tätigen (und dafür persönliche Daten eingeben müssen) oder einen Anfall von plötzlicher Paranoia haben. Wie auch immer, Safari bietet Ihnen hierfür die Funktion PRIVATES SURFEN, die Sie über das SAFARI-Menü aktivieren können.

Anschließend werden weder URLs zum VERLAUF-Menü hinzugefügt noch eingegebene Formulardaten (Benutzernamen, Kennwörter und so weiter) gespeichert. Alle Spuren, die Sie bei der Google-Suche hinterlassen, werden verwischt. Das Fenster DOWNLOADS wird gelöscht, sodass heruntergeladene Objekte nicht mehr angezeigt werden, und auch eventuell gesetzte *Cookies* (von Webseiten, die Sie besucht haben) werden entfernt. Vergessen Sie aber nicht, dass besuchte Seiten weiterhin über die Vor- und Zurück-Tasten des Browsers wieder geladen werden können, weshalb es sich empfiehlt, Safari nach Ihrer Onlinesitzung zu schließen. Die Funktion PRIVATES SURFEN muss beim Öffnen von Safari jedes Mal neu aktiviert werden.

Browseralternativen

Kein Zweifel – Safari ist ein großartiger Browser. Aber er ist bei Weitem nicht die einzige Möglichkeit, das Internet zu durchstöbern. Und möglicherweise stolpern Sie auch mal über die eine oder andere Website, die sich nicht recht mit Safari verträgt. Das liegt dann meist daran, dass diese Seiten ausschließlich für den Obermacker unter den Webbrowsern, den *Internet Explorer* von Microsoft, programmiert wurden. Ja, so was gibt's tatsächlich noch, aber keiner hat gesagt, dass das Leben immer fair ist (siehe Kasten »Den Internet Explorer in Kauf nehmen« in diesem Kapitel).

Davon abgesehen gibt es noch eine ganze Reihe weiterer flinker und funktioneller Browser wie *Mozilla Firefox, iCab* oder *Opera* (besuchen Sie einfach die jeweiligen Websites).

 Wann immer Sie auf eine Webseite stoßen, mit der Safari Probleme hat, sollten Sie sich an den Verantwortlichen der Website wenden. Nur so können Sie ihn dazu bewegen, seine Seiten auch auf diesen Browser abzustimmen (und helfen darüber hinaus mit, Microsoft seine nachlässige Einstellung in Bezug auf Browserfunktionalität und Benutzerfreundlichkeit ein wenig auszutreiben).

Den Internet Explorer in Kauf nehmen

Jahrelang legte Microsoft eine ziemliche *Laisser-faire*-Haltung an den Tag, wenn es um die Weiterentwicklung seines berühmten Internet Explorer ging. Innovationen wie das Surfen mit Tabs, Popup-Blocker und anderes überließ man gerne der überschaubaren Konkurrenz. Eine solche Selbstgefälligkeit stellt sich wahrscheinlich zwangsläufig ein, wenn man über eine Monopolstellung auf dem Browsermarkt verfügt. Doch trotz all seiner Defizite erweist sich der ehrwürdige Browser von Zeit zu Zeit noch als nützlich, vor allem dann, wenn Safari Schwierigkeiten mit der Darstellung bestimmter Webseiten hat. Bei älteren Mac OS X-Versionen befand sich der Internet Explorer noch standardmäßig im PROGRAMME-Ordner, mittlerweile müssen Sie ihn sich extra aus dem Internet herunterladen.

Erwarten Sie aber am besten keinen Service von den Leuten bei Microsoft. Bereits Mitte 2003 kündigte das Unternehmen an, dass die Weiterentwicklung des Internet Explorer (IE) für den Mac eingestellt worden sei. Ende 2005 ließ man verlauten, es werde keinen technischen Support mehr für die Mac-Version des IE geben und auch keine Sicherheits- oder sonstige Updates. Anfang 2006 wurde der IE dann auf der Microsoft-Website auch nicht mehr zum Download angeboten und Mac-Nutzer ausdrücklich auf andere Browseroptionen verwiesen. Da bleibt nur eins: Gehen Sie auf Safari!

Alles über Suchmaschinen

Sie haben es vielleicht schon gemerkt: Im Internet müssen Sie sich die wirklich guten Seiten wie Rohdiamanten aus einem riesigen Haufen von wertlosem Müll regelrecht herausklauben. Da stellt sich die berechtigte Frage: Wo in aller Welt sollen Sie am besten mit der Suche beginnen und wie kommen Sie dabei am schnellsten zum Ziel? Ein sehr guter Anfang ist die Verwendung von *Suchmaschinen*. Dabei handelt es sich um Webseiten, deren einziger Zweck darin besteht, das Web nach anderen Webseiten zu durchkämmen. Dabei werden einzelne Webseiten aufgrund eines eingegebenen Suchbegriffs nach entsprechenden Inhalten und Links durchleuchtet.

Google-Suche

Jeder, wirklich _jeder_ – und das schließt Sie ein – verwendet _Google_. Google ist inzwischen so populär, dass es als Verb verwendet wird. Zum Beispiel hört man Leute oft sagen: »Ich habe nach diesem oder jenem Begriff _gegoogelt_.« Aus diesem Grund sind die Erfinder von Google auch mittlerweile Krösusse. Sie wissen nicht, was ein Krösus ist beziehungsweise wer Krösus war? Googeln Sie doch einfach danach und Sie wissen bald, dass es sich dabei um den letzten Monarchen Lydiens handelte, der im sechsten Jahrhundert v. Chr. lebte und es schaffte, große Reichtümer anzuhäufen – und das auch ohne Börsengang.

Die gemütliche Art zu googeln, beinhaltet einen Besuch bei `www.google.de`. Dort geben Sie im Suchfeld Ihren Suchbegriff ein, zum Beispiel `Krösus`, und klicken dann auf GOOGLE-SUCHE. Fixer geht's allerdings mit Safari. Dort müssen Sie Ihre Suchabfrage lediglich in das Google-Suchfeld oben rechts im Safari-Fenster eingeben und dann ⏎ drücken (siehe Abbildung 10.10).

Google-Suchfeld

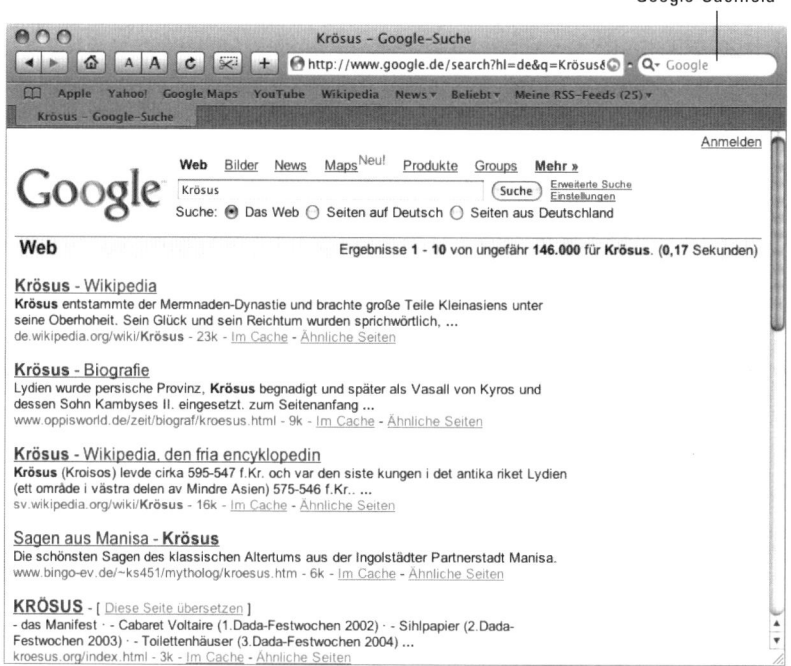

Abbildung 10.10: Internetsuche mit Google

Wie auch immer Sie vorgehen, Google spuckt sogleich eine lange Liste mit Suchergebnissen (oder Treffern) mit den Links zu den entsprechenden Webseiten aus. Eigentlich war's das auch schon, außer Sie möchten Google vielleicht helfen, das Suchergebnis ein bisschen einzugrenzen. Schon das Krösus-Beispiel ergibt zirka 146.000 Treffer, wahrscheinlich mehr als Sie erwartet hatten.

Geben Sie einen anderen Suchbegriff wie Leopard ein und Google liefert Ihnen über 65 Millionen Treffer. Ich weiß nicht, wie es Ihnen geht, aber ich kann leider nur etwa die Hälfte davon durchsehen. (Sie übernehmen den Rest, okay?) Und egal, wie clever diese Suchmaschine auch sein mag, sie weiß natürlich nicht, ob Sie mit Ihrem Suchbegriff nun Mac OS X Leopard, die Großkatze Leopard oder vielleicht sogar den Kampfpanzer Leopard gemeint haben. Wie sollte sie auch?

Die naheliegende Lösung: Spezifizieren Sie Ihre Suche – je detaillierter, desto besser. Zwei oder drei Suchbegriffe funktionieren daher fast immer besser als nur einer.

Es gibt mehrere Möglichkeiten, ein genaueres Suchergebnis in Google zu erhalten. Schreiben Sie Ihren Suchbegriff oder einen ganzen Satz in Anführungszeichen. Google nimmt dann an, dass Sie nach exakt diesem Begriff oder diesem Satz suchen. Das klappt zum Beispiel hervorragend bei Buchtiteln und Songtexten.

Sie können aber auch bestimmte Bereiche von der Suche ausschließen, indem Sie ein Minuszeichen vor den auszuschließenden Begriff setzen, zum Beispiel

Leopard -Mac

Dadurch werden Treffer, die sich auf Mac OS X beziehen, nicht mehr angezeigt.

Wenn Sie nach Seiten suchen wollen, die einen von zwei angegebenen Suchbegriffen enthalten, trennen Sie die beiden Begriffe durch OR (= oder), zum Beispiel

Pusteblume OR Löwenzahn

Doch knifflig wie die Internetsuche nun mal ist, müssen Sie hier wieder genauere Angaben machen, wenn Sie dabei ausschließlich Pflanzen im Sinn haben.

Und hier noch ein paar andere Kunststücke, die Google auf dem Kasten hat:

✔ **Rechnen:** Geben Sie eine Rechenaufgabe ein, zum Beispiel *63/7,8 =* und Google gibt Ihnen die Antwort (8,07692308).

✔ **Das Wetter vorhersagen:** Geben Sie den Namen einer Stadt sowie das Wort Wetter ein und Sie erhalten sofort jede Menge Wetter-Links mit genauen Angaben zur aktuellen und kommenden Wetterlage.

✔ **Definitionen finden:** Geben Sie vor einem Suchbegriff das Wort Definition ein und Google präsentiert Ihnen sofort die entsprechende.

✔ **Währungen umrechnen:** Sie wollen einen Euro-Betrag in US-Dollar umrechnen? Tippen Sie zum Beispiel 250 euro in us dollar ein und Google liefert sofort das Ergebnis.

MSN und Yahoo!

Zwar ist Google auch bei mir die erste Wahl unter den Suchmaschinen, aber es gibt noch ein paar Alternativen. Am bekanntesten dürften die beiden anderen Suchmaschinengiganten *Yahoo!* und *MSN* (Microsoft) sein, die ihre Arbeit auch ganz ordentlich verrichten, wobei Yahoo! sozusagen das Urgestein der Internetsuche ist. Unter http://de.msn.com und http://

de.yahoo.com landen Sie auf den jeweiligen Webportalen von MSN und Yahoo!, wo Sie noch eine Menge anderer Dinge tun können als nur zu suchen. *Portale* enthalten fast immer eine ganze Reihe von Angeboten wie Nachrichten, Links zu Unterhaltungsthemen aller Art, Aktienkurse, Spiele, E-Mail, Grußkarten und so weiter.

Kleine, aber feine Suchmaschinen

Vielleicht sollten Sie mal eine Google-Suche nach Suchmaschinen starten, denn kleine, spezialisierte Suchmaschinen schießen geradezu wie die Pilze aus dem Boden. Oft beschränken sich diese Suchseiten auf ganz bestimmte Themen wie Nachrichten, Gesundheit, Reisen, lokale Events, Politik oder Einkaufen. Und einige Suchmaschinen wie Dogpile (www.dopile.com) tragen einfach die Suchergebnisse aus allen anderen führenden Suchmaschinen zusammen.

Einen besonders interessanten Ansatz verfolgt die Suchmaschine Clusty unter www.clusty.com. Sie sortiert ähnliche Suchergebnisse in Gruppen (englisch *clusters*). Wenn Sie hier das Wort Pusteblume eingeben, zeigt Clusty Ergebnisgruppen wie *Kindergarten, Löwenzahn, Blumen, Fotos* und so weiter. Jetzt müssen Sie nur noch die Gruppe mit der gewünschten Art von Suchergebnissen anklicken, und es werden nur Links angezeigt, die für diese Gruppe relevant sind.

Elektronische Grüße per E-Mail

11

In diesem Kapitel

▷ Ein E-Mail-Konto einrichten

▷ E-Mails verfassen, stylen und versenden

▷ E-Mails abrufen

▷ Mit E-Mail-Anhängen umgehen

▷ Mit Spam fertig werden

▷ Postfächer und intelligente Postfächer

▷ Aufgaben, Notizen und Termine verwalten

▷ Mail als Newsreader verwenden

Die elektronische Post, weithin bekannt als *E-Mail*, ist Segen und Fluch zugleich.

Einerseits möchten Sie nie mehr auf E-Mails verzichten, da die Nachrichten den Empfänger meist innerhalb von Sekunden erreichen, und nicht erst nach ein paar Tagen wie bei der herkömmlichen Post (oder *Schneckenpost*, wie viele E-Mail-Anhänger sie verächtlich nennen). Und Sie müssen keine Zeit mehr mit dem Ablecken von Briefmarken verbringen.

Andererseits können E-Mails Sie (zumindest zeitweise) in den Wahnsinn treiben, da Sie regelmäßig innerhalb kürzester Zeit unter einer wahren Flut von E-Mail-Nachrichten begraben werden, wobei es sich bei den meisten um nutzlose Werbemails handelt, auch bekannt als *Spam*.

Nun, kein Postsystem war und ist perfekt. Würde die Post noch mit der Pferdekutsche transportiert, müssten Sie Ihre wichtigen Unterlagen unter Umständen erst einmal lüften, damit der Pferdemistgeruch verfliegt ...

Falls Sie ein E-Mail-Novize sind, finden Sie die wichtigsten Grundlagen in diesem Kapitel. Doch selbst wenn Sie Ihre Post schon seit Jahren auf elektronischem Wege abholen und verschicken, finden Sie hier bestimmt noch den einen oder anderen nützlichen Tipp.

Das E-Mail-Konzept

Einfach ausgedrückt bezeichnet E-Mail eine Möglichkeit des Nachrichtenaustauschs über ein Kommunikationsnetzwerk wie das Internet oder ein kleineres Netzwerk, zum Beispiel innerhalb eines Unternehmens.

Um E-Mail nutzen zu können, benötigen Sie zunächst ein E-Mail-Konto (auch als E-Mail-*Account* bezeichnet), das Ihnen in den allermeisten Fällen Ihr Internetprovider zusammen mit dem Internetzugang bereitstellt. Außerdem benötigen Sie ein E-Mail-Programm, um Nachrichten zu senden, zu empfangen und zu verwalten. Glücklicherweise enthält Mac OS X eine Anwendung mit dem treffenden Namen Mail (= Post), der keinen Zweifel an ihrer Funktion aufkommen lässt.

Sie öffnen Mail, indem Sie auf das Briefmarkensymbol im Dock klicken. (Sollte es aus irgendeinem Grund nicht da sein, doppelklicken Sie im PROGRAMME-Ordner auf das betreffende Symbol).

Lassen Sie sich aber nicht von dem Aussehen des Symbols täuschen: Für den E-Mail-Versand brauchen Sie keine Briefmarken, weshalb Sie einen E-Mail-Account bei diversen Anbietern im Internet meist kostenlos erhalten. Nun ja, vielleicht nicht so ganz, denn was ist heutzutage schon völlig kostenlos. Indirekt werden Sie natürlich zur Kasse gebeten, sei es durch die Internetzugangsgebühren, die Sie an Ihren Internetprovider zahlen, oder in Form von lästiger Onlinewerbung, die Sie erdulden müssen.

Ihr Internetprovider bietet Ihnen in der Regel gleich mehrere E-Mail-Accounts an. Im Normalfall richten Sie Ihren Account zuerst bei Ihrem Anbieter ein (Sie wählen eine E-Mail-Adresse, einen Benutzernamen, ein Kennwort und so weiter) und konfigurieren dann mithilfe der erhaltenen Zugangsdaten das entsprechende E-Mail-Konto (Ihr Eingangspostfach) in Mail, damit Sie die auf dem Account eingehenden Mails abrufen können (dazu kommen wir in einer Minute).

Weltweit E-Mails versenden und abrufen

Sie müssen einen E-Mail-Account aber nicht ausschließlich über Ihren Internetprovider einrichten, sondern können sich auch bei Anbietern wie Yahoo! GMX, MSN Hotmail oder AOL (das den berühmten Satz: »Sie haben Post!« geprägt hat) einen kostenlosen E-Mail-Account besorgen. Dazu besuchen Sie einfach die jeweilige Website, melden sich unter dem entsprechenden Link an und erhalten dann Ihre Zugangsdaten, mit denen Sie sich ein Konto in Mail einrichten, um die auf dem Account eingehenden Nachrichten auf Ihrem Mac zu empfangen.

Der Vorteil solcher webbasierter Accounts ist, dass Sie Ihre E-Mails auch über einen normalen Webbrowser und damit von jedem beliebigen Mac oder PC aus weltweit abrufen können (wobei die meisten Internetprovider diese Option auch anbieten). Ein weiteres Plus sind die zusätzlichen Funktionen wie Speicherplatz für Fotos, SMS-Versand, Terminerinnerung und so weiter.

Neben dem Mac-eigenen E-Mail-Programm Mail können Sie natürlich auch andere E-Mail-Programme wie Microsoft Entourage verwenden.

Ein E-Mail-Konto in Mail einrichten

Wenn Sie erst einmal alles richtig eingestellt haben, ist das Senden und Empfangen von E-Mails mit Mail ein Klacks. Die erstmalige Einrichtung birgt unter Umständen die eine oder andere Hürde, doch mit der folgenden Anleitung sollten Sie es schaffen, sie zu meistern:

1. **Sollten Sie Mail noch nicht geöffnet haben, klicken Sie auf das Briefmarkensymbol im Dock oder doppelklicken im Programme-Ordner darauf.**

   Sie werden mit einem ähnlichen Fenster wie dem aus Abbildung 11.1 begrüßt. Falls nicht, wählen Sie Ablage|Account hinzufügen. (Sie sollten außerdem mit dem Internet verbunden sein.)

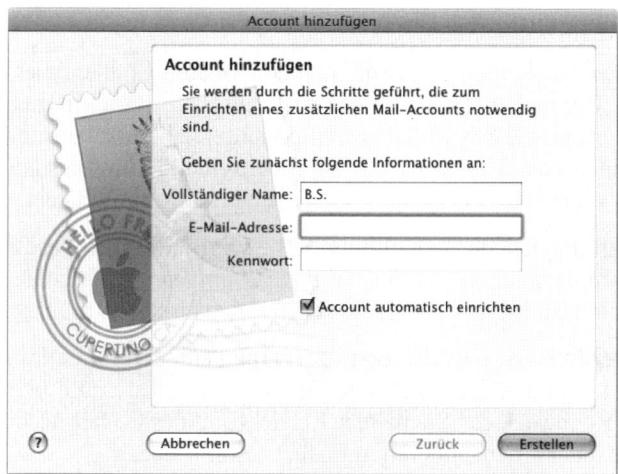

Abbildung 11.1: Ein neues E-Mail-Konto in Mail einrichten

2. **Füllen Sie die Felder im Fenster Account hinzufügen aus.**

   ◆ **Vollständiger Name:** Ihr Vor- und Nachname.

   ◆ **E-Mail-Adresse:** Hier geben Sie Ihre gewählte E-Mail-Adresse ein.

   ◆ **Kennwort:** Das Kennwort für Ihren E-Mail-Account (entweder haben Sie bei der Einrichtung des Accounts selbst eines gewählt oder Ihr Anbieter hat Ihnen eines zugewiesen).

   Falls Sie Ihr Konto manuell einrichten möchten, können Sie das Markierungsfeld Account automatisch einrichten deaktivieren und bei Schritt 3 fortfahren, für den Moment sollten Sie es jedoch aktiviert lassen.

3. **Klicken Sie auf Erstellen.**

   Der Mac versucht nun, eine Verbindung zum Mailserver Ihres Providers aufzubauen. Wenn Sie Glück haben, findet der Mail-Assistent nach einer Weile alle Informationen und richtet Ihr E-Mail-Postfach völlig selbstständig ein. In diesem Fall können Sie den Rest dieser Anleitung überspringen. Das war wirklich einfach, oder?

 Sofern Sie ein .Mac-Account besitzen und eingeloggt sind (weitere Informationen hierzu finden Sie in Kapitel 13), so wird das entsprechende .Mac-E-Mail-Konto mit den Daten aus der Systemeinstellung .MAC und mithilfe des Mail-Assistenten ebenfalls automatisch eingerichtet.

Möglicherweise verläuft die Einrichtung aber nicht ganz so reibungslos. Führen Sie dann die folgenden Schritte durch:

4. Klicken Sie auf FORTFAHREN.

5. Geben Sie einen SERVER FÜR EINTREFFENDE E-MAILS an.

Auf diesem Maileingangsserver – einem *POP-* (*Post Office Protocol*) oder *IMAP-Server* (*Internet Message* oder *Mail Access Protocol*) – werden Ihre E-Mails bei Ihrem Anbieter gespeichert, bis Sie sie in Mail abrufen.

Wählen Sie also den *Servertyp* aus dem gleichnamigen Einblendmenü. In den meisten Fällen trifft die Option POP zu, fragen Sie im Zweifelsfall Ihren Internetprovider (oder den Anbieter, bei dem Sie die E-Mail-Adresse eingerichtet haben; Anleitungen finden Sie meist auf der jeweiligen Website). Geben Sie als Beschreibung zum Beispiel den Namen Ihres Providers oder einfach den Verwendungszweck des Mail-Accounts ein.

Geben Sie dann die genaue Bezeichnung des Servers für eintreffende E-Mails an. Diese Angabe hat zum Beispiel oft das Format *pop.ihr-anbieter.de*, falls Sie unsicher sind, erkundigen Sie sich bei Ihrem Provider, was Sie genau eingeben müssen.

Geben Sie unter BENUTZERNAME den Benutzernamen ein, den Ihnen Ihr Provider entweder zugewiesen hat oder den Sie sich bei der Anmeldung selbst ausgesucht haben, sowie bei KENNWORT das Kennwort, das Sie bei der Einrichtung des E-Mail-Accounts bei Ihrem Internetprovider (oder einem anderen Anbieter) gewählt haben.

Klicken Sie auf FORTFAHREN. Mail prüft daraufhin die Verbindung zum angegebenen Mailserver. Sie werden dann automatisch zum nächsten Fenster weitergeleitet.

6. Geben Sie einen SERVER FÜR AUSGEHENDE E-MAILS an.

Wenn es einen Server für eingehende Mails gibt, ist es nur logisch, dass auch das Gegenstück dazu existiert. Hier geben Sie zum Beispiel etwas ein wie *smtp.ihr-anbieter.de* (*SMTP* steht für *Simple Mail Transfer Protocol*). Im günstigsten Fall füllt Mail das Feld selbstständig aus; auch hier sollten Sie sich im Zweifelsfall an Ihren Anbieter wenden. Geben Sie außerdem erneut die Beschreibung für den Account ein.

Aktivieren Sie die Option IDENTIFIZIERUNG VERWENDEN und geben Sie abermals Ihren Benutzernamen und Ihr Kennwort ein. Klicken Sie auf FORTFAHREN. Mail prüft dann die Verbindung zum angegebenen Mailserver.

7. Schließen Sie die Konto-Einrichtung ab.

Im Fenster ACCOUNT-ZUSAMMENFASSUNG sehen Sie eine Auflistung Ihrer Angaben. Soll das E-Mail-Konto nicht sofort aktiv geschaltet werden, deaktivieren Sie die Option ACCOUNT MIT DEM INTERNET VERBINDEN. Sie können die Verbindung später herstellen. Klicken Sie auf ERSTELLEN.

Ihr E-Mail-Account ist damit eingerichtet, und wenn Sie die eben genannte Option nicht aktiviert haben, werden auch gleich eventuell eingegangene E-Mails abgerufen und im Hauptfenster von Mail angezeigt.

Sie können jederzeit weitere E-Mail-Accounts einrichten, indem Sie ABLAGE|ACCOUNT HINZUFÜGEN wählen und die eben beschriebenen Schritte wiederholen. Ihre bestehenden Account-Einstellungen können Sie jederzeit nachträglich ändern. Wählen Sie dazu EINSTELLUNGEN aus dem MAIL-Menü und klicken Sie auf ACCOUNTS. Hier können Sie außerdem zusätzliche Einstellungen für die Handhabung Ihrer Mails vornehmen.

 Und noch ein kleiner Tipp am Rande: Wenn Sie nicht als Streber oder Computerfreak abgestempelt werden wollen, dann vermeiden Sie es auf der nächsten Cocktailparty, mit Begriffen wie IMAP und SMTP um sich zu werfen (außer Sie wollen Ihr Gegenüber verunsichern oder es handelt sich um eine Cocktailparty des legendären Chaos Computer Clubs).

Bevor Sie auf SENDEN klicken

Das Schlimmste haben Sie hinter sich (versprochen!) und wenn Sie bereits ein Ass im Schreiben, Senden und Empfangen von E-Mails sind, dann dürfen Sie die nächsten paar Abschnitte ruhig überspringen. Wir treffen uns dann später wieder.

Wenn Sie mir aber noch ein Weilchen Gesellschaft leisten wollen, dann verrate ich Ihnen gleich, wie Sie am schnellsten und einfachsten E-Mails verfassen und versenden. (Dabei halten wir uns ausnahmsweise mal nicht an die protokollarische Reihenfolge und nehmen das E-Mail-Fenster, das Sie nach dem Öffnen von Mail sehen, erst später etwas genauer unter die Lupe.)

E-Mail-Adressen haben *immer* (wirklich *immer*) ein @-Symbol irgendwo mittendrin und sehen dementsprechend ungefähr so aus: paula@mein-idol.de, angela@kanzleramt.de, bert@sportskanone.de.

Wählen Sie in Mail ABLAGE|NEUE E-MAIL oder drücken Sie ⌘+N (oder klicken Sie auf NEUE E-MAIL in der Symbolleiste des E-Mail-Fensters). Daraufhin öffnet sich ein neues E-Mail-Fenster, ähnlich wie das in Abbildung 11.2 gezeigte.

Eine E-Mail adressieren

Mit dem Fenster NEUE E-MAIL auf Ihrem Bildschirm sind Sie nun bereit, in E-Mail-Kontakt mit einem anderen menschlichen Wesen zu treten.

Tippen Sie in das Feld AN *sorgfältig* die E-Mail-Adresse des Empfängers ein. Wenn Sie nur einen einzigen Buchstaben, eine Zahl oder einen Bindestrich versehentlich falsch eingeben, wird Ihre Nachricht nicht gesendet (Sie bekommen dann eine entsprechende Rückmeldung) oder – noch schlimmer – sie kommt bei der falschen Person an.

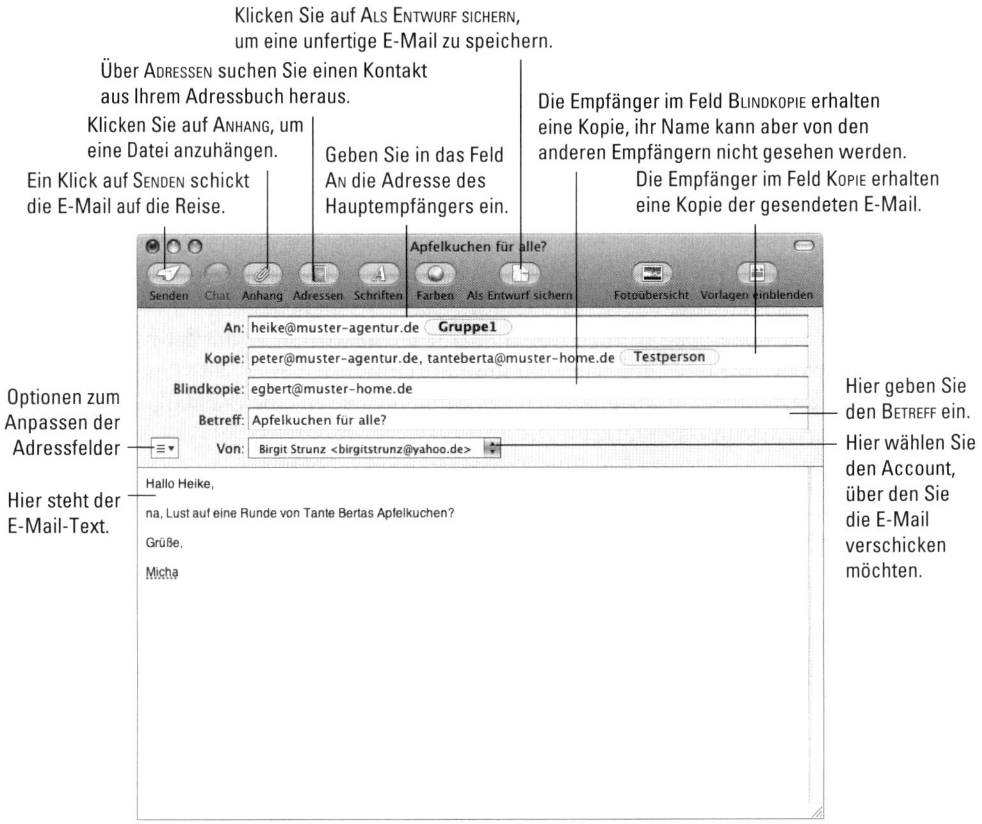
Klicken Sie auf Als Entwurf sichern, um eine unfertige E-Mail zu speichern.
Über Adressen suchen Sie einen Kontakt aus Ihrem Adressbuch heraus.
Die Empfänger im Feld Blindkopie erhalten eine Kopie, ihr Name kann aber von den anderen Empfängern nicht gesehen werden.
Klicken Sie auf Anhang, um eine Datei anzuhängen.
Geben Sie in das Feld An die Adresse des Hauptempfängers ein.
Ein Klick auf Senden schickt die E-Mail auf die Reise.
Die Empfänger im Feld Kopie erhalten eine Kopie der gesendeten E-Mail.
Apfelkuchen für alle?
Senden
Chat
Anhang
Adressen
Schriften
Farben
Als Entwurf sichern
Fotoübersicht
Vorlagen einblenden
An: heike@muster-agentur.de Gruppe1
Kopie: peter@muster-agentur.de, tanteberta@muster-home.de Testperson
Blindkopie: egbert@muster-home.de
Betreff: Apfelkuchen für alle?
Von: Birgit Strunz <birgitstrunz@yahoo.de>
Optionen zum Anpassen der Adressfelder
Hier geben Sie den Betreff ein.
Hier wählen Sie den Account, über den Sie die E-Mail verschicken möchten.
Hier steht der E-Mail-Text.
Hallo Heike,
na, Lust auf eine Runde von Tante Bertas Apfelkuchen?
Grüße,
Micha

Abbildung 11.2: Eine E-Mail adressieren und schreiben

Beim Eingeben der E-Mail-Adresse werden Sie vom Mac tatkräftig unterstützt: Während Sie tippen, schlägt er Ihnen schon mal die Adressen derjenigen Personen aus dem Adressbuch vor, auf die Ihre bisherigen Eingaben am besten zutreffen. Es kann deshalb sein, dass zuerst ein falscher Name angezeigt wird; tippen Sie unbeirrt weiter, bis der Mac schließlich die richtige Adresse errät oder Sie die Adresse selbst ganz eingeben haben (falls kein entsprechender Adressbucheintrag vorhanden ist).

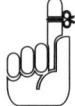

Wenn Ihre E-Mail an mehrere Empfänger gehen soll, dann geben Sie die Adressen nacheinander jeweils durch ein Komma getrennt in das Adressfeld ein. Falls eine andere Person außer dem Hauptempfänger eine Kopie der E-Mail erhalten soll, dann geben Sie deren Adresse (bei mehreren wiederum durch Kommas getrennt) in das Feld Kopie ein.

Es gibt noch eine zweite, bequemere Möglichkeit, die Adresse eines Empfängers einzugeben, vorausgesetzt, er befindet sich bereits in Ihrem Adressbuch. Klicken Sie im Fenster Neue E-Mail einfach auf Adressbuch und doppelklicken Sie dann auf den Namen der Person, der Sie die E-Mail schicken möchten – Mail erledigt den Rest. Dabei wird unter Umständen nur der wirkliche

Name der Person im Feld An angezeigt und nicht ihre E-Mail-Adresse. (Dies ist dann der Fall, wenn unter Mail|Einstellungen im Bereich Darstellung die Option Intelligente Adressen aktiviert ist.) So erscheint dann zum Beispiel S. Sänger anstatt saenger@goldkehlchen.de. Seien Sie aber unbesorgt, hinter den Kulissen trifft der Mac alle Vorkehrungen, damit Ihre Nachricht auch beim richtigen Empfänger landet.

Vielleicht möchten Sie die Liste der Empfänger geheim halten, sodass der Einzelne nicht sehen kann, an wen die Nachricht sonst noch geschickt wurde. Dies können Sie auf zwei Arten erreichen:

✔ Schicken Sie Ihre E-Mail an eine Personengruppe Ihres Adressbuchs (siehe Kapitel 3), indem Sie den Namen der Gruppe in das Adressfeld eingeben. Mail sendet die Nachricht dann an die jeweiligen E-Mail-Adressen der darin enthaltenen Personen. Um zu verhindern, dass den einzelnen Empfängern die anderen Adressen angezeigt werden, wählen Sie Mail|Einstellungen und klicken auf die Rubrik Verfassen. Stellen Sie sicher, dass die Option Bei E-Mails an eine Gruppe alle Mitglieder einblenden deaktiviert ist.

✔ Um die Adressen mehrerer Empfänger, die nicht derselben Gruppe angehören, geheim zu halten, klicken Sie links neben dem Einblendmenü Von in das Feld mit dem nach unten gerichteten Pfeil und wählen die Option Blindkopie aus der Liste (falls dieses Feld noch nicht angezeigt wird). Alle Empfänger, die Sie in dieses Feld eintragen, erhalten die Nachricht; die anderen Empfänger können jedoch nicht sehen, an wen die Nachricht sonst noch verschickt wurde.

Mit der Option Anpassen des eben beschriebenen Einblendmenüs können Sie die Anzeige von Adressfeldern und weiteren Optionen steuern.

Eine E-Mail verfassen

Ein paar Dinge sollten Sie jedoch beachten, bevor Sie einfach so mir nichts dir nichts eine Nachricht in den Äther hinausschicken. Auch wenn es hierfür keine zwingende Vorschrift gibt, so gebietet es doch zumindest die (N)Etiquette, Ihr Schreiben mit einem Betreff zu versehen (mehr dazu im Kasten »E-Mail-Net(t)iquette« in diesem Kapitel). Manche Menschen kommen hier sofort auf den Punkt und schreiben gleich alles, was sie loswerden wollen, in die Betreffzeile (zum Beispiel Mittagessen heute um 13:00 Uhr bei Peppino!).

Beginnen Sie nun einfach damit, Ihre Nachricht in den leeren Textbereich im unteren Teil des E-Mail-Fensters einzutippen. Sie können auch Textpassagen (oder Bilder) aus einem anderen Dokument beziehungsweise Programm kopieren und dann einfügen.

Natürlich stehen Ihnen auch beim Verfassen von E-Mails die gewohnten Textformatierungsmöglichkeiten zur Verfügung. Sie können markierten Text **fett** oder *kursiv* formatieren oder ihn mit attraktiven Schriften und Farben aufpeppen. Klicken Sie auf Schriften, um das Fenster Schrift zu öffnen (Sie kennen es vielleicht schon von TextEdit her; siehe Kapitel 8) und eine passende Schriftart, -größe und andere Eigenschaften zu wählen. Danach können Sie dem Text eine andere Farbe zuweisen, indem Sie entweder gleich im SCHRIFT-Fenster in der Symbolleiste auf TEXTFARBE klicken oder auf FARBEN im E-Mail-Fenster. Das SCHRIFT-Fenster und das FARBEN-Fenster mit dem Farbkreis sehen Sie in Abbildung 11.3.

Sollte sich Ihr Text wider Erwarten nicht formatieren lassen, so liegt das daran, dass Sie sich im Modus für *reinen* Text befinden. Wählen Sie in diesem Fall aus dem FORMAT-Menü die Option IN FORMATIERTEN TEXT UMWANDELN, um in den Modus für formatierten Text zu wechseln. Mail bietet nämlich die Möglichkeit, E-Mails auch als reine, unformatierte Textdateien zu versenden, für den Fall, dass bestimmte Empfänger Probleme haben, formatierten E-Mail-Text anzuzeigen; in diesem Fall wählen Sie FORMAT|IN REINEN TEXT UMWANDELN.

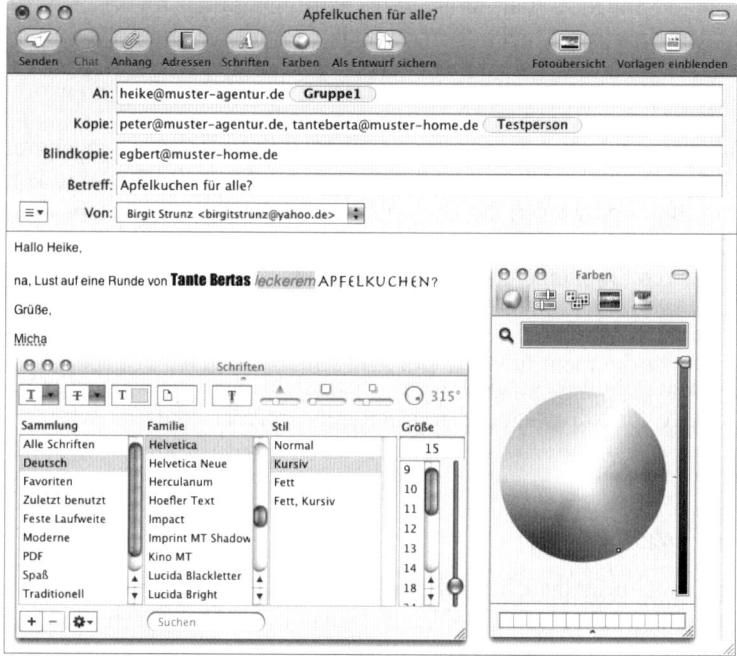

Abbildung 11.3: Die Schriftart und -farbe Ihres E-Mail-Texts anpassen

Sie haben es fast geschafft. Doch was, wenn Sie durch irgendetwas unterbrochen werden? Vielleicht ist Ihnen gerade eingefallen, dass Sie die Grafik der aktuellen Verkaufszahlen, die Sie eigentlich mitschicken wollten, noch dringend überarbeiten müssen. Oder Sie haben das Gefühl, Sie müssten erst noch ein bisschen Dampf ablassen, bevor Sie Ihrem Chef endgültig Ihre Kündigung per E-Mail schicken. Klicken Sie in diesem Fall auf ALS ENTWURF SICHERN und tun Sie zuerst, was immer Sie tun müssen. Wenn Sie bereit sind, weiterzuschreiben – vielleicht möchten Sie jetzt lieber eine Gehaltserhöhung verlangen –, wählen Sie POSTFACH|GEHE ZU|ENTWÜRFE (oder klicken Sie auf das Symbol ENTWÜRFE in der POSTFÄCHER-Spalte des E-Mail-Hauptfensters) und doppelklicken Sie dann im oberen Teil des Hauptfensters von Mail auf den gespeicherten E-Mail-Entwurf, um ihn erneut zu öffnen.

Dateien anhängen

Mail gibt Ihnen die Möglichkeit, Dateien an Ihre E-Mails anzuhängen und mitzuverschicken. Meist werden Sie wahrscheinlich Textdokumente anhängen, aber auch andere Dateitypen wie Bilder, Musikdateien, Excel-Tabellen, Videodateien und so weiter lassen sich als *E-Mail-Anhang* (auch *Attachment* genannt) verschicken.

Klicken Sie dazu in der Symbolleiste des E-Mail-Fensters auf ANHANG. Im folgenden Dialogfenster wählen Sie dann die gewünschte Datei aus dem entsprechenden Ordner auf Ihrer Festplatte. (Alternativ können Sie die anzuhängende Datei auch direkt vom Schreibtisch oder aus einem Finder-Fenster in den E-Mail-Textbereich hineinziehen.)

 Angesichts der großen Verbreitung jenes *anderen* Betriebssystems wird es nicht ausbleiben, dass Sie auch mal ein Attachment an einen Windows-Nutzer schicken. Windows ist jedoch wählerisch hinsichtlich der Dateitypen, die gelesen werden können. Dieses System verlangt immer eine *Dateierweiterung* wie .doc oder Ähnliches (siehe Kapitel 8). Da Apple es sich mit dem Rest der Computerwelt nicht verscherzen wollte, finden Sie in dem Dialogfenster, in dem Sie die anzuhängende Datei wählen, die Option ANHÄNGE WINDOWS-KOMPATIBEL SENDEN. Aktivieren Sie sie, bevor Sie einem Windows-Nutzer eine Datei schicken (oder lassen Sie sie am besten immer aktiviert), dann kann nichts schiefgehen.

 Wenn Sie einem Windows-Nutzer von Ihrem Mac aus eine E-Mail mit einer angehängten Datei schicken, so erhält er stattdessen zwei Dateien (dabei hätten Sie *schwören* können, dass Sie nur eine einzige angehängt haben!). Die eine heißt »*Name_der_angehängten_Datei*«, die andere ».*_Name_der_angehängten_Datei*«. Die letztere kann der Empfänger getrost ignorieren.

 Wenn Sie sich eine Menge Ärger ersparen wollen, warnen Sie einen potenziellen Empfänger am besten, *bevor* Sie ihm einen größeren E-Mail-Anhang wie etwa mehrere umfangreiche Dokumente oder gar hochauflösende Bilder und Videodateien zukommen lassen. Die beiden letztgenannten sollten Sie vorher nach Möglichkeit sowieso *immer* komprimieren. Und weisen Sie auf jeden Fall in Ihrer E-Mail auf den Anhang hin. Es gibt für diese Vorsichtsmaßnahmen gute Gründe:

✔ Viele Windows-Viren werden über E-Mail-Anhänge verbreitet. Sie selbst wissen natürlich, dass Ihre angehängten Dateien völlig harmlos sind, aber Ihr Windows-Freund wird sich wahrscheinlich hüten, einen solchen Anhang zu öffnen, ohne zu wissen, worum es sich dabei handelt (und ihn womöglich in einem Anfall von Panik umgehend eliminieren). Glücklicherweise müssen Sie sich als Mac-Nutzer nicht den Kopf über solche Dinge zerbrechen.

✔ Zu große E-Mail-Attachments brauchen unter Umständen eine Ewigkeit, bis der Empfänger sie schließlich auf seinen Rechner heruntergeladen hat, und können sogar seinen E-Mail-Account völlig blockieren. Darüber hinaus ist bei vielen Internetprovidern die Datenmenge im Eingangspostfach beschränkt oder es dürfen nur Dateien bis zu einer bestimmten Größe verschickt werden. Auch Unternehmen haben oft solche Limits, sodass Mitarbeiter beispielsweise E-Mails erst wieder versenden (oder beantworten) dürfen, nachdem sie ältere E-Mails und Anhänge gelöscht und so Speicherplatz freigegeben haben.

 Um Probleme mit der Dateigröße zu vermeiden, können Sie angehängte Bilder in Mail vor dem Versenden komprimieren. Klicken Sie dazu auf das Einblendmenü BILDGRÖSSE unten rechts im E-Mail-Fenster (siehe Abbildung 11.4) und wählen Sie eine passende Größe (KLEIN, MITTEL, GROSS). Das angefügte Bild ändert sich entsprechend der Auswahl in der Größe.

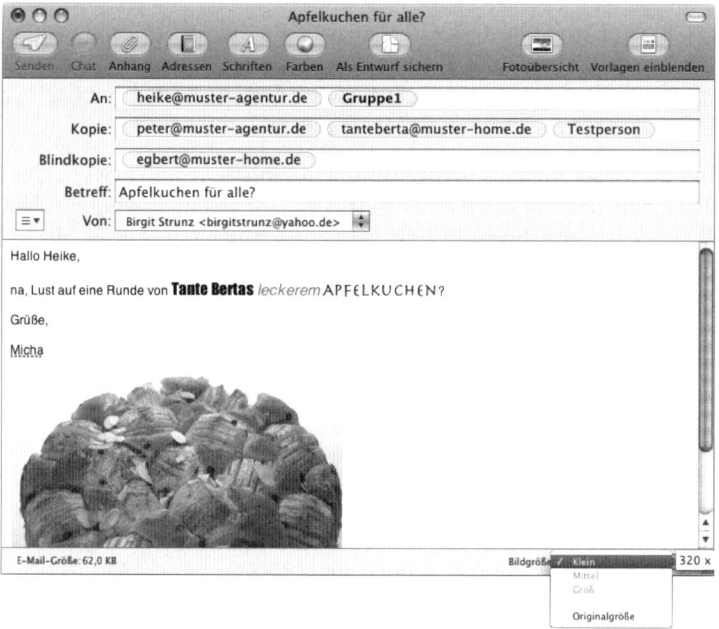

Abbildung 11.4: An E-Mails angehängte Bilder sollten Sie zuvor immer komprimieren.

Rechtschreibprüfung

Die meisten Menschen neigen dazu, Ihre E-Mails ein wenig informeller zu gestalten, vor allem wenn diese an Freunde und Bekannte gerichtet sind. Da wird abgekürzt, was das Zeug hält (*LG, CU, Mfg*), saloppe oder verniedlichende Umgangsprache verwendet (*Hi Schnecke, Bussi, Knutschi*) oder gar im Dialekt getippt (*Moin, Pfüati*). Jedoch sollten Sie bei Schreiben an offizielle Stellen wie das Finanzamt oder Ihren zukünftigen beziehungsweise aktuellen Arbeitgeber (immerhin zahlt dieser Mensch Ihr Gehalt) möglichst versuchen, die Form zu wahren, auch wenn beziehungsweise gerade *weil* Sie den Kommunikationsweg per E-Mail gewählt haben. Dazu gehört natürlich auch eine korrekte Rechtschreibung.

Zum Glück für alle Rechtschreibreform-Geplagten zählt die automatische Rechtschreibprüfung zur Grundausstattung von Mail.

Die Rechtschreibprüfung findet standardmäßig während des Schreibens statt, Sie können bei Bedarf jedoch andere Einstellungen vornehmen. Wählen Sie EINSTELLUNGEN aus dem MAIL-Menü und klicken Sie auf VERFASSEN. Im Einblendmenü neben RECHTSCHREIBPRÜFUNG stehen die folgenden drei Optionen zur Wahl: WÄHREND DER TEXTEINGABE, BEIM KLICKEN AUF »SENDEN« und NIE (siehe Abbildung 11.5).

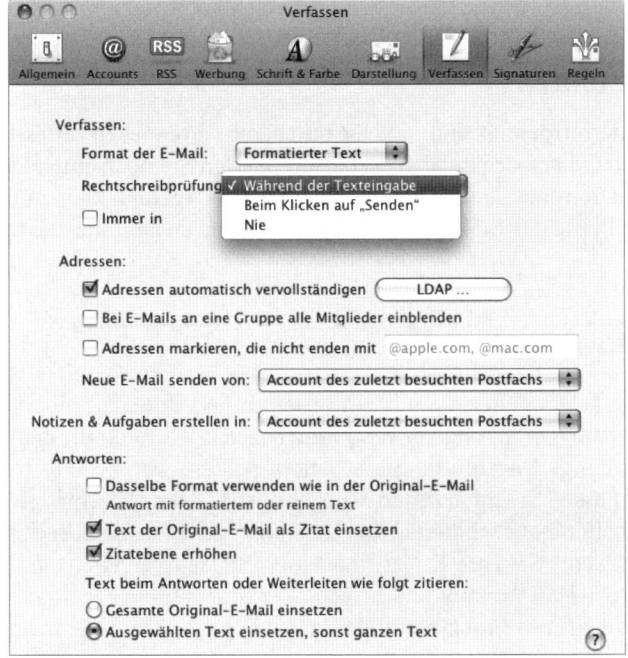

Abbildung 11.5: Die Rechtschreibprüfung aktivieren

Sofern Sie nicht die Option NIE gewählt haben, unterstreicht Mail – genau wie TextEdit und andere Textverarbeitungsprogramme – alle potenziellen Rechtschreibfehler rot.

 Sollte die Rechtschreibprüfung von Mail immer wieder über ein Wort stolpern, von dem Sie sicher sind, dass es korrekt geschrieben ist (zum Beispiel ein Firmenname), können Sie es dem Wörterbuch der Rechtschreibprüfung hinzufügen: Klicken Sie bei gedrückter `Ctrl`-Taste auf das Wort und wählen Sie SCHREIBWEISE LERNEN aus dem Kontextmenü. Mail wird das Wort von da an nicht mehr beanstanden.

Eine Signatur einfügen

Wenn Sie möchten, können Sie eine persönliche Signatur festlegen, die automatisch am Ende jeder E-Mail erscheint. Diese kann Ihren Namen, Ihre Anschrift, Telefonnummer, Ihren iChat-Account-Namen und eventuell einen schlauen Spruch, ein Zitat oder Ähnliches enthalten.

Um eine Signatur anzulegen, wählen Sie MAIL|EINSTELLUNGEN|SIGNATUREN und klicken auf das Plussymbol unterhalb der zweiten Spalte. (Falls Sie mehrere Mail-Accounts haben und die Signatur einem bestimmten Account zuordnen wollen, wählen Sie diesen zuvor in der linken

Spalte aus.) Sie können entweder die automatisch vorgeschlagene Standardsignatur beibehalten oder eine neue eintippen; außerdem können Sie festlegen, ob Sie dafür die Standardschrift für E-Mails verwenden möchten und ob die Signatur über zitierten Text gesetzt werden soll.

Eine E-Mail senden

Wenn Sie mir bis hierhin gefolgt sind, sind Sie nun bereit, Ihre soeben verfasste (möglicherweise erste) E-Mail in den Cyberspace hinauszuschicken. Werfen Sie noch einen letzten Blick darauf. Ist alles so weit in Ordnung, dann dürfen Sie jetzt auf Senden (den kleinen Papierflieger) oben links in der Symbolleiste des E-Mail-Fensters klicken. Und ab geht die elektronische Post!

E-Mail-Net(t)iquette

Wie im täglichen Leben gelten auch im Internet für den Umgang mit anderen Menschen gewisse Verhaltensregeln, häufig als *Netiquette* bezeichnet. Auch für die E-Mail-Kommunikation gibt es einige Regeln, die Sie beachten sollten, wenn Sie sich nicht unbeliebt machen wollen. Lassen Sie mich Ihnen die wichtigsten kurz näherbringen. Ein paar sinnvolle Gepflogenheiten habe ich bereits kurz erwähnt: So ist es zum Beispiel für den Empfänger hilfreich, wenn Sie Ihre E-Mail mit einem Betreff versehen und ihn vorwarnen, wenn Sie größere E-Mail-Anhänge an ihn schicken möchten. Unter Umständen ist es auch angebracht, bei mehreren Empfängern deren jeweilige E-Mail-Adresse geheim zu halten, indem Sie die Funktion Blindkopie nutzen.

Doch es gibt noch weitere Konventionen, zum Beispiel diese: BRÜLLEN SIE IHR GEGENÜBER NICHT AN, INDEM SIE NUR GROSSBUCHSTABEN VERWENDEN! Denn genau das bedeutet der Einsatz von Großbuchstaben in der Welt des Cyberspace. In Kleinbuchstaben zu schreiben, ist sehr viel zivilisierter und auf diese Weise vermeiden Sie, dass ein irritierter Empfänger eventuell ZURÜCKSCHREIT oder Sie auf andere Weise »anpflaumt«, um sich zu revanchieren.

Leiten Sie keine E-Mail-Kettenbriefe weiter, denn die bringen weder Ihnen noch Ihren Freunden und Bekannten Glück oder Reichtum. Im Gegenteil: Es soll schon vorgekommen sein, dass ein entnervter Kettenbriefempfänger Nadeln in eine Voodoo-Puppe gesteckt hat, stellvertretend für alle Personen, die Kettenbriefe weiterleiten.

Wenn Sie auf eine E-Mail antworten, zitieren Sie in Ihrer Antwort immer die Originalnachricht (oder zumindest die Textpassagen, auf die Sie antworten wollen), indem Sie auf Antworten klicken. Sollte der ursprüngliche Text nicht angezeigt werden (zum Beispiel bei AOL), dann markieren Sie zuerst die relevanten Teile (oder die gesamte Nachricht) und klicken dann auf Antworten. Nun können Sie Ihr Antwortschreiben zurechtstutzen und Ihre Kommentare direkt unter die einzelnen Anliegen des Schreibers tippen. So weiß der Empfänger, was er Ihnen ursprünglich geschrieben hat, und Sie sparen sich zusätzliche Tipparbeit.

Und nun zu zwei Besonderheiten, die Ihnen bei der E-Mail-Kommunikation häufiger begegnen werden. Eine davon ist dieser kleine Kerl: :-). Spätestens, wenn Sie den Kopf um 90 Grad nach links drehen, erkennen Sie das kleine grinsende Gesicht. Diese beliebten »Punkt-Punkt-Komma-Strich-Männchen« nennen sich treffend *Emoticons* (englisch *emotion* = *Gefühl*), denn sie sollen den Gemütszustand des Verfassers anzeigen (da Sie ihn ja nicht sehen können). Es gibt sie in unzähligen Variationen und entweder man liebt oder man hasst sie.

Und dann lesen Sie vielleicht öfter etwas wie *LOL*. Das sagt Ihnen wenig? Da sind Sie nicht die/der Einzige. Abkürzungen wie diese stehen für englische Phrasen, die eine Reaktion oder Meinung des Schreibers zu einem Thema ausdrücken sollen, und ihr Gebrauch hat sich auch unter deutschen Nutzern inzwischen etabliert. Hier drei häufig verwendete: *LOL = laughing out loud = lauthals lachen, ROTFL = rolling on the floor laughing = sich vor Lachen kringeln* und *IMHO = in my humble opinion = meiner bescheidenen Meinung nach*.

Bitte setzen Sie diese beiden Dinge so sparsam wie möglich ein. Sie können sie öfter beim Schreiben von Instant Messages verwenden (mehr darüber im nächsten Kapitel).

Versuchen Sie, sich in Ihren E-Mails so kurz und präzise zu fassen, wie möglich. Bedenken Sie, dass manche Menschen täglich Hunderte von E-Mails erhalten. Wenn Sie möchten, dass Ihre Mail gelesen wird, dann verzichten Sie auf blumige Sprache und wortreiche Ausschmückungen in Romanlänge.

Achten Sie darauf, dass Ihre Nachricht an die richtige Person adressiert ist. Nichts ist schlimmer als versehentlich eine Mail mit dem Inhalt »Dörte ist doof« an Dörte zu schicken (oder an eine ihr nahestehende Person). Außerdem haben E-Mails so etwas wie ein Eigenleben, denn sie werden schon mal versehentlich (oder absichtlich) an andere Personen weitergeleitet, die vielleicht von Ihrer Einstellung gegenüber Dörte nicht sonderlich begeistert sind. Dann haben Sie den Salat!

Denken Sie in diesem Zusammenhang auch daran, dass eine E-Mail nicht die visuellen und verbalen Ausdrucksmöglichkeiten einer normalen Unterhaltung erlaubt. Vielleicht haben Sie nur einen Scherz gemacht, als Sie Dörte doof genannt haben. Doch woher soll Dörte das wissen? In diesem Fall können und *sollten* Sie eins der oben genannten Emoticons einsetzen, um Dörte nicht unnötig gegen sich aufzubringen.

Allgemein gilt: Fragen Sie sich vor dem Absenden einer E-Mail immer selbst, wie *Sie* sich anstelle des Empfängers fühlen würden. Gehen Sie nie davon aus, dass Ihre E-Mail vertraulich behandelt wird. Überlegen Sie gut, bevor Sie in einer E-Mail etwas preisgeben, was Sie in der Öffentlichkeit niemals sagen würden.

Ob Sie die genannten Tipps beherzigen wollen oder nicht, liegt ganz bei Ihnen. Auf allseits nette E-Mail-Kontakte!

Schöner mailen: E-Mail-Styling für Anspruchsvolle

Sind wir mal ehrlich. Die meisten E-Mails, die Sie bisher verfasst haben, sahen eher langweilig aus. Auch wenn Mail Ihnen die Möglichkeit gibt, verschiedene Schriftarten und -farben zu verwenden oder ein Bild einzufügen, so wirkt das Ergebnis doch meist eher nüchtern. Was, wenn Sie jemandem Grüße zu einem besonderen Anlass schicken wollen? Vielleicht möchten Sie Freunde und Familie zum Geburtstag einladen, zum Dia-Abend, zu einer Halloween-Party oder Ähnliches. Wäre es da nicht schön, wenn Sie Ihre E-Mails etwas attraktiver gestalten und an das betreffende Thema anpassen könnten? Sie können. Lesen Sie weiter.

Ein attraktives Briefpapier wählen

Vielleicht erinnern Sie sich noch an die Zeit, in der Sie Ihre Briefe eigenhändig per Füllfederhalter verfasst haben. Möglicherweise haben Sie in Ihrer Kindheit oder Jugend ein paar Briefkontakte ins Ausland gepflegt (ein Hobby, dem bereits in der Prä-E-Mail-Ära sehr viele Menschen nachgingen) oder haben häufiger an Freunde oder Familienmitglieder geschrieben oder tun dies immer noch. Wie auch immer, ich bin sicher, dass Sie fast immer irgendein schickes Briefpapier verwendet haben, um Ihrem Schreiben eine besondere Note zu verleihen.

 Nun, für alle, die auch bei der E-Mail-Kommunikation auf derlei Verschönerungen nicht länger verzichten wollen, gibt es eine gute Nachricht: In Mail können Sie jetzt aus zirka 30 Briefpapiervorlagen zu den unterschiedlichsten Anlässen ein passendes Ambiente für Ihr schriftliches Anliegen wählen – da dürfte auch für anspruchsvolle Zeitgenossen wie Sie etwas dabei sein.

Und denkbar einfach ist die Auswahl auch. Nachdem Sie Ihre E-Mail – wie weiter vorn in diesem Kapitel beschrieben – verfasst haben, klicken Sie einfach oben rechts im E-Mail-Fenster auf VORLAGEN EINBLENDEN und wählen in der Briefpapierleiste eine passende Vorlage. Klicken Sie zuerst links auf eine der Rubriken (GEBURTSTAG, ANKÜNDIGUNGEN, FOTOS und so weiter) und dann auf eine der Vorlagen. (Blättern Sie mit dem Rollbalken, um alle Vorlagen anzusehen.)

Ihre Mail wird umgehend in die Vorlage eingearbeitet. Dabei wird der Text farblich angepasst und auch Fotos, die Sie eventuell zuvor eingefügt haben, werden übernommen, sofern die Vorlage einen oder mehrere Fotoplatzhalter beinhaltet. Das Ergebnis könnte so aussehen wie in Abbildung 11.6. Hier wurde für die weiter vorn in diesem Kapitel erstellte Mail die Vorlage ABENDESSEN verwendet. (Auch wenn es sich hier um eine Einladung zu Kaffee und Kuchen handelt – Sie müssen keine Konsequenzen von Apple befürchten, wenn Sie eine Vorlage nicht zweckgemäß verwenden.)

In fast allen Briefpapiervorlagen finden Sie neben einem Platzhalter für den Haupttext Ihrer Nachricht auch noch einen oder mehrere zusätzliche Textkästen mit dem Anlass entsprechendem Beispieltext. Diesen können Sie mit eigenem Text überschreiben oder auch einfach ganz löschen.

Selbstverständlich ist es auch möglich, zuerst eine Vorlage auszuwählen und dann den Text einzugeben, indem Sie den vorgegebenen Platzhaltertext überschreiben. Auch formatieren lässt sich der Text weiterhin, wie weiter vorn in diesem Kapitel beschrieben. Wenn Sie, nachdem Sie bereits Text eingegeben haben, ein anderes Briefpapier wählen, wird er automatisch in die neue Vorlage übernommen.

Abbildung 11.6: Einer solchen Einladung kann keiner widerstehen!

 Vielleicht gefallen Ihnen einige Vorlagen so gut, dass Sie sie öfter benutzen möchten. Dann sollten Sie sie in der Rubrik FAVORITEN platzieren, indem Sie die Miniaturen der bevorzugten Vorlagen einfach links auf die Rubrik FAVORITEN ziehen. (Sobald diese grau hinterlegt erscheint, lassen Sie die Maustaste los.)

Falls Sie sich nachträglich entscheiden, Ihre Mail doch lieber ohne Briefpapier zu senden, wählen Sie aus der Rubrik VORLAGE die leere Briefvorlage ORIGINAL, und Ihre Nachricht erscheint wieder auf förmlichem Weiß.

 Wem die 32 Vorlagen von Apple zu wenig sind, der kann sich das Stationery Pack für Mail 3.0 von Equinux holen. Es kostet 24,95 Euro, umfasst 111 Vorlagen und ist bei Apple-Händlern, Amazon oder direkt beim Hersteller erhältlich.

Fotos hinzufügen

Wenn Sie sich durch die Vorlagen von Mail klicken, werden Sie feststellen, dass die meisten mit Fotoplatzhaltern ausgestattet sind. Diese können Sie auf unterschiedliche Arten füllen:

✔ **Weisen Sie einer normalen E-Mail mit Fotoanhang eine Vorlage mit Fotoplatzhalter zu.**
Angehängte Fotos werden automatisch in die Vorlage übernommen.

✔ **Ziehen Sie ein Foto von Ihrem Schreibtisch oder aus einem Finder-Fenster in einen Fotoplatzhalter.**

✔ **Fügen Sie Bilder über die Fotoübersicht hinzu.**

 Neu in Mail ist die Fotoübersicht, mit deren Hilfe Sie auf Fotos Ihrer iPhoto-Mediathek (siehe Kapitel 16), aus Photo Booth oder Aperture (eine Profisoftware zur Fotoverwaltung und -bearbeitung) zugreifen können (siehe Abbildung 11.7). Klicken Sie in der Symbolleiste auf Fotoübersicht, wählen Sie die entsprechende Quelle und ziehen Sie das gewünschte Bild aus dem Ansichtsbereich in den Platzhalter. Sie können auch ganze Ordner mit Bildern in den Quellenbereich der Fotoübersicht hineinziehen, um besser darauf zugreifen zu können.

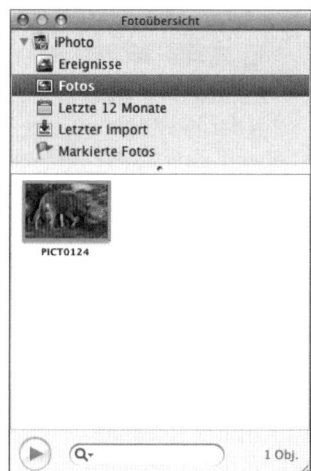

Abbildung 11.7: Über die Fotoübersicht greifen Sie bequem auf Ihre iPhoto-Mediathek zu.

Sollte ein eingefügtes Foto größer sein als in der Vorlage vorgesehen, doppelklicken Sie auf das platzierte Bild. Mit dem daraufhin eingeblendeten Schieberegler können Sie es nun heranzoomen und dann einen passenden Ausschnitt festlegen.

 Es ist auch möglich, eigene Vorlagen zu erzeugen. Erstellen Sie eine gewöhnliche E-Mail, wie weiter vorn in diesem Kapitel beschrieben, formatieren Sie den Text und fügen Sie Bilder hinzu. Wenn Sie nun Ablage|Als Vorlage sichern wählen, steht dieses Arrangement als eigene Vorlage in der Rubrik Angepasst zur Verfügung.

Wenn Sie eine Briefvorlage – womöglich mit mehreren Bildern – verwenden, wächst natürlich auch die Größe Ihrer E-Mail und es dauert länger, sie zu versenden und zu empfangen. Stellen Sie sicher, dass der Empfänger E-Mails dieser Größenordnung problemlos abrufen kann.

Die Flut eingehender E-Mails bewältigen

Wie bei jeder hervorragenden Erfindung gibt es auch bei E-Mail eine Kehrseite der Medaille, und das ist die oftmals unüberschaubare Flut von eingehenden Mails – darunter sowohl solche, die für Sie von Interesse sind, als auch diverse unerwünschte Werbemails. Je nachdem, in welcher Branche Sie arbeiten, wie viele E-Mail-Adressen Sie haben (und wie lange schon), kann es einige Zeit dauern, bis Sie sich durch den Inhalt Ihrer E-Mail-Eingangspostfächer gekämpft haben.

Immer wenn Sie neue E-Mails erhalten, wird Ihnen das durch einen kleinen roten Punkt direkt am Mail-Symbol im Dock signalisiert, der außerdem die Zahl eingegangener Nachrichten anzeigt. (Selbstverständlich muss Mail dazu geöffnet sein.)

Naturgemäß erhalten Sie E-Mails über das Internet, weshalb eben auch eine Internetverbindung bestehen sollte. Wenn Sie nicht warten wollen, bis Mail Ihre E-Mails in bestimmten Abständen für Sie abruft, können sie das auch selbst tun, indem Sie oben links in der Symbolleiste des Hauptfensters auf EMPFANGEN klicken (siehe Abbildung 11.8). Für jedes E-Mail-Konto, das Sie in Mail angelegt haben, wird in der Leiste links unter POSTFÄCHER ein Eingangspostfach angezeigt. Während Mail Ihre Post abruft, dreht sich ein kleines sternförmiges Symbol rechts neben dem jeweiligen Postfach, bis dann schließlich die Anzahl der eingegangenen Nachrichten angezeigt wird. Diese erscheinen im Nachrichtenbereich rechts, sobald Sie auf das Postfach selbst beziehungsweise auf EINGANG klicken.

Sollte sich nach dem Klick auf EMPFANGEN nichts tun, dann prüfen Sie, ob Ihr E-Mail-Konto eventuell gerade offline ist (es wird dann blass angezeigt und es erscheint ein blauer Punkt mit einer zackigen Linie rechts daneben). Wählen Sie in diesem Fall aus dem Menü POSTFACH die Option ALLE ACCOUNTS MIT DEM INTERNET VERBINDEN.

Sollte die eben genannte Maßnahme nicht greifen, dann wählen Sie FENSTER|VERBINDUNG PRÜFEN. Daraufhin prüft Mail, ob Sie mit dem Internet verbunden sind und ob die einzelnen E-Mail-Accounts ordnungsgemäß konfiguriert sind.

Klicken Sie eine neue Nachricht ein Mal an, so erscheint ihr Inhalt im Textbereich unterhalb. Ein Doppelklick auf die Nachricht öffnet sie in einem neuen Fenster (siehe Abbildung 11.9).

Durch Ziehen des horizontalen Trennelements
passen Sie die Größe der beiden Anzeigebereiche an.

Klicken Sie auf einen Spaltentitel, um die
Spalte nach diesem Kriterium zu sortieren
(per Rechtsklick können Sie zusätzliche
Spalten einfügen).

Durch Ziehen des Trennelements können
Sie die Breite der linken Spalte anpassen.

Ein blauer Punkt links neben einer Nachricht
kennzeichnet sie als ungelesen.

Mit dem Rollbalken können Sie sich
zum Ende des Nachrichtenfensters
bewegen.

Anzahl ungelesener
Nachrichten im
jeweiligen E-Mail-
Eingangspostfach.

Das Spotlight-Suchfeld
ermöglicht eine umfassende
Suche innerhalb von Mail.

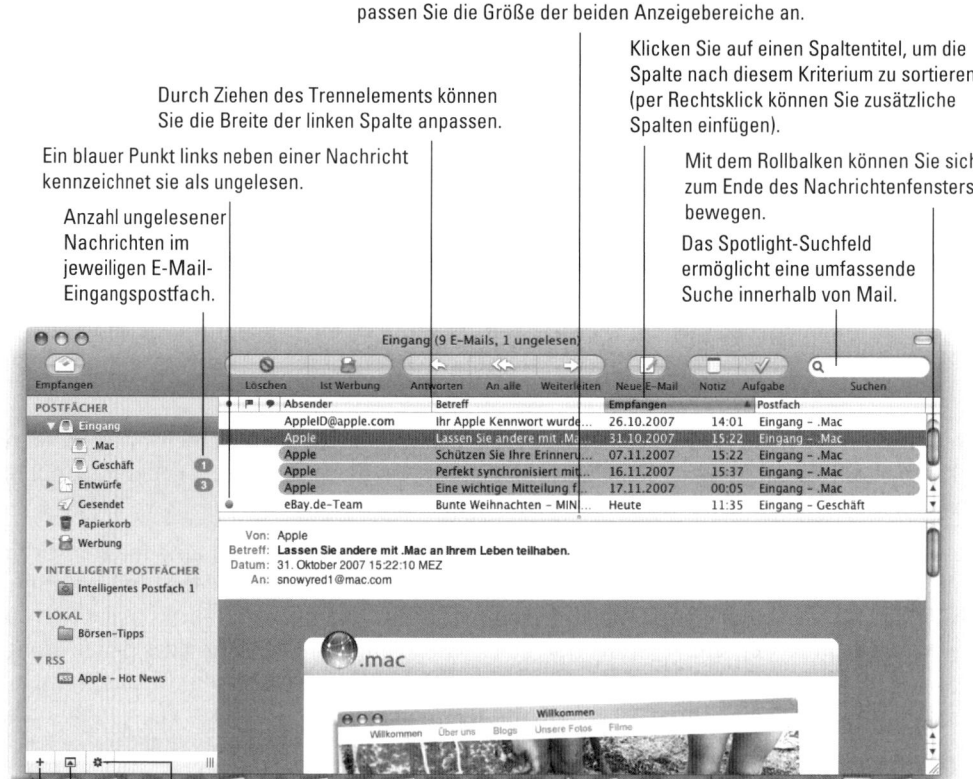

Hier stehen Ihnen Kurzbefehle für häufig verwendete Aktionen zur Verfügung.

Der rote Punkt am Mail-Symbol im Dock signalisiert Ihnen, dass
beziehungsweise wie viele ungelesene E-Mails auf Sie warten.

Ein- und Ausblenden des Bereichs, in dem aktuelle Aktivitäten angezeigt werden.

Klicken Sie auf das Plussymbol, um einen neuen Unterordner (= Postfach) anzulegen.

Abbildung 11.8: E-Mails im Hauptfenster von Mail lesen und verwalten

Die lesenswerte Post aussortieren

Ich werde mich hüten, Ihnen vorzuschreiben, was Sie lesen sollen und was nicht, egal ob online oder offline. Ich will hier schließlich keine Zensur betreiben. Doch seien Sie sicher: Mir liegt ausschließlich Ihr Wohl am Herzen, wenn ich Ihnen wärmstens empfehle, Ihr Eingangspostfach stets mit einem gesunden Maß an Misstrauen durchzusehen.

Sie werden dabei zum Beispiel früher oder später auf Post von Firmen, Online-Clubs oder Websites stoßen, an deren Produkten oder Inhalten Sie irgendwann einmal in irgendeiner Form Interesse gezeigt haben. Vielleicht haben Sie sich in mehrere E-Mail-Newsletter zu verschiedenen Themen von Ornithologie bis Kieferorthopädie eingetragen. E-Mails dieser Art sind in vielen Fällen okay, solange Sie wissen, woher sie stammen und warum Sie sie bekommen.

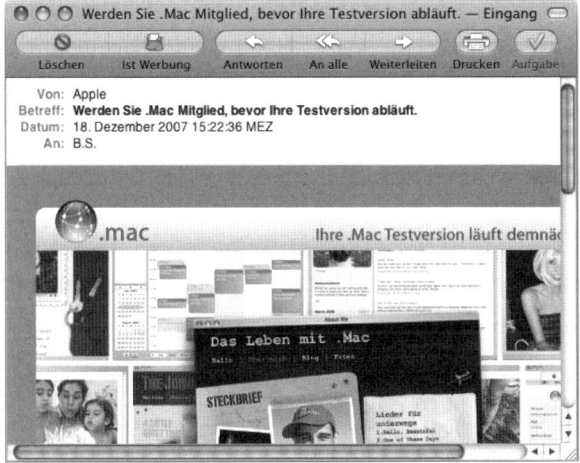

Abbildung 11.9: Eine empfangene E-Mail in einem neuen Fenster öffnen

Ich gehe außerdem davon aus, dass Sie alle E-Mails lesen, die Sie von Freunden, Kollegen und Verwandten erhalten. Nun, vermutlich werden Sie mit der Zeit die Mails von Onkel Erich und Tante Martha ignorieren, besonders wenn die beiden Ihnen ständig lange Listen mit einschläfernden Witzen schicken. Und wenn Ihre Mutter mittlerweile auch E-Mail nutzt und Sie nun auf diese Weise mit den immer gleichen Fragen löchert (zum Beispiel wann Sie endlich heiraten und ihr Enkelkinder bescheren), dann dürfen Sie diese Mails ebenfalls getrost aussortieren.

Bei allen anderen E-Mails handelt es sich in der Regel um die bereits mehrfach erwähnte unerwünschte Werbepost, kurz *Spam*, von der kein E-Mail-Benutzer verschont bleibt. Sie stammt von den unterschiedlichsten Personen und Firmen, die meist eines von drei Zielen verfolgen:

✔ **Sie möchten Ihnen etwas verkaufen.** Potenz steigernde Mittel, Haarwuchsmittel, Beruhigungsmittel, eine (vermeintlich) günstige Hypothek, eine vielversprechende Wertpapieranlage oder eine Rolex. Seien Sie auf der Hut, denn unter Umständen haben Sie danach eine Menge Ärger am Hals.

✔ **Sie versuchen Sie zu betrügen.** Hier müssen Sie sich wirklich fragen: Warum gerade ich? Wie kann es sein, dass unter all den rechtschaffenen Menschen auf diesem Planeten gerade ich von einer internationalen Privatbank dazu auserkoren wurde, das Vermögen eines verblichenen, reichen Exzentrikers zu erben oder die geheime Kapitalanlage eines entmachteten Dritte-Welt-Diplomaten? Lassen Sie bitte die Finger von solchen Angeboten, wenn Sie nicht in ernsthafte Schwierigkeiten geraten wollen. (In Kapitel 14 sprechen wir über eine andere besondere Art von Betrug, bekannt als *Phishing*.)

✔ **Sie versuchen, Ihnen pornografische Inhalte unterzujubeln.** Ja, davon gibt es eine Menge. Mehr als Sie denken.

E-Mails sortieren

In vielen Fällen möchten Sie eingegangene E-Mails aufbewahren, sei es wegen eines witzigen oder schmeichelhaften Inhalts oder einfach als Beleg dafür, was Ihnen eine bestimmte Person im Laufe der Zeit so alles geschickt hat. Außerdem möchten Sie möglicherweise von Zeit zu Zeit Ihren Posteingang ein wenig ausmisten, damit er nicht zu unübersichtlich wird. Wie auch immer, Sie können zu diesem Zweck mehrere Postfach-Ordner anlegen, in die Sie Ihre E-Mails einsortieren können. Dazu gehen Sie folgendermaßen vor:

1. **Klicken Sie unten links auf das Plussymbol, um ein neues Postfach zu erstellen.**

   Alternativ wählen Sie POSTFACH|NEUES POSTFACH.

2. **Benennen Sie das neue Postfach (wählen Sie als Ort LOKAL) und bestätigen Sie mit OK.**

   Der neue Postfach-Ordner wird links in der Leiste in der Rubrik LOKAL angezeigt.

3. **Sortieren Sie eine oder mehrere E-Mails in den neuen Postfach-Ordner ein.**

   Klicken Sie auf EINGANG beziehungsweise auf Ihr Eingangspostfach, wählen Sie im Nachrichtenfenster die betreffende(n) E-Mail(s) aus und ziehen Sie sie in den gerade erstellten Postfach-Ordner. Während Sie ziehen, zeigt Ihnen Mail die Anzahl der bewegten E-Mails an. Wenn Sie danach auf das neue Postfach klicken, erscheinen die verschobenen E-Mails rechts im Nachrichtenfenster. Um einen Postfach-Ordner zu löschen, markieren Sie ihn und wählen POSTFACH|LÖSCHEN.

 Sie können innerhalb eines Postfach-Ordners einen oder mehrere Unterordner anlegen. Markieren Sie dazu das betreffende Postfach, klicken Sie auf das Plussymbol und wählen Sie NEUES POSTFACH (Sie finden den Befehl außerdem im Kontextmenü) und benennen Sie den neuen Postfach-Unterordner. Das übergeordnete Postfach erhält einen Pfeil, auf den Sie klicken können, um auf den Unterordner zuzugreifen.

E-Mails von unbekannten Absendern öffnen

Schon Ihre Eltern haben Ihnen eingebläut, niemals mit Fremden zu sprechen. Nun, dieser vernünftige Ratschlag gilt auch beim Umgang mit E-Mails. Wie ich bereits angedeutet habe, wird der Cyberspace leider auch von einer Reihe zwielichtiger Gestalten heimgesucht, die nichts Gutes im Schilde führen. Natürlich möchte ich nicht alle Ihnen unbekannten Personen, von denen Sie eine E-Mail erhalten, unter Generalverdacht stellen. Ich rate Ihnen deshalb, einfach auf Ihr Bauchgefühl zu hören. Urteilen Sie nach Ihrem gesunden Menschenverstand.

Meist lässt bereits die Betreffzeile Rückschlüsse auf die Identität oder Absicht des Absenders zu. Bezieht sie sich auf jemanden, den Sie kennen, oder etwas, mit dem Sie zu tun haben, ist das Öffnen einer solchen E-Mail in den meisten Fällen harmlos.

Handelt es sich jedoch um eine automatisch generierte Standardanrede wie »*Lieber Kunde von Softy-Wellness*« oder »*Jetzt schuldenfrei werden*«, ist Vorsicht geboten. Dasselbe gilt, wenn der Betreff grobe Rechtschreibfehler enthält oder gar nicht vorhanden ist. Solche Mails sollten Sie schnellsten entsorgen; wie das geht, erfahren Sie in Kürze.

Stellt sich der Absender aber als seriöser, potenzieller Geschäftspartner oder als neuer Bekannter heraus, dann können Sie seinen Namen von Mail aus gleich in Ihr Adressbuch einfügen. Das funktioniert auf zwei Arten:

✔ Markieren Sie die E-Mail im Nachrichtenfenster und wählen Sie den Menübefehl E-MAIL| ABSENDER ZUM ADRESSBUCH HINZUFÜGEN (⌥ + ⌘ + Y).

✔ Klicken Sie mit der rechten Maustaste im E-Mail-Text in der Zeile VON auf den Namen des Absenders und wählen Sie ZUM ADRESSBUCH HINZUFÜGEN aus dem Kontextmenü.

Dieses Kontextmenü enthält noch eine Reihe anderer nützlicher Optionen, so können Sie zum Beispiel die Adresse der Person kopieren, dem Absender eine Antwort oder eine neue E-Mail senden, ein *intelligentes Postfach* erstellen (mehr dazu weiter hinten in diesem Kapitel) oder eine rechnerweite Spotlight-Suche nach dem Absendernamen durchführen.

Fast alles, was Sie in Mail mit der rechten Maustaste (beziehungsweise bei gedrückter Ctrl -Taste) anklicken (einzelne E-Mails, Postfächer, Ordner etc.), bringt ein Kontextmenü zum Vorschein, wobei die darin enthaltenen Optionen aber auch über die Menüleiste von Mail zu erreichen sind.

Spam herausfiltern

Wenn Sie viel Spam-Post erhalten – und mit der Zeit wird es eher mehr als weniger –, haben Sie es unter Umständen schwer, die für Sie wirklich wichtigen E-Mails im Nachrichtenfenster schnell zu finden. Doch es gibt Abhilfe: Brandmarken Sie solche Post einfach als *unerwünschte Werbung*, indem Sie sie markieren und in der Symbolleiste auf IST WERBUNG klicken.

Indem Sie ungeliebte E-Mails konsequent als Werbung markieren, teilen Sie Mail mit, welche Art von Post Sie als Spam betrachten, und trainieren das Programm dahingehend (es speichert Ihre Markierungen in seiner Datenbank), diese irgendwann selbstständig zu erkennen und dann braun eingefärbt anzuzeigen.

Sie können Mail sagen, wie es mit solchen, als Werbung markierten E-Mails künftig verfahren soll. Wählen Sie dazu abermals MAIL|EINSTELLUNGEN und klicken Sie auf die Rubrik WERBUNG. Sie sehen daraufhin das Fenster aus Abbildung 11.10.

Standardmäßig belässt Mail die braun markierte Werbung im Posteingang und überlässt Ihnen die Entscheidung, ob es sich tatsächlich um Spam handelt oder nicht. Sie können das Programm jedoch auch anweisen, die unliebsame Post automatisch in das Postfach für unerwünschte Werbung zu bewegen, indem Sie die zweite Option aktivieren. Und schließlich können Sie mit der dritten Option eigene Aktionen konfigurieren und anwenden lassen.

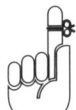

Einige E-Mails werden standardmäßig von der Spam-Filterung ausgenommen, zum Beispiel solche, deren Absender sich in Ihrem Adressbuch befinden, an deren Absender Sie selbst schon E-Mails verschickt haben oder die an Ihren vollständigen Namen adressiert sind. Um diese Einstellungen zu ändern, deaktivieren Sie einfach die entsprechenden Optionen in der Rubrik WERBUNG der Mail-Einstellungen.

Sollte Mail sich einmal irren und eine E-Mail fälschlicherweise als Werbung markieren beziehungsweise aussortieren, können Sie die Markierung jederzeit aufheben, indem Sie die betreffende E-Mail auswählen (im Posteingang oder im Postfach für unerwünschte Werbung) und in der Symbolleiste auf KEINE WERBUNG klicken.

Die meisten seriösen Internetprovider bieten eigene Spam-Filter an (oft müssen Sie diesen aber erst aktivieren). Wenn Sie mit der Leistung Ihres Providers zufrieden sind, können Sie in den EINSTELLUNGEN von Mail unter der Rubrik WERBUNG die Option DEM VOM INTERNETANBIETER ERSTELLTEN MAIL-HEADER FÜR UNERWÜNSCHTE WERBUNG VERTRAUEN aktivieren. Mail wird die Bemühungen Ihres Providers dann wirksam umsetzen.

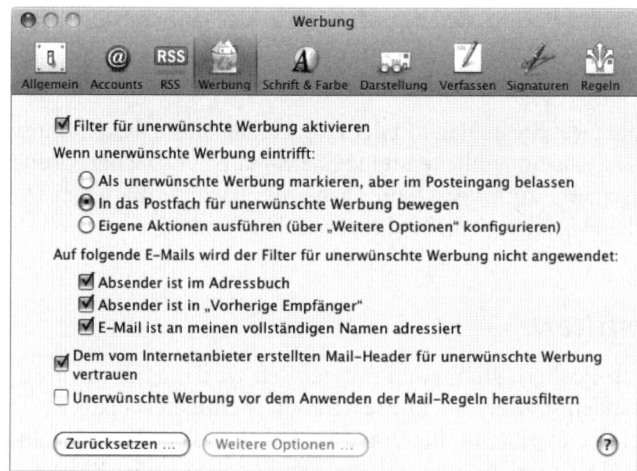

Abbildung 11.10: Hier legen Sie fest, wie Mail mit Spam-Mails umgehen soll.

Den Müll entsorgen

Was tun mit gelesenen E-Mails, gesammelten Spam-Mails oder schlechten Nachrichten? Entledigen Sie sich ihrer, indem Sie sie einfach in den Papierkorb werfen, ganz wie Sie es vom Mac-Desktop gewohnt sind – nur dass Mail über seinen eigenen Papierkorb verfügt.

Bei ersten Tests von Mail in Mac OS X Leopard wurde der Papierkorb zu Beginn nicht standardmäßig angezeigt. Sollte das bei Ihnen auch der Fall sein, wählen Sie MAIL|EINSTELLUNGEN|WERBUNG und aktivieren die Option IN DAS POSTFACH FÜR UNERWÜNSCHTE WERBUNG BEWEGEN. Das sollte Abhilfe schaffen.

Sie können eine oder mehrere E-Mails gleichzeitig entsorgen, indem Sie sie zuerst markieren und dann

✔ die ⟨ ← ⟩-Taste drücken,

✔ in den Papierkorb im Bereich POSTFÄCHER ziehen,

✔ in der Symbolleiste auf LÖSCHEN klicken.

Die im Papierkorb abgelegten Nachrichten werden aber erst dann endgültig vernichtet, wenn Sie Mail mit dem Befehl E-Mails endgültig löschen (aus dem Kontextmenü oder dem Menü Postfach) ausdrücklich dazu anweisen.

 Wenn Sie Mail so eingestellt haben, dass die Werbung in einem eigenen Postfach abgelegt wird, müssen Sie diese nicht extra in den Papierkorb ziehen, um sie zu löschen, sondern können stattdessen Unerwünschte Werbung löschen aus dem Postfach-Menü wählen.

 Wenn Sie möchten, löscht Mail weggeworfene und gesendete E-Mails sowie Spam selbsttätig – Nach einem Tag, Nach einer Woche, Nach einem Monat oder Beim Beenden von Mail. Wählen Sie zum Einrichten dieser Optionen Mail|Einstellungen|Accounts, wählen Sie links das betreffende E-Mail-Konto aus und klicken Sie dann auf Postfach-Verhalten.

Wie Sie Spam vermeiden können

Sie selbst können ebenfalls einiges zur Vermeidung von Spam tun. Die meisten Spammer sind sehr erfinderisch und kommen mithilfe diverser Methoden an Ihre E-Mail-Adresse:

✔ Sie setzen automatisierte Software ein, die im Internet E-Mail-Adressen einsammelt oder diese durch endloses Kombinieren von Namen und häufigen Domains »errät«. Sie haben eine recht einfache E-Mail-Adresse gewählt (zum Beispiel *Peter@aol.de*) und noch dazu auf Ihrer eigenen Webseite angegeben? Ein gefundenes Fressen für diese schlauen Programme.

✔ Sie beobachten viele Ihrer Schritte im Internet. Nehmen Sie zum Beispiel gern an Preisausschreiben teil, bei denen Sie Onlineformulare ausfüllen müssen? Hier gibt es nur einen Gewinner – den Spammer.

✔ Sie treiben sich gerne in Chat-Räumen und Internet-Newsgroups herum? Bingo!

✔ Sie posten öfter mal einen Beitrag in einem Onlineforum? Wieder erwischt!

Natürlich können Sie von heute auf morgen Online-Aktivitäten dieser Art völlig einstellen, aber dann würde das Internet auch nur noch halb so viel Spaß machen. Ich hab da eine bessere Idee: Richten Sie sich einen separaten E-Mail-Account ein, den Sie ausschließlich für solche öffentlichen Zwecke nutzen (Ihr Internetanbieter gibt Ihnen meist die Möglichkeit, mehrere Konten einzurichten). Zwar werden Sie dann immer noch Spam-E-Mails über diesen Account erhalten, aber dann ist wenigstens nur dieses eine E-Mail-Konto betroffen, und Sie müssen es ja nicht zum Senden und Empfangen von regulären E-Mails verwenden. Dafür richten Sie sich einen oder mehrere eigene Accounts ein, über die Sie den gesamten E-Mail-Verkehr mit Ihren Freuden, Kollegen und Ihrer Familie abwickeln und die Sie wie ein Heiligtum schützen sollten.

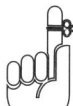 Sie sollten außerdem nie auf eine Spam-E-Mail antworten – selbst wenn in der Nachricht steht, dass Sie dadurch Ihre Adresse von der Empfängerliste streichen können! Paradoxerweise erreichen Sie dadurch nämlich genau das Gegenteil: Sie signalisieren dem Spammer damit, dass Ihre Adresse noch gültig ist. Sie wird somit

noch wertvoller für diesen und andere Versender von Spam und Sie werden mit noch mehr Mailmüll zugeschüttet. Tragen Sie sich deshalb nur aus Diensten aus, bei denen Sie sich wissentlich selbst angemeldet haben (zum Beispiel bei einem Newsletter).

Regeln für eingehende E-Mails festlegen

Wie Sie gesehen haben, bietet Ihnen Mail die Möglichkeit, im Kampf gegen Spam eigene Filter einzurichten. Sie können aber zusätzlich _Regeln_ festlegen, mit deren Hilfe die lesenswerten Nachrichten automatisch verwaltet werden. So werden eingehende Nachrichten, die bestimmte Kriterien erfüllen – zum Beispiel einen bestimmten Absender oder Betreff haben – von Mail automatisch an einen angegebenen Empfänger weitergeleitet, farblich gekennzeichnet oder an einem passenden Ort abgelegt. Zum Beispiel könnten Sie so alle E-Mails Ihres Finanzberaters in einen Postfach-Ordner mit dem Namen BÖRSEN-TIPPS ablegen.

So legen Sie eine Regel fest:

1. **Wählen Sie MAIL|EINSTELLUNGEN und klicken Sie auf die Rubrik REGELN.**

2. **Klicken Sie auf REGEL HINZUFÜGEN, woraufhin das Fenster aus Abbildung 11.11 erscheint.**

    Benennen Sie die Regel.

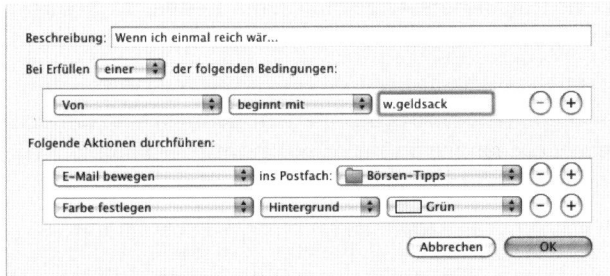

Abbildung 11.11: Regeln für eingehende Nachrichten festlegen

3. **Geben Sie die Bedingungen an, die erfüllt sein müssen, damit eine bestimmte Aktion auf eine Nachricht angewendet wird.**

    Um also die E-Mails Ihres Finanz-Gurus entsprechend einzusortieren, wählen Sie im ersten Einblendmenü die Option VON, im zweiten die Option BEGINNT MIT und geben im Textfeld seinen Namen ein (genauer gesagt die Zeichenfolge vor dem @ seiner E-Mail-Adresse).

    Der Vorgang ähnelt dem Einrichten von Suchkriterien mit Spotlight (siehe hierzu Kapitel 6). Mit dem Plussymbol fügen Sie eine Zeile für ein neues Kriterium hinzu (und wählen die passenden Optionen aus den Einblendmenüs); mit dem Minussymbol löschen Sie das Kriterium wieder.

4. Legen Sie die Aktion(en) fest, die bei Erfüllen der zuvor angegebenen Bedingungen durchgeführt werden soll(en).

In diesem Fall werden die betreffenden E-Mails grün markiert und in das Postfach Börsen-Tipps verschoben.

5. Bestätigen Sie Ihre Angaben mit OK.

Intelligente Postfächer

In Kapitel 6 habe ich Ihnen im Zusammenhang mit Suchvorgängen auf Ihrem Mac das Prinzip von intelligenten Ordnern erklärt. Hier stelle ich Ihnen nun das Mail-Äquivalent vor: *intelligente Postfächer*. Genau wie ihre großen Brüder sind auch sie ständig auf der Jagd nach neuen Objekten, die bestimmten, von Ihnen festgelegten Suchkriterien entsprechen – nur eben innerhalb des Programms Mail. Diese Funktion ist eng mit der Spotlight-Suchtechnologie von Leopard verknüpft.

Sie können intelligente Postfächer nutzen, um alle E-Mails, die ein bestimmtes Projekt oder eine bestimmte Person betreffen, zusammenzusuchen und mit einem Klick darauf zugreifen zu können, egal in wie vielen verschiedenen Postfach-Ordnern sie sich befinden. Möglicherweise möchten Sie zum Beispiel die Korrespondenz der letzten 14 Tagen zwischen Ihnen und Ihrem Chef in einem intelligenten Postfach sammeln, wobei alle E-Mails, die älter als zwei Wochen sind, durch neuere Schreiben ersetzt werden.

Wie bei intelligenten Ordnern sind die Inhalte eines intelligenten Postfachs rein virtuell; die darin angezeigten E-Mails befinden sich weiterhin an ihrem ursprünglichen Speicherort und werden nicht in das intelligente Postfach kopiert. So gesehen sind sie ähnlich wie Aliasse, die ich in Kapitel 8 genauer beschreibe.

So erstellen Sie ein intelligentes Postfach:

1. Wählen Sie aus dem Postfach-Menü die Option Neues intelligentes Postfach.

Es erscheint ein Fenster wie das aus Abbildung 11.12.

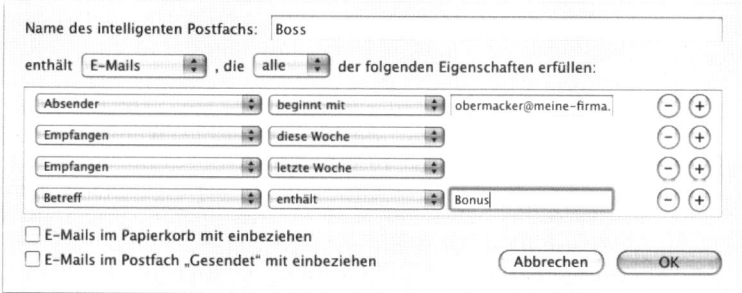

Abbildung 11.12: Einrichtung eines intelligenten Postfachs

2. **Legen Sie mithilfe der Einblendmenüs und Textfelder die Suchkriterien für das intelligente Postfach fest.**

   Der Vorgang ist quasi derselbe wie beim Einrichten von Regeln (siehe weiter vorn in diesem Kapitel). Mit dem Plussymbol fügen Sie eine Zeile für ein neues Kriterium hinzu; mit dem Minussymbol löschen Sie das Kriterium wieder.

3. **Bestätigen Sie Ihre Einstellungen mit OK.**

Ihre E-Mails durchsuchen

So wie Ihre gesamte Festplatte können Sie selbstverständlich auch alle Ihre E-Mail-Postfächer durchsuchen und bestimmte E-Mails oder E-Mail-Inhalte in Sekundenschnelle finden. Auch hier ist Spotlight, das effiziente Suchwerkzeug des Mac, am Werk. Bei der Suche gehen Sie folgendermaßen vor:

✔ Um den Inhalt einer geöffneten E-Mail zu durchsuchen, wählen Sie BEARBEITEN|SUCHEN| SUCHEN und geben dann den gesuchten Text ein.

✔ Sie können auch einen Suchbegriff in das Suchfeld oben rechts in der Symbolleiste eingeben. Sobald Sie den ersten Buchstaben eingetippt haben, wird eine weitere Leiste unterhalb der Symbolleiste eingeblendet, in der Sie wählen können, welche Postfächer und welche E-Mail-Teile durchsucht werden sollen: ALLE POSTFÄCHER, EINGANG, GESAMTE E-MAIL, VON, AN oder BETREFF.

E-Mail-Anhänge öffnen

Wie Sie einen E-Mail-Anhang versenden, wissen Sie ja bereits, doch jetzt drehen wir den Spieß mal um und nehmen an, dass Sie einen (oder mehrere) Anhang von jemand anderem erhalten. Ein solcher Anhang wird sowohl als Symbol innerhalb des Textbereichs der E-Mail angezeigt als auch durch eine Angabe am Ende des Mail-Headers (siehe Abbildung 11.13).

Es gibt mehrere Möglichkeiten, wie Sie mit dem E-Mail-Anhang verfahren können:

✔ Ziehen Sie das Symbol aus dem E-Mail-Fenster auf den Mac-Schreibtisch oder in ein Finder-Fenster.

✔ Doppelklicken Sie auf das Symbol, woraufhin die angehängte Datei in den meisten Fällen in einem passenden Programm geöffnet wird (zum Beispiel Word bei einer Word-Datei oder Vorschau bei einem Bild oder einer PDF-Datei).

✔ Klicken Sie auf SICHERN rechts neben der ANHANG-Zeile im Mail-Header, um die Datei an einem bestimmten Ort auf Ihrer Festplatte zu speichern.

✔ Klicken Sie auf ÜBERSICHT rechts neben der ANHANG-Zeile im Mail-Header, um die Datei in einem Übersicht-Fenster oder bildschirmfüllend anzuzeigen.

Abbildung 11.13: Anhänge werden als Symbol innerhalb des E-Mail-Textbereichs angezeigt sowie durch eine Angabe unterhalb des Mail-Headers.

 Normalerweise rate ich jedermann, niemals unangekündigte E-Mail-Anhänge zu öffnen, nicht einmal dann, wenn Ihnen der Absender bekannt ist. Als Mac-Nutzer können Sie ein wenig entspannter sein als Ihre Windows-Kollegen. Selbst wenn ein Anhang einen Windows-Virus enthalten sollte, so stehen die Chancen, dass Ihr Mac-Betriebssystem dadurch Schaden nimmt, relativ gering. Doch die Zeiten ändern sich und mit zunehmender Verbreitung des Mac gibt es vielleicht auch irgendwann den einen oder anderen Mac-Virus, sodass es nicht schaden kann, ein wenig skeptisch gegenüber unbekannten E-Mail-Anhängen zu sein.

 Wenn Sie einen Anhang aus einer E-Mail entfernen wollen, wählen Sie E-MAIL|ANHÄNGE ENTFERNEN. Es wird dann eine Anmerkung in die E-Mail eingefügt, die darauf hinweist, dass der betreffende Anhang manuell entfernt wurde.

Ordnung ins alltägliche Chaos bringen

Die wenigsten Menschen können sich eine Sekretärin leisten, die ihnen hilft, ihr Leben wenigstens ansatzweise zu organisieren, und die außerdem für ausreichende Koffein-Zufuhr sorgt, falls nötig. Und ich gehöre ganz gewiss nicht dazu (seufz!).

Bedauerlicherweise kann der Mac keinen Kaffee kochen (ich hätte wahrlich nichts dagegen, wenn Apple sich hier etwas einfallen ließe), aber es ist beruhigend zu wissen, dass er Ihnen andere administrative Aufgaben erleichtern kann. Dafür sind die neuen, cleveren Funktionen von Mail zuständig, die ich Ihnen in den folgenden Abschnitten vorstelle.

Notizen, Aufgaben, Termine und Adressen verwalten

Wenn Sie Kapitel 3 gelesen haben, dann wissen Sie, dass Ihnen zur Verwaltung von Adressen das Programm Adressbuch, für Termine und automatische Erinnerungen iCal und zum Festhalten von Notizen, Aufgabenlisten und Geistesblitzen zum Beispiel das Programm Notizzettel zur Verfügung stehen. So praktisch diese Anwendungen für sich genommen auch sein mögen, der große Nachteil ist, dass Sie sie bei Bedarf jedes Mal separat öffnen oder ständig geöffnet haben müssen, wenn Sie sie häufiger benötigen.

 Würde es nicht viel mehr Sinn ergeben, all diese Funktionen in einem einzigen Programm zu vereinen, einem, das Sie ohnehin so gut wie immer geöffnet haben, wie etwa Ihr E-Mail-Programm? Das hat Apple sich auch gedacht und Mail in Mac OS X Leopard zur zentralen Schaltstelle für Ihre Termine, Notizen, Aufgabenlisten und Adressen umfunktioniert.

Ihr digitaler Notizblock

In Mail haben Sie Ihren Notizblock praktisch immer zur Hand und zumindest optisch unterscheidet sich diese digitale Variante auch kaum vom Original (siehe Abbildung 11.14).

Legen Sie am besten gleich eine neue Notiz an, indem Sie in der Symbolleiste auf Notiz klicken (oder Ablage|Neue Notiz wählen). Schreiben Sie einfach drauflos, das gelbe Notizpapier verzeiht zur Not auch ein paar Tippfehler. Sie können Ihren Text wie gewöhnlichen E-Mail-Text korrigieren, formatieren und sogar Anhänge wie eine Textdatei oder ein Bild hinzufügen. Die erste Zeile der Notiz erscheint später als Betreff in Ihrer Notizenliste. Klicken Sie auf Fertig.

Abbildung 11.14: Eine neue Notiz in Mail erstellen

Wenn Sie jetzt einen Blick in die Seitenleiste des E-Mail-Fensters werfen, sehen Sie dort die neue Rubrik ERINNERUNGEN und darin das Verzeichnis NOTIZEN, in dem die Notizen für all Ihre Accounts enthalten sind.

 Unter welchem Account eine Notiz angelegt wird, hängt davon ab, welches Postfach beim Erstellen der Notiz gerade aktiviert war. Sollen Notizen immer unter einem bestimmten Account erstellt werden, können Sie dies in den Einstellungen von Mail im Bereich VERFASSEN festlegen.

Sie können eine Notiz auch als E-Mail versenden, indem Sie im Notizfenster auf SENDEN klicken. (Falls die Notiz nicht mehr geöffnet ist, doppelklicken Sie in der Notizenliste darauf.) Dabei werden auch Anhänge mit versandt und der Empfänger sieht die Notiz genau so, wie Sie sie erstellt haben.

To-do-Listen aller Art erstellen

Haben Sie sich vielleicht schon einmal selbst eine E-Mail geschickt, um sich an eine bestimmte Aufgabe oder an einen Termin zu erinnern? Ja? Dann könnte Ihnen die neue Aufgabenfunktionalität von Mail gefallen.

Das Erstellen einer Aufgabe ist ebenso einfach, wie die vorherige Übung. Klicken Sie in der Symbolleiste auf AUFGABE (oder wählen Sie ABLAGE|NEUE AUFGABE) und benennen Sie die neue Aufgabe. In der Seitenleiste erscheint unter der Rubrik ERINNERUNGEN nun das Verzeichnis AUFGABEN, das künftig die Aufgaben für all Ihre E-Mail-Accounts enthalten wird.

 Unter welchem Account eine Aufgabe angelegt wird, hängt davon ab, welches Postfach beim Erstellen der Aufgabe gerade aktiviert war. Sollen Aufgaben immer unter einem bestimmten Account erstellt werden, können Sie dies in den Einstellungen von Mail im Bereich VERFASSEN festlegen.

Doch wo ist nun der Unterschied zu einer gewöhnlichen Notiz? Nur Geduld, ich erkläre es Ihnen. Der Clou, der die Aufgabe einer gewöhnlichen Notiz überlegen sein lässt, besteht darin, dass Sie sie bearbeiten und auch so einrichten können, dass der Mac Sie automatisch daran erinnert. Dazu markieren Sie die Aufgabe in der Liste, klicken bei gedrückter `Ctrl`-Taste darauf (oder klicken Sie mit der rechten Maustaste darauf) und wählen AUFGABE BEARBEITEN aus dem Kontextmenü. Im folgenden Dialogfenster (siehe Abbildung 11.15) können Sie verschiedene Dinge festlegen: einen Termin, ob und wie Sie benachrichtigt werden wollen, eine Priorität und einen Kalender.

Bei TERMIN wird standardmäßig das aktuelle Datum angezeigt; um es zu ändern, klicken Sie darauf und überschreiben es. Falls Sie an den Termin erinnert werden möchten, klicken Sie auf das grüne Plussymbol bei ERINNERUNG und legen einen Benachrichtigungszeitpunkt fest. Sie können sich per E-Mail oder mit einer Nachricht erinnern lassen oder veranlassen, dass iCal oder eine bestimmte Datei geöffnet wird. Unter KALENDER wählen Sie eine der in iCal eingerichteten Kalender-Kategorien (neben den standardmäßig vorhandenen Kalendern PRIVAT und BÜRO können Sie in iCal noch weitere Kalender anlegen.) Diese Aufgabenoptionen lassen sich übrigens auch direkt in der Aufgabenzeile einrichten. Klicken Sie hierzu in die Felder unterhalb der jeweiligen Spaltentitel.

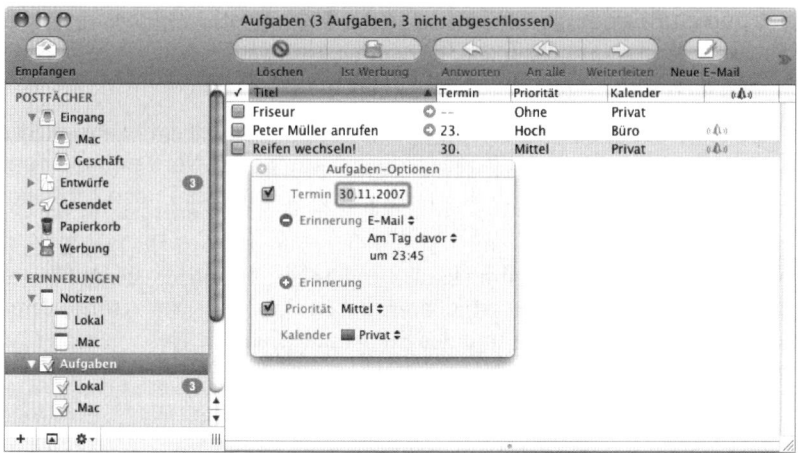

Abbildung 11.15: Aufgaben in Mail einrichten

 Die weiter oben beschriebene Vorgehensweise ist nicht der einzige Weg, eine Aufgabe zu erstellen. Sie können als Grundlage dafür auch eine empfangene E-Mail oder eine bestehende Notiz verwenden. Dazu markieren Sie in einer geöffneten Mail oder Notiz eine passende Textpassage oder ein Wort (zum Beispiel Friseur, Autowerkstatt oder was auch immer Sie zu erledigen haben) und klicken dann auf Aufgabe.

Zum Zeichen, dass zu einer Notiz eine Aufgabe existiert, erscheint der ausgewählte Text der Notiz orange hinterlegt, bei einer E-Mail wird der zuvor ausgewählte Text als ebenso markierte Notiz hinzugefügt. In beiden Fällen sehen Sie außerdem zwei rote Steuersymbole – das zweite wird eingeblendet, sobald Sie die Maus über den orange markierten Text bewegen. Mit dem x-Symbol lässt sich die Aufgabenzuweisung wieder entfernen; ein Klick auf das Pfeilsymbol öffnet gleich das zuvor beschriebene Dialogfenster zum Bearbeiten der Aufgabe, wie in Abbildung 11.16 zu sehen.

Abbildung 11.16: Eine Notiz in eine Aufgabe umwandeln

 Aufgaben, die aus einer E-Mail oder Notiz heraus erstellt wurden, werden in der Aufgabenliste mit einem kleinen Rechtspfeil gekennzeichnet. Ein Klick darauf öffnet direkt die dazugehörige E-Mail oder Notiz.

Was tun Sie üblicherweise bei einer handgeschriebenen Aufgabenliste, wenn Sie einen Punkt erledigt haben? Klar, Sie machen ein Häkchen. Dasselbe können Sie bei einer digital aufgelisteten Aufgabe auch tun, indem Sie in das leere gelbe Kästchen davor klicken. (Sobald Sie übrigens in der Aufgabenliste eine Aufgabe, die mit einer E-Mail oder Notiz verbunden ist, als erledigt markieren, erscheint dort ebenfalls ein Häkchen, und umgekehrt.)

Alle in Mail erstellten Aufgaben werden automatisch in der Aufgabenliste von iCal angezeigt und außerdem ständig aktualisiert.

Die Notizen- und Aufgaben-Ordner lassen sich wie normale E-Mail-Postfächer mit der Spotlight-Suche von Mail durchsuchen. Und wie für Ihre E-Mails können Sie auch für Aufgaben und Notizen intelligente Postfächer anlegen, um sie nach bestimmten Kriterien zu gruppieren.

Das Coole an Notizen und Aufgaben ist, dass sie sich wie normale Postfächer verhalten. Das bedeutet, dass Sie auf beide – wie auf Ihre normalen E-Mails – auch von einem anderen Mac aus zugreifen können, sofern Sie über einen IMAP Account (zum Beispiel .Mac oder AOL) verfügen. Somit können Sie diese Daten auch zwischen mehreren Macs synchronisieren.

Daten automatisch erkennen lassen

Eine weitere neue und hilfreiche Mail-Funktion ist die Datenerkennung. Wenn Sie eine E-Mail mit bestimmten Arten von Daten wie eine Datumsangabe, Uhrzeit, Adresse oder Telefonnummer erhalten, kann Mail diese zum Teil erkennen und auf Wunsch an die passende Anwendung weiterleiten. Bewegen Sie in der empfangenen E-Mail den Mauszeiger über solche Informationen, so werden diese mit einer grauen Umrandung sowie mit einem Auswahlpfeil angezeigt. Ein Klick auf den Pfeil öffnet ein Kontextmenü mit entsprechenden Optionen.

So können Sie für eine neue Adresse oder Telefonnummer einen Adressbucheintrag anlegen oder sie einem vorhandenen Kontakt hinzufügen; für Datumsangaben und Uhrzeiten können Sie ein neues iCal-Ereignis erstellen oder sich das Datum in iCal anzeigen lassen, um zu sehen, ob Sie an diesem Termin schon etwas vorhaben. Bei einer Adresse haben Sie sogar die Möglichkeit, sich eine Google-Umgebungskarte anzeigen zu lassen, damit Sie beispielsweise beim ersten Date den Treffpunkt auf keinen Fall verfehlen.

Mail als Newsreader verwenden

In Kapitel 10 stelle ich Ihnen eine Technologie namens RSS vor und erkläre wie Sie sie in Safari, dem intelligenten Browser des Mac, effektiv nutzen, indem Sie Newsfeeds abonnieren und sich Ihren eigenen Nachrichtenmix zusammenstellen.

Dasselbe funktioniert jetzt auch mit Ihrem E-Mail-Programm. In Mac OS X Leopard wurde Mail nun ebenfalls mit RSS-Fähigkeiten ausgestattet und fungiert somit als RSS-Reader. Das heißt, Sie können die neuesten Schlagzeilen ab sofort auch ganz entspannt über Ihr E-Mail-Programm abrufen.

Das Einrichten von RSS-Feeds in Mail ist ganz einfach. Sie wählen ABLAGE|RSS-FEEDS HINZUFÜGEN (auch über das Plussymbol-Menü erreichbar) und wählen im folgenden Dialogfenster entweder bereits vorhandene Feeds aus Safari aus oder geben selbst die URL eines Newsfeeds ein und klicken auf HINZUFÜGEN. Und schon erscheinen die Feeds unter der Rubrik RSS in der Seitenleiste von Mail. Neben jedem Feed wird die Anzahl ungelesener Artikel angezeigt und sobald Sie auf einen Feed klicken, werden die Artikel im oberen Teil des Anzeigefensters genauso wie eingegangene E-Mails aufgelistet.

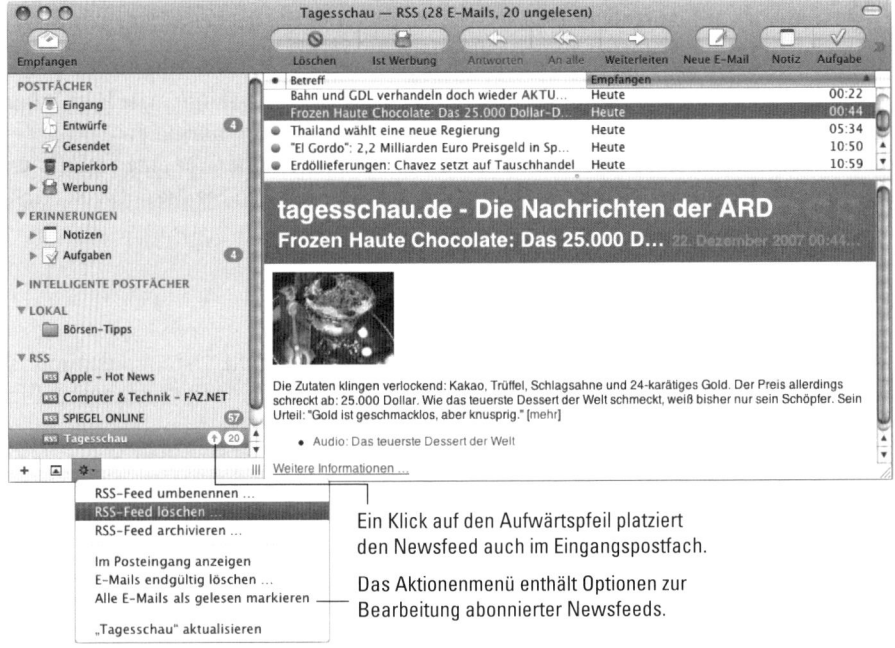

Abbildung 11.17: Newsfeeds in Mail abonnieren und abrufen

Ob Sie Ihre Feeds in Safari oder Mail abonnieren, ist größtenteils Geschmacksache. Aber ein paar Vorteile bringt das Abrufen von RSS-Feeds in Mail unter Umständen doch mit sich:

✔ Sie können Ihre Feeds und Nachrichten gezielt sortieren, und zwar nicht nur in Unterordnern, sondern auch mithilfe intelligenter Ordner, zum Beispiel um eingehende Artikel nach bestimmten Suchbegriffen zu gruppieren.

✔ Sie können interessante Schlagzeilen sofort per Mail weiterleiten (zwar gibt es auch in Safari eine Verknüpfung zu Mail, aber so brauchen Sie nicht mal das Programm zu wechseln.)

✔ Sie können aus Inhalten eingegangener Artikel eine Aufgabe erstellen (inwieweit das allerdings sinnvoll ist, sei dahingestellt).

✔ Sie werden über neue Artikel in Ihren Feeds informiert, auch wenn Safari nicht geöffnet ist.

Unter MAIL|EINSTELLUNGEN|RSS können Sie festlegen, wie oft Mail nach Updates suchen und nach welchem Zeitraum es abgerufene Artikel entfernen soll.

Fazit: Wenn Sie Mail häufig nutzen, werden Sie ab jetzt wahrscheinlich noch öfter Nachrichten lesen. Einziger Wermutstropfen: RSS funktioniert in Mail nicht unabhängig vom Browser. Um einen Artikel in voller Länge zu lesen, müssen Sie ihn weiterhin (über den Link WEITERE INFORMATIONEN) in Safari aufrufen.

Weitere Tipps & Tricks in Sachen E-Mail

Zum Ende des Kapitels möchte ich Ihnen noch ein paar Tipps mit auf den Weg geben, wie Sie noch mehr aus Ihren E-Mails machen können:

✔ **Eine Diashow ansehen:** Wenn Ihnen jemand Bilder als E-Mail-Anhang schickt, können Sie diesen eine Sonderbehandlung angedeihen lassen. Klicken Sie rechts neben der ANHANG-Zeile im Mail-Header auf ÜBERSICHT und dann im Übersichtsfenster auf die Vollbild-Taste, um die angefügten Bilder bildschirmfüllend anzeigen zu lassen. Zu Beginn der Diashow, beziehungsweise wenn Sie den Cursor bewegen, wird unterhalb der Bildanzeige eine Steuerungsleiste eingeblendet, über die Sie zum vorherigen beziehungsweise zum nächsten Bild springen und die Diashow anhalten können. Sie können außerdem ein Bild, das Ihnen besonders gut gefällt, gleich zu Ihrer iPhoto-Mediathek hinzufügen (siehe Kapitel 16). Haben Sie genug gesehen, schließen Sie die Diashow über das SCHLIESSEN-Steuerleistenelement oder mit der ⎋ESC⎤-Taste, und Sie landen wieder in der ursprünglichen E-Mail.

✔ **Antworten:** Wenn Sie möchten, dass Ihre E-Mail-Kontakte gut funktionieren, sollten Sie von Zeit zu Zeit auch mal auf eine E-Mail antworten. Dazu klicken Sie einfach auf ANT-WORTEN in der Symbolleiste des E-Mail-Fensters. In der Antwort-E-Mail wird immer der gesamte Text der Original-E-Mail in Blau zitiert. Ihre Antwort können Sie dann oberhalb oder zwischen den Zeilen des ursprünglichen Mail-Textes eintippen. Sie können den Text natürlich auch nach Belieben löschen. Wenn Sie möchten, dass nur bestimmte Zeilen des Originaltextes im Antwortschreiben wiedergegeben werden, dann markieren Sie diese zuerst in der zu beantwortenden E-Mail, bevor Sie auf ANTWORTEN klicken.

✔ **Weiterleiten:** Manchmal schickt Ihnen jemand etwas, das so urkomisch ist (oder andererseits so tragisch oder rührend), dass Sie es einfach mit anderen, die Sie kennen, teilen möchten. Um eine Nachricht weiterzuleiten, klicken Sie einfach in der Symbolleiste auf WEITERLEITEN und geben im neuen E-Mail-Fenster, das sich daraufhin öffnet, die Adresse des Empfängers ein. Dabei wird die Original-E-Mail vollständig eingefügt sowie einige Zusätze, die darauf hinweisen, dass es sich um eine weitergeleitete Nachricht handelt. So erscheint in der Betreffzeile vor dem Betreff *Fwd:* (für *forwarded* = weitergeleitet) und der E-Mail-Text beginnt mit dem Satz *Anfang der weitergeleiteten E-Mail:*. Wenn Sie möchten, können Sie oberhalb noch einen einleitenden Kommentar hinzufügen wie »Darüber habe ich mich herzlich amüsiert« oder »Das hat mich ganz schön erschüttert/gerührt«.

✔ **Synchronisieren:** Falls Sie sich für einen .Mac-Account angemeldet haben (siehe Kapitel 13), dann können Sie Ihre gesamten E-Mail-Einstellungen wie Regeln, Signaturen, Aufgaben und so weiter mit Ihren anderen Macs synchronisieren (POSTFACH|.MAC SYNCHRONISIEREN).

✔ **Kindersicherung anwenden:** Sie können durch Freigabe bestimmter E-Mail-Adressen explizit festlegen, mit welchen Personen Ihr Junior E-Mails austauschen darf. Statten Sie dazu der Rubrik BENUTZER in den Systemeinstellungen einen Besuch ab (￼|SYSTEMEIN-STELLUNGEN). Sie können sich sogar benachrichtigen lassen, sobald Ihr Kind Nachrichten von Personen erhält (oder an diese zu senden versucht), deren E-Mail-Adresse Sie nicht genehmigt haben. Genaue Angaben zur Einrichtung von Benutzerkonten sowie der Kindersicherung lesen Sie in Kapitel 5.

✔ **Drucken:** Oft kommt man einfach nicht um Papierausdrucke herum. Da möchte Ihr Chef oder ein Kunde einen E-Mail-Ausdruck als Beleg oder Sie wollen einem Bekannten, der sich bisher hartnäckig neuen Kommunikationswegen verweigert hat, einen E-Mail-Inhalt zukommen lassen. Kein Problem: Wenn Sie nach der Lektüre von Kapitel 9 Ihren Drucker erfolgreich eingerichtet haben, brauchen Sie nur noch in der Symbolleiste der geöffneten E-Mail auf DRUCKEN zu klicken (oder wählen Sie ABLAGE|DRUCKEN, ohne die Mail extra zu öffnen) und schon haben Sie Ihre E-Mail schwarz auf weiß und zum Abheften bereit.

Archivieren: Es ist unvermeidlich. Ihre E-Mail-Postfächer oder eigens angelegte Postfachordner, in denen Sie bestimmte Korrespondenz sammeln, werden mit der Zeit immer voller und voller. Gönnen Sie Mail eine Schlankheitskur und archivieren Sie einige Postfächer, deren Inhalte Sie zwar aufbewahren wollen, aber in absehbarer Zeit nicht brauchen. Dazu markieren Sie das oder die zu archivierenden Postfächer in der Seitenleiste und wählen POSTFACH|ARCHIVIEREN. Legen Sie einen Ordner fest, in dem die E-Mail-Archive gespeichert werden sollen. Nun können Sie die archivierten Postfächer in Mail getrost löschen. Die von Mail angelegten .mbox-Dateien können Sie später jederzeit in Mail importieren, um die Postfächer wieder herzustellen (ABLAGE|POSTFÄCHER IMPORTIEREN mit der Option MAIL FÜR MAC OS X). Falls Sie sich um Speicherplatz keine Gedanken machen und somit nie ausmisten müssen, können Sie die Archivierungsfunktion auch lediglich zum Erstellen von Sicherungskopien nutzen.

Unterwegs im World Wide Web

In diesem Kapitel

▷ Ein kleiner Plausch im Chatroom

▷ Instant-Nachrichten verschicken

▷ Newsgroups, Blogs & Co.

▷ Ein soziales Netzwerk aufbauen

▷ Online neue Freunde finden

▷ Onlineshopping

Die meisten Leute nutzen das Internet, um an bestimmte Informationen zu gelangen wie die neuesten Schlagzeilen, die aktuellen Aktienkurse, günstige Reiseangebote, die Wettervorhersage, Hilfe bei den Hausaufgaben, Sportergebnisse, technische Unterstützung und so weiter. Doch im Laufe der Jahre ist das World Wide Web (kurz: WWW) auch immer mehr zu einem Ort der Begegnung geworden, an dem Menschen sich regelmäßig treffen und neue Kontakte knüpfen. So finden sich Arbeitsuchende und Arbeitgeber über Internetjobbörsen und Menschen mit ähnlichen Vorlieben (zum Beispiel Schottland-Fans, Filmliebhaber, Sushi-Esser oder Mac-Anhänger) tauschen sich in speziell ausgerichteten Benutzerforen miteinander aus.

Der Cyberspace ist aber auch ein Ort der Beeinflussung und Verführung. So kommt es leider häufig vor, dass andere sich aufs hohe Ross setzen, Sie absichtlich hinters Licht führen wollen oder Ihnen schmeicheln, um Sie (meist zu ihrem eigenen Vorteil) von einer bestimmten Sache zu überzeugen. Auch ermöglicht die immer noch weitgehende Anonymität des Internets einzelnen Nutzern, andere über ihre wahre Identität hinwegzutäuschen. Auf der anderen Seite können Sie auch jede Menge erfreuliche Erfahrungen im WWW machen und zum Beispiel neue Freundschaften schließen, ein romantisches Techtelmechtel beginnen oder (im besten Fall) sogar den Partner fürs Leben finden.

Kritiker unterstellen Menschen, die sich über das Internet ein soziales Netzwerk aufbauen, oftmals einen Mangel an realem Privatleben. Doch erfahrungsgemäß haben viele dieser »Internetbürger« erfüllende Kontakte sowohl online als auch offline und sehen die Internetplattform lediglich als Möglichkeit, sich als aktive Mitglieder florierender Onlinegemeinden (sogenannten *Communities*) an lebhaften Diskussionen mit Gleichgesinnten zu beteiligen.

In diesem Kapitel werden wir einige der genannten Wege genauer beleuchten.

Chatrooms

Versammlungsorte der besonderen Art stellen *Chatrooms* (oder Chaträume (*chat = plaudern*)) dar, wo Sie sich mit anderen Teilnehmern in Echtzeit über so ziemlich jedes Thema unterhalten können: Stricken und Nähen, Fußball, Elternschaft, Biotechnologie, Modellflugzeuge, Ufo-Sichtungen und so weiter. Dabei kommunizieren Sie normalerweise über die Tastatur – und am besten werden Sie (zumindest hier) immun gegen Tippfehler aller Art und machen sich stattdessen darauf gefasst, rücksichtslos und hemmungslos draufloszutippen, denn der verbale Schlagabtausch in einem Chatroom findet in der Regel in einem gnadenlosen Tempo statt. Unter Umständen treffen Sie in einem Raum zwei Dutzend Teilnehmer oder mehr an, da können Sie von Glück reden, wenn Sie nach einer Weile noch wissen, wer gerade mit wem spricht.

Mit zunehmender Verbreitung schneller Breitbandverbindungen (zum Beispiel DSL; siehe Kapitel 10) gewinnen Audio- und Video-Chats (durch den Einsatz von Mikrofonen beziehungsweise Webcams) ebenfalls immer mehr an Bedeutung.

Auch in der Onlinespielewelt ist der Chat zu einem festen Bestandteil geworden. Die perfekte Verschmelzung zwischen Chat und Onlinespiel finden Sie zum Beispiel auf der Benutzerplattform *Second Life* (= zweites Leben) unter `http://secondlife.com/world/de`, die Mac-Nutzern ab Mac OS X 10.4 zur Verfügung steht. Hier können Sie in eine dreidimensionale virtuelle Fantasiewelt eintauchen, in der Ihre Person durch einen animierten *Avatar* repräsentiert wird. Sie können sich diese Welt selbst erschaffen, ja sogar Geld darin verdienen und sich so quasi ein zweites Leben im Cyberspace aufbauen. Doch Vorsicht: Hier besteht eindeutig ein gewisses Suchtpotenzial und instabile Persönlichkeiten sollten sich in Acht vor Realitätsverlust nehmen. Eltern sollten darüber hinaus bedenken, dass eine Umgebung wie diese unter Umständen noch nicht für 13-Jährige geeignet ist.

Manche Chatrooms werden von Moderatoren überwacht, um sicherzustellen, dass der Umgangston höflich bleibt. In seltenen Fällen kann der Moderator bestimmen, wer sprechen darf und wer nicht, oder er darf Personen vor die Tür setzen.

Viele Menschen haben Ihren ersten Kontakt mit Chatrooms innerhalb der virtuellen Grenzen von AOL. AOL hat eine Reihe von Community-Richtlinien hinsichtlich des Verhaltens in Chaträumen aufgestellt, wobei sich die meisten auf das Verbot von Beschimpfungen, Drohungen und Kraftausdrücken aller Art beziehen. Die Themenangebote sind recht weit gestreut. Die Hauptkonkurrenten von AOL – Yahoo! und MSN – betreiben jeweils ihre eigenen Chatbereiche.

Ich rate Neulingen, die zum ersten Mal einen Chatroom betreten, als Erstes alle Teilnehmer freundlich zu begrüßen und dann erst einmal einen Platz in der hinteren Reihe einzunehmen. Beobachten Sie das Geschehen eine Weile, um ein Gefühl für diesen Ort und den allgemeinen Umgangston zu bekommen. Versuchen Sie herauszukriegen, ob Teilnehmer Ihrer Altersgruppe (oder Ihres Niveaus) anwesend sind und verfolgen Sie die Diskussion. Werden Themen angesprochen, die Sie interessieren? Falls ja und wenn Sie etwas dazu sagen möchten, dann versuchen Sie möglichst dieselbe Sprache zu sprechen. Bedenken Sie, dass Ihre Gesprächspartner aus den unterschiedlichsten Ecken des Landes, ja der Welt kommen (und manchmal sogar scheinbar vom Mars).

Und weil wir gerade davon sprechen, wundern Sie sich bitte nicht, wenn manche Teilnehmer der Chat-Community anscheinend Dinge in fremden Sprachen tippen. Sie werden oft auf seltsame Verwendungen von Satzzeichen und absonderliche Abkürzungen stoßen. Lesen Sie dazu den Kasten »Und Sie dachten, Latein wäre schwierig?« in diesem Kapitel, um einen Crashkurs in Sachen *Emoticon*-Linguistik und Abkürzungen zu durchlaufen.

Und Sie dachten, Latein wäre schwierig?

Wenn Sie in einem Chatroom, beim Instant Messaging (mehr dazu später) oder in Diskussionsforen aktiv mitmischen oder zumindest verstehen wollen, worum es geht, ist es immens wichtig, den dort herrschenden Netzjargon fließend zu beherrschen. Dazu gehört die Verwendung von *Emoticons* (um die eigene Gemütsverfassung oder anderes auszudrücken) oder (meist aus dem Englischen abgeleitete) Abkürzungen. Beides habe ich in Kapitel 11 schon im Zusammenhang mit E-Mails angesprochen, dennoch sollten Sie diese Dinge in E-Mails so sparsam wie möglich einsetzen (beziehungsweise gar nicht in Ihrer herkömmlichen Briefkorrespondenz).

Häufig verwendete Emoticons:

:) = Lächeln	>:-} = Teufelchen
;) = Zwinkern	0:-) = Engelchen (Heiligenschein)
: D = Lachen	{} = Umarmung
: (= Finsterer Blick	:* = Küsschen
:´(= Weinen	: P = Zunge herausstrecken

Häufig verwendete Akronyme:

AFAIK = As far as I know (= soweit ich weiß)

BRB = Be right back (= bin gleich wieder da)

BTW = By the way (= übrigens)

CU = See you (= Tschüss)

DAU = Dümmster anzunehmender User (abgeleitet von GAU)

GG = Breites Grinsen

IMHO = In my humble opinion (= meiner bescheidenen Meinung nach)

LOL = Laugh out loud (= lauthals lachen)

ROTFL = Rolling on the floor laughing (= sich vor Lachen kringeln)

WB = Welcome Back (= Willkommen zurück)

Intime Einzelgespräche per Instant Messaging

In einem Chatroom unterhalten Sie sich unter Umständen mit Dutzenden von Personen gleichzeitig. Was aber, wenn Sie nun mit einem mysteriösen Fremden, der mit seinen kühnen Witzeleien Ihre Fantasie angeregt hat, anbandeln und nur dieser Person allein etwas ins Ohr flüstern möchten? Eine solche Intimität erfordert eine private Unterhaltung, und das funktioniert am besten mithilfe von *Instant*-Nachrichten oder *Instant Messages* (*instant* = sofort), kurz *IM*.

Eine IM-Kommunikation muss aber nicht zwingend aus einer Chatroom-Umgebung heraus entstehen, für die wenigsten Menschen ist das der Fall. Stattdessen greifen die meisten Benutzer dieser Kommunikationsart auf eine spezielle *Instant Messaging*-Software zurück, die bei Anbietern wie AOL, Yahoo!, Microsoft oder Skype kostenlos heruntergeladen werden kann.

Ähnlich wie bei E-Mail geht die Verbreitung von Instant Messaging weltweit hauptsächlich auf das Konto von AOL. Denn AOL vertreibt die überaus beliebte *AIM*-Software, den *AOL Instant Messenger*, sowie die noch beliebtere IM-Software *ICQ*. Beide Programme können Sie kostenlos jeweils unter www.aim.com (oder www.aol.de) beziehungsweise www.icq.de herunterladen, ohne AOL-Mitglied werden zu müssen. Tatsächlich müssen Sie, wie Sie weiter hinten in diesem Kapitel erfahren werden, AIM nicht einmal herunterladen, um Instant Messages versenden zu können, da Sie über das mit Mac OS X gelieferte, Apple-eigene Programm *iChat* von Haus aus mit anderen AIM-Community-Mitgliedern in Kontakt treten können.

Instant Messaging ist aus der Geschäftswelt und dem sozialen Umfeld vieler Menschen mittlerweile nicht mehr wegzudenken. Es bietet eine sinnvolle Ergänzung zur E-Mail-Kommunikation und ist in vielerlei Hinsicht sogar attraktiver. Die Gründe sind einfach: Genau wie in einem Chatroom läuft die Konversation beim Instant Messaging in Echtzeit, also fast ohne jede Verzögerung ab – ein riesiger Vorteil gegenüber E-Mail, wo Nachrichten oft verspätet eintreffen. Darüber hinaus erlaubt IM eine Art von Spontaneität, die über E-Mail oder das gute alte Telefon gar nicht möglich wäre. Mithilfe der sogenannten *Präsenz*-Technologie können Sie nämlich nicht nur »sehen«, ob die Person, der Sie eine Instant-Nachricht schicken möchten, gerade online ist, sondern auch, ob sie gerade an ihrem Platz ist beziehungsweise Lust auf ein Schwätzchen hat. Die Verfügbarkeit des Teilnehmers wird dabei durch eine entsprechende Statusmeldung neben seinem Namen in einer *Kontaktliste* (auch *Buddy-Liste* genannt) angezeigt.

Instant Messaging hat jedoch im Vergleich zu E-Mail und Telefonaten mindestens einen entscheidenden Nachteil, und das ist die Inkompatibilität zwischen den einzelnen IM-Diensten. Da AOL aus Konkurrenzgründen seine Buddy-Liste wie seinen Augapfel schützt, kann ein AIM-Mitglied beispielsweise keine direkte Instant-Nachricht an einen Yahoo!- oder MSN-IM-Benutzer schicken – zumindest nicht ohne technische Tricks. Stellen Sie sich vor, ein Vodafone-Kunde könnte einen Bekannten nicht anrufen, weil der das Mobilfunknetz von E-Plus nutzt, und umgekehrt.

Wie bei gewöhnlichen Chats geht die Entwicklung auch beim Instant Messaging inzwischen weit über den Austausch von reinen Textnachrichten hinaus. Mit der heutigen leistungsfähigen

IM-Software können Sie sich an Audiokonferenzen beteiligen und von Computer zu Computer praktisch kostenlose Telefonate über das Internet führen.

Und wenn Sie eine Webcam Ihr eigen nennen – die Besitzer bestimmter neuerer Mac-Modelle sind mit einer eingebauten iSight-Kamera gesegnet –, dann können Sie sich sogar von Angesicht zu Angesicht, nämlich per Videokonferenz, mit Ihren Gesprächspartnern austauschen. Das führt uns auch gleich zum nächsten Thema, Apples eigener, ständig weiterentwickelter Messaging-Anwendung iChat.

iChat

iChat lediglich als Instant-Messaging-Programm zu bezeichnen, ist eine grobe Untertreibung, so als würde jemand sagen, dass Dirk Nowitzki *nur* Körbe werfen kann. Oberflächlich betrachtet stimmt es natürlich: iChat ist eine leistungsfähige Instant-Messaging-Software, mit der Sie einfache Textnachrichten in Echtzeit versenden und empfangen können. Aber Sie können mit iChat noch viel mehr, zum Beispiel

✔ Dateien austauschen, während Sie sich mit jemandem unterhalten.

✔ kostenlose Audiokonferenzen mit bis zu neun weiteren Teilnehmern führen.

✔ von Ihrem Mac-Schreibtisch aus Videokonferenzen mit bis zu drei weiteren Teilnehmern führen.

✔ Ihren Schreibtisch zur gemeinsamen Nutzung freigeben oder auf den Mac-Schreibtisch Ihres Gesprächspartners zugreifen.

Damit Sie iChat nutzen können, muss wenigstens eine der folgenden Voraussetzungen erfüllt sein:

✔ **Sie verfügen über einen AIM- oder AOL-Benutzernamen mit Kennwort.** Wie bereits erwähnt, arbeitet iChat eng mit dem weit verbreiteten AOL Instant Messenger zusammen. Falls Sie kein AOL-Mitglied sind (denn ansonsten dürfen Sie einfach Ihren bereits bestehenden AOL-Namen verwenden), können Sie unter www.aol.de einen kostenlosen AIM-Account mit Kennwort beantragen. (Klicken Sie dazu auf die Rubrik AIM MESSENGER und dann unter AOL-NAMEN EINRICHTEN auf JETZT REGISTRIEREN.)

✔ **Sie verfügen über eine gültige Jabber ID.** Sie können auch einen Jabber Account verwenden, um mit einer Schar anderer Anwender zu kommunizieren, die auf demselben Jabber Server registriert sind. Der Jabber-IM-Dienst beruht auf einem offenen (= frei verfügbaren) Standard und wird in vielen Unternehmen eingesetzt. Er bietet alle gängigen Funktionen aktueller IM-Systeme und Sie können zum Beispiel auch Instant-Nachrichten mit Mitgliedern des Instant-Messaging-Systems *Google Talk* austauschen. Um Jabber zu nutzen, müssen Sie zuerst einen kostenlosen Account auf einem öffentlichen Jabber Server einrichten (zum Beispiel unter http://www.macme.de/anmelden (Jabber Server für Apple-User), http://web.swissjabber.ch/index.php/Register oder http://web.amessage.info/register).

Obwohl iChat die Messaging-Systeme von Yahoo! und MSN offiziell nicht unterstützt, können Sie über Jabber und mithilfe von ein paar technischen Tricks auch Verbindung zu diesen Diensten aufnehmen.

✔ **Sie haben einen .Mac-Account angemeldet.** Ein regulärer .Mac-Account bei Apple kostet 99 Euro jährlich und bietet Ihnen unterschiedliche Funktionen, auf die ich in Kapitel 13 näher eingehe. Sie können aber auch kostenlos einen .Mac-Account zur Probe beantragen. Nach Ablauf der 60-tägigen Testphase verlieren dann zwar die .Mac-Funktionen ihre Gültigkeit, Ihre .Mac-ID dürfen Sie jedoch behalten und weiterhin für iChat nutzen.

✔ **Sie verfügen über einen gültigen Google Talk-Account.** Neben zahlreichen anderen Diensten bietet Google seit geraumer Zeit auch die Chatanwendung *Google Talk* an und iChat unterstützt diesen Dienst unter Mac OS X Leopard. Um Google Talk über iChat nutzen zu können, müssen Sie zuerst ein Google-Konto beziehungsweise ein Google Talk-Konto einrichten.

✔ **Ihr Mac befindet sich in einem lokalen Netzwerk (zum Beispiel in einer Firma, Schule etc.).** In diesem Fall können Sie sich die in Mac OS X integrierte Technologie namens *Bonjour* zunutze machen, die in erster Linie der besonders einfachen Einrichtung von Netzwerken dient. Damit können Sie feststellen, welcher Netzwerkteilnehmer gerade zum Chatten zur Verfügung steht. Sie benötigen dazu keinen IM-Account oder -Dienst wie bei den anderen Möglichkeiten.

Für Videokonferenzen benötigen Sie eine schnelle Breitband-Internetverbindung sowie eine kompatible Webcam. Die Apple-eigene iSight-Kamera (standardmäßig bei allen aktuellen iMac- und MacBook/MacBook Pro-Modellen integriert) funktioniert prächtig, Sie können jedoch auch eine Mac-kompatible Cam mit FireWire-Anschluss verwenden; auch einige USB-Webcams funktionieren unter Umständen mit einem speziellen Mac-Treiber. Außerdem ist mindestens Mac OS X 10.3 erforderlich.

iChat einrichten

Um iChat einzurichten, öffnen Sie das Programm, indem Sie auf das Sprechblasensymbol im Dock klicken (oder indem Sie auf das Symbol im PROGRAMME-Ordner doppelklicken). Wenn Sie iChat zum ersten Mal öffnen, wird zuerst ein Willkommen-Fenster angezeigt. Klicken Sie darin auf FORTFAHREN und es öffnet sich ein Fenster, in dem Sie Ihren iChat-Account (ähnlich wie in Abbildung 12.1 gezeigt) konfigurieren können.

Wählen Sie eine der Optionen aus dem Einblendmenü SERVERTYP, je nachdem, für welchen der weiter vorn in diesem Kapitel beschriebenen IM-Account-Art Sie sich entschieden haben.

✔ **AIM-Account:** Geben Sie Ihre AIM-Account-Daten – AOL-Namen und Kennwort – ein, die Sie bei der Anmeldung auf der AOL-Seite festgelegt haben (wenn Sie zahlendes AOL-Mitglied sind, haben Sie diese Daten von vornherein).

Abbildung 12.1: Einrichtung eines iChat-Accounts

✔ **.Mac-Account:** Falls Sie bereits einen .Mac-Account bei Apple beantragt haben (kosten-pflichtig oder testweise), verfügen Sie automatisch über einen iChat-Account und können Ihre bereits vorhandenen .Mac-Account-Daten (Mitgliedsname und Kennwort) eintragen. Haben Sie noch keinen .Mac-Account, klicken Sie auf ICHAT-ACCOUNT ANFORDERN. Sie wer-den auf die .Mac-Anmeldeseite von Apple weitergeleitet, wo Sie eine 60-tägige kostenlose Testversion beantragen können. Neben Ihren persönlichen Daten legen Sie dort einen Mitgliedsnamen und ein Kennwort fest, das Sie dann in das iChat-Fenster eintragen.

✔ **Jabber-Account:** Wenn Sie über eine gültige Jabber-ID verfügen, können Sie Ihre Daten hier eintragen und damit den Jabber-IM-Dienst über iChat nutzen.

✔ **Google Talk:** Wenn Sie über ein gültiges Google Talk-Account verfügen, können Sie die Daten hier eintragen, um den Dienst über iChat zu nutzen.

Danach erscheint das Fenster ZUSAMMENFASSUNG und Sie werden informiert, dass Sie iChat nun verwenden können. Klicken Sie auf FERTIG, um die Einrichtung abzuschließen.

✔ **Bonjour Chat konfigurieren:** Wenn Ihr Mac an ein lokales Netzwerk angeschlossen ist, empfiehlt es sich, das Chatten via Bonjour zu aktivieren. Wählen Sie dazu ICHAT|EIN-STELLUNGEN|ACCOUNTS, klicken Sie links auf BONJOUR und aktivieren Sie die Option BONJOUR-INSTANT-MESSAGING VERWENDEN. Sie können dann direkt mit allen Teilnehmern dieses Netz-werks chatten, sofern diese ebenfalls den Bonjour Chat eingeschaltet haben.

✔ **Videokamera konfigurieren:** Im Bereich AUDIO/VIDEO der iChat-Einstellungen können Sie Einstellungen für die interne oder externe Videokamera vornehmen, damit Sie an Video-konferenzen teilnehmen können.

Nun dürfen Sie chatten!

Sie können jederzeit einen neuen Account anlegen oder einen bestehenden ändern, indem Sie iCHAT|EINSTELLUNGEN wählen und auf die Rubrik ACCOUNTS klicken. Um einen neuen Account anzulegen, klicken Sie auf das Plussymbol unten links im Fenster und legen dann die entsprechenden Account-Daten fest, ähnlich wie beim weiter vorn in diesem Kapitel beschriebenen Einrichtungsvorgang. Bestehende Accounts ändern Sie, indem Sie sie in der Account-Leiste links anklicken. Beachten Sie, dass Sie einen bestehenden Account nicht ändern können, solange Sie darüber angemeldet sind.

Kontakte pflegen

Selbstverständlich macht iChat nur dann Sinn, wenn Sie mindestens eine andere Person zum Plaudern haben. Wenn Sie bereits einen AIM-Account haben und den AOL Instant Messenger schon zuvor genutzt haben, tummeln sich wahrscheinlich schon ein paar Namen in Ihrer Kontaktliste (siehe Abbildung 12.3).

Öffnen Sie iChat. Sollte die Kontaktliste nicht zu sehen sein, wählen Sie den Menübefehl FENSTER|KONTAKTLISTE beziehungsweise Ihren AIM-Account-Namen. (Falls Sie Bonjour oder Jabber nutzen, können Sie die entsprechenden Listen ebenfalls aus diesem Menü wählen.)

Um einen neuen Kontakt hinzuzufügen, klicken Sie in der Kontaktliste auf das Plussymbol unten links und wählen KONTAKT HINZUFÜGEN aus dem Menü (oder wählen Sie KONTAKTE|KONTAKT HINZUFÜGEN). iChat präsentiert Ihnen daraufhin ein Fenster, in das Sie die Benutzerdaten des neuen Kontakts eingeben können. Wählen Sie zunächst aus dem Einblendmenü rechts den genutzten IM-Dienst (AIM oder .Mac) und tragen Sie dann unter BENUTZERNAME den Chatnamen der Person ein. Optional können Sie noch Vor- und Nachname des Kontakts für das Adressbuch angeben. Wenn Sie rechts auf den nach unten weisenden Pfeil klicken, erweitert sich das Fenster um einen Bereich mit all Ihren Adressbucheinträgen, sodass Sie bei Bedarf eine Person aus dem Adressbuch auswählen können. Wenn Sie nun auf HINZUFÜGEN klicken, erscheint der neue Kontakt umgehend in der Kontaktliste – je beliebter Sie sind, desto länger wird diese mit der Zeit (siehe Abbildung 12.2).

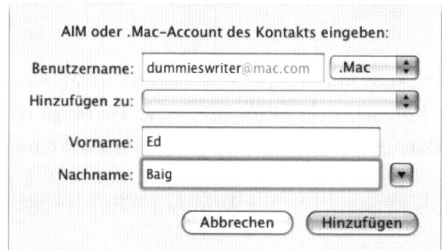

Abbildung 12.2: Einen neuen Kontakt hinzufügen

 Sie können Ihre Kontakte auch in Gruppen zusammenfassen (zum Beispiel unter KOLLEGEN, HANDBALLTEAM und so weiter). Wählen Sie dazu die Option GRUPPEN VERWENDEN aus dem DARSTELLUNG-Menü, klicken Sie dann auf das Plussymbol in der Kontaktliste und wählen Sie GRUPPE HINZUFÜGEN oder GRUPPE(N) BEARBEITEN.

In der Kontaktliste finden Sie eine Reihe von visuellen Statusmeldungen zu jedem Kontakt. Eventuell hat eine Person einen (mit Photo Booth, der Passbildautomaten-Funktion des Mac erstellten) Schnappschuss oder ein kleines Symbolbild hinzugefügt. Des Weiteren zeigt Ihnen ein Telefonsymbol an, ob Sie eine Audioverbindung mit der Person herstellen können, und ein Videokamerasymbol, ob Sie die Person per Video-Chat erreichen können (siehe Abbildung 12.3).

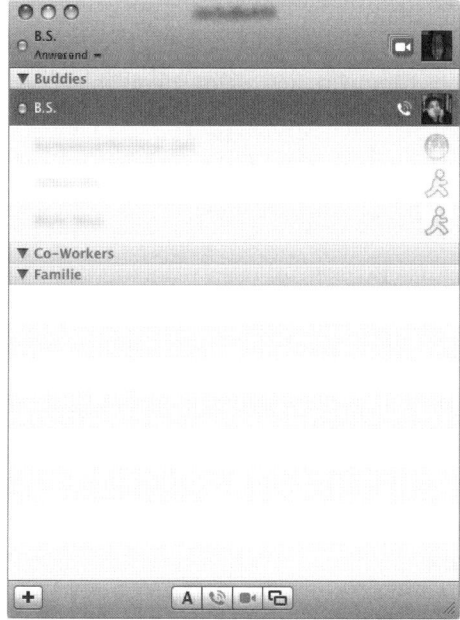

Abbildung 12.3: Visuelle Statusmeldungen zeigen Ihnen, wie Sie eine Person in der Kontaktliste erreichen können und ob sie gerade verfügbar ist.

In den meisten Fällen können Sie auch erkennen, ob eine Kontaktperson gerade online und bereit ist, ein wenig mit Ihnen zu plauschen, und zwar an den folgenden Symbolen:

✔ Ein grüner Punkt links neben dem Namen der Person zeigt, dass sie gerade verfügbar und (höchstwahrscheinlich) zum Tratschen aufgelegt ist.

✔ Ein roter Punkt bedeutet, dass die Person zwar gerade online, aber im Moment anderweitig beschäftigt ist. Sie gilt dann als ABWESEND.

✔ Ein gelber Punkt weist darauf hin, dass die Person ihren Rechner für eine Weile nicht genutzt hat (es wird auch angezeigt, wie lange). In diesem Fall bleibt die letzte Statuseinstellung des Benutzers bestehen. Entweder bedeutet das, dass die Person nicht am Platz ist oder einfach vergessen hat, ihren Verfügbarkeitsstatus von ANWESEND auf ABWESEND zu setzen.

✔ Erscheint der Name eines Kontakts blassgrau, ist die Person nicht bei iChat oder AIM angemeldet.

 Sie können auch Ihren eigenen Verfügbarkeitsstatus angeben (den Ihre Kontakte dann sehen können), indem Sie in der Kontaktliste auf das Statusmenü unterhalb Ihres Namens klicken. Dabei sind Sie nicht auf ANWESEND oder ABWESEND oder die anderen Optionen beschränkt, sondern können individuelle Meldungen festlegen wie *Bin gleich wieder da*, *Bin gerade furchtbar beschäftigt* und so weiter. Wählen Sie dazu aus dem Statusmenü jeweils die Option EIGENER ANWESEND-/ABWESEND-STATUS, um einen neuen Text für An- beziehungsweise Abwesenheit einzugeben. Dieser erscheint dann umgehend als neuer wählbarer Menüpunkt im Statusmenü. Oder Sie wählen STATUSMENÜ BEARBEITEN, um neue Nachrichten hinzuzufügen (Plussymbol) beziehungsweise vorhandene zu löschen (Minussymbol) oder zu bearbeiten (Doppelklick auf den Nachrichtentext).

Wenn Sie nicht möchten, dass Ihre Chat-Partner wissen, ob Sie an- oder abwesend sind, wählen Sie den Status UNSICHTBAR.

 Klicken Sie auf das Bildsymbol oben rechts in der Kontaktliste, um ein eigenes Benutzerbild auszuwählen, das Ihre Gesprächspartner später beim Chat mit Ihnen sehen.

Falls Sie eine Weile nicht an Ihrem Platz waren, wird Ihr iChat-Onlinestatus auf INAKTIV gesetzt. Nachrichten, die während Ihrer Abwesenheit eingehen, werden natürlich trotzdem angezeigt.

Einfach nur chatten

Um einen Chat mit einer verfügbaren Person zu starten, doppelklicken Sie auf ihren Namen in der Kontaktliste (die beim Start von iChat automatisch geöffnet wird), woraufhin ein Chat-Fenster aufspringt. Tippen Sie nun etwas in das Texteingabefeld unten im Fenster ein. Etwas wie Hallo Fremder sollte für den Anfang genügen.

Alternativ können Sie ABLAGE|NEUER CHAT wählen, den Namen Ihres Chat-Partners eingeben und auch den Typ des Chats festlegen. Mit dieser Methode können Sie einen Chat mit Personen starten, die sich nicht in Ihrer Kontaktliste oder in Ihrem Adressbuch befinden.

Ihre Texteingabe wird sofort in einer comic-artigen Sprechblase im oberen Teil des Chat-Fensters angezeigt. Sobald Ihnen Ihr Chat-Partner antwortet, erscheint seine Antwort in einer eigenen Sprechblase darunter und so weiter und so fort. Das Ganze sieht dann in etwa so aus wie in Abbildung 12.4. Sie zeigt eine alberne Konversation zwischen Mr. Baig und Mr. Baig. (Normalerweise führe ich keine Selbstgespräche – ehrlich. Diese kleine Übung, verehrter Leser, verehrte Leserin, dient ausschließlich der Erweiterung Ihres Horizonts.)

Abbildung 12.4: Normalerweise führe ich keine Selbstgespräche. Stimmt's Ed?

Angenommen, Sie tauschen ein paar wichtige Instant-Nachrichten mit Ihrem Anwalt oder Ihrem Steuerberater oder ein paar Auflaufrezepte mit Ihrer besten Freundin aus. In solchen Fällen möchten Sie die Unterhaltung vielleicht aufzeichnen, um später Wichtiges nachlesen zu können. Um ein Protokoll Ihrer kleinen Plauderei zu erstellen, wählen Sie ICHAT|EINSTELLUNGEN (siehe Abbildung 12.5), klicken auf die Rubrik NACHRICHTEN und aktivieren dort die Option CHAT-PROTOKOLLE AUTOMATISCH SICHERN IN. (Standardmäßig ist der Ordner ICHATS Ihres DOKUMENTE-Ordners voreingestellt.) In diesem Fenster können Sie darüber hinaus das Erscheinungsbild Ihrer Sprechblasen und der des Chat-Partners anpassen.

Sie können Ihren IM-Partnern über iChat auch Dateien senden (beziehungsweise selbst welche empfangen). Das ist nicht nur eine bequeme Methode, sie hat im Gegensatz zu E-Mail auch noch den Vorteil, dass es keine Einschränkung bei der Dateigröße gibt (Sie können jedoch nur jeweils eine einzige Datei versenden und wenn diese etwas größer ist, dauert die Übertragung entsprechend länger). Markieren Sie dazu den Namen eines Kontakts in der Liste, wählen Sie KONTAKTE|DATEI SENDEN und suchen Sie die gewünschte Datei heraus. Alternativ können Sie die zu sendende Datei einfach auf den Namen der Person in der Kontaktliste oder in den Nachrichtenbereich eines geöffneten Chat-Fensters ziehen. Dabei hat Ihr Gesprächspartner immer die Wahl, ob er die eingehende Datei annehmen oder ablehnen will.

Und da wir gerade beim schmerzlichen Thema Ablehnung sind: Wenn einer Ihrer Kumpels, Kollegen oder wer auch immer bei Ihnen anklopft, um einen Chat zu beginnen, Ihnen aber gerade nicht danach ist, dann klicken Sie im aufspringenden Chat-Fenster einfach auf ABLEHNEN.

_Abbildung 12.5: In den iChat-Einstellungen passen Sie
Ihre Chats Ihren Wünschen an._

Ihren Musikgeschmack mit anderen teilen

Wenn Sie möchten, können Sie Ihren Chat-Partnern mitteilen, welchen Titel Sie gerade in iTunes hören. Wählen Sie dazu in der Kontaktliste aus dem Statusmenü unterhalb Ihres Namens die Option AKTUELLER ITUNES TITEL (sie erhält dann ein Häkchen). Aus meiner Erfahrung dient diese Funktion mehreren Zwecken. Erstens können Sie Ihren Freunden und Bekannten damit zeigen, welch einen erlesenen Musikgeschmack Sie haben (falls sie es nicht schon wissen). Und zweitens können Sie Ihre Chat-Partner _beeinflussen_: Wenn diese nämlich auf Ihre Musikauswahl klicken, werden sie automatisch zum iTunes Store (Kapitel 15) weitergeleitet, wo sie den Titel direkt Probe hören können. Und wenn einer Ihrer Chat-Partner zehn oder mehr der Titel kauft, die Sie im Zeitraum von zwei Wochen gehört haben, dann schickt Ihnen Apple einen neuen Computer. Okay, das war ein Scherz. Aber eins ist sicher: Steve Jobs wird Sie dafür lieben!

Manchmal kommt es vor, dass Ihnen eine Person völlig auf die Nerven geht. Klicken Sie dann, sobald Sie eine Nachricht von ihr empfangen, im Nachrichtenfenster auf BLOCKIEREN. Alternativ können Sie den Namen der Person in der Kontaktliste markieren und KONTAKTE|_NAME_ BLOCKIEREN wählen. Der Benutzer wird daraufhin in die Liste der blockierten Personen aufgenommen und kann Ihnen keine Instant-Nachrichten mehr schicken, sofern Sie die Blockierung nicht wieder aufheben. (Bedenken Sie aber, dass jeder Ihrer potenziellen Kontakte dasselbe auch mit Ihnen tun kann.)

Wie und mit wem Sie kommunizieren möchten, können Sie in den iChat-Einstellungen in der Rubrik Accounts im Bereich Sicherheit des jeweiligen Kontos und dort im Abschnitt Privatsphären-Stufe festlegen. So können Sie zum Beispiel genau steuern, welche Personen sehen dürfen, ob Sie gerade online sind, und wer Ihnen Nachrichten schicken darf. Wählen Sie hier eine Option, die Ihrem Bedürfnis nach Privatsphäre am ehesten entspricht, die folgenden sind verfügbar:

✔ Jeden zulassen

✔ Benutzer in meiner Kontaktliste zulassen

✔ Bestimmte Personen zulassen (Liste bearbeiten): Bei dieser Option müssen Sie die AIM- oder .Mac-Adressen der einzelnen Personen eintippen.

✔ Jeden blockieren

✔ Bestimmte Personen blockieren (Liste bearbeiten): Auch hier müssen Sie die jeweiligen Adressen eingeben.

 Wenn Sie sich zu sehr kontrolliert fühlen, dann aktivieren Sie im Bereich Sicherheit der Rubrik Accounts (in den iChat-Einstellungen) die Option Andere Benutzer dürfen nicht sehen, dass ich inaktiv bin.

Ihren Augen und Ohren trauen

Wie ich bereits angedeutet habe, sind Instant-Nachrichten und Text-Chats im Allgemeinen heutzutage nichts Besonderes mehr (auch wenn sie natürlich verdammt nützlich sind) und gehören vielleicht schon bald der Vergangenheit an. Denn die Kommunikationsart des 21. Jahrhunderts heißt Videotelefonat. (Lassen wir mal außer Acht, dass eine primitive Version dieser Technologie bereits 1964 auf der Weltausstellung in New York vorgestellt wurde.)

Audio- und Video-Chats starten

Vorausgesetzt, Ihre Webcam und/oder Ihr Mikrofon sind wunschgemäß eingestellt, können Sie nun eine Person in der Kontaktliste markieren und dann auf das Videokamerasymbol unten im Fenster klicken, um sie zu einem Video-Chat einzuladen, beziehungsweise auf das Telefonsymbol, um einen Audio-Chat zu starten. (Bei gedrückter ⌘-Taste können Sie auch mehrere Personen auswählen.) Auch neben den Namen der jeweiligen Personen erscheinen – je nachdem, über welche Konfiguration sie verfügen – Telefon- und/oder Videokamerasymbole, die Sie ebenfalls zum Starten eines Video- oder Audio-Chats anklicken können.

Wie üblich haben Ihre IM-Partner die Wahl, ob sie die Einladung annehmen oder ablehnen wollen. Akzeptiert ein Chat-Partner (mit der entsprechenden technischen Ausstattung) Ihre Aufforderung, können Sie sich bei Bedarf in voller Bildschirmgröße gegenseitig sehen und miteinander sprechen (oder auch nur miteinander sprechen).

Eine wirklich clevere und elegante Lösung. Bei einer Videoschaltung mit mehreren Personen, werden die einzelnen Teilnehmer wie in einem virtuellen, dreidimensionalen Konferenzraum angezeigt, sodass jeder den anderen gut sehen kann. Mithilfe eines recht realistisch wirkenden Videoeffekts werden die einzelnen Personen sogar auf der Oberfläche des virtuellen Konferenztischs gespiegelt (siehe Abbildung 12.6).

Die Übertragungsqualität ist in der Regel ganz gut, obwohl das Bild abhängig von Ihrer Breitbandverbindung unter Umständen ein wenig verzerrt dargestellt wird.

 iChat verwendet (ebenso wie QuickTime) den auch als *H.264* bezeichneten *AVC*-Videostandard (*Advanced Video Codec*). Diese Technologie sorgt für gestochen scharfe Videobilder mit kleineren Dateigrößen, wodurch Bandbreite und Speicherplatz eingespart werden. Um einen guten Sound bei der Sprachübertragung zu gewährleisten, nutzt iChat außerdem den *AAC-LD Audio-Codec*, der laut Apple eine kristallklare Audioqualität liefert und jede Stimme gut klingen lässt.

Abbildung 12.6: Eine Videokonferenz in iChat abhalten

Falls nur Sie eine Webcam haben und Ihr Chat-Partner nicht, so kommt dieser zumindest in den Genuss, Ihr freundliches Gesicht zu sehen. Und wenn er ein Mikrofon angeschlossen hat, dann können Sie ihn wenigstens hören.

 Ebenfalls neu in iChat ist die Möglichkeit, über ein AIM- oder .Mac-Account SMS-Nachrichten an das Mobiltelefon oder iPhone einer Kontaktperson zu senden. Wählen Sie Ablage|SMS senden und geben Sie die Handynummer der Person ein.

Eine iChat-Diashow vorführen

Doch warum sollten Sie immer nur Textnachrichten austauschen oder Diskussionen führen? Zeigen Sie Ihren Gesprächspartnern, was Sie geleistet haben, oder untermauern Sie Ihre Vorschläge, indem Sie eine kleine Vorführung starten.

 In iChat haben Sie jetzt die Möglichkeit, Ihren Chat-Partnern in einem Video-Chat-Fenster Einblicke in Ihr Schaffen zu gewähren und diverse Arten von Dateien – einzeln oder als Diashow – zu präsentieren, von Dokumenten und Fotos über Präsentationen bis hin zu Filmen. Damit können Sie beispielsweise eine

Diashow Ihrer Urlaubsbilder abspielen oder eine Art projektorgestützten Vortrag halten, ohne wirklich vor Ort sein zu müssen. Dabei können Sie die Präsentation von Ihrem Schreibtisch aus steuern. (Für diese Funktion ist eine Kamera nicht zwingend erforderlich.)

Das Ganze läuft unter der vielversprechenden Bezeichnung *iChat-Theater-Präsentationen* und funktioniert so:

Wählen Sie ABLAGE|FILE-SHARING ÜBER ICHAT-THEATER. Im folgenden Dialogfenster wählen Sie nun die Dateien aus, die Sie freigeben möchten. Nachdem Sie auf FREIGEBEN geklickt haben, informiert Sie ein Dialogfenster, dass iChat Theater bereit ist, und fordert Sie auf, einen Kontakt zum Video-Chat einzuladen. Tun Sie dies, indem Sie die Person in der Kontaktliste anklicken und dann unten auf das Videokamerasymbol klicken. Sobald die Person die Einladung angenommen hat, öffnet sich bei allen Chat-Teilnehmern ein Video-Chat-Fenster, das die ausgewählte Datei anzeigt. Sie selbst sehen außerdem ein zusätzliches Fenster mit Steuerelementen. Haben Sie zum Beispiel mehrere Fotos ausgewählt, können Sie die Präsentation nun von hier aus steuern (siehe Abbildung 12.7).

Abbildung 12.7: Zeigen Sie Ihre Schätze einem begeisterten iChat-Publikum.

 Falls Sie iPhoto verwenden (siehe Kapitel 16) können Sie auch ein iPhoto-Album als Diashow vorführen. Wählen Sie dazu ABLAGE|PHOTO IM ICHAT THEATER GEMEINSAM NUTZEN.

 Bei einem laufenden Video-Chat können Sie Dateien auch einfach ins Chat-Fenster hineinziehen, um Sie den anderen Chat-Teilnehmern zu zeigen.

Videoeffekte und Hintergrundkulissen anwenden

Chatten Sie mit Ihren Freunden doch einfach mal von einem anderen Ort aus, sagen wir Paris oder New York. Sie halten sich in nächster Zeit dort nicht auf? Macht nichts. Tun Sie einfach so als ob.

In Mac OS X Leopard wurde iChat mit diversen visuellen Effekten für Video-Chats ausgestattet. So können Sie sich beispielsweise eine passende Hintergrundkulisse aussuchen, vor der Ihre Chat-Partner Sie dann sehen, oder Ihr in einem Video-Chat verwendetes Bild mit einem Videoeffekt verschönern (oder entstellen, ganz wie man's nimmt).

Den Hintergrund für einen Video-Chat ändern Sie folgendermaßen: Wählen Sie ICHAT|EINSTEL-LUNGEN|AUDIO/VIDEO, sodass Sie Ihr Bild vor der aktuellen Kulisse sehen, und dann VIDEO|VIDEO-EFFEKTE EINBLENDEN. Mit den Pfeiltasten können Sie nun durch die verschiedenen Effekte und Hintergründe blättern.

Abbildung 12.8: Wählen Sie eine der Hintergrundkulissen von iChat.

Zur Auswahl stehen unter anderem zum Beispiel der Eiffelturm, der Time Square in New York und der Yosemite Nationalpark (siehe Abbildung 12.8); aber selbstverständlich können Sie sich auch Ihre eigenen Kulissen basteln und als Benutzerhintergrund einfügen. Klicken

Sie einfach das Gewünschte an. Damit die neue Umgebung eingerichtet werden kann, müssen Sie zunächst das Bild verlassen und können kurz darauf die neue Szenerie betreten. Wenn Sie nun den nächsten Video-Chat starten, sehen Ihre Gesprächspartner Sie am Ort Ihrer Wahl. (Um zur ursprünglichen Kulisse zurückzukehren, klicken Sie im Fenster VIDEOEFFEKTE auf die Originalkulisse.)

Um während eines laufenden Videochats einen Effekt auf Ihr Chat-Bild anzuwenden, wählen Sie VIDEO|VIDEOEFFEKTE EINBLENDEN und klicken auf den gewünschten Effekt. Bevor Sie einen Effekt anwenden, können Sie ihn sich in der Vorschau anzeigen lassen, indem Sie VIDEO|VIDEOVORSCHAU wählen.

 Leider ist dieses Effektefeuerwerk an bestimmte Hardwarevoraussetzungen gebunden. So benötigen Sie für die Videoeffekte einen Intel- oder PowerPC mit mehreren Prozessoren sowie einer Grafikkarte, die die Core Image-Hardwarebeschleunigung unterstützt; Hintergrundkulissen funktionieren ausschließlich auf Intel-Macs sowie mit der iSight- oder einer vergleichbaren Kamera. Beide Funktionen erfordern außerdem einen schnellen Breitbandinternetzugang.

Mein Schreibtisch ist dein Schreibtisch

Manchmal sind Taten effektiver als Worte, zum Beispiel wenn Sie einer Person einen bestimmten Vorgang erklären möchten, wie etwa die Bedienung eines Programms auf dem Mac.

 Ein besonderes Highlight von iChat ist die neue Funktion *Bildschirmfreigabe* (*Screen-Sharing*). Damit können Sie einen Video-Chat so einrichten, dass Sie und ein Chat-Partner Ihrer Wahl einen Desktop gemeinsam nutzen können; das heißt Sie erlauben ihm vorübergehend den Zugriff auf Ihren Computer oder umgekehrt. Dazu müssen beide Teilnehmer Mac OS X Leopard installiert haben; außerdem sollten beide über eine schnelle Breitbandinternetverbindung verfügen.

Vergewissern Sie sich, dass im Menü VIDEO die Option SCREEN-SHARING AKTIVIERT mit einem Häkchen versehen ist. Markieren Sie dann einen Kontakt aus der Kontaktliste und wählen Sie aus dem Menü KONTAKTE eine Option für die gemeinsame Bildschirmnutzung (oder klicken Sie auf das Symbol für die Bildschirmfreigabe unten rechts im Fenster der Kontaktliste). Wählen Sie entweder MEINEN BILDSCHIRM FÜR „X" FREIGEBEN, um Ihren Desktop gemeinsam zu nutzen, oder UM ZUGRIFF AUF BILDSCHIRM VON „X" BITTEN, um Zugang zum Computer der Kontaktperson zu erhalten. Im zweiten Fall muss Ihr Chat-Partner die Anfrage zuerst akzeptieren (siehe Abbildung 12.9).

*Abbildung 12.9: Die Aufforderung zum Screen-Sharing
muss vom Chat-Partner akzeptiert werden.*

Sobald Ihr Kontakt seinen Desktop freigegeben hat, erscheint dieser auf Ihrem Monitor und Sie können auf dem Mac dieser Person arbeiten als wäre es Ihr eigener. Alle Aktionen, die Sie in der fremden Benutzerumgebung durchführen (Ordner und Programme öffnen, neue Dokumente anlegen und so weiter), werden auch auf dem entfernten Computer ausgeführt – und der Chat-Partner am anderen Ende kann dabei zusehen, behält aber die normalen Zugriffsrechte auf seinen Mac.

Genauer gesagt, erscheint der Schreibtisch des entfernten Rechners zunächst in einem separaten Fenster auf Ihrem Desktop. Ein Klick in dieses Fenster, und die beiden Schreibtisch-Ansichten tauschen – hübsch animiert – die Plätze. Stattdessen wird nun Ihr eigener Desktop in einem kleinen Fenster (MEIN COMPUTER) dargestellt (siehe Abbildung 12.10). Auf diese Weise können Sie bequem zwischen den beiden Benutzeroberflächen wechseln. Sie können außerdem Dateien zwischen den beiden Rechnern kopieren, indem Sie sie von einen Schreibtisch in den anderen (das Miniaturfenster) ziehen.

Abbildung 12.10: iChat zur Steuerung eines entfernten Mac einsetzen.

Jetzt können Sie aus der Ferne ganz problemlos etwa Ihrer Mutti an ihrem eigenen Mac unter die Arme greifen, wenn sie mal wieder Probleme mit ein paar Einstellungen oder einer bestimmten Anwendung hat. Während des Screen-Sharing besteht eine Audio-Chat-Verbindung, sodass Sie dem »ferngesteuerten« Chat-Partner erklären können, was Sie da tun, und er notfalls

Einspruch erheben kann. Um die Bildschirmfreigabe zu beenden, schließen Sie einfach das Fenster mit der Darstellung des entfernten Rechners.

 Indem Sie Ihren Bildschirm für eine andere Person freigeben, geben Sie ihr dieselben Rechte, die Sie selbst auf Ihrem Mac besitzen. Das heißt, Ihr Rechner wäre bei einer Screen-Sharing-Sitzung potenziellen Angriffen schutzlos ausgeliefert! Denken Sie daher lieber zweimal nach, wem Sie Zugriff auf Ihren Computer gewähren. Um die Bildschirmfreigabe notfalls schnell zu beenden, drücken Sie die Tastenkombination Ctrl + ESC .

Auch Sie haben eine Onlinestimme

Es gibt eine Menge Orte im Internet, an denen Sie sich Gehör verschaffen oder gebührend in Szene setzen können. In diesem Abschnitt schauen wir uns einige dieser Möglichkeiten näher an.

Newsgroups

Zugegeben, der Begriff *Newsgroups* ist ein wenig irreführend. Vielleicht denken Sie sofort an eine Horde von Journalisten, die sich nach Redaktionsschluss in der nächsten Kneipe trifft, oder ein paar Kumpels, die sich jeden Abend zusammen die Tagesthemen ansehen. Doch bei den Newsgroups, um die es in diesem Kapitel geht, handelt es sich um etwas gänzlich anderes.

Für Newsgroups gibt es zahlreiche Bezeichnungen: elektronisches (oder Online-) Schwarzes Brett, Diskussionsgruppen oder -foren, (Online-)Foren oder *Usenet* (ein von Technikfreaks geprägter Name, der auf die Entstehung des Usenet an der Duke University (USA) in den späten 70er-Jahren zurückgeht). Das Usenet ist ein weltumspannendes, elektronisches Netzwerk, das über unzählige *Newsserver* virtuelle Diskussionsforen im Internet – *Newsgroups* – zu fast jedem denkbaren Thema bereitstellt, die praktisch für jeden Internetnutzer frei zugänglich sind. Die Usenet-Archive wurden 2001 von Google aufgekauft und unter dem Namen *Google Groups* als zusätzliche Dienstleistung angeboten. Hier kann man auf über eine Milliarde Usenet-Beiträge zugreifen, die bis zum Jahr 1981 zurückreichen.

Kurz gesagt: In einer Newsgroup können sich die unterschiedlichsten Menschen zu den unterschiedlichsten Themen praktisch weltweit miteinander austauschen, wobei ein Teilnehmer eine Textnachricht (*Posting*) für alle sichtbar veröffentlicht (man sagt auch *postet*) und andere Interessierte dann darauf antworten und so weiter. Tausende solcher Onlinediskussionen zu den verschiedensten Interessengebieten finden täglich statt: Pfeifenrauchen, kohlenhydratarme Diäten, Monsterfilme, Weltklasse-Tenöre, Nanotechnologie, Inkontinenz bei Hunden, erneuerbare Energien, Schlangenbeschwörung ...

Newsgroups sind generell in einer hierarchischen Struktur organisiert. Auf der obersten Ebene finden sich übergeordnete allgemeine Kategorien – sogenannte Top-Level-Hierarchien – wie *comp* für Computer, *rec* (Recreation) für Freizeitaktivitäten, *sci* (Science) für wissenschaftliche Themen, *soc* (Social) für soziale Themen, *talk* für politische Themen, *news* für Diskussionen über das Usenet selbst, *misc* (Miscellaneous) für Verschiedenes, *alt* für alternative Themen etc. Diese sind in weitere Gruppen unterteilt und je weiter Sie sich nach unten durcharbeiten, desto spezieller werden die untergeordneten Kategorien. So beginnen Sie beispielsweise in der Kategorie *alt*, landen dort in der Untergruppe *animals* (= Tiere), gehen darin in die Untergruppe *cats* (= Katzen) und darin wiederum in die Abteilung *siamese* (= siamesisch), bis Sie schließlich in der Newsgroup *alt.animals.cats.siamese* für Diskussionen über siamesische Katzen angekommen sind.

Um in einer Newsgroup Beiträge zu lesen und zu veröffentlichen, benötigen Sie eine spezielle Newsreader-Software (nicht zu verwechseln mit einem RSS-Newsreader; siehe Kapitel 10 und 11). Falls Sie das Microsoft Office-Paket für den Mac besitzen, können Sie die Newsreader-Funktion des enthaltenen E-Mail-Programms *Entourage* nutzen (was jedoch nicht unbedingt die komfortabelste Lösung ist).

Es gibt aber auch eine Reihe benutzerfreundlicher Newsreader-Programme für den Mac, die Sie zum Beispiel unter `www.versiontracker.com` kostenlos oder als günstige Shareware herunterladen können. Zu den beliebtesten zählen MacSOUP (auch als deutsche Version erhältlich), Hogwasher, MT-NewsWatcher, NewsHunter, Toth und Unision. (Weitere Informationen und Empfehlungen zu Newsreadern finden Sie unter `www.apfelwiki.de/Main/Newsreader` oder `www.de-soc-mac.de/Newsreader`.)

Das Einrichten von Newsgroup-Software ist manchmal etwas knifflig – fragen Sie gegebenenfalls Ihren Internetprovider, falls dieser einen Newsserver bereitstellt. Relativ einfach lässt sich zum Beispiel der MacSOUP-Newsreader einrichten. Läuft das Programm erst einmal, können Sie eine Liste mit Tausenden von Newsgroups herunterladen und nach Themen durchsuchen, die Sie interessieren.

Weblogs

Weblogs oder kurz *Blogs* haben sich in den letzten Jahren zu einem wahrhaften Internetphänomen entwickelt. So verzeichnete beispielsweise die Weblog-Suchmaschine Technorati bei Drucklegung dieses Buches mehr als 47 Millionen Weblogs weltweit – Tendenz steigend – und nach eigenen Angaben kommen pro Tag zirka 70.000 neue Blogs hinzu, mit etwa 700.000 Postings täglich.

Zur Erklärung: Weblogs, das sind Webseiten mit ständig aktuellen Inhalten, die in Form eines Tagebuchs geführt werden, wobei der neueste Eintrag immer an erster Stelle steht. Hierbei verfasst meist nicht nur der Betreiber selbst regelmäßig Beiträge (*Postings*) zu verschiedenen Themen, auch die Leser des Blogs dürfen Kommentare abgeben. In der Regel wird auch eine umfassende Linksammlung einschließlich Links zu Blogs mit ähnlichen Inhalten bereitgestellt. Fast jedes Weblog kann als RSS-Newsfeed abonniert werden (siehe Kapitel 10), sodass

Interessenten automatisch über neue Beiträge informiert werden und diese abrufen können, ohne die Seite extra aufrufen zu müssen.

Es gibt inzwischen eine Menge Anwendungen und Anbieter, mit deren Hilfe man ganz einfach sein eigenes Weblog erstellen und online veröffentlichen kann, darunter Googles kostenloser Service unter `www.blogger.com` oder das ebenfalls kostenlose WordPress (`http://wordpress-deutschland.org`). Sie können Ihr eigenes Weblog auch über das iLife-Programm *iWeb* erstellen und zum Beispiel über Ihren .Mac-Account veröffentlichen (99 Euro pro Jahr; siehe Kapitel 13).

Ich blogge, du bloggst, wir bloggen

Haben Sie heute schon *gebloggt*? Nein? Das macht nichts, aber sicher haben Sie schon von dem immer weiter um sich greifenden Hype des *Bloggens* mitbekommen, wie das Betreiben eines Weblogs (*Log = Protokoll* oder *Logbuch*) beziehungsweise das Schreiben von Blog-Beiträgen genannt wird. Ja, *Blogging* ist in aller Munde: Jeder Internetjunkie, der etwas auf sich hält, unterhält heutzutage sein eigenes Weblog und täglich kommen neue dazu.

Weblogs tauchten erstmals Mitte der 90er-Jahre in Form simpler Onlinetagbücher auf. Jahrelang waren sie eher im englischsprachigen Raum verbreitet, doch seit geraumer Zeit erleben sie weltweit einen regelrechten Boom. Der Grund für die immer größer werdende Popularität ist einfach: Ein Blog lässt sich mithilfe spezieller Software schnell und problemlos erstellen, sodass wirklich *jeder* regelmäßig neue Inhalte ohne großen technischen Aufwand und besondere Programmierkenntnisse bereitstellen kann. Dabei kommen meist vorgefertigte Vorlagen zum Einsatz, weshalb Weblogs in der Regel ein recht ähnliches Erscheinungsbild aufweisen.

Die meisten Menschen nutzen Blogs, um über private Erlebnisse zu berichten, Gedanken und Meinungen« loszuwerden oder sich künstlerisch auszudrücken. Auch eignet sich diese Publikationsart prima für Weltenbummler oder Austauschstudenten, um Reiseberichte und Bilder festzuhalten und so – via RSS (siehe Kapitel 10) – Familie und Freunde stets auf dem Laufenden zu halten. Doch viele Blogs gehen inzwischen weit über reine Onlinetagebücher hinaus und widmen sich speziellen Sachgebieten (wie Computer, Kochen, Tierschutz und so weiter), mit dem Ziel, andere Nutzer zu informieren. Durch die Möglichkeit, Leserkommentare abzugeben, können sich Blogger und Leser miteinander austauschen, was Blogs auch zu einer Art Kommunikationsplattform macht. Es gibt Bildungsblogs, Fotoblogs, Comicblogs, Videoblogs, Wahlblogs, Foodblogs und so weiter.

Zunehmend befassen sich Blogger auch mit sozialkritischen und politischen Themen. Sie verfassen zum Teil umfangreiche Artikel, die dann von den Lesern diskutiert werden können. (Die enge weltweite Vernetzung vieler Blogs ermöglicht zudem die schnelle Verbreitung von Informationen.) In diesem Zusammenhang ist häufig die Rede von »Gegenöffentlichkeit« zur klassischen Medienlandschaft, da quasi jeder, der möchte, eine Stimme erhält und sich journalistisch betätigen kann. Blogs werden daher häufig als eigene Publikationsform und Konkurrenz zu Zeitungen betrachtet.

Obwohl die *Blogosphäre* (die Gesamtheit aller Blogs) eigentlich noch relativ jung (und speziell in Deutschland noch eher klein) ist, haben sie sich bereits viele Menschen, darunter auch prominente Personen und Organisationen – Politiker, Bildungsinstitute, Marketingstrategen, Publizisten und traditionelle Medienbetreiber – zunutze gemacht. So verwundert es kaum, dass es auch Mac-spezifische Blogs gibt wie blog.wired.com/cultofmac, www.tuaw.com (*The Unofficial Apple Weblog = Das inoffizielle Apple-Weblog*), www.macophilia.de und www.appleblog.de.

So mancher Blogger mag von einer steilen Übernacht-Karriere als Journalist träumen, doch wird nur wenigen ein solcher Status zuteil. Zudem werfen kritische Stimmen aus den etablierten Medien den Bloggern immer wieder Nachlässigkeit bei der Recherche und Überprüfung redaktioneller Inhalte sowie ein schlechtes journalistisches Niveau vor. (In Deutschland wurden Blogs mitunter als »Klowände des Internets« beschimpft.) Dabei sind die allermeisten Weblogs eigentlich nicht viel mehr als persönliche Tagebücher von Einzelpersonen, die lediglich vom näheren Freundeskreis und den Familienmitgliedern des Bloggers gelesen werden sollen.

Generell scheiden sich am Thema Weblogs immer wieder die Geister. So viele Menschen begeistert dem Blogging nachgehen und damit Bewegung ins WWW bringen, genauso viele verabscheuen diese Praxis und sehen darin nichts weiter als grenzenlose Selbstvermarktung, die sich um Dinge wie Privatsphäre und Datenschutz nicht viel schert. Denn leider sind sich viele Blogger kaum der Gefahren bewusst, die ein allzu leichtfertiger Umgang mit diesem Medium mit sich bringen kann. Blogbeiträge – darunter auch die weniger vorteilhaften – werden nämlich mitunter recht lange gespeichert und sind somit auf Dauer für jedermann (auch den eigenen Chef) abrufbar.

Ein soziales Netzwerk aufbauen

Wen kennen Sie? Wen kennen Ihre Freunde? Wen kennen die Freunde Ihrer Freunde? Ach ja, und wie können *Sie* von einer Verwandtschaft sechsten Grades (oder noch weiter entfernt) am besten profitieren?

Genau um diese Dinge geht es mehr oder weniger, wenn von einem sozialen Netzwerk die Rede ist. Indem Sie Ihre direkten oder indirekten Kontakte spielen lassen, finden Sie zum Beispiel eine neue Wohnung, einen neuen Job oder landen den Coup Ihres Lebens. Zumindest in der Theorie. Nein wirklich, ich bin keiner dieser »Das Glas ist halbvoll«-Pessimisten, aber es gibt einfach keine Garantie, dass das immer funktioniert.

Dennoch gibt es im Internet jede Menge Webseiten, die Ihnen beim Aufbauen eines sozialen Netzwerks behilflich sein können – mit Blogs, IM-Chats, Möglichkeiten zum Austausch von Fotos und anderen Tools zur Kontaktpflege. Manche sind schwer einzuordnen, seien Sie also nicht enttäuscht, wenn bei einer Google-Suche nicht gleich die ersten zwölf Ergebnisse der klassischen Definition von sozialer Vernetzung entsprechen, falls es so etwas überhaupt gibt.

Ein paar Adressen zur Unterstützung sozialer Annäherungsversuche aller Art finden Sie hier:

✔ `www.stayfriends.de`: Sie suchen nach einer alten Schulhof-Flamme oder einem Schulkumpel? Auf Stayfriends können Sie Ihre Schulfreunde wiederfinden und gemeinsam in alten Zeiten schwelgen.

✔ `www.flickr.com`: Ein Portal von Yahoo!, auf dem Sie Ihre Fotos verwalten und für andere bereitstellen können. Die Mitglieder versehen ihre auf die Website hochgeladenen Bilder mit sogenannten Tags, damit sie von anderen besser gefunden werden können.

✔ `www.youtube.com`: Das wohl mittlerweile bekannteste, englischsprachige Portal zum Hochladen von Amateurvideos (einschließlich illegaler Konzertmitschnitte). Ein deutsches Pendant ist zum Beispiel `www.videotube.de`.

✔ `www.sevenload.de`: Eine Mischung aus Flickr und Youtube. Hier können Sie Bilder und Videos hochladen, um Sie mit Freunden oder der ganzen Community zu teilen.

✔ `www.sameseek.de`: Ein Web-Portal, über das Sie Gleichgesinnte, Menschen mit ähnlichen Interessen oder einfach nur Freunde finden können.

✔ `www.myspace.com`: Äußerst beliebte und bekannte Online-Community für jüngere Leute (einschließlich aufstrebender Musiker, Models und so weiter) zum Kennenlernen, Sehen und Gesehenwerden. Sie gehört inzwischen dem Medienmogul Rupert Murdoch.

✔ `www.witze-welt.de`: Hier können Sie sich vor Lachen kringeln über witzige Texte, Bilder, Videos und Geräusche und im Forum andere Witzbolde kennenlernen.

✔ `www.monster.de`: Hier finden sich Arbeitgeber und -suchende oder können in der Community über Fragen rund um Job und Weiterbildung diskutieren.

✔ `www.orkut.com`: Eine von Google betriebene Online-Community zum Knüpfen neuer Kontakte.

✔ `de.360.yahoo.com`: Eine weitere Benutzerplattform von Yahoo! zum Bereitstellen und Entdecken von Blogs, Bildern, Buch-, Film- und Musikempfehlungen und zum Kennenlernen interessanter Menschen.

✔ `www.lokalisten.de`: Auf dieser virtuellen Social-Network-Plattform können Sie ein Profil von sich erstellen, Ihre Freunde einladen, neue Freunde gewinnen und wiederum deren Freunde kennenlernen.

Virtuelle Partnervermittlung

Wie Sie sicher schon vermutet haben, ist auch Amor häufig im Internet auf der Pirsch. Vielleicht begegnen Sie ihm sogar auf einer der oben erwähnten Websites für soziale Kontakte. Aber wenn Sie wild entschlossen sind, um jeden Preis einen Partner im Cyberspace zu finden, dann sollten Sie es direkt angehen. Auf speziellen Partnervermittlungswebseiten können Sie die persönlichen Daten anderer Partnersuchender online durchsehen und meist kostenlos ein eigenes, detailliertes Onlineprofil erstellen. Es gibt Unterschiede bei der Art der Anmeldung und eventuell fälligen Mitgliedsgebühren, meist werden Sie jedoch erst dann zur Kasse gebeten, wenn Sie Kontakt zu dem oder der hoffentlich Richtigen aufnehmen.

Seien Sie versichert, es gibt Partnerbörsen für jeden Geschmack und Lebensstil. Die Internetkuppler stimmen ihre Angebote nämlich zum Teil auf ganz bestimmte Zielgruppen ab und berücksichtigen alle möglichen Ausrichtungen wie politische Einstellung, sexuelle Vorlieben, Religionen, Hobbys und so weiter. Manche zielen sogar auf Vierbeiner beziehungsweise Besitzer solcher ab (`www.petdating.de`).

Hier ein paar größere Partnervermittlungsbörsen im WWW:

- ✔ `www.neu.de`
- ✔ `www.partnersuche.parship.de`
- ✔ `www.planet-liebe.de`
- ✔ `www.match.de`
- ✔ `www.dating.de`
- ✔ `www.friendscout24.de`

Ein wichtiger Hinweis: Ich übernehme keinerlei Verantwortung dafür, wen Sie über eine dieser Webadressen kennenlernen oder auch nicht (außer Sie landen einen Glückstreffer, dann können Sie mich gern zur Hochzeit einladen!). Und ich kann Ihnen auch nicht sagen, ob (oder wie) der Funke überspringen wird, wenn sich ein Windows-Nutzer und ein eingefleischter Mac-Fan miteinander einlassen.

Onlinekäufe tätigen

»Du, Opa, wie war das eigentlich, als die Leute früher in Geschäften eingekauft haben?«

So ähnlich könnte die Frage eines Enkels irgendwann lauten, auch wenn dieser Zeitpunkt meiner Ansicht nach noch relativ fern ist. Dennoch kaufen mehr und mehr Menschen Produkte online und dabei handelt es sich keineswegs nur um Bücher, Musiktitel und Software, sondern zunehmend um Artikel des täglichen Lebens, darunter auch größere Anschaffungen wie eine Kinderschaukel für den Garten, ein hochauflösender Farbfernseher oder gar ein Auto. Der elektronische Handel, auch *E-Commerce* genannt, blüht förmlich.

Und das Shoppen im Internet hat viele Vorteile:

- ✔ Sie vermeiden Menschenmengen und Staus.
- ✔ Sie sparen Geld für Fahrkarten, Benzin und Parkgebühren (und müssen keinen Parkplatz suchen).
- ✔ Sie haben es nicht mit aufdringlichen Verkäufern zu tun.
- ✔ Sie können die Produkte und Preise verschiedener Onlineanbieter in aller Ruhe vergleichen, womit die Wahrscheinlichkeit, ein Schnäppchen zu machen, enorm steigt. Es gibt

sogar Webseiten, die lediglich dem Zweck dienen, das beste Angebot zu finden, zum Beispiel www.guenstiger.de, www.billiger.de, www.geizkragen.de oder www.preisver gleich.de.

✔ Sie haben ein breiteres Angebot zur Verfügung (was nicht ausschließt, dass ein bestimmter Artikel eventuell nicht auf Lager ist).

✔ Sie können sich oft an den Produkt- und Anbieterbewertungen anderer Käufer orientieren.

Doch Onlineshopping hat auch ein paar Nachteile:

✔ Sie können die Ware nicht in die Hand nehmen oder mal »drücken«.

✔ Sie erhalten bei Bedarf keine fachkundige Beratung durch einen Verkäufer.

✔ Sie werden nach dem Kauf möglicherweise mit Werbemails überhäuft.

✔ Ohne besondere Sicherheitsvorkehrungen (zum Beispiel SSL-Verschlüsselung) sind Ihre persönlichen Daten möglicherweise nicht ausreichend vor dem Zugriff Dritter geschützt.

✔ Sie erhalten die Ware nicht sofort (außer vielleicht bei Software oder Musiktiteln).

✔ Sie treffen keine attraktiven Fremden, denen Sie schmachtende Blicke zuwerfen können.

Amazon.com

Amazon gilt als Pioneer des E-Commerce und dürfte den meisten Menschen in erster Linie als führender Anbieter einer riesigen Auswahl von Büchern und Musik ein Begriff sein. Doch Sie können bei Amazon noch weitaus mehr erwerben: Videospiele, Computer (einschließlich Macs), Elektroartikel, Haushaltsgeräte, Heimtextilien, Tierbedarf und vieles mehr.

Bevor Sie sich für einen Artikel entscheiden, haben Sie die Möglichkeit, die Produktbewertungen anderer Käufer durchzulesen, und können sogar sehen, welche anderen Produkte diese gekauft haben. Amazon hat ebenso eine Vorreiterrolle inne, wenn es darum geht, das Onlinekauferlebnis noch angenehmer zu gestalten, zum Beispiel mit der 1-Click-Bestellung (einer ultraschnellen Bestellmethode, sofern man seine Bankverbindung/Kreditkartendaten und Lieferadresse bei Amazon gespeichert hat) oder dem Wunschzettel (darauf können Ihre Freunde und Bekannten nachsehen, was Sie sich zum Geburtstag wünschen).

In eBay-Auktionen schwelgen

Sie kennen das von Flohmärkten: Was für den einen nur noch Müll ist, ist für den andern von unschätzbarem Wert. Genauso ist es bei dem allseits bekannten und beliebten Internetauktionshaus eBay, bei dem über 100 Millionen registrierte Benutzer mehr als 10 Millionen Artikel anbieten. Und viele eBay-Käufer sind geradezu besessen davon – und ich sage das mit einem liebevollen Augenzwinkern.

eBay ist der ultimative Secondhandladen. Wenn Sie eine bestimmte Sache dort nicht finden, dann kriegen Sie sie wahrscheinlich nirgendwo – und das ist wahrhaftig keine Übertreibung, denn vieles, was bei eBay verscherbelt wird, hat unter Umständen Seltenheitswert oder ist nicht mehr in einem regulären Laden erhältlich. eBay ist ein buntes Durcheinander aus teilweise obskuren Produkten, interessanten Erfindungen, Erinnerungsstücken, Antiquitäten und Sammlerobjekten. Vielleicht suchen Sie nach einem alten Comic-Heft, einer nostalgischen Porzellanpuppe, Ersatztassen für ein Essgeschirr oder gar ein 8-Spur-Tonbandgerät aus den 70er-Jahren (warum auch immer). Sie finden bei eBay aber auch viele Händler, die Neuware vom digitalen Camcorder über Mobiltelefone bis hin zur Akustikgitarre anbieten. (Manche Menschen verdienen sich sogar ihren Lebensunterhalt als eBay-Händler.)

eBay scheint außerdem wie ein Geschenk des Himmels, wenn Sie endlich dazu kommen, Ihren Dachboden oder Keller auszumisten. Und – verraten Sie's nicht weiter – Sie können sogar Dinge wie »die grässliche Servierplatte, die Sie zum Hochzeitstag bekommen haben«, und andere nett gemeinte, aber unpassende Geschenke wieder loswerden.

Reisen übers Internet buchen

Früher reservierten sich die Leute Flugtickets und Hotels über das Internet rein aus Gründen der Bequemlichkeit. Schließlich erspart man sich mit einer Onlinebuchung ermüdende Wartezeiten am Telefon, um endlich mit einem Kundendienstmitarbeiter der gewählten Fluglinie zu sprechen, und man kann sich seine Sitze entspannt vom heimischen Schreibtisch aus aussuchen und sogar die Bordkarte selbst ausdrucken. (Ich spreche hier nicht von Sonderfällen, zum Beispiel bei komplizierten Flugverbindungen oder wenn das Haustier mit in den Flieger soll. In solchen Fällen ist es ratsam, über einen Fluglinien-Mitarbeiter oder ein Reisebüro zu buchen.) Heutzutage dagegen wird man von den Fluggesellschaften fast dazu genötigt, über das Internet zu buchen und die Vorteile von E-Tickets zu nutzen; ja man wird praktisch dafür bestraft, wenn man nach einem herkömmlichen Flugschein fragt.

 Reiseangebote finden Sie im Internet an jeder Ecke, es lohnt sich jedoch ein Besuch bei großen Reiseportalen wie `www.expedia.de`, `www.travelocity.de` oder `www.hinundweg.com`. Werfen Sie außerdem einmal einen Blick auf die Website der Fluglinie und tragen Sie sich in den E-Mail-Newsletter ein, um sich über Last-Minute-Angebote informieren zu lassen.

Internetrecherche mit Wikipedia

Stellen Sie sich vor, Sie dürften zum Beispiel die Brockhaus-Enzyklopädie zur Hand nehmen und irgendwelche Einträge nach Belieben verändern oder aktualisieren. Jetzt haben Sie eine ungefähre Vorstellung davon, worum es bei Wikipedia (www.wikipedia.org) geht. Wikipedia bezeichnet sich selbst als freie Enzyklopädie, die *jeder verändern* beziehungsweise durch *eigene* Beiträge *erweitern* kann. Wenigstens sind die Beiträge hier zeitgemäßer als in einer herkömmlichen Enzyklopädie und möglicherweise führt der gemeinschaftliche, allgemeine Blickwinkel zu Erkenntnissen, die in anderen Referenzwerken fehlen. (Der Name Wikipedia setzt sich übrigens aus dem hawaiischen Wort *wikiwiki* (= *schnell*) und *encyclopedia* (englisch für *Enzyklopädie*) zusammen.)

Ich weiß, was Sie jetzt denken: Es gibt eine Kehrseite der Medaille. Was, wenn ein Wikipedia-Autor nun Ungutes im Schilde führt, Vorurteile hegt oder einfach nur ein schlecht informierter Besserwisser ist? Was, wenn ein solcher Mensch nun hingeht und zum Beispiel geschichtliche Daten umschreibt, etwa dass der US-Bürgerkrieg von den Süd- anstatt von den Nordstaaten gewonnen wurde? Ja, solche Dinge passieren tatsächlich, da das Wesen eines *Wikis* nun mal darin besteht, dass jeder mit einer funktionierenden Internetverbindung bei jedem vorhandenen Referenzmaterial seinen Senf dazugeben darf. In den meisten Fällen werden solche Akte von himmelschreiendem Vandalismus oder irgendwelche dubiosen Beiträge durch ehrliche Autoren und Redakteure rund um den Globus gemeinschaftlich wieder behoben beziehungsweise gelöscht.

Dadurch, dass die einzelnen Wiki-Einträge jedermann zugänglich sind, sind sie außerdem einem ständigen Wandel unterworfen, niemals ganz fertig und damit äußerst anfällig für Fehler – egal ob diese nun offenkundig oder subtil sind, unbewusst oder gar wissentlich eingebaut wurden. Vielleicht wird – je nach Einstellung des Autors – die eine Seite eines kontroversen Themas durch Wortgewandtheit stärker betont als die andere. Es besteht immer die Möglichkeit zu Debatten und Interpretationen. Dennoch ist Wikipedia eine außerordentlich nützliche Onlineressource, vorausgesetzt, Sie kennen die Einschränkungen und begegnen den Inhalten mit der nötigen Skepsis.

Mitglied im .Mac-Club werden

In diesem Kapitel

▶ Mitglied werden oder nicht?

▶ Die iDisk kennenlernen

▶ Ein Backup Ihrer digitalen Schätze erstellen

▶ .Mac Mail nutzen

▶ Mehrere Macs miteinander synchronisieren

▶ Eine eigene Website veröffentlichen

*1*00 Euro pro Jahr – so viel müssen Sie berappen, wenn Sie Apples elitärem .Mac-Club (*dot Mac* ausgesprochen) beitreten wollen. Für diese Summe bekommen Sie einige Leckerbissen geboten, darunter einen .Mac-E-Mail-Account, Tools zum Synchronisieren mehrerer Macs sowie Onlinespeicherplatz. Die meisten .Mac-Funktionen sind dabei eng und sehr clever mit Leopard und den Programmen der iLife-Suite verwoben.

Schon gut, mein Gewissen zwingt mich dazu, Sie darauf hinzuweisen, dass eine .Mac-Mitgliedschaft eigentlich nur 99 Euro pro Jahr kostet, aber was ist schon ein Euro mehr oder weniger. Und da wir gerade beim Thema sind: Ein .Mac-Familienabonnement (mit einem Haupt- und vier Neben-Accounts) schlägt mit 180 Euro, Verzeihung 179 Euro zu Buche.

Wenn Sie es genau wissen wollen, .Mac hieß früher *iTools* und war völlig kostenlos. Fernsehen war auch irgendwann einmal kostenlos, aber schließlich kriegen Sie für Ihr Geld nun auch eine größere Auswahl. Ähnlich ist es mit .Mac. Die klugen Köpfe bei Apple haben in den letzten Jahren eine Menge an neuen Funktionen ins Paket geschnürt und dafür verlangen sie nun extra Cash von Ihnen.

Da drängt sich natürlich die Frage auf: Ist eine .Mac-Mitgliedschaft ihren Preis wert? An dieser Stelle lege ich immer gern eine kleine Verschnaufpause ein, zeige ein paar lustige Werbespots und lasse meine Leser ein wenig in der Warteschleife verweilen. Sie kennen das ja vom Fernsehen, aber ich schweife schon wieder vom Thema ab.

Auch auf die Gefahr hin, dass Sie jetzt denken, ich wolle mich drücken, lautet die Antwort: »Es kommt darauf an.«

Gründe für eine .Mac-Mitgliedschaft

Allgemein gesprochen ist eine .Mac-Mitgliedschaft eine lohnende Investition für *manche*, aber nicht für alle Mac-Besitzer. Besonders interessant ist Apples Service natürlich für alle kreativen

Typen, die bereitwillig ihre Inspirationen – Fotos, Weblogs, Webseiten und Musik – mit der restlichen Bevölkerung des Cyberspace teilen wollen.

Ich nehme aber stark an, dass fast jeder von Ihnen etwas mit dem Onlinespeicherplatz anzufangen weiß, der ebenfalls im .Mac-Paket enthalten ist.

Allen Unentschlossenen bietet Apple die Möglichkeit, einige .Mac-Funktionen kostenlos und ohne Risiko 60 Tage lang zu testen. Worauf warten Sie also? Wenn Sie feststellen, dass das Ganze nichts für Sie ist, haben Sie nichts verloren.

Die erste Gelegenheit zur Anmeldung eines .Mac-Accounts (zur Probe) bietet sich Ihnen, wenn Sie Ihren Mac zum ersten Mal einschalten. Falls Sie über diesen Punkt bereits hinaus sind, öffnen Sie die SYSTEMEINSTELLUNGEN und klicken auf das blaue .MAC-Symbol im Bereich INTERNET & NETZWERK oder besuchen Sie `www.apple.com/de/dotmac`.

Im Folgenden gebe ich Ihnen einen kurzen Überblick über die .Mac-Funktionen. Einige werde ich in diesem Kapitel, manche erst in anderen Kapiteln ausführlicher behandeln.

✔ **Webinhalte veröffentlichen (Web-Site-Hosting):** Wenn Sie eine Website oder ein Weblog mit iWeb oder einen Podcast mit GarageBand (siehe Kapitel 18) erstellen, gibt .Mac Ihnen die Möglichkeit, Ihre Werke im Internet zu veröffentlichen.

✔ **Fotos und Filme via iPhoto und iMovie online bereitstellen (Web-Galerie):** Eine praktische Möglichkeit, Ihre Fotos mit anderen zu teilen. Ihre Verwandten und Freunde können Ihre in iPhoto 7 (Kapitel 16) freigegebenen Fotos online betrachten und auch herunterladen. Sie können Ihren Besuchern ermöglichen, eigene Bilder in Ihre Web-Galerie zu laden, die dann wiederum in Ihrer iPhoto-Mediathek erscheinen. Auch Filme können in die Web-Galerie übertragen und von anderen Personen angesehen und heruntergeladen werden.

✔ **iDisk:** Ein zentraler Onlinespeicherplatz, der dazu gedacht ist, Daten zu sichern oder mit anderen Personen beziehungsweise zwischen mehreren eigenen Macs auszutauschen.

✔ **Backup:** Eine Anwendung zur regelmäßigen und automatischen Erstellung von Sicherungskopien Ihrer Mac-Daten.

✔ **IMAP-E-Mail (.Mac Mail):** Ein werbefreier E-Mail-Account mit eingebautem Virenschutz und IMAP-Synchronisierung.

✔ **.Mac-Gruppen:** Eine Möglichkeit für Mitglieder einer Gruppe miteinander zu kommunizieren und Informationen auszutauschen. Auf diese Weise können Termine, Ankündigungen, Fotos, Videos, Listen und anderes auf einfache Art an andere Mitglieder weitergegeben beziehungsweise allen Gruppenmitgliedern zugänglich gemacht werden. Die .Mac-Gruppenfunktion eignet sich daher zum Beispiel für Schulklassen, Sportteams und andere Studien- oder Freizeitgemeinschaften.

✔ **Zugang zu meinem Mac:** Eine neue Funktion, die es Ihnen erlaubt, über das Internet von einem anderen Mac aus zum Beispiel auf Ihren Mac zu Hause zuzugreifen.

✔ **.Mac-Sync:** Diese Funktion hilft Ihnen, Ihre gesamten Kontakte, Kalenderdaten, Lesezeichen und so weiter auf mehreren Macs synchron zu halten. Mit .Mac-Sync können Sie von jedem beliebigen, mit dem Internet verbundenen Mac oder Windows-PC aus auf Ihre Adressbuchdaten zugreifen.

✔ **.Mac LearningCenter:** Hier finden Sie Schritt-für-Schritt-Anleitungen und andere Lernressourcen für Leopard, iLife und andere Anwendungen.

✔ **.Mac Member Central:** Als .Mac-Mitglied profitieren Sie von diversen Vorteilen wie kostenlosen Mac-Software-Downloads und Produktrabatten.

Mit diesem neuen Wissen gerüstet, wollen wir nun einige der wichtigsten .Mac-Features etwas genauer erforschen und beginnen mit dem Online-Speicherschließfach namens iDisk.

Mit Abschluss einer .Mac-Mitgliedschaft (egal ob kostenpflichtig oder testweise) erhalten Sie auch gleich einen Apple-Kunden-Account mit einer Apple-ID und einem -Kennwort, die in diesem Fall Ihrem .Mac-Namen und -Kennwort entsprechen. Dieses Kundenkonto erleichtert Ihnen fortan die Nutzung diverser Apple-Dienstleistungen, unter anderem benötigen Sie es für den Einkauf in Apples iTunes Store (siehe Kapitel 15), im Apple Store oder beim Bestellen von Fotobüchern über iPhoto (siehe Kapitel 16). Sie können die Daten Ihres Apple-Accounts jederzeit auf der Apple-Website ändern (`www.apple.com/contact/myinfo`) und behalten ihn auch dann, wenn Ihre .Mac-Mitgliedschaft abgelaufen ist. Falls Sie keinen .Mac-Account haben (oder wollen), können Sie Ihre Apple-ID auf der Apple-Website einrichten (im Bereich STORE unter IHR KONTO) beziehungsweise beim Einkauf eines Apple-Produkts.

Datensicherung mit der iDisk

Die iDisk ist wahrscheinlich die nützlichste .Mac-Funktion überhaupt. Wer hätte nicht gern seinen persönlichen Speicherplatz im Cyberspace oder genauer gesagt auf einem von Apples sicheren Servern (das heißt besonders leistungsfähigen Rechnern)? Alle Daten, die Sie auf die iDisk kopieren, sind stets sicher verwahrt, für den Fall, dass zum Beispiel jemand eine Bowling-Kugel auf Ihren Mac fallen lässt (oder Ähnliches). Und dies ist – wie Sie inzwischen gemerkt haben – nicht der einzige Hinweis in diesem Buch auf die besondere Bedeutung von Backups.

Darüber hinaus können Sie von überall auf der Welt, solange Sie eine Onlineverbindung haben, auf die Dateien in Ihrem iDisk-Schließfach zugreifen, sogar von einem Windows-Rechner aus. Und Sie können Ihre Dokumente kinderleicht mit anderen Personen austauschen, vor allem solche, die zu groß sind, um sie per E-Mail zu verschicken.

Ein einfacher .Mac-Account beinhaltet ganze 10 GB (Gigabyte) Speicherplatz (bei Drucklegung dieses Buches), den Sie frei zwischen Ihrer iDisk und Ihrem .Mac-E-Mail-Account aufteilen können. Durch Zuzahlung können Sie den Speicherplatz auf 20 GB aufstocken.

Der Zugriff auf die iDisk erfolgt über den Finder mit dem Menübefehl GEHE ZU|IDISK|MEINE IDISK (oder die Tastenkombination ⇧+⌘+I). Außerdem erscheint das iDisk-Symbol in der Seitenleiste jedes Finder-Fensters.

 Auf dieselbe Art, wie Sie Ihre eigene iDisk aufrufen, können Sie auch auf die iDisk oder den Ordner ÖFFENTLICH eines anderen Benutzers zugreifen. Sie müssen dazu lediglich seinen Benutzernamen und sein Kennwort eingeben.

Wenn Sie auf das iDisk-Symbol klicken, ist es fast so, als würden Sie auf eine andere interne oder externe Festplatte zugreifen. Der Vorgang ist praktisch derselbe.

Die iDisk enthält elf Ordner (zwölf bei einem Familien-Account), in denen Sie Ihre digitalen Habseligkeiten verstauen können. Dazu ziehen Sie die gewünschten Dateien einfach hinein, so wie Sie es von Mac-Ordnern her gewohnt sind. Bei den meisten in Abbildung 13.1 gezeigten Ordnern – zum Beispiel DOCUMENTS (Dokumente), MOVIES (Filme), MUSIC (Musik) und PICTURES (Bilder) – dürfte klar sein, welchen Zweck sie erfüllen.

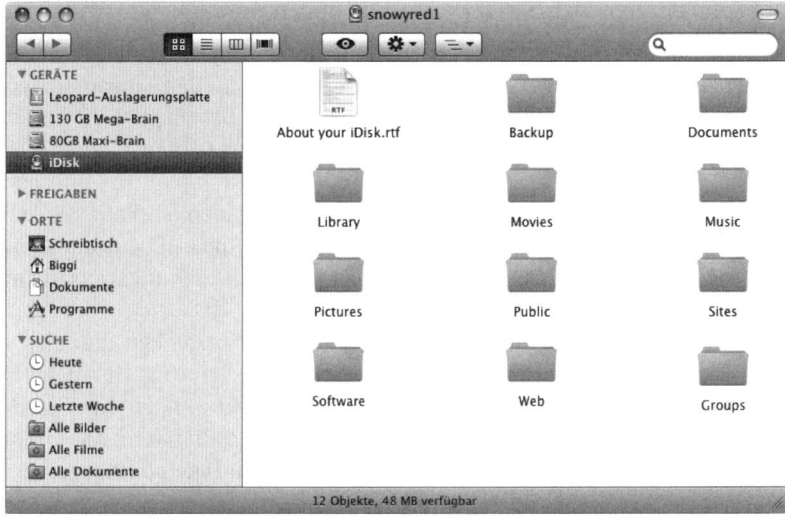

Abbildung 13.1: Die iDisk ist in verschiedene Ordner aufgeteilt

Die Funktionen der anderen Ordner erkläre ich hier:

✔ **PUBLIC (Öffentlich):** Die Dateien in diesem Ordner können Sie mit jeder Person im Cyberspace teilen, die Ihren .Mac-Namen und das dazugehörige Kennwort (falls Sie eins festgelegt haben) kennt.

✔ **SITES:** Enthält Webseiten, die Sie mit der .Mac-Funktion HomePage zusammengebastelt haben.

✔ **GROUPS (Gruppen):** Hier können Sie alle Dateien einordnen, die für Ihre Literaturgruppe, den Fotoclub oder den Koch-Treff bestimmt sind. Die Mitglieder einer .Mac-Gruppe können hier Kalender, Fotos, Dateien und so weiter miteinander austauschen, Nachrichten am Schwarzen Brett für andere Mitglieder hinterlassen und erhalten außerdem eine werbefreie E-Mail-Adresse. Die im Gruppen-Ordner der iDisk enthaltenen Unterordner sind nur Gruppenmitgliedern zugänglich.

✔ **Shared (Für alle Benutzer):** Dieser Ordner taucht nur dann auf, wenn Sie ein Familienabonnement haben. Auf die darin liegenden Dateien können sowohl der Haupt-Account als auch die Neben-Accounts zugreifen.

✔ **Backup:** Beherbergt die Dateien, von denen Sie mithilfe der .Mac-Software Backup eine Sicherungskopie erstellt haben. Auf Backup kommen wir weiter hinten in diesem Kapitel zurück.

✔ **Software:** Enthält zusätzliche Software (zum Beispiel Backup), Downloads und Dateien exklusiv für .Mac-Mitglieder. Sie können keine eigenen Dateien in diesen Ordner ziehen.

✔ **Library:** Ein weiterer schreibgeschützter Ordner. Sie finden darin Dateien für .Mac Sync, mit dessen Hilfe Sie Ihre persönlichen Daten (wie Lesezeichen, Adressen, Postfächer und Termine) auf mehreren Macs synchronisieren können, vorausgesetzt, diese sind mit dem Internet verbunden.

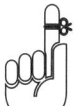 Falls Sie sich jemals dazu entschließen, Ihre .Mac-Mitgliedschaft zu beenden, sollten Sie Ihre Daten von der iDisk zurück auf die Festplatte Ihres Mac packen, bevor der Account ausläuft.

Andere Backup-Methoden mit .Mac

Es ist absolut lebenswichtig, regelmäßig ein Backup Ihrer wertvollen digitalen Andenken (Fotos, Videos, Finanzdokumente und so weiter) zu erstellen. Ich habe Ihnen das hoffentlich inzwischen nachhaltig eingetrichtert. (Falls nicht, was braucht es noch, um Sie zu überzeugen? Einen Trommelwirbel? Eine eidesstattliche Versicherung?) Und wenn Sie sonst nichts aus diesem Buch lernen, dann wenigstens, dass Sie Ihre wichtigen Daten *immer* sichern müssen, und zwar *regelmäßig*. Lektion beendet.

Die iDisk ist ein hervorragendes Medium zum Sichern von Bits und Bytes, doch sie bietet leider bei Weitem nicht genügend Platz, wenn Sie zum Beispiel eine beträchtliche Multimediasammlung mit Filmen und Musikdateien besitzen. Das gängige Backup-Arsenal umfasst daher heutzutage in der Regel CDs und DVDs sowie externe Festplatten und Netzwerke.

Dank des Programms Backup, das Sie im Rahmen Ihrer .Mac-Mitgliedschaft erhalten, können Sie die Datensicherung strategisch angehen, egal ob Sie Ihre Daten nun auf der iDisk oder einem anderen der genannten Medien sichern. Wenn Sie mit Mac OS X 10.4.2 bis 10.5 und höher arbeiten, laden Sie die Software Backup 3.1.2 herunter, besitzen Sie eine frühere OS X-Version wie 10.3.9, dann verwenden Sie Backup 3.1.1. (Beide Programme finden Sie im Ordner Software Ihrer iDisk.) Falls Sie bereits Backup 3 installiert haben, müssen Sie es mithilfe der Softwareaktualisierung auf 3.1.2 aktualisieren, damit es unter Mac OS X Leopard korrekt läuft.

Selbstverständlich liegt es ganz bei Ihnen, von welchen Daten Sie ein Backup erstellen und wann. Backup nimmt Ihnen dabei eine Menge Arbeit ab. Sie öffnen es, indem Sie auf das Regenschirmsymbol im Programme-Ordner klicken. Beim ersten Mal werden Sie mit dem Fenster aus Abbildung 13.2 begrüßt.

Dabei wird Ihnen auch gleich eine Reihe gebrauchsfertiger Backup-Pläne vorgeschlagen: Persönliche Daten und Einstellungen (zum Sichern Ihrer Adressbuchkontakte und Ähnlichem), ein Plan zum Sichern der Musikdateien und Videos, die Sie im iTunes Store (siehe Kapitel 15) gekauft haben, ein Plan zum Sichern von iLife-Daten sowie ein Plan zum Sichern Ihres Benutzerordners. Sie können aber auch – ganz nach persönlichem Gusto – nur einzelne Dateien und Ordner sichern.

Apple rät dazu, alle kleineren Dateien, die sich häufig ändern, täglich auf der iDisk zu sichern. Bei größeren Dateien, die sich nicht so oft ändern, empfiehlt sich eine wöchentliche oder monatliche Datensicherung auf eine oder mehrere CDs oder DVDs oder eine externe Festplatte, je nach individuellem Speicherbedarf.

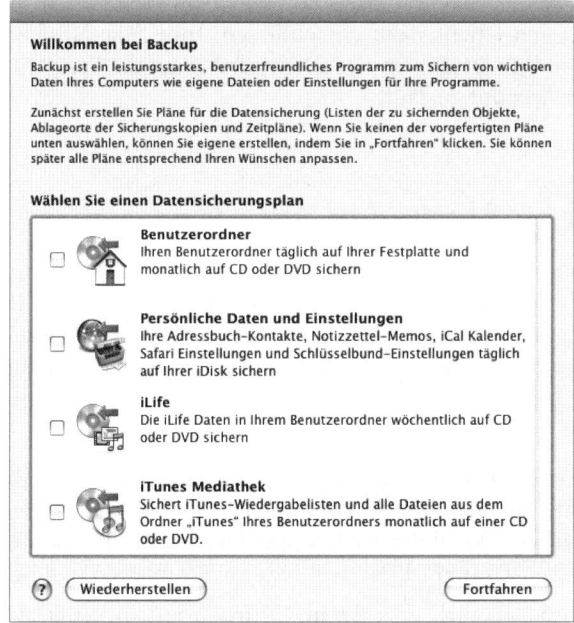

Abbildung 13.2: Eine saubere Datensicherung erfordert einen passenden Backup-Plan.

Wenn Sie nun beispielsweise den Plan Persönliche Daten und Einstellungen auswählen, auf Fortfahren klicken und im folgenden Fenster (Datensicherung) oben auf den Plan doppelklicken, öffnet sich ein in zwei Bereiche unterteiltes Fenster (siehe Abbildung 13.3). Im oberen Bereich (Zu sichernde Objekte) sehen Sie, welche Elemente in dem Backup-Plan enthalten sind und wie viel Speicherplatz sie benötigen. Im unteren Bereich (Zielort und Zeitplan) werden das gewählte Backup-Medium sowie der Zeitpunkt der Datensicherung angezeigt. Sie können hier auch ein anderes Speichermedium sowie Speicherintervalle und -zeiten festlegen, indem Sie auf die Plus-Taste unterhalb klicken.

*Abbildung 13.3: Hier legen Sie die zu sichernden Objekte sowie
den Zeitpunkt der Sicherung fest.*

Um einen der anderen vorgefertigten Pläne zu verwenden, wählen Sie im Fenster DATENSICHERUNG (FENSTER|DATENSICHERUNG) den Menübefehl PLAN|NEUER PLAN oder klicken auf die Plus-Taste.

 Sie können auch individuelle Datensicherungspläne erstellen. Wählen Sie dazu im Fenster DATENSICHERUNG den Menübefehl PLAN|NEUER PLAN, klicken Sie auf den Plan ANPASSEN und anschließend auf PLAN AUSWÄHLEN.

Nachdem Sie entweder eine Planvorlage durch Doppelklick ausgewählt oder einen neuen Plan angelegt haben, können Sie mithilfe der Plus- und Minus-Tasten unterhalb der Liste ZU SICHERNDE OBJEKTE weitere Dateien und Ordner hinzufügen beziehungsweise wieder entfernen. Dabei können Sie die zu sichernden Daten auf drei Arten auswählen (siehe Abbildung 13.4):

✔ **QuickPicks:** Hierbei handelt es sich um Gruppen zusammengehöriger Dateien. Diese Funktion sucht nach bestimmten Dateitypen auf Ihrer Festplatte (zum Beispiel alle E-Mail-Nachrichten, alle Fotos Ihrer iPhoto-Mediathek oder alle Microsoft Excel-Dokumente), sodass Sie diese zusammen sichern können. Dies ist besonders nützlich, wenn Sie nicht genau wissen, wo bestimmte Dateien liegen beziehungsweise wenn mehrere Dateien eines Typs auf verschiedene Ordner verteilt sind.

✔ **Dateien und Ordner:** Hier wählen Sie die einzelne Dateien und Ordner, die mit dem Back-up-Plan gesichert werden sollen, selbst aus.

✔ **Spotlight:** Mit dieser Option starten Sie eine Schnellsuche nach zu sichernden Dateien.

Klicken Sie auf FERTIG, um zum Hauptfenster zurückzugelangen.

Passen Sie dann bei Bedarf noch den Zielort und den Zeitplan für das Backup an, indem Sie auf den Eintrag im unteren gleichnamigen Bereich doppelklicken.

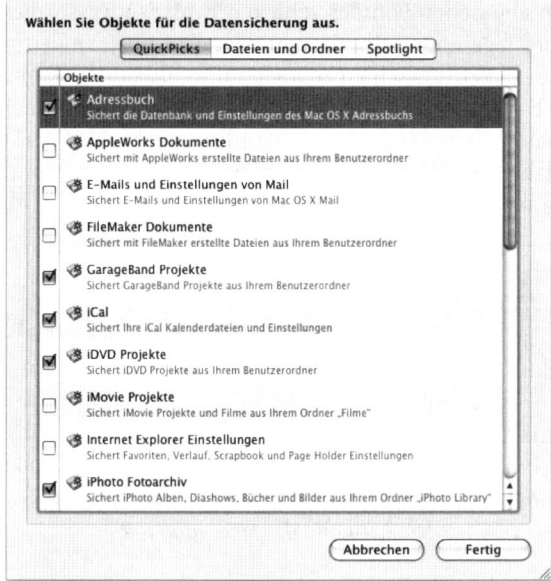

Abbildung 13.4: Mit QuickPicks können Sie alle Dateien eines bestimmten Typs sichern.

 Sie können die Dateien und Ordner, die Sie zu einem Plan hinzufügen möchten, auch direkt in das Planfenster hineinziehen. (Dabei werden die Objekte nicht von ihrem Speicherort auf Ihrer Festplatte entfernt.)

Nachdem Sie alle zu sichernden Dateien ausgewählt haben, klicken Sie entweder auf JETZT SICHERN, um sofort mit der Datensicherung zu beginnen, oder Sie schließen das Fenster, damit das Backup zum festgelegten Zeitpunkt durchgeführt werden kann. Um einen Plan zu entfernen, klicken Sie ihn im Fenster DATENSICHERUNG an und wählen PLAN|PLAN ENTFERNEN.

 Bewahren Sie Ihre Backup-CDs, -DVDs oder -Festplatten wenn möglich nicht direkt am Standort Ihres Mac auf. So sind Ihre Daten geschützt, falls Ihr Büro von einem Feuer oder einer anderen Katastrophe heimgesucht wird.

Ein vollständiges Backup wird übrigens nur beim ersten Mal erstellt, wenn Sie bestimmte Dateien auf die iDisk, eine externe Festplatte oder ein anderes wiederbeschreibbares Medium kopieren; die folgenden Backups sind *inkrementell*, das heißt, nur die Dateien, die sich seit der letzten Sicherung geändert haben, werden kopiert.

.Mac Mail

Ich würde Ihnen ja gerne sagen, dass ein .Mac-E-Mail-Account Vorteile gegenüber anderen Accounts bietet. Doch abgesehen von der schicken E-Mail-Adresse, die auf *ihr_name@mac. com* lautet (viele Leute legen aus ästhetischen oder Prestigegründen großen Wert auf eine Mac-Adresse), gibt es keinen Unterschied zu anderen webbasierten E-Mail-Accounts. Mit .Mac Mail können Sie Ihre E-Mails über einen beliebigen Webbrowser abrufen und es funktioniert selbstverständlich zusammen mit Mail, dem E-Mail-Programm des Mac. Der verfügbare E-Mail-Speicherplatz hängt dabei vom jeweiligen Speichervolumen Ihrer iDisk ab. Bei einer einfachen .Mac-Mitgliedschaft können Sie 10 GB zwischen Ihrer iDisk und .Mac Mail aufteilen.

.Mac Sync

Wenn Sie zu den Glücklichen gehören, die gleich zwei (oder gar mehr) Macs ihr Eigen nennen – zum Beispiel einen zu Hause und einen im Büro –, dann hilft Ihnen .Mac Sync, sie alle immer auf dem neuesten Stand zu halten. So können Sie auf einfache Weise Ihre Safari-Lesezeichen, Kalenderdaten, Adressbuchkontakte, Schlüsselbunde (Kennwörter) und E-Mail-Einstellungen synchronisieren. Um alle Funktionen nutzen zu können, benötigen Sie Mac OS X 10.4 oder höher.

 .Mac Sync ist nicht zu verwechseln mit *iSync*, der systemeigenen Sychronisationsanwendung des Mac, mit deren Hilfe Sie die Kontakt- und Termindaten auf angeschlossenen Geräten wie einem kabellosen Bluetooth-Mobiltelefon, einem Palm-Organizer oder einem iPod mit den entsprechenden Daten auf Ihrem Mac synchronisieren können. Nutzen Sie iSync, wenn Sie eine frühere Mac OS X-Version als 10.4 verwenden.

Um .Mac Sync zu nutzen, gehen Sie folgendermaßen vor:

1. **Öffnen Sie die Systemeinstellungen und klicken Sie auf .Mac.**

   Stellen Sie sicher, dass Sie Ihren .Mac-Mitgliedsnamen und Ihr Kennwort richtig eingegeben haben.

2. **Klicken Sie auf die Rubrik Sync.**

3. **Aktivieren Sie das Markierungsfeld Synchronisieren mit .Mac und wählen Sie eine der folgenden Optionen aus dem Einblendmenü:**

   Automatisch, Stündlich, Täglich, Wöchentlich oder Manuell.

4. **Markieren Sie die zu synchronisierenden Informationen (siehe Abbildung 13.5), zum Beispiel Kontakte für die Adressbuchdaten.**

5. **Legen Sie auf allen zu synchronisierenden Macs dieselben Einstellungen fest.**

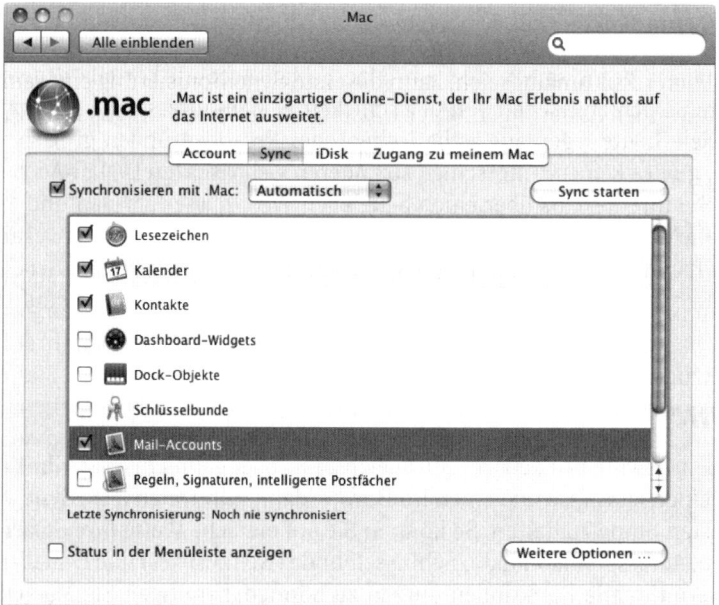

Abbildung 13.5: Mit .Mac Sync halten Sie die Daten auf verschiedenen Geräten immer auf demselben Stand.

6. **Aktivieren Sie die Option** STATUS IN DER MENÜLEISTE ANZEIGEN.

   Während des Synchronisierungsvorgangs wird dann ein kleines sich drehendes Rädchen in der Menüleiste angezeigt und Sie können über dieses Menü auf die Systemeinstellung .MAC zugreifen.

7. **Klicken Sie auf** SYNC STARTEN (**oder wählen Sie** JETZT SYNCHRONISIEREN **aus dem** SYNC-**Menü**).

8. **Rufen Sie Ihren .Mac-Account unter** www.mac.com/de **auf, sobald die Synchronisierung abgeschlossen ist.**

9. **Klicken Sie (oben in der Leiste .**MAC) **auf** ADRESSBUCH **und dann oben rechts auf** EINSTELLUNGEN.

10. **Aktivieren Sie die Option** SYNCHRONISIERUNG FÜR .MAC ADRESSBUCH AKTIVIEREN **und klicken Sie abschließend auf** SICHERN.

Stellen Sie außerdem sicher, dass im Programm Adressbuch unter ADRESSBUCH|EINSTELLUNGEN im Bereich ALLGEMEIN die Option MEINE KONTAKTE MIT ANDEREN COMPUTERN ÜBER .MAC SYNCHRONISIE-REN aktiviert ist. (Diese oder eine ähnlich lautende Option existiert auch in den Einstellungen der meisten anderen Programme, deren Daten Sie synchronisieren können; bei einigen ist sie standardmäßig aktiviert, bei anderen nicht. Prüfen Sie dies im Einzelfall nach, falls die Synchronisierung nicht klappen sollte.)

Nun werden die Adressbuchdaten Ihres Mac mit den Kontaktinformationen in Ihrem .Mac-Adressbuch im Internet bei jeder Synchronisierung miteinander abgeglichen und aktualisiert. Ist Ihr Adressbuch recht umfangreich, kann die erste Synchronisierung ein wenig länger dauern (außerdem werden Änderungen unter Umständen erst nach einigen Minuten angezeigt.)

Zugang zu meinem Mac

 Als .Mac-Mitglied und glücklicher Besitzer mehrerer Macs mit Mac OS X Leopard kommen Sie in den Genuss eines relativ neuen und besonderen Features: ZUGANG ZU MEINEM MAC ermöglicht es Ihnen, über das Internet auf jeden Ihrer Leopard-Macs zuzugreifen, der mit dem Internet verbunden ist und auf dem Sie Ihren .Mac-Account konfiguriert haben. Dazu müssen Sie die Funktion lediglich auf allen Macs einschalten, indem Sie in der Systemeinstellung .MAC unter ZUGANG ZU MEINEM MAC auf START klicken. Aktivieren Sie außerdem (auf allen Macs) in der Systemeinstellung SHARING den Dienst FILE-SHARING. Schon erscheinen die entfernten Macs in der Seitenleiste und Sie können bequem auf deren Inhalt zugreifen. So können Sie ruhig mal eine Datei zu Hause auf Ihrem Mac vergessen – Sie kommen notfalls von überall aus daran. Wenn Sie zusätzlich den Sharing-Dienst SCREEN-SHARING aktivieren, können Sie einen entfernten Mac sogar fernsteuern und praktisch so daran arbeiten, als säßen Sie selbst davor.

 Auf einen entfernten Mac im Ruhezustand kann nicht zugegriffen werden.

Ihre digitalen Meisterwerke mit anderen teilen

Die bereits seit iLife '06 enthaltene iWeb-Software des Mac eröffnet Ihnen die Möglichkeit, auf einfache Weise beeindruckende Websites und Weblogs zu gestalten, indem Sie Texte und Bilder in die Platzhalter ansprechender Apple-Vorlagen einfügen und dann anordnen. Sind Sie mit Ihrem Werk zufrieden, können Sie es einem größeren Publikum präsentieren, indem Sie es über Ihren .Mac-Account veröffentlichen.

Rufen Sie iWeb über das Symbol im Dock oder aus dem PROGRAMME-Ordner auf. Ihre fertige Arbeit machen Sie anderen mit dem Menübefehl ABLAGE|AUF .MAC VERÖFFENTLICHEN zugänglich.

 Im Übrigen unterscheidet sich iWeb, das ein Teil der iLife-Suite ist, von der Funktion HomePage, mit der Sie als .Mac-Mitglied ebenfalls Webseiten und -sites erstellen und auf Apples Servern speichern können. Mit HomePage erzeugte Webseiten können nicht in iWeb bearbeitet werden, sie können jedoch mit iWeb-basierten Seiten verlinkt werden.

Sie sollten es in Erwägung ziehen, Ihre iWeb-Website mit einem Kennwort vor fremden Blicken zu schützen. Oder wollen Sie Ihre Gedanken wirklich mit *jedem* teilen? Wenn nicht, markieren Sie in iWeb die betreffende Website (oder eine einzelne Seite) in der Seitenleiste und klicken in der Symbolleiste auf INFORMATIONEN (oder wählen Sie DARSTELLUNG|INFORMATIONEN EINBLENDEN). Wechseln Sie anschließend im Dialogfenster WEBSITE zur Rubrik KENNWORT und aktivieren Sie dort die Option ALS PRIVATE SITE VERÖFFENTLICHEN. Geben Sie nun den Benutzernamen und das Kennwort ein, mit dem erwünschte Personen später auf Ihre Website zugreifen können sollen. Ach ja, und verwenden Sie für diesen Zweck bitte nicht Ihr .Mac-Kennwort!

Eine Verteidigungsstrategie ausarbeiten

14

In diesem Kapitel

▶ Internetsicherheitsprobleme in den Griff bekommen

▶ Spyware und andere Schädlinge

▶ Phishing – wie Sie den Datenfischern den Fang vermasseln

▶ Einen Schutzwall errichten: Die Firewall des Mac

▶ Daten verschlüsseln mit FileVault

▶ Kennwörter verwalten mit dem Schlüsselbund

▶ Sicheres An- und Abmelden

D ieses Kapitel ist recht kurz geraten, denn glücklicherweise ist Mac OS X bislang mehr oder weniger resistent gegen die Schwärme von Viren, von denen Windows-Nutzer seit Jahren immer wieder heimgesucht werden. Mac-Nutzer benötigen daher die Dienste eines Sicherheitsexperten in etwa nur so häufig wie die eines richtigen Kammerjägers.

Doch die Zeiten ändern sich und auch das Aufkommen von virtuellem Ungeziefer nimmt immer mehr zu. Sobald Sie heutzutage einen Computer einschalten, können Sie in puncto Sicherheit nichts mehr als selbstverständlich annehmen – nicht einmal als Mac-Besitzer.

Die Wahrheit über die Internetsicherheit

Es gibt Stimmen, die behaupten, dass Mac OS X nicht ganz so kugelsicher ist, wie einst angenommen. Bereits in einem Bereicht aus dem Jahr 2006 erklärte McAfee Avert Labs (ein US-Forschungsunternehmen für Sicherheit im IT-Bereich) den Mac als ebenso anfällig für speziell ausgerichtete Schädlingssoftware, *Malware* genannt (von *malicious software* = bösartige Software), wie jedes andere Betriebssystem. Laut McAfee stieg die »durchschnittliche Anfälligkeitsrate« des Mac-Betriebssystems zwischen 2003 und 2005 um 228 Prozent an, während es bei Microsoft in diesem Zeitraum nur 73 Prozent waren (was nicht etwa heißt, dass McAfee von der Sicherheit auf Windows-Rechnern begeistert wäre). Fakt ist also: Obwohl die Menge an Gefahren für Macs vergleichsweise noch sehr gering ist, können Mac-Nutzer bei Weitem nicht davon ausgehen, dass ihr Computer von einem unsichtbaren, undurchdringlichen Schutzschild umgeben ist.

Darüber hinaus erwarten Sicherheitsexperten, dass angesichts der wachsenden Beliebtheit von Apple-Produkten und des Umstiegs auf Intel-Prozessoren auch die Mac-Plattform (einschließlich des iPod) zunehmend ins Visier bösartiger Hacker geraten wird. Man geht davon aus, dass die bösen Jungs früher kaum Zeit in Angriffe auf das Mac-Betriebssystem verschwendet haben, weil Apples Marktanteil lange Jahre nur verschwindend gering war.

Zwar mag dieses Argument in gewissem Umfang zutreffen, Tatsache ist jedoch, dass Apples Ingenieure bei der Gestaltung von Mac OS X (und Macs allgemein) größten Wert auf ein hohes Maß an Sicherheit gelegt haben. So ist Ihr Mac-Betriebssystem für sich allein genommen schon wirklich sehr sicher. Da der Mac aber seit einiger Zeit auch in der Lage ist, einen Windows-Computer zu simulieren (siehe Kapitel 20), sieht die Sache schon wieder ein wenig anders aus.

Was also ist die Konsequenz aus besagtem McAfee-Bericht? Sollten Sie als Mac-Nutzer darauf verzichten, Ihren Computer einzuschalten? Ganz sicher nicht. Solange Sie sich an ein paar grundlegende Sicherheitsregeln halten und nicht allzu sorglos agieren, haben Sie wenig zu befürchten. Ein guter Anfang ist es, regelmäßig die kostenlosen Sicherheitsupdates von Apple zu installieren, die Sie mithilfe der Softwareaktualisierung des Mac (|SOFTWAREAKTUALISIERUNG) automatisch herunterladen können. Und Sie sollten stets darauf achten, nur Software von vertrauenswürdigen Websites oder Unternehmen auf Ihren Rechner zu laden und zu installieren.

Denn Sicherheit ist zum großen Teil auch eine Frage des gesunden Menschenverstands.

Vorsicht Spione

Computerviren sind kleine, bösartige Programme, die von niederträchtigen Menschen nur für einen einzigen Zweck geschaffen werden, nämlich den, so verheerenden Schaden wie möglich auf einem Computer oder innerhalb eines ganzen Computernetzwerks anzurichten. Sie können sich solche Viren einfangen, indem Sie irgendwelche dubiose Software auf Ihren Rechner laden, auf zweifelhaften Webseiten surfen oder virenverseuchte CDs einlegen. Sind sie erst auf dem Rechner, breiten sie sich aus und können Ihre ganze Festplatte befallen und im schlimmsten Fall zerstören.

Es gibt unzählige Formen von Viren. Windows-Nutzer sind nur allzu vertraut mit sogenannter *Spyware* (*Spy* = Spion), das sind Programme, die sich heimlich auf den Rechner stehlen, um Ihr Verhalten auszuspionieren und ohne Ihr Wissen an Dritte weiterzugeben. Im Gegensatz zu anderen Computerviren zielt Spyware nicht darauf ab, Ihren Computer (oder einige Programme) lahmzulegen. Die Entwickler dieser Virusart wollen Sie lieber insgeheim beobachten, um sich auf Ihre Kosten einen Vorteil zu verschaffen.

Bei harmloseren Varianten wird Ihnen unerwünschte Werbung in Form von Popup-Fenstern präsentiert, in der Hoffnung, dass Sie etwas kaufen – diese Art von Spyware wird auch *Adware* genannt (*Ad* kurz für *Advertisement* = Werbung). Im schlimmsten Fall jedoch kann Spyware Ihre persönlichen Daten ausforschen und sie an weniger nette Zeitgenossen übermitteln – unter Umständen stiehlt man Ihnen dabei Ihr letztes Hemd. Denn eine besonders bösartige Variante von Spyware (auch *Keylogger* oder *Snoopware* genannt) kann sogar all Ihre Tastatureingaben erfassen, egal ob Sie sich in einem Chatroom bewegen, ein Kennwort oder Ihre Kontonummer eingeben.

Die gute Nachricht ist, dass bis dato (zumindest bei Drucklegung dieses Buches) keine alarmierenden Berichte über OS X-relevante Spyware aufgetaucht sind.

Doch wiegen Sie sich nicht in falscher Sicherheit: Für alles gibt es ein erstes Mal.

Krümelmonsters Liebling: Cookies

Viele Internetnutzer treibt beim Surfen die Furcht vor einer allgegenwärtigen Bedrohung um: *Cookies*. Auch wenn Cookies das englische Wort für Kekse ist, handelt es sich hierbei leider nicht um etwas Essbares – die Rede ist nämlich von *Web-Cookies*.

Cookies sind so etwas wie »Informationskrümel«, kleine unsichtbare Dateien, die ein Webserver auf Ihrem Rechner hinterlegt, wenn Sie bestimmte Webseiten besuchen. Meist sind darin benutzerbezogenen Daten enthalten, die Sie in der Regel selbst einmal dort eingegeben haben oder die sich durch Ihr Verhalten auf der Seite ergeben. So platzieren zum Beispiel die Webseiten vieler großer Onlinehändler Cookies auf Ihrem Computer, damit Ihre persönlichen Daten beim nächsten Besuch schneller zur Verfügung stehen. Und so kommt es auch, dass Sie zum Beispiel bei Amazon regelmäßig mit Ihrem Namen begrüßt werden und speziell auf Sie zugeschnittene Angebote sowohl beim Öffnen der Seite als auch per E-Mail unterbreitet bekommen.

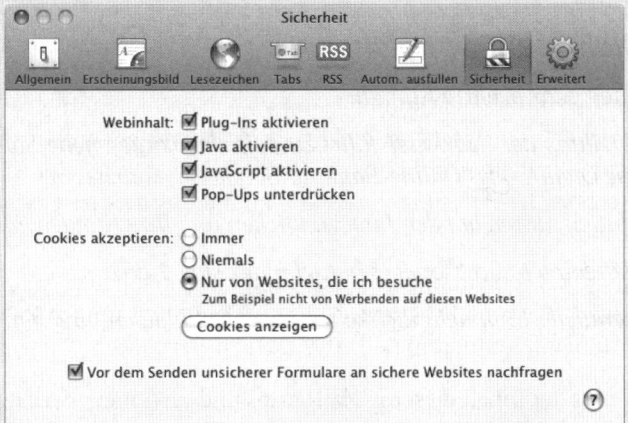

Cookies an sich stellen keine Gefahr dar, da es sich nicht um ausführbare Programme oder Ähnliches handelt. Sie brauchen also keine Angst zu haben, dass irgendwelche persönlichen Daten von Ihrer Festplatte entwendet oder gar Viren übertragen werden. In den meisten Fällen sind Web-Cookies sogar äußerst nützlich, da Sie sich zum Beispiel bei Onlineeinkäufen oder in Internetforen nicht mehr die Arbeit machen müssen, sich jedes Mal neu anzumelden oder Ihre Benutzerdaten aufs Neue einzugeben, und so viel Zeit sparen. Auch haben Cookies häufig nur eine begrenzte Lebensdauer (zum Beispiel für eine Browsersitzung, einige Tage oder Wochen) und werden bei Erreichen des Verfallsdatums automatisch gelöscht. Was viele Menschen jedoch zunehmend fürchten – und das nicht zu Unrecht – ist, dass durch das Erstellen sogenannter Kundenprofile (mithilfe dieser Benutzerdaten) ihre Surfgewohnheiten und persönlichen Vorlieben ausspioniert und die so gesammelten Daten missbraucht werden (und sei es nur zum Versenden von unerwünschter Werbung).

Cookies werden mithilfe Ihres Webbrowsers gespeichert und das ist auch der Ort, wo Sie dem zügellosen Treiben ein Ende setzen oder es zumindest in die Schranken weisen können, wenn Sie sich allzu beobachtet fühlen. Wählen Sie dazu SAFARI|EINSTELLUNGEN und rufen Sie die Rubrik SICHERHEIT auf. Dort können Sie unter dem Punkt COOKIES AKZEPTIEREN eine Option wählen, die Ihrem persönlichen Sicherheitsbedürfnis entspricht: IMMER, NIEMALS oder NUR VON WEB-SITES, DIE ICH BESUCHE.

Mit der Option NIEMALS hüllen Sie Ihren Mac praktisch in einen undurchdringlichen Kokon, der Cookie-Informationen weder hinein- noch hinauslässt. Das verschafft Ihnen zwar ein Höchstmaß an Privatsphäre, hat aber zur Folge, dass Sie ständig bestimmte Daten auf bestimmten Webseiten immer wieder neu eintippen müssen. Außerdem werden manche Seiten unter Umständen nicht mehr einwandfrei angezeigt. Die Option NUR VON WEB-SITES, DIE ICH BESUCHE ist daher die sinnvollste. Wenn Sie wissen wollen, welche Cookies auf Ihrem Mac gespeichert sind, klicken Sie auf COOKIES ANZEIGEN. Im folgenden Fenster können Sie einzelne Einträge, die Ihnen obskur erscheinen, anklicken und entfernen.

Lassen Sie sich nicht »phischen«

Sehr geehrter Kunde, sehr geehrte Kundin,

die Technische Abteilung der Sparkasse führt zurzeit eine vorgesehene Software-Aktualisierung durch, um die Qualität des Online-Banking-Service zu verbessern.

Wir möchten Sie bitten, unten auf den Link zu klicken und Ihre Kundendaten zu bestätigen.

http://sparkasse.de/redirector.webservices.aktuel.index.slot_1/do.asp

Wir bitten Sie, eventuelle Unannehmlichkeiten zu entschuldigen, und danken für Ihre Mithilfe.

Sie würden sagen, dass der Inhalt dieser E-Mail seriös und vertrauenerweckend klingt? Lassen Sie sich nicht einwickeln! Das einzig Echte an diesem Textauszug ist, dass er tatsächlich aus einer sogenannten Phishing-E-Mail stammt, wie sie Tausende argloser Bankkunden tagtäglich von Internetbetrügern geschickt bekommen. *Phishing* ist übrigens eine Wortschöpfung aus den Begriffen *Passwort* und *Fishing* (= Fischen).

Die Personen hinter solchen Phishing-Attacken nehmen die Identität einer Bank oder eines anderen renommierten Unternehmens an (zum Beispiel Postbank, Citibank, eBay, PayPal und so weiter), um Sie dazu zu bewegen, auf gefälschte Links zu klicken und dann Kontozugangsdaten preiszugeben. Oder Sie werden aus angeblichen Sicherheitsgründen gebeten, Ihre Adresse, Kennwörter, Kreditkartennummer, Bankverbindung und so weiter anzugeben. Das Ziel dieser »Datenfischer« ist klar: Sie wollen nur Ihr Bestes, nämlich Ihr Geld.

Damit diese gefälschten E-Mail-Aufforderungen möglichst echt wirken, verwenden die Schwindler oft real existierende Firmenlogos und -adressen, setzen aber einen falschen E-Mail-Absender in die Zeile VON des Mail-Headers (zum Beispiel Von: *support@ebay.de*).

Phishing kann verschiedene Formen annehmen, so sind zum Beispiel auch Phishing-Mails im Umlauf, die fiktive Gebühren einfordern (zum Beispiel eBay oder GEZ). Doch meist erhalten Sie einen gefälschten Firmenbrief (siehe Abbildung 14.1) und werden gebeten, irgendwelche persönlichen Daten zu bestätigen.

Abbildung 14.1: Eine Phishing-Attacke mit der Identität der Postbank. Diese Aufforderung zur Authentifzierung ist gefälscht.

Doch woran können Sie erkennen, ob man Sie übers Ohr hauen will? Ein untrügliches Kennzeichen sind die oft (aber nicht immer) vorhandenen Rechtschreib- und Grammatikfehler sowie unschöne Formulierungen und Wort- oder Satzwiederholungen.

Denken Sie außerdem daran, dass Banken oder andere größere Unternehmen wie eBay oder PayPal Sie niemals bitten würden, Ihre persönlichen Daten über das Internet preiszugeben oder Zugangsdaten zu bestätigen. Sie würden sich in solch dringenden Fällen mit hoher Wahrscheinlichkeit auf dem herkömmlichen Postweg an Sie wenden und Sie außerdem mit Ihrem Vor- und Zunamen ansprechen statt mit einer Standardanrede wie *Sehr geehrter Kunde* oder Ähnliches.

Falls Sie Zweifel an der Echtheit eines Schreibens haben (und das sollten Sie bei Aufforderungen dieser Art immer!), besuchen Sie die Webseite des Unternehmens, indem Sie die URL *selbst* eintippen (zum Beispiel www.ebay.de oder www.paypal.de) und informieren Sie sich dort über den Sachverhalt. Viele Banken wie zum Beispiel die Postbank weisen ihre Kunden auf ihren Websites auf die Gefahren hin und sagen ihnen, worauf sie achten müssen, um nicht in die Fänge von Phishing-

Betrügern zu geraten. Oder Sie wenden sich am besten direkt an Ihre Bank. Hier sind Ihre Instinkte gefordert!

 Klicken Sie _niemals_ auf irgendwelche Links in einer verdächtigen E-Mail! Wenn Sie den Cursor darüber bewegen, sehen Sie unter Umständen schon an der Webadresse, dass sie nicht direkt zur Webseite des Unternehmens führt.

Die Mac-Firewall

Falls Sie Ihre Internetverbindung über einen Netzwerkrouter aufbauen (siehe Kapitel 19), dann wird Ihr Rechner in der Regel von einer besonderen Schutzvorrichtung, einer sogenannten _Firewall_, vor Angriffen von außen geschützt. Doch auch in Leopard selbst ist eine solche Firewall-Software integriert, mit der Sie unerwünschten Internetverkehr blockieren können. Leider ist sie standardmäßig deaktiviert. So werfen Sie die Firewall des Mac an:

1. **Wählen Sie** SYSTEMEINSTELLUNGEN **aus dem -Menü.**

2. **Klicken Sie im Bereich** PERSÖNLICH **auf das Symbol** SICHERHEIT **und wechseln Sie in den Bereich** FIREWALL **(siehe Abbildung 14.2).**

Hier finden Sie die folgenden drei Optionen:

✔ ALLE EINGEHENDEN VERBINDUNGEN ZULASSEN: Mit dieser von Haus aus aktivierten Option ist die Firewall ausgeschaltet. Wenn Sie über einen Router mit integrierter Firewall mit dem Internet verbunden sind, dann wäre es zwar kein Beinbruch, die Mac-Firewall deaktiviert zu lassen, dennoch sollten Sie lieber kein Risiko eingehen und von dieser Einstellung absehen.

✔ ALLE EINGEHENDEN VERBINDUNGEN BLOCKIEREN **beziehungsweise** NUR NOTWENDIGE DIENSTE ERLAUBEN: Wenn Sie Mac OS X Leopard frisch installiert haben, finden Sie hier noch die erste Bezeichnung; nach der ersten Softwareaktualisierung lautet die Option jedoch auf den zweiten Namen. Der Grund dafür: Kurz nach dem Release von Mac OS X Leopard warnten mehrere Experten, die Firewall des Mac sei nicht sicher genug. Apple hat darauf umgehend reagiert und entsprechende Verbesserungen vorgenommen.

Wie auch immer diese zweite Option also bei Ihnen lautet, um die Firewall einzuschalten, müssen Sie sie aktivieren. Diese Einstellung ist am restriktivsten und zugleich am sichersten, und wenn nicht irgendwelche zwingenden Gründe vorliegen (siehe nächster Punkt), sollten Sie sie auch beibehalten.

✔ ZUGRIFF AUF BESTIMMTE DIENSTE UND PROGRAMME FESTLEGEN: Mit dieser Option können Sie gezielt bestimmen, welche Dienste und Programme eingehende Verbindungen annehmen dürfen oder nicht. Um ein Programm zur Liste hinzuzufügen, klicken auf die Plus-Taste. Danach können Sie durch Anklicken der Pfeile rechts neben dem Programmnamen aus dem Einblendmenü wählen, ob Verbindungen über die Firewall für das Programm zugelassen oder blockiert werden sollen (EINGEHENDE VERBINDUNGEN BLOCKIEREN/ERLAUBEN).

Sinnvoll kann diese Vorgehensweise aus folgenden Gründen sein:

- **Ein Programm, das Netzwerkaktivitäten erfordert, funktioniert nicht richtig:** Vergewissern Sie sich zunächst, ob die Ursache dafür tatsächlich bei der aktivierten Firewall liegt, indem Sie diese kurz ausschalten (aktivieren Sie ALLE EINGEHENDEN VERBINDUNGEN ERLAUBEN). Besteht das Problem dann nicht mehr, sollten Sie das Programm, wie beschrieben, der Liste hinzufügen und eingehende Verbindungen dafür erlauben. (Falls es danach immer noch nicht funktioniert, sollten Sie jedoch die ursprünglichen Einstellungen wiederherstellen und weitere Nachforschungen anstellen.)

- **Ein Programm erfordert explizit den Zugriff über die Firewall:** Wenn Sie ein solches Programm verwenden, lesen Sie zuerst in der zugehörigen Anleitung nach und erlauben erst dann bei Bedarf eingehende Verbindungen für die Anwendung, wie oben beschrieben.

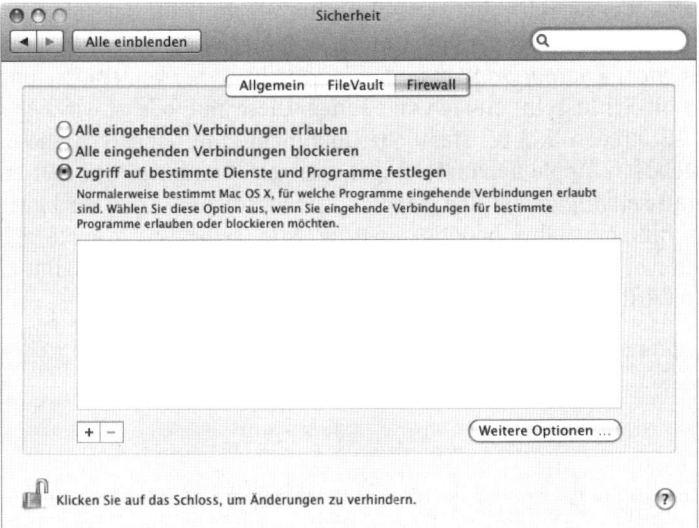

Abbildung 14.2: Hier legen Sie fest, welche Internetkommunikation Ihre Firewall durchlässt.

Über WEITERE OPTIONEN des Bereichs FIREWALL haben Sie die Möglichkeit, die Firewall-Aktivität (zum Beispiel blockierte Quellen oder Ziele) protokollieren zu lassen (FIREWALL-PROTOKOLLIERUNG AKTIVIEREN). Außerdem können Sie den sogenannten Tarnmodus aktivieren, sodass unerwünschter Datenverkehr keine Bestätigung oder Antwort von Ihrem Mac erhält. Auf diese Weise wissen übel wollende Hacker nicht einmal, dass Ihr Computer überhaupt existiert.

Falls Sie in der Systemeinstellung SHARING bestimmte Sharing-Dienste wie FILE SHARING oder WEB-SHARING aktiviert haben, zum Beispiel um anderen Nutzern in einem Netzwerk Zugriff auf bestimmte Dateien Ihres Rechners oder auf eine Website, die Sie auf Ihrem Mac bereitstellen, zu gewähren, so werden diese in der Liste im Bereich FIREWALL der Systemeinstellung SICHERHEIT als für die Netzwerk-/Internetkommunikation freigegebene Dienste angezeigt. Diese Dienste können dann bei Bedarf auch nur im Sharing-Fenster wieder deaktiviert werden. (Mehr zum Thema File-Sharing lesen Sie in Kapitel 19.)

Datenverschlüsselung mit FileVault

Wenn Sie auf Ihrem Mac wirklich ultrageheime Daten verwahren – und ich spreche nicht von Tante Traudls Schoko-Pudding-Rezept, sondern von Dingen wie den Buchhaltungsunterlagen Ihrer Firma oder Ähnliches –, dann können Sie diese mit der Leopard-Funktion *FileVault* verschlüsseln lassen, jedoch nur, solange die Daten sich in Ihrem Benutzerordner befinden. Dann können Sie ruhig schlafen, in der Gewissheit, dass Ihre wertvollen Daten sicher sind, sollte Ihr Mac jemals Dieben in die schmutzigen Hände fallen.

FileVault verwendet eine Verschlüsselungstechnik die selbst den Ansprüchen des US-Geheimdienstes genügt. Unter Computerfreaks ist sie bekannt als *AES-128* (*Advanced Encryption Standard* = Fortgeschrittener Verschlüsselungsstandard mit 128 Bit-Schlüsseln) und ich sage Ihnen: Diese Methode ist wirklich *sehr* sicher. So ist AES in den USA für staatliche Dokumente mit höchster Geheimhaltungsstufe zugelassen. Apple behauptet sogar, dass ein Computer mit den entsprechenden Voraussetzungen für den Versuch, einen solchen Code zu knacken, ungefähr 149 Billionen Jahre benötigen würde. Nun, selbst wenn Apple sich um ein paar Billionen Jahre verrechnet hat, denke ich, dass Ihr System damit ziemlich sicher sein dürfte.

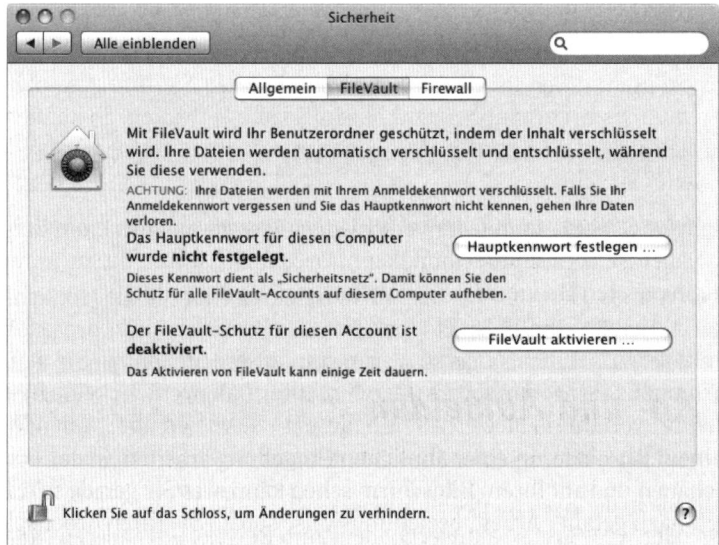

Abbildung 14.3: Mit der Systemeinstellung FileVault können Sie Ihre persönlichen Daten noch effektiver vor dem Zugriff Dritter schützen.

Wenn Sie in den Systemeinstellungen (|Systemeinstellungen) auf das Häuschensymbol Sicherheit klicken und dann in den Bereich FileVault wechseln, sehen Sie das Fenster aus Abbildung 14.3. In Ihrer Eigenschaft als Administrator können Sie als »Sicherheitsnetz« für den Fall, dass einer der Benutzer Ihres Mac (Sie eingeschlossen) sein Anmeldekennwort vergisst, ein systemweit gültiges Hauptkennwort festlegen, mit dem Sie den FileVault-Schutz für alle Benutzerkonten des Mac jederzeit wieder aufheben können. Dies ist zum Beispiel dann nützlich, wenn Sie die Benutzerdaten eines ehemaligen Mitarbeiters wiederherstellen müssen und das Anmeldekennwort für sein Konto nicht kennen.

Doch Vorsicht! Beachten Sie Apples eindringliche Warnung: Wenn Sie als Administrator des Mac sowohl Ihr Anmeldekennwort als auch das Hauptkennwort vergessen, sind Ihre verschlüsselten Daten keinen Pfifferling mehr wert. Im Klartext heißt das: Sie können sich dann nicht mehr bei Ihrem Benutzerkonto anmelden und Ihre Daten sind damit – und ich mache keine Scherze! – *wirklich* und *unwiederbringlich verloren*!

Haben Sie FileVault aktiviert und sind nicht an Ihrem Computer angemeldet, haben andere Benutzer keinen Zugriff auf die gemeinsam genutzten Ordner in Ihrem Benutzerordner.

Kennwortverwaltung mit dem Schlüsselbund

Im Laufe Ihrer Computerkarriere werden Sie eine Menge Kennwörter für verschiedene Zwecke benötigen. Irgendwann sind es dann so viele, dass Sie sich dabei ertappen werden, wie Sie dieselben immer wieder verwenden, doch das ist in den Augen von Sicherheitsexperten wirklich nicht die schlaueste Vorgehensweise.

Zur Lösung dieses Problems hat Apple im wahrsten Sinne den passenden Schlüssel gefunden. Mit dem Dienstprogramm Schlüsselbundverwaltung können Sie Ihre gesamten Kennwörter und andere vertrauliche Informationen und Zugangsdaten verwalten. So können Sie in einem *Schlüsselbund* beispielsweise Kennwörter für bestimmte Programme, E-Mail-Konten, Webseiten und so weiter speichern.

Sie können mehrere Schlüsselbunde für verschiedene Zwecke anlegen (zum Beispiel einen für Onlinekäufe). Dabei ist Ihr Schlüsselbundkennwort zunächst mit Ihrem Anmeldekennwort identisch und die meisten Benutzer neigen dazu, dies beizubehalten.

Sicheres An- und Abmelden

Wenn Sie in einem Büro oder in einer ähnlichen Umgebung arbeiten, in der Ihnen jeder über die Schulter schauen und auf Ihrem Bildschirm sehen kann, was Sie gerade so treiben, dann ist es sinnvoll, sich nach getaner Arbeit, beziehungsweise sobald Sie Ihren Arbeitsplatz verlassen, bei Ihrem Benutzerkonto abzumelden.

Falls Ihnen dies zu aufwendig erscheint oder Sie glauben, dass Sie wahrscheinlich ohnehin nicht daran denken werden, rufen Sie die Systemeinstellung Sicherheit und darin den Bereich

ALLGEMEIN auf und aktivieren die Option KENNWORTABFRAGE BEIM BEENDEN DES RUHEZUSTANDES ODER DES BILDSCHIRMSCHONERS sowie die Option ABMELDEN NACH X MINUTEN INAKTIVITÄT (siehe Abbildung 14.4).

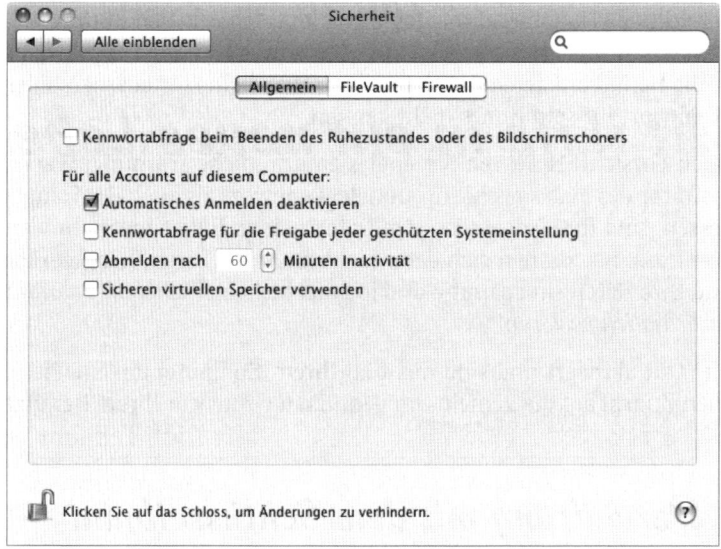

Abbildung 14.4: Schützen Sie Ihren Arbeitsplatz vor neugierigen Blicken.

 Sinnvoll sind auch die Optionen AUTOMATISCHES ANMELDEN DEAKTIVIEREN und SICHEREN VIRTUELLEN SPEICHER VERWENDEN. Letzteres gewährleistet, dass die im virtuellen Arbeitsspeicher befindlichen Daten verschlüsselt werden. Damit die Änderungen in Kraft treten, müssen Sie den Mac neu starten.

Und wenn Sie ein besonders misstrauischer Zeitgenosse sind, dann aktivieren Sie die Option KENNWORTABFRAGE FÜR DIE FREIGABE JEDER GESCHÜTZTEN SYSTEMEINSTELLUNG.

Und schon sind wir am Ende des Kapitels angelangt – ich sagte Ihnen ja, dass es nicht lange dauern würde.

Teil IV

Mit iLife in ein neues Leben

The 5th Wave By Rich Tennant

»Natürlich könnte ich dir mehr über mich erzählen, aber ich glaube,
die Songauswahl auf meinem iPod sagt mehr über mich,
als Worte es könnten. «

In diesem Teil ...

Kommen Sie und begrüßen Sie mit mir die »Killerapplications« unter den Multimedia-Anwendungen: iTunes, iPhoto, iMovie HD, GarageBand und iWeb. Ob Musikjunkie, Fotofan, Webautor, Videofilmer, aufstrebender Rockstar, Podcaster oder Blogger – alle sind herzlich eingeladen, Sie und Ihre Familie natürlich auch. Und als Bonus gibt es einen genaueren Blick auf Apples bemerkenswerten und erfolgreichen iPod. iLife '08 ist bei allen neuen Macs im Lieferumfang enthalten beziehungsweise für 79 Euro erhältlich.

Leben in der iTunes-Community

In diesem Kapitel

▶ Den richtigen iPod wählen

▶ Ein Rundgang durch die iTunes-Jukebox

▶ Ihre Musiksammlung verwalten

▶ Online Musik finden und kaufen

▶ Hörbücher, Podcasts und Videos herunterladen

Die Demographen haben diese Entwicklung anscheinend verpasst, aber wir befinden uns inmitten einer bedeutenden Bevölkerungsexplosion. Wo man auch hinschaut, überall diese kleinen weißen (Ohr-)Stöpsel. Man trifft sie in U-Bahnen, auf der Straße, in Flugzeugen, Bussen, Schulen, Universitäten und Unternehmen an.

Diese unverkennbaren weißen Ohrstöpsel sind natürlich mit iPods verbunden und die Wahrscheinlichkeit ist groß, dass genau diese Dinger Sie dazu veranlasst haben, überhaupt ein Mac-Buch zu lesen. Auch wenn iPods (in Kombination mit der iTunes-Software) sowohl mit Windows-Rechnern als auch mit Macs zusammenarbeiten, fand Ihre erste schicksalhafte Begegnung mit einem Mac vermutlich in einem Apple-Geschäft statt, das Sie unter dem Vorwand betreten haben, den populärsten und meistgekauften tragbaren MP3-Player aller Zeiten einmal näher zu begutachten.

Möglicherweise haben Sie sich dabei gefragt, ob der phänomenale Erfolg des iPod womöglich darauf schließen lässt, dass Steve Jobs und sein Apple-Team auch eine Ahnung davon haben, wie man außerordentlich beeindruckende Computer herstellt. (Und natürlich lagen Sie mit dieser Annahme richtig.)

Was den iPod angeht, so hat er im Laufe der Jahre einen derartigen Beliebtheitsgrad erreicht, dass allein das Geschäft mit iPod-Zubehör – Taschen, Lautsprechersysteme, Autoradio-Adapter, Armbänder, Schritt- und Streckensensoren für Nike-Laufschuhe – angeblich Milliarden abwirft.

Obwohl dies in erster Linie ein Buch über Computer ist, werden Sie mir daher hoffentlich vergeben, wenn ich zuerst einen kleinen Abstecher ins iPod-Territorium mache, bevor wir uns schließlich der iTunes-Software und damit wieder dem Mac zuwenden. Ich werde mich auch nicht lange dort aufhalten und Ihnen nur die wichtigsten Dinge mit auf den Weg geben, zum Beispiel dass der iPod neben Musik, Videos und Bildern (die beiden Letzteren nicht bei allen Modellen) auch Textdateien speichern und Ihnen beim Synchronisieren von Kontakt- und Termindaten helfen kann.

Ich rate Ihnen, dieses Kapitel auch dann zu lesen, wenn Sie (noch) keinen iPod besitzen, denn nur so erfahren Sie, wie Sie Ihren Mac mithilfe von iTunes in ein musikalisches Allroundtalent verwandeln.

Den richtigen iPod wählen

Sie finden in diesem Buch immer wieder den Zusatz *bei Drucklegung dieses Buches*, denn Apple ist immer für eine Überraschung gut. So wurde zum Beispiel im Sommer 2005 das bis dahin meistverkaufte iPod-Modell – der iPod Mini – relativ plötzlich durch ein neues, noch außergewöhnlicheres Modell, nämlich den fast nur noch streichholzschachtelgroßen iPod Nano ersetzt, der seinerseits inzwischen in der dritten Generation vorliegt. Im September 2007 wurde schließlich der bislang innovativste Streich, der iPod Touch, vom Stapel gelassen.

Demnach ist alles möglich. Abgesehen von einigen iPod-Sondereditionen (zum Beispiel im Zusammenhang mit der Rockgruppe U2 beziehungsweise zur Unterstützung der HIV/Aids-Hilfsstiftung *Global Funds*) gibt es bis dato im Wesentlichen vier iPod-Modelle, die jeweils mit unterschiedlichen Speicherkapazitäten und Fähigkeiten ausgestattet sind. Des Weiteren hat Apple inzwischen auch die lang erwartete iPod-Mobiltelefon-Kombination, das iPhone, auf den Markt gebracht, das neben seiner Hauptfunktion als Mobiltelefon auch als iPod fungiert.

Allgemeine iPod-Merkmale

Die iPods (mit Ausnahme des iPod Touch) sind berühmt für ihr berührungsempfindliches *Click Wheel*, mit dem Sie die Funktionen des Players steuern können (Menü, Titel überspringen, Abspielen, Pause und so weiter).

Alle iPods mit Display unterstützen Foto- und Videowiedergabe und können mehrere verschiedene Musikformate abspielen. Eine neue Errungenschaft bei allen iPods mit Display ist das Durchsuchen der Musiksammlung mit Cover Flow. Mit dieser Technik (die zunächst in iTunes und schließlich mit Leopard betriebssystemweit eingeführt wurde) lassen sich die Musikinhalte visuell in Form von Albumcovern darstellen und durchsuchen.

Der iPod Classic

Der iPod Classic (ab 249 Euro) hat die Größe eines Kartenspiels, ist bereits die sechste Generation des ursprünglichen iPod und in zwei Versionen in den Farben Schwarz und Silber erhältlich (siehe Abbildung 15.1).

Bei Drucklegung dieses Buches bot der iPod Classic mit der größten Speicherkapazität (160 GB) Platz für bis zu 40.000 Musiktitel oder 25.000 Fotos oder 200 Stunden Video.

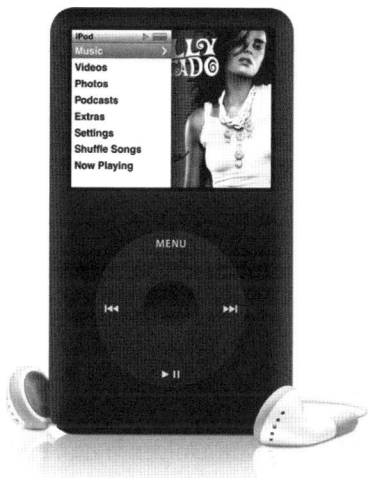

Abbildung 15.1: Der iPod Classic mit
Click Wheel und Display

Der iPod Nano

Zwar kann ich Ihnen ganz genau sagen, wie schwer (49,2 g) und wie groß (69,8 x 52,3 x 6,5 mm) so ein iPod Nano ist (siehe Abbildung 15.2), aber Sie werden seine Winzigkeit wahrscheinlich erst dann so richtig zu schätzen wissen, wenn Sie ihn mal neben einen ausgewachsenen iPod legen. Aber eine geringere Größe bedeutet natürlich auch weniger Musik, dennoch kann der Nano mit der größten Speicherkapazität (8 GB) immerhin noch locker 2.000 Songs unterbringen.

Abbildung 15.2: Der kleinere iPod Nano
mit Click Wheel und Display

Wenn Sie also nach einem iPod Ausschau halten, der so klein ist, dass Sie ihn fast in Ihrer Tasche verlieren können, der aber dennoch eine beachtliche Menge an Titeln speichern kann, dann ist der Nano sicherlich die richtige Wahl. Der iPod Nano ist ab 149 Euro und in fünf Farben (Grau, Schwarz, Lindgrün, Eisblau und Kirschrot) zu haben.

Der iPod Shuffle

Der iPod Shuffle kostet 79 Euro, bietet mit 1 GB Speicherkapazität Platz für zirka 240 Musiktitel und ist tatsächlich nur noch so groß wie ein Streichholzheftchen (oder ein Päckchen Kaugummi) und mit 15 g ebenso leicht. In das eloxierte Aluminiumgehäuse ist außerdem ein Ansteck-Clip integriert, sodass Sie sich Ihren Player ganz einfach an Hemd, Hose, Jacke, Tasche oder was auch immer stecken können (siehe Abbildung 15.3).

Seinen Namen hat der Winzling übrigens von der Shuffle-Funktion (= Zufallswiedergabe) größerer iPods und herkömmlicher CD-Player, denn die auf den Player geladenen Titel können in zufälliger Reihenfolge abgespielt werden. Trotz seiner geradezu zwergenhaften Größe verfügt auch der iPod Shuffle über ein Click Wheel. Da er aber kein Display besitzt wie die anderen iPods, können Sie nur herausfinden, welcher Song gerade gespielt wird (falls Sie ihn nicht erkennen), indem Sie ihn über USB – mithilfe des speziellen Dock-Adapters – mit dem Mac (oder einem Windows-PC) verbinden. Das mitgelieferte Dock dient zum Be- und Aufladen des Geräts und der Kopfhöreranschluss ist gleichzeitig als Dock-Anschluss verwendbar. Im Gegensatz zum festplattenbasierten iPod arbeitet der iPod Shuffle mit sogenanntem Flash-Speicher.

Abbildung 15.3: Noch kleiner – der iPod Shuffle

Der iPod Touch

Das neueste und genialste Mitglied der iPod-Familie – der nur 8 mm dicke iPod Touch – kam im Herbst 2007 auf den Markt (siehe Abbildung 15.4). Er ist ein wahres Multitalent und basiert zu großen Teilen auf der revolutionären Technologie des iPhone. Das markanteste Merkmal ist die Multitouch-Oberfläche zur Bedienung des Players mit deren Hilfe sich alle Funktionen komplett und kinderleicht durch einfaches Antippen und Ziehen mit den Fingern ausführen lassen.

Abbildung 15.4: Der revolutionäre iPod Touch
mit Multitouch-Oberfläche

Neben den herkömmlichen iPod-Fähigkeiten, also der Wiedergabe von Musik, Fotos, Videos und Podcasts – die auf dem 3,5 Zoll großen Breitformatdisplay noch eindrucksvoller wirken und noch ausgefeiltere Funktionen aufweisen – verfügt der schwarzsilberne iPod Touch über diverse weitere Finessen. Das wohl wichtigste Highlight ist die integrierte Funktechnologie (WLAN), die gleich von drei Applikationen genutzt wird (und in der Nähe jedes Wi-Fi-Hotspots funktioniert):

✔ **iTunes Wi-Fi Music Store:** Mit diesem Service können Sie von unterwegs aus im iTunes Store stöbern, Musik Probe hören, kaufen und sofort auf den iPod Touch laden und anhören.

✔ **Safari:** Surfen Sie drahtlos im Web – egal wo Sie sich gerade befinden.

✔ **YouTube:** Der integrierte YouTube-Player bietet Videospaß zu jeder Zeit und an jedem Ort.

Der iPod Touch verfügt außerdem über integrierte Lagesensoren, die erkennen, in welche Richtung der iPod gedreht wird, sodass die Anzeige von Hoch- und Querformat automatisch angepasst werden kann.

Selbstverständlich können Sie alle Inhalte (also auch über den Wi-Fi Store gekaufte Musik, Safari-Lesezeichen, Adressen oder Termine) mit Ihrem Mac synchronisieren. Der iPod Touch ist für 299 Euro als 8-GB-Modell und für 399 Euro als 16-GB-Modell erhältlich.

iTunes – die Musikbox in Ihrem Mac

Für sich genommen ist jeder iPod ein kleines Kunstwerk mit beispielhaftem Design und exzellenter Technik. Doch auch wenn der iPod zweifellos Starqualitäten besitzt, so muss er sich den Spitzenplatz mit dem Maestro hinter Apples Musikensemble – der _iTunes_-Software – teilen (wenn ihn nicht sogar abtreten).

Würde man den iPod mit John Lennon vergleichen, dann wäre das Multimediatalent iTunes Paul McCartney. Ich könnte auch sagen: Mick Jagger und Keith Richards oder Simon und Garfunkel. Nun, Sie verstehen schon – der kleine Musik-Player und iTunes bilden zusammen ein unschlagbares musikalisches Dream-Team.

Und das Beste daran: Musikbegeisterte (und alle anderen natürlich auch) können sich das Programm sowohl für Mac OS X als auch für Windows (XP und Vista) von der Apple-Website (`www.apple.com/de/itunes/download`) herunterladen – und zwar gratis.

Die folgende Liste gibt Ihnen einen kleinen Überblick darüber, was Sie alles mit iTunes anstellen können, wobei ich die einzelnen Funktionen später noch genauer kommentieren werde:

✔ Musik-CDs anhören

✔ Die Titel einer Musik-CD in komprimierte Musikdateien (siehe den Kasten »Klangvolle Komprimierung« in diesem Kapitel) umwandeln und in Ihrer digitalen Musikbibliothek speichern

✔ Ihre Bibliothek durch Musik aus dem Internet erweitern

✔ Eigene Musik-CD zusammenstellen und brennen

✔ Internetradio hören

✔ Musikvideos ansehen

✔ Podcasts empfangen

✔ Ihre Musiktitel nach Name, Künstler, Spieldauer, Genre, eigener Bewertung und Abspielhäufigkeit ordnen

✔ Eigene Wiedergabelisten mit Ihrer Lieblingsmusik zusammenstellen

✔ Ihre Musikbibliothek – unter bestimmten Voraussetzungen – für andere Teilnehmer eines Netzwerks freigeben

✔ Musiktitel auf Ihren iPod laden

Öffnen Sie iTunes, indem Sie auf das Dock-Symbol mit den blauen Noten klicken (oder rufen Sie es über den PROGRAMME-ORDNER auf), woraufhin sich das Fenster aus Abbildung 15.5 öffnet.

Wenn Sie iTunes zum ersten Mal starten, öffnet sich zunächst der iTunes-Assistent und stellt Ihnen ein paar Fragen:

✔ Ob Sie Audioinhalte (MP3s, AIFF, AAC etc.) aus dem Internet künftig mit iTunes abspielen lassen möchten.

✔ Ob iTunes Ihren Benutzerordner automatisch nach vorhandenen Musikdateien durchsuchen soll.

✔ Ob iTunes automatisch CD-Cover laden soll.

✔ Ob iTunes eine Verbindung zum iTunes Store herstellen soll.

Im Allgemeinen können Sie all diese Fragen mit Jᴀ beantworten.

Schließlich landen Sie im Hauptfenster von iTunes (und wenn Sie das letzte Angebot nicht abgelehnt haben und gerade mit dem Internet verbunden sind, wird die Startseite des iTunes Store angezeigt – mehr dazu später).

 Falls Sie schon ganz ungeduldig sind und alle Funktionen gleich ausprobieren möchten, können Sie, wenn Sie möchten, gleich eine Musik-CD in Ihren Mac einlegen. Genaueres über das Übertragen und Abspielen von Musik in iTunes erfahren Sie weiter hinten in diesem Kapitel im Abschnitt »Ihre Musiksammlung einspeisen und verwalten«.

Sehen wir uns zunächst einige der Steuerungsmöglichkeiten und Optionen etwas genauer an (siehe Abbildung 15.5):

✔ **Rückwärts/Vorwärts:** Die nach links und rechts gerichteten Doppelpfeile fungieren als Vorwärts- und Rückwärtstasten. Klicken Sie darauf und halten Sie die Maustaste gedrückt, um ein gerade abgespieltes Stück im Schnelldurchlauf vor- beziehungsweise zurückzuspulen. Wenn Sie stattdessen nur ein Mal klicken, springt iTunes zum nächsten beziehungsweise vorherigen Stück.

✔ **Abspielen/Pause:** Klicken Sie auf den nach rechts weisenden Pfeil, um einen Titel abzuspielen. Sobald ein Titel abgespielt wird, nimmt der Rechtspfeil die Form einer Pausetaste mit zwei vertikalen Balken an. Ein Klick darauf hält das Musikstück an. Alternativ können Sie zum Abspielen und Anhalten eines Titels auch die Leertaste drücken.

✔ **Lautstärke:** Durch Ziehen des Schiebereglers stellen Sie die Lautstärke ein. (Durch Drücken von ⌘+↑ oder ⌘+↓ erreichen Sie dasselbe.)

✔ **Darstellung:** Mit diesen Tasten können Sie zwischen drei Darstellungsarten für die Titel Ihrer Musikbibliothek wählen: als Liste, in Gruppen mit CD-Covern oder in der *Cover Flow*-Darstellung.

Die ersten beiden Optionen erschließen sich von selbst, die letzte, die Sie schon von der Benutzeroberfläche von Mac OS X Leopard her kennen, dürfte Musikfans den größten Spaß bereiten. Hier gab Apple bereits in der vorherigen iTunes-Version, als Cover Flow noch nicht Bestandteil der Mac OS X-Benutzeroberfläche war, all denjenigen, die das reale Stöbern in einer bunten CD-Sammlung vermissten, die Möglichkeit, dies auf virtuelle Weise zu tun. Und weil diese Art der visuellen Suche so großen Anklang fand, hat man Cover Flow dann schließlich in den Finder von Leopard übernommen.

Klicken Sie auf die einzelnen CD-Cover-Symbole im oberen Bereich des iTunes-Fensters, um durch die Musikalben und -titel in der Bibliothek zu blättern, oder bewegen Sie sich mithilfe des Schiebereglers und der Pfeile unterhalb im Schnelldurchlauf durch Ihre gesamte Sammlung. Ein Klick auf das ovale Symbol rechts (mit den vier Pfeilen) blendet die Cover Flow-Darstellung bildschirmfüllend ein und Ihnen steht in dieser Ansicht auch eine Abspielsteuerung und ein Lautstärkeregler zur Verfügung (siehe Abbildung 15.6). Klicken Sie erneut auf das Symbol oder drücken Sie die ESC -Taste, um zum iTunes-Fenster zurückzukehren.

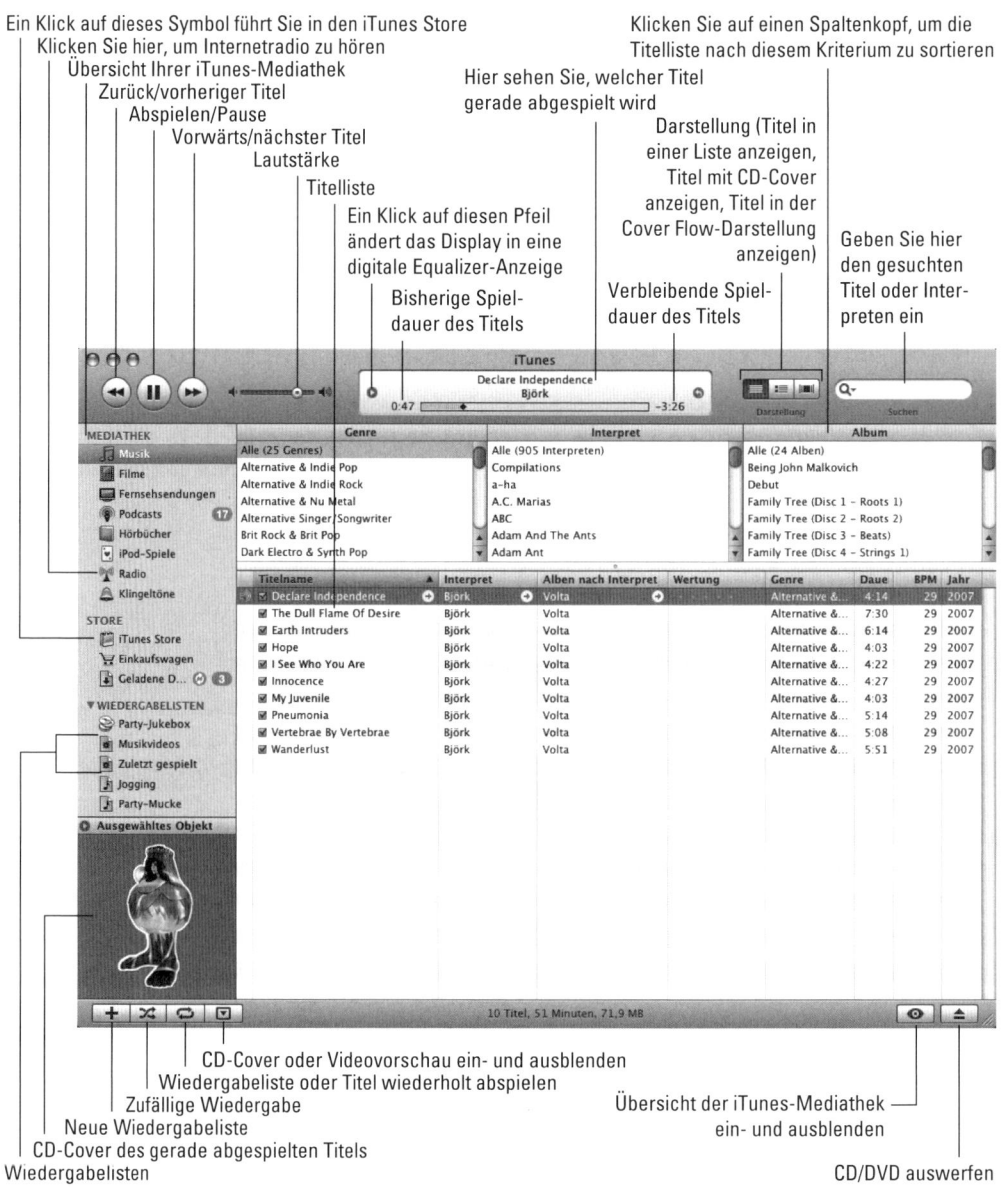

Abbildung 15.5: Eine Ode an iTunes

Abbildung 15.6: Die Cover Flow-Darstellung von iTunes

Ein wahrer Augenschmaus – wer möchte da noch in einem echten CD-Schrank wühlen?

✔ **Zufallswiedergabe:** Wenn Sie auf diese Taste klicken, färbt sich das Symbol blau und die Titel in der Liste werden in zufälliger Reihenfolge abgespielt. Seien Sie auf alles vorbereitet – vielleicht hören Sie zuerst die Schlümpfe und kurz darauf Eminem.

✔ **Wiederholung:** *Ein* Klick auf diese Taste lässt die gesamte Wiedergabeliste wiederholt abspielen, *zweimaliges* Klicken wiederholt nur den aktuellen Song (Sie sehen dann eine kleine 1 auf der Taste). (Ein weiterer Klick versetzt die Taste in den Normalzustand.)

✔ **CD-Cover ein-/ausblenden:** Mit dieser Taste öffnen Sie ein Feld, in dem das CD-Cover zu einem bestimmten Musiktitel oder Album angezeigt wird.

Alle Musiktitel und Videos, die Sie im iTunes Store kaufen (siehe weiter hinten in diesem Kapitel), verfügen automatisch über Cover-Bilder. Für alle anderen Objekte in Ihrer Bibliothek (selbst importierte Audio-CDs – wie das geht, erfahren Sie weiter hinten in diesem Kapitel – oder selbst erstellte Soundobjekte) können Sie Cover-Bilder in Form einer gewöhnlichen Bilddatei (JPG, GIF) nachträglich hinzufügen. Sie können diese entweder selbst erzeugen oder gegebenenfalls einfach aus dem Internet beziehen (zum Beispiel über Amazon oder die Bildersuche von Google). Das Hinzufügen ist denkbar einfach: Markieren Sie den Titel eines Albums in der Übersicht Ihrer Musikbibliothek (beziehungsweise einen einzelnen Titel oder alle Titel eines Albums) und ziehen Sie das entsprechende Bild von Ihrem Schreibtisch in den Bereich CD-COVER HIERHER BEWEGEN des iTunes-Fensters. iTunes speichert eine Version des Bildes in den Tiefen seiner Bibliothek und das Cover ist von nun an immer sichtbar, sobald der entsprechende Titel oder das Album ausgewählt oder abgespielt wird.

 Wenn Ihnen das zu aufwendig ist, können Sie fehlende Cover-Bilder auch automatisch von iTunes hinzufügen lassen. iTunes bietet hierfür zwei Optionen – für beide benötigen Sie jedoch einen iTunes-Account. Für bereits bestehende coverlose Titel und Alben in Ihrer Musik-Mediathek können Sie den Befehl CD-COVER LADEN aus dem Menü ERWEITERT wählen. iTunes lädt dann das entsprechende Cover aus dem iTunes Store (falls vorhanden). Soll iTunes gleich beim Importieren von Audio-CDs oder Titeln ohne Coverbild (dieser Vorgang wird weiter hinten in diesem Kapitel beschrieben) das fehlende CD-Cover automatisch laden, aktivieren Sie in den EINSTELLUNGEN von iTunes unter der Rubrik ALLGEMEIN das Markierungsfeld FEHLENDE CD-COVER AUTOMATISCH LADEN. (Damit beide Optionen funktionieren, darf im Titelfenster die Spalte ALBUM nicht fehlen.)

✔ **Übersicht:** Ein Klick auf die Taste mit dem Auge unten rechts öffnet oberhalb der Titelliste eine Übersicht aller Inhalte Ihrer iTunes-Mediathek – unterteilt in GENRE, INTERPRET und ALBUM –, die Ihnen das Auffinden bestimmter Musiktitel und -richtungen enorm erleichtert.

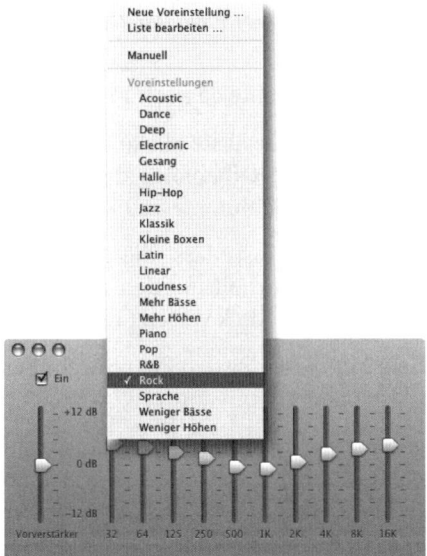

Abbildung 15.7: Mit dem Equalizer können Sie den Sound an die gewählte Musikrichtung anpassen.

 Falls Sie schon einmal den Höhenregler oder die Bässe bei einer Stereoanlage eingestellt haben, wird Ihnen die Equalizer-Funktion von iTunes gefallen. Wählen Sie aus dem Menü DARSTELLUNG den Befehl EQUALIZER EINBLENDEN. Es öffnet sich ein handliches Equalizer-Fenster (siehe Abbildung 15.7) mit Reglern zum Anpassen der einzelnen Frequenzbereiche zum Beispiel an die Musikart, die verwendeten

Lautsprecher, Kopfhörer oder den Raum, in dem Sie Musik hören. Ziehen Sie die Regler (Bässe links, Höhen rechts) nach oben oder unten, um das Klangbild zu optimieren, oder wählen Sie aus dem Einblendmenü eine der zahlreichen vorein-gestellten Reglerpositionen für bestimmte Musikrichtungen und Einstellungen (zum Beispiel WENIGER BÄSSE, KLASSIK, JAZZ, HIP-HOP oder SPRACHE).

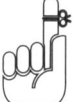

Zeitgenossen, die die 60er-Jahre live miterlebt haben, werden ihre wahre Freude an der abgefahrenen, psychedelisch anmutenden iTunes-Lasershow haben, bei der die unterschiedlichsten Farben und Formen zum Takt der Musik umhertanzen (siehe Abbildung 15.8). Und wenn Sie selbst aus diesen geburtenstarken Jahrgän-gen hervorgegangen sind, dann kommen Sie beim Anblick der geradezu hypno-tisch wirkenden Effekte womöglich zu der erstaunlichen Erkenntnis, dass Ihre Eltern in ihrer Jugend eigentlich ganz cool waren. Wählen Sie (während ein Titel abgespielt wird) aus dem DARSTELLUNG-Menü die Option VISUELLE EFFEKTE AKTIVIEREN, um die bildschirmfüllende Augenweide zu starten. Haben Sie genug von den wilden Farblandschaften, bringt Sie ein Mausklick (oder die [ESC]-Taste) wieder zurück in die Realität.

Abbildung 15.8: Die bewusstseinserweiternde iTunes-Lasershow

Das iTunes-Fenster einrichten

Bevor wir uns näher mit den Möglichkeiten von iTunes befassen, sollten Sie das iTunes-Fens-ter noch an Ihre persönlichen Erfordernisse anpassen. Folgende Einstellungen können Sie vornehmen:

✔ **Die einzelnen iTunes-Fensterbereiche anpassen:** Wenn Sie den Mauszeiger über die Abgrenzungsrahmen der einzelnen Fensterbereiche bewegen, so verändert er sich entweder in einen Doppelpfeil oder in ein Handsymbol und signalisiert Ihnen damit, dass Sie die Rahmen mit der Maus ziehen können, um so die angrenzenden Fensterbereiche in der Größe zu ändern. Auch die kleine runde Vertiefung in der Mitte des oberen Abgrenzungsrahmens kennzeichnet, dass er verschoben werden kann.

✔ **Die Titelliste nach Wunsch sortieren:** Die Titelliste im Hauptfenster ist in mehrere Spalten aufgeteilt. Klicken Sie auf einen Spaltentitel (zum Beispiel INTERPRET oder GENRE), um die Liste alphabetisch nach diesem Spaltenkriterium zu ordnen. Ein erneuter Klick auf den Spaltenkopf kehrt die Reihenfolge um.

✔ **Die Spaltenbreite ändern:** Ziehen Sie die vertikale Trennlinie rechts neben einem Spaltentitel nach links beziehungsweise nach rechts. (Der Mauszeiger ändert sich dabei in einen Doppelpfeil.)

✔ **Die Spaltenreihenfolge sortieren:** Möchten Sie zum Beispiel die Spalte ALBUM neben der Spalte TITELNAME haben, klicken Sie auf ihren Spaltentitel und ziehen sie die Spalte an die gewünschte Stelle.

✔ **Spalten hinzufügen oder entfernen:** Klicken Sie bei gedrückter `Ctrl`-Taste (oder mit der rechten Maustaste) auf einen Spaltentitel, und wählen Sie aus dem Kontextmenü die Kategorie, die Sie hinzufügen beziehungsweise löschen möchten.

 Wenn Sie während der Arbeit Musik in iTunes hören möchten, müssen Sie dazu das Programmfenster nicht ständig geöffnet haben. iTunes spielt Ihre Lieblingsmusik ebenso fröhlich weiter, wenn Sie es minimieren, schließen oder in einem anderen Programm arbeiten. Klicken Sie auf die Erweitern-Taste und das Fenster schrumpft zu diesem praktischen Bedienfeld zusammen, das kaum Platz auf Ihrem Schreibtisch wegnimmt.

Abbildung 15.9: Das handliche iTunes-Interface

 Ebenso schnell und komfortabel lässt sich iTunes über das iTunes-Widget im Dashboard (drücken Sie `F12`) steuern. Das kleine silberne iTunes-Interface enthält alle Bedienelemente und Funktionen, die Sie zum Hören Ihrer Lieblingssongs brauchen (siehe Abbildung 15.10). Sie können iTunes sogar von hier aus starten, indem Sie auf die ABSPIELEN-Taste klicken.

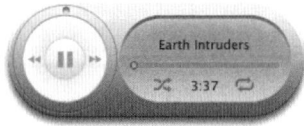

Abbildung 15.10: Ein Widget zum Abspielen Ihrer iTunes-Musik

Ihre Musiksammlung einspeisen und verwalten

Doch wie füttern Sie iTunes nun mit Musik? Und was fangen Sie mit den Titeln an, wenn sie sich erst einmal in der Mediathek befinden? Ich dachte schon, Sie würden nie fragen.

Audio-CDs importieren

Sobald Sie eine Audio-CD in den Mac einlegen (und mit dem Internet verbunden sind), passiert etwas ganz Bemerkenswertes – zumindest in den meisten Fällen: iTunes öffnet sich und die Musikstücke – samt zusätzlicher Infos wie Titel, Künstlername, Spieldauer, Albumname und Musikrichtung – werden automatisch erkannt und können auf Knopfdruck in iTunes kopiert beziehungsweise *importiert* werden. Die genannten Zusatzinformationen besorgt sich iTunes aus der riesigen Musikonlinedatenbank von Gracenote.

Und das Beste: Haben Sie eine CD erst einmal in iTunes importiert, brauchen Sie sie *nie* mehr in den Mac einzulegen, um sie anzuhören, sondern können sie einfach wegpacken, da sich ihr Inhalt ja nun auf der Festplatte Ihres Mac befindet.

Und so gehen Sie vor: Nachdem Sie eine Musik-CD in den Mac eingelegt haben, klicken Sie unten rechts auf CD IMPORTIEREN (die enthaltenen Titel werden in der Titelliste angezeigt; siehe Abbildung 15.11).

Abbildung 15.11: Eine Audio-CD in iTunes importieren

iTunes geht nun ans Werk und importiert nacheinander alle Titel in der Liste, die mit einem Häkchen versehen sind (zu Beginn trifft das auf alle zu). Falls Sie also bestimmte Titel nicht importieren möchten, entfernen Sie einfach das jeweilige Häkchen, indem Sie es anklicken.

Während iTunes arbeitet, erscheint ein kleiner orangefarbener Punkt mit Wellensymbol neben dem gerade importierten Titel; wurde dieser vollständig auf die Festplatte kopiert, erhält er einen grünen Punkt mit Häkchen. Den Status eines aktuell importierten Titels können Sie außerdem an der Fortschrittsanzeige im Display darüber ablesen. Sie zeigt an, wie lange der Import eines Titels noch dauert und mit welcher Geschwindigkeit er vonstattengeht. Falls Sie den Importvorgang aus irgendeinem Grund abbrechen möchten, klicken Sie auf das x-Symbol rechts im Display. (Um den Import danach fortzusetzen, klicken Sie erneut auf CD IMPORTIEREN.)

Sie können die CD übrigens während des Imports anhören. Sobald iTunes seine Mission erfüllt hat, entfernen Sie die CD, indem Sie auf die AUSWERFEN-Taste unten rechts klicken. Die soeben kopierten Stücke werden in der iTunes-Bibliothek verstaut (die Sie übrigens durch einen Klick auf die Rubrik MUSIK in der Seitenleiste öffnen können).

Andere Musikdateien importieren

Sie können auch einzelne Musikdateien, die Sie zum Beispiel aus dem Internet heruntergeladen haben, in iTunes importieren, indem Sie sie einfach in die Titelliste des iTunes-Fensters oder auf das iTunes-Symbol im Dock ziehen. Ich gehe natürlich davon aus, dass Sie diese Musiktitel legal erworben haben. Falls nicht, geht Ihr Mac beim Importieren in iTunes augenblicklich in Flammen auf und zerstört sich selbst. (Doch selbst wenn das nicht eintreten sollte, bitte ich Sie inständig, sich an die Spielregeln zu halten. Schließlich müssen auch Künstler von irgendetwas leben.)

 Eine weitere Möglichkeit, Audiodaten aus anderen Anwendungen oder von Ihrem Schreibtisch in iTunes zu kopieren, sind die Menübefehle ABLAGE|ZUR MEDIATHEK HINZUFÜGEN und ABLAGE|IMPORTIEREN.

Wiedergabelisten erstellen

Als wahrer Musikfan hören Sie in fast allen Lebenslagen Musik: Wenn Sie arbeiten, eine Party schmeißen, Ihr Baby in den Schlaf wiegen, einen romantischen Abend zu zweit verbringen oder nach einer schmerzvollen Trennung Ihren Kummer ertränken. Doch in der zuletzt genannten Situation möchten Sie wohl kaum einen Titel hören wie »There must be an Angel« von den Eurythmics, selbst wenn dieser ansonsten einen festen Platz in Ihrem iTunes-Repertoire hat. Damit Sie für jede Atmosphäre und alle möglichen Gemütsverfassungen immer die passende Musik parat haben, können Sie in iTunes sogenannte *Wiedergabelisten* mit entsprechenden Titeln individuell zusammenstellen.

Am einfachsten erstellen Sie eine neue Wiedergabeliste, indem Sie auf das Plussymbol unterhalb der Seitenleiste des iTunes-Fensters klicken. Stattdessen können Sie auch ABLAGE|NEUE WIEDERGABELISTE wählen oder ⌘+N drücken.

Eine neue Wiedergabeliste mit dem uninspirierenden Namen NEUE WIEDERGABELISTE wird in der Seitenleiste angezeigt. Überschreiben Sie ihn am besten gleich mit einer treffenderen Bezeichnung, je nachdem, welche Art von Sammlung Ihnen vorschwebt (Hits der 80er, Tanz-Mix, Schmuse-Songs, Latino-Rhythmen, Entspannung und so weiter). Klicken Sie dann auf MUSIK, sodass alle Titel Ihrer Bibliothek angezeigt werden, suchen Sie die gewünschten Titel heraus und ziehen Sie sie in die neu angelegte Wiedergabeliste.

 Sie können auch gleich mehrere Titel in der iTunes-Bibliothek markieren (halten Sie die ⇧- beziehungsweise die ⌘-Taste gedrückt) und dann in einem Rutsch in eine Wiedergabeliste hineinziehen. iTunes zeigt beim Ziehen an, wie viele Titel Sie gerade bewegen.

Wenn Sie nun auf die Wiedergabeliste in der Seitenleiste klicken, werden die darin enthaltenen Titel im Hauptfenster angezeigt. Um einen Song daraus zu entfernen, markieren Sie ihn, drücken die ⟵-Taste und bestätigen mit ENTFERNEN. Seien Sie unbesorgt – Sie haben damit den Titel nicht aus Ihrer Bibliothek gelöscht. Titel, die Sie in einer Wiedergabeliste platzieren, verlassen weder ihren ursprünglichen Speicherplatz in der Mediathek noch werden sie dupliziert. Eine Wiedergabeliste fungiert lediglich als virtueller Container mit Verweisen auf die darin enthaltenen Titel. Aus diesem Grund kann ein bestimmter Song auch in so vielen verschiedenen Wiedergabelisten auftauchen, wie es Ihnen beliebt.

Intelligente Wiedergabelisten erstellen

Eine individuelle Wiedergabeliste zu erstellen, macht Spaß, kann aber auch ganz schön mühsam und zeitaufwendig werden, besonders wenn sich Ihre Musiksammlung ständig erweitert. iTunes nimmt Ihnen diese Schwerstarbeit ab, und zwar mithilfe von *intelligenten Wiedergabelisten*. Dabei legen Sie bestimmte Kriterien fest – Geschwindigkeit (in *BPM = Beats pro Minute*), Musikrichtung, Bewertung und so weiter – auf deren Grundlage iTunes die entsprechenden Titel Ihrer Musikbibliothek in der intelligenten Wiedergabeliste sammelt, wobei diese immer auf dem neuesten Stand ist.

Um eine neue intelligente Wiedergabeliste zu erstellen, wählen Sie ABLAGE|NEUE INTELLIGENTE WIEDERGABELISTE. Im darauf folgenden Dialogfenster erzeugen Sie nun je nach Anzahl der gewünschten Kriterien mehrere neue Eingabereihen, indem Sie jeweils auf das Plussymbol rechts am Ende einer Eingabereihe klicken. Dann legen Sie mithilfe der Einblendmenüs die entsprechenden Parameter fest. Mit dem Minussymbol einer Eingabereihe können Sie diese wieder entfernen. Des Weiteren lässt sich die Wiedergabeliste auf verschiedene Weise in der Länge beschränken.

 Machen Sie es sich zur Gewohnheit, Musiktitel zu bewerten oder zumindest Ihre Lieblingstitel mit einer guten Bewertung zu versehen. Auf diese Weise können Sie nämlich ganz leicht intelligente Wiedergabelisten mit Ihren Favoriten zusammenstellen. Um einen Titel mit einer Wertung zu versehen, markieren Sie ihn in der

Titelliste und wählen dann WERTUNG aus dem Menü ABLAGE sowie die entsprechende Anzahl von zu vergebenden Sternen. (Alternativ können Sie auch in der Spalte WERTUNG auf die blassen Punkte klicken.) Mit demselben Menübefehl können Sie die Wertung jederzeit wieder ändern oder ganz entfernen (WERTUNG|OHNE). Nun brauchen Sie nur noch in einer intelligenten Wiedergabeliste das Kriterium WER-TUNG mit den gewünschten Parametern anzugeben, und schon trägt iTunes all Ihre Lieblingssongs zusammen.

Werfen Sie einen Blick auf die intelligente Wiedergabeliste aus Abbildung 15.12. Sie veranlasst iTunes dazu, alle Stücke herauszusuchen, die das Wort *Love* im Titel haben, in den letzten zwei Monaten nicht abgespielt, weniger als 15 Mal gehört und mit einer Datenrate zwischen 128 und 160 Kbps codiert wurden (siehe hierzu den Kasten »Klangvolle Komprimierung« in diesem Kapitel). Die Spieldauer der Liste darf außerdem höchstens zwei Stunden betragen. Soll iTunes neu hinzugekommene Titel in die intelligente Wiedergabeliste mit einbeziehen, aktivieren Sie die Option AUTOMATISCH AKTUALISIEREN.

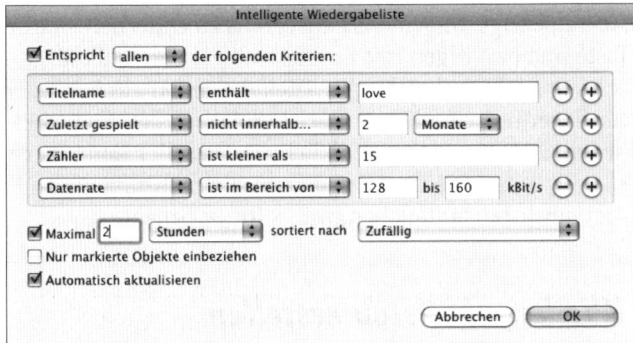

Abbildung 15.12: Mit einer intelligenten Wiedergabeliste alle
Stücke über Liebe ausfindig machen

 Sie wollen eine Party schmeißen und wissen nicht, welche Musik Sie spielen sollen? Mit der Funktion PARTY-JUKEBOX müssen Sie nicht mehr den DJ mimen, sondern können die Musikauswahl iTunes überlassen. Klicken Sie in der Seitenleiste unter WIEDERGABELISTEN auf PARTY-JUKEBOX (sollte die Liste nicht angezeigt werden, wählen Sie ITUNES|EINSTELLUNGEN|ALLGEMEIN und aktivieren unter ANZEIGEN das entsprechende Markierungsfeld). iTunes erstellt dann automatisch eine zufällige Wiedergabeliste aus Ihrer Musikbibliothek, sofern MUSIK im Einblendmenü QUELLE ausgewählt ist. Alternativ können Sie hier auch eine Wiedergabeliste als Quelle wählen. Die Liste lässt sich selbstverständlich auch manuell anpassen.

Den iPod mit Musik füttern

Das Übertragen von Musiktiteln, Wiedergabelisten und – wie Sie später noch sehen werden – Videos, Hörbüchern sowie Podcasts auf den iPod ist wirklich kinderleicht. Sie müssen ihn dazu je nach Modell lediglich am USB- oder FireWire-Port Ihres Mac anschließen. Bei jeder

Verbindung synchronisiert iTunes den iPod automatisch, sofern Sie nicht in den Einstellungen für den iPod die Option Musik manuell verwalten aktiviert haben.

Genau wie eine eingelegte Musik-CD wird auch der iPod in der Seitenleiste des iTunes-Fensters angezeigt. Klicken Sie zuerst auf das kleine Auswerfensymbol daneben, bevor Sie den USB-Stecker des iPod herausziehen, um die Verbindung zu kappen. (Auf einen fotofähigen iPod können Sie übrigens auch Bilder aus iPhoto – dem Star des nächsten Kapitels – übertragen.)

Klangvolle Komprimierung

iTunes kann eine Vielzahl von Audiodateiformaten verarbeiten. Die meisten Musiktitel werden beim Import in die iTunes-Datenbank *komprimiert* – eingeschrumpft sozusagen –, sodass sie keine unverhältnismäßig großen Mengen an Speicherplatz auf Ihrer Festplatte in Beschlag nehmen. Doch ist mit einer kleineren Dateigröße im Allgemeinen auch ein Kompromiss in puncto Soundqualität verbunden. Wie es zunächst scheint, bieten nur größere Musikdateien die bestmögliche klangliche Wiedergabetreue – zumindest in der Theorie.

Das bekannteste und am weitesten verbreitete Komprimierungsformat ist das MP3-Format. Bei diesem Verfahren werden die Musikdateien auf eine vernünftige Größe geschrumpft, wobei die Klangqualität immer noch ein so hohes Niveau erreicht, dass sie den Ansprüchen der allermeisten Musikliebhaber (bis auf wenige Ausnahmen) voll und ganz genügt.

Apple bevorzugt eine alternative Komprimierungsmethode und verwendet bei Macs mit QuickTime 6.2 oder höher das Codierungsschema *MPEG-4 AAC* (*Advanced Audio Coding*). Dieses Komprimierungsformat ist vergleichbar mit der Klangqualität einer Audio-CD und erreicht laut Apple die Qualität von MP3-Dateien, die mit derselben oder einer höheren Datenrate codiert wurden – wenn nicht sogar eine bessere. (Bei früheren QuickTime-Versionen ist MP3 noch der Standard.)

Auch die Musiktitel, die Sie im Apple iTunes Store erwerben können, sind im AAC-Format komprimiert. Laut Apple erzeugt die High Quality AAC-Einstellung Dateien, die weniger als 1 MB Speicherplatz pro Minute belegen. Doch iTunes erkennt auch andere Audioformate wie *Apple Lossless*, *AIFF* und *WAV*. AIFF und WAV sind unkomprimiert, was einerseits außergewöhnlich guten Klang bedeutet, aber andererseits Unmengen an Festplattenspeicher auffrisst. Apple Lossless ist ein Apple-eigenes Audioformat, das der Qualität von AIFF und WAV entspricht, jedoch nur die Hälfte an Speicherplatz benötigt. Sie können CDs sowohl im Lossless- als auch im AIFF-Format brennen.

Falls Sie Interesse und Muße haben, ein wenig mit diesen Dateiformaten herumzuexperimentieren, dann rufen Sie die iTunes-Einstellungen auf (iTunes|Einstellungen) und wählen im Bereich Erweitert unter Importieren aus dem Einblendmenü Importieren mit eine Codierung aus: MP3, AAC, AIFF, Apple Lossless oder WAV. Sie können außerdem eine Stereodatenrate einstellen, wobei 128 Kbps (Kilobits pro Sekunde) dem Standard entspricht.

Audio-CDs brennen

Mit dem Wissen im Gepäck, wie Sie eine individuelle Wiedergabeliste erstellen, sind Sie nun bereit, Ihre erste eigene Audio-CD mit Ihren Lieblingshits zu brennen, die Sie später praktisch in jedem herkömmlichen CD-Player abspielen können.

Und so gehen Sie vor:

1. **Wählen Sie Einstellungen aus dem iTunes-Menü und klicken Sie auf die Rubrik Erweitert.**

2. **Klicken Sie auf Brennen.**

3. **Aktivieren Sie unter Format die Option Audio-CD.**

4. **Legen Sie eine Pause zwischen den Titeln fest (0 bis 5 Sekunden).**

5. **Sollen die Titel auf der CD alle in derselben Lautstärke abgespielt werden, aktivieren Sie die Option Lautstärke anpassen. Bestätigen Sie dann mit OK.**

6. **Markieren Sie die Wiedergabeliste mit den Titeln, die Sie brennen möchten, und stellen Sie sicher, dass nur die Titel, die Sie auf der CD haben wollen, mit einem Häkchen versehen sind.**

   Achten Sie dabei auf die Gesamtspieldauer der ausgewählten Stücke, die unten im iTunes-Fenster angezeigt wird. Ein herkömmlicher CD-Rohling bietet Platz für 74 bis 80 Minuten, also zirka 20 Titel.

7. **Legen Sie einen CD-Rohling ein. iTunes blendet ein Dialogfenster mit Instruktionen fürs Brennen von Wiedergabelisten ein; bestätigen Sie mit OK.**

   Verwenden Sie zum Brennen von Audio-CDs am besten Rohlinge mit der Bezeichnung _CD-R_. Zwar kann man diesen CD-Typ nur _ein Mal_ mit Daten beschreiben, dafür lässt er sich später in fast jedem CD-Spieler abspielen, was bei der wiederbeschreibbaren CD-Variante _CD-RW_ oft nicht der Fall ist.

8. **Stellen Sie sicher, dass die Wiedergabeliste ausgewählt ist, und klicken Sie dann unten rechts im iTunes-Fenster auf Brennen (oder wählen Sie Ablage|Wiedergabeliste auf Medium brennen).**

   Ihr CD-Brenner setzt sich in Gang, der ganze Vorgang kann eine Weile dauern. Danach erscheint die fertige CD in der Seitenleiste von iTunes und Sie brauchen nur noch auf das Auswerfensymbol rechts daneben zu klicken.

 In diesem Beispiel haben wir eine Audio-CD gebrannt. iTunes gibt Ihnen auch die Möglichkeit, eine MP3-CD zu brennen (dies legen Sie in den iTunes-Einstellungen im Bereich Brennen der Rubrik Erweitert fest). Der Vorteil dabei ist, dass darauf viel mehr Musik (mehr als 12 Stunden oder 150 Titel) passt als auf eine normale CD-R. Der Nachteil: Nicht alle CD-Player können mit einer MP3-CD umgehen.

Internetradio hören

Den eigenen CDs und digitalen iTunes-Titeln zu lauschen, ist eine prima Sache und vermutlich haben Sie Ihre bisherige Musiksammlung mit viel Liebe zusammengetragen und gepflegt.

Aber manchmal geht einfach nichts über die zufällige Musikberieselung eines Radiosenders: Sie wissen nie genau, was als Nächstes kommt, hören Melodien aus längst vergangenen Tagen oder ein bislang unbekanntes, aber dennoch mitreißendes Stück.

Für diese Art von Hörgenuss brauchen Sie jedoch nicht Ihr altes Radio herauszukramen und noch nicht einmal den Platz vor Ihrem Mac zu verlassen. Sie müssen lediglich in der Mediathek von iTunes auf RADIO klicken, und schon haben Sie Zugriff auf mehr Radiosender als Sie über AM, FM und so weiter jemals empfangen könnten. Diese Radiostationen übertragen ihre Programme live per *Internetstream* (oder *Streaming*) und es gibt sprichwörtlich Hunderte davon. Wie Abbildung 15.13 zeigt, sind die Radiosender in iTunes nach den unterschiedlichen Musikrichtungen geordnet. Ein Klick auf das Dreieck neben einer Kategorie bringt alle darin enthaltenen Radiostationen zum Vorschein. Doppelklicken Sie auf einen Sender, um den Stream zu öffnen und zu empfangen. Das Einstellen des Senders dauert auch in iTunes ein paar Sekunden, aber glücklicherweise ohne die typischen Störgeräusche eines normalen Radios.

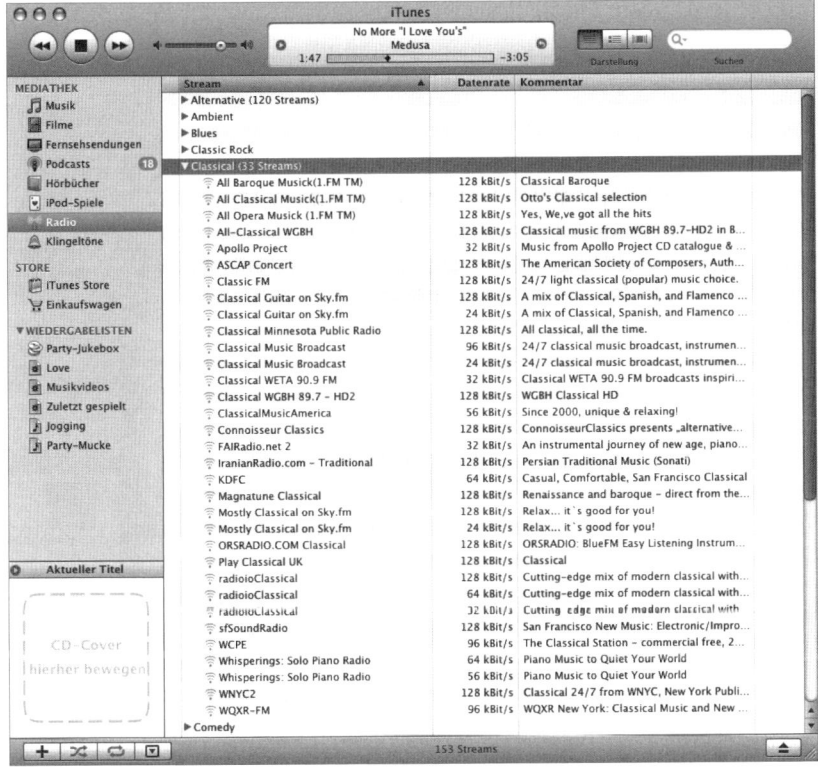

Abbildung 15.13: Hören, was das Herz begehrt. In iTunes haben Sie Zugriff auf Hunderte von Radiosendern.

 Achten Sie bei der Auswahl von Radiostationen auf die *Datenrate*. Je höher sie ist, desto besser ist die Sendequalität, auch wenn diese stark von Ihrer Internetverbindung abhängt. Analogmodemnutzer sollten Sender mit Datenraten unter 48 Kbps wählen.

Sie können Radiosender auch in Wiedergabelisten ziehen, natürlich muss dennoch eine Internetverbindung bestehen, um sie zu empfangen. Wenn Sie einen Internetradio-Stream aufzeichnen wollen, benötigen Sie eine Drittherstellersoftware wie RadioLover von Bitcartel Software. Eine Demoversion können Sie unter www.bitcartel.com/download.html herunterladen. Dieses und ähnliche Programme finden Sie außerdem unter www.versiontracker.com.

Online Musik finden

iTunes fungiert als Zugangsportal zu einem wahrhaften Einkaufsparadies für Musikliebhaber: dem iTunes Store. Sie müssten schon äußerst unmusikalisch sein, um keinen Spaß daran zu haben, dort nach Herzenslust nach neuer Musik zu stöbern (siehe Abbildung 15.14). Falls Sie noch Zweifel haben: Seit der Eröffnung von Apples iTunes Store wurden mehr als drei Milliarden Songs gekauft. Können diese Zahlen lügen? Doch überzeugen Sie sich selbst und betreten Sie den iTunes Store, indem Sie auf das gleichnamige Symbol in der Seitenleiste klicken.

Abbildung 15.14: Die Startseite des iTunes Store

Schon auf der Startseite erhalten Sie einen Eindruck von der Vielfalt der angebotenen Musikrichtungen, die wirklich kaum Wünsche offen lässt. Dennoch finden Sie unter Umständen nicht jeden Titel im iTunes Store, da einige Künstler (oder deren Plattenfirmen) sich bislang leichtfertig vom digitalen Marktplatz fernhalten und ihre Werke nicht zum Download anbieten. Selbst Madonna war in dieser Hinsicht ein ziemlicher Spätzünder. (Wenn Sie mich fragen, riecht so ein Verhalten förmlich nach Geldgier. Aber ich will mich nicht aufregen ...)

Und auch die Original-Beatles-Alben waren zum Zeitpunkt der Drucklegung dieses Buches nicht im iTunes Store zu finden, da die Beatles (oder deren Anwälte) sich lange Zeit strikt geweigert hatten, ihre Werke bei Apple online zu vertreiben (oder überhaupt als digitale Downloads), was wohl mit dem jahrelang schwelenden Streit um Namensrechte zwischen Apple und dem gleichnamigen Plattenlabel der Beatles zusammenhängen dürfte. Da aber laut einigen Quellen Anfang 2007 eine Einigung zwischen den Streithähnen erzielt wurde, könnte sich die Lage bereits geändert haben, wenn Sie diesen Absatz lesen.

Wenden wir uns nun weiteren erfreulichen Dingen zu und sehen wir uns an, inwiefern sich der Onlinekauf von Musik vom Gang in den realen Plattenladen unterscheidet. Eins ist schon mal klar: Ihr Musikhändler um die Ecke dürfte wohl kaum mit einem Angebot von mehr als 5 Millionen Songs aufwarten können – im Gegensatz zum iTunes Store. Außerdem sind hier stets alle Titel auf Lager.

 Der Onlinekauf von Musik eröffnet Ihnen noch weitere Vorteile. Besonders bemerkenswert ist die Tatsache, dass Sie sich einfach Ihre Lieblingsstücke herauspicken können, ohne ein ganzes Album kaufen zu müssen. (Obwohl es einige Plattenfirmen gibt, die bestimmte Tracks ihrer Künstler nur als Teil eines ganzen Albums anbieten.) Sie können sich darüber hinaus ohne jede Kaufverpflichtung von jedem Titel einen 30 Sekunden langen Auszug anhören. Jeder Song kostet ganze 99 Cent. Und dann bekommen Sie die erworbenen Musiktitel natürlich umgehend geliefert. Bereits Sekunden nach dem Kauf in iTunes können Sie Ihre Errungenschaften anhören.

Musikempfehlungen beim Onlinekauf

In einem Musikgeschäft finden Sie vermutlich einen hilfsbereiten jungen Verkäufer, der Ihnen gerne ein Album oder einen Künstler empfiehlt. (Warum nur haben Sie dabei das komische Gefühl, dass dieser pickelige Teenager so gar nicht Ihre Sprache spricht, geschweige denn Ihren Musikgeschmack teilt?). Mit Glück ist es sogar ein Musikstudent, der zwischen seinen Auftritten als CD-Verkäufer jobbt. Doch meist werden Sie die Regale auf eigene Faust erkunden. Nicht dass das schlimm wäre – ich persönlich halte mich außerordentlich gern in Plattenläden auf.

Aber wenn wir ehrlich sind, können wir alle hin und wieder ein paar gute Musiktipps gebrauchen. Im iTunes Store kriegen Sie davon jede Menge, und zwar sowohl von Apple selbst als auch von Leuten, die – wie Sie – Musik geradezu vergöttern.

In mancher Hinsicht erinnert die Eingangsseite des iTunes Stores ein wenig an das Schaufenster eines Plattenladens: jede Menge farbenfroher CD-Cover, Werbung für bestimmte Künstler und so weiter. Sie finden dort brandneue oder aktuelle Veröffentlichungen, Tipps der Redaktion, Top-Listen mit den meistverkauften Songs und Alben, Exklusiv-Titel und andere Empfehlungen. In den Bereichen auf der linken Seite können Sie die gewünschte Musikrichtung sowie andere Produkte des iTunes Stores wählen. Praktisch jeder Eintrag und jedes Bild ist ein Link, der Sie zu weitergehenden Informationen bringt, ebenso wie die kleinen Pfeile, die Ihnen an jeder Ecke begegnen.

Eine ähnliche Seite wie in Abbildung 15.15 öffnet sich, wenn Sie zum Beispiel unter Musikrichtungen auf Musik für Kinder klicken. Angenommen, Sie klicken auf das Banner, das Sie zu Liedern aus der Sesamstraße führt. Sie landen auf einer Seite ähnlich der, die Sie in Abbildung 15.16 sehen. In der unteren Hälfte werden die enthaltenen Titel aufgelistet. Klicken Sie auf einen beliebigen, um eine 30 Sekunden lange Probe zu hören. Im oberen Fenster finden Sie außerdem Bewertungen anderer Käufer (eventuell müssen Sie ein wenig nach unten scrollen).

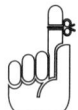

Sie können im iTunes Store übrigens selbst zum Kritiker werden und eigene Bewertungen verfassen.

Abbildung 15.15: Die Rubrik Musik für Kinder *im iTunes Store*

Abbildung 15.16: Wer, wie, was – Titel aus der Sesamstraße wählen

Einen iMix erstellen

Sie dürfen im iTunes Store aber nicht nur Bewertungen abgeben. Sie können noch einen Schritt weitergehen und Ihren Musikgeschmack mit anderen Nutzern teilen, indem Sie wie ein DJ Titelsammlungen mit Ihren persönlichen Favoriten zusammenstellen und sie als *iMix* in iTunes veröffentlichen. Wenn Sie unter der Rubrik MUSIK UND MEHR auf IMIX klicken, finden Sie eine Vielzahl von iMixes zu den unterschiedlichsten Genres und Themen mit Bewertungen von Top bis Flop, die von ganz normalen Musikbegeisterten wie Ihnen in iTunes bereitgestellt wurden.

Um Ihren eigenen iMix zu erstellen, damit alle Welt ihn im iTunes Store hören und bewerten kann, müssen Sie Folgendes tun:

1. **Erstellen Sie eine Wiedergabeliste mit den gewünschten Titeln, wählen Sie sie aus und klicken Sie auf den kleinen, nach rechts weisenden Pfeil neben ihrem Namen.**

   Sollte der Pfeil nicht sichtbar sein, öffnen Sie die iTunes-Einstellungen und aktivieren in der Rubrik ALLGEMEIN die Option VERKNÜPFUNGEN ZUM ITUNES STORE ANZEIGEN.

2. **Klicken Sie auf IMIX ERSTELLEN und anschließend auf ERSTELLEN.**

3. **Geben Sie einen Titel und eine Beschreibung für den iMix ein.**

   Als Titel könnten Sie so was wie »Eds rührselige Liebeschnulzen« und als Beschreibung »Sentimentale Schmuse-Hits für ein Candlelight-Dinner mit einer besonderen Person« eingeben. Apple lässt hier übrigens keine unflätige Sprache zu.

4. **Klicken Sie auf VERÖFFENTLICHEN.**

Obwohl Ihre Wiedergabeliste auch Titel enthalten kann, die Sie von einer Musik-CD importiert haben, erscheinen im iMix später nur Titel, die auch im iTunes Store zum Verkauf stehen. Ihr iMix ist ab dem Veröffentlichungsdatum ein Jahr lang im iTunes Store verfügbar.

Sie können die iMixe anderer Benutzer auf einer Skala von 1 bis 5 bewerten und andere Benutzer können Ihren iMix bewerten. Erhält Ihr iMix genügend gute Bewertungen, so wird er eventuell sogar auf der Albumseite eines bestimmten darin vertretenen Künstlers angezeigt.

Und weiter geht die Suche nach Musik ...

In der folgenden Liste präsentiere ich Ihnen noch weitere Methoden, wie Sie im iTunes Store auf tolle Musik stoßen können. Nehmen Sie sich aber ein wenig Zeit dafür, diese Art von Musiksuche kann nämlich süchtig machen:

✔ **Einfache und Erweiterte Suche:** Ein guter Anfang ist die Suche nach einem bestimmten Künstler oder Songtitel, wobei Sie den Suchbegriff oben rechts in das Suchfeld des iTunes-Fensters eingeben und ⏎ drücken. Sie können Ihre Suche spezifizieren, indem Sie rechts im Fenster des iTunes Store (unter der Rubrik ALLES AUF EINEN KLICK) auf ERWEITERTE SUCHE klicken. Hier können Sie nach mehreren Kriterien gleichzeitig suchen lassen (INTERPRET, KOMPONIST, TITEL, ALBUM, MUSIKRICHTUNG).

✔ **Suche in der Übersicht:** Wenn Ihnen kein bestimmter Künstler oder Song vorschwebt, dann klicken Sie rechts im iTunes Store-Fenster auf ÜBERSICHT (unter der Rubrik ALLES AUF EINEN KLICK). Ein Fenster ähnlich dem aus Abbildung 15.17 öffnet sich. Wählen Sie in der zweiten Spalte von links ein GENRE, danach eine UNTERKATEGORIE und so weiter, bis Sie schließlich die passenden Klänge gefunden haben. Oder wählen Sie im Hauptfenster des iTunes Store eine Musikrichtung aus der gleichnamigen Rubrik (zum Beispiel Pop, Folk, Electronic), um entsprechende Künstler, Titel, Playlisten und so weiter anzeigen zu lassen.

✔ **Aktuelle Top-Titel und Top-Alben:** In der rechten Spalte des iTunes-Fensters finden Sie unter den Rubriken TOP-TITEL und TOP-ALBEN alles, was gerade angesagt ist.

✔ **Top-Titel bestimmter Interpreten:** Wenn Sie auf der Albumseite eines Interpreten landen, mit dessen Werken Sie noch nicht vertraut sind, dann lohnt sich eventuell ein Klick auf die Links TOP-TITEL und ALLE ALBEN ANZEIGEN.

✔ **Hörer kauften auch:** Wenn Sie von den Werken eines bestimmten Interpreten begeistert sind, dann interessiert Sie möglicherweise auch, welche anderen Alben und Titel die Fans dieser Musik gekauft haben. Dazu klicken Sie auf der Albumseite des Künstlers einfach auf den Link HÖRER KAUFTEN AUCH.

✔ **Ein Stelldichein mit den Stars:** Nun, das vielleicht nicht gerade, doch über die Verweise in der Rubrik PLAYLISTEN (beziehungsweise unter PLAYLISTEN in der Rubrik MUSIK UND MEHR) erhalten Sie einen Einblick in den persönlichen Musikgeschmack verschiedener Stars wie Robbie Williams, Tokio Hotel, Udo Jürgens, A-ha, Harald Schmidt, DJ Bobo und anderen. Klicken Sie auf den Namen einer Person und es wird eine Liste ihrer derzeitigen Lieblingssongs angezeigt. In der Regel erläutert der/die Künstler/in auch kurz, warum er oder sie einen bestimmten Titel gewählt hat (siehe Abbildung 15.18). Leider führt der Kauf von Titeln aus diesen Listen nicht automatisch zu Ruhm und Reichtum.

Abbildung 15.17: Musik suchen in der iTunes-Übersicht

✔ **Speziell für Sie:** Seit iTunes 6 bietet Apple den Dienst SPEZIELL FÜR SIE an, bei dem Ihnen aufgrund Ihrer bisherigen Einkäufe Musik vorgeschlagen wird, die Ihrem persönlichen Geschmack entsprechen könnte. Dabei können Sie unter jeder Empfehlung angeben, ob Sie das vorgeschlagene Album entweder bereits besitzen oder nicht mögen. So lernt Apple Ihren Musikgeschmack allmählich immer besser kennen und gibt mit der Zeit immer präzisere Empfehlungen ab. iTunes kann Sie außerdem mithilfe des MiniStore direkt zu bestimmter Musik im iTunes Store weiterleiten; mehr dazu lesen Sie im Kasten »Der MiniStore – kleines Fenster, große Wirkung« in diesem Kapitel.

✔ **Interpreten-Porträts:** Unter der Rubrik IM SPOTLIGHT finden Sie Kurzporträts ausgewählter Künstler mit Diskographie, Biographie und Empfehlungen.

✔ **iTunes Essentials:** Unter diesem Menüpunkt stellen Ihnen die Experten des iTunes Store verschiedene Musiksammlungen mit Titeln ausgewählter Künstler aus bestimmten Musikrichtungen und Zeiträumen oder zu bestimmten Themen und Stimmungen vor. So finden Sie entweder schnell repräsentative Musikmixe zu einer Kategorie, die Sie besonders interessiert, oder lernen durch Stöbern neue Musikstile und Interpreten kennen.

✔ **Mixtapes:** Sie erinnern sich vielleicht noch an die in der Prä-CD-Ära weit verbreitete Praxis, Musikmix-Kassetten mit individuell zusammengestellten Songs entweder für sich selbst oder andere Personen aufzunehmen? Etwas Ähnliches bietet Ihnen auch der iTunes Store mit den sogenannten Mixtapes. Hier finden Sie diverse Mischungen mit 15 bis 20 Songs zu unterschiedlichen musikalischen Bereichen.

Abbildung 15.18: Den Lieblingsstücken von Robbie Williams und anderen Prominenten lauschen

Der MiniStore – kleines Fenster, große Wirkung

Der *MiniStore* ist eine in iTunes integrierte Funktion, die es dem Benutzer ermöglichen soll, bereits beim Stöbern in der eigenen Musiksammlung neue Musik im iTunes Store zu entdecken. Sobald Sie einen Titel in Ihrer Bibliothek anklicken, werden Ihnen (bei aktiver Internetverbindung) im Zusatzfenster des MiniStore andere Alben des entsprechenden Künstlers sowie weitere Empfehlungen angezeigt.

Doch die Einführung des MiniStore im Jahr 2006 war für Apple zunächst mit einigen Problemen verbunden, denn Kritiker bezichtigten das Unternehmen der Verletzung der Privatsphäre. Kurz darauf zerstreute Apple diese Bedenken, indem es den MiniStore in iTunes standardmäßig ausgeschaltet ließ. Sie können nun über den Menübefehl DARSTELLUNG|MINISTORE EINBLENDEN/AUSBLENDEN selbst entscheiden, ob Sie die Funktion nutzen möchten oder nicht (siehe Abbildung).

Musiktitel kaufen

Nachdem Sie so viele Empfehlungen bekommen haben, sind Sie nun sicher in der Stimmung, etwas Geld loszuwerden und den einen oder anderen Musiktitel zu kaufen. Dazu müssen Sie aber zuerst einen Kunden-Account bei Apple einrichten, sofern Sie das nicht schon getan haben (siehe Kapitel 12). Falls Sie einen .Mac-Account besitzen oder AOL-Mitglied sind, können Sie diese Schritte in der folgenden Anleitung überspringen und sich einfach mit Ihren vorhandenen Daten anmelden.

Und so geht's:

1. **Klicken Sie in der Seitenleiste des iTunes-Fensters auf** ɪTᴜɴᴇꜱ Sᴛᴏʀᴇ.

2. **Klicken Sie oben rechts auf** Aɴᴍᴇʟᴅᴇɴ.

3. **Klicken Sie im Anmeldefenster auf** Nᴇᴜᴇɴ Aᴄᴄᴏᴜɴᴛ ᴇʀꜱᴛᴇʟʟᴇɴ **(oder geben Sie Ihre Benutzerdaten von Apple oder AOL ein, falls vorhanden, und klicken Sie auf** Aɴᴍᴇʟᴅᴇɴ**).**

4. **Auf den nächsten Seiten stimmen Sie den AGB des iTunes Store zu, geben alle nötigen Daten ein (E-Mail-Adresse, Kennwort, Name, Adresse, Kreditkarteninformationen beziehungsweise Zahlungsart) und bestätigen dann Ihre Eingaben.**

5. **Der Rest ist einfach. Suchen Sie einen Titel heraus, der Ihnen gefällt, und klicken Sie auf** Tɪᴛᴇʟ ʜɪɴᴢᴜꜰüɢᴇɴ **(beziehungsweise** Tɪᴛᴇʟ ᴋᴀᴜꜰᴇɴ**).**

Der Titel wird in Ihren Einkaufwagen gelegt, den Sie am Ende Ihrer Einkaufstour aufrufen können, indem Sie auf das gleichnamige Symbol in der Seitenleiste (unter Sᴛᴏʀᴇ) klicken. Klicken Sie dann auf Tɪᴛᴇʟ ᴋᴀᴜꜰᴇɴ direkt neben dem Titel (beziehungsweise unten auf Jᴇᴛᴢᴛ ᴋᴀᴜꜰᴇɴ, falls sich mehrere Titel im Einkaufswagen befinden). Um sicherzugehen, dass Sie es auch wirklich so meinen, präsentiert Ihnen Apple das in Abbildung 15.19 gezeigte Dialogfenster.

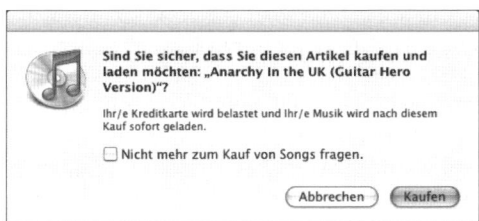

Abbildung 15.19: Sind Sie sicher, dass Sie diesen Artikel kaufen und laden möchten?

 Die Einkaufswagen-Funktion steht nur dann wie beschrieben zur Verfügung, wenn Sie in den Einstellungen von iTunes unter Sᴛᴏʀᴇ die Funktion Eɪɴᴋᴀᴜꜰᴡᴀɢᴇɴ ᴢᴜᴍ Eɪɴᴋᴀᴜꜰᴇɴ ᴠᴇʀᴡᴇɴᴅᴇɴ aktiviert haben. Falls Sie sich stattdessen für die 1-Click-Option entscheiden, ist die Taste neben einem Titel mit Tɪᴛᴇʟ ᴋᴀᴜꜰᴇɴ beschriftet und beim Klick auf die Kᴀᴜꜰᴇɴ-Taste im folgenden Dialogfenster wird Ihr Account sofort belastet und die gekauften Artikel werden heruntergeladen.

6. Klicken Sie auf KAUFEN, um den Handel abzuschließen.

Der Titel wird heruntergeladen und erscheint (in der Regel) bereits nach wenigen Sekunden in Ihrer Wiedergabeliste für gekaufte iTunes-Titel.

Sie können im iTunes Store jede Woche eine Reihe handverlesener Titel kostenlos herunterladen. Meist sind es Stücke von noch weitgehend unbekannten Künstlern, die aber oft gar nicht so übel sind. Der Download funktioniert hier genauso wie beim Kauf eines Titels.

Doch Apples Großzügigkeit hat ihren Preis. Es ist wie mit Schokolade – nach einem Stück will man noch mehr. Solche Angebote sollen Sie dazu verleiten, eine Weile im iTunes Store herumzustöbern, um dann an irgendeiner Stelle doch der Versuchung zu erliegen und sich von Ihrem sauer verdienten Geld zu trennen. Denn was sind schon 99 Cent für einen Titel den Sie _unbedingt_ haben müssen? Aber lassen Sie sich gesagt sein (und ich spreche aus eigener Erfahrung): Ein paar 99-Cent-Songs hier und da addiert sich schnell zu einem stattlichen Sümmchen. Auf wie viel Ihre Ausgaben sich belaufen, können Sie nachsehen, indem Sie STORE|MEINEN ACCOUNT ANZEIGEN wählen (Sie müssen dazu im iTunes Store angemeldet sein). Rufen Sie dann in Ihrem Account-Fenster die Einkaufsstatistik auf, um sich Ihre letzten Einkaufsorgien auflisten zu lassen.

In Ihrem Account-Fenster (STORE|MEINEN ACCOUNT ANZEIGEN) finden Sie außerdem die Taste MANAGE MY ALERTS (MEINE UPDATES VERWALTEN). Apple bietet Ihnen hier an, Sie per E-Mail zu benachrichtigten, sobald neue Titel oder Alben von Interpreten verfügbar sind, deren Musik Sie in der Vergangenheit gekauft haben. Um diesen Service in Anspruch zu nehmen, klicken Sie auf die genannte Taste und aktivieren dann das Markierungsfeld FÜR JEDEN KÜNSTLER IN MEINER EINKAUFSSTATISTIK EINE E-MAIL SENDEN. Nur eine weitere Möglichkeit, Moneten loszuwerden.

Geschenkgutscheine und monatliches Geschenk

Wenn Sie Ihren Lieben schon zu oft langweilige Pullis oder Krawatten zum Geburtstag gekauft haben, dann ist iTunes möglicherweise die Rettung. Mit den Geschenke-Optionen des iTunes Store können Sie etwas von wahrem Wert verschenken und dem Empfänger garantiert eine Freude machen. Außerdem ist der ganze Vorgang eine Sache von Minuten, manche Geschenke werden sogar sofort zugestellt, sodass sie sich perfekt als Last-Minute-Überraschung eignen.

Klicken Sie dazu oben rechts im iTunes Store (unter der Rubrik ALLES AUF EINEN KLICK) auf MIT ITUNES SCHENKEN. Die folgenden Geschenkmöglichkeiten stehen zur Wahl:

✔ **iTunes-Karten:** Diese Guthabenkarten gibt es im Wert von 15, 25 und 50 Euro in verschiedenen Designs. Sie werden per Post an Sie oder auf Wunsch direkt an den glücklichen Empfänger gesendet.

✔ **Geschenkgutscheine:** Geschenkgutscheine können in Beträgen von 10 bis 200 Euro ausgestellt werden und lassen sich ausdrucken oder sofort per E-Mail verschicken.

Apples Aufsicht zur Einhaltung digitaler Rechte

Wenn Sie sich eine herkömmliche Musik-CD kaufen, dann dürfen Sie damit so ziemlich *alles* tun. Sie können sie auf beliebig vielen CD-Playern abspielen, die Titel mit iTunes auf Ihren Mac kopieren oder das Ding wie eine Frisbee-Scheibe durch die Luft schleudern (wovon ich allerdings dringend abrate). Aber welche Rechte haben Sie eigentlich, wenn Sie einen Titel auf elektronischem Wege im iTunes Store erwerben? Bis vor einiger Zeit durften Sie aus Urheberschutzgründen sämtliche iTunes-Songs generell nur auf maximal fünf »aktivierten« Computern (sowohl Macs als auch Windows-PCs) abspielen und auf beliebig viele iPods (und *nur* iPods) laden sowie auf Audio-CDs oder -DVDs brennen (einzelne Titel beliebig oft sowie als Teil einer Wiedergabeliste bis zu sieben Mal).

Diesen sogenannten DRM-Kopierschutz (*DRM* steht für *Digital Rights Management*, übersetzt Digitales Rechte-Management) hat Apple 2007 mit der Einführung von *iTunes Plus* für Titel und Alben bestimmter Plattenlabel aufgehoben. Unter der Rubrik iTunes Plus des iTunes Store finden Sie eine große Auswahl kopierschutzfreier Songs (bei Drucklegung des Buches waren es zirka zwei Millionen), die Sie ohne die bisherigen Einschränkungen nutzen können. Darüber hinaus haben diese Titel eine höhere Audioqualität als die herkömmlichen iTunes-Songs (das heißt, sie sind mit einer Bitrate von 256 statt 128 Kbit/s im Apple-Format AAC codiert). Der bessere Hörgenuss hat jedoch seinen Preis: Die einzelnen Titel werden dadurch doppelt so groß, sodass nur noch die Hälfte der früheren Menge auf Ihre Festplatte oder Ihren iPod passt. Alle im iTunes Plus-Format vorliegenden Titel kosten aber ebenfalls nur 99 Cent und sind im Store mit einem kleinen weißen Plussymbol gekennzeichnet. Laut Apple sollen nach und nach immer mehr Songs im iTunes Plus-Format erhältlich sein.

Müssen Sie sich aber nun ärgern, wenn ein Titel, den Sie vor geraumer Zeit im iTunes Store als kopiergeschützte Version erstanden haben, nun im iTunes Plus-Format verfügbar ist? Nun, nicht allzu sehr. Denn Apple bietet Ihnen die Möglichkeit, Ihre Einkäufe nachträglich zu aktualisieren – jedoch gegen einen Aufpreis von 30 Cent pro Titel beziehungsweise 30 Prozent des aktuellen Albumpreises.

Um einen Computer für das Abspielen von im iTunes Store gekauften Titeln mit DRM-Kopierschutz zu aktivieren, wählen Sie in iTunes die Option COMPUTER AKTIVIEREN aus dem Menü STORE (der Rechner muss dazu natürlich mit dem Internet verbunden sein). Sobald Sie versuchen, einen iTunes-Titel mit Kopierschutz auf einem sechsten Rechner abzuspielen, werden Sie darauf hingewiesen, dass Sie dazu erst einen der anderen fünf Computer deaktivieren müssen. Dazu wählen Sie STORE|ACCOUNT AUF DIESEM COMPUTER DEAKTIVIEREN (bei Hörbüchern ERWEITERT|AUDIBLE ACCOUNT DEAKTIVIEREN). Sie können auch alle fünf Geräte auf einen Schlag deaktivieren, indem Sie auf Ihrer Account-Seite (STORE|MEINEN ACCOUNT ANZEIGEN) die entsprechende Option wählen (dies geht jedoch nur einmal pro Jahr). Wichtig: Falls Sie einmal einen Computer entsorgen, denken Sie daran, ihn vorher zu deaktivieren.

✔ **Monatliches Geschenk:** Diese Art von Geschenk eignet sich besonders für Ihren Nachwuchs. Hierbei können Sie einen Betrag zwischen 10 und 200 Euro festlegen, den der/die Beschenkte pro Monat im iTunes Store auf den Kopf hauen darf und der jeweils am ersten eines Monats wieder aufgefüllt wird. Nicht verbrauchtes Guthaben wird selbstverständlich gutgeschrieben. Im günstigsten Fall lernt Junior mit diesem Taschengeldkonto einen besseren Umgang mit Geld. Außerdem können Sie das monatliche Geschenk jederzeit (über Ihr Account-Fenster) wieder kündigen, falls er oder sie über die Stränge schlägt.

Zum Einlösen eines Gutscheins klicken Sie auf EINLÖSEN oben rechts im iTunes Store-Fenster. Im folgenden Fenster muss der mit dem Geschenk gelieferte Code eingegeben werden.

 Sie können auch eine individuelle Playliste mit Titeln aus dem iTunes Store zusammenstellen und sie an jemanden verschenken, auch wenn Sie die Titel nicht selbst besitzen. Ziehen Sie einfach die gewünschten Titel aus dem iTunes Store-Fenster in eine für diesen Zweck erstellte Wiedergabeliste. Sobald Sie fertig sind, markieren Sie die Liste, klicken auf den Pfeil rechts daneben und im folgenden Dialogfenster auf LISTE SCHENKEN. Sie selbst erhalten nur eine 30 Sekunden lange Hörprobe der gewählten Stücke, während der Empfänger in den Genuss der vollen Länge kommt.

Sie können natürlich auch ganze Alben oder einzelne Titel aus dem iTunes Store verschenken, indem Sie auf der entsprechenden Albumseite auf MUSIK VERSCHENKEN und dann auf ALBUM beziehungsweise TITEL SCHENKEN klicken.

Ihre iTunes-Bibliothek mit anderen Computern teilen

Falls Ihr Mac in ein lokales Netzwerk eingebunden ist (siehe Kapitel 19), haben Sie die Möglichkeit, Ihre iTunes-Bibliothek für andere Netzwerkteilnehmer freizugeben, sofern diese mindestens iTunes 4.5 installiert haben. Öffnen Sie dazu die iTunes-Einstellungen und aktivieren Sie in der Rubrik FREIGABE die Option MEINE MEDIATHEK IM LOKALEN NETZWERK FREIGEBEN. Sie können entweder die gesamte Mediathek oder nur ausgewählte Wiedergabelisten gemeinsam nutzen. Wenn Sie möchten, können Sie aus Sicherheitsgründen ein Kennwort festlegen, mit dem sich die anderen Teilnehmer bei Ihnen anmelden müssen. Damit andere auf Ihre Musikbibliothek zugreifen können, muss iTunes auf Ihrem Mac geöffnet sein. Es gelten außerdem die im Kasten »Apples Aufsicht zur Einhaltung digitaler Rechte« weiter vorn in diesem Kapitel erwähnten Einschränkungen.

 Mit der Funktion MEIN ITUNES, die Sie über Ihren iTunes-Account aktivieren, können Sie Widgets und RSS-Feeds erstellen, in denen Daten über Ihre Aktivitäten im iTunes Store (Käufe, Rezensionen und so weiter) automatisch gesammelt und aktualisiert werden. Diese können Sie dann zum Beispiel in Ihr Blog oder Ihre Webseite einbinden – auf diese Weise kann jeder Besucher sehen, was bei Ihnen derzeit musikalisch so angesagt ist.

iTunes - mehr als nur Musik

Der iTunes Store hieß in früheren Tagen iTunes *Music* Store. Dass Apple das Wörtchen *Music* irgendwann entfernt hat, verwundert nicht, beinhaltet das Angebot doch inzwischen sehr viel mehr als nur Musik.

Hörbücher kaufen

Von Hermann Hesse bis John Grisham bietet Ihnen der iTunes Store das Pendant zu Hörbüchern auf Kassette oder CD. Suchen Sie sich einen Titel aus dem reichhaltigen Sortiment vom Klassiker bis zum Sachbuch aus und hören Sie sich einen 90 Sekunden langen Auszug daraus an. Da Hörbücher bis zu mehreren Stunden lang sein können, kosten sie im Vergleich zu Musiktiteln natürlich entsprechend mehr und variieren je nach Länge im Preis. So kostet beispielsweise eine einstündige Abhandlung zum Thema Smalltalk vielleicht 6,95 Euro, während allein der erste Teil von J.R.R. Tolkiens *Der Herr der Ringe* mit 25,95 Euro zu Buche schlägt. Klicken Sie im iTunes Store-Hauptfenster auf HÖRBÜCHER und wühlen Sie sich durch die virtuellen Bücherregale.

Podcasts abonnieren

Podcasts sind Mediendateien mit Audio- oder Audio- und Videoinhalten, die Sie über das Internet empfangen können. Man könnte Podcasts somit als eine Form von Internetradio bezeichnen (das ich Ihnen in diesem Kapitel bereits vorgestellt habe), jedoch gibt es einige wichtige Unterschiede.

Zum einen geht der Inhalt von Podcasts inzwischen über herkömmliche Radiosendungen und Videos hinaus, zum anderen beziehen Sie Podcasts nicht über einen Live-Stream aus dem Internet, sondern laden die einzelnen Beiträge des meist fortlaufenden Programms vom Server des Podcast-Anbieters herunter und hören oder sehen sie sich dann zu einem von Ihnen gewählten Zeitpunkt (auch ohne aktive Internetverbindung) an. Ein weiterer entscheidender Aspekt ist, dass die einzelnen Folgen – *Episoden* genannt – als RSS-Feed (siehe Kapitel 10) mit einer entsprechenden Software wie iTunes automatisch heruntergeladen, also *abonniert* werden können.

Wenn Sie im iTunes Store auf die Rubrik PODCASTS klicken, eröffnet sich Ihnen ein breites Spektrum an unterschiedlichen Themengebieten (BILDUNG, COMEDY, FILM UND FERNSEHEN, NACHRICHTEN UND POLITIK, TECHNOLOGIE und so weiter), wobei die einzelnen Podcasts sowohl von verschiedenen Medienunternehmen wie Verlagen, Zeitungen, Web-Portalen, Radio- und TV-Sendern (ARD, ZDF, ProSieben, Süddeutsche Zeitung, GEO und so weiter) als auch von Otto Normalverbrauchern zur Verfügung gestellt werden. Selbst die Bundeskanzlerin hat die Zeichen der Zeit erkannt und geht mit einem wöchentlichen Video-Podcast auf Sendung.

Auf diese Weise können Sie zeitunabhängig Nachrichten, Lernvideos, wissenschaftliche Beiträge, lustige Kurzfilme, Fremdsprachenlektionen (oder was auch immer Sie interessiert) hören und sehen; das Angebot umfasst auch einige reguläre Fernsehsendungen – nützlich, wenn Sie etwas Bestimmtes zur festen Sendezeit im TV verpasst haben.

Alle Podcasts im iTunes Store sind (noch) kostenlos und (für gewöhnlich) werbefrei. Sie können einzelne Episoden herunterladen, indem Sie auf Episode holen klicken, oder durch einen Klick auf Abonnieren einen Podcast mit regelmäßigen Beiträgen abonnieren. Einige Podcasts bieten eine Hörprobe von 90 Sekunden Länge. Die abonnierten Podcasts werden von iTunes (bei aktiver Internetverbindung) automatisch aktualisiert, sodass Sie immer auf dem aktuellen Stand sind.

Alle abonnierten Podcasts und heruntergeladenen Episoden finden Sie unter der Rubrik Podcasts in der Seitenleiste von iTunes. Doppelklicken Sie auf eine Episode, um sie in einem neuen Fenster abzuspielen.

Selbstverständlich können Sie Podcasts auch auf den iPod laden. Sobald Sie ihn mit dem Mac verbunden haben, können Sie mit der Option Synchronisieren entweder alle Podcasts in Ihrer Podcast-Wiedergabeliste automatisch übertragen oder einzelne Podcasts oder Podcast-Episoden auf das iPod-Symbol in der Seitenleiste von iTunes ziehen.

Wie Sie sicher längst vermutet haben, geht die Bezeichnung Podcast tatsächlich auf den iPod zurück und ist eine Wortschöpfung aus den Begriffen *iPod* und *Broadcast* (= Rundfunksendung).

Sie können Podcasts aber nicht nur aus dem iTunes Store beziehen. Es gibt im Internet jede Menge Podcast-Portale (zum Beispiel www.podcast.de), die Podcasts aus den unterschiedlichsten Bereichen (manchmal gegen Gebühr) anbieten. Auch große Fernsehsender und Zeitungen (zum Beispiel ARD, ZDF, Die Zeit, FAZ) bieten häufig Podcasts (zum Beispiel von Nachrichtensendungen, Diskussionsrunden, Interviews, Artikeln und so weiter) auf ihren Internetseiten an.

In der Rubrik Podcasts der iTunes-Einstellungen (iTunes|Einstellungen) finden Sie einige Optionen zur Verwaltung Ihrer Podcasts. So können Sie zum Beispiel festlegen, wie oft iTunes nach neuen Episoden abonnierter Podcasts suchen soll (zum Beispiel Täglich, Wöchentlich) und wie lange geladene Episoden auf der Festplatte bleiben sollen (zum Beispiel alle nicht gespielten Episoden oder die letzten zwei, fünf oder mehr). Sie können außerdem festlegen, welche Podcasts auf den iPod übertragen werden sollen.

Wenn Sie möchten, können Sie sogar Ihren eigenen Podcast erstellen und im iTunes Store veröffentlichen, indem Sie in der Rubrik Podcasts des iTunes Store auf Einen Podcast einreichen klicken. Im folgenden Fenster müssen Sie den RSS-Feed-URL des Podcasts angeben. Apple behält sich vor, eingereichte Podcasts zu prüfen, bevor sie im iTunes Store bereitgestellt werden. In Kapitel 18 verrate ich Ihnen, wie Sie mit GarageBand einen eigenen Podcast erstellen und ihn veröffentlichen.

Serien und Filme herunterladen

Während im deutschen iTunes Store bei Drucklegung dieses Buches lediglich Musikvideos sowie eine magere Auswahl an Comic-Kurzfilmen (Pixar-Kurzfilme) für je 2,49 Euro erhältlich waren, bietet der US iTunes Store seit geraumer Zeit auch TV-Serien und Hollywood-Filme gegen ein entsprechendes Entgelt zum Download an. Laut Apple-Gerüchteküche sollten ab 2007 auch deutsche Kunden in diesen Genuss kommen. Wenn es so weit ist, dürfen Sie sich über bekannte Serien wie *Lost, Desperate Housewives* und andere freuen.

Sie können Videos im QuickTime-Format, die Sie entweder selbst erstellt oder aus anderen Quellen bezogen haben, wie eine Musikdatei einfach in das iTunes-Fenster hineinziehen und dann darauf doppelklicken, um sie abzuspielen.

Wenn Sie Videos auf einen videofähigen iPod übertragen wollen, müssen Sie sie eventuell zuvor in ein entsprechendes Dateiformat konvertieren. Markieren Sie dazu in iTunes das gewünschte Video und wählen Sie aus dem Erweitert-Menü die Option Auswahl für iPod/iPhone konvertieren.

Je beliebter iPod-Videos werden, desto mehr Menschen werden Ihnen wohl begegnen, die nicht nur die charakteristischen weißen Ohrstöpsel tragen, sondern auch noch wie hypnotisiert auf das Display ihres iPod starren.

iPhoto – Ihr digitaler Foto-Schuhkarton

16

In diesem Kapitel

▷ Bilder auf den Mac laden

▷ Ihre Fotosammlung verwalten

▷ Fotos nachbearbeiten

▷ Ihre schönsten Bilder mit anderen teilen und auf Papier verewigen

▷ Fotos in die Web-Galerie stellen

▷ iPhoto-Bilder in iWeb weiter verarbeiten

▷ Digitale Bilder sicher verwahren

***

*I*n den letzten paar Jahrzehnten hat die Technik in fast allen Bereichen eindrucksvolle Fortschritte gemacht. Immer wieder werden bestehende Technologien durch neue bahnbrechende Methoden verdrängt und schließlich ersetzt.

Auch im Bereich der Fotografie ist die Entwicklung nicht stehen geblieben: Seit die Digitalkamera den Markt erobert hat, verblasst die analoge Fotografie mit herkömmlichem Film für so manchen Fotobegeisterten allmählich zur Legende. Digitalkameras wurden im Lauf der Jahre immer günstiger, leistungsfähiger und damit so beliebt, dass man sie inzwischen standardmäßig in Handys einbaut.

Digitalkameras bieten dem Verbraucher zahlreiche Vorteile gegenüber analogen Filmkameras: Zum einen können Sie Ihre Aufnahme bereits betrachten, bevor Sie auf den Auslöser drücken. (Versuchen Sie das mal mit der alten Kodak-Kamera Ihres Vaters.) Zum anderen können Sie ein Bild, mit dem Sie nicht ganz glücklich sind – Junior schaut zur Seite, Oma hat die Augen zu –, problemlos wieder löschen und müssen nicht erst für die Entwicklung des missglückten Schnappschusses zahlen.

Mit iPhoto bringt die Firma Apple ihr ganz spezielles Know-how in Sachen digitale Fotografie auf Ihren Mac. Dieses erstaunliche Mitglied der iLife-Suite ist digitaler Foto-Schuhkarton, Entwicklungslabor und Retusche-Werkzeug in einem, und noch viel mehr. Sie können damit Ihre Meisterwerke importieren, verwalten, ansehen, bearbeiten und anschließend mit einem dankbaren Publikum (oder zumindest mit Freunden und Verwandten) teilen.

Hinweis: In diesem Kapitel werden die Funktionen von iPhoto 7 beschrieben, die von denen der Vorgängerversionen größtenteils abweichen.

Bilder auf den Mac laden

Mit den meisten gängigen Digitalkameras ist das Bilderknipsen ein Kinderspiel. Doch wirklich gute digitale Fotos zu machen, ist eine ganz andere Sache und liegt – Vorsicht Wortspiel – nicht im »Fokus« dieses Buches.

Sobald Sie den Auslöser Ihrer Digitalkamera drücken, wird die Aufnahme üblicherweise auf einer kleinen, auswechselbaren Speicherkarte festgehalten. Trotz fallender Preise steigt die Kapazität dieser Medien ständig, und so können Sie heutzutage auf einer relativ preiswerten Speicherkarte mehrere Hundert Bilder unterbringen.

In den Anfangsjahren der digitalen Fotografie war es manchmal eine Herausforderung, die Bilder auf den Computer zu kriegen (wo ja der eigentliche Spaß erst anfängt). iPhoto vereinfacht diesen Vorgang erheblich. Werfen Sie einmal einen Blick auf Abbildung 16.1, um sich mit den wichtigsten Komponenten des Programms vertraut zu machen. Es gibt noch zahlreiche weitere Funktionen, die wir im Laufe des Kapitels näher beleuchten werden.

Die Digitalkamera anschließen

In den allermeisten Fällen verbinden Sie Ihre Digitalkamera einfach über das mitgelieferte USB-Kabel direkt mit dem Mac. Die Kamera sollte währenddessen ausgeschaltet sein, erst wenn alle Stecker in der richtigen Buchse sitzen, können Sie sie wieder einschalten.

Daraufhin öffnet sich iPhoto automatisch – vorausgesetzt, Sie starten iPhoto zum ersten Mal oder haben beim ersten Start mit JA auf die Frage geantwortet, ob Sie Ihre Fotos beim Anschließen der Kamera standardmäßig in iPhoto importieren möchten. Falls iPhoto beim Anschließen der Kamera bereits geöffnet war, schaltet es nun in den Importmodus (siehe Abbildung 16.2).

 Welches Programm sich beim Anschließen Ihrer Digitalkamera öffnet, können Sie in den Einstellungen von iPhoto festlegen. Wählen Sie iPHOTO|EINSTELLUNGEN und anschließend unter der Rubrik ALLGEMEIN aus dem Einblendmenü ANSCHLIESSEN EINER KAMERA ÖFFNET die gewünschte Option.

iPhoto übernimmt die Regie über Ihre Bilder so umfassend, dass Sie nicht einmal mehr die mit Ihrer Kamera gelieferte Software installieren müssen. Angesichts dessen, wie schwerfällig manche dieser Programme sein können, ist das ein wahrer Segen.

Wenn iPhoto planmäßig in Aktion getreten ist, dürfen Sie die folgenden Hinweise überspringen und gleich beim nächsten Abschnitt weiterlesen. Falls ein Problem aufgetaucht ist, versuchen Sie Folgendes:

✔ Prüfen Sie, ob Ihre Kamera eingeschaltet, die Batterie aufgeladen ist und alle Stecker richtig sitzen.

✔ Schalten Sie Ihre Kamera gegebenenfalls zuerst in den Modus zum Übertragen von Bildern (in der Regel ist es der Abspielmodus). Da jede Kamera ein wenig anders ist, bitte ich Sie an dieser Stelle, im mitgelieferten Handbuch nachzulesen. Ich hoffe, Sie nehmen mir das nicht übel, denn schließlich möchten Sie einen handfesten Rat und ich verweise Sie hier auf irgendeine – womöglich auch noch schlecht übersetzte – Anleitung.

✔ Wenn alles nichts hilft, versuchen Sie herauszufinden, ob Ihre Kamera überhaupt Mac OS X-kompatibel ist, indem Sie unter `www.apple.com/macosx/upgrade/cameras.html` nachsehen.

Bereich für Informationen zu ausgewählten Fotos oder Ereignissen

Anzeigebereich mit Scroll-Guide

Seitenleiste (hier werden zuletzt geladene Bilder, in Ereignissen geordnete Fotos sowie angelegte Alben, Diashows und so weiter angezeigt)

Diashow wiedergeben

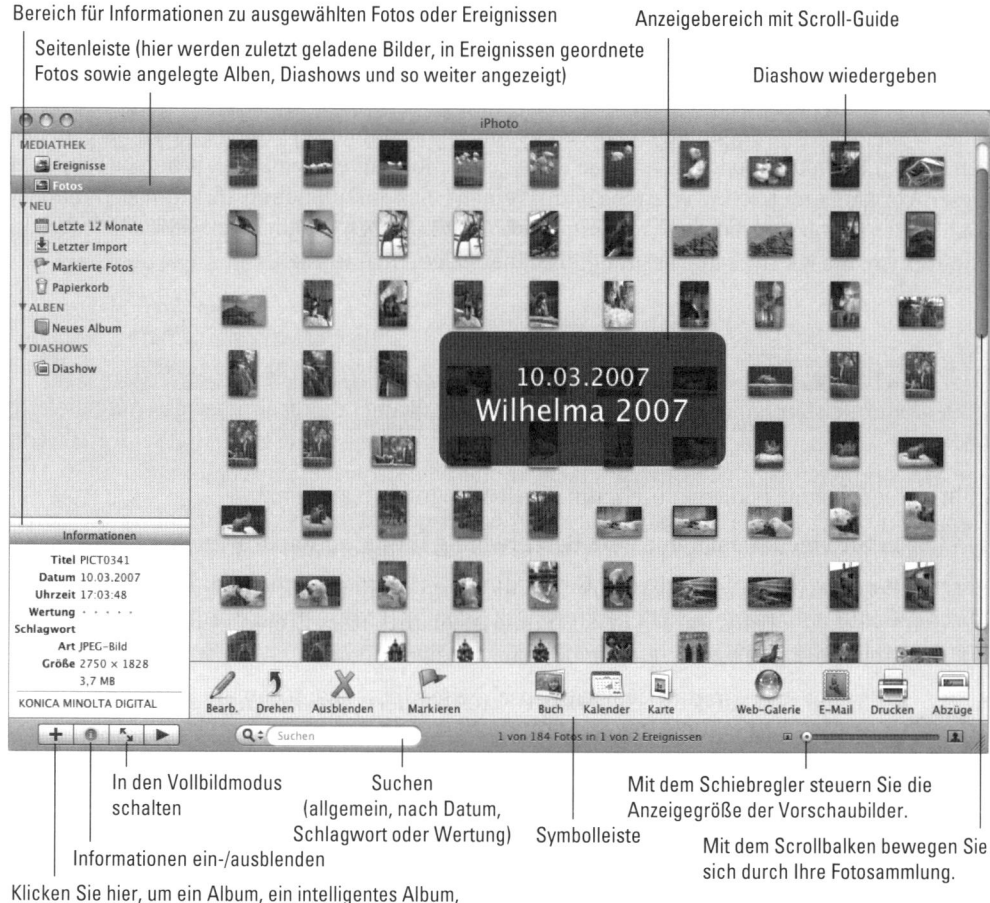

In den Vollbildmodus schalten

Suchen (allgemein, nach Datum, Schlagwort oder Wertung)

Mit dem Schiebregler steuern Sie die Anzeigegröße der Vorschaubilder.

Informationen ein-/ausblenden

Symbolleiste

Mit dem Scrollbalken bewegen Sie sich durch Ihre Fotosammlung.

Klicken Sie hier, um ein Album, ein intelligentes Album, ein Fotobuch oder eine Diashow anzulegen.

Abbildung 16.1: iPhoto im Fokus

Bilder in iPhoto übertragen

Nachdem Sie Ihre Digitalkamera erfolgreich angeschlossen und eingeschaltet haben und iPhoto aktiv geworden ist, signalisiert es Ihnen mit dem in Abbildung 16.2 zu sehenden Fenster, dass es nun bereit ist, Ihre Bilder zu importieren. (Sollte das Importfenster nicht angezeigt werden, klicken Sie auf das Kamerasymbol in der Seitenleiste des iPhoto-Fensters.)

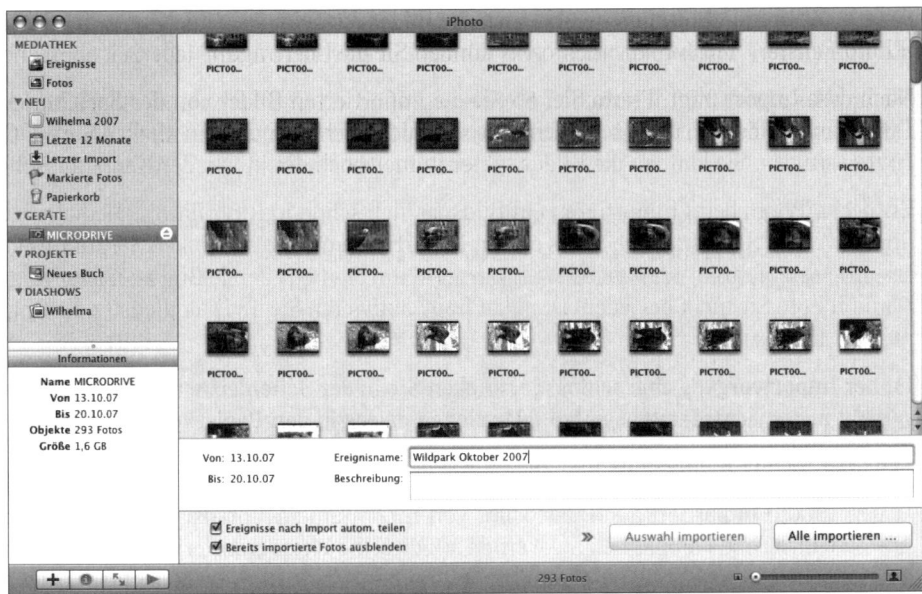

Abbildung 16.2: iPhoto ist bereit, Ihre Bilder zu importieren.

Führen Sie folgende Schritte durch, um die Übertragung zu starten:

1. **Geben Sie einen Namen und eine Beschreibung für die zu importierenden Fotos ein.**

   Die Fotos werden dann nach dem Import in ein Ereignis mit dem zugeteilten Namen einsortiert. Alle Fotos werden in der iPhoto-Mediathek nach Ereignissen geordnet, sodass Sie Ihre Bilder jederzeit schnell finden und anzeigen können.

    Wenn sich auf der Speicherkarte Fotos befinden, die an verschiedenen Tagen aufgenommen wurden, können Sie die Option EREIGNISSE NACH IMPORT AUTOMATISCH TEILEN aktivieren. iPhoto teilt die Bilder dann automatisch nach Datum in einzelne Ereignisse auf, die Sie später entsprechend umbenennen können.

    Falls sich auf der Speicherkarte noch Fotos befinden, die Sie bereits in iPhoto importiert haben, aktivieren Sie die Option BEREITS IMPORTIERTE FOTOS AUSBLENDEN. Damit werden nur die neuen Bilder im Importfenster angezeigt und auch importiert. So werden Doppelimporte vermieden.

2. **Legen Sie fest, welche Fotos Sie importieren möchten.**

   Möchten Sie nur bestimmte Fotos importieren, markieren Sie diese im Anzeigebereich mit gedrückter ⌘-Taste.

3. **Klicken Sie auf ALLE IMPORTIEREN, um alle Fotos zu importieren, oder auf AUSWAHL IMPORTIEREN, um nur die zuvor ausgewählten Fotos zu importieren.**

   Ihre Bilder sind nun auf dem Weg in ihr neues Zuhause, den digitalen Foto-Schuhkarton von iPhoto. Der Vorgang kann je nach Bildanzahl, -qualität und -größe einige Minuten dauern. Während des Imports erscheinen die Bilder nacheinander im Anzeigebereich des iPhoto-Fensters. Mit IMPORTIEREN STOPPEN können Sie die Übertragung jederzeit abbrechen.

Nach dem Import fragt iPhoto Sie, ob Sie die importierten Bilder von der Speicherkarte Ihrer Kamera löschen möchten. Wenn Sie sich nicht sicher sind, dann klicken Sie auf ORIGINALE BEHALTEN. Sie können die Bilder später immer noch direkt von der Kamera löschen.

Entdeckt iPhoto beim Importieren ein Bild, das sich schon in Ihrer iPhoto-Mediathek befindet, werden Sie gefragt, ob Sie es erneut importieren möchten. Klicken Sie auf IMPORTIEREN, um fortzufahren, oder auf NICHT IMPORTIEREN, um das betreffende Bild zu überspringen. Damit iPhoto Sie nicht bei jedem Duplikat fragt, aktivieren Sie im Dialogfenster die Option AUF ALLE DUPLIKATE ANWENDEN.

4. **Ist der Importvorgang abgeschlossen, klicken Sie in der Seitenleiste auf das Auswerfensymbol neben dem Kamerasymbol oder ziehen dieses in den Papierkorb von iPhoto.**

5. **Schalten Sie die Kamera aus und ziehen Sie das USB-Kabel heraus.**

iPhoto importiert auch Videoclips von Ihrer Kamera, vorausgesetzt, sie sind mit QuickTime kompatibel. Sie werden auf dieselbe Weise transferiert wie Fotos, können zusammen mit diesen gespeichert und im QuickTime Player des Mac abgespielt werden.

Bilder aus anderen Quellen importieren

Möglicherweise kommen nicht alle Bilder Ihrer iPhoto-Mediathek direkt von Ihrer Digitalkamera. Manche stammen von CDs oder DVDs oder landen per E-Mail, per Download aus dem Internet, über ein Flashkarten-Laufwerk oder ein Speicherkartenlesegerät auf Ihren Mac oder befinden sich bereits in einem Ordner auf Ihrer Festplatte.

Um solche Bilder zu importieren, ziehen Sie sie in den Anzeigebereich von iPhoto (oder auf das iPhoto-Symbol im Dock). Sie können dabei einzelne Bilder, ganze Ordner oder Speichermedien bewegen. Eine Alternative bietet der Menübefehl ABLAGE|IN MEDIATHEK IMPORTIEREN. Im darauf folgenden Dialogfenster suchen Sie die zu importierenden Dateien heraus und klicken dann auf IMPORTIEREN.

iPhoto kann sowohl die gängigen Bildformate JPEG und TIFF verarbeiten als auch das unter Foto-Enthusiasten beliebte RAW-Format (das auf einigen Digitalkameras zur Verfügung steht).

Auch wenn Sie noch keine Digitalkamera Ihr Eigen nennen beziehungsweise noch mit 35-mm-Film fotografieren, können Sie die Vorteile von iPhoto genauso genießen. Lassen Sie Ihre Bilder einfach vom Fotoladen um die Ecke (oder bei wem auch immer Sie Ihre Fotos entwickeln lassen) auf eine CD brennen oder auf Ihren Web-Speicherplatz übertragen (zum Beispiel bei .Mac oder einem anderen Provider). Da auch die Filmentwicklungsbranche sich schon lange auf das digitale Format eingestellt hat, wird man Ihren Wünschen mit Freuden nachkommen.

Bilder verwalten

iPhoto ist Ihnen von Anfang an behilflich, wenn es darum geht, Ihre Bilder so zu ordnen, dass Sie sie später schnell wiederfinden. Alle importierten Fotos finden Sie gesammelt sowie nach Ereignissen sortiert in der iPhoto-Mediathek.

Bilder anzeigen

Sie können sich Ihre Fotosammlung zunächst auf zwei Arten ansehen. (Es gibt noch eine dritte Art, den Vollbildmodus, mit dem wir uns jedoch erst später befassen, wenn Sie sich besser mit dem Hauptfenster von iPhoto und dessen Funktionen auskennen.)

✔ **Ereignis-Ansicht:** Klicken Sie auf EREIGNISSE in der Seitenleiste und Ihre in iPhoto importierten Fotos werden nach Ereignissen sortiert in Form von Ereignis-Vorschau-Miniaturen angezeigt (siehe Abbildung 16.3). Jedes Ereignis wird durch ein Schlüsselfoto repräsentiert (zu Beginn ist dies das erste der nach Aufnahmedatum zu einem Ereignis zusammengefassten Gruppe von Fotos).

Abbildung 16.3: Die iPhoto-Mediathek in der Ereignis-Ansicht

Diese Ereignis-Miniaturen weisen eine Besonderheit auf: Wenn Sie den Cursor darüber platzieren und nach rechts beziehungsweise links bewegen (oder die Taste ← beziehungsweise die Taste → Ihrer Tastatur drücken), können Sie die in dem Ereignis enthaltenen Bilder innerhalb der Vorschau-Miniatur durchblättern. Diese intelligente Funktion nennt sich *Scrubbing*. So sehen Sie gleich, welche Fotos in dem Ereignis zu finden sind – bei einer umfangreichen iPhoto-Mediathek eine äußerst platzsparende Möglichkeit, Ihre Fotos zu durchsuchen.

Sobald Sie auf ein Ereignis doppelklicken, werden in der Standardeinstellung von iPhoto die enthaltenen Fotos in Form kleiner Vorschaubildchen – auch *Miniaturen* oder *Thumbnails* genannt – im Anzeigebereich von iPhoto dargestellt. In dieser Ansicht können Sie mit dem Scrollbalken durch die Fotos des Ereignisses blättern und mit den Pfeiltasten oben rechts von einem Ereignis zum nächsten springen. Klicken Sie links auf ALLE EREIGNISSE, um wieder auf die Hauptseite der Ereignis-Ansicht zu gelangen.

In den Voreinstellungen von iPhoto (wählen Sie IPHOTO|EINSTELLUNGEN|EREIGNISSE) können Sie zusätzliche Funktionen in Bezug auf Ereignisse festlegen, zum Beispiel dass beim Doppelklick auf ein Ereignis nicht die Miniaturen aller enthaltenen Fotos angezeigt werden, sondern stattdessen eine Vergrößerung des aktuell in der Ereignis-Miniatur gewählten Bildes. Des Weiteren lässt sich hier einstellen, nach welchen Zeiträumen die Aufteilung in Ereignisse erfolgen soll (pro Tag, pro Woche oder in Abständen von zwei beziehungsweise acht Stunden).

Sie können das Schlüsselfoto eines Ereignisses ändern, indem Sie mit dem Cursor oder den Pfeiltasten das gewünschte Foto in der Ereignis-Miniatur wählen und dann aus dem Kontextmenü (führen Sie einen Rechtsklick oder ⎡Ctrl⎤-Klick auf die Miniatur aus) die Option SCHLÜSSELFOTO ERSTELLEN wählen. (Alternativ können Sie auf die Miniatur doppelklicken, das gewünschte Foto markieren und dann EREIGNISSE|SCHLÜSSELFOTO ERSTELLEN wählen.)

✔ **Foto-Ansicht:** Klicken Sie auf FOTOS in der Seitenleiste und all Ihre in iPhoto importierten Fotos werden als Miniaturen im Anzeigebereich von iPhoto angezeigt (siehe Abbildung 16.1). Auch in dieser Ansicht können Sie mit dem Scrollbalken durch Ihre Bilder blättern; dabei wird zur besseren Orientierung je nach Sortierung der Fotos die passende Information zu den Bildern eingeblendet. (Diese Funktion nennt sich *Scroll-Guide*.)

Sie können das Erscheinungsbild der Foto-Ansicht anpassen, indem Sie IPHOTO|EINSTELLUNGEN|ERSCHEINUNGSBILD aufrufen. Hier können Sie beispielsweise die Hintergrundfarbe sowie die Anzeige von Miniaturen und Schrift ändern.

Falls Ihnen die zuvor beschriebene Ereignis-Ansicht nicht so gut gefällt, Sie jedoch in der Foto-Ansicht nicht auf die Sortierung nach Ereignissen verzichten wollen, dann wählen Sie DARSTELLUNG|EREIGNISTITEL (sodass die Option ein Häkchen erhält). Ihre Fotos werden dann auch in der Foto-Ansicht nach Ereignissen sortiert in Form einer Liste angezeigt, wobei die Symbole der einzelnen Ereignisse wieder das festgelegte Schlüsselfoto anzeigen. Um die in einem Ereignis enthaltenen Bilder anzuzeigen, klicken Sie auf den Pfeil neben dem jeweiligen Ereignissymbol. Wenn Sie nun den Scrollbalken verwenden, blendet der Scroll-Guide den jeweiligen Ereignisnamen mit Datum ein.

Sie können auch in der Foto-Ansicht das Schlüsselfoto eines Ereignisses ändern, indem Sie das Ereignis zuerst durch einen Klick auf den Pfeil öffnen, dann das gewünschte Foto markieren und anschließend EREIGNISSE|SCHLÜSSELFOTO ERSTELLEN wählen.

Wenn Ihnen die Thumbnails (in der Ereignis- sowie in der Foto-Ansicht) zu klein sind, um etwas darauf zu erkennen, dann bewegen Sie einfach den Schieberegler unten rechts im iPhoto-Fenster ein wenig nach rechts und sehen zu, wie die Miniaturen umgehend ihre Größe ändern. Gar nicht schlecht, was? Ziehen Sie den Regler nach links, um sie wieder zu schrumpfen und mehr Bilder im Ansichtsbereich zu sehen.

Sobald Sie auf eine Miniatur (in der Ereignis- sowie in der Foto-Ansicht) doppelklicken, wird das zugehörige Foto (in der Standardeinstellung von iPhoto) vergrößert angezeigt; ein erneuter Klick in den Anzeigebereich schließt die Großansicht wieder.

Videoclip-Thumbnails werden zusammen mit einem kleinen Kamerasymbol sowie der Dauer des Clips angezeigt. Ein Doppelklick darauf öffnet die Filmsequenz im QuickTime Player des Mac.

Um Bilder und Videoclips aus dem Fotoarchiv zu löschen, wählen Sie deren Miniaturen im Anzeigebereich aus und ziehen sie in den Papierkorb in der Seitenleiste (oder drücken die ⬅ -Taste).

 Ach ja, und machen Sie sich – egal wie produktiv Sie sind – keine Sorgen darüber, dass Ihre iPhoto-Mediathek zu umfangreich werden könnte. iPhoto bietet Platz für zirka 250.000 Bilder. Um Ihnen zu verdeutlichen, dass das eine beträchtliche Menge ist, betonen Apples Marktstrategen, dass Sie über einen Zeitraum von 20 Jahren monatlich 1.000 Fotos schießen könnten, ohne dieses Limit auszureizen.

Wenn iPhoto aber nichts anderes für Sie täte, als all Ihre Bilder in einen großen digitalen Topf zu werfen (wie in der Foto-Ansicht ohne Ereignistitel) oder nur in Ereignisse zusammenzufassen, dann hätten Sie später immer noch eine Heidenarbeit, um ein ganz spezielles Foto von der Hochzeitsfeier im letzten Jahr oder dem letzten Segeltörn auf Anhieb wiederzufinden. Bevor wir uns aber die einzelnen Möglichkeiten ansehen, wie Sie gezielt nach bestimmten Fotos Ihrer Sammlung suchen können, sollten Sie lernen, Ihre Fotos sinnvoll zu beschriften und zu beschreiben. Denn dies bildet die wichtigste Grundlage für zielsicheres Suchen und Finden Ihrer Bilder.

Bilder beschriften und beschreiben

iPhoto ermöglicht es Ihnen, jedem Foto und jedem Ereignis verschiedene Arten von Informationen zuzuweisen beziehungsweise vorhandene Informationen zu ändern. Ich empfehle Ihnen wärmsten, dies zu tun, denn es bildet die Grundlage für das spätere Sortieren und Auffinden Ihrer Bilder. Sie können

✔ einen Titel vergeben,

✔ Datum und Uhrzeit ändern,

✔ eine Wertung von 0 bis 5 vergeben,

✔ Schlagwörter zuweisen,

✔ eine Beschreibung hinzufügen,

✔ Fotos kennzeichnen.

In der unteren linken Ecke des iPhoto-Fensters sehen Sie den Bereich INFORMATIONEN. (Sollte er nicht eingeblendet sein, klicken Sie auf die I-Taste unterhalb.) Sobald Sie die Miniatur eines Bildes anklicken, werden dort die Informationen angezeigt, die mit dem Foto gespeichert sind (sogenannte *Metadaten*). Fast alle dieser Informationen können Sie auch in diesem Bereich zuordnen beziehungsweise ändern. Klicken Sie dazu in die Textfelder neben TITEL, DATUM, UHRZEIT und WERTUNG sowie in das Textfeld für die Beschreibung unterhalb der Trennlinie und geben Sie das Gewünschte ein.

Bei der Vergabe der Wertung klicken Sie auf die kleinen grauen Punkte, um die entsprechende Anzahl von Sternen zu vergeben. Sie können die Wertung aber auch auf eine dieser beiden Arten zuweisen: Wählen Sie FOTOS|MEINE WERTUNG und anschließend aus dem Untermenü die gewünschte Anzahl von Sternen oder drücken Sie bei gedrückter ⌘-Taste je nach gewünschter Sternanzahl die Tasten ①, ②, ③, ④ oder ⑤ Ihrer Tastatur.

Um ein Schlagwort zu vergeben, markieren Sie ein oder mehrere Thumbnails und wählen FENSTER|SCHLAGWÖRTER EINBLENDEN. Im Dialogfenster SCHLAGWÖRTER finden Sie bereits ein paar voreingestellte Schlagwörter: WICHTIG, FAMILIE, KINDER, URLAUB, FEIERN und RAW. Klicken Sie eine oder mehrere der Tasten an. Ein Klick aktiviert die Taste (sie wird blau), ein weiterer deaktiviert sie wieder. Sie können hier außerdem eigene Kategorien hinzufügen (siehe Abbildung 16.4), indem Sie zuerst auf SCHLAGWÖRTER BEARBEITEN und im folgenden Dialogfenster auf die Plus-Taste klicken.

Abbildung 16.4: Fügen Sie Ihre eigenen Schlagwörter in iPhoto hinzu.

 Sie können Titel, Wertung und Schlagwörter auch direkt unterhalb der Thumbnails im Anzeigebereich von iPhoto eintippen. Wählen Sie dazu im Menü DARSTELLUNG die jeweiligen Optionen an, sodass diese ein Häkchen erhalten. Nun können Sie in die entsprechenden Felder unter einer Miniatur klicken und Änderungen vornehmen (die Miniaturen müssen dazu unter Umständen ein wenig vergrößert werden).

Zusätzlich zu diesen Angaben können Sie Fotos kennzeichnen, indem Sie sie auswählen und unten in der Symbolleiste auf MARKIEREN klicken oder FOTOS|FOTO/S MARKIEREN wählen. (Das Entfernen von Markierungen funktioniert auf dieselbe Art; lediglich die Bezeichnung der Taste beziehungsweise des Menübefehls lautet nun ENTFERNEN beziehungsweise FOTO/S ENTFERNEN.) Die Markierenfunktion eignet sich dazu, Fotos zu kennzeichnen, die beispielsweise zu einem bestimmten Projekt oder Anlass gehören. Bilder dieser Kategorie erhalten oben links ein Fähnchensymbol in der Thumbnailanzeige.

 Wenn Sie besonders eifrig fotografieren und Ihre iPhoto-Mediathek ständig wächst, könnte Ihnen das alles schnell als zu mühsam erscheinen, weil Sie glauben, Sie müssten jedes einzelne Foto bearbeiten. Doch diese Ausrede lässt iPhoto nicht gelten, denn es bietet Ihnen die Funktion Stapelbearbeitung. Damit können Sie einer ganzen Schar von Bildern denselben Namen, dasselbe Datum und dieselbe Beschreibung zuordnen. Markieren Sie alle in Frage kommenden Bilder im Anzeigebereich von iPhoto und wählen Sie Fotos|Stapeländerung. Legen Sie dann im zugehörigen Dialogfenster die Änderungen fest. Sie haben jeweils verschiedene Optionen. Wenn Sie mehrere Fotos mit demselben Namen versehen möchten, können Sie zusätzlich eine Nummerierung an jedes Foto anhängen.

 Sobald Sie Name, Datum oder Beschreibung eines Fotos ändern, ändern sich diese Daten sowohl in der Mediathek als auch in allen von Ihnen angelegten Alben und Projekten, in denen das Foto enthalten ist. Mehr zu Fotoalben und anderen iPhoto-Projekten lesen Sie weiter hinten in diesem Kapitel.

Je konsequenter Sie diese Katalogisierung Ihrer Fotos betreiben, desto einfacher haben Sie es später, wertvolle Bilder schnell wiederzufinden.

Bilder sortieren

Im Anzeigebereich von iPhoto erscheinen Ihre Ereignisse und Fotos in der Reihenfolge, in der Sie sie importiert haben. Um die Anordnung zu ändern, wählen Sie, je nachdem, in welcher Ansicht Sie sich gerade befinden, Darstellung|Ereignisse sortieren beziehungsweise Fotos sortieren und anschließend eine Option wie Nach Datum, Nach Schlagwort, Nach Titel, Nach Wertung oder Manuell.

 Im Darstellung-Menü können Sie außerdem festlegen, ob Titel, Wertung und Schlagwörter unterhalb der Miniaturen angezeigt werden sollen, indem Sie die entsprechenden Optionen anwählen, sodass sie ein Häkchen erhalten.

Bilder ausblenden

Sie kennen das sicher. Um von einem Motiv oder einer Situation ganz sicher ein gutes Foto zu bekommen, machen Sie gleich eine ganze Reihe von Schnappschüssen. Als Ergebnis haben Sie in Ihrer Mediathek unter Umständen oft mehrere ähnliche Versionen ein und desselben Fotos. Damit Ihre Sammlung nicht zu unübersichtlich wird, können Sie einige dieser Bilder ausblenden, indem Sie sie markieren und Fotos|Fotos ausblenden wählen.

Falls Sie später doch auf diese Bilder zurückgreifen möchten, können Sie sie jederzeit wieder einblenden. Dazu aktivieren Sie zunächst im Menü Darstellung die Option Verdeckte Fotos. Damit werden alle ausgeblendeten Bilder im Anzeigebereich sichtbar gemacht und erscheinen mit einem Kreuzsymbol oben rechts. Um solche Fotos dauerhaft wieder einzublenden, markieren Sie sie erneut und wählen Fotos|Fotos einblenden. (Alternativ stehen Ihnen auch in der Symbolleiste die Tasten Einblenden und Ausblenden zur Verfügung.)

Bilder suchen und wiederfinden

Nun haben Sie brav Ihre gesamte Fotosammlung bis ins Detail katalogisiert. Gut so, doch wie gehen Sie nun vor, um treffsicher ganz spezielle Fotos aus Ihrer Mediathek herauszufischen? Lesen Sie einfach die folgenden Absätze.

Suche per Ereignis und Film-Ordner

Wie Sie mittlerweile wissen, sortiert iPhoto Ihre Bilder beim Importieren automatisch in virtuelle Filme – sogenannte Ereignisse –, wobei die Gruppierung nach Datum oder einem bestimmten Zeitraum erfolgt (je nachdem, was Sie eingestellt haben). Sie erinnern sich daran, wie Sie beim Importieren einen Ereignisnamen eingegeben haben? Ich hoffe, Sie haben einen aussagekräftigen Titel gewählt (wie »Paris-Urlaub 2007«), denn glauben Sie mir, nach ein paar Monaten sind Titel wie »Film 07« oder »Film 359« selbst in der Ereignis-Ansicht nicht mehr sonderlich aufschlussreich. Wenn Sie Ihre Ereignisse dagegen sinnvoll benennen, haben Sie eine gute Chance, Ihre Bilder schnell wiederzufinden.

iPhoto legt außerdem im Bereich NEU automatisch eine Reihe Film-Ordner für Sie an.

✔ **Letzter Import:** In diesem Ordner werden die zuletzt importierten Fotos und Ereignisse einsortiert. Wenn Sie auf das gleichnamige Symbol in der Seitenleiste klicken, erscheinen nur diese Bilder im Anzeigebereich.

✔ **Letzte 12 Monate:** Wenn Sie stattdessen Bilder betrachten wollen, die Sie zum Beispiel im letzten Jahr gemacht haben, dann klicken Sie auf den standardmäßig vorhandenen Ordner LETZTE 12 MONATE. Sollten Sie diesen Ordner nicht sehen, öffnen Sie die Einstellungen von iPhoto und aktivieren unter ALLGEMEIN die Option QUELLEN. Im zugehörigen Textfeld können Sie außerdem den Zeitraum ändern, den der Ordner umfassen soll. Die Anzeige ändert sich dann in der Seitenleiste entsprechend.

✔ **Ausgewähltes Ereignis:** Im Bereich NEU wird an erster Stelle immer das Ereignis angezeigt, das Sie zuletzt in der Ereignisansicht durch Doppelklick geöffnet hatten (vorausgesetzt, Sie haben in den iPhoto-Einstellungen nicht festgelegt, dass beim Doppelklick auf ein Ereignis eine Bildvergrößerung erfolgt).

✔ **Markierte Fotos:** Klicken Sie auf dieses Symbol, um alle von Ihnen mit der Markierenfunktion gekennzeichneten Fotos anzeigen zu lassen.

 Wenn Sie in die Foto-Ansicht wechseln und DARSTELLUNG| EREIGNISTITEL wählen, werden Ihre Fotos als Ereignisse (nach Jahr und Datum geordnet) aufgelistet, was das Suchen ebenfalls erleichtert.

Suche per Scroll-Guide

Das Durchsuchen Ihrer Fotosammlung in der Foto-Ansicht wird zusätzlich erleichtert durch den *Scroll-Guide*. Dieser wird aktiv, sobald Sie den rechten Scrollbalken bewegen. Dann nämlich wird über dem Anzeigebereich ein transparentes Feld eingeblendet, das bestimmte Informationen zu den Fotos enthält, deren Thumbnails gerade im Fenster zu sehen sind. Welche Informationen das sind, hängt davon ab, welches Sortierungskriterium Sie unter Darstellung| Fotos sortieren eingestellt haben und ob die Option Ereignistitel aktiviert ist oder nicht. Bei aktiver Ereignistitel-Anzeige gibt der Scroll-Guide immer Namen und Datum der jeweiligen Ereignisse an, ohne Ereignistitel wird das aktuell eingestellte Sortierungskriterium (zum Beispiel Datum, Schlagwort, Wertung) angezeigt.

Damit der Scroll-Guide funktioniert, muss in den Einstellungen von iPhoto unter Erschei-nungsbild die Option Informationen beim Blättern anzeigen aktiviert sein.

Suche mit den Suchfunktionen von iPhoto

Ich weiß genau, was Sie jetzt denken: »Warum nehmen wir nicht endlich die offensichtlichste Methode zum Durchkämmen der iPhoto-Mediathek – dieses kleine, einladende Suchen-Feld am unteren Rand des iPhoto-Fensters – genauer unter die Lupe?!« Nun, immer schön der Reihe nach, okay? Ich erkläre es Ihnen sofort. Klicken Sie gleich einmal auf das Lupensymbol neben dem Suchen-Feld, um zu sehen, welche Optionen es Ihnen bietet (siehe Abbildung 16.5).

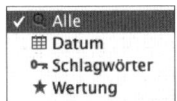

Abbildung 16.5: iPhoto bietet Ihnen verschiedene Möglichkeiten, Ihre Fotosammlung zu durchsuchen.

Sie können auf folgende Arten suchen:

✔ **Nach Suchbegriff:** Die standardmäßig aktivierte Option Alle ermöglicht Ihnen die Eingabe von Suchbegriffen. Dabei kann es sich um Wörter – Teile eines Titels, einer Beschreibung, ein Schlagwort – oder auch Zahlen handeln.

Beim Übertragen von Fotos auf den Mac speichert iPhoto mehr als nur die reinen Bilddaten. Es hält außerdem sogenannte *Metadaten* zu jedem Foto fest wie Kameramodell, Uhrzeit und Datum der Aufnahme, Dateigröße in Pixeln, Belichtungseinstellungen (Blende, Verschlusszeit, ISO und Blitz) und so weiter. Solche Daten werden auch in die Spotlight-Suche mit einbezogen. Um diese spezifischen Informationen zu einem Bild anzeigen zu lassen, markieren Sie es und wählen Fotos|Foto-Informationen anzeigen.

✔ **Nach Datum:** Angenommen, Sie möchten nur Bilder anzeigen lassen, die um die Zeit der Geburt Ihrer kleinen Tochter entstanden sind, dann wählen Sie die Option Datum. In dem Dialogfenster, das daraufhin eingeblendet wird, rufen Sie nun mithilfe der Pfeile oben rechts das betreffende Jahr und anschließend in der Monatsansicht (ein Klick auf den Pfeil oben links wechselt zwischen Jahres- und Monatsanzeige) den betreffenden Monat auf und klicken dann auf ein Datum (siehe Abbildung 16.6).

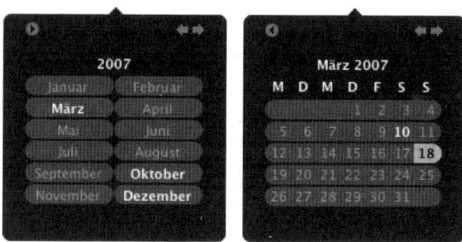

Abbildung 16.6: Bilder nach Jahr, Monat und Datum suchen

 Die Monate und Tage, für die Fotos in der Mediathek vorhanden sind, werden übrigens fett angezeigt.

✔ **Nach Schlagwort:** Wählen Sie die Option SCHLAGWÖRTER aus dem Suchen-Menü. Nun können Sie die Schlagwortfunktion von iPhoto optimal ausnutzen, indem Sie eine oder mehrere Kategorien im eingeblendeten Schlagwortfenster anklicken. Die aktiven Tasten erscheinen daraufhin grau und es werden nur noch die Bilder angezeigt, denen Sie die betreffenden Schlagwörter zugewiesen haben. (Ein erneuter Klick auf eine Taste deaktiviert sie wieder.)

 Möchten Sie nur Bilder anzeigen, die entweder der einen oder der anderen Kategorie entsprechen (also beispielsweise als Schlagwort entweder FAMILIE oder URLAUB enthalten), klicken Sie bei gedrückter ⌂-Taste auf die gewünschten Schlagwörter.

Um Bilder mit bestimmten Schlagwörtern auszublenden – fragen Sie nicht weshalb –, klicken Sie bei gedrückter ⌐-Taste auf die jeweiligen Schlagwörter. Die zugehörigen Tasten erscheinen mit einem Durchgestrichensymbol und die entsprechenden Bilder werden nicht mehr angezeigt.

✔ **Nach Wertung:** Mit der Option WERTUNG durchsuchen Sie Ihre Fotos – wer hätte es gedacht – anhand der Wertung. Klicken Sie auf die grauen Punkte im Suchen-Feld, um die Anzahl der Sterne anzugeben, nach der gesucht werden soll. (Dabei werden auch Bilder angezeigt, die eine höhere als die angegebene Anzahl von Sternen aufweisen.)

Um nach der Suche wieder alle Fotos anzuzeigen, klicken Sie auf das x-Symbol im Suchen-Feld oder klicken auf Ereignisse in der Seitenleiste.

Fotoalben anlegen

Damals, im Zeitalter der Kleinbildfilme, nahmen sich ordnungsliebende Fotobegeisterte noch die Zeit, ihre Papierabzüge systematisch in altmodische Fotoalben einzukleben. Ich bewundere solche Menschen ja, da mir dieses spezielle »Ordnungsgen« zu fehlen scheint.

Zum Glück ist das iPhoto-Äquivalent zu Fotoalben sehr viel einfacher zu handhaben. Der Vorgang ähnelt der Erstellung von Wiedergabelisten in iTunes (siehe Kapitel 15). So können

Sie alle Bilder vom letzten Ski-Urlaub in ein Album sortieren, die Bilder Ihres Klassentreffens in ein anderes und so weiter. Und so funktioniert's:

1. **Wählen Sie** Ablage|Neues Album **oder klicken Sie auf das Plussymbol unterhalb der Seitenleiste des iPhoto-Fensters.**

2. **Benennen Sie das Album (zum Beispiel** Hochzeitsreise nach Hawaii, Tanzaufführung **etc.).**

3. **Klicken Sie auf** Erstellen.

Sofort erscheint im Bereich Alben das neue Album. Um es mit Fotos zu befüllen, ziehen Sie die einzelnen Bilder aus dem Anzeigebereich auf das Albumsymbol. Am praktischsten ist es natürlich, gleich mehrere Bilder auf einmal in das Album zu legen und dabei gehen Sie so vor:

✔ Markieren Sie mehrere, nicht unmittelbar nebeneinander liegende Bilder, indem Sie sie bei gedrückter ⌘-Taste anklicken.

✔ Markieren Sie mehrere nebeneinander liegende Bilder, indem Sie entweder mit dem Cursor darüber ziehen (setzen Sie an einer leeren Stelle des Anzeigebereichs an) oder die ⇧-Taste gedrückt halten und die Tasten ← und → der Tastatur verwenden.

✔ Um eine größere Anzahl nebeneinander liegender Bilder auszuwählen, markieren Sie zuerst das erste Foto, scrollen gegebenenfalls zum letzten Bild der Auswahl und klicken es dann bei gedrückter ⇧-Taste an. Alle Bilder zwischen Anfangs- und Endbild werden ausgewählt.

Beim Ziehen mehrerer Fotos zeigt Ihnen ein rotes Zahlensymbol an, wie viele Objekte Sie gerade in das Fotoalbum bewegen. Sie können auch komplette Ereignisse in ein Album bewegen.

Natürlich können Sie die Fotos auch zuerst auswählen und *danach* das Album erstellen, indem Sie den Menübefehl Ablage|Neues Album aus Auswahl wählen.

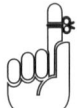

Immer wenn Sie Bilder auf eine der genannten Arten in ein Fotoalbum einsortieren, bleiben sie dennoch in Wirklichkeit in der Mediathek von iPhoto und werden nicht dupliziert. Die in einem Album angezeigten Bilder sind lediglich Verweise zu den Originalfotos in der iPhoto-Mediathek (ähnlich wie bei Wiedergabelisten in iTunes). Auf diese Weise können Sie ein und dasselbe Foto in mehreren Alben platzieren und brauchen sich auch nicht zu sorgen, wenn Sie ein Bild aus einem Album löschen – es bleibt weiterhin in der iPhoto-Mediathek erhalten.

Sie können mehrere Alben in einem Ordner zusammenfassen. Wählen Sie Ablage| Neuer Ordner, benennen Sie den Ordner (zum Beispiel Urlaub) und ziehen Sie die Alben hinein. Wenn Sie den Ordner in der Seitenleiste anklicken, werden alle Bilder angezeigt, die sich in den Alben innerhalb des Ordners befinden.

Intelligente Fotoalben anlegen

In Kapitel 15 habe ich Ihnen verraten, wie Sie in iTunes intelligente Wiedergabelisten erstellen, und sicher haben Sie es schon geahnt: Haargenau so können Sie in iPhoto auch *intelligente Fotoalben* anlegen, deren Inhalt sich nach bestimmten Kriterien richtet wie Schlagwörter, Wertungen, Kameratyp, Verschlusszeit und so weiter. So legen Sie ein intelligentes Fotoalbum an:

1. **Wählen Sie** Ablage|Neues intelligentes Album.

2. **Benennen Sie das intelligente Album.**

3. **Legen Sie mithilfe der Einblendmenüs und Plus-Tasten die Kriterien für die Bilder fest, die das intelligente Album enthalten soll.**

   Mit der Plus-Taste am Ende einer Eingabereihe fügen Sie jeweils ein weiteres Kriterium hinzu, mit der Minus-Taste entfernen Sie ein Kriterium.

In Abbildung 16.7 sehen Sie das Dialogfenster zum Einrichten eines intelligenten Albums, in dem nur Fotos gesammelt werden, die eine hohe Bewertung haben und seit Ende 2006 am Strand sowie ohne Blitz aufgenommen wurden.

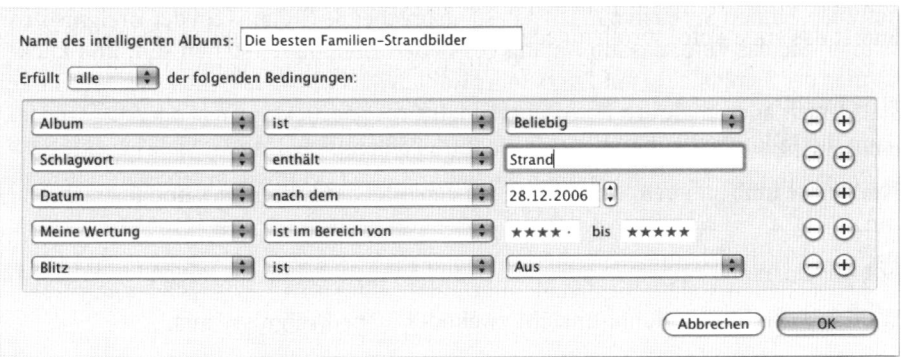

Abbildung 16.7: Ein intelligentes Fotoalbum anlegen

Neu importierte Fotos, die den Kriterien des intelligenten Albums entsprechen, werden ihm automatisch hinzugefügt, sodass es immer auf dem aktuellen Stand ist.

Mit Ereignissen arbeiten

Da die Sortierung nach Ereignissen in iPhoto 7 komplett neu ist, zeige ich Ihnen jetzt noch schnell, wie Sie Ihre in der Mediathek gesammelten Ereignisse noch besser nutzen können. iPhoto nimmt beim Import von Fotos die Aufteilung in Ereignisse (je nach dem in den Einstellungen festgelegten Zeitraum) selbstständig vor. Doch Sie müssen sich selbstverständlich nicht auf Gedeih und Verderb iPhoto überantworten, sondern können auch ein Wörtchen mitreden, welche Fotos in welchen Ereignissen landen sollen. Die meisten Bearbeitungsmöglichkeiten finden Sie im Menü EREIGNISSE. Sobald Sie sich in der Ereignis-Ansicht befinden, können Sie zum Beispiel Folgendes tun:

✔ **Ein neues Ereignis erstellen:** Wählen Sie EREIGNISSE|EREIGNIS ERSTELLEN oder klicken Sie in der Symbolleiste auf NEUES EREIGNIS. Im Anzeigebereich wird ein leeres Ereignis angelegt; benennen Sie es und ziehen Sie ein paar Fotos hinein. Sie können auch zuerst die gewünschten Fotos markieren und dann ein neues Ereignis erstellen. Die Fotos werden dann aus ihren aktuellen Ereignissen gelöscht und dem neu erstellten hinzugefügt.

 Beim Erstellen von Ereignissen können Sie sich auch die weiter vorn in diesem Kapitel beschriebene Markierenfunktion von iPhoto zunutze machen (mit der Sie ausgewählte Fotos durch ein Fähnchen markieren). So können Sie mithilfe der entsprechenden Befehle aus dem EREIGNIS-Menü ein neues Ereignis aus markierten Fotos erstellen oder markierte Fotos zu einem ausgewählten Ereignis hinzufügen.

✔ **Ereignisse zusammenführen:** Um zwei oder mehr Ereignisse zu einem zusammenzufassen, markieren Sie die Ereignisse in der Ereignis-Ansicht (halten Sie die ⌘-Taste gedrückt) und klicken dann in der Symbolleiste auf VERBINDEN oder wählen EREIGNISSE|EREIGNISSE VERBINDEN. Das Ganze funktioniert auch per Drag & Drop.

✔ **Ereignisse aufteilen:** Sie können die Fotos innerhalb eines Ereignisses auf zwei Ereignisse aufteilen. Öffnen Sie dazu zunächst das entsprechende Ereignis (in der Ereignis-Ansicht). Wählen Sie das Foto, das am Anfang des neuen Ereignisses stehen soll, und klicken Sie dann in der Symbolleiste auf TEILEN (oder wählen Sie EREIGNISSE|EREIGNIS TEILEN). Sie können stattdessen auch mehrere Fotos auswählen (mit gedrückter ⇧- oder ⌘-Taste), und dann die Teilung vorzunehmen.

✔ **Ereignisse umbenennen:** Klicken Sie auf den Titel des Ereignisses und überschreiben Sie ihn.

Um Fotos von einem Ereignis in ein anderes zu bewegen, gehen Sie folgendermaßen vor:

1. **Wählen Sie in der Ereignis-Ansicht zwei oder mehr Ereignisse aus.**

2. **Doppelklicken Sie auf eines der ausgewählten Ereignisse, um beide zu öffnen.**

   Falls Sie in den Einstellungen von iPhoto festgelegt haben, dass Fotos beim Doppelklick auf ein Ereignis vergrößert werden, müssen Sie stattdessen auf den Text FOTOS EINBLENDEN im unteren Teil des Schlüsselfotos klicken.

   Es werden nun die Bilder beide Ereignisse voneinander abgetrennt angezeigt.

3. **Ziehen Sie nun die gewünschten Fotos von einem Ereignis in das andere.**

   Sie können diesen Vorgang ebenso in der Foto-Ansicht durchführen, wenn Sie die Option EREIGNISTITEL aus dem DARSTELLUNG-Menü aktivieren.

Der Vollbildmodus

Lassen Sie mich Ihnen nun – wie versprochen – noch eine andere, beeindruckende Methode zur Anzeige Ihrer Bilder in iPhoto vorstellen, mit deren Hilfe Sie sich auch noch *das letzte* Pixel zunutze machen können. Bereits mit iPhoto 6 hat Apple die Möglichkeit zur Darstellung im Vollbildmodus eingeführt, um die Größe heutiger Computerbildschirme besser auszunutzen. Doch Sie können Ihre Bilder im Vollbildmodus nicht nur detailliert betrachten, sondern auch bearbeiten – wie genau, verrate ich Ihnen dann im nächsten Abschnitt »Hand an Ihre Fotos legen«.

Um die bildschirmfüllende Darstellung zu starten, markieren Sie eine Miniatur im Anzeigebereich von iPhoto und klicken dann auf die Vollbild-Taste unterhalb der Seitenleiste (siehe Abbildung 16.1). Falls nicht anders eingestellt, sehen Sie lediglich die vergrößerte Version des Fotos auf dem Bildschirm. Sobald Sie den Cursor an den oberen Bildschirmrand bewegen, wird die Menüleiste sowie eine horizontale Fotobrowser-Leiste mit den Miniaturen der anderen Bilder eingeblendet (siehe Abbildung 16.8), die Sie durch Anklicken ebenfalls vergrößert anzeigen lassen können. Bewegen Sie den Cursor an den unteren Bildschirmrand, um die Leiste mit den verschiedenen Bearbeitungswerkzeugen ins Blickfeld zu holen.

Fotobrowser-Leiste

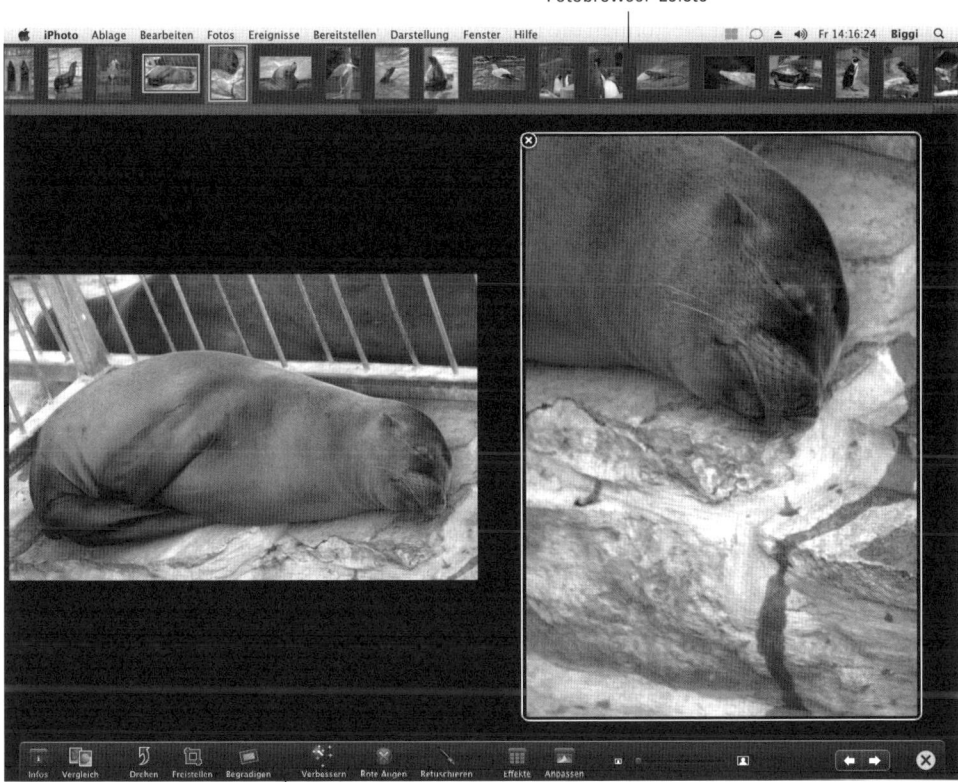

Bearbeitungswerkzeuge

Abbildung 16.8: Bilder im Vollbildmodus ansehen, vergleichen und bearbeiten

Falls Sie es als zu nervig empfinden, dass die Leisten automatisch wieder weghuschen, sobald Sie den Cursor wegbewegen, wählen Sie Darstellung|Symbolleiste einblenden sowie Darstellung|Miniaturen|Immer einblenden. Sie können die Fotobrowser-Leiste auch an den Seiten des Bildschirms platzieren, indem Sie Darstellung|Miniaturen und die jeweilige Option wählen (allerdings lässt sich dann die Menüleiste wieder nur mit dem Cursor einblenden). Auch die Anzahl angezeigter Zeilen beziehungsweise Spalten für die Miniaturen können Sie festlegen.

Der Vollbildmodus bietet nicht alle der bisher beschriebenen Funktionen des normalen Anzeigemodus – Sortiervorgänge lassen sich leichter im Hauptfenster von iPhoto erledigen. Sie können jedoch im Vollbildmodus zum Beispiel auch die Informationen zu einem Foto aufrufen und ändern, indem Sie unten in der Werkzeugleiste auf die Taste Infos klicken.

Sie können im Vollbildmodus bis zu acht Bilder miteinander vergleichen, indem Sie diese bei gedrückter ⌘-Taste nacheinander in der Fotobrowser-Leiste anklicken. Wenn Sie stattdessen auf Vergleich klicken, wird das aktuell ausgewählte Foto mit dem unmittelbar darauf folgenden verglichen. (Beim nächsten Klick auf Vergleich wird das zweite Bild mit dem nächsten verglichen und so weiter.)

Um den Vollbildmodus wieder zu verlassen, klicken Sie auf das weiße Schließensymbol (x) unten rechts in der Werkzeugleiste oder drücken Sie ⎋ESC.

Hand an Ihre Fotos legen

Und jetzt verrate ich Ihnen ein kleines Geheimnis: All diese umwerfenden, glamourösen Models, die weltweit Modemagazine und Werbeplakate zieren, sehen in Wirklichkeit gar nicht so aus, wie sie dort erscheinen (nun vielleicht ein paar davon, aber nur gaaaanz wenige!). Die unbesungenen Helden hinter dieser schönen Fassade sind die Grafiker, die die Fotos nachbearbeiten und sorgfältig einen Makel hier und einen Schönheitsfehler dort entfernen. Ich finde, wir alle sollten uns auf diese Art ins rechte Licht rücken können – und wir können, denn schließlich haben wir iPhoto auf dem Mac.

Nun ist iPhoto zwar bei Weitem kein Star unter den Bildbearbeitungsprogrammen wie etwa Adobes beliebte Software Photoshop, doch für den normalsterblichen Schnappschussjäger hält iPhoto eine Reihe praktischer Bearbeitungswerkzeuge bereit, zum Beispiel zum Entfernen roter Augen oder für Spezialeffekte.

Sie können Ihre Bilder sowohl im konventionellen Bearbeitungsmodus von iPhoto als auch im weiter vorn in diesem Kapitel beschriebenen Vollbildmodus bearbeiten. Welche Arbeitsumgebung Sie bevorzugen, bleibt Ihnen überlassen. Um ein Foto zu bearbeiten, wählen Sie es zunächst im Anzeigebereich aus und klicken auf das Bearbeiten-Symbol – den Bleistift – in der Symbolleiste. (Sofern Sie in den Einstellungen von iPhoto unter Allgemein festgelegt haben, dass ein Doppelklick auf ein Foto dieses nicht vergrößert, sondern es im Bearbeitungsmodus öffnet, können Sie auch einfach auf das Thumbnail doppelklicken.)

Das Foto öffnet sich daraufhin in einer größeren Ansicht und dieselben Werkzeuge wie im Vollbildmodus stehen im unteren Teil des Fensters zur Verfügung (auch eine Fotobrowser-Leiste erscheint am oberen Rand des Fensters).

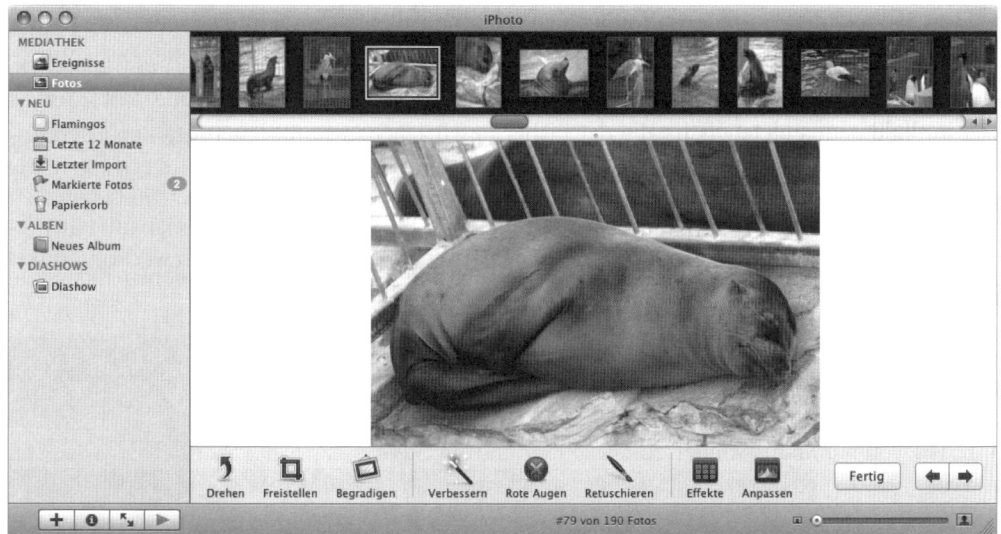

Abbildung 16.9: Ein Foto im Hauptfenster von iPhoto bearbeiten

 Standardmäßig ist iPhoto so eingestellt, dass zu bearbeitende Fotos im Bearbeitungsmodus des Hauptfensters geöffnet werden. Wenn Sie stattdessen lieber im Vollbildmodus arbeiten möchten, können Sie natürlich jedes Mal manuell dorthin wechseln; doch Sie können iPhoto auch sagen, welche Arbeitsumgebung Sie generell bevorzugen. Rufen Sie dazu iPHOTO|EINSTELLUNGEN auf und wählen Sie unter ALLGEMEIN aus dem Einblendmenü FOTO BEARBEITEN die gewünschte Option. Auch andere Programme können standardmäßig für die Bearbeitung gewählt werden.

Lassen Sie uns nun einige der Bearbeitungsmöglichkeiten genauer betrachten.

Bilder drehen

Manche Bilder werden in iPhoto falsch ausgerichtet angezeigt, weil Sie die Kamera beim Fotografieren gedreht haben. Um dies zu beheben, markieren Sie das betreffende Thumbnail im Anzeigebereich und klicken auf DREHEN in der Werkzeugleiste. Das Bild wird um 90 Grad gegen den Uhrzeigersinn gedreht; klicken Sie so oft auf DREHEN, bis es richtig ausgerichtet ist. Wenn Sie gleichzeitig die ⌥-Taste gedrückt halten, dreht sich das Bild im Uhrzeigersinn. Die DREHEN-Option steht Ihnen natürlich auch in den beiden Bearbeitungsmodi von iPhoto zur Verfügung.

Bilder freistellen

Wenn Sie ein Bild in iPhoto _freistellen_, beschneiden Sie es an den Rändern, um das Bildmotiv besser hervorzuheben oder störende Objekte und Personen im Bildhintergrund zu entfernen. Und so gehen Sie vor:

1. **Markieren Sie das zu bearbeitende Bild im Anzeigebereich und klicken Sie auf** BEARBEITEN**, um es im Bearbeitungsmodus zu öffnen (oder klicken Sie auf die Vollbild-Taste, um es im Vollbildmodus zu öffnen).**

2. **Klicken Sie auf** FREISTELLEN **in der Werkzeugleiste.**

   Das Foto erscheint mit einem vordefinierten Freistellungsrahmen zusammen mit entsprechenden Steuerelementen. iPhoto zeigt die Bereiche, die weggeschnitten werden, dunkel gefärbt an.

Abbildung 16.10: Ein Foto in iPhoto beschneiden

3. **Wählen Sie den freizustellenden Bereich aus.**

   Sie können die Größe des Bereichs, der später sichtbar sein soll, selbst festlegen – dazu muss die Option FORMAT deaktiviert sein. Hierbei haben Sie zwei Möglichkeiten:

   ◈ Bewegen Sie den Cursor über eine der Ecken oder Kanten des Freistellungsbereichs (bis er die Form eines Fadenkreuzes oder Doppelpfeils annimmt) und ziehen Sie bei gedrückter Maustaste. Die Größe des Rahmens passt sich entsprechend an.

   ◈ Ziehen Sie einen neuen Freistellungsrahmen auf, indem Sie den Pfeil-Cursor innerhalb des dunkel gefärbten Schnittbereichs platzieren (am besten oben links, wo der Bildausschnitt beginnen soll) und den Mauszeiger bei gedrückter Maustaste diagonal über das Bild ziehen, um den Bereich einzurahmen, den Sie behalten möchten.

Sie können das Foto aber auch auf ein festes Format zurechtschneiden (zum Beispiel um es später in ein Fotobuch einzufügen). Aktivieren Sie dazu die Option FORMAT und wählen Sie eine der Optionen aus dem Einblendmenü, zum Beispiel 10 x 15 für eine Postkarte, 20 x 30 für ein Poster oder 4 x 3 für ein Fotobuch.

4. **Ziehen Sie den Freistellungsbereich mit der Maus an die richtige Position.**

   Wenn Sie den Cursor über den soeben festgelegten Freistellungsbereich des Fotos platzieren, verwandelt er sich in ein Handsymbol. Nun können Sie den Bildausschnitt an die richtige Stelle bewegen.

5. **Sobald Sie mit dem Bildausschnitt zufrieden sind, klicken Sie auf ANWENDEN und anschließend auf FERTIG (beziehungsweise schließen Sie den Vollbildmodus), um Ihre Änderungen zu speichern und in das Hauptfenster von iPhoto zurückzukehren.**

Falls Sie mit einem gerade freigestellten Bild nicht zufrieden sind, sich noch im Bearbeitungsmodus (oder Vollbildmodus) befinden und keine weiteren Aktionen vorgenommen haben, können Sie die Freistellung mit BEARBEITEN|WIDERRUFEN beziehungsweise FOTO FREISTELLEN WIDERRUFEN (oder mit ⌘+Z) sofort wieder rückgängig machen. Darüber hinaus können Sie jedes Foto, das Sie beschnitten (oder auf andere Art bearbeitet) haben, auch später noch jederzeit mit dem Menübefehl FOTOS|ZURÜCK ZUM ORIGINAL wieder in den Originalzustand versetzen und so tun, als wäre nichts passiert. Das nennt man verlustfreie Bearbeitung!

Falls Sie das Originalbild behalten möchten, kopieren Sie es zuerst, indem Sie es im Anzeigebereich auswählen und FOTOS|DUPLIZIEREN wählen. Geben Sie der Kopie einen neuen Namen und schneiden Sie sie wunschgemäß zurecht.

Motive gerade rücken

Sie haben ein hübsches Foto vom Eiffelturm gemacht, aber die Kamera dabei etwas schräg gehalten, sodass das Ergebnis nun eher an den schiefen Turm von Pisa erinnert? Keine Panik, auch dieses Bild können Sie in iPhoto retten. Klicken Sie im Bearbeitungsmodus auf BEGRADIGEN, um die Schieflage zu beseitigen. Mithilfe des Schiebereglers können Sie das Motiv ganz leicht an den Linien des gelben Gitters ausrichten, das über dem Foto geblendet wird. (Klicken Sie erneut auf BEGRADIGEN oder auf FERTIG, um die neue Ausrichtung zu übernehmen.)

Kleine Schönheitsfehler reparieren

Was tun, wenn ein ansonsten makelloses Porträtfoto durch einen kleinen Fleck auf dem Pulli oder einen nicht ganz so kleinen Pickel im Gesicht ruiniert wird?

Klicken Sie im Bearbeitungs- oder Vollbildmodus auf RETUSCHIEREN, um iPhotos genialen Fleckentferner beziehungsweise Software-Airbrush-Pinsel zu aktivieren. Zoomen Sie den zu bearbeitenden Bildbereich am besten nahe heran, damit Sie genau sehen, was Sie da tun. Mit dem Schieberegler GRÖSSE können Sie die Größe des Retuschierpinsels einstellen.

Bewegen Sie nun den runden Pinsel-Cursor bei gedrückter Maustaste wenn nötig mehrmals über die Sommersprosse, den Fleck oder den Pickel (manchmal reicht auch schon ein Klick). iPhoto übertüncht solche Stellen mit den angrenzenden Farben des Bildes. Machen Sie dabei möglichst kurze »Pinselstriche«, um zu vermeiden, dass die Stelle verschmiert und die Person danach noch scheußlicher aussieht.

Wenn Sie fertig sind, klicken Sie erneut auf RETUSCHIEREN oder auf FERTIG (beziehungsweise schließen Sie den Vollbildmodus), um die Änderung zu übernehmen.

Größere Bilder lassen sich leichter retuschieren, weshalb der Vollbildmodus sich für diesen Zweck umso besser eignet. Leider – und ich sage Ihnen das nicht gern – werden solch kleine Korrekturen Ihnen wohl keinen Modelvertrag einbringen.

 Durch Drücken der ⬜-Taste können Sie während der Bearbeitung zum Vergleich zwischen dem Original und dem retuschierten Bild hin- und herwechseln. Falls das Ergebnis Sie nicht überzeugt, können Sie die Änderung – genau wie beim Freistellen – jederzeit wieder rückgängig machen.

Verbessern und Anpassen

Die VERBESSERN-Funktion von iPhoto korrigiert automatisch Bilder, die zu dunkel, zu hell oder zu blass geraten sind, indem sie Parameter wie Farbsättigung, Färbung und so weiter anpasst. Klicken Sie im Bearbeitungsmodus (oder im Vollbildmodus) einfach auf VERBESSERN und iPhoto kümmert sich um den Rest.

Leider erfährt nicht jedes Foto durch diese Behandlung eine Verbesserung, doch wie üblich lassen sich die Änderungen auch schnell wieder rückgängig machen. Wie beim RETUSCHIEREN-Werkzeug können Sie auch hier mit der ⬜-Taste zwischen Originalzustand und bearbeitetem Bild hin- und herschalten.

Während Sie bei der VERBESSERN-Funktion iPhoto die ganze Arbeit überlassen, können Sie mit der Option ANPASSEN selbst Hand anlegen. Ein Klick auf diese Taste bringt ein transparentes Fenster zum Vorschein (siehe Abbildung 16.11), in dem Sie mithilfe der Schieberegler Einstellungen wie HELLIGKEIT, KONTRAST, LICHT, SCHATTEN, SCHÄRFE, SÄTTIGUNG und so weiter selbst vornehmen können. Falls Sie dabei den Überblick verlieren, klicken Sie einfach auf ZURÜCK-SETZEN, um von vorn zu beginnen.

 Falls Sie die Einstellungen, die Sie im Dialogfenster ANPASSEN vorgenommen haben, auf weitere, ähnliche Fotos anwenden möchten, klicken Sie auf KOPIEREN. Wählen Sie dann das nächste Foto aus der Browserleiste und klicken Sie auf EINSETZEN.

Rote Augen entfernen

Fotografieren mit Blitz führt oft dazu, dass die abgelichteten Personen auf dem Foto rote Augen haben und dann ein wenig so aussehen, als wollten sie sich für die Hauptrolle in einem

Horrorstreifen bewerben. Aber Sie müssen keinen Priester holen, denn zum Glück kann iPhoto Abhilfe schaffen.

Die Operation ist teuflisch einfach. Klicken Sie im Bearbeitungsmodus (oder im Vollbildmodus) zuerst auf ROTE AUGEN und anschließend mit dem Fadenkreuz-Cursor ein Mal in die Mitte jedes Auges. Sie können dabei entweder die Standardzeigergröße verwenden (AUTOMATISCH) oder die Zeigergröße mit dem Größenregler einstellen (MANUELL). Am besten zoomen Sie das Bild zuvor mit dem Größenschieberegler unten rechts heran. Klicken Sie erneut auf ROTE AUGEN, um den Exorzismus abzuschließen.

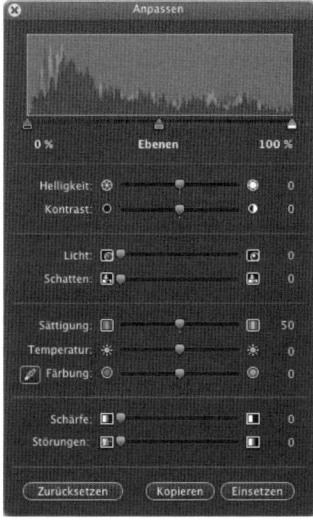

Abbildung 16.11: Ein Foto manuell anpassen

Spezialeffekte

Wenn Sie im normalen Bearbeitungsmodus oder im Vollbildmodus auf EFFEKTE klicken, öffnet sich ein Fenster mit acht anklickbaren Spezialeffekten.

Die Effekte S-W (Schwarz-Weiß), SEPIA, ANTIK (lässt das Foto alt wirken), VERBLASST (verringerte Farbintensität) und EINGEFÄRBT (größere Farbintensität) wirken sich auf das gesamte Bild aus. Klicken Sie mehrmals hintereinander auf die betreffende Taste, um den jeweiligen Effekt zu verstärken (außer Schwarz-Weiß und Sepia). Mit den Optionen MASKE, VIGNETTE und UNSCHARF verändern Sie die Kanten des Fotos. Ein Klick auf ORIGINAL versetzt das Bild wieder in den Originalzustand.

Fotos bewundern und mit anderen teilen

Bis jetzt haben Sie sich ausschließlich mit der Verwaltung und Bearbeitung von Fotos in iPhoto befasst. Doch genug damit – nun ist es an der Zeit, sich zurückzulehnen, Ihre Meisterwerke zu bewundern und andere mit Ihrem fotografischen Können zu beeindrucken.

Eine Diashow erstellen

Wenn Sie ein gewisses Alter haben, dann erinnern Sie sich vielleicht noch daran, wie Sie als Kind auf dem Sofa stillsitzen und warten mussten, während Ihre Eltern den Diaprojektor aufstellten. Und dann hieß es zum Beispiel: »Das sind wir vor der Zugspitze. Und hier sind wir noch mal vor der Zugspitze – *aus einem leicht veränderten Winkel aufgenommen.*«

Die Diashow des einundzwanzigsten Jahrhunderts – dem Mac sei Dank – ist um einiges aufregender. Da werden Ihre Fotos zum Beispiel mithilfe des sogenannten Ken-Burns-Effekts (nach dem gleichnamigen Dokumentarfilmemachers) langsam heran- und wieder weggezoomt und Sie können die Diashow sogar mit Musik direkt aus Ihrer iTunes-Bibliothek unterlegen.

So erstellen Sie eine Diashow Ihrer Lieblingsbilder:

1. **Markieren Sie die Fotos (ein Album, ein Ereignis oder mehrere Bilder), die in die Diashow eingebunden werden sollen.**

2. **Klicken Sie auf das Plussymbol unterhalb der Seitenleiste und im folgenden Dialogfenster auf DIASHOW.**

   Alternativ können Sie in der Symbolleiste auf das Symbol DIASHOW klicken, falls angezeigt. Geben Sie einen Namen ein.

3. **Ziehen Sie nun gegebenenfalls die Bilder in der Fotobrowser-Leiste in die gewünschte Reihenfolge.**

4. **Klicken Sie in der Werkzeugleiste auf MUSIK, um eine passende Untermalung aus iTunes, GarageBand oder den Beispielstücken von iPhoto zu wählen.**

   Bestätigen Sie mit OK.

5. **Klicken Sie auf EINSTELLUNGEN, um verschiedene Darstellungsoptionen festzulegen.**

   Hier legen Sie fest, wie lange die einzelnen Dias angezeigt werden (3 Sekunden ist die Standardeinstellung) und wählen einen Übergangseffekt (ÜBERBLENDEN, TROPFEN, MOSAIK, WIRBELN und so weiter). Deaktivieren Sie gegebenenfalls den automatischen Ken-Burns-Effekt. Sie können die Fotos bildschirmfüllend vergrößern, Titel und Wertungen sowie eine Diashow-Steuerung einblenden lassen. Des Weiteren können Sie angeben, ob die Musik während der Diashow wiederholt oder die Anzeigedauer der einzelnen Dias an das Musikstück angepasst wird. Bestätigen Sie die Einstellungen mit OK.

6. **Klicken Sie auf ANPASSEN, um die Einstellungen einzelner Dias anzupassen.**

7. **Klicken Sie auf VORSCHAU, um eine Vorschau der Diashow im selben Fenster anzusehen.**

8. **Klicken Sie auf STARTEN, um die Diashow abzuspielen.**

 Wenn Sie während des Abspielens der Diashow den Cursor bewegen, wird die Diashow-Steuerung eingeblendet und Sie können die angezeigten Bilder drehen, bewerten und löschen, zum nächsten oder vorherigen Bild springen sowie die Diashow anhalten und fortsetzen. Drücken Sie [ESC] oder klicken Sie, um zu iPhoto zurückzukehren.

Sie können Ihre Diashow auf eine DVD brennen (Bereitstellen|Brennen beziehungsweise An iDVD senden) oder als QuickTime-Film exportieren (Ablage|Exportieren). Mehr über das Brennen von DVDs sowie das Programm iDVD erfahren Sie im nächsten Kapitel.

Einer bereits erstellten Diashow fügen Sie Fotos hinzu, indem Sie diese auf den Diashow-Ordner in der Seitenleiste ziehen. Die nachträglich hinzugefügten Fotos werden nach den vorhandenen Bildern platziert.

Bilder aus iPhoto per E-Mail senden

Sie können Bilder direkt aus iPhoto heraus per E-Mail versenden. Markieren Sie dazu ein Foto (oder mehrere) aus der Mediathek oder aus einem Album und klicken Sie in der Symbolleiste auf E-Mail (oder wählen Sie Bereitstellen|E-Mail). Wählen Sie im folgenden Dialogfenster (siehe Abbildung 16.12) eine Größe (Klein, Mittel, Groß oder Originalgrösse).

Abbildung 16.12: Achten Sie beim Versenden von Fotos via E-Mail auf die Größe.

 Je kleiner die Bilddatei, desto schneller kann sie versandt und vom Empfänger heruntergeladen werden, weshalb Sie lieber ein kleineres Format wählen sollten. Zwar haben größere Dateien eine bessere Qualität, überschreiten aber unter Umständen die Dateigrößenbeschränkungen Ihres Internetproviders beziehungsweise können das Postfach des Empfängers blockieren.

Nun müssen Sie noch entscheiden, ob der Titel des Bildes und eventuell vorhandene Kommentare mit gesendet werden sollen. Klicken Sie dann auf Erstellen.

Das Mac-eigene E-Mail-Programm Mail öffnet sich mit dem ausgewählten Foto als Anhang (vorausgesetzt, Sie verwenden Mail als Standard-E-Mail-Programm). Tippen Sie alle üblichen Daten wie E-Mail-Adresse, Betreff und eine kurze Bemerkung zum E-Mail-Anhang ein, und ab geht die Post.

 Wenn Sie ein anderes E-Mail-Programm für den Versand von Bildern aus iPhoto verwenden wollen (zum Beispiel AOL, Eudora oder Microsoft Entourage), dann öffnen Sie die iPhoto-Einstellungen und wählen unter der Rubrik Allgemein aus dem Einblendmenü Foto-E-Mails senden mit die entsprechende Option. Sie können Foto-Anhänge auch über webbasierte E-Mail-Dienste wie Gmail, Hotmail oder Yahoo! Mail versenden.

Ein Fotobuch erstellen

Nichts ist wirklich gewiss im Leben, wohl aber, dass gebundene Fotobücher mit Familienfotos ausgezeichnete Geschenke abgeben. Mit iPhoto ist es ein Kinderspiel, professionell gedruckte, ansprechende Fotobücher in verschiedenen Größen selbst zu gestalten. Und wenn Ihre Eltern oder Großeltern erst sehen, *was* Sie da produziert haben, dann wundern Sie sich nicht, wenn Sie gefragt werden, warum Sie noch keinen Job im Verlagswesen haben.

In iPhoto wählen Sie ein Buchdesign und eine Größe und stellen die Bilder zusammen. Das Arrangement wird dann übers Internet an eine Druckerei gesendet, die das Buch druckt, bindet und (innerhalb von Tagen) an die von Ihnen angegebene Adresse schickt. Um diesen Service nutzen zu können, benötigen Sie einen Kunden-Account bei Apple (mit aktivierter 1-Click-Bestellfunktion), den Sie automatisch im Rahmen der Buchbestellung einrichten.

Bei Drucklegung dieses Buches lag der Preis für die große gebundene Ausgabe bei 28,99 Euro. Bei den Taschenbuchformaten kostete das große 19,71 Euro, das mittlere 10,43 Euro und das kleine 4,05 Euro, wobei Letzteres nur im Dreierpack für 12,15 Euro erhältlich ist. Diese Grundpreise gelten für eine Anzahl von je zehn Buchseiten (wahlweise ein- oder doppelseitig bedruckt), jede weitere Seite kostet extra.

Die Gestaltung Ihres eigenen Fotobuchs nehmen Sie folgendermaßen in Angriff:

1. **Wählen Sie eine Reihe von Bildern aus der Mediathek oder ein oder mehrere Alben aus, die in das Fotobuch hinein sollen.**

2. **Klicken auf das Plussymbol unterhalb der Seitenleiste und im folgenden Dialogfenster auf BUCH.**

   Alternativ können Sie auf die Taste BUCH in der Symbolleiste klicken. Ein Dialogfenster zur Auswahl des Buchtyps öffnet sich. Geben Sie einen Namen für das Buch ein.

3. **Wählen Sie aus dem Einblendmenü BUCHTYP die gewünschte Größe.**

4. **Wählen Sie aus der Scroll-Leiste links ein Buchdesign aus.**

   Sie haben die Wahl zwischen Themen wie FOTOALBUM, URLAUB, AQUARELL und so weiter. Klicken Sie auf das jeweilige Thema, um ein Vorschaubild anzusehen. Bei einigen Optionen können Sie Ihre Bilder zusätzlich mit Titeln und Kommentaren versehen. Die Schalfläche OPTIONEN + PREISE bringt Sie auf Apples iPhoto-Webseite, wo Sie detaillierte Informationen erhalten.

5. **Klicken Sie auf AUSWÄHLEN.**

   iPhoto schaltet nun in die *Buchdarstellung* um. Ähnlich wie in Abbildung 16.13 wird hier im Hauptansichtsbereich die aktuelle Buchseite angezeigt, in deren Fotoplatzhalter Sie nun Bilder aus der Fotobrowser-Leiste oberhalb bewegen können. Achten Sie darauf, dass links neben der Browser-Leiste die untere Taste zum Anzeigen der zu platzierenden Bilder aktiv ist (Fotodarstellung); mit der oberen Taste blenden Sie die Miniaturen der einzelnen Buchseiten ein (Seitendarstellung). Mit den Pfeiltasten unten rechts blättern Sie vor und zurück.

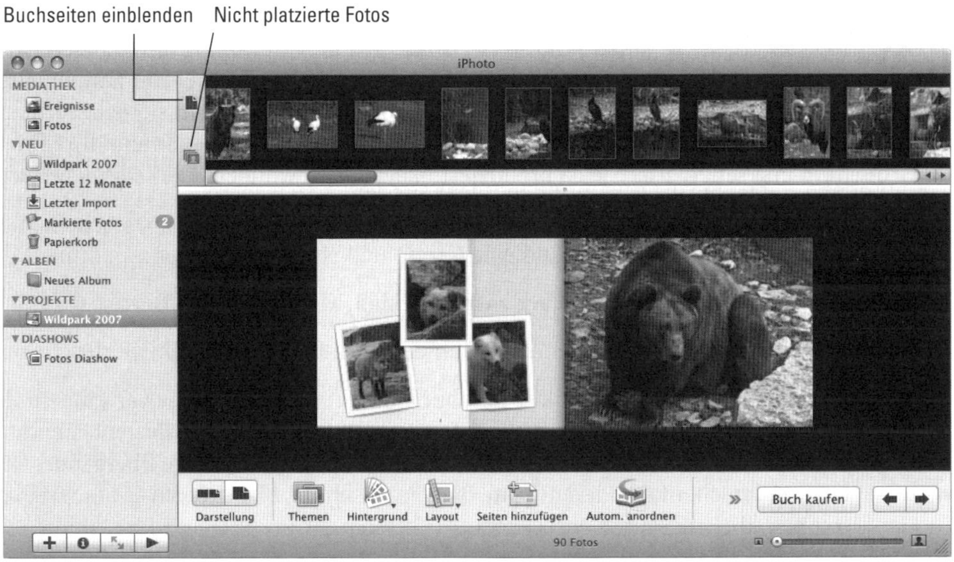

Buchseiten einblenden   Nicht platzierte Fotos

Abbildung 16.13: Ein Fotobuch gestalten

6. **Klicken Sie auf** SEITEN HINZUFÜGEN, **um weitere Seiten hinzuzufügen.**

7. **Passen Sie das Layout der einzelnen Seiten an (Bildanzahl, Textplatzhalter und so weiter).**

   Aktivieren Sie die Seitendarstellung (obere Taste muss aktiv sein) und wählen Sie die Doppelseite aus, die Sie anpassen möchten.

   Klicken Sie in die zu ändernde Buchseite (mit den Tasten DARSTELLUNG unten links können Sie festlegen, ob nur eine Seite oder beide Seiten angezeigt werden) und wählen Sie aus dem Einblendmenü LAYOUT die Anzahl von Bildplatzhaltern sowie die gewünschte Anordnung (oder einen anderen Seitentyp). Einen farblich abgestimmten Hintergrund wählen Sie unter dem gleichnamigen Symbol.

   In der Browser-Leiste können Sie in der Fotodarstellung die Reihenfolge der Bilder und in der Seitendarstellung die Reihenfolge der Seiten ändern, indem Sie die Thumbnails an die gewünschte Position ziehen.

   Bereits platzierte Bilder lassen sich leicht von einem Platzhalter in einen anderen bewegen. Um ein bereits platziertes Bild von der aktuellen Buchseite zu löschen, klicken Sie es an und drücken die ⟵-Taste; ein noch nicht platziertes Foto löschen Sie, indem Sie es in der Fotobrowser-Leiste markieren und ⟵ drücken. Wenn Sie ein platziertes Foto im Hauptansichtsbereich anklicken, erhalten Sie außerdem die Möglichkeit, die Größe und den Ausschnitt anzupassen.

   Klicken Sie auf EINSTELLUNGEN in der Werkzeugleiste, um verschiedene Texteinstellungen (Schriftarten für verschiedene Texttypen) vorzunehmen und Optionen (Apple-Logo, doppelseitig, Seitenanzahlen etc.) festzulegen.

 Wenn Sie möchten, übernimmt iPhoto das Arrangement Ihrer Bilder selbstständig (obwohl das nicht annähernd so viel Spaß macht). Klicken Sie dazu, gleich nachdem Sie ein Thema gewählt haben, auf AUTOMATISCH ANORDNEN in der Symbolleiste. Auch dann können Sie natürlich noch Änderungen vornehmen.

Sie können Ihrem Buch weitere Fotos hinzuzufügen. Klicken Sie dazu auf FOTOS (oder ein Album) und ziehen Sie die gewünschten Bilder aus dem Anzeigebereich auf das Fotobuchsymbol in der Seitenleiste. Wenn Sie nun auf das Fotobuchsymbol klicken, erscheinen die hinzugefügten Fotos in der Fotobrowser-Leiste.

8. **Wenn Sie schließlich mit Ihrem Werk zufrieden sind, klicken Sie auf BUCH KAUFEN.**

Das Buch wird angelegt und Sie werden durch den Bestellvorgang geführt.

 Sie können Ihr fertiggestelltes Fotobuch auch in eine Diashow verwandeln, indem Sie das Buch in der Seitenleiste auswählen und auf die Abspielentaste unten klicken. Legen Sie im folgenden Dialogfenster Einstellungen wie Übergänge, Hintergrundmusik und andere Effekte (wie im Abschnitt über Diashows beschrieben) fest und klicken Sie auf WIEDERGEBEN.

Karten, Kalender und Fotoabzüge

Wie Sie sicher schon vermutet haben, können Sie mit der Option ABZÜGE in der Symbolleiste unterhalb des Anzeigebereichs Abzüge Ihrer Lieblingsbilder bestellen, in diesem Fall direkt von Kodak. Wie gewöhnlich haben Sie die Wahl zwischen verschiedenen Formaten.

Genauso kinderleicht lassen sich mit den entsprechenden Optionen Kalender und Grußkarten Ihrer Favoriten erstellen und drucken. Auch hier können Sie zwischen verschiedenen Layouts und Designvorlagen wählen. Ein Kalender darf bis zu 24 Monate umfassen und Sie können ein individuelles Startdatum festlegen, wichtige Feiertage einfügen und sogar iCal-Kalenderdaten sowie Geburtstage aus Ihrem Adressbuch importieren lassen. Ein Kalender in der Größe 33 x 26,5 cm kostet etwas über 20 Euro.

Auch für diese Dienstleistungen benötigen Sie einen Apple-Account mit aktiver 1-Click-Bestellfunktion. (Bei der ersten Bestellung werden Sie automatisch durch den Einrichtungsvorgang geführt.)

.Mac-Web-Galerie

Alle frisch gebackenen Eltern halten die ersten Lebenswochen ihres kleinen Wonneproppens auf Unmengen von Fotos fest und wollen diese am liebsten mit *jedermann* teilen. Doch gerade während dieser Zeit ist es meist eher unvorteilhaft, alle einzuladen, um gemeinsam in Fotoalben zu blättern (sofern der Besuch nicht bereit ist, beim Windelwechseln zur Hand zu gehen). Und angesichts des Schlafmangels, unter dem die gestressten Eltern meist leiden, ist das Versenden der Fotos per E-Mail an die gesamte Verwandtschaft auch keine so gute Idee.

Es gibt zwar inzwischen viele Anbieter im Internet, die es Ihnen ermöglichen, Ihre Bilder ins Web zu stellen, um sie mit anderen zu teilen. Aber stellen Sie sich vor, Sie könnten ein Album so online »veröffentlichen«, dass Verwandte und Freunde die Bilder *direkt* in ihrer eigenen iPhoto-Bibliothek sehen, das Album zum Beispiel als Diashow in ihrem Browser betrachten, es via RSS (siehe Kapitel 10) abonnieren oder auch einzelne Bilder herunterladen können. Und stellen Sie sich außerdem vor, die öffentlichen Alben würden bei den Personen, die über iPhoto oder eine andere RSS-fähige Software darauf zugreifen, *automatisch aktualisiert*, sobald Sie neue Bilder hineinlegen. Und dann hätten diese Personen auch noch die Möglichkeit, Ihre im Web freigegebenen Alben durch eigene Fotos zu ergänzen, die Sie dann wiederum automatisch in iPhoto erhalten!

Sie haben jetzt eine ungefähre Vorstellung von der Leistungsfähigkeit der .Mac-Web-Galerie von iPhoto 7. (Unter iPhoto 6 hieß diese Funktion noch Photocasting und arbeitete ganz ähnlich.) Man könnte das Ganze als Podcasting für Fotos bezeichnen und für manche von Ihnen ist es unter Umständen der Hauptgrund für die Anschaffung eines kostenpflichtigen .Mac-Accounts.

Und so funktioniert der ganze Zauber:

1. **Wählen Sie in der Seitenleiste das Album aus, das Sie veröffentlichen möchten.**

2. **Wählen Sie** Bereitstellen|Web-Galerie **oder klicken Sie auf die gleichnamige Taste in der Symbolleiste.**

   Gegebenenfalls müssen Sie sich bei Ihrem .Mac-Account anmelden. Es öffnet sich das in Abbildung 16.14 gezeigte Dialogfenster.

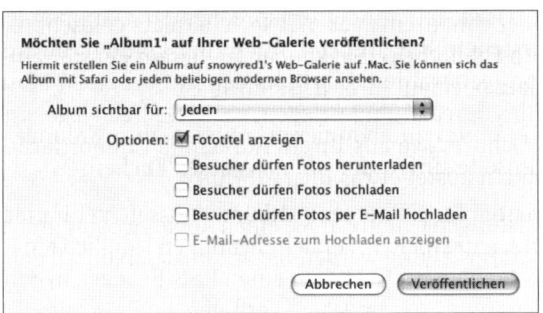

Abbildung 16.14: Ein Photocast-Album veröffentlichen

3. **Legen Sie die Sichtbarkeit und die Optionen für das zu veröffentlichende Album fest.**

   Zunächst legen Sie im Einblendmenü Album sichtbar für fest, wer auf das veröffentlichte Album zugreifen können soll. Das können entweder nur Sie selbst sein oder absolut jeder. Wenn Sie den Zugriff auf eine bestimmte Gruppe von Personen beschränken möchten, können Sie Ihr Album durch ein Kennwort schützen. Wählen Sie dann die Option Namen und Kennwörter bearbeiten und geben Sie im folgenden Dialogfenster einen Benutzernamen und ein Kennwort ein. (Klicken Sie dazu auf die Plus-Taste.) Der Benutzername erscheint dann als auswählbare Option im Menü Album sichtbar für.

Unter OPTIONEN legen Sie fest, ob der Titel der einzelnen Bilder angezeigt werden soll, ob Besucher Fotos aus Ihrem Album herunter- und auch eigene hineinladen dürfen, ob das Hochladen von Bildern per E-Mail möglich sein soll und ob Sie Ihre E-Mail-Adresse anzeigen lassen möchten, damit Besucher darüber Fotos in Ihr Album laden können.

4. **Klicken Sie auf VERÖFFENTLICHEN.**

Das Album wird in der Seitenleiste unter Web-Galerie angezeigt; ein kleiner Kreis signalisiert Ihnen, dass der Veröffentlichungsprozess im Gange ist, der je nach Umfang des Fotoalbums auch etwas länger dauern kann. Danach erscheint neben dem Album in der Seitenleiste das Symbol für »Veröffentlicht«.

5. **Rufen Sie Ihre .Mac-Web-Galerie im Browser auf.**

Sobald Sie das Album in der Seitenleiste auswählen, werden alle enthaltenen Bilder angezeigt sowie in der Titelleiste die Webadresse, über die das Album aufgerufen werden kann. Klicken Sie darauf, um Ihre .Mac-Web-Galerie in Safari zu öffnen.

6. **Klicken Sie in der Symbolleiste auf ANKÜNDIGEN, um die gewünschten Personen einzuladen, Ihr Album zu abonnieren.**

Die E-Mail, die sich daraufhin in Mail öffnet, enthält alle nötigen Informationen für das Ansehen und Ergänzen des veröffentlichten Albums.

 Wenn Sie vergessen haben, wie viele Alben Sie zurzeit veröffentlicht haben, wählen Sie IPHOTO|EINSTELLUNGEN und sehen in der Liste unter der Rubrik WEB-GALERIE nach. Hier können Sie auch die Veröffentlichung eines Albums jederzeit wieder aufheben, indem Sie es auswählen und auf VERÖFFENTLICHUNG STOPPEN klicken. Daraufhin werden die Bilder von Ihrem .Mac-Webspeicherplatz gelöscht (aber natürlich nicht aus Ihrer iPhoto-Bibliothek). Sie können in diesem Fenster außerdem sehen, wie viel Speicherplatz noch auf Ihrer iDisk übrig ist.

Um das veröffentlichte Album zu abonnieren, müssen Ihre Freunde und Verwandten nun lediglich auf Ihre Albumseite surfen und auf ABONNIEREN klicken.

 Die Abonnenten Ihres Photocast-Albums müssen nicht unbedingt iPhoto besitzen, um Ihre Bilder zu erhalten, sondern benötigen lediglich ein RSS-Anzeigeprogramm (einen RSS-fähigen Browser oder einen RSS-Reader), in dem sie die von Ihnen per E-Mail zugesandte URL eingeben. Verfügen die Empfänger aber über iPhoto 6 oder höher, können sie die abonnierten Bilder genauso verwenden wie Sie selbst und sie zum Beispiel in Alben einfügen oder Bücher, Kalender und Grußkarten davon erstellen. Nur löschen können sie die Bilder nicht.

 Über was die Besucher Ihrer Web-Galerie zum Abonnieren veröffentlichter Alben jedoch unbedingt verfügen müssen ist – ein Mac. Apple gibt relativ versteckt den folgenden Hinweis: »Wenn Sie einen Windows-Computer verwenden, können Sie kein Web-Galerie-Album abonnieren.« Das ist schade für all Ihre Freunde und Verwandten mit Windows-Computern und bedeutet einen Rückschritt im Vergleich zu der unter iPhoto 6 verfügbaren Photocasting-Funktion, bei der dies per RSS-Reader noch möglich war. Diese Menschen müssen sich wohl oder übel damit

begnügen, Ihre veröffentlichten Alben nur im Webbrowser anzusehen und Bilder herunterzuladen.

Auch das Herunter- und Hochladen von Fotos aus Ihrer beziehungsweise in Ihre Web-Galerie können Ihre Besucher auf der Albumseite erledigen, indem Sie die entsprechenden Optionen anklicken. Wenn Sie bei der Einrichtung des Albums das Hochladen von Bildern per E-Mail zugelassen haben, können andere Personen neue Fotos auch an die von Ihnen angegebene E-Mail-Adresse schicken, damit sie im Album landen.

Als .Mac-Mitglied können Sie außerdem eine Diashow Ihrer Bilder auf Ihrer iDisk veröffentlichen, sodass andere über das Internet darauf zugreifen können. Wählen Sie dazu BEREITSTELLEN|.MAC SLIDES und klicken Sie im folgenden Dialogfenster auf VERÖFFENTLICHEN. Nachdem Sie Ihre Bilder auf die iDisk geladen haben, klicken Sie auf DIASHOW ANKÜNDIGEN, um andere per E-Mail zum Ansehen einzuladen.

Im Menü BEREITSTELLEN haben Sie außerdem die Möglichkeit, eine Diashow an das Programm iDVD zu senden, das ich in Kapitel 17 ausführlicher behandle.

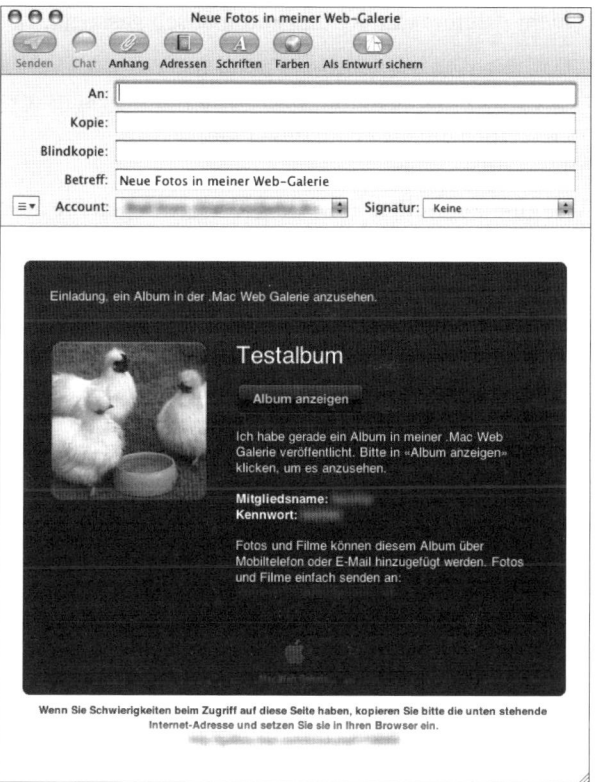

Abbildung 16.15: Laden Sie Verwandte und Freunde ein, Ihr Web-Galerie-Album anzusehen.

iPhoto-Bilder in iWeb weiterverarbeiten

Wie Sie inzwischen gemerkt haben dürften, sind die iLife-Programme so ausgelegt, dass sie reibungslos zusammenarbeiten. So kommt iPhoto beispielsweise glänzend mit iWeb, dem jüngsten Mitglied der iLife-Suite zurecht, mit dessen Hilfe Sie attraktive Webseiten und Weblogs gestalten können.

iWeb enthält eine Reihe von Vorlagen mit Platzhaltern für verschiedene Dinge, darunter auch – Sie haben es erraten – Bilder. Sie können daher Fotos aus iPhoto für die Weiterverarbeitung mit iWeb exportieren und sie dort einfügen (beziehungsweise vorhandene Bilder ersetzen), indem Sie sie in die entsprechenden Platzhalter ziehen.

Führen Sie dazu die folgenden Schritte durch:

1. **Wählen Sie einzelne Bilder oder ein Album für den Export an iWeb aus.**

2. **Wählen Sie BEREITSTELLEN|AN IWEB SENDEN und anschließend die Option FOTOSEITE oder BLOG (oder klicken Sie auf die Taste IWEB in der Symbolleiste, falls angezeigt).**

   Falls iWeb noch nicht geöffnet war, wird es automatisch gestartet.

 Apple empfiehlt, für die Erstellung eines Blogs mindestens drei Bilder zu exportieren. Eine Website kann bis zu 99 Bilder enthalten.

3. **Wählen Sie in iWeb eine Fotoseiten- oder Blog-Vorlage, fügen Sie die gewünschten Bilder ein und treffen Sie gegebenenfalls weitere Einstellungen.**

   Wenn Sie die Option BLOG wählen, erstellt iWeb für jedes Bild einen neuen Blog-Eintrag. Tippen Sie jeweils ein paar Kommentare ein.

   Bei einer Fotoseite können Sie Text in die einzelnen Platzhalter eingeben und auch die Fototitel ändern, indem Sie auf den jeweiligen Text doppelklicken. Um die Reihenfolge der Fotos zu ändern, ziehen Sie sie an eine andere Stelle der Seite. Möchten Sie weitere Fotos hinzufügen, wählen Sie DARSTELLUNG|MEDIENÜBERSICHT EINBLENDEN. Im Bereich FOTOS müssen Sie dann nur noch die Bilder auswählen und in die Fotoseite hineinziehen.

   Über die Option TASTE des Menüs EINFÜGEN können Sie bei Bedarf einen E-Mail-Link und einen Besucherzähler einfügen.

4. **Entspricht die fertige Fotoseite oder das Blog Ihren Vorstellungen, veröffentlichen Sie die ganze Chose über Ihren .Mac-Account, indem Sie auf VERÖFFENTLICHEN klicken (oder ABLAGE|AUF .MAC VERÖFFENTLICHEN wählen).**

   Eine Nachricht mit der URL Ihrer neuen Website wird angezeigt, die Sie an andere Benutzern weitergeben können, damit diese auf Ihre Website zugreifen können.

Falls Sie bereits Webspace bei einem anderen Anbieter haben, müssen Sie Ihre mit iWeb erstellte Website oder ein iWeb-Blog nicht zwingend über einen .Mac-Account veröffentlichen. Wählen Sie für das Veröffentlichen im ABLAGE-Menü die Option IN EINEM ORDNER VERÖFFENTLICHEN, bestimmen Sie einen Speicherort und klicken Sie dann auf WÄHLEN. (Falls Ihre Webseite die Taste ABONNIEREN enthält, müssen Sie außerdem die URL-Adresse Ihrer Website in das Feld im Dialogfenster eingeben.) Den gespeicherten Site-Ordner können Sie nun mithilfe eines FTP-Programms (zum Beispiel Fetch) auf den gewünschten Server laden.

Wenn Sie diesen Weg wählen, müssen Sie allerdings auf einige Funktionen verzichten, die nur bei einer Veröffentlichung über .Mac bereitgestellt werden, zum Beispiel Kennwortschutz, Kommentare, Blog-Suche, Besucherzähler und erweiterte Diashows.

Bilder mit anderen Netzwerkteilnehmern austauschen

Falls Ihr Mac in ein Netzwerk eingebunden ist, können Sie iPhoto so einrichten, dass andere Netzwerkteilnehmer auf Ihre Bilder zugreifen können. Wählen Sie dazu IPHOTO|EINSTELLUNGEN und aktivieren Sie unter der Rubrik FREIGEBEN die OPTION MEINE FOTOS FREIGEBEN. Legen Sie falls nötig ein Kennwort fest. Die anderen Netzwerkteilnehmer müssen nun ihrerseits in ihren iPhoto-Einstellungen die Option NACH FREIGEGEBENEN FOTOS SUCHEN aktivieren und können dann Ihre Bilder anzeigen, sie jedoch nicht zu ihrer eigenen iPhoto-Mediathek oder Alben darin hinzufügen. Damit der Bilderaustausch funktioniert, müssen die betreffenden Rechner Mac OS X 10.2.6 oder höher sowie mindestens iPhoto 4 installiert haben.

Ihre digitalen Bilder sicher verwahren

Ich habe Sie schon mehrfach gewarnt, dass ich jede sich nur bietende Gelegenheit nutzen werde, um sicherzustellen, dass Sie Ihre wertvollen Dateien auch sichern. Und was könnte wertvoller sein als Ihre Erinnerungsfotos?

iPhoto macht es Ihnen leicht, Ihre Schätze auf CD oder DVD zu brennen. Wie gewöhnlich wählen Sie dazu zuerst alle zu sichernden Bilder aus (einzelne Fotos, Ereignisse, ganze Alben oder alle Fotos in der Mediathek). Wählen Sie dann BEREITSTELLEN|BRENNEN und legen Sie eine leere CD oder DVD ein. Je nachdem, wie umfangreich Ihre iPhoto-Mediathek ist und ob Sie nur CDs oder auch DVDs brennen können, passt unter Umständen Ihre gesamte Fotosammlung auf ein einziges Backup-Medium (wie viel Speicherplatz Ihre Fotos insgesamt benötigen, wird unten links im Informationsbereich von iPhoto angezeigt, wenn Sie in der Seitenleiste auf FOTOS oder EREIGNISSE klicken).

Benennen Sie die CD oder DVD, klicken Sie auf BRENNEN (und noch einmal im Fenster zum Brennen von CDs/DVDs). Der Brennvorgang dauert je nach Datenmenge eventuell ein paar Minuten.

 Wenn Sie Ihre Bilder wie beschrieben aus iPhoto heraus brennen, können Sie sie später nur in iPhoto ansehen. Um eine CD oder DVD zu erstellen, die auch von einem Windows-Rechner oder in einem Fotolabor gelesen werden kann, wählen Sie nach dem Auswählen der Bilder in iPhoto ABLAGE|EXPORTIEREN. Klicken Sie im folgenden Dialogfenster auf DATEIEN und wählen Sie aus dem Einblendmenü FORMAT ein Dateiformat aus – am gängigsten ist das JPEG-Format. Klicken Sie dann auf EXPORTIEREN, wählen Sie einen Speicherort auf Ihrer Festplatte und bestätigen Sie mit OK.

Schließen Sie iPhoto und wechseln Sie in den Finder. Legen Sie eine leere CD oder DVD ein und ziehen Sie den Ordner mit den exportierten Bildern auf das CD-Symbol. Sobald die Dateien kopiert sind, wählen Sie im Finder ABLAGE|„X" AUF CD/DVD BRENNEN und klicken danach auf BRENNEN.

Ob Sie Ihre iPhoto-Bibliothek nun auf CD oder DVD brennen, Sie werden es mir später danken, falls Sie jemals in die Verlegenheit kommen sollten, sich Fotos daraus wieder beschaffen zu müssen. Denn die in Bildern festgehaltenen Meilensteine eines ganzen Lebens zu verlieren gehört zu der Art von Katastrophe, die wir alle zu vermeiden suchen.

Film ab für iMovie: Ihr Leben auf digitalem Film und DVD

17

In diesen Kapitel

▶ Filmmaterial aufzeichnen

▶ Das Filmmaterial auf den Mac überspielen

▶ Alles über Filmnachbearbeitung

▶ Filme veröffentlichen

▶ Mit iDVD vertraut werden

▶ Eine Film-DVD brennen

Ein Hoch auf Hollywood. Ein Hoch auf iLife. Apples digitale Multimedia-Softwaresuite gibt Ihnen insbesondere mit iMovie alle Videobearbeitungs- und Softwaretools an die Hand, die Sie benötigen, um Ihre Ambitionen als erfolgreicher Regisseur und Filmemacher zu verwirklichen. Und wenn Ihr Streifen erst im Kasten ist, können Sie ihn mithilfe von iDVD und iWeb einem begeisterten Publikum vorstellen.

»Ich möchte allen Menschen danken, die zum Erlangen dieses Preises beigetragen haben: den wundervollen Schauspielern, meiner ganzen Familie, meinem Agenten. Und ein besonderes Dankeschön geht an Steve Jobs ...«

Selbst wenn Sie mit Ihrer Filmkarriere weniger hochgesteckte Ziele verfolgen – und zum Beispiel lediglich die besten Szenen eines Fußballspiels der Mannschaft Ihres Juniors gebührend festhalten wollen, anstatt einen Kassenschlager zu drehen –, dann sind iMovie und iDVD die besten Werkzeuge, die ein Hobbyfilmproduzent sich nur wünschen kann.

In diesem Kapitel stelle ich Ihnen die Funktionen von iMovie 7 und iDVD 7 vor, die zusammen mit dem Rest der iLife '08-Familie entweder auf einem neu gekauften Mac bereits enthalten oder aber für 79 Euro erhältlich sind. Ein Hinweis, bevor Sie loslegen: Apple hat iMovie 7 im Vergleich zu den Vorgängerversionen ziemlich umgekrempelt, weshalb Sie die Anleitungen in diesem Kapitel auch nur mit diesem Programm absolvieren sollten.

Okay, dann lassen Sie uns anfangen. Auf die Plätze, fertig – und Action!

Einen Oscar-verdächtigen Film drehen

Angeblich hat der legendäre Alfred Hitchcock einmal so etwas gesagt wie: »Kinofilme sind wie das wirkliche Leben, nur dass man die langweiligen Teile herausgeschnitten hat«. Bevor Sie sich also an Ihren Mac setzen, müssen Sie zuerst ein wenig von diesem Leben mit Ihrer Videokamera einfangen. Das Entfernen der öden Szenen und das Konvertieren des Rohmaterials in einen hochwertigen und würdigen Heimkinofilm kommen später dran.

Leider kann ich Ihnen keine Tipps geben, wie Sie zum nächsten Hitchcock, Orson Welles oder Steven Spielberg werden. Wenn ich das könnte, säße ich jetzt in Cannes und würde Martini schlürfen (oder zumindest ein Buch wie *Filmemachen für Dummies* verfassen). Aber mein Wissen reicht aus, um Sie mit der richtigen Ausrüstung ins Land des Filmemachens zu schicken, und die besteht im Wesentlichen aus einem digitalen Camcorder.

Band-, Festplatten- und DVD-Camcorder

Nicht alle der heutzutage gängigen digitalen Camcorder-Modelle sind iMovie-kompatibel. Doch eine beispielhafte Liaison mit dem Mac gehen zum Beispiel die äußerst beliebten, bandbasierten MiniDV-Camcorder (mit FireWire-Anschluss) ein. Die Preispanne dieser kompakten Geräte führender Hersteller wie Sony, JVC, Panasonic, Canon oder Samsung beginnt schon bei zirka 150 Euro und geht bis in den vierstelligen Bereich hinein; die Preise für MiniDV-Kassetten liegen mittlerweile bei unter 3 Euro.

Sony produziert als einer von wenigen Herstellern sogenannte *Digital8*-Camcorder, die erstens relativ günstig sind und zweitens den Vorteil haben, dass man sie mit analogen 8-mm- und Hi-8-Bändern verwenden kann. Falls Sie bereits eine beachtliche Sammlung dieser analogen Medien haben, sollten Sie bei einer Neuanschaffung diesen Camcorder in Betracht ziehen. Leider ist die Auswahl an Digital8-Modellen nicht sonderlich groß, außerdem sind diese Geräte sperriger als ihre MiniDV-Pendants.

Wenn Sie ernsthaft planen, Filme in iMovie zu bearbeiten, dann lassen Sie am besten die Finger von folgendem Sony-Camcorder-Typ: *MicroMV*. Zwar ist diese Art von Videokamera (einschließlich der dazugehörigen Kassetten) unwiderstehlich klein und inzwischen auch erschwinglich, aber leider inkompatibel zu iMovie.

Aber es gibt noch zwei weitere Spielarten von digitalen Camcordern, nämlich zum einen solche, die das Gefilmte direkt auf Mini-DVDs aufnehmen, und zum anderen Modelle mit Festplatten- oder Flashspeicher – all diese Arten gibt es von verschiedenen Firmen zu mittlerweile humanen Preisen auf dem Markt. Mit den Vorgängerversionen von iMovie waren solche Camcorder-Arten noch nicht kompatibel, nun werden jedoch viele unterstützt; eine Liste der von iMovie 7 unterstützten Camcorder finden Sie unter `http://docs.info. apple.com/article.html?artnum=306171`.

Im Filmtechnikjargon ausgedrückt: iMovie akzeptiert importiertes Videomaterial in den Formaten MPEG-2, MPEG-4 und DV (Standard), QuickTime sowie dem hochauflösenden HDV-Format (High Definition) 1080i und unterstützt das 16:9-Breitbildformat. Auch das Format AVCHD wird neuerdings unterstützt, jedoch nur auf Intel-basierten Macs.

Einfaches Filmmaterial wird im *NTSC*- und *PAL*-Videoformat aufgezeichnet (das auch beim analogen Fernsehen zum Einsatz kommt), wobei weltweit unterschiedliche Standards zum Einsatz kommen.

Mit einer digitalen Videokamera filmen

Die erste Videokamera, die 1983 unter dem Namen *Betamovie* auf dem Markt kam, geht auf das Konto von Sony und arbeitete mit sogenannten *Betamax*-Kassetten. Im Laufe der folgenden Jahrzehnte kamen in Camcordern eine Vielzahl von Medienformaten zum Einsatz: *VHS, VHS-C, 8 Millimeter, Hi-8*. Diese *analogen* Geräte haben ihren Zweck über Jahre hinweg hinreichend erfüllt, doch wie in fast jedem Bereich der Technik ist man auch bei Videokameras irgendwann zu digitalen Lösungen übergangen. Und warum auch nicht? Denn schließlich verliert das mit einem digitalen Camcorder aufgezeichnete Videomaterial nie mehr seine ursprüngliche Qualität und auch die meist tadellose Klangqualität bleibt erhalten.

iMovie kann nur digitales Videomaterial verarbeiten. Die gute Nachricht ist, dass die Preise für digitale Camcorder in den letzten Jahren praktisch in den Keller gefallen sind. Weit verbreitet sind *MiniDV*-Camcorder, die mit streichholzschachtelgroßen, 60-Minuten-MiniDV-Kassetten arbeiten. Es stehen aber auch viele andere, zunehmend beliebte Modelle zur Wahl, wie Sie im Kasten »Band-, Festplatten- und DVD-Camcorder« in diesem Kapitel nachlesen können.

Am besten starten Sie Ihre Suche nach einer geeigneten Videokamera online. So freut sich Apple mit Sicherheit, wenn Sie im Apple Store (`www.apple.com/de/thestore`) vorbeischauen, aber auch `www.amazon.de` oder `www.cancom.de` bieten eine Palette unterschiedlicher Geräte. Oder Sie suchen mit einer der großen Preissuchmaschinen (wie `www.billiger.de`, `www.guenstiger.de`). Dort können Sie neben den günstigsten Preisen oft auch Produktbewertungen abrufen.

Achten Sie beim Kauf eines Camcorders darauf, dass das richtige FireWire-Kabel (die 4/6-Pin-Variante) für den Anschluss an Ihren Mac mitgeliefert wird. Um Sie vollends zu verwirren: FireWire wird auch manchmal als *i.LINK*- oder *IEEE 1394*-Standard bezeichnet.

Harte Fakten über High Definition

Die Vorgängerversion von iMovie 7 hatte noch den Zusatz *HD* im Namen, der für *High Definition* steht, genau wie bei den immer beliebter (und erschwinglicher) werdenden *HDTV*-Geräten zum Empfang von hochauflösendem digitalem Fernsehen (*HDTV* steht für *High Definition Television*, also *Hochauflösendes Fernsehen*). Videos in HD-Qualität weisen lebhafte Farben und einen unglaublichen Detailreichtum auf; so werden zum Beispiel Wellen auf einem Teich, Sommersprossen und einzelne Hautporen oder Grashalme auf einer Wiese gestochen scharf wiedergegeben. Sie kommen außerdem in den Genuss von Breitbildformat und auch der Klang ist superb.

Mussten Sie bis vor gar nicht allzu langer Zeit für einen Consumer-Camcorder mit HDTV-Auflösung noch recht tief in die Tasche greifen, so sind diese Geräte heute ebenfalls im mittleren Preissegment angesiedelt.

Eine iSight-Kamera verwenden

Es dürfte absolut niemanden verwundern, dass iMovie _selbstverständlich_ auch Videomaterial aus Apples eigener iSight-Kamera verarbeiten kann, egal ob es sich um ein Einzelgerät oder ein integriertes Modell handelt (wie beim iMac, MacBook, MacBook Pro und bei neueren PowerBooks).

Generell liefern die iSight-Kamera und die meisten günstigen Camcorder zum Teil exzellente Ergebnisse – jedoch nicht in _HD_-Qualität (_HD_ steht für _High Definition_, also _hochauflösend_). Lesen Sie dazu den Kasten »Harte Fakten über High Definition« in diesem Kapitel.

Den Moment auf digitales Zelluloid bannen

Ob nun mit herkömmlicher Auflösung oder in HD-Qualität, vermutlich werden Sie schon bald eine Menge atemberaubender Szenen eingefangen haben (was könnte aufregender sein als die ersten Schritte von Junior?). Sie erinnern sich aber sicher an Hitchcocks Credo über das Herausschneiden der weniger dramatischen Teile? iMovie hilft Ihnen dabei, genau das zu tun.

Zuerst müssen Sie Ihr Filmmaterial jedoch in den Mac einspeisen. Wenn Sie iMovie öffnen – in den meisten Fällen durch Anklicken des betreffenden Symbols im Dock –, öffnet sich sofort das Projektfenster von iMovie, das Sie in Abbildung 17.1 sehen.

Filmmaterial in iMovie importieren

Bevor Sie aber mit der Arbeit an Ihrem ersten Filmprojekt beginnen, müssen Sie iMovie zunächst mit etwas Videomaterial füttern. Dieser Vorgang gestaltet sich geringfügig anders, je nachdem, ob Sie einen bandbasierten FireWire-Camcorder (DV oder HDV) oder einen USB-Camcorder mit DVD-, Festplatten- oder Flash-Speicher verwenden. Die zweite Art von Gerät nennt sich auch _RAD-Gerät_ (_Random Access Device_), weil hier im Gegensatz zu bandbasierten Geräten ein gezielter Zugriff auf bestimmte Videoclips möglich ist. Ich werde Sie an den entsprechenden Stellen auf die Unterschiede hinweisen.

1. **Schalten Sie die Videokamera je nach Modell in den VTR-Modus (auch Play- oder VCR-Modus) oder den PC-Modus.**

2. **Falls Sie es noch nicht getan haben, schließen Sie Ihren Camcorder nun über das mitgelieferte FireWire- oder USB-Kabel an den Mac an. Vergewissern Sie sich, dass das Gerät eingeschaltet ist.**

    Sobald der Camcorder korrekt angeschlossen ist, öffnet sich das Importfenster. Das erste Bild zeigt das Importfenster bei einem angeschlossenen RAD-Gerät, das zweite Importfenster sehen Sie, wenn Sie mit einem bandbasierten Camcorder arbeiten.

 Wenn Sie einen DVD-Camcorder angeschlossen haben, wird eventuell das Programm DVD-Player geöffnet. Dies können Sie einfach ignorieren und es wieder schließen.

Bei einem RAD-Gerät (nicht bandbasiert mit DVD-, Festplatten-, Flashspeicher) sehen Sie im Importfenster die Thumbnails aller enthaltenen Clips; diese können Sie einzeln anklicken und mit der Wiedergabe-Steuerung abspielen, um das Material zu sichten.

Bei bandbasierten Geräten sehen Sie im Importfenster zunächst lediglich ein großes blaues Abspielfenster. Wenn Sie den Kippschalter links im Fenster auf MANUELL stellen, können Sie die Kamera mithilfe der eingeblendeten Wiedergabetaste steuern und so das Video abspielen, anhalten und zu bestimmten Stellen spulen.

Video-Steuerung (Vollbild, Wiedergabe ab Anfang)

Die Projekt-Mediathek enthält eine Liste all Ihrer Filmprojekte.   Hier platzieren Sie die Medien (Clips), aus denen Sie ein Projekt erstellen möchten.   Im Anzeigebereich (Viewer) wird Ihr Videomaterial abgespielt.

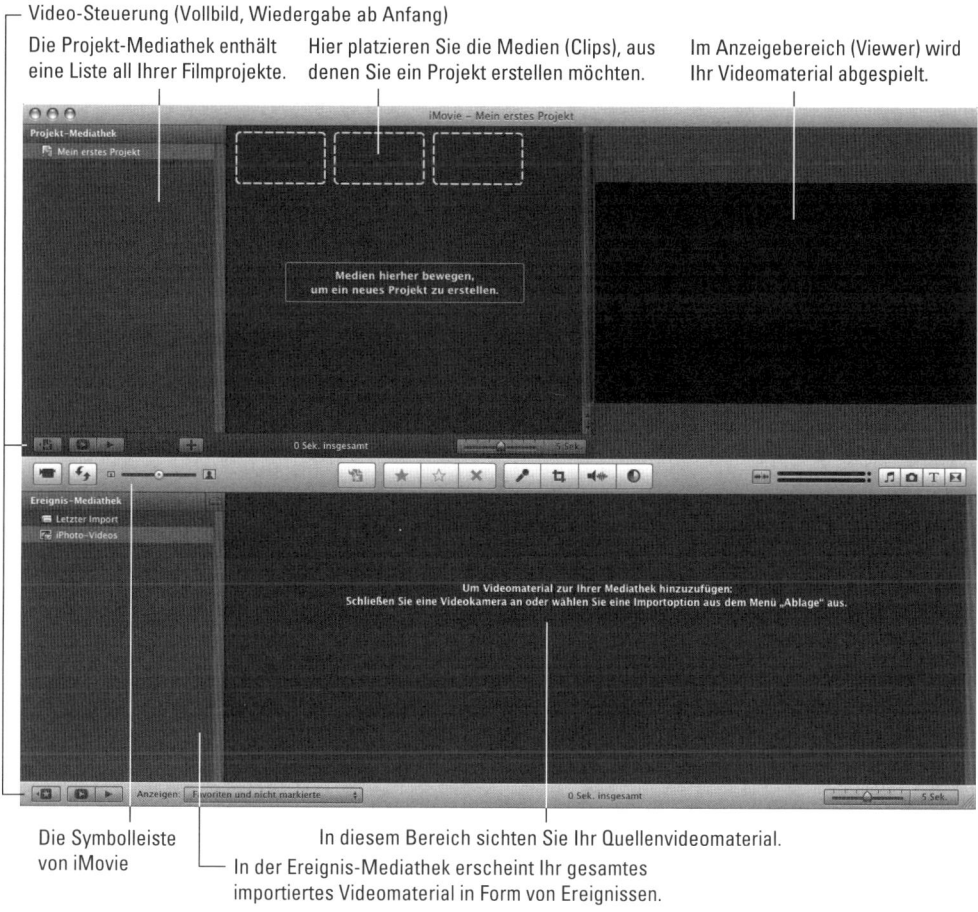

Die Symbolleiste von iMovie

In diesem Bereich sichten Sie Ihr Quellenvideomaterial.

In der Ereignis-Mediathek erscheint Ihr gesamtes importiertes Videomaterial in Form von Ereignissen.

Abbildung 17.1: Das iMovie-Fenster

3. **Klicken Sie im Modus AUTOMATISCH auf ALLE IMPORTIEREN beziehungsweise IMPORTIEREN, um alle Clips beziehungsweise das gesamte Video zu importieren, oder wählen Sie gezielt einzelne Szenen aus, indem Sie in den Modus MANUELL schalten.**

Stellen Sie den Schalter links auf MANUELL und Sie sehen bei einem nicht bandbasierten Camcorder unterhalb der einzelnen Clips Markierungsfelder, die Sie deaktivieren können, sodass diese Clips nicht mitimportiert werden. Stattdessen können Sie auch zuerst auf ALLES DEAKTIVIEREN klicken und dann nur diejenigen Clips mit einem Häkchen versehen, die importiert werden sollen. Klicken Sie anschließend auf MARKIERTE IMPORTIEREN.

Besonders bei bandbasierten Camcordern ist es oft leichter, einfach alle Clips zu importieren. Wenn Sie das möchten, achten Sie darauf, dass der Kippschalter links im Fenster auf AUTOMATISCH steht, bevor Sie auf IMPORTIEREN klicken. iMovie spult das Band dann automatisch zurück an den Anfang und importiert das gesamte Material (während des Imports wird das Video auch abgespielt). Wollen Sie nur bestimmte Szenen importieren, schalten Sie auch hier auf MANUELL. Spulen Sie dann das Band zu der Stelle, ab der Sie mit dem Import beginnen möchten, klicken Sie auf IMPORTIEREN und folgen Sie den nächsten Schritten.

4. **Wählen Sie aus dem Menü SICHERN UNTER einen Speicherort für das importierte Videomaterial aus.**

   Sie können das Videomaterial auf Ihrer internen Festplatte oder auf einer externen FireWire-Festplatte speichern. Achten Sie darauf, dass auf der gewählten Festplatte genügend Speicherplatz vorhanden ist. Wenn Sie etwa eine Stunde an Filmmaterial in herkömmlicher Qualität haben, benötigen Sie zirka 13 GB, bei Video in HD-Qualität brauchen Sie für dieselbe Länge schon zirka 40 GB. Bei jeder Festplatte wird im Einblendmenü der verfügbare Speicherplatz in Klammern angegeben.

5. **Legen Sie fest, auf welche Weise das importierte Filmmaterial in die Ereignis-Mediathek aufgenommen werden soll.**

   iMovie sortiert Ihre importierten Filme – ähnlich wie iPhoto – automatisch in sogenannte Ereignisse basierend auf dem Aufnahmetag. Um ein neues Ereignis anzulegen, tippen Sie einen treffenden Namen (etwa LILLYS ERSTER SCHULTAG) in das Feld NEUES EREIGNIS ERSTELLEN ein. Wenn das zu importierende Filmmaterial an verschiedenen Tagen aufgenommen wurde, können Sie das Markierungsfeld TAGE IN NEUE EREIGNISSE AUFTEILEN aktivieren, um für jeden Aufnahmetag ein neues Ereignis anzulegen. Möchten Sie die Videoclips zu einem bereits vorhandenen Ereignis hinzufügen, aktivieren Sie die gleichnamige Option und wählen den Namen des Ereignisses aus dem Einblendmenü.

   Falls Sie HD-Videos importieren, können Sie zusätzliche Importeinstellungen für die Größe vornehmen (in der Regel empfiehlt sich hier die Einstellung GROSS 960 × 540, um Festplattenspeicherplatz zu sparen).

6. **Klicken Sie auf OK.**

   iMovie macht sich sogleich daran, Ihr Filmmaterial zu importieren und legt dabei Miniaturen für jeden Clip an. Je nachdem, wie lang Ihr Video ist, kann der Importvorgang und das anschließende Generieren der Thumbnails von wenigen Minuten bis zu einer Stunde oder länger dauern. Eine Fortschrittsanzeige gibt Auskunft darüber, wie lange Sie noch warten müssen.

7. **Trennen Sie den Camcorder vom Mac.**

   Drücken Sie gegebenenfalls zuvor die Auswurftaste und schalten Sie das Gerät aus.

Videomaterial aus anderen Quellen importieren

Vielleicht möchten Sie in Ihren neuen Blockbuster ein paar Szenen einbauen, die sich bereits auf Ihrer Festplatte befinden, oder Material von einer CD oder DVD hinzufügen. Wählen Sie in diesem Fall ABLAGE|FILME IMPORTIEREN, suchen Sie das einzufügende Videomaterial im Importfenster heraus und legen Sie Importeinstellungen fest. Um ein in iMovie HD (der Vorgängerversion von iMovie) erstelltes Projekt zu importieren, wählen Sie ABLAGE|IMOVIE HD-PROJEKT IMPORTIEREN.

 Sie können in iMovie auch Videomaterial verwenden, das sich bereits in Ihrer iPhoto-Mediathek befindet, in den meisten Fällen dürfte es sich dabei um Clips handeln, die Sie mit einer Digitalkamera oder einem Handy mit Videofunktion eingefangen haben. Diese Clips müssen Sie gar nicht erst importieren, sie stehen Ihnen nämlich bereits automatisch in der Ereignis-Mediathek von iMovie zur Verfügung. Wählen Sie dort einfach IPHOTO-VIDEOS sowie das gewünschte Ereignis.

Eine weitere Möglichkeit, Filmmaterial in iMovie zu importieren, besteht darin, es direkt darin aufzuzeichnen, und zwar mithilfe Ihrer internen oder externen iSight-Kamera beziehungsweise einer anderen kompatiblen Webcam oder eines Camcorders, die Sie über FireWire mit dem Mac verbinden. Steht die Verbindung, brauchen Sie in iMovie nur noch auf die Taste IMPORTIEREN (das Kamerasymbol) zu klicken und anschließend auf AUFNEHMEN (oder wählen Sie ABLAGE|AUS KAMERA IMPORTIEREN). Auch hier bestimmen Sie einen Speicherort und legen bei Bedarf ein Ereignis an (wie weiter vorn in diesem Kapitel beim Importvorgang beschrieben). Mit OK starten Sie die Aufnahme, mit STOPP brechen Sie sie wieder ab – und das können Sie beliebig oft wiederholen. Haben Sie genügend Material aufgenommen, klicken Sie auf FERTIG.

 Dies ist übrigens der richtige Moment, ein kleines Dankesgebet zu sprechen für die Eingebung, die Sie dazu bewegt hat, sich eine extra große beziehungsweise eine zusätzliche Festplatte zuzulegen. Denn die Bearbeitung von Videos ist sehr speicherintensiv, genauer gesagt frisst eine Stunde Videomaterial zirka 13 GB (und ich spreche hier nicht von HD-Qualität). Sobald Sie Ihren Streifen also fertiggestellt und auf DVD gebrannt haben, sollten Sie nicht verwendetes Filmmaterial schleunigst wieder von der Festplatte löschen, damit Sie genügend Platz für die Fortsetzung haben.

Die Filmnachbearbeitung meistern

Ihr Rohmaterial sollte nun in iMovie platziert sein. In den folgenden Abschnitten erfahren Sie, was es mit der Filmproduktion wirklich auf sich hat, indem Sie zum Beispiel Szenen arrangieren sowie Bilder, Titel, Übergänge, Musik und anderes hinzufügen. Nutzen Sie Ihre kreative Ader, denn beim Zusammenbasteln eines Films beginnt erst der eigentliche Spaß.

Videoclips verwalten

Das iMovie-Hauptfenster ist grob gesprochen in zwei Hauptarbeitsbereiche unterteilt. Der untere Bereich dient zum Verwalten, Sichten, Sortieren und Optimieren Ihrer importierten Videos; im oberen Bereich basteln Sie aus dem vorhandenen Quellmaterial Ihre individuellen iMovie-Projekte zusammen. In den folgenden Abschnitten sehen wir uns zunächst den unteren Teil des iMovie-Fensters genauer an, der wiederum in die *Ereignis-Mediathek* und den *Quellenbereich* unterteilt ist.

Wenn Sie Kapitel 16 über iPhoto gelesen haben, dürfte die Ereignis-Mediathek von iMovie einigermaßen vertraut wirken, denn auch hier wird all Ihr importiertes Material basierend auf dem Aufnahmetag in Ereignisse eingeordnet. Dabei können Sie schon beim Importvorgang entscheiden (siehe Anleitung weiter vorn in diesem Kapitel), ob Sie entweder ein neues Ereignis anlegen möchten (das Sie bei der Gelegenheit auch benennen können) oder ob Sie das Material einem bestehenden Ereignis zuordnen möchten und ob mehrere Aufnahmetage auf neue Ereignisse aufgeteilt werden sollen oder nicht.

Die in iMovie importierten und benannten Ereignisse erscheinen standardmäßig nach Jahren geordnet in der Ereignis-Mediathek. Ereignisse die sich über mehrere Aufnahmetage erstrecken und die Sie beim Import bewusst aufgeteilt haben, werden in einzelnen Tagen aufgelistet (mit dem Zusatz TAG1, TAG2 und so weiter.) Ein Ereignis kann Videomaterial aus mehreren Quellen enthalten, und zwar dann, wenn Sie sich beim Import von neuem Filmmaterial dazu entschieden haben, dieses einem vorhandenen Ereignis hinzuzufügen.

Klicken Sie auf den Pfeil neben einem Jahresverzeichnis,
um die enthaltenen Ereignisse anzuzeigen.

Ereignisse nach Festplatte sortieren

Die Videoclips werden im Quellenbereich
als Filmstreifen angezeigt.

Mehrere Aufnahmetage umfassende Ereignisse
werden nach Tagen getrennt aufgelistet.

Abbildung 17.2: Die Ereignis-Mediathek und der Quellenbereich von iMovie

Jedes Ereignis enthält in der Regel mehrere Videoclips aus einer oder mehreren Quellen. Sobald Sie in der Ereignis-Mediathek auf ein Ereignis klicken, werden die einzelnen Clips rechts im Quellenbereich in Form von *Filmstreifen* (eine Folge von Miniaturbildern) angezeigt.

Sie können auch mehrere Ereignisse oder Ereignistage gleichzeitig auswählen (halten Sie dabei die ⌘-Taste gedrückt), dann wird das Filmmaterial aller ausgewählten Ereignisse untereinander und nach Datum sortiert im Quellenbereich angezeigt.

Um Ihre Ereignisse optimal zu verwalten, haben Sie folgende Möglichkeiten: Sie können

✔ **ein Ereignis umbenennen:** Doppelklicken Sie auf das jeweilige Ereignis und überschreiben Sie seinen Titel.

✔ **ein Ereignis in zwei Ereignisse teilen:** Klicken Sie im Quellenbereich den Videoclip an (egal an welcher Stelle), der am Anfang des neuen Ereignisses stehen soll, und wählen Sie ABLAGE|EREIGNIS VOR DEM AUSGEWÄHLTEN CLIP TEILEN.

✔ **mehrere Ereignisse (oder Ereignistage) zusammenführen:** Markieren Sie die betreffenden Ereignisse in der Ereignis-Mediathek und wählen Sie dann ABLAGE|EREIGNISSE ZUSAMMENFÜHREN.

✔ **die Ereignis-Mediathek nach Festplatten sortieren:** Klicken Sie oben rechts in der Ereignis-Mediathek auf das Festplattensymbol.

✔ **einen Clip (oder eine Szene) in ein anderes Ereignis kopieren:** Einen im Quellenbereich ausgewählten Clip (mehr über das Auswählen von Clips erfahren Sie weiter hinten in diesem Kapitel im Abschnitt »Clips auswählen«) können Sie bei gedrückter ⌥-Taste in ein anderes Ereignis ziehen und so dorthin kopieren.

Die im Quellenbereich angezeigten Videoclips eines Ereignisses (die einzelnen Filmstreifen mit mehreren Bildern) entsprechen den verschiedenen Aufnahmesequenzen, die Sie für das jeweilige Ereignis im Laufe des Filmens nacheinander aufgezeichnet haben; das heißt ein Clip (Filmstreifen) beginnt immer da, wenn Sie die Kamera eingeschaltet haben, und endet immer dort, wenn Sie sie wieder ausgeschaltet haben.

Ein Bild innerhalb eines Clips umfasst standardmäßig jeweils fünf Sekunden an Filmmaterial. Sie können jedoch die angezeigte Länge der Videoclips im Quellenbereich anpassen, indem Sie den Regler unten rechts im iMovie-Fenster bewegen. Ziehen Sie ihn nach links, um mehr Bilder pro Clip anzuzeigen (die Filmstreifen werden länger), und nach rechts, um weniger Bilder je Clip anzuzeigen (die Filmstreifen werden kürzer). Damit verändern Sie natürlich nur die Darstellung der einzelnen Filmstreifen und nicht die Länge des Videomaterials an sich.

Der Schneideraum – Videoclips sichten, sortieren und optimieren

Höchstwahrscheinlich werden es nicht alle Clips, die sich auf der Wartebank des Quellenbereichs befinden, in den endgültigen Film schaffen. Alle klugen Filmemacher produzieren in der Regel viel mehr Rohmaterial, als später tatsächlich gebraucht wird. (Schließlich will man im Notfall genügend Optionen haben!)

Mehrere Clips, die wiederum mehrere Einzelbilder umfassen

Ein Videoclip mit einer Folge
von Einzelbildern

Ein Miniaturbild entspricht
einem Bild des Videos.

Der gezackte Rand weist darauf hin, dass dieser Clip
sich über mehrere Zeilen im Quellenbereich erstreckt.

Abbildung 17.3: Die einzelnen Videoclips werden als Filmstreifen mit jeweils mehreren Einzelbildern im Quellenbereich dargestellt.

Clips abspielen

Ein guter Anfang für die Auswahl der besten Szenen ist es, sich die einzelnen Videoclips im *Schnelldurchlauf* anzusehen. Dazu bewegen Sie den Mauszeiger über einen der Filmstreifen. Analog zu Ihrer Zeigerbewegung bewegen sich – zusammen mit einem roten Balken, dem *Abspielkopf* – die darin enthaltenen Einzelbilder und werden außerdem im iMovie-Viewer oben rechts angezeigt; das jeweils gezeigte Einzelbild entspricht dabei der Stelle im Video, wo sich Ihr Mauszeiger und der Abspielkopf gerade befinden. Auf diese Weise können Sie die einzelnen Szenen »überfliegen« und sich mit dem kritischen Blick eines Regisseurs einen ersten Eindruck verschaffen.

 Beim Schnelldurchlauf hören Sie auch den Ton. Falls Sie diesen als störend empfinden, können Sie ihn vorübergehend deaktivieren, indem Sie in der Symbolleiste in der Mitte des iMovie-Fensters auf die Taste mit dem Tonsymbol (siehe Abbildung 17.4) klicken.

Selbstverständlich können Sie Ihr Filmmaterial auch in normaler Geschwindigkeit abspielen. Um ein Ereignis von Anfang an wiederzugeben, klicken Sie auf die rechte Wiedergabetaste unten links im Fenster. Mit der Leertaste stoppen Sie die Wiedergabe. Sie können das Video auch im Vollbildmodus abspielen, indem Sie auf die Vollbild-Wiedergabetaste links daneben klicken (siehe Abbildung 17.1).

Abbildung 17.4: Ein Klick auf die entsprechende Taste deaktiviert die Audiowiedergabe während des Schnelldurchlaufs.

Im Vollbildmodus kann der Film auch vor- und zurückgespult werden; klicken Sie dazu auf den unten erscheinenden Filmstreifen und bewegen Sie den Zeiger hin und her. Um in das iMovie-Fenster zurückzukehren, klicken Sie auf das Schließen-symbol rechts oder drücken [ESC].

Um das Video ab einer bestimmten Stelle abzuspielen, bewegen Sie den Mauszeiger und damit den Abspielkopf an diese Stelle und drücken dann die Leertaste (oder doppelklicken Sie auf die betreffende Stelle des Clips). Durch erneutes Drücken der Leertaste stoppen Sie die Wiedergabe. Auch dabei können Sie in den Vollbildmodus schalten, indem Sie auf den Abspielkopf rechtsklicken und IM VOLLBILDMODUS WIEDERGEBEN aus dem Kontextmenü wählen. Dort sowie im Menü DARSTELLUNG finden Sie zum Abspielen außerdem die beiden Befehle WIEDERGEBEN beziehungsweise WIEDERGABE und WIEDERGABE AB ANFANG.

Sie können vor dem Abspielen auch einen beliebigen Teil eines Clips auswählen (mehr über Clipbereiche und das Auswählen von Clips lesen Sie im nächsten Abschnitt) und dann DARSTELLUNG|AUSWAHL WIEDERGEBEN wählen.

Clips auswählen

Wie Sie gesehen haben, setzt sich jeder Videoclip innerhalb eines Ereignisses aus mehreren Einzelbildern zusammen. Um Ihre Clips in iMovie weiterverarbeiten zu können, müssen Sie zuerst Teile davon – also mehrere aufeinander folgende Einzelbilder – auswählen. Man spricht hier auch von *Bildbereichen*.

Sobald Sie auf eine beliebige Stelle innerhalb eines Videoclips im Quellenbereich klicken, werden per Standard vier Sekunden Videomaterial ausgewählt und zwar von der Stelle ausgehend, an der Sie geklickt haben. Dieser Bereich erscheint in einem gelben Rahmen, wie in Abbildung 17.5 dargestellt. Links und rechts sehen Sie Anfasser, an denen Sie ziehen und so den Bereich verkleinern oder vergrößern können. Auf diese Weise können Sie auch den gesamten Clip auswählen.

Anstatt zuerst durch Klicken einen Auswahlrahmen zu erstellen und diesen dann in der Größe anzupassen, können Sie auch bei gedrückter Maustaste über den auszuwählenden Bereich ziehen, um einen Auswahlrahmen in der gewünschten Größe zu erstellen. Eine weitere Methode, einen bestehenden Auswahlrahmen in der Größe zu ändern, ist diese: Bewegen Sie den Zeiger (Abspielkopf) an die Stelle, an der die ausgewählte Sequenz beginnen beziehungsweise enden soll, halten Sie die ⬆-Taste gedrückt und klicken Sie. Das Ende des Auswahlrahmens springt automatisch an die gewählte Stelle.

Abbildung 17.5: Ein ausgewählter Bildbereich innerhalb eines Videoclips

Die standardmäßig eingestellte Länge des automatisch ausgewählten Bereichs können Sie ändern. Wählen Sie dazu iMovie|Einstellungen. Unterhalb der Option Klicken in die Ereignisübersicht wählt aus finden Sie einen Regler, mit dem Sie die Zeit einstellen können. Sie können hier außerdem festlegen, dass beim Klicken auf einen Videoclip dieser ganz ausgewählt wird.

Einen bestehenden Auswahlrahmen können Sie innerhalb desselben Clips an eine andere Stelle bewegen, indem Sie ihn an seiner gelben Umrandung anpacken und ziehen. Um einen Clip komplett auszuwählen, klicken Sie ihn bei gedrückter ⌥-Taste an.

Doch wozu dient nun diese ganze Auswählerei von Videoclipbereichen, außer vielleicht zum Abspielen ganz bestimmter Clipteile? Ganz einfach: Indem Sie einzelne Bereiche auf die beschriebenen Arten auswählen, haben Sie die Möglichkeit, Ihr Material bereits beim ersten Durchsehen mit Markierungen zu versehen und es so vorzusortieren. So haben Sie es später einfacher, unerwünschtes Material zu entsorgen und nur die Highlights herauszufiltern und zu bearbeiten, um sie in Ihren neuen Kassenschlager zu integrieren. Lesen Sie im nächsten Abschnitt, wie Sie dabei vorgehen.

Clips als Favorit oder zum Löschen markieren

Manche Clips sind schon auf den ersten Blick sichere Kandidaten für den Papierkorb, zum Beispiel solche mit verschwommenen Nahaufnahmen, Aufnahmen Ihrer Schuhe (wenn Sie vergessen haben, die Kamera auszuschalten) oder allzu übertriebenen schauspielerischen Darbietungen von Oma beim Anblick der Kamera. Solche Szenen können Sie vorerst als abgelehnt markieren, um sie später gesammelt zu eliminieren.

Stellen Sie zuerst sicher, dass unten links im iMovie-Fenster im Einblendmenü Anzeigen die Option Alle Clips ausgewählt ist. Wählen Sie dann die misslungene oder langweilige Bildsequenz aus – wie im vorherigen Abschnitt beschrieben – und klicken Sie in der Symbolleiste auf Ablehnen (das Kreuzsymbol). (Alternativ drücken Sie die ⟵-Taste oder wählen Bearbeiten|Auswahl ablehnen.) Die ungeliebte Bildfolge wird mit einer roten Linie versehen, zum Zeichen, dass sie auf der Abschussliste steht. Sie befindet sich damit quasi im »Papierkorb« von iMovie, wo sie so lange bleibt, bis Sie ihn leeren (mehr dazu später).

Um einen kompletten Clip abzulehnen, klicken Sie ihn bei gedrückter ⌈Ctrl⌉-Taste an und wählen GESAMTEN CLIP ABLEHNEN aus dem Kontextmenü.

Umgekehrt können Sie natürlich auch Szenen kennzeichnen, die Sie ganz besonders gelungen finden – ein spektakulärer Sturz Ihrer Lieblingskatze (natürlich mit glücklichem Ausgang!) oder ein besonders süßes Lächeln Ihrer kleinen Tochter. Solche Abschnitte markieren Sie auf dieselbe Weise, nur dass Sie anschließend in der Symbolleiste auf AUSWAHL ALS FAVORIT MARKIEREN (der ausgefüllte Stern) klicken. Die Oscar-verdächtige Bildsequenz erscheint daraufhin mit einer grünen Linie.

Abbildung 17.6: Eine grüne Linie würde darauf hinweisen, dass der Bildbereich ein Favorit ist; eine rote, dass er abgelehnt wurde.

Wie Sie eine Markierung (egal welche) wieder entfernen, haben Sie sicher schon erraten – wählen Sie den markierten Bereich erneut aus und klicken Sie dann auf das leere Sternsymbol in der Symbolleiste.

Sie können Ihre Clips übrigens – ähnlich wie in iPhoto – mit Schlagwörtern versehen, sodass Sie bestimmtes Material später leichter wieder auffinden können. Öffnen Sie dazu zunächst die iMovie-Einstellungen und aktivieren Sie die Option ERWEITERTE WERKZEUGE ANZEIGEN. In der Symbolleiste erscheint daraufhin ein Schlüsselsymbol; klicken Sie darauf, um das Fenster SCHLAGWÖRTER zu öffnen (der Bereich INFORMATIONEN muss aktiv sein). Wählen Sie einen Videoclipbereich aus und aktivieren Sie eines der Schlagwörter oder geben Sie in das Textfeld ein neues Schlagwort ein und klicken Sie auf ZUM CLIP HINZUFÜGEN. Sie können auch Kombinationen aus mehreren Schlagwörtern zuweisen.

Abbildung 17.7: Weisen Sie bestimmten Filmsequenzen Schlagwörter zu.

Falls Sie viel Material haben und zahlreiche Stellen kennzeichnen müssen, wechseln Sie in den Bereich AUTOMATISCH ANWENDEN im Schlagwortfenster. Hier wählen Sie zuerst ein oder mehrere Schlagwörter und ziehen dann nacheinander mit der Maus – so als würden Sie mit einem dieser Filmmarker arbeiten – über die entsprechenden Clipbereiche. Mit Schlagwörtern versehene Bildbereiche erscheinen mit einer blauen Linie im Quellenbereich.

Clips filtern und löschen

Nachdem Sie nun die Videoclips eines Ereignisses auf die oben beschriebene Art in Top- und Flop-Sequenzen vorsortiert haben, können Sie sich die clevere Filterfunktion von iMovie 7 zunutze machen, um nur die guten oder nur die schlechten Szenen im Quellenbereich anzeigen zu lassen. Wählen Sie dazu die entsprechenden Optionen aus dem Menü ANZEIGEN unten links im iMovie-Fenster (siehe Abbildung 17.8); die einzelnen Möglichkeiten dürften selbsterklärend sein, probieren Sie sie einfach einmal durch.

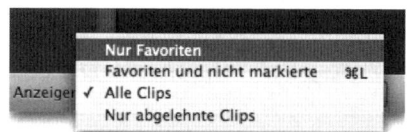

Abbildung 17.8: Über das Menü ANZEIGEN können Sie Ihre Clips nach zugewiesener Markierung filtern.

Da Sie schlauerweise die Clips, die Sie beim ersten Überfliegen Ihres Filmmaterials nicht gerade vom Hocker gehauen haben, zunächst nur als abgelehnt markiert und noch nicht gleich entsorgt haben, haben Sie jetzt (oder auch später noch) die Möglichkeit, sich diese Clips noch einmal gezielt anzuschauen. Vielleicht ist ja doch noch etwas Brauchbares dabei. Wählen Sie NUR ABGELEHNTE CLIPS aus dem Menü ANZEIGEN, um sich den vermeintlichen Ausschuss gesammelt im Quellenbereich anzeigen zu lassen. Falls Sie Ihre Meinung bezüglich einer bestimmten Szene doch noch ändern, wählen Sie diese aus und klicken auf MARKIERUNG FÜR AUSWAHL AUFHEBEN, woraufhin die Sequenz umgehend aus dem Bereich für abgelehnte Clips verschwindet.

Wenn Sie sich schließlich ganz sicher sind, dass Sie die verbleibenden abgelehnten Clips endgültig über den Jordan schicken wollen, blenden Sie sie über das Menü ANZEIGEN ein (falls nicht schon geschehen) und klicken über dem Quellenbereich auf ABGELEHNTE IN DEN PAPIERKORB BEWEGEN. Die zu löschenden Clips werden daraufhin in den Papierkorb des Mac befördert.

 Auch im Papierkorb des Mac belegen die Filmschnipsel selbstverständlich weiterhin Speicherplatz auf Ihrer Festplatte. Diesen sollten Sie schleunigst freigeben, indem Sie den Papierkorb entleeren.

 Mit dem Befehl SPEICHERPLATZ FREIGEBEN aus dem Menü ABLAGE können Sie zusätzliche Kriterien bezüglich der Ablehnung von Clips festlegen.

Wenn Sie Ihren Clips Schlagwörter zugeordnet haben (wie weiter vorn in diesem Kapitel beschrieben), sollten Sie außerdem die praktische Schlagwortfilterfunktion nutzen. Klicken Sie unten links im Fenster auf die Lupe, um die Schlagwortfilteroptionen einzublenden (oder wählen Sie FENSTER|SCHLAGWORTFILTER). Wählen Sie ein Schlagwort aus und verwenden Sie die verschiedenen Filtertasten.

Clips verlustfrei bearbeiten

Selbst die besten Aufnahmen können in der Regel noch ein paar Verbesserungen vertragen. Eventuell ist das Hauptmotiv zu weit entfernt, die Farben sind zu blass oder zu hell geraten oder der Ton ist nicht optimal. Bevor Sie Ihre Clips also in einem neuen Filmprojekt weiterverwenden, können und sollten Sie sie noch bearbeiten und optimieren. Welche Möglichkeiten Ihnen iMovie hier bietet, erläutere ich Ihnen im Detail in den nächsten Abschnitten.

Lassen Sie mich zuvor aber auf ein besonderes Merkmal von iMovie hinweisen, nämlich die äußerst schonende Behandlung, die es Ihrem wertvollen Filmmaterial angedeihen lässt, auch als *verlustfreie Bearbeitung* bekannt. Wenn Sie Kapitel 16 gelesen haben, kennen Sie dieses Prinzip eventuell schon von iPhoto, dem Fotoverwaltungs- und -bearbeitungswerkzeug der iLife-Suite.

Genau wie dort lassen sich nämlich auch in iMovie alle Arten von Manipulationen, die Sie an Ihrem Videomaterial (oder anderen einem Projekt hinzugefügten Medien) vorgenommen haben (ausgenommen natürlich das endgültige Löschen von Clips), jederzeit wieder rückgängig machen. Das liegt daran, dass iMovie Ihr Ausgangsmaterial nicht wirklich verändert, sondern lediglich die eingestellten Änderungsparameter speichert und jedes Mal auf das Video anwendet, wenn Sie es abspielen.

Falls Ihnen also mal ein Missgeschick passiert oder Ihnen das Ergebnis einer bestimmten Aktion im Nachhinein doch nicht mehr zusagt, haben Sie zahlreiche Möglichkeiten, Ihre Änderungen zu widerrufen. Wählen Sie beispielsweise BEARBEITEN|*AKTION* WIDERRUFEN, um den zuletzt ausgeführten Schritt zu widerrufen. (Genauer gesagt, können Sie mehrere Schritte zurücknehmen und alle Änderungen rückgängig machen, die Sie seit dem letzten Öffnen des Projekts in iMovie vorgenommen haben.)

Haben Sie mehrere Änderungen auf einen Clip angewendet, können Sie diese sogar selektiv zurücknehmen beziehungsweise ganz zum Originalzustand zurückkehren – wie das genau funktioniert, erkläre ich Ihnen weiter hinten in den Abschnitten zu den jeweiligen Werkzeugen.

Wichtig: Manipulationen können sowohl direkt am Quellenvideomaterial im Quellenbereich vorgenommen werden – wie in den folgenden Abschnitten beschrieben – oder nachdem Sie die Clips in einem iMovie-Projekt platziert haben (siehe den Abschnitt »Ein iMovie-Projekt zusammenbasteln« weiter hinten in diesem Kapitel). Änderungen, die Sie direkt am Quellenvideo vornehmen, werden automatisch in alle Projekte übernommen, die Sie künftig aus dem Material erstellen. Nehmen Sie Änderungen dagegen nur an den in einem Projekt platzierten Videoclips vor, so hat dies keine Auswirkung auf das dazugehörige Quellenvideomaterial.

Clips beschneiden und drehen

Ganz ähnlich wie beim Beschneiden von Fotos können Sie auch bei iMovie-Clips nur einen bestimmten Bildbereich auswählen und die Ränder einfach wegschneiden. Dies ist zum Beispiel nützlich, wenn Sie störende Elemente am Rande einer Szene entfernen oder aber das Motiv näher heranholen möchten.

 Besonders im zweiten Fall muss Ihr Videoclip eine genügend hohe Auflösung haben, sonst führt das Beschneiden unter Umständen zu einem pixeligen Ergebnis. Wenn Sie HD-Videomaterial verwenden, sollte es dabei kaum zu Qualitätseinbußen kommen.

Um einen Clip zu beschneiden, gehen Sie folgendermaßen vor:

1. **Klicken Sie auf die** B<small>ESCHNEIDEN</small>**-Taste in der Symbolleiste.**

2. **Klicken Sie den zu beschneidenden Videoclip im Quellenbereich an, um ihn auszuwählen.**

    Da der Beschnitt immer auf den gesamten Clip angewendet wird, ist es nicht notwendig, eine bestimmte Stelle oder den ganzen Clip auszuwählen.

3. **Klicken Sie oben rechts im Anzeigebereich von iMovie auf die Taste** B<small>ESCHNEIDEN</small> **und legen Sie den gewünschten Ausschnitt fest.**

    Ein grüner Beschnittrahmen wird angezeigt, dessen Ränder und Ecken Sie ziehen und den Sie insgesamt verschieben können, wie in Abbildung 17.9 dargestellt. Ein Bild kann um maximal 50 Prozent seiner Größe beschnitten werden; dabei wird ein Seitenverhältnis von 16:9 beibehalten (das heißt, sofern Sie kein Projekt ausgewählt haben; in diesem Fall wird das Seitenverhältnis an das des jeweiligen Projekts angepasst).

Abbildung 17.9: Einen Videoclip beschneiden

4. **Sehen Sie sich eine Vorschau mit dem festgelegten Beschnitt an, indem Sie oben rechts auf die Wiedergabetaste klicken.**

Mit der Leertaste beenden Sie die Wiedergabe.

5. **Passen Sie den Beschnittrahmen an, falls nötig. Wenn alles passt, klicken Sie auf** F<small>ERTIG</small>.

Falls Sie mit dem Ergebnis doch nicht zufrieden sind, können Sie auf A<small>NPASSEN</small> klicken, um die Originalgröße des Clips wiederherzustellen.

Der Beschnitt wird auf den gesamten Clip angewendet und am Clip-Anfang erscheint ein Beschnittsymbol. Ein Klick auf dieses blendet die Steuerungselemente des B<small>ESCHNEIDEN</small>-Editors wieder ein, sodass Sie jederzeit weitere Änderungen vornehmen können (Taste B<small>ESCHNEIDEN</small>) oder den Beschnitt wieder verwerfen können (Taste A<small>NPASSEN</small>).

Wie Sie in Abbildung 17.9 sehen, können Sie das Bild beim Beschneiden auch gleich in 90-Grad-Schritten nach links oder nach rechts drehen. Klicken Sie dazu auf den betreffenden Pfeil.

Die Clip-Lautstärke anpassen

Je nachdem, in welcher Entfernung eine Person sich während der Aufnahme zur Videokamera und damit zum Mikrofon aufgehalten hat, ist sie möglicherweise in einem Clip lauter zu hören als im nächsten. Hin und wieder passiert es auch, dass ein Clip im Vergleich zu den anderen stark in der Lautstärke abfällt oder umgekehrt viel lauter ist als die anderen Clips.

iMovie hilft Ihnen, die Lautstärke Ihrer Videoclips nachträglich anzupassen. Öffnen Sie dazu das Fenster A<small>UDIO</small> A<small>NPASSEN</small> (siehe Abbildung 17.10), indem Sie auf die Taste mit dem Lautsprechersymbol klicken. Hier haben Sie zwei Möglichkeiten der Audioanpassung:

✔ **Stellen Sie die Lautstärke eines einzelnen Clips ein:** Wählen Sie den betreffenden Clip durch Anklicken aus und ziehen Sie den Lautstärkeregler auf den gewünschten Pegel. Verfahren Sie ebenso mit anderen Clips, deren Lautstärke Sie individuell einstellen wollen. Klicken Sie am Ende auf F<small>ERTIG</small>, um das Fenster A<small>UDIO</small> A<small>NPASSEN</small> zu schließen.

Die angepassten Clips werden am Clip-Anfang mit einem kleinen Audiosymbol gekennzeichnet, das Sie jederzeit anklicken können, um weitere Änderungen im Fenster A<small>UDIO</small> A<small>NPASSEN</small> vorzunehmen oder die Audioanpassung wieder zu verwerfen. Ein Klick auf die Taste Z<small>URÜCK ZUM</small> O<small>RIGINAL</small> setzt den Clip auf die Originallautstärke zurück.

✔ **Normalisieren Sie die Lautstärke mehrerer Clips:** Hierbei gleichen Sie die Lautstärke mehrerer Clips aneinander an, sodass ein durchgehender normaler Lautstärkepegel erreicht wird. Wählen Sie den ersten Clip durch Anklicken aus und klicken Sie anschließend auf C<small>LIP-</small>L<small>AUTSTÄRKE</small> <small>NORMALISIEREN</small>. Die Lautstärke des Clips wird auf maximales Niveau ohne Verzerrung gesetzt. Wählen Sie nun den nächsten Clip aus und klicken Sie abermals auf C<small>LIP-</small>L<small>AUTSTÄRKE</small> <small>NORMALISIEREN</small>. Dadurch wird die Lautstärke der beiden anpassten Clips auf denselben Pegel gebracht. Führen Sie diesen Schritt bei Bedarf für weitere Clips durch, um auch diese auf dieselbe Lautstärke zu setzen. Mit der Taste NORMALISIERUNG ENTFERNEN (oder ZURÜCK ZUM ORIGINAL) widerrufen Sie die Lautstärkeangleichung.

Die Lautstärkeanpassung wird immer auf den gesamten Clip angewendet.

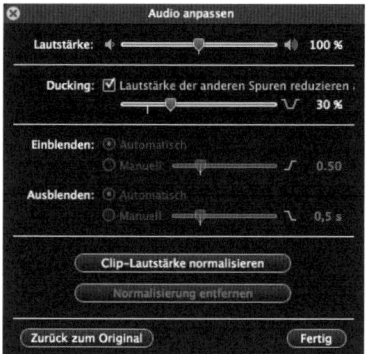

Abbildung 17.10: Passen Sie die Lautstärke Ihrer Videoclips nachträglich an.

 Wenn der Ton eines Clips Vorrang vor der Hintergrundmusik oder dem Ton eines anderen Clips haben soll, aktivieren Sie im Fenster AUDIO ANPASSEN die Option LAUTSTÄRKE DER ANDEREN SPUREN REDUZIEREN.

Helligkeit, Farbe und Kontrast anpassen

Der Himmel war leicht bewölkt an dem Tag, als Sie Ihre Gartenparty veranstaltet haben, und Sie finden, das Gras könnte etwas grüner sein? Auch das ist kein Problem für iMovie. Im Fenster VIDEO ANPASSEN, das Sie mit einem Klick auf die entsprechende Taste in der Symbolleiste öffnen, können Sie Ihr Video ein wenig aufhellen und die Farben etwas kräftiger und den Kontrast ein wenig knackiger einstellen. Wie üblich lassen sich auch diese Anpassungen mit der Taste ZURÜCK ZUM ORIGINAL jederzeit widerrufen und auch hier wird ein entsprechendes Anpassensymbol am Clip-Anfang eingeblendet, über das Sie jederzeit ins Fenster VIDEO ANPASSEN gelangen.

 Haben Sie einen Clip auf eine der bisher beschriebenen Arten bearbeitet, können Sie die dieselben Anpassungen auch auf andere Clips anwenden, indem Sie die Änderungen kopieren und einsetzen. Rechtsklicken Sie dazu auf den angepassten Clip und wählen Sie KOPIEREN aus dem Kontextmenü (oder wählen Sie BEARBEITEN|KOPIEREN, nachdem Sie den Clip durch Anklicken ausgewählt haben). Klicken Sie dann den Clip an, der die Anpassungen erhalten soll, und wählen Sie BEARBEITEN|ANPASSUNGEN EINSETZEN sowie eine der verfügbaren Optionen. Mit ALLE weisen Sie ihm alle Anpassungen des ersten Clips zu, mit AUDIO nur die Audioanpassungen, mit VIDEO nur die Videoanpassungen und mit BESCHNEIDEN nur den Beschnitt.

Ein iMovie-Projekt zusammenbasteln

Nachdem Sie nun Ihr Quellenvideomaterial so weit wie möglich sortiert und optimiert haben, geht es ans Eingemachte: die Erstellung Ihres ersten eigenen iMovie-Projekts. Im Wesentlichen heißt das, dass Sie Ihre besten Clips – auf die Sie ja nun flink über das ANZEIGEN-Menü des Quellenbereichs zugreifen können – nacheinander in der gewünschten Reihenfolge zu einem ansprechenden cineastischen Werk anordnen und dieses dann mit einer Begleitmusik, Audioeffekten sowie eigenen Kommentaren untermalen und eventuell noch ein paar Fotos hinzufügen. Und selbstverständlich können Sie Ihren Film auch mit einem Vor- und Abspann versehen und professionelle Übergänge zwischen den einzelnen Szenen einfügen. All diese Schritte behandeln wir in den folgenden Abschnitten.

Ein neues Projekt anlegen

Der Quellenbereich, in dem wir uns bisher ausschließlich bewegt haben, eignet sich hervorragend, um die Clips in der Ereignis-Mediathek zu sortieren und zu optimieren. Das Zusammenstellen und Bearbeiten des Films erfolgt jedoch im oberen Teil des iMovie-Fensters, der sich aus der *Projekt-Mediathek* und dem *Projektbereich* zusammensetzt. Im Projektbereich ordnen Sie Ihre Clips an und bearbeiten den so entstehenden Film.

Lassen Sie mich Ihnen an dieser Stelle ein kleines Geheimnis verraten (falls Sie nicht schon selbst darauf gestoßen sind). Sie können die Anordnung der beiden Hauptarbeitsbereiche des iMovie-Fensters ändern, sodass sich die Ereignis-Mediathek und der Quellenbereich oben und die Projekt-Mediathek und der Projektbereich unten befinden. Selbst wenn Sie das nicht möchten, sollten Sie wenigstens einmal auf das Pfeilsymbol links in der Symbolleiste klicken, um die nette Animation zu sehen, mit der die beiden Bereiche die Plätze tauschen.

Bevor Sie aber mit der Arbeit beginnen, müssen Sie zunächst ein neues iMovie-Projekt anlegen, indem Sie ABLAGE|NEUES PROJEKT wählen (oder auf das Plussymbol unterhalb der Projekt-Mediathek klicken). Benennen Sie im folgenden Dialogfenster Ihr Projekt und legen Sie ein Seitenverhältnis fest. Welches Seitenverhältnis Sie nehmen, hängt von Ihrem Ausgangsmaterial ab und davon, wo Sie den Film später ansehen möchten. Wählen Sie BREITBILD (16:9), wenn Sie planen, Ihren Film auf einem Breitformat- oder einem HD-Fernseher vorzuführen, und STANDARD (4:3), wenn der Film auf einem Standardfernsehbildschirm gezeigt werden soll. (Die Option IPHONE 3:2 dürfte für sich sprechen.) Klicken Sie auf ERSTELLEN.

Sie können den Namen eines Projekts in der Projekt-Mediathek nachträglich ändern, indem Sie darauf zwei Mal nacheinander klicken und ihn dann überschreiben. Des Weiteren können Sie mit dem Befehl ABLAGE|NEUER ORDNER Ordner in der Projekt-Mediathek anlegen.

Hinweis: Wenn Sie einen Film im Breitbildformat auf einem Standardbildschirm abspielen, so wird das Bild oben und unten von einem schwarzen Balken gesäumt. Dieses Phänomen wird in Filmkreisen auch »Letterbox-Effekt« genannt. Spielen Sie umgekehrt einen Film im Standardformat auf einem HDTV-Gerät ab, so entsteht links und rechts des Bildes ein schwarzer Balken, was man wiederum als »Pillarbox-Effekt« bezeichnet.

Es ist möglich, verschiedene Videoformate und -größen innerhalb eines iMovie-Projekts zu kombinieren. Liegt Ihr Material (Videos und Fotos) in unterschiedlichen Größen vor, dann wählen Sie beim Anlegen eines neuen Projekts zunächst das Seitenverhältnis, das sich am besten für alle zu verarbeitenden Medien eignet. Kommt es später zu einem der genannten Effekte, können Sie die betreffenden Inhalte beschneiden (wie weiter vorn in diesem Kapitel im Abschnitt »Clips beschneiden und drehen« beschrieben), um die Balken zu eliminieren.

Den Projektbereich mit Clips füllen

Sollten sich bereits mehrere Projekte in Ihrer Projekt-Mediathek befinden, klicken Sie dasjenige an, das Sie mit Clips füllen möchten, um es zu öffnen.

Sie können Ihrem Filmprojekt entweder ganze Clips oder nur Teile – Bildbereiche – hinzufügen. Wählen Sie dazu im Quellenbereich entweder einen vollständigen Clip aus (klicken Sie bei gedrückter ⎇-Taste darauf) oder nur den gewünschten Bildbereich (klicken Sie auf den Bereich und passen Sie bei Bedarf den gelben Auswahlrahmen an). Anschließend klicken Sie in der Symbolleiste auf AUSWAHL ZUM PROJEKT HINZUFÜGEN. Alternativ können Sie die Auswahl auch einfach in den Projektbereich hineinziehen.

Der Clip oder das ausgewählte Videosegment erscheint daraufhin als eigenständiger *Projektclip* im Projektbereich. Genau wie bei den Clips im Quellenbereich können Sie die Sequenz durch Bewegen des Mauszeigers über die Filmstreifenminiatur im Schnelldurchlauf im Abspielbereich anzeigen, wobei sich der rote Abspielkopf innerhalb des Clips mitbewegt. Auch hier können Sie festlegen, wie viele Bilder des Clips angezeigt werden, indem Sie den Regler für die Projektminiaturen (unterhalb des Projektbereichs) hin- und herziehen. Im Quellenbereich wird das hinzugefügte Material mit einer ockerfarbenen Linie markiert, sodass Sie sofort erkennen, welche Szenen Sie bereits in einem Projekt verwendet haben.

Jeder weitere Clip oder Clipbereich, den Sie auf die eben beschriebene Weise auswählen und hinzufügen, wird am Ende des Videos platziert. Wie die Werke von Quentin Tarantino immer wieder beweisen, muss ein Film nicht zwingend linear aufgebaut sein. Sie brauchen sich also nicht darum zu scheren, in welcher Reihenfolge Sie das Material ursprünglich aufgenommen haben, sondern können sich beliebige Teile herauspicken und diese anschließend nach eigenem Gusto im Projektbereich anordnen, indem Sie sie an die gewünschte Position ziehen. Um einen Projektclip wieder zu löschen, klicken Sie ihn an und drücken dann die ⟵ -Taste.

Sie können beliebig viel Material aus unterschiedlichen Ereignissen in Ihr Filmprojekt integrieren und einen Clip oder Clipbereich bei Bedarf auch mehrmals hinzufügen, um ihn innerhalb des Projekts zu duplizieren.

Wenn Sie Videomaterial aus einem Ereignis in Ihr Projekt einfügen, so wird es dabei nicht etwa in ein anderes Verzeichnis bewegt oder kopiert, sondern iMovie erstellt lediglich einen Verweis auf das Quellmaterial. Aus diesem Grund können Sie einen Clip oder Clipbereich auch in so vielen verschiedenen Projekten verwenden wie Sie möchten.

Um eine Vorschau Ihrer bisherigen Arbeit anzusehen, klicken Sie auf die Wiedergabetaste unterhalb der Projekt-Mediathek. Das Projekt wird dann von Anfang an wiedergegeben. Sie können auch zuerst den Abspielkopf an eine bestimmte Stelle des Films bewegen und dann die Leertaste drücken. Erneutes Drücken der Leertaste oder ein erneuter Klick auf die Wiedergabetaste beendet die Wiedergabe. Selbstverständlich steht Ihnen auch in der Projekt-Mediathek die Option VOLLBILDMODUS (siehe den Abschnitt »Clips abspielen« weiter vorn in diesem Kapitel) zur Verfügung.

Den perfekten Soundtrack für Ihren Film finden

Was wäre Ihr filmisches Kunstwerk ohne beeindruckende Filmmusik? (Oder die Synchronstimmen von Schauspielern wie Bruce Willis oder Nicole Kidman, falls Sie gute Kontakte zum Showgeschäft haben.) Klicken Sie am besten gleich rechts in der Symbolleiste auf die Taste mit dem Notensymbol, um die ÜBERSICHT FÜR MUSIK UND TONEFFEKTE einzublenden, die sich daraufhin unten rechts im iMovie-Fenster öffnet.

Hier haben Sie die Wahl zwischen verschiedenen Audioquellen:

✔ **iTunes:** Sie haben hier Zugriff auf Ihre gesamte iTunes-Bibliothek (siehe Kapitel 15). Falls diese recht umfangreich ist, geben Sie einen Interpreten oder Titel in das Suchfeld ein, um die Auswahl einzugrenzen. Ist der gewünschte Song noch nicht in iTunes, legen Sie gleich die dazugehörige CD ein, um ihn zu kopieren.

✔ **GarageBand:** Auch die Eigenkompositionen, die Sie mit GarageBand (siehe Kapitel 18) fabriziert haben, können Sie selbstverständlich importieren. Für alle, die sich noch nicht näher damit befasst haben: GarageBand ist sozusagen das Aufnahmestudio unter den iLife-Programmen, in dem Sie Ihre eigenen Hits produzieren können.

✔ **iMovie- und iLife-Sound-Effekte:** Apple hat für die iLife-Anwendungen und iMovie ein Paket mit Dutzenden von coolen Audioeffekten zusammengestellt, mit denen Sie Ihrem Film ein paar dramatische Akzente verleihen können. Hier finden Sie alles Mögliche: Donnergrollen, Schritte, Comic- und Science-Fiction-Geräusche, vorbeifliegende Jets, Urwaldgeräusche und so weiter, sogar ganze Jingles sind enthalten. Auch Tiergeräusche (Muhen, Hahnenschrei), Sportgeräusche (Bowling, Tennis) und Bürogeräusche (Faxgerät, Telefon) stehen zur Verfügung. Doppelklicken Sie auf den jeweiligen Sound, um ihn Probe zu hören.

✔ **Selbst gesprochener Text:** Da die Synchronsprecher von Bruce Willis und Nicole Kidman bereits ausgebucht waren, müssen Sie Ihre Begleitkommentare eben selbst aufnehmen, indem Sie in der Symbolleiste auf die Taste VOICEOVER klicken. Höchstwahrscheinlich verfügt Ihr Mac über ein eingebautes Mikrofon; Sie können aber auch ein externes anschließen und damit selbstverständlich auch eigene Geräusche aufnehmen und Ihren Film so komplett selbst vertonen. Mehr über das Aufnehmen von gesprochenen Kommentaren lesen Sie weiter hinten in diesem Kapitel im Abschnitt »Audiokommentare und Toneffekte hinzufügen«.

Nun geht es daran, das Audiomaterial in den Film zu importieren und Ton und Videobilder zeitlich miteinander zu synchronisieren. Lesen Sie weiter.

Hintergrundmusik platzieren und bearbeiten

Um also nun eine Audiodatei in den Film zu importieren, klicken Sie sie in der Musikübersicht an und ziehen sie in den dunkelgrauen Projekthintergrund. (Passen Sie auf, dass Sie sie nicht versehentlich über einem Clip ablegen.)

Die Filmstreifen der Projektclips erscheinen daraufhin mit einer grünen Hinterlegung, die die Tonspur des Musikstücks repräsentiert. Der Ton beginnt und endet jeweils dort, wo der grüne Bereich anfängt beziehungsweise aufhört, außer das Musikstück ist länger als der Film; in diesem Fall sehen Sie am Ende der letzten Sequenz ein Notensymbol (*Musikanzeiger* genannt) und der Ton endet zusammen mit dem letzten Videobild.

Abbildung 17.11: Hinzugefügter Sound erscheint als grüner Bereich hinter den Projektclips.

Selbstverständlich können Sie die Länge des Musikstücks anpassen. Klicken Sie dazu den grünen Hintergrund an und wählen Sie BEARBEITEN|MUSIK TRIMMEN. Sie sehen ein Trimmfenster, ähnlich wie das in Abbildung 17.12.

Die seltsam gezackten Wellenformen innerhalb des hellgrünen Balkens stehen für das Audiomaterial des Musikstücks, wobei die pinkfarbene Sequenz den Teil anzeigt, der dem bereits vorhandenen Videomaterial zugeordnet ist (bewegen Sie den Mauszeiger darüber, um die dazugehörigen Bilder rechts im Abspielbereich anzusehen), während die schwarze Sequenz für Musikmaterial steht, das über den Start- beziehungsweise Endpunkt des Films hinausreicht. Sobald Sie weitere Projektclips zu Ihrem Film hinzufügen, wird diesen automatisch das verbleibende Audiomaterial zugewiesen.

An Anfang und Ende des grünen Tonbalkens sehen Sie jeweils ein gelbes Auswahlelement, das Sie bewegen können, um Anfangs- und Endpunkt der Hintergrundmusik festzulegen. Ziehen Sie das erste Auswahlelement an den Punkt in der Musik, an dem das Video starten soll, und das zweite dorthin, wo die Musik im Film enden soll (Musikendpunkt). Während Sie Ihre Auswahl treffen, wird der Film rechts im Viewer abgespielt. Um das Ergebnis zu überprüfen, klicken Sie oben rechts auf die Wiedergabetaste des Trimmfensters. Ein getrimmter Musikclip wird übrigens am Ende automatisch über eine Spanne von einer Sekunde ausgeblendet. Wenn alles passt, klicken Sie auf FERTIG.

Anschließend können Sie Ihrem Projekt auf dieselbe Weise weitere Hintergrundmusikstücke hinzufügen, die dann jeweils am Ende der vorherigen Tonspur platziert werden.

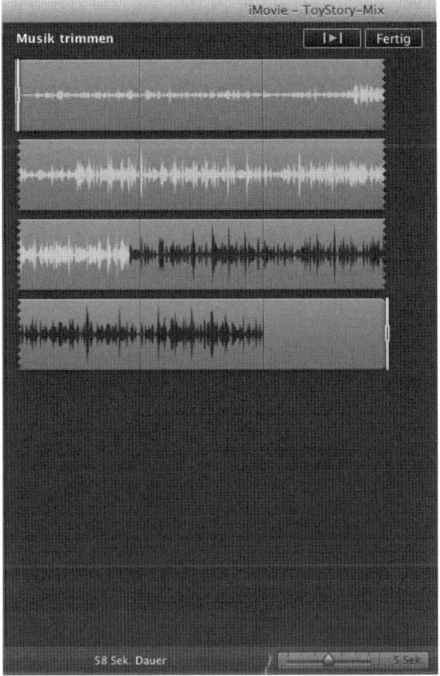

Abbildung 17.12: Ein Musikstück trimmen

Wenn Sie Ihrem Projekt einen oder mehrere Hintergrundmusikclips hinzufügen, so werden diese zunächst als sogenannte *schwebende Musikspuren* – gekennzeichnet durch eine grüne Hinterlegung – eingefügt. Falls Sie möchten, dass eine Hintergrundmusik zu einem späteren oder anderen Zeitpunkt im Film einsetzt, so können Sie deren grüne, schwebende Musikspur im Projektbereich anklicken und an eine andere Stelle ziehen, um so einen neuen Anfangs- und Endpunkt festzulegen. Die Farbe der verschobenen Tonspur wechselt dann zu Dunkellila und sie wird von einer schwebenden zu einer *fixierten Musikspur*. Auf diese Weise können Sie auch die Reihenfolge der eingefügten Hintergrundmusikstücke ändern.

Um eine fixierte Musikspur wieder in eine schwebende zu verwandeln, klicken Sie sie an und wählen BEARBEITEN|FIXIERUNG DER MUSIKSPUR LÖSEN. Wenn Sie den Befehl BEARBEITEN|MUSIKSPUREN ARRANGIEREN wählen, erhalten Sie ein Fenster mit einer Übersicht Ihrer schwebenden und fixierten Musikspuren. Hier können Sie ebenfalls die Fixierung einer Spur lösen sowie die Reihenfolge schwebender Musikspuren im Projekt ändern, indem Sie sie in der Liste nach oben oder unten ziehen.

Falls Sie später feststellen, dass Ihnen das Ganze doch nicht gefällt, und Sie einen neuen Versuch starten wollen, können Sie die Hintergrundmusik ganz einfach wieder entfernen, indem Sie erneut auf den grünen (beziehungsweise lilafarbenen) Bereich klicken und die $\boxed{\longleftarrow}$ -Taste drücken.

 Nachdem Sie Hintergrundmusik zu Ihrem Film hinzugefügt haben, kann es sein, dass an einigen Stellen der Videoton schlechter zu hören ist. Dies können Sie beheben, indem Sie den Clip, dessen Ton Vorrang haben soll, anklicken und im Fenster AUDIO ANPASSEN (klicken Sie auf die Lautsprechertaste in der Symbolleiste) die Option LAUTSTÄRKE DER ANDEREN SPUREN REDUZIEREN aktivieren. Die Hintergrundmusik wird dann an dieser Stelle gedämpft. Diesen Effekt nennt man auch _Audio-Ducking_.

Neben dem Hinzufügen einer durchgehenden Musikuntermalung haben Sie außerdem die Möglichkeit, Toneffekte oder gesprochene Kommentare zielgenau an bestimmten Stellen Ihres Projekts zu verankern. Wie das genau funktioniert, erfahren Sie weiter hinten in diesem Kapitel im Abschnitt »Toneffekte und Audiokommentare hinzufügen«.

Um den Bereich MUSIK UND TONEFFEKTE wieder zu schließen, klicken Sie entweder erneut auf die Taste mit dem Notensymbol oder auf das Schließensymbol des Bereichs.

Projektclips trimmen

Vielleicht fällt Ihnen während der Arbeit an Ihrem Projekt auf, dass einige der Projektclips an den Enden doch noch ein paar unnötige Bilder enthalten, die Sie nicht im fertigen Film haben möchten. Diese können Sie einfach wegschneiden und so den sehenswerten Teil des Clips _isolieren_. Dabei beschneiden Sie den Clip natürlich nicht wirklich, sondern verstecken im Prinzip nur einen Teil von seinem Anfang oder Ende – denken Sie daran, dass Ihr zugrunde liegendes Quellvideomaterial in der Ereignis-Mediathek stets unangetastet bleibt, egal welche Änderungen Sie an den Clips im Projektbereich vornehmen.

Um also einen Projektclip zu trimmen, wählen Sie einfach durch Ziehen mit der Maus die Bilder des Clips aus, die Sie behalten möchten (passen Sie gegebenenfalls den gelben Auswahlrahmen an), und wählen anschließend BEARBEITEN|AUF AUSWAHL TRIMMEN.

Eine weitere Möglichkeit, einen Projektclip zu trimmen, besteht darin, seinen Start- und Endpunkt neu festzulegen. Klicken Sie dazu den Clip im Projektbereich an, um ihn ganz auszuwählen, und wählen Sie dann BEARBEITEN|TRIMMEN (alternativ können Sie auf das kleine Uhrensymbol klicken, das beim Zeigen auf den Filmstreifen an seinem Anfang angezeigt wird).

Im Fenster CLIP TRIMMEN (siehe Abbildung 17.13) sehen Sie den gesamten ursprünglichen Quellenclip, wobei nur der Teil ausgewählt ist, den Sie im Projekt platziert haben (der also tatsächlich im Projekt verwendet wird). Klicken Sie nun vorsichtig auf die Start- oder Endmarkierung des ausgewählten Clipteils und ziehen Sie sie zur Mitte hin. Haben Sie den Ausschnitt nach

Wunsch eingegrenzt, klicken Sie oben rechts auf FERTIG. Mit der Wiedergabetaste können Sie sich zuvor wie üblich eine Vorschau Ihrer Arbeit ansehen.

Der Clip erscheint in seiner neuen Länge im Projektbereich. Aber diese Änderung hat, wie gesagt, nichts Endgültiges. Sie können es sich jederzeit wieder anders überlegen und die verborgenen Teile wieder sichtbar machen, indem Sie abermals den TRIMMEN-Befehl aufrufen und die Anfangs- beziehungsweise Endmarkierungen wieder nach außen ziehen.

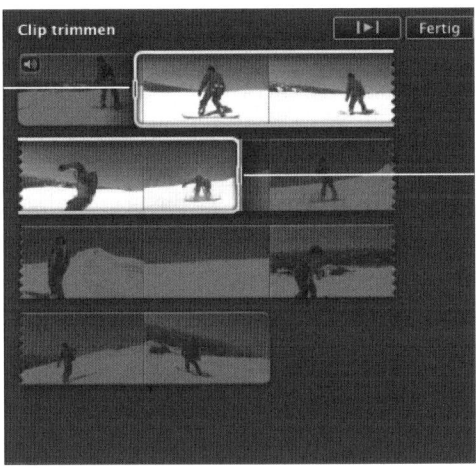

Abbildung 17.13: Einen Clip im Fenster CLIP TRIMMEN zurechtschneiden

 Wenn Sie die Maus über den Anfang oder das Ende eines der Filmstreifen im Projektbereich bewegen, wird jeweils ein kleiner Links- beziehungsweise Rechtspfeil eingeblendet. Sobald Sie darauf klicken, haben Sie die Möglichkeit, den Clipanfang und das Clipende fein abzustimmen. Auf diese Weise können Sie eine bestimmte Anzahl von getrimmten Bildern wiederherstellen.

 Für den Fall, dass Sie später Übergangseffekte zwischen einzelnen Szenen einfügen wollen (diese sehen wir uns im nächsten Abschnitt genauer an), sollten Sie beim Trimmen darauf achten, immer ein oder zwei Sekunden zu dem zu beschneidenden Clip dazuzugeben. Die Übergänge finden dann nämlich während dieser zusätzlichen Zeit statt, sodass die Hauptszene nicht davon beeinflusst wird.

Übergänge einfügen

Nun, da Ihre Clips in der richtigen Reihenfolge angeordnet sind und der Soundtrack perfekt abgestimmt ist, sollten Sie das Ganze noch etwas abrunden, indem Sie ein paar sanfte *Übergänge* zwischen den einzelnen Szenen einfügen. Klicken Sie auf die Taste ÜBERGÄNGE rechts außen in der Symbolleiste, um den Bereich ÜBERGÄNGE anzuzeigen. iMovie bietet Ihnen eine Palette von interessanten Übergängen, mit denen Sie Ihrem Projekt das gewisse Etwas verleihen können.

Netterweise hat Apple in iMovie 7 für jeden Übergang ein Vorschaubild eingefügt, sodass Sie schon auf den ersten Blick eine Vorstellung davon bekommen. Den einen oder anderen Effekt (wie AUSBLENDEN oder ÜBERBLENDEN) haben Sie mit Sicherheit schon mal im Kino oder Fernsehen gesehen. Bewegen Sie den Mauszeiger über eines der Vorschaubilder, um die Vorschau abzuspielen.

Einige der Effekte sind ganz witzig anzusehen, auch wenn Sie sie vielleicht nie in einem Ihrer eigenen Filme verwenden werden. So gleitet zum Beispiel beim WISCHEN die nächste Szene von links oder rechts (oben oder unten) ins Bild und scheint die vorherige wegzuwischen. Interessant ist auch der Wellen-Effekt, bei dem die nächste Szene mit einer transparenten Welle, wie sie zum Beispiel entsteht, wenn ein Stein ins Wasser fällt, ins Bild schwappt.

Um einen Übergangseffekt anzuwenden, ziehen Sie ihn in den Projektbereich zwischen zwei Projektclips. Der Übergang wird dann durch ein entsprechendes Verbindungselement zwischen den beiden Clips dargestellt. Um zu sehen, wie der Übergang wirkt, doppelklicken Sie entweder auf eine Stelle vor dem Übergang, sodass der Film abgespielt wird, oder Sie bewegen den Mauszeiger langsam über das Übergangssymbol. Falls Ihnen das Ergebnis nicht zusagt, klicken Sie den Übergang an und drücken die ⌫ -Taste, um ihn zu löschen.

Die Dauer beträgt für alle Übergänge standardmäßig eine halbe Sekunde. Dies können Sie unter ABLAGE|PROJEKTEINSTELLUNGEN ändern, indem Sie den Regler DAUER FÜR ÜBERGÄNGE ziehen. Dabei können Sie entscheiden, ob die Dauer für alle Übergänge gelten soll (WIRD AUF ALLE ÜBERGÄNGE ANGEWANDT) oder ob sie individuell einstellbar sein soll (WIRD BEIM HINZUFÜGEN ZUM PROJEKT ANGEWANDT). Bei der zweiten Option können Sie nach dem Hinzufügen eines Übergangs auf sein Symbol rechtsklicken und DAUER FESTLEGEN aus dem Kontextmenü wählen, um eine Sekundenzahl anzugeben. Beachten Sie außerdem, dass ein Übergang immer nur halb so lang sein kann, wie der kürzere der beiden angrenzenden Clips.

Wenn es einmal schnell gehen soll, haben Sie in iMovie die Möglichkeit, automatisch denselben Übergang im gesamten Film anzuwenden. Wählen Sie dazu zuerst das Projekt in der Projekt-Mediathek aus und dann den Menübefehl ABLAGE|PROJEKTEINSTELLUNGEN. Stellen Sie mit dem Regler DAUER FÜR ÜBERGÄNGE die Länge für alle Übergänge des Projekts ein und wählen Sie einen Übergang aus dem Einblendmenü oberhalb. Aktivieren Sie die Option ÜBERGÄNGE: AUTOMATISCH HINZUFÜGEN und bestätigen Sie mit OK.

Wählen Sie im folgenden Dialogfenster eine der beiden Optionen, um iMovie mitzuteilen, wie es beim Einfügen der Übergänge mit den Enden der Clips umgehen soll. Um die automatischen Übergänge wieder zu entfernen und/oder individuelle Übergänge einzufügen, müssen Sie zuerst die Option für automatische Übergänge im Fenster PROJEKTEINSTELLUNGEN wieder deaktivieren.

Schließen Sie den Bereich ÜBERGÄNGE, indem Sie erneut auf die Taste ÜBERGÄNGE oder auf das Schließensymbol des Bereichs klicken.

Vorspann, Abspann und Titel einfügen

Jeder gute Film braucht einen interessanten Titel, einen kurzen Vorspann, um die Neugier der Zuschauer zu wecken – selbst wenn es sich nur um Ihr neuestes Urlaubsvideo handelt und nur Leute zugucken, die mit Ihnen auf Reisen waren. Nun kommen Sie schon, jetzt haben wir es so weit geschafft. Machen Sie jetzt nicht schlapp! Und weil wir gerade dabei sind, können Sie auch gleich noch einen Abspann einfügen und Titel für die einzelnen Reisestationen. Schließlich haben *Sie* diesen Film fabriziert und es sind *Ihre* Lorbeeren!

Das Zuweisen eines Titels beziehungsweise Vor-/Abspanns ist ebenso kinderleicht wie alles andere, was Sie bisher in diesem Kapitel geleistet haben:

1. **Klicken Sie auf die Taste** TITEL **(mit dem T) in der Symbolleiste, um den Titelbereich zu öffnen.**

    Wie Sie einen der vier Medienbereiche aufrufen, sollten Sie mittlerweile intus haben.

2. **Scrollen Sie durch die Liste und wählen Sie ein passendes Titelformat.**

    Wie üblich stehen mehrere Optionen zur Wahl wie UNTERES DRITTEL, ABSPANN, FÖRMLICH, PAPIER und so weiter. Die Vorschaubilder sprechen für sich.

3. **Bewegen Sie den Titel an die gewünschte Stelle innerhalb Ihres Projekts.**

    Sie können einen Titel je nach Zweck und gewünschtem Erscheinungsbild am Anfang, am Ende oder innerhalb Ihres Projekts platzieren. Wollen Sie zum Beispiel einen Vor- oder Abspann auf schwarzem Hintergrund erzeugen, ziehen Sie einen passenden Titel (zum Beispiel ZENTRIERT oder ABSPANN) vor den ersten beziehungsweise letzten Projektclip (sobald eine grüne Markierung erscheint, lassen Sie die Maustaste los).

    Soll ein Titel über dem laufenden Film erscheinen (zum Beispiel um einen bestimmten Teil des Films zu kennzeichnen), bewegen Sie ihn stattdessen direkt über den betreffenden Clip, der dabei blau markiert wird, um zu kennzeichnen, über welchen Teilen des Clips der Titel später zu sehen sein wird (dies können Sie später noch genauer festlegen).

    Nach dem Ablegen des Titels erscheint über dem Videoclipbereich ein blauer Titelbalken und im Abspielbereich rechts wird der Titelstil mit Textplatzhaltern angezeigt.

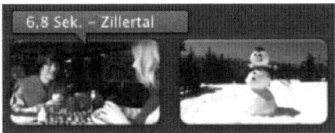

Abbildung 17.14: Der Balken zeigt an, dass dem Anfang des Films ein Titel zugewiesen wurde.

4. **Geben Sie den gewünschten Titeltext ein und formatieren Sie den Titel nach Wunsch.**

    Bis auf ABSPANN umfassen alle Titelarten zwei Felder. Klicken Sie hinein und überschreiben Sie den Text. Wenn Sie möchten, können Sie auf SCHRIFTEN EINBLENDEN klicken, um

Schriftart, -größe, -stil und -farbe zu ändern. Ein Doppelklick auf den Titelhintergrund (sofern in der Vorlage vorhanden) öffnet das Fenster FARBEN, sodass Sie ihm eine neue Farbe zuweisen können.

5. **Sehen Sie sich eine Vorschau Ihres Titels an.**

   Klicken Sie auf die Wiedergabetaste oben im Abspielbereich.

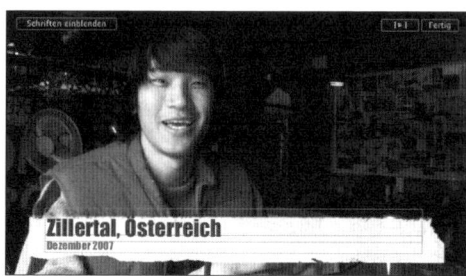

Abbildung 17.15: Verschönern Sie Ihr iMovie-Projekt mit ansprechenden Titeln.

6. **Klicken Sie auf FERTIG, wenn Sie mit dem Ergebnis zufrieden sind.**

 Sie können bereits platzierte Titel jederzeit im Nachhinein ändern, indem Sie auf den blauen Titelbalken über einem Clip im Projektbereich klicken, die Änderungen vornehmen und auf FERTIG klicken.

7. **Passen Sie, falls nötig, die Position und die Anzeigedauer des Titels an.**

   Um einen Titel an einer anderen Stelle des Films zu positionieren, ziehen Sie seinen blauen Titelbalken über den Clip oder den Clipbereich, über dem er erscheinen soll. Sie können außerdem die Anzeigedauer des Titels anpassen, indem Sie links und rechts an den Kanten des Titelbalkens ziehen. (Anzeigedauer und Titel werden im Balken angezeigt.) Ein Titel kann sich über mehrere Clips erstrecken. Das Löschen eines Titels funktioniert wie üblich: Anklicken und ⬅ -Taste drücken.

 Auch die Geschwindigkeit, in der die Titel Ihres Projekts ein- und ausgeblendet werden, lässt sich anpassen, und zwar unter ABLAGE|PROJEKTEINSTELLUNGEN. Bewegen Sie dort den Regler AUSBLENDDAUER FÜR TITEL auf die gewünschte Zeit. (Die Anzeigedauer wird dadurch nicht beeinflusst.)

Audiokommentare und Toneffekte hinzufügen

In diesem Abschnitt zeige ich Ihnen – wie versprochen – eine weitere Methode, wie Sie Sound zu Ihrem Projekt hinzufügen können, nämlich indem Sie ein kurzes Musikstück, ein Geräusch oder gesprochene Kommentare (Voiceover) direkt mit einem bestimmten Bild Ihres Films verknüpfen. Auf diese Weise können Sie präziseren Einfluss darauf nehmen, an welcher Stelle die Soundwiedergabe einsetzt und wieder endet.

Wie beim Hinzufügen von Hintergrundmusik, das ich weiter vorn in diesem Kapitel beschrieben habe, können Sie sich auch hier aus allen Quellen bedienen, die der Bereich für Musik- und Toneffekte zu bieten hat: iTunes, GarageBand, iMovie- und iLife-Sound-Effekte. Des Weiteren können Sie direkt in iMovie eigene Audiokommentare zu Ihrem Video aufzeichnen.

Um einen Toneffekt hinzuzufügen, tun Sie Folgendes:

1. **Öffnen Sie den Bereich für Musik und Toneffekte, indem Sie auf die entsprechende Taste in der Symbolleiste klicken.**

2. **Öffnen Sie einen Toneffekte-Ordner und wählen Sie ein passendes Geräusch aus der Liste.**

   Verwenden Sie falls nötig das Suchfeld, um das Passende zu finden. Durch einen Doppelklick auf eine Audiodatei wird diese abgespielt.

3. **Ziehen Sie die gewünschte Audiodatei genau an die Stelle Ihres Projekts, an der der Sound im Film beginnen soll.**

   Achten Sie darauf, dass Sie die Audiodatei direkt über dem betreffenden Projektclip ablegen und nicht auf dem schwarzen Projekthintergrund, sonst wird daraus ein Hintergrundsound. Ansonsten wird nun ein grüner Tonbalken unterhalb der entsprechenden Clips angezeigt.

4. **Passen Sie falls nötig die Position und Abspieldauer des Audioclips an.**

   Um den Toneffekt neu zu positionieren, ziehen Sie seinen grünen Balken an die Stelle, an der die Wiedergabe im Film beginnen soll. Die Abspieldauer passen Sie an, indem Sie das Ende nach links ziehen. (Abspieldauer und Name werden im Balken angezeigt.) Ein Toneffekt kann sich über mehrere Clips erstrecken. Um einen Audioclip zu löschen, klicken Sie ihn an und drücken die ⌫ -Taste.

Das Aufnehmen von selbst gesprochenem Text funktioniert folgendermaßen:

1. **Klicken Sie auf die Taste VOICEOVER (das Mikrofon) in der Symbolleiste.**

2. **Das Fenster VOICEOVER, das Sie in Abbildung 17.16 sehen, öffnet sich.**

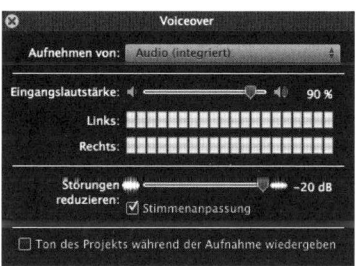

Abbildung 17.16: Das Fenster VOICEOVER von iMovie

3. **Wählen Sie aus dem Einblendmenü AUFNEHMEN VON das Mikrofon aus, das Sie verwenden möchten.**

4. Stellen Sie die Eingangslautstärke auf Ihre Stimme ein.

Bewegen Sie den Regler EINGANGSLAUTSTÄRKE nach rechts, wenn Sie eher leise sprechen, damit die Aufnahme lauter wird. Wenn Sie dagegen ein relativ lautes Organ haben, bewegen Sie den Regler nach links, sodass die Aufnahme leiser wird.

5. Ziehen Sie den Regler STÖRUNGEN REDUZIEREN ganz nach rechts, damit Umgebungsgeräusche so weit wie möglich gedämpft werden.

Vielleicht möchten Sie aber auch ein paar Hintergrundgeräusche mit aufzeichnen, um Ihren Audiokommentar möglichst authentisch zu gestalten. In diesem Fall bewegen Sie den Regler nach links.

6. Aktivieren Sie die Option STIMMENANPASSUNG, um die Sprachaufnahme zu optimieren.

7. Aktivieren Sie die Option TON DES PROJEKTS WÄHREND DER AUFNAHME WIEDERGEBEN, wenn der Ton während der Aufnahme zu hören sein soll.

Schließen Sie in diesem Fall Ihre Kopfhörer an, um zu verhindern, dass der wiedergegebene Ton mit aufgenommen wird.

8. Bewegen Sie nun den Abspielkopf an die Stelle im Film, an der die Aufnahme beginnen soll, und klicken Sie darauf, um den Aufnahmevorgang zu starten.

Damit die Aufnahme starten kann, muss das Fenster VOICEOVER noch geöffnet sein; ein kleines Mikrofonsymbol am Cursor zeigt an, dass Sie sich im Voiceover-Modus befinden. Achten Sie darauf, dass der Abspielkopf sich genau an der richtigen Position befindet, bevor Sie klicken. Ein Countdown von 3 bis 1 läuft ab, iMovie fordert Sie auf, sich bereitzuhalten und startet dann die Aufnahme.

9. Sagen Sie, was immer Sie zu sagen haben.

Sprechen Sie deutlich, aber nicht zu laut ins Mikrofon, sodass die Lautstärkeanzeige im Fenster VOICEOVER sich möglichst im grünen Bereich bewegt. Gelb bedeutet, dass Sie ein wenig zu laut sprechen, Rot weist Sie darauf hin, dass Sie viel zu laut ins Mikrofon brüllen, was zur Folge hat, dass Ihre Stimme verzerrt aufgezeichnet wird.

Während die Aufnahme läuft, blinkt rechts im Abspielbereich neben dem Wort AUFNAHME ein roter Punkt und der Clipbereich, über dem der Audiokommentar aufgezeichnet wird, wird nach und nach rot eingefärbt.

Drücken Sie die Leertaste oder klicken Sie irgendwo im iMovie-Fenster, um die Aufnahme anzuhalten. iMovie platziert das aufgenommene Material als violetten Audiobalken unterhalb der betreffenden Clips. Sobald Sie fertig sind, schließen Sie das Fenster VOICEOVER wieder.

10. Passen Sie falls nötig die Position und Abspieldauer der Audiokommentare an.

Um einen Audiokommentar neu zu positionieren, ziehen Sie seinen violetten Balken an die Stelle im Film, an der die Wiedergabe beginnen soll. Die Abspieldauer passen Sie an, indem Sie das Ende nach links ziehen. (Wenn Sie dabei die ⌐-Taste gedrückt halten, können Sie gleichzeitig den Sound hören.) Um den gesprochenen Kommentar zu löschen, klicken Sie ihn an und drücken die ⟨ ← ⟩-Taste.

 Um zu vermeiden, dass eingefügte Toneffekte oder der gesprochene Kommentar durch die Hintergrundmusik oder die Filmgeräusche selbst übertönt werden, sollten Sie diese dämpfen (Ducking), indem Sie die entsprechenden Audiobalken auswählen, das Fenster AUDIO ANPASSEN öffnen und dort die Option LAUTSTÄRKE DER ANDEREN SPUREN REDUZIEREN aktivieren. So erhalten die Toneffekte und Audiokommentare Vorrang vor den anderen Tonspuren.

 Legen Sie mehrere Audiobalken übereinander, sodass sie gleichzeitig abgespielt werden. Ein hilfreicher Trick, um an einigen Stellen eine dichtere Geräuschkulisse zu erhalten. So können Sie beispielsweise verschiedene Tiergeräusche übereinanderlagern, um zum Beispiel das Ambiente eines Bauernhofs oder Zoos zu simulieren.

Einzelbilder (mit und ohne Bewegungseffekt) in den Film einfügen

Mit gelegentlich eingestreuten Einzelbildern aus Ihrer iPhoto-Mediathek können Sie Ihrem Film eine künstlerische Note verleihen. In iMovie 7 können Sie den Fotos außerdem einen dynamisch wirkenden Bewegungseffekt zuweisen. So gehen Sie vor:

1. **Klicken Sie auf die Taste** FOTOS **in der Symbolleiste, um die Fotoübersicht einzublenden.**

   Hier steht Ihnen Ihre gesamte iPhoto-Mediathek zur Verfügung. Wählen Sie ein Album aus dem Einblendmenü und scrollen Sie durch den Inhalt. Mit dem Suchfeld können Sie Fotos anhand ihres Namens suchen.

2. **Ziehen Sie das gewünschte Foto an die entsprechende Stelle Ihres Projekts.**

   iMovie platziert das Foto automatisch als Filmstreifen oder Einzelbildminiatur (je nachdem, welche Darstellungslänge Sie für die Projektminiaturen eingestellt haben) zwischen zwei Clips. Sie können es jederzeit anklicken und an eine andere Stelle des Projekts bewegen.

3. **Passen Sie die Anzeigedauer des Fotos sowie den Ken-Burns-Bewegungseffekt an.**

   Das Einzelbild wird standardmäßig vier Sekunden lang sowie mit dem sogenannten *Ken-Burns-Effekt* angezeigt, bei dem das Foto bewegt sowie heran- und wieder weggezoomt wird.

   Um die Anzeigedauer zu ändern, bewegen Sie den Mauszeiger über die linke untere Ecke der Fotominiatur und klicken auf das erscheinende Uhrensymbol. Geben Sie im folgenden Dialogfenster eine neue Sekundenzahl ein.

   Auch den automatischen Bewegungseffekt können Sie anpassen. Wählen Sie dazu den Fotoclip aus und klicken Sie auf die BESCHNEIDEN-Taste in der Symbolleiste, woraufhin Sie im Abspielbereich rechts das Foto sowie zwei Beschnittrahmen sehen. Der grüne Rahmen kennzeichnet den Anfangspunkt, der rote den Endpunkt des Effekts. Sie haben nun verschiedene Anpassungsmöglichkeiten:

◈ Tauschen Sie die Position des roten und grünen Beschnittrahmens, indem Sie im jeweils ausgewählten Rahmen auf die kleine Taste mit den beiden Pfeilen klicken.

◈ Bewegen Sie die Rahmen und verändern Sie ihre Größe, indem Sie an den Ecken und Kanten ziehen.

Falls Sie Zeit und Muße haben, spielen Sie einfach ein wenig mit diesen Optionen herum, um einen interessanten Effekt zu erzielen.

Wie immer können Sie mit der Wiedergabetaste eine Vorschau Ihrer Arbeit anzeigen lassen. Falls Sie es vorziehen, das Foto ganz ohne Bewegungseffekt sowie in seiner Originalgröße zu übernehmen, klicken Sie auf ANPASSEN. Um das Bild lediglich zu beschneiden (wie weiter vorn in diesem Kapitel beschrieben), ohne einen Bewegungseffekt anzuwenden, klicken Sie auf BESCHNEIDEN. Mit den beiden großen Pfeil-Tasten drehen Sie das Foto. Klicken Sie auf FERTIG, um die Bearbeitung abzuschließen.

Abbildung 17.17: Ein Gastspiel eines gelungenen Fotos aus iPhoto

 Ein beschnittener, gedrehter oder mit Ken-Burns-Effekt versehener Fotoclip ist am Clipanfang durch ein Beschnittsymbol gekennzeichnet. Ein Klick darauf bringt Sie zurück in das eben beschriebene Bearbeitungsfenster, sodass Sie jederzeit weitere Änderungen vornehmen beziehungsweise den zuvor eingestellten Beschnitt oder Bewegungseffekt widerrufen können (Taste ANPASSEN).

Ihren Blockbuster veröffentlichen

Welchen Sinn hätte ein Film wie *Der Pate*, wenn niemand ihn je zu Gesicht bekäme? Dasselbe gilt für Ihren Klassiker. Sehen Sie sich Ihr Machwerk ein letztes Mal mit kritischem Blick auf dem Mac an, am besten im Vollbildmodus. Wenn Sie überzeugt sind, dass nun alles in trockenen Tüchern ist, ist es an der Zeit, das Ganze einem größeren Publikum zur Verfügung zu stellen. Öffnen Sie dazu zunächst das Menü BEREITSTELLEN, wo Sie die folgenden Optionen finden.

✔ **iTunes:** Mit dieser Option exportieren Sie Ihren Film für die Anzeige auf einem video-fähigen iPod (siehe Kapitel 15), einem iPhone, einem Fernsehgerät via Apple TV oder Ihrem Computer in Front Row. Ihr Film findet sich anschließend in Ihrer iTunes-Mediathek, von wo Sie ihn zum Beispiel auf den iPod oder an Apple TV übertragen können.

Sie können Ihren Film in mehreren Größen gleichzeitig rendern lassen.

✔ **Medienübersicht (Für andere Programme bereitstellen):** Wählen Sie diese Option, um Ihren Film für die Weiterverarbeitung in iWeb, iDVD, GarageBand und anderen Programme bereitzustellen. So können Sie den Film zum Beispiel auf einer Website oder als Video-Podcast veröffentlichen (iWeb), eine echte Film-DVD daraus erstellen (iDVD) oder ihn mit einem zusätzlichen Filmsoundtrack unterlegen (GarageBand). Nach dem Exportieren findet sich Ihr Video in der iLife-Medienübersicht und kann so in iDVD, iWeb und GarageBand genutzt werden.

Wenn Sie Ihren Video-Podcast später über iWeb zum Beispiel auf Ihrer Blog-Seite veröffentlichen, fügt iWeb dort automatisch den Link PODCAST ABONNIEREN ein, den Besucher Ihres Blogs anklicken können, um von da an mit einer RSS-fähigen Software (zum Beispiel iTunes) regelmäßig neue Episoden Ihres Podcasts (sofern Sie welche produzieren) zu empfangen.

✔ **YouTube:** Damit veröffentlichen Sie Ihr Projekt auf YouTube. Hierzu benötigen Sie einen YouTube-Account; falls Sie noch keinen haben, können Sie ihn hierüber auch gleich einrichten. Aktivieren Sie die Option FILM ALS PRIVAT FESTLEGEN, wenn Sie nicht möchten, dass jedermann ihn sieht.

✔ **.Mac Web Galerie:** Falls Sie über einen .Mac-Account verfügen (genauere Informationen hierzu finden Sie in Kapitel 12), können Sie Ihren Film sofort nach seiner Fertigstellung direkt in Ihrer Web-Galerie bereitstellen. Auch hier können Sie festlegen, wer Ihren Film ansehen darf, und sogar das Herunterladen des Films erlauben.

✔ **Film exportieren:** Wählen Sie diese Option, um den Film in einen Ordner im Finder zu exportieren. Dies ist sinnvoll, wenn Sie eine einfache Sicherungskopie erstellen wollen, die nicht über die iLife-Übersicht für andere Programme bereitgestellt wird. Sobald Sie nämlich ein Projekt, das Sie mithilfe der entsprechenden Exportfunktion bereits für iTunes oder andere Programme bereitgestellt haben, in iMovie weiterbearbeiten und dann neu rendern, werden ältere Versionen des Films in der iLife-Medienübersicht oder in iTunes gelöscht und durch die neue Version ersetzt.

✔ **Mit QuickTime exportieren:** Wenn Sie den Film im QuickTime-Format exportieren, kann er später auf jedem Rechner, auf dem QuickTime installiert ist, abgespielt werden. Unter OPTIONEN können Sie Ihre eigenen Komprimierungsformate sowie Einstellungen für den Ton und das Internetstreaming festlegen. Je geringer die Komprimierung, desto größer die Datei.

✔ **Final Cut XML exportieren:** Hiermit exportieren Sie Ihr Projekt für die Weiterverarbeitung in Final Cut.

iMovie und iDVD ein Team bilden lassen

iDVD ist eine Software zum Gestalten von DVDs, die Sie in einem gewöhnlichen DVD-Player abspielen können, und ist eng mit iMovie verknüpft (und übrigens auch mit iTunes und iPhoto). Dieses Programm bietet Ihnen ein reichhaltiges Angebot an Hollywood-reif gestylten DVD-Menüdesigns und erlaubt Ihnen über die Medienübersicht das Einfügen von Filmen, Bildern und Musik aus Ihrem eigenen Fundus. Ein Film, den Sie aus iMovie für die Verwendung in iDVD exportiert haben, erscheint zum Beispiel automatisch im Bereich Filme von iDVD.

Hinweis: Um DVDs brennen zu können, muss Ihr Mac mit einem _SuperDrive_-Laufwerk (zum Abspielen und Brennen von CDs _und_ DVDs) oder zumindest mit einem kompatiblen DVD-Brenner eines Drittherstellers ausgestattet sein. (Viele Geräte sind heutzutage mit dem Mac kompatibel.) Fast alle aktuellen Macs haben standardmäßig einen DVD-Brenner integriert, ältere Modelle besitzen in der Regel nur einen CD-Brenner.

Wenn Sie iDVD starten, öffnet sich ein Dialogfenster mit den folgenden Optionen: Neues Projekt anlegen, Projekt öffnen, Magic iDVD und OneStep DVD (mehr dazu später).

Nachdem Sie ein neues Projekt angelegt sowie einen Namen vergeben, einen Speicherort und ein Bildformat gewählt haben, müssen Sie zunächst festlegen, mit welcher Codierungsqualität iDVD das Filmprojekt fürs Brennen vorbereiten soll, oder – einfach ausgedrückt – die Qualität der resultierenden DVD bestimmen.

Wählen Sie dazu iDVD|Einstellungen und klicken Sie auf Projekte. Unter Codierung haben Sie die Wahl zwischen drei Optionen: Beste Leistung, Hohe Qualität und Professionelle Qualität. Welche Einstellung Sie wählen, richtet sich danach, wie umfangreich Ihr Videomaterial ist und wie viel Zeit Sie fürs Brennen aufwenden möchten. Ist Ihr Film nur zirka eine Stunde lang, wählen Sie Beste Leistung, bei bis zu zwei Stunden wählen Sie Hohe Qualität. Für eine besonders gute Qualität bei Filmmaterial von bis zu zwei Stunden sorgt die Option Professionelle Qualität – sie kostet Sie jedoch doppelt so viel Codierungszeit wie die Einstellung Hohe Qualität.

Um festzustellen, wie viele Minuten Ihr Filmprojekt umfasst, werfen Sie einen Blick auf die Anzeige unter Projekt|Projektinfo.

Bei Hohe Qualität verlängert sich der Brennvorgang der DVD, jedoch ist die Qualität besser. Bei Beste Leistung können Sie dagegen an Ihrem Projekt weiterarbeiten, während iDVD im Hintergrund die Daten codiert, wodurch die Mac-Ressourcen effektiver genutzt werden können (das heißt, die Erstellungszeit wird reduziert) und die Brenndauer sich verkürzt.

Sie können bei der Einstellung BESTE LEISTUNG die Hintergrundcodierung deaktivieren, indem Sie ERWEITERT|IM HINTERGRUND CODIEREN auswählen, sodass das Häkchen entfernt wird. Die Performance kann sich dadurch verbessern.

Ein iDVD-Thema wählen und anpassen

Sie dürfen in iDVD aus einer Reihe ansprechend gestalteter Themen wählen. Ein iDVD-Thema steht für ein bestimmtes DVD-Menüdesign in seiner Gesamtdarstellung – mit harmonisch aufeinander abgestimmten Hintergrundbildern, Schaltflächenstilen, Schriften, Musik und Animationen. Jedes Thema umfasst drei sich ergänzende Menüvorlagen im gleichen Design, aber mit unterschiedlichen Layouts – Hauptmenü, Kapitelauswahlmenü und ein Menü für Extras (zum Beispiel für Diashows) –, mit deren Hilfe Sie einen optisch ansprechenden und einheitlichen Rahmen für Ihre DVD schaffen können. Sie müssen die einzelnen Vorlagenstile aber nicht strikt zweckgebunden verwenden, sondern können sie den einzelnen Menüs Ihres Projekts beliebig zuweisen. Auch ein Mix aus unterschiedlichen Themen innerhalb eines Projekts ist erlaubt. Sie können ein Thema unverändert übernehmen oder es anpassen und als eigenes Thema abspeichern.

Seit Version 6 enthält iDVD auch Themen, die sowohl im 4:3-Standardformat als auch im 16:9-Breitbildformat, das bei HDTV-Geräten (und einigen analogen TV-Geräten) verfügbar ist, angezeigt werden können. Es stehen aber auch Themen aus älteren Versionen von iDVD zur Verfügung.

Klicken Sie unten rechts im iDVD-Fenster auf die Taste THEMEN und scrollen Sie durch die Liste, um ein zu Ihrem Film passendes Thema zu finden, wie etwa das Thema REISE, das Sie in Abbildung 17.18 sehen. Öffnen Sie das Einblendmenü oberhalb der Themenliste, um die einzelnen Themensets anzuzeigen. Klicken Sie auf ein Thema, um es in der Vorschau zu betrachten. Viele der Themen enthalten Animationen. In diesem Fall können Sie auf die Animationstaste unter dem Ansichtsbereich klicken, um die Animation zu starten oder zu stoppen.

Sie sind übrigens keineswegs auf die Apple-Vorlagen in iDVD beschränkt, sondern können auch iDVD-Vorlagen von Drittherstellern beziehen.

Mit Drop-Zones arbeiten

Bei den Menüvorlagen der iDVD-Themen können Sie Inhalte in speziell gekennzeichneten _Drop-Zones_ ablegen. Dabei arbeiten Sie mit dem Drop-Zone-Editor, den Sie öffnen, indem Sie PROJEKT|DROP-ZONES BEARBEITEN wählen oder auf die gleichnamige Taste unten im Fenster klicken. (Oder doppelklicken Sie einfach auf eine Drop-Zone.) Hier sehen Sie auf einen Blick, wie viele Drop-Zones die gewählte Menüvorlage enthält.

Ziehen Sie Filmclips, Diashows oder Fotos in die Drop-Zones der Menüvorlage.

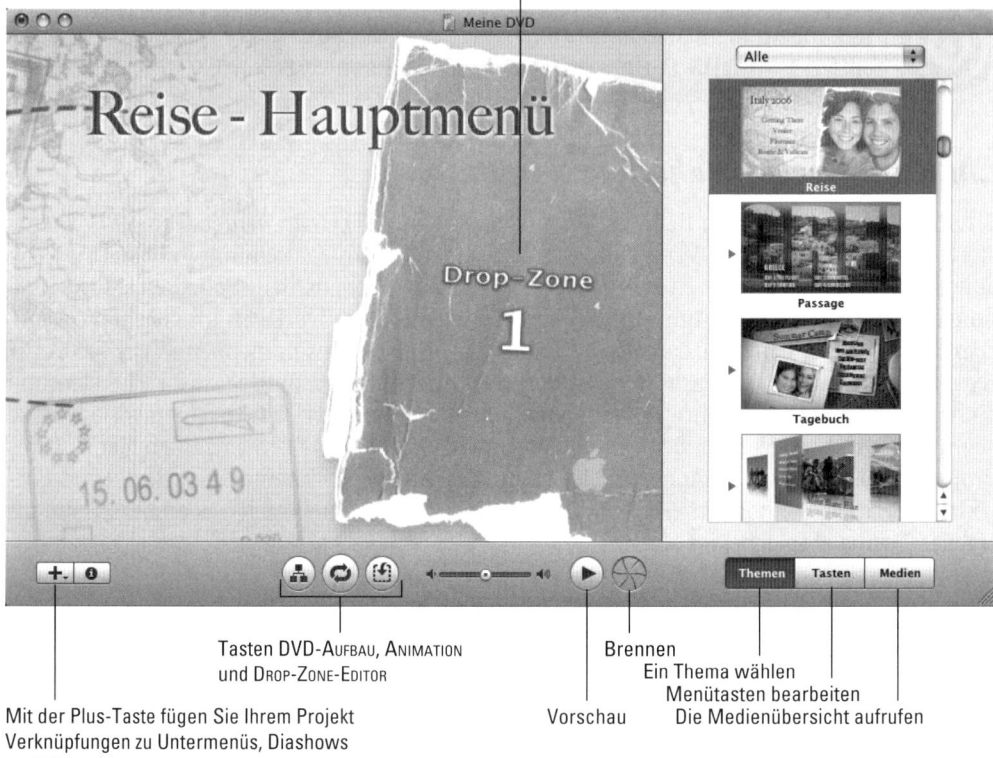

Mit der Plus-Taste fügen Sie Ihrem Projekt
Verknüpfungen zu Untermenüs, Diashows
und Filmen hinzu.

Tasten DVD-AUFBAU, ANIMATION
und DROP-ZONE-EDITOR

Vorschau

Brennen
Ein Thema wählen
Menütasten bearbeiten
Die Medienübersicht aufrufen

Abbildung 17.18: Ein Thema für Ihren iDVD-Film wählen

Um ein Foto in einer Drop-Zone zu platzieren, klicken Sie unten rechts auf MEDIEN und dann auf FOTOS und ziehen die gewünschte Datei aus der Medienübersicht entweder in einen der unteren Platzhalter im Drop-Zone-Editor oder direkt in eine Drop-Zone hinein. (Ein bereits platziertes Objekt löschen Sie, indem sie es in der Drop-Zone anklicken und dann die [←]-Taste drücken.)

 Es ist auch möglich, gleich mehrere Bilder in eine Drop-Zone zu packen, sodass sie darin als Diashow abgespielt werden. Bewegen Sie zum Beispiel ein ganzes Album in die Drop-Zone. Wenn Sie anschließend im Drop-Zone-Editor auf den entsprechenden Platzhalter doppelklicken, öffnet sich ein Bereich mit den Miniaturen der platzierten Bilder. Darin können Sie einzelne Fotos löschen, andere aus der Medienübersicht hinzufügen und die Reihenfolge ändern. (Klicken Sie auf ZURÜCK, sobald Sie fertig sind, um wieder in die Ansicht des Drop-Zone-Editors zu gelangen.)

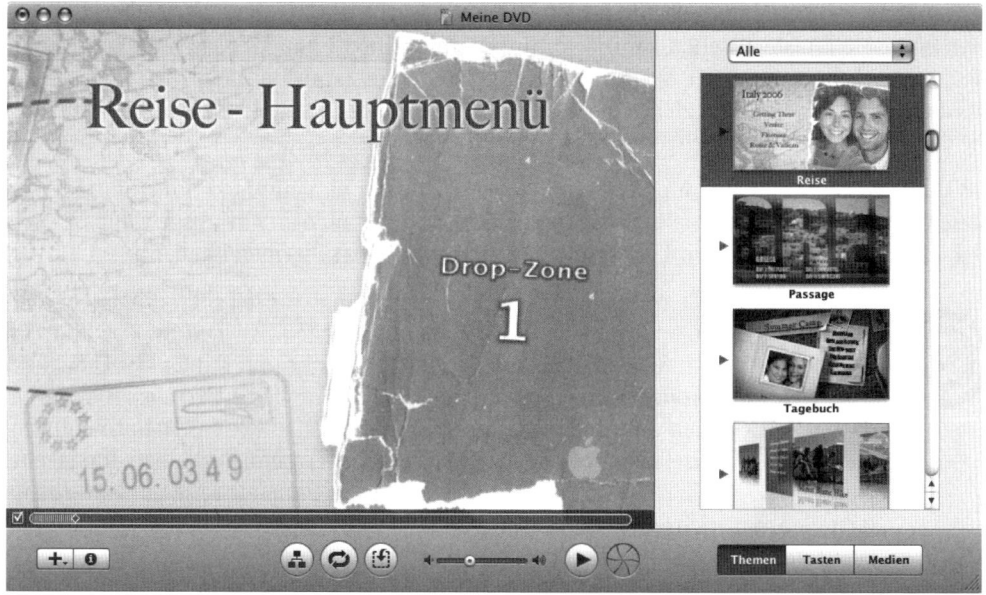

Abbildung 17.19: Legen Sie Inhalte in den Drop-Zones der Menüvorlage ab.

Wenn Sie möchten, können Sie auch ein anderes Anfangsbild für die Diashow festlegen, indem Sie zuerst auf die Drop-Zone selbst klicken (sie erhält einen schwarz-gelben Rahmen) und dann mit dem eingeblendeten Regler das gewünschte Foto auswählen. (Wie Sie eine richtige Diashow in iDVD erstellen, erfahren Sie weiter hinten in diesem Kapitel im Abschnitt »Eine iDVD-Diashow produzieren«.)

 Statt eines Fotos können Sie auch einen Videoclip in einer Drop-Zone ablegen. Wenn Sie im Anschluss daran auf die Drop-Zone klicken, wird eine Steuerung eingeblendet, mit deren Hilfe Sie festlegen können, welcher Teil des Films abgespielt wird. Verwenden Sie hier aus Gründen der Performance möglichst nur kurze Filme.

Im Drop-Zone-Editor können Sie übrigens nicht nur Drop-Zones befüllen, sondern auch das Menühintergrundbild ändern, indem Sie ein Bild in den Platzhalter Menü bewegen.

Inhalte hinzufügen

Als Nächstes werden Sie sicher den standardmäßigen Hauptmenütitel der Themenvorlage ändern wollen. Doppelklicken Sie hinein und überschreiben Sie ihn mit etwas Passendem, wie »Spanien-Urlaub 2007« oder so. Über die eingeblendete Direktsteuerung können Sie eine andere Schriftart und -größe festlegen. Vielleicht möchten Sie noch einen Untertitel oder eine kurze Beschreibung hinzufügen, indem Sie Projekt|Text hinzufügen wählen.

Nun sollten Sie aber ein paar echte Inhalte hinzufügen, die der Benutzer später durch Anklicken einer Menütaste ansehen kann, wie zum Beispiel einen Film. Wechseln Sie dazu in die Medienübersicht, suchen Sie das gewünschte Video heraus (zum Beispiel einen iMovie-Film aus dem Bereich Filme) und ziehen Sie es auf den Menühintergrund. Passen Sie aber auf, dass Sie den Clip nicht versehentlich in einer Drop-Zone ablegen.

iDVD legt automatisch eine Menütaste an, die den Titel der eingefügten Filmdatei trägt. Um diesen zu ändern, klicken Sie ein Mal in den Text (falls er nicht mehr ausgewählt ist, zwei Mal – aber langsam, sonst wird der Film abgespielt) und überschreiben ihn dann.

Ein Menü kann je nach gewähltem Thema maximal zwölf Tasten umfassen. Falls Sie mehr benötigen, müssen Sie Untermenüs anlegen. Klicken Sie dazu auf das Plussymbol (Hinzufügen) unten links im iDVD-Fenster und wählen Sie Untermenü hinzufügen. Sie können das neu erstellte Untermenü (Mein Untermenü) dann per Doppelklick öffnen und ebenso anpassen und bearbeiten wie das Hauptmenü (mit dem Linkspfeil gelangen Sie wieder zurück). Untermenüs erlauben Ihnen eine zusätzliche Gliederung Ihrer DVD. So können Sie beispielsweise ein Untermenü erstellen, das mehrere Diashows enthält.

Alle hinzugefügten Textobjekte und Filmmenütasten lassen sich frei positionieren, auswählen und mit der ⬅-Taste wieder löschen.

Kapitelmarkierungen in iDVD

So ziemlich alle herkömmlichen Film-DVDs, die Sie heutzutage zum Beispiel bei Amazon kaufen oder in der Videothek leihen können, sind in Kapitel unterteilt, sodass Sie schnell und komfortabel direkt zu einzelnen Szenen des Films springen können. Die Kapitelauswahl befindet sich im Hauptmenü der DVD, das in der Regel noch weitere Funktionen enthält.

Auch Sie können Ihren Film in iDVD mit Kapitelmarkierungen versehen. Klicken Sie dazu auf die zum Film gehörige Menütaste und wählen Sie Erweitert|Kapitelmarker für Film erstellen. Im folgenden Dialogfenster geben Sie dann die Häufigkeit der Kapitelmarker an, indem Sie entweder eine Zahl eintippen oder auf die Auf- und Abwärtspfeile klicken. Wenn Sie anschließend auf den Filmnamen im Hauptmenü doppelklicken, gelangen Sie in ein Untermenü mit Tasten zum Abspielen sowie zur Szenenauswahl. Ein Klick auf die Taste zur Szenenauswahl öffnet ein weiteres Menü mit Tasten für die zuvor angelegten Kapitel.

Einmal angelegte Kapitelmarker lassen sich im Nachhinein nicht mehr ändern. Sollen die Kapitelmarker später nicht angezeigt werden, löschen Sie die Taste zur Szenenauswahl, indem Sie sie anklicken und die ⬅-Taste drücken.

Sobald Sie einen Film hinzufügen, der Kapitelmarker enthält (aus einer früheren iMovie-Version oder einem anderen Videoschnittprogramm), erstellt iDVD automatisch zwei Menütasten – eine für die Filmwiedergabe und eine für die Szenenauswahl – sowie ein verknüpftes Szenenauswahlmenü mit einer Taste für jedes Kapitel. Dieses Verhalten können Sie unter iDVD|Einstellungen|Filme ändern.

Eine iDVD-Diashow produzieren

Na? Lust auf eine Diashowpräsentation auf DVD? Wenn ja, führen Sie einfach die folgenden Schritte aus:

1. **Klicken Sie links unten im Hauptfenster von iDVD auf die Plus-Taste und wählen Sie** DIASHOW HINZUFÜGEN.

   Eine Platzhaltertaste mit der Bezeichnung MEINE DIASHOW wird im Menü eingefügt, die Sie anklicken und mit einem neuen Namen überschreiben können.

2. **Doppelklicken Sie auf die Platzhaltertaste, um den Diashow-Editor zu öffnen.**

   Sie sehen nun eine Drop-Zone und werden aufgefordert, Bilder hineinzuziehen.

3. **Wechseln Sie in die Medienübersicht (MEDIEN) sowie in den Bereich FOTOS und ziehen Sie von dort entweder ein ganzes iPhoto-Album oder mehrere Einzelbilder Ihrer iPhoto-Mediathek in die Drop-Zone des Diashow-Editors.**

4. **Wählen Sie unten links aus den Einblendmenüs DAUER und ÜBERGANG eine Anzeigedauer für die einzelnen Dias sowie einen passenden Übergang.**

5. **Klicken Sie rechts in der Symbolleiste auf EINSTELLUNGEN und wählen Sie weitere Optionen für die Diashow aus.**

   Mit ENDLOSSCHLEIFE FÜR DIASHOW WIEDERHOLEN lassen Sie die Diashow unendlich wiederholen, NAVIGATIONSPFEILE ANZEIGEN blendet Navigationspfeile zur besseren Orientierung ein. Wählen Sie BILDDATEIEN ZUR DVD-ROM HINZUFÜGEN, um Kopien der Dias zur DVD hinzuzufügen, sodass sie später vom Benutzer heruntergeladen werden können. Mit TITEL UND KOMMENTARE ANZEIGEN können Sie Ihre Bilder mit eben solchen versehen. Außerdem können Sie wählen, ob während der Filmwiedergabe Audio-Ducking angewendet werden soll.

6. **Unterlegen Sie die Diashow mit einem Soundtrack, indem Sie in der Medienübersicht auf AUDIO klicken und den gewünschten Titel aus der iTunes-Mediathek (oder einer anderen Quelle) in das AUDIO-Feld des Diashow-Editors ziehen (siehe Abbildung 17.20).**

   Das Einblendmenü DAUER ändert sich in AN AUDIO ANPASSEN, sodass Dias und Musik synchron abgespielt werden. Wenn Sie möchten, können Sie die Dauer auch selbst einstellen. Mit dem Regler DIASHOW-LAUTSTÄRKE passen Sie die Lautstärke der Hintergrundmusik an.

7. **Klicken Sie auf die Taste VORSCHAU, um die Diashow wiederzugeben.**

   Mit EXIT gelangen Sie zurück in den Diashow-Editor.

Das Erscheinungsbild von Menütexten anpassen

Obwohl die Menüvorlagen der iDVD-Themen schon recht ansprechend sind, können Sie das Aussehen der Menütexte individuell anpassen. Klicken Sie dazu auf das zu ändernde Textobjekt, um es auszuwählen (oder wählen Sie gleich mehrere bei gedrückter ⇧-Taste aus), und wählen Sie dann DARSTELLUNG│INFORMATIONEN EINBLENDEN.

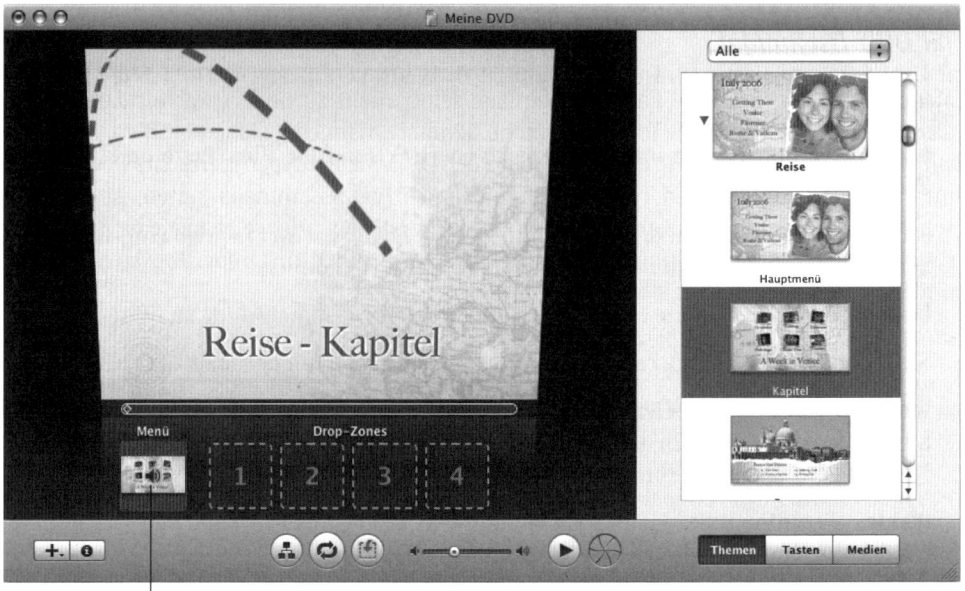

Audio-Feld des Diashow-Editors

Abbildung 17.20: Eine iDVD-Diashow erstellen und mit einem Soundtrack unterlegen

Bei Menütiteln oder selbst hinzugefügtem Text öffnet sich das Dialogfenster TEXTINFORMATIONEN, bei Menütasten das Dialogfenster TASTENINFORMATIONEN. Hier können Sie nun Schriftart, -größe, -farbe und Ausrichtung bestimmen. Um den Originalzustand eines Textes wiederherzustellen, markieren Sie ihn erneut und wählen ERWEITERT|OBJEKT AUF DIE THEMENEINSTELLUNGEN ZURÜCKSETZEN.

Darüber hinaus lassen sich im Dialogfenster MENÜ-INFORMATIONEN, das Sie durch einen Klick auf die I-Taste unten links aufrufen (es dürfen dabei kein Menütexte oder -tasten ausgewählt sein), die Hintergrundbilder und die Audiobegleitung von Menüs sowie einige weitere Optionen anpassen.

 Um sicherzugehen, dass Ihre Menüs und Untermenüs später auch vollständig auf dem Bildschirm zu sehen sind, wählen Sie DARSTELLUNG|SICHTBAREN BEREICH (TV) EINBLENDEN. iDVD kennzeichnet dann den später sichtbaren Bereich mit einem roten Rechteck.

Das Erscheinungsbild von Menütasten anpassen

Die Tasten (oder Schaltflächen) eines DVD-Menüs sind immer auf das dazugehörige Thema abgestimmt. Falls Ihre Wünsche aber mal in Konflikt mit Apples Vorstellungen von Menüdesign geraten, können Sie das Aussehen der Tasten ganz einfach ändern, indem Sie in den Bereich TASTEN wechseln.

Im DVD-Dschungel

Manchmal wissen sich die Fachleute einfach selbst nicht zu helfen, was oft dazu führt, dass Konsumenten sich im Technikdickicht ziemlich »hängen gelassen« fühlen. Nehmen wir nur das Kuddelmuddel, das im Bereich der DVD-Medientypen herrscht. Obwohl die im Folgenden aufgezählten Typen problemlos mit iDVD zusammenarbeiten, ist es keine schlechte Idee, sicherheitshalber noch einmal nachzuprüfen, mit welchen Medientypen Ihr Brenner umgehen kann. Öffnen Sie dazu den System-Profiler (im Ordner DIENSTPROGRAMME) und wählen Sie MEDIUM BRENNEN (unter HARDWARE).

✔ DVD-R und DVD+R (die zweite Variante spricht sich DVD plus R): Hier haben Sie immer nur einen Versuch, das heißt, Sie können diese Scheiben nur *ein Mal* mit Daten beschreiben; wenn es zu einem Fehler kommt oder Sie etwas vergessen haben, müssen Sie eine neue nehmen. Der Vorteil dieser DVD-Typen ist, dass sie sich in den meisten herkömmlichen DVD-Playern abspielen lassen. Wie die anderen genannten Arten (außer dem doppelseitigen DVD-Typ) bieten sie Platz für zirka 4,5 GB.

✔ DVD-RW und DVD+RW: Diese DVD-Typen sind *wiederbeschreibbar* (das *RW* steht für *rewriteable = wiederbeschreibbar*), das heißt, Sie können sie immer wieder mit neuen Daten überschreiben. Die schlechte Nachricht: Sie lassen sich nicht in allen DVD-Playern abspielen.

✔ DVD+R DL: Dies *doppelseitige* und *ein Mal beschreibbare* DVD-Typ kann fast doppelt so viele Daten aufnehmen wie einseitig beschreibbare DVDs, jedoch können ältere DVD-Player meist nichts damit anfangen.

Seit 2006 sind noch zwei andere, hochauflösende DVD-Formate (zusammen mit entsprechenden DVD-Playern) auf dem Markt: *Blu-ray-* und *HD*-DVDs (*High Density*), die mit ihrem umfangreichem Speichervolumen (gängige Größen sind 25 beziehungsweise 50 GB bei Blu-ray und 15 bis 30 GB bei HD-DVD) als Nachfolger der regulären DVD gelten. Noch sind diese DVD-Typen jedoch exorbitant teuer – zwischen 5 und 15 Euro pro Scheibe (bei Drucklegung dieses Buches). Ein weiteres Konkurrenzprodukt, das bald den Markt erobern soll, ist das Format HD-VMD.

Bei Drucklegung dieses Buches konnte noch kein neues Mac-Modell mit einem dieser neuen Standards umgehen, doch möglicherweise hat sich dies schon geändert, wenn Sie diesen Abschnitt lesen. (Zumindest waren bereits 2007 Gerüchte im Umlauf, nach denen der nächste MacPro mit einem Blu-ray-Laufwerk ausgestattet sein sollte.) Inzwischen sind auch Mac-kompatible Blu-ray-Laufwerke erhältlich. Auf der einen Seite gehört Apple zu den Unternehmen, die Blu-ray öffentlich unterstützen, Apple ist aber auf der anderen Seite auch Mitglied des DVD-Forums, einer Gruppierung, die sich für den HD-DVD-Standard stark macht.

Menütasten können unterschiedliche Formen, Größen und Farben annehmen; sie können nur aus Text bestehen, verziert oder animiert sein, sodass ein Teil des Films, mit dem die Taste verknüpft ist, darin abgespielt wird. Eine neue Menütaste entsteht immer dann, wenn Sie einen

Film aus der Medienübersicht in ein DVD-Menü ziehen, eine Diashow oder ein Untermenü hinzufügen.

Sehen Sie sich die Tasten zur Szenenauswahl in Abbildung 17.21 an. Sobald Sie eine der Tasten im Hauptfenster anklicken, können Sie ihre Form ändern beziehungsweise sie in eine animierte Bildtaste verwandeln, indem Sie eine der Kategorien aus dem Einblendmenü im oberen Teil des TASTEN-Bereichs wählen. Scrollen Sie nach unten, um die gewünschte Form zu finden. Mit dem Durchgestrichen-Symbol können Sie den zugewiesenen Stil jeweils wieder aufheben. Reinen Texttasten können Sie einen Stil zuweisen (Kategorien TEXT, AUFZÄHLUNG, FORMEN), der nur dann sichtbar wird, wenn der Benutzer die Menütaste aktiviert.

Wenn Sie eine Bildtaste anklicken, erscheint dieser Schieberegler, mit dem Sie ein Bild für die Taste auswählen können.
Aktivieren Sie die Option STANDBILD, damit der Film nicht abgespielt wird.

Hier wählen Sie eine Tastenform aus.

Meine DVD1

Formen
Rahmen
✓ Kunst
Rechteck
Abgerundet

Film:
☑ Standbild   Film-Frame bei 1:36

Szene 1   *Szene 3*

Szene 2

Szenen 1 - 3

Themen | Tasten | Medien

DVD-Aufbau (um eine grafische Darstellung des Projekts einzublenden)

Lautstärke
Vorschau
DVD brennen

Drop-Zone-Editor öffnen

Animation (um animierte Themen anzusehen)

Abbildung 17.21: Die Tasten eines DVD-Menüs gestalten

Eine animierte Bildtaste entsteht immer dann, wenn Sie der Menütaste eines hinzugefügten Films eine Rahmenform (RAHMEN, KUNST, RECHTECK ODER ABGERUNDET) zuweisen; sie zeigt immer das erste Bild des Videoclips an, mit dem sie verknüpft ist beziehungsweise beginnt damit, wenn der Film darin abgespielt wird. Möchten Sie ein anderes Startbild festlegen, klicken Sie die Taste an (falls sie noch nicht ausgewählt war, müssen Sie sie zwei Mal hintereinander, und zwar langsam, anklicken) und bewegen den daraufhin eingeblendeten Schieberegler so lange, bis das gewünschte Bild erscheint. Soll der Film nicht in der Taste abgespielt werden, aktivieren Sie die Option STANDBILD (siehe Abbildung 17.21).

In der Ansicht DVD-Aufbau arbeiten

Wenn Sie auf die Taste DVD-AUFBAU EINBLENDEN des iDVD-Fensters klicken, wechseln Sie in die Ansicht DVD-AUFBAU, in der die einzelnen Komponenten Ihrer DVD in einer baumartigen Struktur grafisch dargestellt werden. Auf diese Weise können Sie sich einen besseren Überblick über Ihr gesamtes Projekt verschaffen und sehen auf einen Blick, wie die einzelnen Teile angeordnet und miteinander verknüpft sind. Sie können auf die einzelnen Elemente des Diagramms doppelklicken, um Änderungen daran vorzunehmen oder eine bestimmte Szene anzeigen zu lassen.

Im DVD-Aufbau werden außerdem gegebenenfalls Warnsymbole mit Fehlermeldungen angezeigt (wenn Sie die Maus darüber bewegen), weshalb es eine gute Idee ist, vor dem Brennen des DVD-Projekts einen Blick in diesen Bereich zu werfen.

OneStep DVD

Im Startfenster von iDVD finden Sie die Funktion ONESTEP DVD, die Ihnen erlaubt, Filmmaterial direkt aus dem Camcorder auf DVD zu brennen. Verbinden Sie einfach Ihre Videokamera über FireWire mit dem Mac und schalten Sie sie in den VCR-Modus. Klicken Sie im Startfenster von iDVD auf ONESTEP DVD (oder wählen Sie ABLAGE|ONESTEP DVD), bestätigen Sie mit OK und legen Sie eine leere DVD ein. Das Band wird automatisch zurückgespult, das Video importiert und gebrannt.

Soll der Film ab einer bestimmten Stelle übertragen werden, spulen Sie das Band an diese Stelle und drücken die Wiedergabetaste des Camcorders, sobald der Rückspulvorgang beginnt, wodurch die Videoaufzeichnung sofort startet.

Sie können eine OneStep DVD auch aus bereits vorhandenem Material erstellen, das sich in einem Ordner auf Ihrer Festplatte befindet.

Eine Magic iDVD erstellen

Mit der Funktion Magic iDVD können Sie sich von iDVD im Handumdrehen ein komplettes, brennfertiges DVD-Projekt erstellen lassen. Nachdem Sie MAGIC iDVD im Startfenster oder aus dem ABLAGE-Menü aufgerufen haben, müssen Sie nur noch einen Titel für Ihr Projekt vergeben, ein Thema wählen und anschließend die gewünschten Filme und Fotos (oder Audiomaterial) aus der Medienübersicht in die dafür vorgesehenen Streifen und Platzhalter im iDVD-Fenster ziehen (siehe Abbildung 17.22). iDVD zaubert daraus dann eine vollständige Film-DVD mit

Hauptmenü, Schaltflächen, Diashows und so weiter. Die Drop-Zones werden automatisch mit Ihrem Material aufgefüllt.

Klicken Sie auf VORSCHAU, um eine Vorschau der DVD anzusehen. (Verwenden Sie die iDVD-Steuerung zum Abspielen der einzelnen Filme; mit EXIT beenden Sie die Vorschau wieder.) Passen Sie Ihr Magic iDVD-Projekt gegebenenfalls an, indem Sie Inhalte austauschen oder ein neues Thema wählen, wie weiter vorn in diesem Kapitel erklärt. Klicken Sie dazu auf NEUES PROJEKT.

Abbildung 17.22: Eine Magic iDVD erstellen

Den fertigen Film auf DVD brennen

Dies ist ein bedeutender Moment: Sie stehen kurz davor, Ihre Film-DVD zu brennen. Um sicherzugehen, dass alles perfekt ist, und zu sehen, wie das Endergebnis aussehen wird, klicken Sie auf die VORSCHAU-Taste in iDVD. Es werden Fernsteuerungselemente (wie bei einem DVD-Player) eingeblendet, mit denen Sie die spätere Navigation simulieren können. (Mit EXIT beenden Sie die Vorschau wieder.)

 Es empfiehlt sich außerdem, einen Blick in das Fenster PROJEKTINFO (der erste Menüpunkt unter PROJEKT) zu werfen, in dem Sie viele nützliche Hinweise finden. Hier können Sie sicherstellen, dass Sie das richtige Bildformat (STANDARD (4:3) oder BREITBILD (16:9)) gewählt haben, und die verwendete Codierungsqualität sowie den Codierungsstatus sehen. Sie finden außerdem Angaben über die Gesamtdauer des Projekts, den Anteil der einzelnen Komponenten an der Gesamtgröße des Projekts

sowie die Anzahl bestimmter Objekte und wie viele Spuren diese belegen (maximal 99 sind möglich).

Der Name der fertigen DVD entspricht übrigens standardmäßig dem Namen Ihres Projekts. Soll die DVD einen anderen Namen haben, so können Sie diesen ebenfalls im Fenster Projektinfo eingeben. Auch den DVD-Typ können Sie hier festlegen.

Sie sind mit Ihrem Werk zufrieden? Dann klicken Sie auf Brennen und legen einen DVD-Rohling ein – vielleicht sollten Sie vorsichtshalber noch schnell den Kasten »Im DVD-Dschungel« weiter vorn in diesem Kapitel studieren, um sicherzugehen, dass Sie auch den richtigen Typ erwischt haben.

Da das Brennen von Film-DVDs sehr speicherintensiv ist, sollten Sie nach Möglichkeit währenddessen keine anderen Programme geöffnet haben.

Abhängig davon, wie schnell Ihr Mac und Ihr Brenner arbeiten, kann der Brennvorgang eine Weile dauern. Ein Fortschrittsbalken zeigt Ihnen den Status an, bis die DVD schließlich ausgeworfen wird.

Halten Sie sich danach nicht mehr unnötig lange damit auf, auf den Mac-Monitor zu starren, denn Sie haben jetzt bessere Dinge zu tun, zum Beispiel Ihren neuen Film auf einem großen Bildschirm zu genießen und schon mal die Ansprache für die Oscar-Verleihung zu üben.

Mit GarageBand ins Showbiz

In diesem Kapitel

▷ Eine eigene (Garagen-)Band gründen

▷ Mit Magic GarageBand Songs automatisch komponieren

▷ Podcasts aufnehmen und in alle Welt ausstrahlen

▷ iMovie-Filme mit Musik unterlegen

Sie wären gerne eine Rock-Ikone? Sie sähen Ihr Gesicht am liebsten auf bekannten Musikmagazinen und Tourneeplakaten und wären am liebsten ständig von attraktiven Groupies umlagert? Und Sie hätten auch gerne Ihren eigenen Tourbus? Oder sind das für Sie nur Nebensächlichkeiten und alles, was zählt, ist die Musik? Was immer Sie auch antreibt, die iLife-Software GarageBand 4 hilft Ihren musikalischen Ambitionen auf die Sprünge, denn sie ist digitales Aufnahmestudio, Podcast-Erstellungsplattform und Filmmusikschmiede in einem.

Falls Sie nun geneigt sind, dieses Kapitel zu überspringen, weil Sie ein *Fis* nicht von einem *B* unterscheiden können, dann hören Sie bitte kurz gut zu: Sie müssen weder Noten lesen noch ein Instrument spielen können, ja Sie brauchen nicht einmal den geringsten Funken von musikalischem Talent, um eine Melodie mit GarageBand zu komponieren.

Andererseits erleichtert ein gutes musikalisches Gehör die Sache ungemein, und wenn Sie aus dem Stand heraus ein Lied schmettern, Ihrem Klavier süße Klänge entlocken und mit den besten Musikern drauflosjammen können – umso besser. Schließen Sie ein Mikrofon, ein Musik-Keyboard oder eine E-Gitarre an Ihren Mac an und holen Sie das Letzte aus GarageBand heraus.

Eine eigene (Garagen-)Band gründen

Wenn Sie GarageBand zum ersten Mal öffnen, entscheiden Sie zunächst, ob Sie ein neues Musikprojekt oder eine neue Podcast-Episode erstellen möchten. Für den Anfang bleiben wir bei der Musik, über Podcasts sprechen wir später.

1. **Starten Sie GarageBand.**

   Das Programm befindet sich im Programme-Ordner. Doppelklicken Sie darin (beziehungsweise einmal im Dock) auf das Gitarrensymbol. Wählen Sie dann Neues Musikprojekt erstellen.

2. **Geben Sie im Dialogfenster Neues Projekt (siehe Abbildung 18.1) einen Namen für Ihren Song ein und wählen Sie einen Speicherort (standardmäßig ist der Ordner GarageBand im Ordner Musik eingestellt).**

Abbildung 18.1: 1, 2, 3 und .... ein neues Musikprojekt erstellen

3. **Legen Sie ein Tempo, also eine konstante Geschwindigkeit fest, indem Sie den Schiebe- regler irgendwo zwischen 40 und 240 Beats pro Minute** _(bpm)_ **platzieren.**

4. **Wählen Sie eine Takt- und eine Tonart aus den jeweiligen Einblendmenüs.**

   Lassen Sie sich nicht entmutigen, wenn Ihnen diese musikalischen Einstellungen nichts sagen, und bleiben Sie in diesem Fall einfach bei den Standardvorgaben. Sie lernen sie im Laufe der Zeit automatisch besser kennen und können sie später jederzeit wieder ändern.

5. **Klicken Sie auf Anlegen.**

   Es öffnet sich ein ähnliches Fenster wie das in Abbildung 18.2 gezeigte.

Immer schön in der Spur bleiben

Wenn Sie GarageBand beherrschen möchten, dann sollten Sie sich zuerst mit _Spuren_ (die wir in diesem Abschnitt besprechen) und _Loops_ (im darauf folgenden Abschnitt) auseinandersetzen.

Die meisten Kompositionen bestehen aus mehreren Spuren, vergleichbar mit übereinander gelagerten Ebenen, in denen die Aufnahmen der einzelnen Komponenten eines Musikstücks (Instrumente, Gesang) enthalten sind. Um eine Aufnahmespur zu erzeugen, können Sie entweder ein Instrument an den Mac anschließen und es einspielen beziehungsweise eigenen Gesang aufnehmen (siehe den Kasten »Musikinstrumente anschließen« in diesem Kapitel) oder eines der zahlreichen digitalen Software-Instrumente aus GarageBand nutzen. Letztere können Sie anhören, indem Sie mit der Maus die Tasten des virtuellen Klavier-Keyboards »an- schlagen«, das beim Öffnen eines neuen Projekts angezeigt wird (wählen Sie gegebenenfalls Fenster|Klaviatur beziehungsweise Musik-Tastatur). Die umfangreiche Palette von Software- Instrumenten enthält so ziemlich alle gängigen Instrumentarten wie Schlagzeug, Bläser und so weiter.

Unmittelbar nach dem Öffnen eines neuen Projekts stellt GarageBand standardmäßig den Flü- gel als Instrument bereit und legt automatisch eine Spur dafür an. Klicken Sie auf die Tasten der eingeblendeten Klaviertastatur, um sie erklingen zu lassen.

Spuren   Spur-Mixer   Abspielkopf   Timeline-Bereich

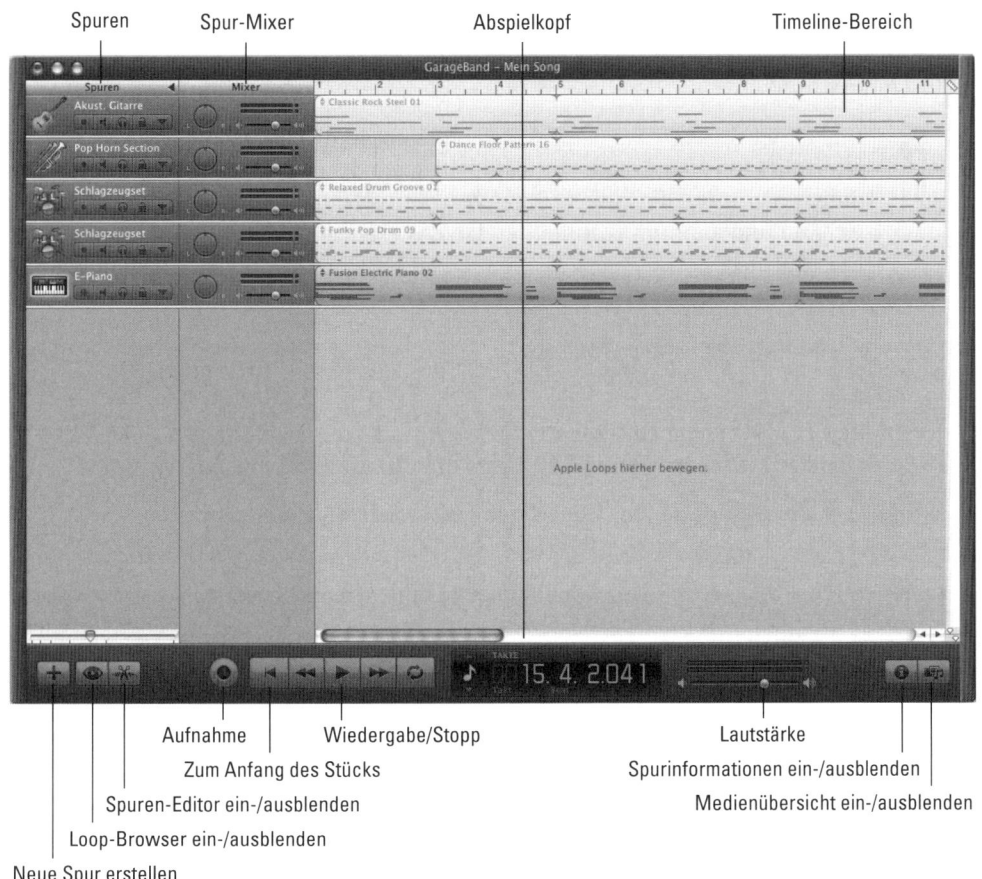

Aufnahme   Wiedergabe/Stopp   Lautstärke

Zum Anfang des Stücks   Spurinformationen ein-/ausblenden

Spuren-Editor ein-/ausblenden   Medienübersicht ein-/ausblenden

Loop-Browser ein-/ausblenden

Neue Spur erstellen

Abbildung 18.2: Hier spielt die Musik – das Hauptfenster von GarageBand

So erzeugen Sie eine neue Spur:

1. **Klicken Sie auf die Plus-Taste unten links im GarageBand-Fenster oder wählen Sie** SPUR|
NEUE SPUR.

2. **Geben Sie an, ob es sich bei der neuen Spur um eine Spur für Software-Instrumente oder
eine Spur für echte Instrumente handeln soll, und bestätigen Sie Ihre Wahl mit** ANLEGEN.

   Eine neue Spur erscheint in der SPUREN-Liste zusammen mit einigen Steuerelementen, mit
   denen Sie unter anderem die Spur stumm schalten, sperren oder zur Solospur machen
   und die Aufnahme aktivieren beziehungsweise deaktivieren können.

3. **Öffnen Sie die Spurinformationen der neuen Spur (klicken Sie auf das i-Symbol unten
rechts) und wählen Sie je nach Art der Spur ein gewünschtes** SOFTWARE-INSTRUMENT **oder
ein** ECHTES INSTRUMENT **aus.**

Legen Sie zuerst links eine Instrumentkategorie und anschließend rechts die genaue Art fest. Das Symbol und der Name der gewählten Spur entsprechen nun dem gewählten Instrument.

 Im Fenster Spurinformationen (siehe Abbildung 18.3), das Sie mit dem i-Symbol unten rechts aufrufen, können Sie das Instrument der aktuell gewählten Spur ändern, indem Sie zuerst im linken Bereich eine Instrumentenkategorie (zum Beispiel Guitars) und dann im rechten Bereich das eigentliche Instrument (zum Beispiel Classical Acoustic) wählen. Sie können außerdem individuelle Einstellungen für das gewählte Instrument festlegen.

 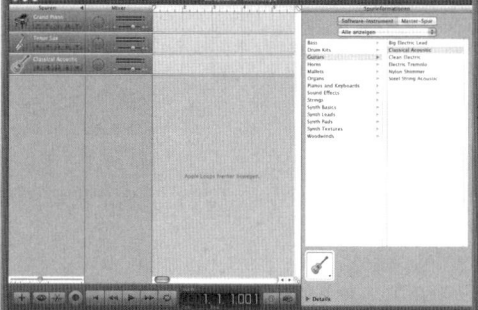

Abbildung 18.3: Spuren für Software- und echte Instrumente hinzufügen

Falls Sie bei Schritt 2 ein echtes Instrument gewählt haben, müssen Sie außerdem im Einblendmenü Eingabequelle einen Eingabekanal (Stereo oder Mono) festlegen, je nachdem auf welche Art das Instrument mit dem Mac verbunden ist. Mit dem Lautstärkeregler legen Sie die Eingangslautstärke für den gewählten Kanal fest. Aktivieren Sie die Option Monitor (wählen Sie Ein aus dem Einblendmenü), um das Instrument beim Spielen zu hören. Wenn Sie als echtes Instrument Ihre eigene Stimme nutzen wollen, wählen Sie Vocals sowie die Stimmart, je nachdem, welcher Stil Ihnen vorschwebt, zum Beispiel Epic Diva, Helium Breath, Megaphone oder einfach gar keinen Effekt (No Effects).

Nun können Sie mit dem gewählten Musikinstrument eine Aufnahme auf der neuen Spur einspielen. Aktivieren Sie dazu die Spur und klicken Sie auf die Aufnahmetaste unten links im Fenster. Sie stoppen die Aufnahme, indem Sie auf die Wiedergabetaste klicken. Die Aufnahme erscheint als farbiger Balken (in GarageBand *Region* genannt), den Sie später weiterbearbeiten können.

Mit Loops arbeiten

Lassen Sie sich von der Überschrift nicht einschüchtern (Sie müssen nicht Achterbahn fahren oder Ähnliches). Im folgenden Abschnitt geht es lediglich darum, wie Sie mithilfe der professionellen (und lizenzfreien) Musikschleifen von GarageBand – *Loops* genannt – das Fundament für Ihre Komposition schaffen.

Loops können für Schlagzeug-, Rhythmus-, Melodie- und Bassstimmen und so weiter eingesetzt werden. Apple liefert mit GarageBand bereits eine Auswahl von mehr als 1.000 Loops und Sie können bei Bedarf noch Tausende weitere hinzufügen, wenn Sie einige der optional erhältlichen Jam Packs (Remix Tools, Rhythm Section, Symphony Orchestra, World Musik oder Voices) für je 99 Euro erwerben.

Ein Klick auf das Symbol mit dem Auge unten links öffnet den Loop-Browser im unteren Teil des Fensters. Es gibt drei Darstellungsarten für den Loop-Browser, die Sie mit den Tasten links unterhalb aktivieren: Spaltendarstellung, Tastendarstellung und Podcast-Sounds (siehe Abbildung 18.4).

Abbildung 18.4: Der Loop-Browser von GarageBand in der Tastendarstellung

Die Loops sind nach Instrumenten (Bass, Gitarren, Saiteninstrumente und so weiter), Musikrichtungen (Rock/Blues, Urban, Country) und Stimmungen (Entspannt, Intensiv, Dunkel) geordnet. Klicken Sie zum Beispiel in der Tastendarstellung auf eine der Tasten (die sich daraufhin blau färbt), um die entsprechenden Loops rechts im Loop-Browser anzuzeigen (durch erneutes Anklicken wird die Taste wieder deaktiviert). Sie können auch mehrere Loop-Tasten nacheinander anwählen, um die Kategorien miteinander zu kombinieren und die Auswahl besser einzugrenzen. Inkompatible Loops werden blassgrau dargestellt, denn selbstverständlich werden Sie zum Beispiel keinen Loop finden, dessen Stimmung entspannt *und* dunkel zugleich ist. Um mehrere aktive Loop-Tasten wieder zu deaktivieren und eine neue Suche zu starten, klicken Sie auf Zurücksetzen.

Klicken Sie auf einen der aufgelisteten Loops, um ihn anzuhören, und zwar an Tempo und Tonart Ihres Musikprojekts angepasst. Am besten lassen Sie dabei die bereits vorhandenen Spuren abspielen, um zu beurteilen, wie alles zusammen klingt. Besteht der gewählte Loop vor Ihrem kritischen Ohr, ziehen Sie ihn aus der Liste an einen leere Stelle des Timeline-Bereichs (unterhalb der bestehenden Spuren), wo er in einer neuen Spur als farbiger Balkens beziehungsweise Region erscheint.

Das musikalische Muster eines Loops wiederholt sich fortwährend (wie Musikschleifen das nun mal so an sich haben). Sie können die Abspieldauer eines Loops verlängern, indem Sie die rechte Kante des Loop-Balkens nach außen ziehen (der Cursor verwandelt sich dabei in ein gebogenes Pfeilsymbol), um zum Beispiel ein ganzes Stück mit der Schleife (etwa einem Rhythmus) zu unterlegen. Loops müssen nicht zwingend am Anfang einer Spur beginnen, sondern können mit der Maus an eine beliebige Stelle in der Spur gezogen werden; und wenn Sie die Stimmung eines Loops in der Mitte des Stücks ändern wollen, können Sie einfach einen weiteren Loop in dieselbe Spur ziehen. Wenn Sie in einem Stück mehrere Loops gleichzeitig verwenden wollen (was durchaus üblich ist), dann legen Sie dazu pro Loop eine eigene Spur an.

Das sogenannte *Beat-Lineal* oberhalb des Timeline-Bereichs zeigt Beats und Takte – die Zeiteinheiten der Musik in der Timeline – an und dient dazu, Objekte in der Timeline präzise an diesen Einheiten auszurichten. Sie können außerdem durch Klicken in das Beat-Lineal den Abspielkopf an eine bestimmte Position der Timeline bewegen.

Wenn Sie bereits über einen gewissen musikalischen Background verfügen, können Sie auch Loops aus Ihren eigenen Darbietungen erstellen. Wählen Sie dazu die Region eines zuvor aufgenommenen echten oder Software-Instruments in der Timeline aus und rufen Sie aus dem Menü BEARBEITEN die Option ZUR LOOP-BIBLIOTHEK HINZUFÜGEN auf. (Alternativ können Sie die Region auch einfach über den Loop-Browser bewegen.) Benennen Sie im folgenden Dialogfenster den Loop und wählen Sie mithilfe der Einblendmenüs ein Tongeschlecht und eine Musikrichtung. Wählen Sie eine Instrumentenkategorie sowie das genaue Instrument aus der Liste und geben Sie eine Stimmungsbeschreibung an. Klicken Sie dann auf ANLEGEN.

Musikinstrumente anschließen

Wenn Ihnen die virtuelle Klaviertastatur von GarageBand zum Kontrollieren von Software-Instrumenten zu umständlich ist, können Sie stattdessen auch ein MIDI-Keyboard über ein USB-Kabel (bei den meisten neueren Geräten) oder einen MIDI-Adapter (für ältere Geräte) an Ihren Mac anschließen. Die Abkürzung MIDI steht für *Musical Instrument Digital Interface* (= digitale Schnittstelle für Musikinstrumente) und ist ein langjähriger Standard für die digitale Klangerzeugung. Sie können auch andere MIDI-Eingabegeräte zum Beispiel MIDI-Gitarren, Blaswandler (für Blasinstrumente) und Drum Pads (für Schlagzeug) anschließen und in GarageBand auf einer Spur für Software-Instrumente aufnehmen. Wenn Sie so weit sind, bewegen Sie den Abspielkopf an die Stelle in der Timeline, an der Sie beginnen wollen, und klicken dann auf die rote Aufnahmetaste (mit der Wiedergabetaste stoppen Sie die Aufnahme wieder).

Sie können natürlich auch ein echtes Instrument mit Tonabnehmer wie E-Gitarre, E-Bass und so weiter an den *Audioeingang* Ihres Mac anschließen, und wenn das hochwertige echte Instrument, das Sie im Sinn haben, Ihre eigene Stimme ist (oder jedes andere Instrument, das Sie mit einem Mikrofon aufnehmen können), schließen Sie stattdessen ein geeignetes Mikrofon daran an. (Hierfür müssen Sie eine Spur für echte Instrumente anlegen.) Öffnen Sie dann in den Systemeinstellungen die Rubrik TON und wählen Sie im Bereich EINGABE die Option LINE-IN. Stellen Sie den Lautstärkeregler auf ein angemessenes Niveau ein.

Ein gutes Mikrofon zahlt sich zum Beispiel auch dann aus, wenn Sie eigene Podcasts aufzeichnen, denen wir uns später in diesem Kapitel widmen.

Die einzelnen Komponenten arrangieren

Wie Sie gesehen haben, werden durch das Hinzufügen von Loops und das Einspielen eigener Musik (mit echten oder Software-Instrumenten) innerhalb der jeweiligen Spur sogenannte Regionen erzeugt. Diese sind durch bestimmte Farben gekennzeichnet:

✔ **Violett:** Regionen für selbst aufgenommene echte Instrumente

✔ **Blau:** Regionen für echte Instrumente, die aus Loops erzeugt wurden

✔ **Orange:** Regionen für importierte Audiodateien

✔ **Grün:** Regionen für Software-Instrumente (Aufnahmen und Loops)

 Regionen können ausgeschnitten, kopiert, an anderer Stelle eingesetzt und gelöscht werden. Des Weiteren können Sie durch Ziehen an der rechten Kante entweder ihre Abspieldauer verlängern oder verkürzen (der Cursor verwandelt sich in einen Doppelpfeil) oder sie als Loop wiederholen lassen (der Cursor verwandelt sich in einen gebogenen Loop-Pfeil). Regionen lassen sich außerdem innerhalb einer Spur oder in eine andere Spur bewegen.

 Sie können Ihre Komposition als Notenpartitur anzeigen lassen (siehe Abbildung 18.5), um sie zu bearbeiten. Wählen Sie dazu eine Software-Instrument-Region aus und öffnen Sie den Spuren-Editor, indem Sie auf das Scherensymbol klicken, und aktivieren Sie dann die Notentaste unten links. Sie können nun Noten auswählen, hinzufügen, ausschneiden und kopieren, im Zeitverlauf bewegen, ihre Tonhöhe und Dauer ändern und so weiter. Falls Noten nicht Ihr Ding sind, können Sie auch in der grafischen Darstellung arbeiten (klicken Sie auf die Taste links neben der Notentaste).

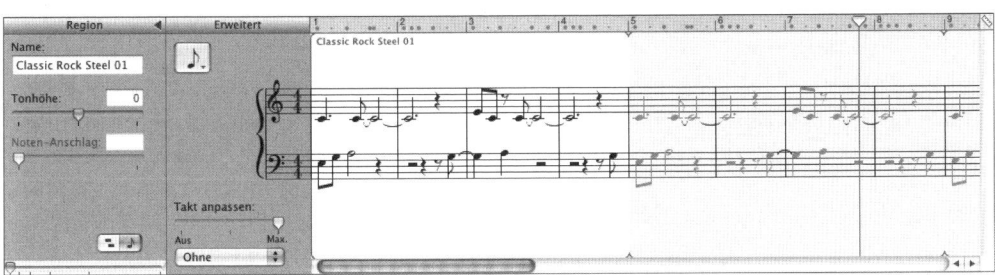

Abbildung 18.5: Die Partiturdarstellung von GarageBand

Die richtige Mischung finden

So leicht Apple es Ihnen auch macht, Spuren zu erzeugen und Loops hinzuzufügen – es ist noch kein Meister vom Himmel gefallen. Selbst wenn Sie es schaffen, Tempo, Tonarten und so weiter aufeinander abzustimmen, so passen bestimmte Musikarten einfach nicht so ganz zusammen. Ich selbst hatte zum Beispiel meine Probleme, ein klassisches Rockpiano mit einer New Nashville-Gitarre zu kombinieren. Alle Komponenten eines Stücks richtig zu mischen, also die richtige Balance zu finden, sodass die eine Spur die andere nicht übertönt, ist eine Kunst für sich. In der Spalte MIXER finden Sie zu diesem Zweck je Spur ein paar Steuerungsmöglichkeiten und Anzeigen (siehe Abbildung 18.2).

 Falls Sie beim Herumexperimentieren mit den Steuerungsmöglichkeiten in Garage-Band einen Fehlgriff tun, greifen Sie wie gewohnt auf die zuverlässige WIDERRUFEN-Option im BEARBEITEN-Menü zurück oder drücken ⌘+Z.

Magic GarageBand

Mit iLife '08 hat Apple in GarageBand eine spielerische Möglichkeit zum automatischen Erstellen eines Musikprojekts eingeführt – Magic GarageBand. Sie wählen lediglich die gewünschte Musikrichtung und die Instrumente aus und GarageBand zaubert daraus einen fertigen Song, den Sie genau wie ein von Grund auf selbst erstelltes Musikprojekt bearbeiten und bereitstellen können.

Und so funktioniert der magische Musikmix:

1. **Klicken Sie im Startfenster von GarageBand auf MAGIC GARAGEBAND.**

    Wenn Sie gerade ein anderes Projekt geöffnet haben, wählen Sie zuvor ABLAGE|NEU. Daraufhin öffnet sich das in Abbildung 18.6 gezeigte Fenster.

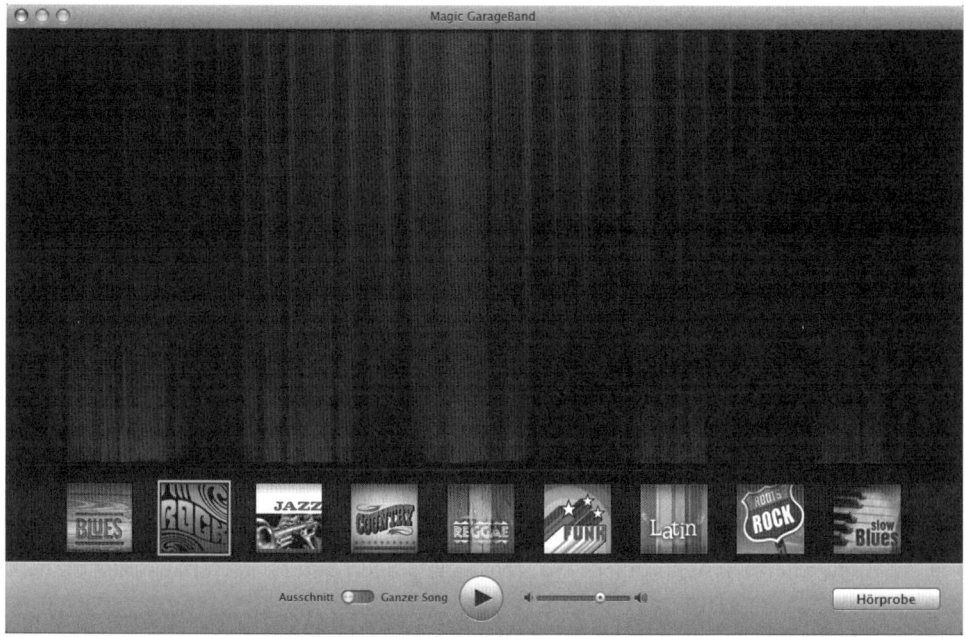

Abbildung 18.6: Wählen Sie ein Musik-Genre, bevor Sie ins Rampenlicht treten.

2. **Suchen Sie sich eine Musikrichtung nach Ihrem Geschmack aus.**

Klicken Sie auf eine der Tasten. Um eine Kostprobe des gewählten Genres zu hören, klicken Sie auf die Wiedergabetaste. Mit dem Schalter links können Sie wählen, ob Sie nur einen Ausschnitt oder das ganze Stück anhören möchten.

3. **Wählen Sie die Instrumente für Ihren Song.**

Klicken Sie auf HÖRPROBE. Der Vorhang geht auf und gibt den Blick auf die Instrumente frei, die in dem gewählten Stück zu hören sind (siehe Abbildung 18.7).

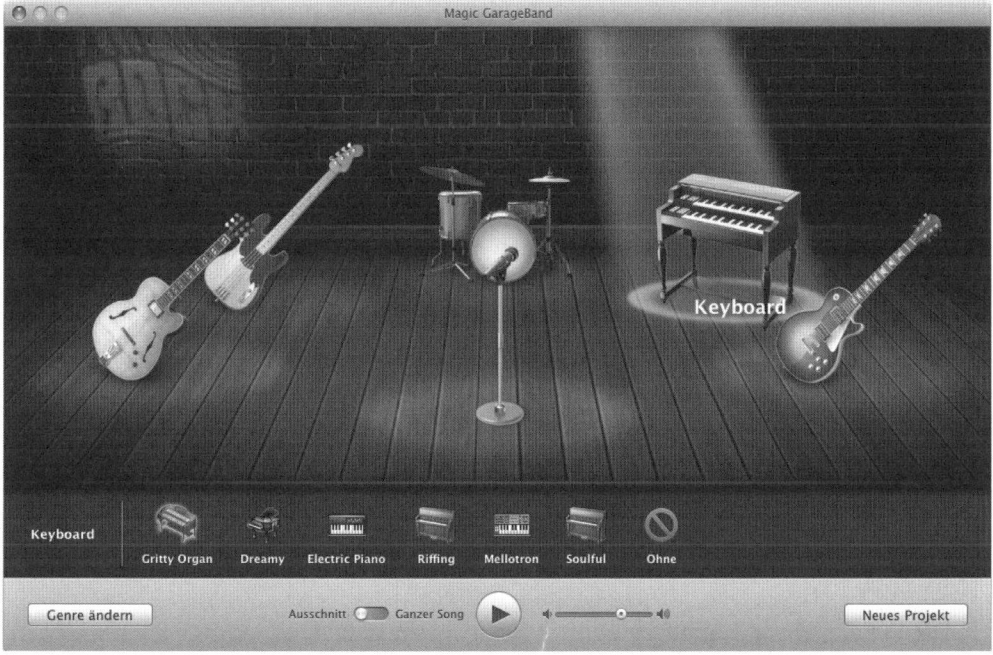

Abbildung 18.7: Bühne frei für die Magic GarageBand – hier stellen Sie Ihr Orchester zusammen.

Um nun ein bestimmtes Instrument gegen ein anderes auszutauschen, klicken Sie es auf der Bühne an und wählen dann ein neues aus der Symbolliste, die unterhalb erscheint. So können Sie mit jedem Instrument verfahren, bis Sie schließlich eine komplett neue Kapelle zusammengestellt haben.

Vergessen Sie nicht, ein eigenes Instrument zu wählen, damit Sie später zusammen mit der Band jammen können – schließlich wollen Sie GarageBand nicht die ganze Arbeit überlassen, oder? Klicken Sie dazu auf die noch leere Stelle vorne auf der Bühne. Hier können Sie auch GESANG als Instrument wählen.

4. **Klicken Sie schließlich auf WIEDERGABE, um zu hören, wie das Musikstück mit den neuen Instrumenten klingt.**

Nehmen Sie nötigenfalls Änderungen vor, bis Ihre Band so klingt, wie Sie es sich vorstellen.

5. **Stimmt der Sound, klicken Sie auf Neues Projekt, um GarageBand ein Projekt aus dem Song erstellen zu lassen.**

    Das Hauptfenster von GarageBand öffnet sich. Jedes Instrument erhält automatisch eine eigene Spur mit den entsprechenden Musik-Regionen.

6. **Bearbeiten Sie das Stück wie weiter vorn in diesem Kapitel beschrieben.**

    Sie können dieses Musikprojekt nun als Grundlage für eigene Songs verwenden, es weiterentwickeln oder etwas völlig Neues daraus basteln. Bearbeiten Sie die Regionen der einzelnen Instrumente, fügen Sie weitere Instrumente und Loops hinzu, nehmen Sie Änderungen vor und spielen Sie das von Ihnen gewählte Instrument ein – die perfekte Begleitung dazu haben Sie ja nun.

Podcasts erstellen

Zeichnen Sie Ihre eigene Internetradio- oder -fernsehsendung mit Musik (aus iTunes oder anderen Quellen), Bildern, Soundeffekten und Videomaterial auf und stellen Sie Ihr Werk als Podcast im Internet bereit (zum Beispiel auf Ihrer eigenen Website oder über den iTunes Store). Ihre Fans können dann (zum Beispiel über iTunes) einzelne Beiträge herunterladen oder den Podcast abonnieren, um Ihre Sendung regelmäßig zu erhalten. (Die Podcast-Funktion wurde mit GarageBand 3 eingeführt.)

Und so schustern Sie sich Ihren eigenen professionellen Podcast zusammen:

1. **Starten Sie GarageBand und wählen Sie im Startdialogfenster die Option Neue Podcast-Episode erstellen.**

2. **Benennen Sie Ihre Podcast-Episode, wählen Sie einen Speicherort und klicken Sie auf Anlegen.**

    Dieses GarageBand-Hauptfenster für Podcasts (siehe Abbildung 18.8) sieht ein wenig anders aus als das zum Komponieren von Musik. Oben in der Spurenliste erscheint eine spezielle Podcast-Spur (Spur|Podcast-Spur ein-/ausblenden), in die Sie Bilder aus Ihrer iPhoto-Bibliothek ziehen können, auf die Sie wiederum über die Medienübersicht von GarageBand zugreifen können (Steuerung|Medienübersicht ein-/ausblenden). Unterhalb befinden sich Spuren zur Optimierung männlicher oder weiblicher Stimmen sowie für Jingles (kurze Musik-Loops) und gegebenenfalls Soundeffekte.

3. **Schließen Sie Ihr Mikrofon an.**

4. **Doppelklicken Sie auf die Audiospur für die Stimme und nehmen Sie Einstellungen für das Mikrofon vor.**

    Wählen Sie unten rechts im Bereich Spurinformationen aus dem Einblendmenü Eingabequelle die Eingabequelle für das Mikrofon. Aktivieren Sie im Einblendmenü Monitor die Option Ein mit Rückkopplungsschutz.

5. **Platzieren Sie den Abspielkopf an der Stelle in der Timeline, an der Sie mit der Aufnahme beginnen möchten. Klicken Sie dann auf die rote Aufnahmetaste und beginnen Sie mit Ihrer muntersten Radiostimme draufloszuplappern.**

   Klicken Sie die Aufnahmetaste erneut an, um die Aufnahme zu stoppen. Ein Klick auf die Wiedergabetaste spielt die eben erstellte Aufnahme ab. (Spulen Sie zuvor zurück.)

   Sie können Ihre Aufnahme selbstverständlich noch optimieren und mit Effekten versehen. Klicken Sie dazu unten im Bereich SPURINFORMATIONEN auf DETAILS. Im oberen Bereich können Sie nun – wie beim Aufnehmen eines echten Instruments in GarageBand – verschiedene Effekte (zum Beispiel aus der Kategorie PODCASTING) zuweisen. Ein weiterer wichtiger Effekt ist die SPRACH-VERBESSERUNG (Einblendmenüs im Bereich DETAILS).

6. **Um eine Art Radio-Jingle hinzuzufügen, öffnen Sie den Loop-Browser (indem Sie auf das Symbol mit dem Auge klicken) und wählen JINGLES. (Die Taste für Podcast-Sounds muss aktiviert sein.) Haben Sie einen passenden gefunden, ziehen Sie ihn in die Spur für Jingles (beziehungsweise in den Timeline-Bereich, um eine neue Jingles-Spur anzulegen.)**

   GarageBand enthält mehr als hundert Jingles.

7. **Wählen Sie die Kategorie TONEFFEKTE aus dem Loop-Browser, um weitere Klangeffekte hinzuzufügen.**

   Auch diese lassen sich wie gewohnt in den Timeline-Bereich ziehen.

Abbildung 18.8: Ihr persönliches Podcast-Aufnahmestudio

 Sie können auch Soundeffekte hinzufügen, während Sie Ihre Stimme aufnehmen. Dazu müssen Sie zunächst eine neue Spur für Software-Instrumente anlegen und dann im Bereich Spurinformationen unter Instrumenten-Generator die Option Toneffekte auswählen. Wählen Sie anschließend Fenster|Musik-Tastatur. Wenn Sie nun eine Taste drücken beziehungsweise anklicken, wird ein bestimmter Sound abgespielt (siehe Abbildung 18.9) und Sie fügen ihn damit (bei laufender Aufnahme) in Ihre Podcast-Episode ein. Einige Tasten müssen Sie länger gedrückt halten, damit der Sound abgespielt wird. Welche Sounds zur Verfügung stehen und welchen Tasten sie zugeordnet sind, können Sie sehen, indem Sie unten links im Fenster der Musik-Tastatur auf Details klicken. Stellen Sie sicher, dass sowohl in der Sprecher-Audiospur als auch in der Spur für die Soundeffekte die Aufnahmeoption aktiviert ist (der rote Punkt links muss leuchten).

8. **Fügen Sie bei Bedarf Bilder in die Podcast-Episode ein, indem Sie sie aus der Medienübersicht direkt in die Podcast-Spur ziehen.**

Wählen Sie Steuerung|Medienübersicht einblenden. Für jedes Bild wird im unteren Bereich des GarageBand-Fensters eine Kapitelmarkierung eingefügt.

Abonnenten, die Ihren Podcast in iTunes oder auf einem fotofähigen iPod abspielen, können die eingefügten Bilder sehen, denen Sie übrigens auch URLs hinzufügen können. Um Ihr Werk mit einem Titelbild zu versehen, ziehen Sie ein passendes Foto aus der Medienübersicht in den Bereich unten links im GarageBand-Fenster.

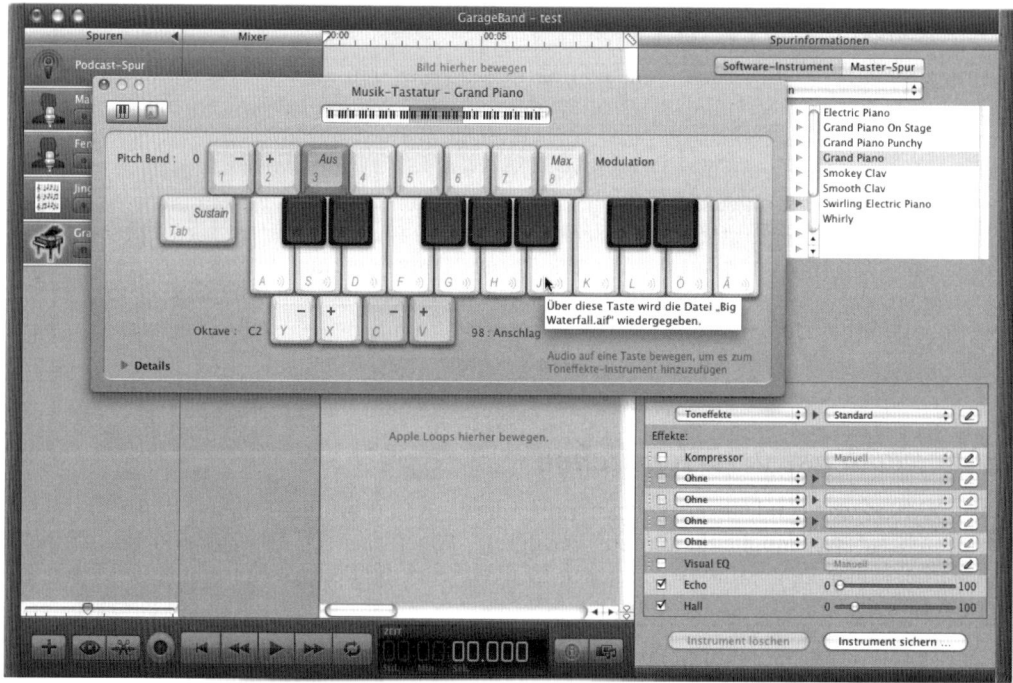

Abbildung 18.9: Über die Musik-Tastatur fügen Sie Ihrem Podcast Soundeffekte hinzu.

Wenn Sie fertig sind, spulen Sie zum Anfang der Aufnahme zurück und klicken auf die Wiedergabetaste, um die Aufnahme anzuhören.

So werden Sie zum Talkmaster

Ein Podcast muss nicht nur Sie selbst und Ihr Leben zum Thema haben. Sie können auch Ihre eigene Talkshow auf die Beine stellen. Um dies zu verwirklichen, müssen Sie lediglich in iChat einen Audio- oder Video-Chat mit den entsprechenden Personen starten und in GarageBand die Aufnahmetaste anklicken. Sie werden gefragt, ob Sie die Konferenz aufzeichnen wollen, was Sie mit OK bestätigen. GarageBand legt dann für jede am Gespräch beteiligte Person eine Spur für ein echtes Instrument an. Handelt es sich um einen Video-Chat, fügt GarageBand jedes Mal, wenn eine Person zu sprechen beginnt, eine neue Region in die Podcast-Spur ein und holt sich ein von der iSight-Kamera aufgenommenes Standbild, das später angezeigt wird.

Ducking

Manchmal ist es notwendig, die Lautstärke von Hintergrundmusik und Soundeffekten ein wenig zurückzunehmen, damit die Hörer den Sprecher besser verstehen. Die dazu angewandte Technik nennt man im Fachjargon *Ducking*. (Auch wenn Sie jetzt vielleicht an Donald Duck denken, mit Enten hat das Ganze rein gar nichts zu tun; Ducking bedeutet nämlich so viel wie *Dämpfung*.)

Wählen Sie STEUERUNG|DUCKING, um die Funktion zu aktivieren. In der Mixer-Spalte jeder Spur werden daraufhin Auf- und Abwärtspfeile angezeigt. Klicken Sie bei Spuren, die Sie als *Führungsspur* verwenden wollen, auf den Aufwärtspfeil und bei Spuren, die Sie als *Hintergrundspur* nutzen möchten, auf den Abwärtspfeil. Nun wird die Lautstärke der Hintergrundspuren jedes Mal automatisch gedämpft, sobald Inhalte auf der Führungsspur auftauchen. Um die Stärke der Dämpfung zu steuern, wählen Sie SPUR|SPURINFORMATIONEN EINBLENDEN, klicken zuerst auf MASTER-SPUR und dann auf das Dreieck DETAILS. Wenn Sie nun unten rechts (in der Zeile DUCKER) auf die Taste mit dem Stiftsymbol klicken, öffnet sich ein Dialogfenster, in dem Sie die Stärke für das Ducking mithilfe von Schiebereglern manuell einstellen können; alternativ können Sie auch eine Voreinstellung aus dem Einblendmenü wählen.

Einen Podcast veröffentlichen

Wenn Sie so weit sind, Ihren Podcast unter die Leute zu bringen, stehen Ihnen im Menü BEREITSTELLEN zwei Möglichkeiten zur Verfügung: PODCAST AN ITUNES SENDEN (in Ihre iTunes-Mediathek) oder PODCAST AN IWEB SENDEN. In iWeb wird die Podcast-Episode automatisch zu einem Blog-Eintrag.

Von iWeb aus können Sie Ihren Podcast dann via .Mac veröffentlichen. Sobald ein Besucher auf den Link PODCAST ABONNIEREN klickt, kann er jede weitere Episode automatisch empfangen. Sie haben aber auch die Möglichkeit, den Podcast beim iTunes Store einzureichen, wo er Ihrem schon ungeduldigen Publikum kostenlos bereitgestellt wird.

Nehmen wir für das folgende Beispiel an, Sie senden den Podcast zuerst an iWeb und von dort aus an den iTunes Store. Nachdem Sie BEREITSTELLEN|PODCAST AN IWEB SENDEN gewählt haben, müssen Sie noch ein paar Einstellungen vornehmen (Komprimierung, Audioeinstellung und Größe); klicken Sie dann auf BEREITSTELLEN. iWeb öffnet sich daraufhin automatisch.

1. **Wählen Sie links in der Site-Verwaltung von iWeb den Blog-Eintrag mit dem zu sendenden Podcast aus.**

   Falls Sie zuvor noch keinen Blog angelegt hatten, müssen Sie zuerst eine Vorlage für Ihre Website auswählen.

2. **Falls das Info-Fenster BLOG & PODCAST (siehe Abbildung 18.10) noch nicht geöffnet ist, klicken Sie unten rechts in der Symbolleiste auf INFORMATIONEN und im Informationsfenster, das sich daraufhin öffnet, auf die Rubrik RSS.**

Abbildung 18.10: Im Fenster BLOG & PODCAST machen Sie Ihren Podcast sendefertig.

3. **Legen Sie im Bereich** PODCAST-SERIE **oder** -EPISODE **Informationen zu Ihrer Podcast-Serie oder -Episode fest.**

Geben Sie unter AUTOR DER SERIE (oder EPISODE) einen Autor oder Künstlernamen an. Wenn Sie möchten, können Sie für Apple eine KONTAKT-E-MAIL-Adresse hinterlassen, die jedoch später im iTunes Store nicht angezeigt wird. Im Einblendmenü JUGENDSCHUTZ-HINWEIS haben Sie die Möglichkeit, Ihren Podcast je nach Inhalt als geeignet (UNBEDENKLICH) oder ungeeignet für Kinder (ANSTÖSSIG) auszuweisen.

4. **Aktivieren Sie die Option** PODCAST IM ITUNES MUSIC STORE ZULASSEN.

5. **Wählen Sie** ABLAGE|PODCAST AN ITUNES SENDEN.

6. **Geben Sie im folgenden Dialogfenster zusätzliche Informationen an (Copyright, Kategorie, Sprache, Jugendschutz-Hinweis und so weiter).**

Einige der Infos aus Schritt 4 werden gegebenenfalls bereits angezeigt.

7. **Klicken Sie auf** VERÖFFENTLICHEN UND SENDEN.

Folgen Sie dann den Anweisungen im iTunes-Fenster, um die Veröffentlichung abzuschließen.

 Achten Sie darauf, dass Sie mit den Inhalten Ihres Podcasts keine Urheberrechte verletzen. Apple ist dazu berechtigt, den Podcast falls nötig aus dem Store zu nehmen.

Einen iMovie-Film mit Musik unterlegen

Die meisten unvergesslichen Kinofilme zeichnen sich durch großartige Filmmusik aus (auch *Filmscore* oder einfach *Soundtrack* genannt). In GarageBand 4 ist es ein Kinderspiel, ein mit iMovie erstelltes Epos mit einem Filmscore zu unterlegen. Sobald Sie Ihr Werk in iMovie fertiggestellt haben, wählen Sie dort BEREITSTELLEN|MEDIENÜBERSICHT); Ihr Film wird gerendert und exportiert und steht danach in der iLife-Medienübersicht sowohl für GarageBand als auch für die anderen iLife-Programme zur Verfügung.

Nun können Sie den iMovie-Film (oder eine andere Videodatei) einfach über die Medienübersicht in GarageBand importieren. Wählen Sie dazu STEUERUNG|MEDIENÜBERSICHT EINBLENDEN und klicken Sie auf FILME (oder FOTOS, falls das Video in iPhoto gespeichert ist). Haben Sie den gewünschten Film ausfindig gemacht, doppelklicken Sie auf sein Thumbnail, um eine Vorschau anzeigen zu lassen (ein Klick auf die Wiedergabetaste in der Medienübersicht stoppt die Vorschau). Jetzt ziehen Sie das Thumbnail einfach in den Timeline-Bereich.

Einen Moment später erscheint oben im Timeline-Bereich eine Filmspur, in der die Standbilder des importierten Films zu sehen sind (siehe Abbildung 18.11). Enthält der Film auch Audiomaterial, wird zusätzlich eine Spur für echte Instrumente mit dem Namen FILMTON angelegt, die Sie wie jede andere Spur für echte Instrumente bearbeiten können. Wenn Sie nun auf Wiedergabe klicken, wird der Film rechts im Bereich FILMVORSCHAU angezeigt. Wählen Sie gegebenenfalls SPUR|FILMSPUR EINBLENDEN, um Videospur und -vorschau einzublenden.

 Eine importierte Filmdatei wird direkt am Anfang der Filmspur eingesetzt und lässt sich auch nicht verschieben. Ein Projekt darf außerdem nur eine einzige Filmdatei enthalten. Beim Versuch, einen Film in ein Projekt zu importieren, das bereits ein Video enthält, werden Sie gefragt, ob das vorhandene Video ersetzt werden soll.

Da Film und Musik nun miteinander synchronisiert werden, können Sie nach Wunsch Loops und Effekte hinzufügen sowie Instrumente einspielen und den Audioteil so arrangieren und mischen wie bei jedem anderen GarageBand-Projekt. Ziehen Sie den Schieberegler links unten im Fenster nach rechts, um mehr Bilder in der Timeline anzeigen zu lassen.

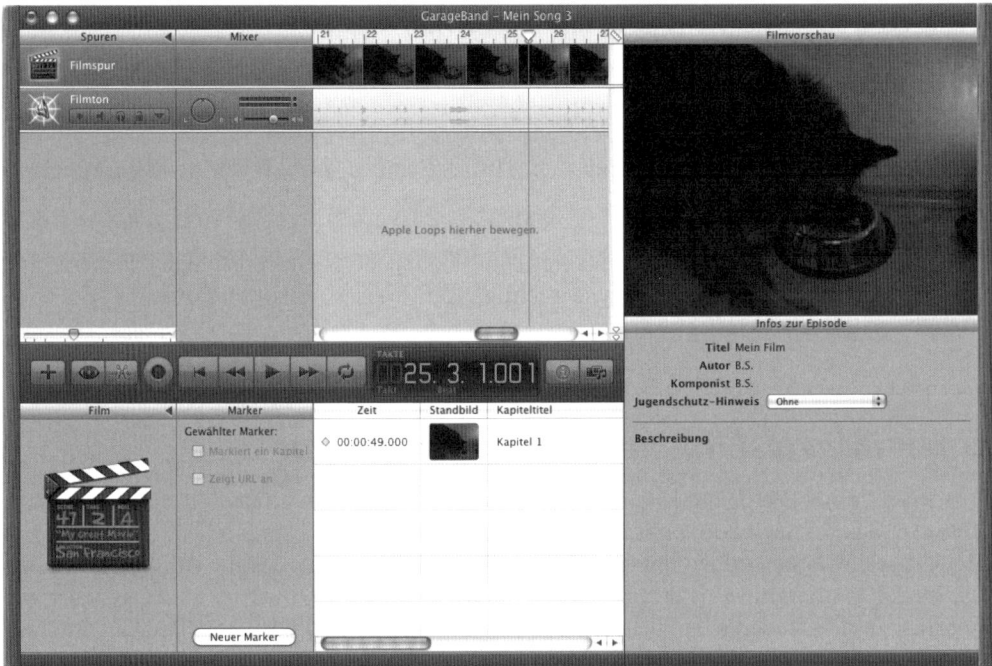

Abbildung 18.11: Einen Film mit Musik untermalen

Wenn Sie bei ausgewählter Filmspur den Spur-Editor öffnen (STEUERUNG|EDITOR EINBLENDEN), können Sie dem Film Markierungen hinzufügen, um Kapitel anzulegen und URLs einzufügen. Bewegen Sie den Abspielkopf an die gewünschte Stelle und klicken Sie im Editor auf NEUER MARKER. Geben Sie dann einen Kapiteltitel und bei Bedarf eine URL in der jeweiligen Spalte ein (in diesem Fall wird die Option ZEIGT URL AN aktiviert). Wenn Sie zusätzlich einen URL-Titel angeben, wird dieser später im Film statt der tatsächlichen URL-Adresse angezeigt.

Kapitel sind besonders nützlich, wenn Sie den Film auf DVD brennen wollen, da sie es später erleichtern, zu den verschiedenen Teilen des Films zu navigieren. Wählen Sie in diesem Fall BEREITSTELLEN|FILM AN IDVD SENDEN, den Rest übernehmen iDVD und Ihr DVD-Brenner.

 Sie haben im BEREITSTELLEN-Menü außerdem die Möglichkeit, den Film als Quick-Time-Film auf Ihre Festplatte zu exportieren (FILM AUF FESTPLATTE EXPORTIEREN) oder ihn als Video-Podcast an iWeb zu senden.

Und denken Sie immer daran: »The Show must go on ...«

Teil V

Willkommen in der Mac-Freakshow

The 5th Wave — By Rich Tennant

»Und nicht vergessen, der verdammte Fileserver soll von flammenden Workstations umgeben sein und darunter schön geschwungen das Wort ›Motherboard‹.«

In diesem Teil ...

Früher oder später musste es ja so kommen: Nun muss ich Sie doch mit technischem Kauderwelsch belästigen. Doch zum Glück ist es weniger schmerzhaft, als Sie vielleicht denken.

Lassen Sie sich nicht einschüchtern und lesen Sie einfach weiter, zum Beispiel über die Vorteile von verkabelten und kabellosen Netzwerken oder darüber, wie Sie Ihren Mac in – oh, mein Gott – einen *Windows-PC* verwandeln. Finden Sie heraus, was zu tun ist, wenn Ihr Mac sich plötzlich irrational verhält. Bis zu einem gewissen Grad können Sie Ihren Lieblingscomputer nämlich im Notfall auch selbst reparieren.

Netzwerke für Neulinge

In diesem Kapitel

▶ Netzwerke mit und ohne Kabel

▶ Netzwerkressourcen gemeinsam nutzen

▶ Ihr Wissen über Bluetooth auffrischen

Manche Menschen vergöttern ihren Mac geradezu. Sie hegen, pflegen und behüten ihn wie ihren eigenen Augapfel. Welch ein Schock muss es für diese Zeitgenossen sein, wenn sie erkennen, dass ihr heiß geliebtes »Baby« lediglich ein Rechner unter vielen ist, zum Beispiel dann, wenn noch weitere Macs im Haus sind oder ihr Mac in einer Firma oder einem Studentenwohnheim steht, wo er sich zwangsläufig mit anderen Computern verständigen muss.

Zwar schmecken nicht alle Äpfel gleich, aber die Sorten sind sich doch ziemlich ähnlich. Darüber hinaus ist die Wahrscheinlichkeit groß, dass ein Mac sich (ohne jetzt Äpfel mit Birnen vergleichen zu wollen) sein Quartier auch mal mit einem Windows-Rechner teilen muss. Und was für eine aufregende Erfahrung ist das wohl erst, wenn Ihr Mac neben einem Computer mit dem Betriebssystem Linux steht?

In einer idealen Computerumgebung können die verschiedenen Rechner miteinander kommunizieren, Dokumente, Bilder, Musik und andere Dateien austauschen, Drucker, die Internetverbindung und andere Ressourcen gemeinsam nutzen. Um dies zu verwirklichen, müssen Sie alle Rechner in einem *Netzwerk* miteinander verbinden. Obwohl das Thema Netzwerk zu einem der komplexesten in der Computerwelt zählt, macht Apple Ihnen die Umsetzung in gewohnter Manier so einfach wie nur möglich.

Dieses Kapitel soll Ihnen eine kleine Einführung in die Materie geben.

Netzwerkaufbau leicht gemacht

Es gibt nicht nur *einen* Weg, ein Computernetzwerk aufzubauen. In der heutigen Zeit können Sie ein Netzwerk *mit* und *ohne* Kabel verwirklichen oder – und das ist die häufigste Variante – mit einer Kombination aus beidem.

Werden zwei oder mehr Computer über kurze Entfernung miteinander verbunden, so spricht man in Fachkreisen von einem *Local Area Network* (= lokales Netzwerk), kurz *LAN*. Im Gegensatz dazu steht das *Wide Area Network* (= großräumiges Netzwerk), kurz *WAN*, das sich über einen weitläufigen geografischen Bereich erstrecken kann.

Ich beginne mit dem traditionellen, kabelsalatanfälligen Ansatz der Computervernetzung. Sie werden später umso dankbarer sein, endlich von den ganzen Strippen befreit zu werden.

Die verkabelte Variante

Wenn die Macs, die Sie miteinander vernetzen wollen, die meiste Zeit über an einem festen Ort stehen, dann ist die Kabelvariante zweifelsohne die beste Lösung. Kabelgebundene Netzwerke sind schneller, sicherer, in der Regel günstiger (abgesehen von den Kosten für übermäßig lange Kabel) und wahrscheinlich am einfachsten einzurichten (in diesem Punkt scheiden sich die Geister), sofern die Kabel nicht zu lang werden und ständig durcheinander geraten.

 In Kapitel 2 habe ich Ihnen Ethernet vorgestellt, und damit das Ethernet-Kabel, dessen Enden aussehen, wie überdimensionale Telefonstecker. Diese Kabel sind auch unter den Bezeichnungen Cat 5, 10BaseT oder 100BaseT bekannt. Dabei gilt es zu beachten, dass Ethernet-Kabel *nicht* gleich Ethernet-Kabel ist. Genaueres erfahren Sie im Kasten »Gekreuzte und nicht gekreuzte Kabel« in diesem Kapitel.

 Sie hungern nach noch mehr Technikjargon? Die Steckerart am Ende eines Ethernet-Kabels nennt sich *RJ-45*, nicht zu verwechseln mit *RJ-11*-Steckern, die bei Telefonkabeln benutzt werden. *RJ* steht für *Registered Jack*, was so viel heißt wie *Registrierte Anschlussbuchse* und wahrscheinlich nur in Ratespielen wie Trivial Pursuit gefragt wird.

Der erste Schritt beim Aufbau eines verkabelten Netzwerks besteht darin, das eine Ende eines Standard-Ethernet-Kabels (die *nicht gekreuzte* Variante; siehe den Kasten »Gekreuzte und nicht gekreuzte Kabel«) in die Ethernet-Buchse des Computers zu stecken (über die alle modernen Macs verfügen). Das andere Ende wird üblicherweise an einen relativ günstig erhältlichen *Netzwerk-Hub*, *-Switch* oder *-Router* angeschlossen, der wiederum mit dem Kästchen für Ihre Internetverbindung – in der Regel ein Breitbandmodem (Kabel oder DSL) – verbunden wird.

Obwohl es ein paar technische Unterschiede zwischen Hubs, Switches und Routern gibt (Router haben für gewöhnlich einen Hub integriert), verwende ich die Begriffe in dieser Beschreibung für ein und dasselbe. Wie auch immer, Router verfügen über mehrere Anschlüsse oder *Ports*, mit denen Sie die einzelnen Macs (oder andere Rechner) und Drucker, die Teil des Netzwerks werden sollen, verbinden können.

Die Kabelverbindung kappen

Manche Vorteile neuer Technologien sind so offensichtlich, dass sie sich praktisch von selbst erklären. Die drahtlose Verbindung von Geräten ist eine der befreiendsten technischen Errungenschaften überhaupt und eröffnet Ihnen zahlreiche Möglichkeiten. So können Sie zum Beispiel

✔ mit Ihrem Laptop im Haus herumspazieren und dennoch Ihre Netzwerk- und Internetverbindung aufrechterhalten.

✔ Ihren Kabelsalat drastisch reduzieren, sodass der Bereich hinter Ihrem Schreibtisch nicht mehr aussieht wie bei Hempels unterm Sofa.

✔ das Netzwerk nachträglich erweitern, ohne erst irgendwelche Kabel einstöpseln zu müssen.

✔ sich außerhalb Ihres Büros oder Heimbüros über sogenannte *Hotspots* (die in zahlreichen Hotels, Cafés, Restaurants, Flughäfen, Bahnhöfen, Bibliotheken und auf öffentlichen Plätzen verfügbar sind) in andere drahtlose Netzwerke und damit ins Internet einwählen. Der Zugriff auf einen Hotspot kann kostenlos oder kostenpflichtig sein.

✔ sich eine Internetverbindung, einen Drucker und andere Ressourcen drahtlos mit anderen Netzwerkrechnern teilen.

Gekreuzte und nicht gekreuzte Kabel

Sie können zwei Macs auch direkt miteinander verbinden (ohne Hub), und zwar mithilfe eines speziellen Ethernet-Kabels, einem sogenannten *Crossoverkabel* oder *gekreuzten Kabel*. Es gleicht dem Standard-Ethernet-Kabels (das man konsequenterweise auch als *nicht gekreuztes Kabel* oder *Patchkabel* bezeichnet) aufs Haars, weshalb Sie beim Kauf genau darauf achten sollten, um welches es sich handelt, und es außerdem zu Hause kennzeichnen sollten. Ein Crossoverkabel wird vor allem für die direkte Vernetzung von älteren Macs (oder von älteren mit neueren Macs) benötigt. Neuere Modelle sowie alle aktuell erhältlichen Macs erfordern es dagegen nicht mehr zwingend – sie erkennen und akzeptieren beide Ethernet-Kabeltypen automatisch.

Unter `http://docs.info.apple.com/article.html?artnum=42717` finden Sie eine Liste, die Aufschluss darüber gibt, welche Apple-Produkte ein Crossoverkabel benötigen.

Sicher landen mit AirPort

Alle Macs, die in den letzten paar Jahren auf den Markt gekommen sind, können sich mittels Funktechnologie – von Apple *AirPort* getauft – die drahtlose Vernetzung zunutze machen. In der restlichen Computerwelt ist die Kerntechnologie unter der Bezeichnung *Wi-Fi* bekannt (lesen Sie dazu den Kasten »Das kleine Wi-Fi-ABC« in diesem Kapitel).

 Die Funktionsweise von AirPort ist vergleichbar mit der eines drahtlosen Telefons, bei dem der Telefonhörer eine drahtlose Verbindung zu einem Basisgerät herstellt, das mit dem Telefonanschluss verbunden ist. AirPort baut also keine direkte drahtlose Verbindung zu Ihrem Internetprovider auf, sondern zu einer *Basisstation*, die wiederum mit dem Internet verbunden ist.

 Falls die Drahtlosfunktion nicht in Ihren Mac integriert ist, Sie aber OS X 10.2.7 oder höher darauf installiert haben, können Sie ihn für 50 Euro nachträglich mit einer *AirPort Extreme-Karte* aufrüsten. Beachten Sie jedoch, dass diese Karte *nicht* mit den im Oktober 2005 eingeführten Mac Pro-, Power Mac G5 Dual- und Power Mac G5 Quad-Modellen kompatibel ist.

Macs mit eingebauter AirPort-Technologie kommunizieren sozusagen über den Äther – selbst durch Wände und oft über beträchtliche Entfernungen hinweg – mit einem kompatiblen Router, in diesem Fall der Basisstation.

Bei Drucklegung dieses Buches hatte Apple zwei Varianten der AirPort Basisstation im Angebot: die AirPort Extreme Basisstation für 179 Euro (siehe Abbildung 19.1) und die mobile AirPort Express Basisstation mit AirTunes für 99 Euro, auf die ich später genauer eingehe.

Abbildung 19.1: Die kompakte AirPort Extreme Basisstation

Die AirPort Basisstation-Modelle und -Karten früherer Generationen vertreibt Apple leider nicht mehr. Falls Sie also planen, einen älteren Mac AirPort-fähig zu machen, lohnt sich eventuell ein Besuch bei eBay.

 Obwohl Apple Ihnen natürlich liebend gerne eine AirPort Basisstation verkaufen würde, sollten Sie wissen, dass AirPort-fähige Macs sich auch bei Routern anderer Hersteller wie Belkin, D-Link, Linksys und Netgear einklinken können, selbst wenn diese zuvor für ein Windows-Netzwerk konfiguriert wurden. Auch Windows-Rechner können die AirPort Basisstation nutzen.

Unter idealen, aber leider selten anzutreffenden Bedingungen ermöglicht AirPort Extreme Reichweiten zwischen 45 und 60 Metern. (Lesen Sie dazu auch den Kasten »Das kleine Wi-Fi-ABC«.) Reichweite und Geschwindigkeit eines drahtlosen Netzwerks können von einer ganzen Reihe von Faktoren beeinträchtigt werden, unter anderem durch Interferenzen anderer elektronischer Geräte oder das Vorhandensein von Beton- und Metallwänden.

Bis zu 50 Macs und/oder Windows-PCs können sich eine AirPort Extreme Basisstation teilen. Und so richten Sie AirPort Extreme ein:

1. **Schließen Sie die AirPort Extreme Basisstation an das Stromnetz an.**

   Leider werden bei einem drahtlosen Netzwerk nicht *alle* Kabel beseitigt. Es gibt keinen Ein-/Ausschalter; die Leuchtdiode der Basisstation ist der einzige Hinweis darauf, dass AirPort in den Startlöchern sitzt.

2. **Falls Sie ein DSL- oder Kabelmodem verwenden, verbinden Sie es über ein Ethernet-Kabel mit dem Ethernet-WAN-Anschluss der Basisstation; andere Rechner und Netzwerkgeräte schließen Sie an die Ethernet-LAN-Anschlüsse an.**

   Falls Sie eine ältere Basisstation mit internem Modem verwenden, können Sie sie über ihren Modem-Port an die reguläre Telefonleitung anschließen.

3. **Starten Sie das AirPort Dienstprogramm aus dem DIENSTPROGRAMME-Ordner (im PROGRAMME-Ordner) und gehen Sie die einzelnen Installationsschritte durch.**

Nach erfolgreicher Einrichtung können Sie mit diesem Symbol in der Finder-Symbolleiste die Signalstärke der drahtlosen Verbindung überprüfen. Je mehr Linien zu sehen sind, desto besser ist die Verbindung.

 Damit das AirPort-Symbol in der Symbolleiste angezeigt wird, öffnen Sie die Systemeinstellung NETZWERK und klicken links in der Liste auf AIRPORT. (Sollte diese Option fehlen, klicken Sie unten auf das Plussymbol und wählen AIRPORT aus dem Einblendemenü ANSCHLUSS. Benennen Sie den AirPort-Dienst und klicken Sie auf ERSTELLEN.) Aktivieren Sie dann die Option AIRPORT-STATUS IN DER MENÜLEISTE ANZEIGEN.

Den AirPort Express nehmen

Sie sieht ähnlich aus wie das Netzteil eines Apple-Laptops und hat einen eingebauten Stecker (siehe Abbildung 19.2). Doch die rechteckige, zirka 189 g schwere AirPort Express Basisstation ist eine vielseitige kleine Vorrichtung; dieser tragbare Hub verfügt über drei Anschlüsse an der Unterseite: Ethernet, USB und Audio-Minianschluss (analog und optisch).

Abbildung 19.2: Die portable AirPort Express Basisstation

Wenn Sie die AirPort Express Basisstation als Router verwenden möchten, schließen Sie sie einfach an eine Steckdose an und verbinden sie über ein Ethernet-Kabel mit Ihrem Kabel- oder DSL-Modem. Zum Installieren verwenden Sie dieselbe Software wie bei der AirPort Extreme Basisstation.

 Auch hier gibt es keinen Ein-/Ausschalter, nur die LED-Statusanzeige informiert Sie über den aktuellen Status. Permanentes grünes Licht (nach der Startphase, während der die Diode grün blinkt) signalisiert, dass die Verbindung perfekt ist, ein blinkendes gelbes Licht weist darauf hin, dass es Probleme mit dem Verbindungsaufbau gibt. In letzterem Fall müssen Sie gegebenenfalls zu anderen Maßnahmen greifen und zum Beispiel mit dem Ende einer aufgebogenen Büroklammer zehn Sekunden lang den Reset-Schalter (Zurücksetzen) des Geräts gedrückt halten – was jedoch nur der letzte Ausweg sein sollte.

Das kleine Wi-Fi-ABC

Die AirPort zugrunde liegende Technologie nennt sich *Wi-Fi* – ein freundlicherer Spitzname für die sehr technische Bezeichnung *802.11*, typischerweise gefolgt von den Buchstaben *b* oder *g*, die für die Geschwindigkeit und Reichweite der drahtlosen Konfiguration stehen. Doch leider macht das Wi-Fi-ABC nicht sonderlich viel Sinn, denn so kamen zum Beispiel vor ein paar Jahren Produkte mit dem Drahtlosstandard 802.11*a* auf den Markt, *nachdem* es bereits welche mit dem Standard 802.11*b* gab. Da helfen auch solide ABC-Kenntnisse nicht weiter...

Bis Anfang 2007 entsprach die AirPort Extreme Basisstation dem Standard 802.11*g* und war damit schon fast fünfmal schneller als das 1999 eingeführte, ursprüngliche AirPort-Modell mit *b*-Standard. Schon 2006 tauchte jedoch ein neuerer und noch schnellerer Standard – 802.11*n* – auf. Obwohl sich dieser zu diesem Zeitpunkt (und selbst bei Drucklegung dieses Buches) noch in der Entwicklung befand, hat Apple ihn (basierend auf der Entwurfsspezifikation) zügig in die AirPort Extreme Basisstation implementiert, sodass sich gegenüber dem Vorgängermodell die Leistung noch einmal um das 2,5-Fache und die Reichweite auf das Doppelte gesteigert haben. Das neue Modell kam im Februar 2007 auf den Markt. Auch andere Firmen haben sich den 802.11*n*-Standard schon während der Entwicklungsphase zunutze gemacht, obwohl er offiziell erst Mitte 2009 verabschiedet werden soll.

Mit Ausnahme des 17-Zoll-iMac mit 1,83 GHz Intel Core 2 Duo-Prozessor sowie des Mac mini unterstützen alle aktuellen Mac-Modelle mit Intel Core 2 Duo- und Intel Xeon-Prozessoren die 802.11*n*-Technologie von AirPort Extreme. Die Unterstützung muss aber (zum Teil) mit der bei AirPort Extreme mitgelieferten Enabler-Software freigeschaltet werden. Während beim Mac mini die Aufrüstung mithilfe von Drittstellerhardware (Quicker Tek) möglich sein soll, lassen sich ältere Macs leider nicht auf 802.11*n* »aufbohren«. Doch zum Glück ist der neue Standard *abwärtskompatibel*, sodass er auch mit Geräten funktioniert, die noch mit 802.11*a/b/g*-Funktechnologien arbeiten.

Denken Sie daran, dass die Geschwindigkeit beim Runter- und Hochladen von Daten aus dem beziehungsweise ins Internet einzig und allein von Ihrem Internetprovider abhängt und nicht von der maximal möglichen Netzwerkgeschwindigkeit Ihrer Wi-Fi-Ausstattung. Die Angaben für Netzwerkgeschwindigkeiten beziehen sich lediglich darauf, wie schnell Dateien zwischen den einzelnen Computern und Geräten in einem Netzwerk übertragen werden können, was zum Beispiel von Bedeutung ist, wenn Sie größere Videodateien übertragen oder *streamen* wollen. Im Internet können Sie immer nur so schnell surfen, wie Ihr Internetprovider es zulässt.

Und das alles können Sie mit der AirPort Express Basisstation tun:

✔ Schließen Sie sie an ein Kabel- oder DSL-Modem an, und nutzen Sie sie – wie ihre große Schwester – als drahtlosen 802.11 *g*-Router.

✔ Konfigurieren Sie sie als drahtlose »*Brücke*«, um die Reichweite eines bestehenden Air-Port-Netzwerks auszudehnen.

Diese Lösung, bei der Sie mehrere Basisstationen zu einem *WDS*-Netzwerk (= *Wireless Distribution System*; zu Deutsch drahtloses Verteilungssystem) verbinden, hat jedoch eine Schattenseite: Sie kann unter Umständen die Leistung Ihres bestehenden Drahtlosnetzwerks beeinträchtigen. Die notwendigen Einstellungen nehmen Sie im AirPort-Dienstprogramm vor.

✔ Schließen Sie einen USB-Drucker daran an, sodass er von allen Netzwerkcomputern gemeinsam genutzt werden kann.

✔ Schließen Sie sie an das Breitbandmodem-Kästchen in einem Hotelzimmer an, um sich frei im Zimmer bewegen und drahtlos surfen zu können.

AirTunes

Eine weitere clevere Eigenschaft der AirPort Express Basisstation, auf die ich hier näher eingehen will, hat mit dem zu Beginn erwähnten Audioanschluss zu tun. Wenn Sie daran nämlich über ein Audiokabel Ihre Stereoanlage oder Aktivlautsprecher (die sich zum Beispiel in einem anderen Zimmer als Ihr AirPort-fähiger Mac befinden) anschließen, können Sie darüber drahtlos Ihre gesamte iTunes-Musiksammlung anhören. Je nach Anlage benötigen Sie entweder ein *Ministereo-Klinke-auf-Cinch-Adapterkabel* oder einen *optisch-digitales Audiokabel mit Mini-Toslink-Adapter*.

Extra für diesen Zweck bietet Apple im Store das *AirPort Express Connection Kit* für Stereoanlagen mit den passenden Steckerverbindungen zum Preis von 39 Euro an.

Die Basisstation schließen Sie an eine Steckdose an (entweder über den mitgelieferten Netzteilstecker oder das AirPort Express-Netzkabel aus dem Connection Kit); für die weitere Einrichtung verwenden Sie den AirPort Express Assistenten, der Ihnen automatisch anzeigt, welche Geräte angeschlossen sind. Folgen Sie einfach den Anweisungen.

Danach erkennt iTunes die Funkverbindung selbsttätig. In einem Einblendmenü unten rechts im iTunes-Fenster werden alle mit AirPort Express verbundenen Stereolautsprecher und -geräte angezeigt; Sie brauchen nur noch zu wählen, ob Sie Musik über Ihren Mac (beziehungsweise daran angeschlossene Lautsprecher) oder über AirPort Express sowie eine daran angeschlossene Stereoanlage (oder Lautsprecher) hören möchten. Apple bezeichnet diese Art von drahtloser Symphonie treffend als *AirTunes*.

Neben den passenden Kabeln bietet Ihnen Apple noch die *Keyspan Express*-Fernbedienung (für 60 Euro), mit der Sie die Steuerung von AirTunes selbst in die Hand nehmen können. So müssen Sie nicht ständig zum Mac tigern, um die Songauswahl festzulegen, sondern können Ihre iTunes-Musiksammlung kabellos steuern. Der Empfänger der Keyspan-Fernbedienung wird an den USB-Port der AirPort Express Basisstation angeschlossen.

Apple-TV

Sie sind stolzer Besitzer eines Breitformat- oder HD-TV-Geräts? Sie mögen es gerne edel und komfortabel? Dann will ich Ihnen eine weitere Errungenschaft von Apple – die so ähnlich funktioniert wie die AirPort Express Basisstation – nicht länger vorenthalten: _Apple TV (früher iTV)._ Wenn Sie nach der Lektüre dieses Kapitels Ihr Netzwerk erfolgreich eingerichtet haben (egal ob drahtlos oder verkabelt), können Sie die flache, silberfarbene Apple TV Set-Top-Box in Ihr Netzwerk integrieren und künftig alle Inhalte aus iTunes (und anderen iLife-Anwendungen) auf Ihren Breitformatfernseher übertragen und dort abspielen: Musik, Podcasts, Fotos, Diashows, Filmtrailer, YouTube-Videos, Musikvideos.

Schließen Sie Apple TV dazu einfach an ihr TV-Gerät an (entweder über den HDMI-Anschluss oder die Komponentenvideo- oder Audioanschlüsse). Ist Ihr Mac nicht AirPort-fähig, binden Sie die Box mithilfe eines Ethernet-Kabels in Ihr Netzwerk ein. iTunes erkennt Apple TV automatisch und führt Sie daraufhin schrittweise durch den Einrichtungsvorgang. Mit der im Lieferumfang enthaltenen Apple Remote-Fernbedienung können Sie dann bequem vom Fernsehsessel aus durch die Inhalte blättern.

Genau wie der iPod gleicht auch Apple-TV seine Inhalte automatisch mit der iTunes-Bibliothek ab, und da die Box auch in der Lage ist, Inhalte zu streamen, können Sie ihr bis zu fünf weitere Rechner zuordnen und deren iTunes-Bibliotheken übertragen und synchronisieren. Apple-TV ist wahlweise mit 40-GB- oder 160-GB-Festplatte erhältlich und kann somit beispielsweise 50 beziehungsweise 200 Stunden an Videomaterial speichern. Apple empfiehlt seinen Kunden natürlich, Apple TV zusammen mit AirPort Express als sich perfekt ergänzendes Team zu nutzen. Leider kostet das edle Apple-Spielzeug stolze 299 beziehungsweise 399 Euro – Komfort hat nun mal seinen Preis.

Das Netzwerk testen

Wenn Sie Ihre ganze Netzwerkausstattung korrekt angeschlossen und eingerichtet haben, ist es an der Zeit nachzusehen, ob alles wunschgemäß funktioniert. Die einfachste Methode, das festzustellen, ist, Safari zu öffnen und eine Webseite aufzurufen. Wenn das klappt, ist alles okay.

Sollten Probleme auftauchen, probieren Sie Folgendes:

✔ Klicken Sie als Erstes auf das AirPort-Symbol in der Symbolleiste und vergewissern Sie sich, ob überhaupt ein AirPort-Netzwerk oder -Router in Reichweite ist.

✔ Prüfen Sie noch einmal, ob alle Steckerverbindungen richtig sitzen.

✔ Falls alles nichts hilft, öffnen Sie die Systemeinstellung NETZWERK. Klicken Sie auf ASSISTENT und im darauf folgenden Dialogfenster auf DIAGNOSE. Hier können Sie den Status von AirPort, der Netzwerkeinstellungen, der Internetverbindung und so weiter überprüfen.

✔ Bei hartnäckigen Problemen finden Sie außerdem ausführliche Informationen in der Mac Hilfe und auf der Apple-Website (zum Beispiel unter `www.apple.com/de/airport extreme`).

Falls Sie in einem Mietshaus Tür an Tür mit anderen Menschen leben, kann es passieren, dass in der AirPort-Liste des Mac der eine oder andere Router Ihrer Nachbarn auftaucht. In einigen Fällen ist das Signal sogar stark genug, dass Sie sich – sofern das Netzwerk nicht durch ein sicheres Kennwort geschützt ist – dort einklinken und quasi kostenlos im Internet surfen könnten (sagen Sie nicht, *ich* hätte Sie dazu angestiftet!). Und das ist noch das Harmloseste, was Sie oder übel wollende Dritte in einem solchen Fall tun könnten. Lassen Sie sich also dieses Szenario eine Lehre sein, denn mit der Einrichtung Ihres eigenen Wi-Fi-Netzwerks laufen Sie ebenso Gefahr, Ihre persönlichen Daten für andere offen zu legen, wenn Sie nicht entsprechende Schutzmaßnahmen ergreifen.

Netzwerkressourcen gemeinsam nutzen

Verantwortungsvolle Eltern bringen ihren Sprösslingen schon früh bei, ihr Spielzeug mit anderen zu teilen. Wenn diese Kinder sich dann im Erwachsenenalter einen Mac als Spielzeug aussuchen und diese Lektion noch in guter Erinnerung haben, dann ist das die beste Voraussetzung für die gemeinsame Nutzung von Ressourcen (wie Dokumente, Musik, Bilder, Drucker und so weiter) innerhalb eines Mac-Netzwerks.

Um Ihrer Großzügigkeit Ausdruck zu verleihen (vorausgesetzt natürlich, Sie haben ein funktionierendes Netzwerk), gehen Sie folgendermaßen vor:

1. **Wählen Sie |Systemeinstellungen und klicken Sie im Bereich Internet & Netzwerk auf Sharing.**

   Daraufhin erscheint ein ähnliches Fenster wie das in Abbildung 19.3 gezeigte. An dieser Stelle können Sie auch gleich den Namen Ihres Computers ändern, wenn Sie möchten. Etwas wie *Eds Computer* oder *Biggis PowerMac* klingt womöglich zu sehr nach »das ist *mein* Rechner und nur *ich* darf damit spielen!« Wählen Sie lieber etwas weniger besitzergreifendes wie *Hobby-Raum-iMac*. So können Sie ihn außerdem besser von anderen Macs im Haus unterscheiden, zum Beispiel vom *Wohnzimmer-MacBook Pro*.

2. **Aktivieren Sie das Markierungsfeld File Sharing in der Diensteliste.**

   Eine Sekunde später ist der Dienst aktiv. Nun können Benutzer, für die Sie einen Account auf Ihrem Mac angelegt haben (lesen Sie dazu auch den Abschnitt »Accounts fürs File-Sharing einrichten« weiter hinten in diesem Kapitel), von anderen Netzwerkcomputern aus auf alle freigegebenen Ordner Ihres Mac (zum Beispiel den Ordner Öffentlich Ihres Benutzerordners) zugreifen. Falls Sie es sich wieder anders überlegen – vielleicht ist Ihnen doch unwohl bei dem Gedanken, dass *jeder* im Netzwerk diese öffentlich zugänglichen Dateien nun lesen kann –, entfernen Sie das Häkchen einfach wieder.

Um auch Windows-Nutzer am gemeinsamen Spaß teilhaben zu lassen, klicken Sie auf Optionen und aktivieren Dateien und Ordner über SMB bereitstellen. Klicken Sie dann in das Markierungsfeld Ein neben Ihrem Account-Namen (beziehungsweise dem Namen des Accounts, der für die gemeinsame Nutzung von Dateien mit einem

Windows-Rechner verwendet werden soll), geben Sie das Account-Kennwort ein und klicken Sie auf FERTIG.

Abbildung 19.3: Ihren Mac für die gemeinsame Nutzung mit anderen Netzwerkteilnehmern freigeben

 Es steht Ihnen beim File-Sharing frei, entweder Ihren gesamten Mac für alle Benutzer freizugeben oder den Zugriff ganz gezielt auf bestimmte Benutzer und Ordner zu beschränken, wie in den folgenden Schritten beschrieben.

3. **Klicken Sie auf die Plus-Taste unterhalb der Ordnerliste FREIGEGEBENE ORDNER, um festzulegen, welche Ordner und Festplatten freigeben werden sollen.**

   Im folgenden Dialogfenster können Sie beliebige Ordner oder Festplatten für die gemeinsame Nutzung wählen und hinzufügen. (Mit der Minus-Taste lassen sich freigegebene Ordner wieder entfernen.)

4. **Markieren Sie einen freigegebenen Ordner (in der Liste FREIGEGEBENE ORDNER) und klicken Sie auf die Plus-Taste unterhalb der BENUTZER-Liste, um festzulegen, welche Benutzer auf diesen Ordner zugreifen dürfen.**

   Für jeden freigegebenen Ordner erscheint rechts unter BENUTZER eine Liste mit möglichen Benutzern. Um den Benutzerzugriff für einen bestimmten freigegebenen Ordner genauer zu steuern, können Sie weitere Benutzer hinzufügen oder Benutzer entfernen (klicken Sie auf die Minus-Taste).

5. **Wählen Sie einen Benutzer aus oder legen Sie einen neuen Sharing-Account an.**

   Im folgenden Dialogfenster (siehe Abbildung 19.4) erscheint eine Liste aller Benutzer, die bereits über einen Benutzer-Account auf Ihrem Mac verfügen. Um einen dieser Benutzer zu wählen, klicken Sie darauf und anschließend auf AUSWÄHLEN.

Alternativ können Sie für einen neuen Nutzer einen *Sharing-Account* (nur für den Zweck des File-Sharing übers Netzwerk) anlegen, indem Sie entweder auf NEUE PERSON klicken oder einen Namen aus dem Adressbuch wählen. Geben Sie einen Benutzernamen und/oder ein Kennwort ein und klicken Sie auf ACCOUNT ERSTELLEN. (Bei der Option NEUE PERSON müssen Sie nach dem Klick auf ACCOUNT ERSTELLEN zuerst den Namen in der Liste markieren und dann auf AUSWÄHLEN klicken.)

Abbildung 19.4: Legen Sie fest, welche Personen auf einen bestimmten Ordner zugreifen dürfen.

Falls Sie auf Ihrem Mac eine Benutzergruppe eingerichtet haben (siehe Kapitel 5), steht auch diese beim Hinzufügen eines neuen Benutzers zur Wahl.

Der ausgewählte oder neu angelegte Benutzer erscheint umgehend in der Benutzerliste. Näheres zu Benutzer- und Sharing-Accounts erfahren Sie im Abschnitt »Accounts fürs File-Sharing einrichten« weiter hinten in diesem Kapitel.

6. **Legen Sie mithilfe der Einblendmenüs die Zugriffsrechte für die einzelnen Benutzer fest (siehe Abbildung 19.4).**

Klicken Sie auf die Doppelpfeile rechts neben den einzelnen Benutzern und wählen Sie eine der folgenden Zugriffsoptionen:

* **Lesen & Schreiben:** Der Benutzer darf den Ordner öffnen und dessen Inhalt anzeigen und ändern.

* **Nur Lesen:** Der Benutzer darf den Ordner öffnen und dessen Inhalt anzeigen, aber nicht ändern.

* **Nur Schreiben (Briefkasten):** Der Ordner wird zu einer Art Briefkasten, das heißt, der Benutzer darf Dateien hineinlegen, kann aber den Inhalt des Ordners nicht sehen.

* **Kein Zugriff:** Der Benutzer darf den Ordner nicht öffnen.

Damit das File-Sharing auch funktioniert, muss die File-Sharing-Option auf allen Mac OS X-Rechnern im Netzwerk aktiviert sein. Die anderen Netzwerkteilnehmer (bis zu zehn gleichzeitig sind möglich) greifen dann auf Ihren Mac zu, indem sie im Finder GEHE ZU|MIT SERVER VERBINDEN wählen und Ihren Rechner dann entweder im Netzwerk suchen (DURCHSUCHEN) oder seine Adresse eingeben (diese wird im Fenster SHARING bei aktiviertem File-Sharing angezeigt).

Danach müssen sie auf den Namen Ihres Rechners doppelklicken, gegebenenfalls auf VER-BINDEN (ALS) klicken, ihren Benutzernamen und ihr Kennwort eingeben und mit VERBINDEN bestätigen.

Zum Austausch von Dateien mit anderen Netzwerkteilnehmern eignen sich generell auch die folgenden Ordner:

✔ Der Ordner ÖFFENTLICH, der sich jeweils im Benutzerordner eines jeden eingerichteten Benutzers auf dem Mac befindet. (Alle Benutzerordner liegen im Ordner BENUTZER.)

✔ Der BRIEFKASTEN-Ordner im Ordner ÖFFENTLICH eines jeden Benutzerordners.

✔ Der Ordner FÜR ALLE BENUTZER im Ordner BENUTZER.

Accounts fürs File-Sharing einrichten

Damit eine Person über das Netzwerk Zugang zu Ihrem Mac erhält, müssen Sie für sie einen Account mit einem Benutzernamen und einem Kennwort einrichten. Hierbei haben Sie zwei Möglichkeiten:

✔ **Richten Sie einen Benutzer-Account auf Ihrem Mac ein:** Wie das geht, lesen Sie in Kapitel 5. In diesem Fall können sich die entsprechenden Netzwerkteilnehmer als registrierte Benutzer mit den ihnen zugewiesenen Zugangsdaten auf Ihrem Computer anmelden und haben zusätzlich Zugriff auf ihren eigenen Benutzerordner, in dem sie tun und lassen können, was sie wollen.

✔ **Richten Sie einen Sharing-Account ausschließlich für File-Sharing-Zwecke ein:** Wenn sich sehr viele oder ständig wechselnde Benutzer auf Ihrem System anmelden, um Daten mit Ihnen auszutauschen, dann möchten Sie vielleicht nicht, dass jeder über ein eigenes Benutzerkonto auf Ihrem Mac verfügt.

Mac OS X Leopard bietet erstmals die Möglichkeit, für Benutzer, die nur über das Netzwerk auf Ihren Mac zugreifen, spezielle Sharing-Accounts ausschließlich für File-Sharing-Zwecke einzurichten. Hierbei erhält der Benutzer keinen eigenen Benutzerordner auf Ihrem Rechner, sondern kann sich lediglich mit seinem Benutzernamen und Kennwort über das Netzwerk bei Ihnen einloggen.

Sie können diese Art von Account sowohl in der Netzwerkeinstellung SHARING einrichten (wie weiter vorn in diesem Kapitel beschrieben) als auch in der Systemeinstellung BENUTZER. Im letzteren Fall gehen Sie genauso vor wie bei der Einrichtung eines normalen Benutzer-Accounts (siehe Kapitel 5), nur dass Sie dabei im Einblendmenü NEUER ACCOUNT die Option NUR SHARING wählen.

Wenn Sie einen Sharing-Account über die Netzwerkeinstellung SHARING einrichten, wird er umgehend als solcher auch in der Systemeinstellung BENUTZER angezeigt und kann dort auch bearbeitet werden. Umgekehrt können Sie auf einen Sharing-Account, den Sie in der Systemeinstellung BENUTZER eingerichtet haben, über die Systemeinstellung SHARING zugreifen, wenn Sie dort einen neuen Benutzer hinzufügen.

Ein Benutzer mit Sharing-Account kann auf den Ordner ÖFFENTLICH Ihres Benutzerordners sowie auf die Ordner und Festplatten zugreifen, die Sie in der Systemeinstellung SHARING für den jeweiligen Sharing-Account freigeben.

Hat eine Person weder einen Benutzer- noch einen Sharing-Account auf Ihrem Rechner, so kann sie sich mit der Option GAST bei Ihrem Mac anmelden, die jedoch nur beschränkte Zugriffsrechte bietet.

Zugriffsrechte steuern

Unabhängig von der Systemeinstellung SHARING können Sie in Ihrer Eigenschaft als Administrator praktisch für jeden Ordner und jede Datei auf Ihrem Mac individuelle Zugriffsrechte festlegen. Markieren Sie dazu das Symbol (einen Ordner, eine Festplatte, eine Datei) und wählen Sie ABLAGE|INFORMATIONEN. Öffnen Sie den Bereich SHARING & ZUGRIFFSRECHTE, klicken Sie auf das Schlosssymbol und geben Sie Ihre Benutzerdaten ein. Nun können Sie für sich selbst und andere Benutzer die Berechtigungen ändern (siehe Abbildung 19.5).

*Abbildung 19.5: Die Zugriffsrechte
für eine Datei ändern*

Weitere Sharing-Funktionen

Neben dem File-Sharing finden Sie in der Systemeinstellung SHARING noch weitere Sharing-Funktionen, beispielsweise:

✔ **PRINTER-SHARING:** Aktivieren Sie diesen Dienst, um einen an Ihrem Mac angeschlossenen Drucker für andere Netzwerkteilnehmer verfügbar zu machen.

✔ **INTERNET-SHARING:** Wenn Sie diesen Dienst aktivieren, können andere Computer in Ihrem lokalen Netzwerk Ihre Internetverbindung mit benutzen.

✔ **BLUETOOTH-SHARING:** Falls Ihr Mac Bluetooth-fähig ist (siehe nächster Abschnitt) und Sie zum Beispiel ein Bluetooth-Handy damit verwenden, können Sie mit dieser Netzwerkeinstellung verschiedene Dinge konfigurieren.

Ihr Wissen über Bluetooth auffrischen

Von allen seltsamen Namen, die man heutzutage in der Welt der Technik antrifft, ist *Bluetooth* mein absoluter Favorit. Er geht auf den dänischen Wikingerkönig *Harald Blauzahn* (*Harald Blatant*) zurück, der im 10. Jahrhundert n. Chr. lebte und seinerzeit offensichtlich ein Vorreiter in Sachen drahtloser Vernetzung war. Blauzahn wurde nämlich im sich bekriegenden Skandinavien als Friedensstifter angesehen, der das Land schließlich vereinte – und liegt nicht der tiefere Sinn der Vernetzung darin, Leute – oder Dinge – zusammenzubringen?

Faszinierende Geschichte, was? Ja, ja, ich weiß, dass Sie sich nicht *Europäische Geschichte für Dummies*, sondern *Mac für Dummies* gekauft haben. Sie haben ja recht, ich komme auch gleich auf den Punkt.

Wie auch immer, Blauzahn heißt ins Englische übersetzt Bluetooth und dieser Name hat sich weltweit eingebürgert und bezeichnet einen in den 90er-Jahren entwickelten, offenen Industriestandard für die drahtlose Funkvernetzung von verschiedenen Geräten über eine kurze Distanz hinweg. Auch Apple unterstützt diese Technologie natürlich und wenn Ihr Mac Bluetooth-fähig ist, kann er mit einer Reihe Bluetooth-kompatibler Geräte über eine Entfernung von bis zu zehn Metern kabellos kommunizieren.

 Fast alle aktuellen Macs haben standardmäßig ein Bluetooth-Modul integriert; ältere Modelle können optional mit einem Bluetooth-Adapter nachgerüstet werden (zum Beispiel von D-Link oder Belkin für 30 bis 40 Euro). Wenn Ihr Mac Bluetooth-fähig ist, erkennen Sie das daran, dass in den Systemeinstellungen das Symbol BLUETOOTH angezeigt wird.

Die folgende Liste gibt Ihnen einen Überblick darüber, was Sie mit einem Bluetooth-fähigen Mac anstellen können:

✔ Stellen Sie eine Verbindung zu einem Bluetooth-Mobiltelefon her. Falls Sie keinen Zugriff auf einen Wi-Fi-Hotspot haben, können Sie das Telefon möglicherweise als Modem verwenden, um sich drahtlos ins Internet einzuwählen.

✔ Drucken Sie auf einem Bluetooth-fähigen Drucker.

✔ Tauschen Sie Dateien mit anderen Bluetooth-fähigen Macs, PCs oder Geräten aus.

✔ Nutzen Sie ein Bluetooth-Headset, um in einer iChat-Sitzung mit Freunden und Bekannten zu schwatzen.

✔ Synchronisieren Sie Daten zwischen Ihrem Mac und einem Bluetooth-fähigen Palm OS Handheld-Gerät.

✔ Verwenden Sie eine drahtlose Bluetooth-Tastatur und/oder -Maus an Ihrem Mac.

Die Kontaktaufnahme per Bluetooth vorbereiten

Der Weg zu Ihrer ersten Bluetooth-Erfahrung (sofern Ihr Mac bereit für Bluetooth ist) führt über die Systemeinstellungen. Klicken Sie im Bereich HARDWARE auf das BLUETOOTH-Symbol und Sie gelangen in das in Abbildung 19.6 gezeigte Fenster.

Abbildung 19.6: Bluetooth in der gleichnamigen Systemeinstellung aktivieren

Bevor der Mac mit einem Bluetooth-Gerät kommunizieren kann – beziehungsweise das Gerät mit dem Mac –, müssen Sie Bluetooth einschalten. Aktivieren Sie dazu die Option BLUETOOTH-SIGNAL. Um die anderen Bluetooth-Geräte bei der Kontaktaufnahme mit dem Mac zu unterstützen, aktivieren Sie außerdem die Option SICHTBAR. Und aktivieren Sie am besten auch gleich die Option BLUETOOTH-STATUS IN DER MENÜLEISTE ANZEIGEN, um künftig von der Menüleiste aus auf alle wichtigen Bluetooth-Befehle zugreifen zu können.

 Auf ähnliche Weise müssen Sie die Bluetooth-Geräte, mit denen Ihr Mac kommunizieren soll, »sichtbar« schalten, um die Verbindungsaufnahme zu erleichtern. Für die Verbindungsaufnahme müssen alle Bluetooth-Geräte auf »sichtbar« geschaltet werden. Wenn die Geräte einmal verbunden sind, sollten Sie den Sichtbarkeitsmodus aus Sicherheitsgründen wieder deaktivieren.

Sie können und sollten festlegen, wie die verschiedenen Geräte Daten mit Ihrem Mac austauschen. Wechseln Sie dazu in die Systemeinstellung SHARING und aktivieren Sie die Option BLUETOOTH-SHARING (siehe Abbildung 19.7).

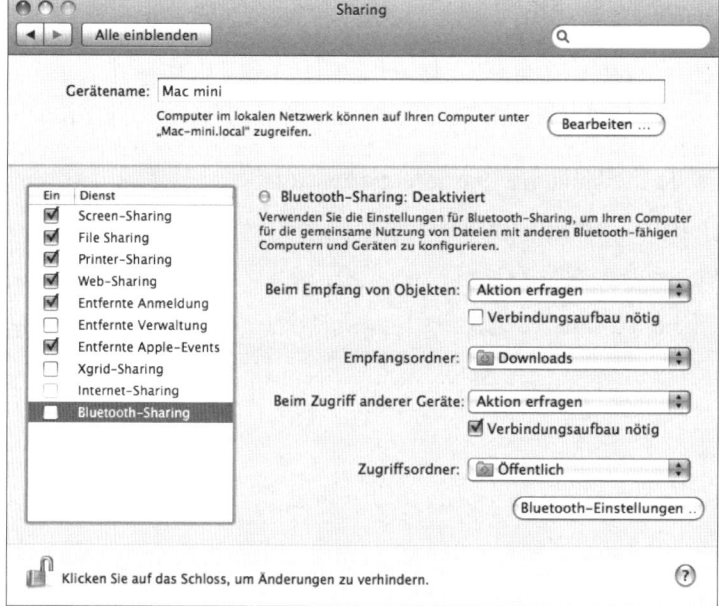

Abbildung 19.7 Weitere Bluetooth-Einstellungen vornehmen

Hier können Sie angeben, welche Ordner verbundene Bluetooth-Geräte auf Ihrem Mac durchsuchen dürfen (den Ordner ÖFFENTLICH oder andere). Als weitere Sicherheitsmaßnahme können Sie die Option VERBINDUNGSAUFBAU NÖTIG aktivieren (der Koppelungsvorgang wird im folgenden Abschnitt beschrieben), sodass zur Übertragung von Dateien ein Kennwort erforderlich ist.

Die Bluetooth-Verbindung einrichten

Um die Bluetooth-Verbindung zwischen Ihrem Mac und einem Bluetooth-Gerät einzurichten, gehen Sie folgendermaßen vor:

1. **Stellen Sie sicher, dass das zu verbindende Gerät auf »Sichtbar« eingestellt ist und die Distanz zum Mac möglichst kurz ist.**

2. **Öffnen Sie die Systemeinstellungen BLUETOOTH.**

3. **Klicken Sie unten links auf das Plussymbol (Hinzufügen) und wählen Sie den zu konfigurierenden Gerätetyp.**

Der Bluetooth-Assistent öffnet sich. Klicken Sie im Startbildschirm auf Fortfahren.

4. **Wählen Sie den zu konfigurierenden Gerätetyp, zum Beispiel Mobiltelefon.**

Falls das Gerät, das Sie einrichten wollen, nicht in der Liste steht, wählen Sie Alle Geräte.

5. **Wählen Sie das Gerät aus der Liste und klicken Sie auf Fortfahren.**

Wenn das Gerät auf »Sichtbar« eingestellt ist, wird es jetzt gefunden (siehe Abbildung 19.8).

Abbildung 19.8: Bald sind Ihr Mac und das neue Bluetooth-Gerät vereint.

Der Mac braucht einen Moment, um so viele Informationen wie möglich über das gewählte Gerät zusammenzutragen, sodass eine reibungslose Kommunikation gewährleistet ist.

6. **Klicken Sie erneut auf Fortfahren.**

Sie werden gebeten, ein Kennwort auf Ihrem Mobiltelefon einzugeben. Einige Geräte, wie Mäuse oder Headsets, haben jedoch keine Tastatur für die Kennworteingabe – bei ihnen entfällt dieser Schritt.

7. **Geben Sie ein Kennwort auf Ihrem Mobiltelefon ein und bestätigen Sie die Eingabe, indem Sie abermals auf Fortfahren klicken.**

In den folgenden Fenstern müssen Sie noch ein paar Konfigurationsschritte vornehmen, zum Beispiel Dienste für Ihr Handy auswählen, die Synchronisation über iSync erlauben oder die Benutzerdaten eingeben, damit das Handy als drahtloses Modem eingerichtet werden kann.

8. **Klicken Sie am Ende des Vorgangs auf** BEENDEN.

Der Einrichtungsvorgang ist damit abgeschlossen und Mac und Bluetooth-Gerät sollten in der Lage sein, per Bluetooth drahtlos miteinander zu turteln.

Um Dateien drahtlos vom Mac an das Gerät zu schicken, öffnen Sie das Bluetooth-Menü in der Menüleiste, wählen DATEI SENDEN, suchen die gewünschte Datei heraus und klicken dann auf SENDEN. Und vergessen Sie nicht, bei dem Gerät die Bluetooth-Funktion zu aktivieren.

Und nun freuen Sie sich daran, wie gut Ihr innig geliebtes »Mac-Baby« mit seinen neuen Spielkameraden auskommt.

In einer Windows-Welt überleben

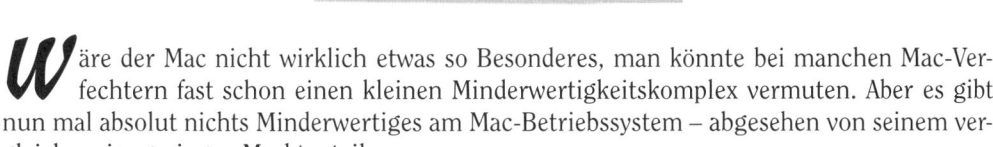

In diesem Kapitel

▷ Was Macs und Windows-PCs gemeinsam haben

▷ Von einem Windows-PC auf den Mac umziehen

▷ Im Boot Camp auf Erlebnistour gehen

▷ Das Parallel(s)-Universum erkunden

*W*äre der Mac nicht wirklich etwas so Besonderes, man könnte bei manchen Mac-Verfechtern fast schon einen kleinen Minderwertigkeitskomplex vermuten. Aber es gibt nun mal absolut nichts Minderwertiges am Mac-Betriebssystem – abgesehen von seinem vergleichsweise geringen Marktanteil.

In früheren Jahren tat sich Apple eher schwer, Windows-Nutzer zum Wechsel ins Mac-Lager zu bewegen. Doch seit der sagenhaften Erfolgsgeschichte des iPod und der Einführung von Intel-Macs im Jahr 2006 dürfte es Apple gelungen sein, einige Windows-Abtrünnige mehr anzulocken. (Andererseits kenne ich persönlich niemanden, der sich bewusst dazu entscheiden würde, vom Mac auf einen Windows-PC zu wechseln, außer aus beruflichen Gründen.)

Dennoch ist und bleibt die Computerwelt eine Windows-dominierte – mit allen Vor- und Nachteilen. In der Regel ist es daher der Apple-Nutzer, der sich den Gegebenheiten der Windows-Umgebung unterwerfen muss, und nicht umgekehrt. Auch stoßen Mac-Besitzer leider immer noch häufig auf Software oder Websites, die nur auf die Windows-Plattform zugeschnitten sind. (Früher hatten Mac-Benutzer in diesem Fall oft das Nachsehen oder waren unter Umständen sogar gezwungen, sich zusätzlich einen PC anzuschaffen, etwa wenn das Programm oder die Webseite unverzichtbar für ein bestimmtes berufliches Projekt waren.)

Die erfolgreiche Verschmelzung von Mac-Plattform und Intel-Chip (über die Sie in Kapitel 4 nachlesen können) zeigt jedoch, dass man die Welt auch auf den Kopf stellen kann. (Angesichts der langjährigen Partnerschaft zwischen Intel und Microsoft ist es selbst heutzutage für einige kaum nachvollziehbar, wie es zu der Allianz mit Apple kommen konnte.) Denn dank dieser Innovation ist es nunmehr möglich, Macs (zumindest die neuen Intel-Modelle) in vollwertige Windows-Rechner zu verwandeln. Lassen Sie mich das wiederholen: *Sie können die neuesten Mac-Modelle in vollwertige Windows-Computer verwandeln.*

Was Macs und Windows-PCs gemeinsam haben

Trotz aller Unterschiede sind sich Macs und PCs ähnlicher, als Sie vielleicht denken. Manchmal ist es nur eine Frage der Semantik. Okay, es ist schon ein bisschen mehr als das, aber dies ist ein Kapitel über Einheit und Harmonie, und da ist es ein guter Anfang, sich erst einmal die Gemeinsamkeiten vor Augen zu führen:

✔ Macs und PCs können dieselben Peripheriegeräte wie Drucker, Scanner, Digitalkameras, Mäuse, Tastaturen und anderes nutzen.

✔ Beide Systeme können mit den gängigen Dateitypen umgehen, darunter JPEG, PDF und Textformate.

✔ Microsoft bietet für beide Plattformen eine Office-Version an, sodass Sie sowohl auf dem PC als auch auf dem Mac problemlos mit Word, Excel und PowerPoint arbeiten können. (Seit dem Erscheinen von Office 97 für Windows sind die Mac- und Windows-Versionen mit den Office-Dateien der jeweils anderen Plattform kompatibel.)

✔ Der Mac kann Windows-formatierte CDs und DVDs lesen.

✔ Beide Systeme können problemlos per E-Mail oder AIM (AOL) Instant Messenger miteinander kommunizieren.

✔ Sie können von einem Windows-PC aus auf ein .Mac-Account – einschließlich Dokumenten, Bildern und Filmen auf der iDisk – zugreifen.

✔ Windows Media Player, QuickTime Player und RealPlayer gibt es sowohl für Mac OS X als auch für Windows.

✔ Wie in Kapitel 19 erläutert, können Macs und PCs in ein und dasselbe verkabelte oder kabellose Netzwerk eingebunden sein. Wenn auf beiden Rechnerarten das File-Sharing eingeschaltet ist, können sie Dateien miteinander austauschen.

✔ Wie Sie bereits wissen, werden nun in beiden Computerwelten Intel-Chips verbaut.

Den Wechsel vollziehen

Okay, inzwischen haben Sie genug gelesen, um Ihre Neugier über den Mac zu befriedigen, und sind nun – falls Sie noch keinen Mac besitzen sollten – endgültig bereit, zu Apple überzulaufen oder sich zumindest zusätzlich zu Ihrem Windows-PC einen Mac anzuschaffen.

Doch vielleicht geraten Sie jetzt ins Grübeln. Schließlich haben Sie die letzten Jahre jede Menge Zeit und Energie investiert, um sich Ihre Windows-Dateien und -Voreinstellungen so einzurichten, wie Sie es gerne haben. Sie haben eine ganze Latte von Internet Explorer-Favoriten und natürlich auch Lieblingshintergrundbilder und so weiter. Im folgenden Abschnitt beschreibe ich ein paar Methoden, wie Sie Ihre gewohnte Windows-Umgebung (mit einigen Einschränkungen) auf einen neuen Mac transferieren können.

Move2Mac

Das Programm Move2Mac von Detto Technologies, das Sie für knapp 50 Euro zum Beispiel im Apple Store erstehen können, nimmt Ihnen beim Umzug von einem Windows-PC auf den Mac (im Computerjargon *Migration* genannt) den schwierigsten Teil der Arbeit ab. Sie erstellen lediglich ein Profil bezüglich der Einstellungen und Dateitypen, die Sie vom PC auf den Mac übertragen möchten – den Rest erledigt die Software.

Move2Mac ist eine Kombination aus Software, die Sie auf beide Rechner laden, und einem speziellen USB-Kabel, mit dem Sie sie verbinden. Bei einem Windows-System vor Windows XP verwenden Sie die Move2Mac-Version mit Mac-USB-zu-PC-Parallelkabel, ab Windows XP verwenden Sie ein USB-zu-USB-Kabel.

Das Programm legt die einzelnen Dateien automatisch am richtigen Ort ab. So wandert zum Beispiel der Inhalt des Ordners Eigene Musik unter Windows in den Musik-Ordner des Mac, die Dateien im Ordner Eigene Bilder in den Bilder-Ordner, Eigene Videos in den Filme-Ordner und so weiter.

Das ist eine reife Leistung, aber Move2Mac ist kein Tausendsassa. So werden zum Beispiel keine Anwendungen vom PC übertragen und auch PC-Dateien nicht ins Mac-Format konvertiert. Bei einem Programm wie Microsoft Office ist das kein Drama, da der Mac auch Dateien lesen kann, die mit einer Windows-Version der Software erstellt wurden.

Wenn von einer Software Versionen für beide Plattformen existieren, müssen Sie häufig die unter Windows erstellten Dateien zuerst in Formate umwandeln, die auch auf der Mac-Seite bekannt sind (wie zum Beispiel bei der Buchhaltungssoftware Quicken von Intuit).

Mit Mac2Move dauert eine Migration von 500 MB nur zirka 15 Minuten und Sie können damit Daten von einem einzigen PC (auf beliebig viele Macs) verschieben, es sei denn, Sie erwerben zusätzliche Softwarelizenzen. Weitere Infos finden Sie direkt bei Detto unter `www.detto.com/ move2mac` oder im Apple Store. (Bei Drucklegung des Buches war offenbar noch keine Version des Programms für Windows Vista erhältlich.)

Eine CD oder DVD brennen

Weil Ihr Mac in der Lage ist, auch Windows-formatierte CDs und DVDs zu lesen, können Sie Ihre wichtigen Daten auf CD oder DVD brennen und sie dann auf den Mac kopieren. Das müssen Sie nicht mit allen Dateien machen, aber ein guter Anfang ist der Ordner Eigene Dateien Ihres Windows-Rechners (in dem Sie vielleicht auch Fotos und Videos aufbewahren).

Externe Festplatten verwenden

Sie können Ihre Dateien natürlich auch mithilfe externer USB- oder FireWire-Festplatten, USB-Sticks oder Iomega-ZIP-Laufwerken übertragen.

Auch Ihren iPod können Sie als externe Festplatte einsetzen, indem Sie ihn entsprechend konfigurieren (Disk-Modus). Lagern Sie Ihre Musik einfach vorübergehend aus, um mehr Platz zu schaffen. Einzelheiten können Sie unter `http://docs. info.apple.com/article.html?artnum=300173-de` nachlesen.

Ein bestehendes Netzwerk nutzen

Ein weiterer Weg, Dateien von einem Windows-Computer auf einen Mac zu schaffen, ist die Nutzung eines bestehenden Netzwerks. Stellen Sie sicher, dass auf dem Windows-Rechner die Datenfreigabefunktion eingeschaltet ist. Binden Sie Ihren Mac in das verkabelte oder kabellose Netzwerk ein (falls er nicht schon integriert ist), aktivieren Sie das File-Sharing (Einzelheiten hierzu finden Sie in Kapitel 19) und übertragen Sie die Dateien.

Einen KVM-Switch nutzen

Falls Sie sich kürzlich einen Mac zusätzlich zu Ihrem Windows-Computer angeschafft haben und planen, Windows noch eine Weile weiterzunutzen, ist es sinnvoll, sich einen sogenannten *KVM-Switch* (KVM steht für *Keyboard-Video-Mouse*) zuzulegen. Mithilfe dieses USB-basierten Geräts können sich mehrere Rechner einen Bildschirm, eine Maus, eine Tastatur und andere Peripheriegeräte miteinander teilen. Ein Belkin KVM-Switch mit allen notwendigen Kabeln kostet zirka 80 Euro.

Im Boot Camp auf Erlebnistour gehen

In den vorherigen Abschnitten habe ich Ihnen verschiedene Strategien gezeigt, die eine friedliche Koexistenz sowie Kommunikation zwischen *separaten* Mac- und Windows-Computern ermöglichen. Wenn Sie jedoch einen Intel-basierten Mac Ihr Eigen nennen, können Sie OS X *und* Windows XP oder Vista auf ein und demselben Mac laufen lassen.

Es scheint fast wie eine göttliche Fügung. Tatsächlich ist es nämlich schon seit Längerem möglich, Windows auf einem Mac laufen zu lassen – allerdings nur mit schmerzvollen Einschränkungen. So können auch ältere Macs (ohne Intel-Chip) mithilfe der Emulationssoftware *Virtual PC* auf Windows getrimmt werden, aber das Programm ist zum Teil unglaublich träge, inkompatibel mit den neuen Macs und verträgt sich auch nicht mit allen Windows-Programmen.

Bereits im Frühjahr 2006 tauchten zwei clevere Möglichkeiten zur Verwirklichung eines Win-Mac-Computers auf. Mit *Boot Camp*, der von Apple selbst entwickelten Methode, befasse ich mich in diesem sowie im folgenden Abschnitt, die andere, namens *Parallels*, erläutere ich im Anschluss daran.

Bereits die im April 2006 erschienene öffentliche Beta-Version von Boot Camp, die bis zum Release von Leopard für Mac OS X Tiger als kostenlos downloadbare Zusatzkomponente zur Verfügung stand, mischte die Computerwelt mächtig auf. Ich konnte die Software damals einfach auf meinen Intel-basierten iMac laden, und schon wurde daraus der schnellste unter den vielen Windows-Rechnern in meinem Haushalt.

 Der Boot Camp-Assistent, der im Lieferumfang von Mac OS X Leopard enthalten ist, macht die Liaison wahrlich perfekt. Für Mac OS X Tiger steht er jedoch seit Ende 2007 nicht mehr zum Download bereit und wird unter dieser Systemversion auch nicht mehr unterstützt. (Die bestehende Windows-Installation ist davon natürlich

nicht betroffen – das »Ablaufdatum« betrifft nur neue Installationen.) Wer also eine neue Windows-Umgebung mithilfe von Boot Camp einrichten möchte, muss dazu auf Leopard umsteigen

Obgleich Boot Camp im Lieferumfang von Leopard enthalten ist, werden Sie nicht darum herum kommen, sich Ihre eigene Vollversion von Windows XP (mit Service Pack 2) beziehungsweise Windows Vista zu besorgen, ein Upgrade allein genügt leider nicht.

Für den Einsatz von Boot Camp benötigen Sie folgende Systemvoraussetzungen beziehungsweise Dinge:

✔ einen Intel-Mac mit Mac OS X 10.5 oder neuer – laden Sie möglichst das neueste Software-Update mithilfe der Softwareaktualisierung

✔ Ihre Mac OS X Leopard-Installations-DVD

✔ mindestens 10 GB freien Festplattenspeicherplatz

✔ mindestens 2 GB Arbeitsspeicher, wenn Sie Windows Vista auf einem Mac Pro verwenden wollen

✔ einen Drucker (zum Ausdrucken der Anleitungen vor der Installation von Windows)

✔ eine Installations-CD/DVD von Windows XP Home Edition oder Professional mit Service Pack 2 beziehungsweise Windows Vista Home Basic, Home Premium, Business oder Ultimate

Falls nichts Unvorhergesehenes passiert, dauert die gesamte Installation (einschließlich Windows) zirka eine Stunde.

Da Unvorhergesehenes aber immer genau dann passiert, wenn man nicht damit rechnet, sollten Sie auf jeden Fall zuvor alle wichtigen Daten auf der Hauptfestplatte Ihres Mac sichern. Bedenken Sie außerdem, dass Ihr Mac nach der Umwandlung in einen PC ebenso anfällig für Viren und Spyware wird, wie jeder normale Windows-PC. Sie müssen Ihr Windows-System daher immer mit den neuesten Sicherheitsaktualisierungen von Microsoft Windows auf dem aktuellen Stand halten und auch ein Antivirenprogramm laufen lassen.

Das Grundprogramm durchlaufen

Der Boot Camp-Assistent führt Sie durch alle notwendigen Schritte zur Vorbereitung und Umsetzung der Windows-Installation auf Ihrem Mac.

Falls Sie einen Mac-Laptop verwenden, sollten Sie ihn sicherheitshalber zuvor ans Stromnetz anschließen.

So gehen Sie vor:

1. **Schließen Sie alle geöffneten Programme und melden Sie alle anderen Benutzer des Mac ab.**

   Stellen Sie außerdem sicher, dass Sie über einen Benutzer-Account mit Administrator-rechten angemeldet sind.

2. **Starten Sie den Boot Camp-Assistenten aus dem DIENSTPROGRAMME-Ordner und folgen Sie den Anweisungen auf dem Bildschirm (siehe Abbildung 20.1).**

   Apple empfiehlt außerdem, das Installations- und Konfigurationshandbuch von Boot Camp auszudrucken, damit Sie es später während der Installation von Windows einfacher haben.

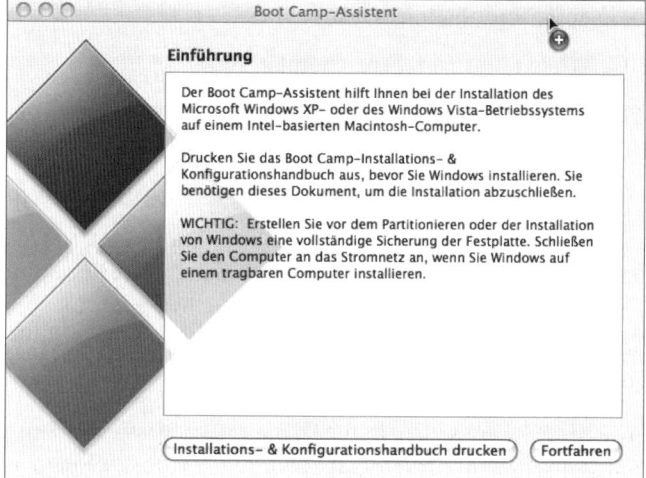

Abbildung 20.1: Den Boot Camp-Assistenten durchlaufen

3. **Richten Sie eine Partition für Windows XP beziehungsweise Vista auf Ihrer Festplatte ein (siehe Abbildung 20.2).**

   Bei diesem Schritt schaffen Sie auf Ihrer Festplatte Platz für das Windows-Betriebssystem. Wählen Sie die Standardgröße von 32 GB, reservieren Sie die Hälfte für Windows (GLEICH-MÄSSIG TEILEN) oder legen Sie eine eigene Größe fest, indem Sie einfach das Trennelement zwischen den beiden Systemen verschieben.

   Die Windows-Partition muss mindestens 5 GB groß sein, kann aber theoretisch den gesamten freien Festplattenspeicher bis auf 5 GB für die Mac OS X-Partition einnehmen. Falls Sie voraussichtlich nicht viel mit Windows arbeiten werden, sollten Sie die Partition möglichst klein halten. Wenn Sie aber planen, grafisch anspruchsvolle (und damit speicherintensive) Spiele und viele Windows-Programme laufen zu lassen, dann sollten Sie ein großzügigeres Stück für Windows bereitstellen.

Windows Vista benötigt mehr Festplattenspeicher als Windows XP. Lesen Sie in der Windows-Installationsanleitung nach, um die optimale Partitionsgröße herauszufinden.

Klicken Sie abschließend auf PARTITIONIEREN.

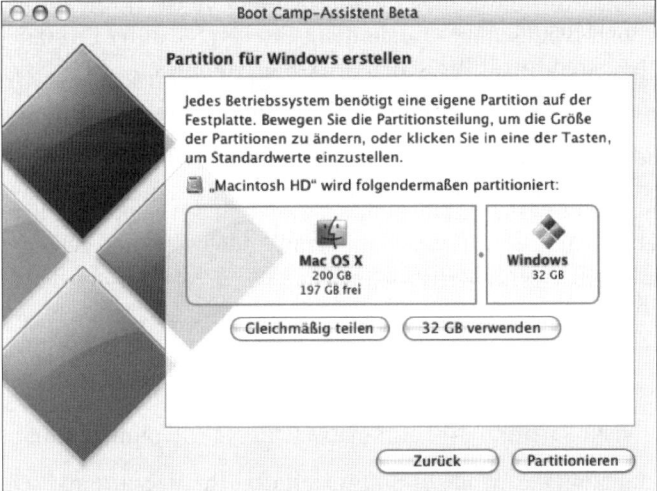

Abbildung 20.2: Windows eine Partition zuweisen

 Wenn Ihr Mac über mehrere interne Festplatten verfügt, müssen Sie zuvor das Volume wählen, auf dem die Windows-Partition angelegt werden soll. Entweder erstellen Sie auf einer beliebigen internen Festplatte eine zweite Partition für Windows oder Sie löschen ein Volume, das nicht als Startvolume genutzt wird, und legen darauf eine einzelne Partition für Windows an.

 Der Boot Camp-Assistent hilft Ihnen selbstverständlich auch dabei, eine eingerichtete Windows-Partition im Bedarfsfall wieder zu entfernen.

Starten Sie den Boot Camp-Assistenten und wählen Sie zunächst die Option WINDOWS-PARTITION ERSTELLEN ODER ENTFERNEN. Klicken Sie anschließend auf WIEDERHERSTELLEN.

Falls Sie Windows nicht als Partition, sondern auf einem Einzelvolume installiert haben, verwenden Sie das Festplatten-Dienstprogramm, um es zu löschen, und formatieren es anschließend neu als Mac OS X-Volume.

4. **Starten Sie die Windows-Installation, indem Sie die Windows-Installations-CD/DVD einlegen und auf INSTALLATION STARTEN klicken.**

Falls Sie den Boot Camp-Assistenten bereits beendet haben, ohne Windows zu installieren, öffnen Sie ihn erneut. Wählen Sie WINDOWS INSTALLATIONSPROGRAMM STARTEN und klicken Sie auf FORTFAHREN. Falls Ihr Mac mehrere interne Festplatten enthält, wählen Sie zuvor diejenige aus, auf der sich die Windows-Partition befindet und klicken dann auf FORTFAHREN.

Der Computer startet nun von der Windows-Installations-CD/DVD.

5. Wählen Sie die Windows-Partition aus.

Passen Sie hier genau auf, dass Sie die Partition richtig auswählen – für Windows XP wählen Sie C:PARTITION3 <BOOTCAMP> [FAT32], für Windows Vista DISK 0 PARTITION 3 BOOTCAMP –, andernfalls löschen Sie unter Umständen versehentlich den gesamten Inhalt Ihres Mac OS X-Startvolumes.

6. Formatieren Sie die Windows-Partition im NTFS- oder im FAT32-Format.

Für Windows XP müssen Sie die Partition im NTFS- oder im FAT32-Format formatieren.

⬦ FAT32 bietet eine bessere Kompatibilität zwischen den beiden Betriebssystemen, sodass bei laufendem Mac OS X Dateien auf dem Windows-Volume gelesen und geschrieben werden können. Allerdings darf bei dieser Option die Windows-Partition nicht größer als 32 GB sein.

⬦ NTFS ist zuverlässiger und sicherer, allerdings können hier bei laufendem Mac OS X keine Dateien auf dem Windows-Volume gespeichert werden.

Die Windows Vista-Partition wird automatisch als NTFS-Volume formatiert.

Nach der Installation der Windows-Software startet Ihr Mac automatisch unter Windows. Richten Sie Windows dann mithilfe des entsprechenden Windows-Assistenten ein.

7. Installieren Sie die Macintosh-Treiber unter Windows.

Nachdem Windows erfolgreich installiert wurde, müssen Sie mithilfe der Installations-DVD von Mac OS X Leopard Mac-Treiber und andere für Windows relevante Software installieren. Die Mac-Treiber sorgen dafür, dass das Windows-Betriebssystem die folgenden Mac-spezifischen Funktionen erkennt und unterstützt: AirPort, Bluetooth, Grafikanzeige, Netzwerkbetrieb, Audiofunktionen, Apple-Tastaturfunktionen, Apple-Fernbedienung, iSight-Kamera, Helligkeitssteuerung für eingebaute Displays. Auch die Windows-Systemsteuerung für Boot Camp sowie das Apple-Symbol BOOT CAMP für die Taskleiste werden installiert.

Bevor Sie die Treiber installieren können, müssen Sie die Windows-Installations-CD/DVD auswerfen. Öffnen Sie dazu das Symbol ARBEITSPLATZ, wählen Sie das Laufwerk (D:) aus und klicken Sie auf DATENTRÄGER AUSWERFEN in der Liste der Systemaufgaben. Legen Sie dann die Mac OS X-Installations-DVD ein.

Die Installation startet nach dem Einlegen der Mac OS X-DVD automatisch; falls nicht, doppelklicken Sie auf die Datei SETUP.EXE.

8. Folgen Sie den Anweisungen und klicken Sie auf TROTZDEM FORTFAHREN, falls die Meldung erscheint, dass der Windows-Logo-Test fehlgeschlagen ist.

In die Fenster, die während des Installationsvorgangs eingeblendet werden, müssen Sie normalerweise nichts eingeben. Falls jedoch gar nichts passiert, sehen Sie nach, ob irgendwo ein verdecktes Fenster geöffnet ist, in dem Sie eine Eingabe machen müssen, oder überprüfen Sie die Taskleiste.

Klicken Sie bitte in keinem der Installationsfenster auf ABBRECHEN.

Der Computer wird anschließend neu gestartet.

9. **Folgen Sie nach dem Neustart den Anleitungen des Assistenten NEUE HARDWARE GEFUNDEN, um die Software-Treiber zu aktualisieren (nur Windows XP), sowie den Anweisungen darauf folgender Assistenten.**

Wie bei jedem neuen Windows-Computer bittet Microsoft Sie, Ihr neues XP- oder Vista-Betriebssystem innerhalb von 30 Tagen zu aktivieren.

Nicht alles wird unter Windows von Anfang an reibungslos (oder überhaupt) funktionieren. So integrieren zum Beispiel viele PC-Hersteller DVD-Decoder zum Erkennen und Abspielen von DVDs. Doch so etwas ist in einem handelsüblichen Windows-Softwarepaket nicht enthalten, weshalb Sie entweder nachträglich einen DVD-Decoder für XP oder Vista installieren oder Film-DVDs von vornherein nur unter Mac OS X ansehen müssen.

Und nun stellt sich die berechtigte Frage: Wie kommen Sie wieder zu OS X zurück?

Zwischen den Betriebssystemen wechseln

Zwar können Sie jederzeit zwischen Leopard und Windows XP beziehungsweise Vista hin- und herwechseln, aber Sie können nicht beide Umgebungen gleichzeitig laufen lassen. Stattdessen müssen Sie jedes Betriebssystem separat hochfahren oder *booten*.

Und das geht so: Starten Sie Ihren Mac neu und halten Sie während des Hochfahrens so lange die ⌥-Taste gedrückt, bis die Symbole für die beiden Betriebssysteme angezeigt werden. Wählen Sie WINDOWS oder MACINTOSH HD aus und klicken Sie anschließend auf den nach oben weisenden Pfeil, um das gewünschte System zu starten.

Um festzulegen, mit welchem Betriebssystem Ihr Mac standardmäßig starten soll, rufen Sie unter Mac OS X die Systemeinstellungen auf, klicken auf STARTVOLUME und markieren dann das gewünschte System. Das Ganze können Sie auch von Windows aus bewerkstelligen, indem Sie die Systemsteuerung für Boot Camp öffnen (klicken Sie in der Taskleiste auf das Boot Camp-Symbol) und auf der Registerkarte STARTLAUFWERK das gewünschte Betriebssystemsymbol wählen. Um das jeweils gewählte System sofort zu starten, klicken Sie in beiden Fällen auf NEUSTART.

Das Parallel(s)-Universum erkunden

Wie wir gerade gesehen haben, besteht der größte Nachteil von Boot Camp darin, dass Sie Ihren Computer jedes Mal neu starten müssen, wenn Sie von einem Betriebssystem zum anderen wechseln wollen. Und wenn Sie das oft tun müssen, kann das auf Dauer ganz schön nervig sein.

Die Lösung für dieses Dilemma kommt von einem aufstrebenden, in Virginia/USA ansässigen Unternehmen namens Parallels Inc., und zwar in Form eines _virtuellen Computers_. Die Virtualisierungssoftware _Parallels Desktop for Mac_ (Kostenpunkt zirka 80 Euro) simuliert einen Windows-Rechner in einem eigenen Fenster _innerhalb_ der OS X-Arbeitsumgebung. Und wer ganz in die Windows-Umgebung eintauchen möchte, kann sie sich auch im Vollbildmodus anzeigen lassen. Der falsche Windows-PC im Mac verhält sich dabei genauso wie das echte Windows-System. Sie können Software installieren, im Web surfen und Musik hören (obwohl ich persönlich Probleme hatte, CDs auszuwerfen, bis ich die Mac-Umgebung wieder aktivierte).

Auch ältere Versionen von Windows bis hin zu Windows 3.1 sowie andere Betriebssysteme wie Linux, Solaris, OS/2, MS-DOS und so weiter lassen sich mit Parallels virtuell betreiben.

Parallels unterscheidet sich also von Boot Camp dahingehend, dass Sie ein beliebiges OS ausführen können, _während_ Mac OS X Leopard läuft, ohne den Computer neu starten zu müssen (siehe Abbildung 20.3). Darüber hinaus können Sie Dateien und Ordner zwischen OS X und Windows (oder einem anderen System) bequem austauschen und sogar Daten per Kopieren und Einfügen von einem System ins andere befördern.

Einen Nachteil gibt es jedoch: Parallels wirft mit so viel Technikkauderwelsch um sich, dass manche Nutzer, die mit einer solchen Anwendung liebäugeln, möglicherweise abgeschreckt werden. Aber zum Glück kann man sich relativ schnell in Parallels einarbeiten und dabei das meiste der einschüchternden Terminologie ignorieren.

Falls Sie bereits eine ältere Version von Parallels Desktop 3.0 für den Mac besitzen und verwenden möchten, dann besorgen Sie sich unbedingt von der Parallels-Website das kostenlose Update zur Unterstützung von Leopard, um Inkompatibilitäten zu vermeiden (weitere Infos unter http://www.parallels.com/de/support/leopard/).

Und so beschaffen und installieren Sie sich die Software:

1. **Laden Sie sich zunächst unter www.parallels.com/de/download/desktop die aktuelle Parallels-Testversion herunter.**

   Zuvor müssen Sie einen Aktivierungsschlüssel anfordern, um die Demoversion (für 15 Tage) freizuschalten, und außerdem Daten zu Ihrer Person hinterlassen. (Leider sind einige der Seiten sowie die Benutzeranleitungen nur in Englisch vorhanden.) Alternativ können Sie auch eine Testversion auf der Website der Firma Avanquest (unter http://shop.avanquest.com/germany) herunterladen.

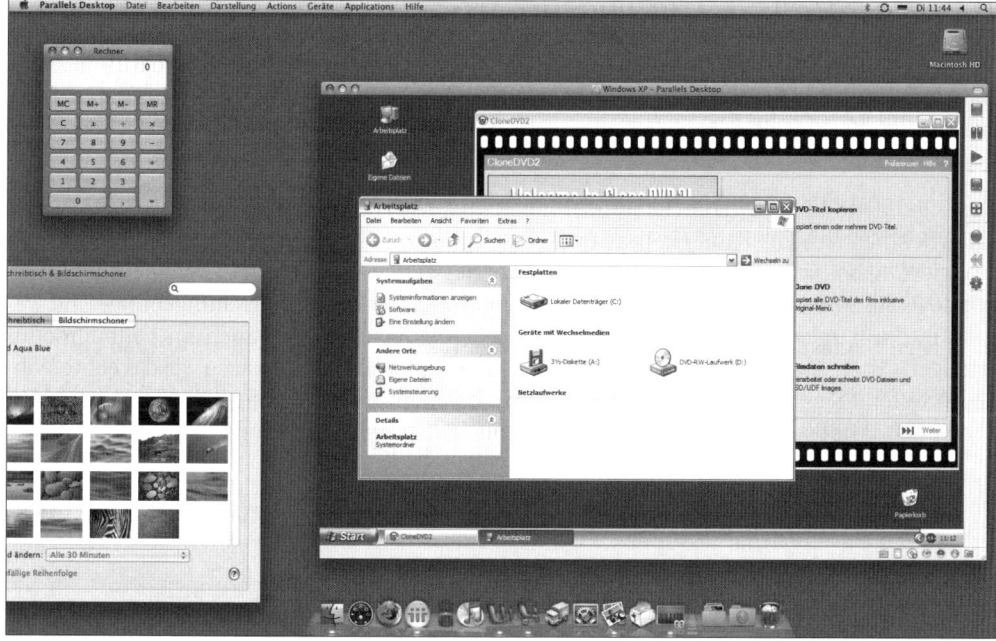

Abbildung 20.3: Windows und OS X parallel laufen lassen

2. **Doppelklicken Sie nach dem Download auf die .dmg-Datei von Parallels-Desktop auf Ihrem Schreibtisch.**

3. **Doppelklicken Sie im darauf folgenden Fenster auf das Symbol INSTALL PARALLELS DESKTOP (PARALLELS DESKTOP INSTALLIEREN), um die Installation zu starten.**

   Der WILLKOMMEN-Bildschirm des Installationsassistenten öffnet sich. Klicken Sie auf FORT-FAHREN.

4. **Folgen Sie den Anweisungen auf den folgenden Bildschirmen; klicken Sie jeweils auf FORTFAHREN beziehungsweise auf INSTALLIEREN am Ende des Vorgangs.**

5. **Öffnen Sie das installierte Programm durch Doppelklick auf das orangefarbene Parallels-Symbol in Ihrem PROGRAMME-Ordner.**

6. **Aktivieren Sie Parallels Desktop.**

   Wählen Sie HILFE|PRODUKT AKTIVIEREN, geben Sie in das Feld AKTIVIERUNGSSCHLÜSSEL Ihre Aktivierungsdaten (für eine Test- oder Vollversion) ein und klicken Sie auf AKTIVIEREN.

   Falls Sie noch keinen Testaktivierungsschlüssel angefordert haben, klicken Sie stattdessen im Dialogfenster PRODUKT AKTIVIEREN auf den Link ERWERBEN SIE EINEN AKTIVIERUNGSSCHLÜSSEL FÜR EINE KOSTENLOSE TESTVERSION und geben dann Ihre persönlichen Daten ein. (Hier können Sie später auch einen dauerhaften Schlüssel erwerben.)

7. **Konfigurieren Sie einen virtuellen Computer.**

   Wenn Sie Parallels Desktop zum ersten Mal öffnen, werden Sie aufgefordert, einen virtuellen Rechner zu konfigurieren. Klicken Sie im Dialogfenster VIRTUAL MACHINE AUSWÄHLEN auf die Schalfläche NEU oder wählen Sie den Menübefehl DATEI|NEU, woraufhin sich der BS-Installationsassistent öffnet.

   Nun müssen Sie eine VM-Konfiguration (Installationsmodus) wählen. Aktivieren Sie hier am besten die Option WINDOWS EXPRESS (EMPFOHLEN), wenn Sie ausschließlich Windows als Gastbetriebssystem betreiben möchten. (TYPISCH ist hier auch eine gute Wahl; diese Option ermöglicht außerdem die Installation anderer Gastsysteme.) Klicken Sie auf WEITER.

8. **Legen Sie fest, welches *Gast*-Betriebssystem (automatisch) installiert werden soll.**

   Wählen Sie je nach Version WINDOWS XP oder WINDOWS VISTA und klicken Sie dann auf WEITER. (Wenn Sie als Installationsmodus TYPISCH gewählt haben, müssen Sie zuerst den Betriebssystemtyp angeben (WINDOWS) und dann die Version.)

   Geben Sie im folgenden Fenster die Seriennummer Ihrer Windows-Software ein (dies entfällt beim Installationsmodus TYPISCH).

   Im nächsten Fenster können Sie optional einen Namen und einen Speicherort für die Dateien des virtuellen Windows-PCs festlegen. Falls Sie hier keine Angaben machen, verwendet Parallels Desktop die Standardeinstellungen (Name des Gastbetriebssystems und PARALLELS-Ordner).

   Wählen Sie anschließend Ihre Präferenzen bezüglich der Leistung des virtuellen Rechners. Klicken Sie schließlich auf WEITER.

9. **Starten Sie nun die Installation von Windows (oder eines anderen gewählten OS), indem Sie die Installations-CD oder -DVD einlegen und dann auf ABSCHLIESSEN klicken.**

   Der Assistent erzeugt nun eine neue Virtual Machine und installiert das Gastbetriebssystem. Danach müssen Sie Windows XP beziehungsweise Vista einrichten und aktivieren. (Lesen Sie dazu im Handbuch Ihrer Windows-Software nach.)

 Um Parallels Desktop zu deinstallieren, öffnen Sie erneut die DMG-Datei und doppelklicken im Fenster auf UNINSTALL PARALLELS DESKTOP (PARALLELS DESKTOP DEINSTALLIEREN).

Nun fragen Sie sich vermutlich: Wie steuere ich zwei Betriebssysteme mit nur einer Maus und einer Tastatur? Eine berechtigte Frage. Sehen Sie die CD-Player-artigen Steuerungselemente an der rechten Kante des Parallels Desktop-Fensters? Damit können Sie Ihren simulierten Windows-PC einschalten, beenden oder anhalten (siehe Abbildung 20.4). Klicken Sie auf das Wiedergabe-Symbol und anschließend in das Fenster des Gastbetriebssystems, und Ihr Mauszeiger und Ihre Tastatur werden von Windows in Beschlag genommen. Mit der Tastenkombination ⌈Ctrl⌉+⌈⌐⌉ geben Sie beide wieder in die Obhut von Mac OS X.

 Wenn Sie Windows im Modus WINDOWS EXPRESS als Gastbetriebssystem eingerichtet haben, wurde dabei automatisch die Softwarekomponente *Parallels Tools* installiert. Neben vielen anderen Funktionen erlaubt sie Ihnen beispielsweise, den Cursor auch ohne Drücken von Tasten in Windows zu benutzen, indem Sie ihn schlicht in das Fenster der Windows-Simulation bewegen. Auch das Kopieren von Dateien zwischen Mac OS X und dem Gastbetriebssystem per Drag & Drop wird so möglich.

Falls Sie Windows im Modus TYPISCH (oder auf andere Art) eingerichtet haben, können Sie die Installation von Parallels Tools nachholen. Starten Sie dazu zuerst die Virtual Machine und melden Sie sich beim Gastbetriebssystem an. Wählen Sie dann AKTIONEN|PARALLELS TOOLS INSTALLIEREN und folgen Sie den Anweisungen des Installationsassistenten.

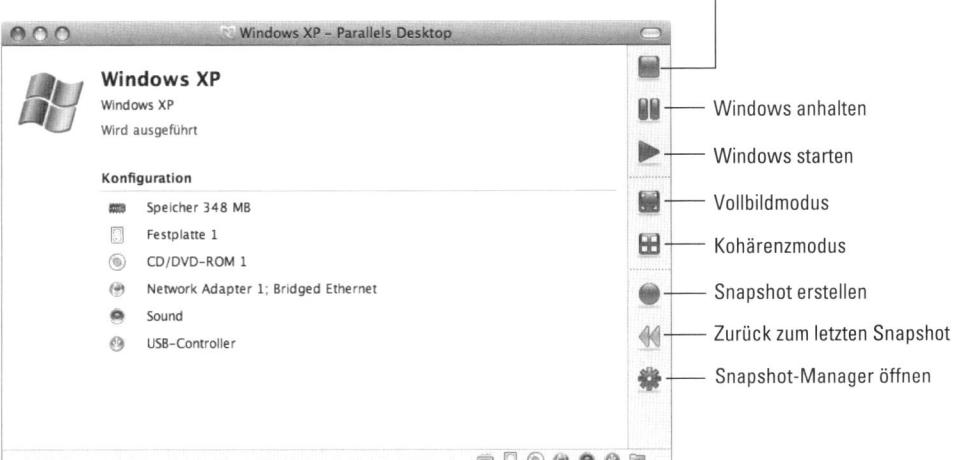

Abbildung 20.4: Den virtuellen Windows-PC steuern

 Virtuell hin oder her – mit Parallels Desktop lassen Sie Windows auf beziehungsweise in Ihrem Mac laufen. Treffen Sie daher alle nötigen Sicherheitsvorkehrungen für Ihren Windows-PC, indem Sie die entsprechende Antiviren- und Sicherheitssoftware darauf installieren.

Ist es nicht ein beruhigendes Gefühl zu wissen, dass Ihr Mac im Bedarfsfall ausgezeichnet mit der WINDOWS-Welt zurechtkommt?

Fehlerbehebung
im Computerparadies

In diesem Kapitel

▶ Einen launischen oder unterkühlten Mac
  wieder aufmuntern

▶ Das Festplatten-Dienstprogramm einspannen

▶ Startprobleme in den Griff bekommen

▶ Das Betriebssystem neu installieren

▶ Alltagsprobleme meistern

▶ Den Mac warten

▶ Hilfe von Dritten in Anspruch nehmen

Nach all den Lobeshymnen, die ich im Laufe der letzten Kapitel auf den Mac und seine ganzen –zugegebenermaßen genialen – Eigenschaften angestimmt habe, fällt es mir schwer, nun plötzlich in die Rolle des pessimistischen Weltuntergangspredigers zu schlüpfen. Doch leider, leider ist es meine unerfreuliche Pflicht, Sie darauf hinzuweisen, dass es – bei allem Glanz und Gloria – im Umgang mit Computern auch Schattenseiten gibt. Selbst bei einem Mac.

Glücklicherweise sind die meisten Probleme eher harmloser Natur: eine widerspenstige Maus, ermüdete Hardware, ungehorsame Software. Doch im schlimmsten Fall – der leider auch eintreten kann – pfeift Ihr Computer oder ein wichtiges Bauteil auf dem letzten Loch. Schließlich ist ein Mac auch nur ein Mensch ... äh, ich meine natürlich *eine Maschine*.

Trotz dieser niederschmetternden Diagnose gibt es fast kein Problem, dass sich nicht lösen lässt. Verfallen Sie also bei größeren und kleineren Hängern nicht in Panik, sondern lesen Sie sich in Ruhe die folgenden Seiten durch, und mit etwas Glück finden Sie genau den Tipp, der Ihnen hilft, einen kniffligen Fehler zu beseitigen. Und wenn nicht, gebe ich Ihnen zum Abschluss noch ein paar Empfehlungen an die Hand, wo Sie sich im Notfall hinwenden können.

Einen kränkelnden Mac wieder aufpäppeln

Ihr Mac war einst ein Weltklasse-Sprinter und nun geht ihm schon beim Joggen die Puste aus? Mit anderen Worten: Seine Arbeitsgeschwindigkeit lässt sehr zu wünschen übrig?

Hier vier mögliche Erklärungen für seinen Zustand und wie Sie ihm wieder auf die Sprünge helfen können:

✔ **Ihr Mac braucht mehr Arbeitsspeicher.** Möglicherweise beanspruchen die Programme, die Sie regelmäßig nutzen, mehr RAM-Speicher als vorhanden ist. Ich rate den Leuten daher immer, sich so viel Arbeitsspeicher anzuschaffen, wie Computer und Brieftasche zulassen. Und das Einbauen zusätzlicher RAM-Bausteine ist bei Macs neuerer Generation wirklich ein Klacks (Einzelheiten finden Sie im Handbuch Ihres Mac), obwohl Sie dazu das Gehäuse öffnen und sicherstellen müssen, dass Sie die richtige Art Speicher kaufen.

✔ **Ihr Mac braucht mehr Festplattenspeicher.** Dieses Problem ist einfach zu lösen. Misten Sie aus und entfernen Sie ein paar Programme oder Dateien, die Sie nicht mehr benötigen. Irgendetwas muss es doch geben, auf das Sie verzichten können. Falls nicht, müssen Sie sich wohl oder übel eine weitere Festplatte zulegen.

✔ **Ihr Mac-Prozessor (CPU) ist überlastet.** Wenn Sie dies als Ursache vermuten, öffnen Sie die Aktivitätsanzeige (siehe Abbildung 21.1) aus dem DIENSTPROGRAMME-Ordner. Sie zeigt Ihnen, welche Programme und Prozesse gerade auf Ihrem Rechner aktiv sind. Klicken Sie auf den Spaltenkopf % CPU, um die Anwendungen, die die CPU (*Central Processing Unit*) am meisten belasten, in absteigender Reihenfolge anzeigen zu lassen (klicken Sie erneut auf die Spalte, um die Sortierung umzukehren). Schließen Sie diejenigen davon, die Sie im Moment nicht brauchen.

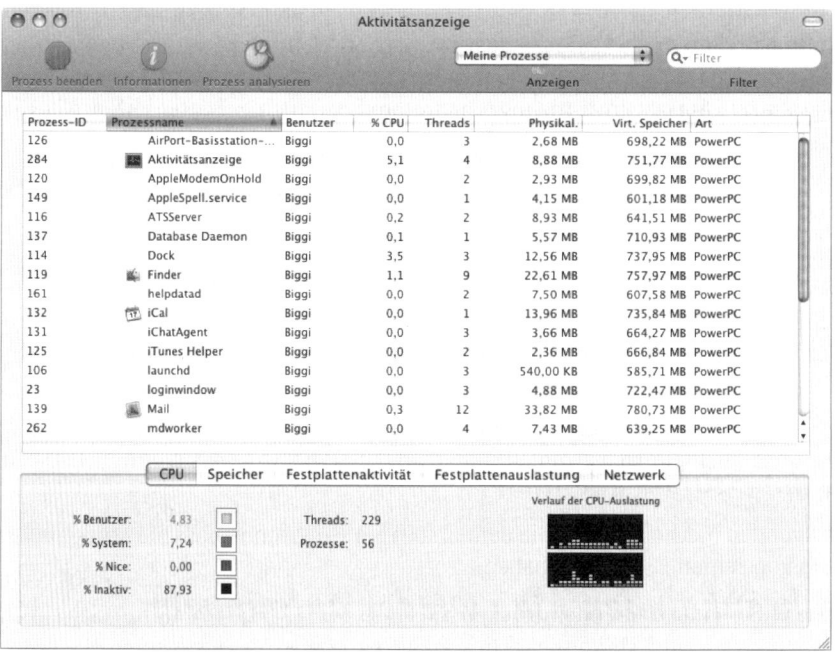

Abbildung 21.1: Alle Mac-Aktivitäten auf einen Blick

✔ **Ihr Mac versucht, Energie zu sparen.** Wenn Sie mit einem Mac-Laptop arbeiten, verlangsamt das Gerät die CPU unter Umständen absichtlich. Rufen Sie in diesem Fall die Systemeinstellungen aus dem -Menü auf, klicken Sie auf Energie sparen und wählen Sie im Einblendmenü Optimierung die Option Höhere Leistung.

Bei einigen Macs finden Sie stattdessen im Bereich Optionen das Einblendmenü Prozessorleistung. (Ist der Bereich Optionen nicht verfügbar, klicken Sie auf Details einblenden und dann auf Optionen.) Ändern Sie in diesem Fall die Einstellung auf Maximal.

Einen eingefrorenen Mac wieder auftauen

Die bloße Erwähnung von Strandbällen – Sie wissen schon, die aufblasbaren, bunt gestreiften Dinger – ruft bei den meisten Menschen angenehme Erinnerungen an Sandstrand, Meer, Surfen und Sonne hervor. Nicht so bei Mac-Kennern. Nicht dass Mac-Nutzer einen Tag am Strand nicht ebenso genießen könnten wie jeder andere, nur ist der Anblick eines sich drehenden, farbenfrohen Strandballs auf dem Mac-Monitor weniger erfreulich, vor allem dann, wenn er keine Anstalten macht, den Bildschirm wieder zu verlassen.

Ein solches Regenbogenball-Symbol – das sich dreht und dreht und dreht – ist beim Mac ein untrügliches Zeichen dafür, dass entweder eines der gerade geöffneten Programme oder der Computer selbst den Dienst quittiert hat. Man sagt dann auch, dass das Programm oder der Rechner »abgestürzt« oder »eingefroren« ist (eingefroren deshalb, weil sich in solch einem Fall oft der Mauszeiger nicht mehr bewegen lässt und auch sonst nichts mehr geht). Das Ganze ist so etwas wie ein Hightech-Kollaps. Dabei kommt es zwar eher selten vor, dass ein eingefrorenes Programm einen totalen Systemabsturz verursacht, aber die Möglichkeit besteht. (Diejenigen unter Ihnen, werte Leser, werte Leserinnen, die mit Windows vertraut sind, können sich das Ballsymbol als Äquivalent zu der Sanduhr vorstellen, die bei Windows-Fehlern hartnäckig auf dem Bildschirm verharrt.)

In so einer Situation fühlt man sich instinktiv versucht, eine Nadel in diesen widerwärtigen virtuellen Ball zu piksen, wenn man nur wüsste wie. Wenn Sie die Geduld in Person sind, dann können Sie versuchen, das Problem auszusitzen und zu warten, bis das hypnotische Farbrädchen von selbst wieder verschwindet, denn häufig passiert genau das. Falls aber nicht, dann sollten Sie eine der folgenden Maßnahmen in Erwägung ziehen.

Programme sofort beenden

Mit der folgenden Methode sagen Sie dem erstarrten Programm, dass Sie stinksauer sind und nun genug von seinen Eskapaden haben:

Wählen Sie |Sofort beenden oder drücken Sie ⌘ + ⌥ + ESC , woraufhin sich ein ähnliches Fenster wie in Abbildung 21.2 öffnet. Klicken Sie den Namen des widerspenstigen Programms an (daneben steht häufig auch reagiert nicht – als ob Sie das nicht schon selbst gemerkt hätten!) und dann auf Sofort Beenden. Meist schließt sich das Programm anstandslos, während Ihr Mac normal weiterläuft, und Sie können das Programm neu starten und unbeirrt weiterarbeiten.

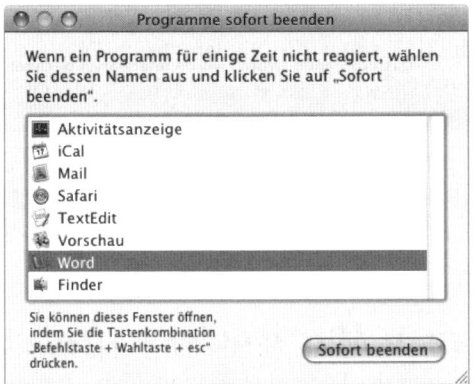

Abbildung 21.2: Ein störrisches Programm sofort beenden

Bevor der Mac Ihrer Aufforderung Folge leistet und das Programm sofort beendet, macht er Sie darauf aufmerksam, dass Sie dabei alle ungesicherten Änderungen der zuletzt bearbeiteten Datei verlieren werden. Leider bleibt Ihnen in dieser Situation wohl kaum etwas anderes übrig.

Und dies ist wieder eine gute Gelegenheit für mich, es Ihnen ein weiteres Mal ans Herz zu legen: Speichern Sie Ihr Dokument während der Arbeit so oft wie möglich, am besten mit dem einfachen Tastaturkurzbefehl ⌘ + S .

Wenn Sie bei gedrückter Ctrl -Taste (Rechtsklick) auf das Dock-Symbol eines geöffneten Programms klicken, öffnet sich ein Menü mit dem Befehl Beenden darin. Halten Sie zusätzlich die ⌥ -Taste gedrückt, wird er zu Sofort beenden.

Wenn ein Programm den Dienst quittiert

Manchmal versagt ein Programm den Dienst – einfach so, ohne erkennbaren Grund. Sie können es dann neu starten und hoffen, dass es sich um einen einmaligen Aussetzer gehandelt hat (durch kosmische Strahlung oder Ähnliches verursacht – wer weiß das schon). Möglicherweise haben Sie es aber auch mit einem chronischen Leiden zu tun.

Wenn ein Programm plötzlich kollabiert, erscheint in der Regel ein Dialogfenster mit einem Warnhinweis, der das Wort *unerwartet* enthält (siehe Abbildung 21.3).

Das abgebildete Fenster wird angezeigt, wenn das Ereignis zum ersten Mal auftritt; besteht das Problem weiter, erscheint ein anderes Fenster mit der Taste Erneut versuchen. Wenn Sie darauf klicken, können Sie einen sicheren Neustart für die heikle Anwendung durchführen.

OS X stellt dann die Standardeinstellungen des Programms wieder her (übergeht also Ihre eigenen, aktuellen Vorgaben), für den Fall, dass Sie selbst mit irgendeiner Aktion (ja, auch das ist möglich!) das Chaos verursacht haben.

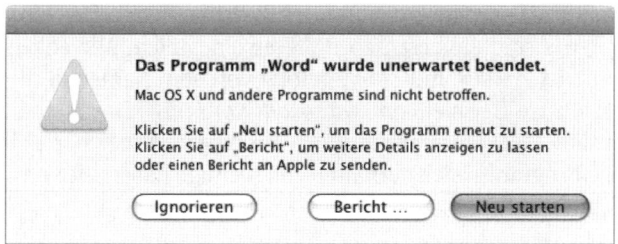

Abbildung 21.3: Wenn ein Programm sich unerwartet verabschiedet ...

Wenn Ihnen nach einer guten Tat zumute ist und Sie Ihre Erfahrungen mit Apple teilen wollen (damit der Fehler behoben werden kann und Sie und andere Nutzer es in Zukunft leichter haben), können Sie im Dialogfenster mit der Fehlermeldung auch auf BERICHT|SENDEN klicken. Es öffnet sich dann ein Fenster mit einem Fehlerprotokoll (siehe Abbildung 21.4). Hier können Sie optional eine Fehlerbeschreibung eingeben und dann auf AN APPLE SENDEN klicken. Keine Sorge – Apple wird sich wegen der Sache nicht an Sie wenden.

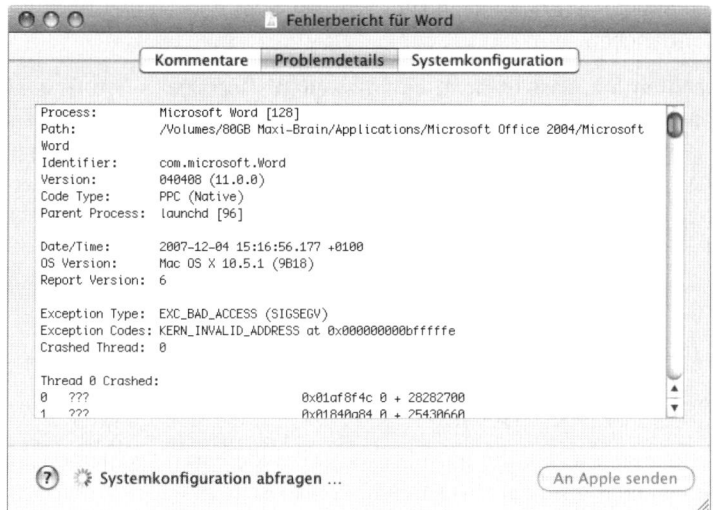

Abbildung 21.4: So unterstützen Sie Apple bei der Fehlerbehebung.

Hat nach dem sicheren Neustart alles prima geklappt, erhalten Sie beim Schließen des Programms die Möglichkeit, die neuen Einstellungen beizubehalten. In diesem Fall werden Ihre alten Vorgaben in einer *Präferenzendatei* mit der Endung *.saved* gespeichert, sodass Sie sie bei Bedarf später wiederherstellen können.

Um nachzuvollziehen, wovon ich spreche, müssen Sie an dieser Stelle in tiefere Gefilde Ihres Systems vordringen, nämlich in den Ordner LIBRARY innerhalb Ihres Benutzerordners. Darin suchen Sie den Ordner PREFERENCES. Sie haben ihn gefunden? Sehr gut, dann öffnen Sie ihn.

 In diesem Präferenzenordner finden Sie eine Menge Dateien mit komplizierten Namen – das sind die besagten Präferenzendateien. Alle enden auf *.plist* und beginnen üblicherweise mit *com.*, gefolgt von dem Namen des Programms, für das sie gelten, zum Beispiel *com.microsoft.Word.plist*. Darin sind alle Voreinstellungen für die einzelnen Anwendungen Ihres Mac gespeichert, die besagen, wie das jeweilige Programm sich verhalten soll – einige haben Sie vermutlich sogar selbst festgelegt.

Falls Sie also einmal die vorherigen Einstellungen eines Programms wieder aktivieren möchten (es sollte dabei geschlossen sein), dann bewegen Sie seine aktuelle Präferenzendatei aus dem PREFERENCES-Ordner an einen anderen Speicherort (zum Beispiel auf den Schreibtisch) und entfernen bei der alten gespeicherten Präferenzendatei die Dateierweiterung *.saved*.

Sollte ein Programm selbst nach einem sicheren Neustart, wie weiter vorn in diesem Kapitel beschrieben, mit den Standardpräferenzen nicht laufen oder ein anderes hartnäckiges Problem auftreten, können Sie auch dies versuchen: Schließen Sie das Programm und ziehen Sie einfach seine aktuelle Präferenzendatei auf den Schreibtisch. Starten Sie das Programm neu. Wenn es jetzt tadellos läuft, können Sie die ausgelagerte (und offensichtlich beschädigte) Präferenzendatei in den Papierkorb befördern und löschen. Das Programm hat bei diesem Vorgang einfach eine neue Präferenzendatei mit den Standardeinstellungen angelegt und so mögliche Fehler behoben.

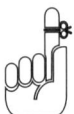 Beachten Sie, dass es noch einen zweiten PREFERENCES-Ordner gibt, nämlich im LIBRARY-Ordner Ihrer Macintosh HD-Festplatte (doppelklicken Sie auf das Festplattensymbol). Während der LIBRARY-Ordner in Ihrem Benutzerordner die individuellen Einstellungen Ihres Benutzer-Accounts enthält (jeder Benutzer verfügt über einen eigenen LIBRARY-Ordner, in dem seine persönlichen Einstellungen gespeichert sind), ist der LIBRARY-ORDNER der Macintosh HD für das gesamte System gültig. Möglicherweise müssen Sie den eben beschriebenen Trick noch einmal bei diesem Ordner anwenden.

Einen Neustart erzwingen

Der Befehl SOFORT BEENDEN hilft Ihnen in der Regel bei kleineren Problemen aus der Patsche. Aber leider nicht immer, und dann kommen Sie wahrscheinlich nicht darum herum, Ihren Rechner neu zu starten. Normalerweise würden Sie dazu den Befehl NEUSTART aus dem -Menü wählen. Was aber, wenn Ihr Mac eingefroren ist und Ihnen diese konventionelle Vorgehensweise verwehrt?

Halten Sie in diesem Fall einfach den Einschaltknopf einige Sekunden lang gedrückt, so lange, bis der Computer sich von selbst ganz ausgeschaltet hat. Schalten Sie dann nach einem kurzen Moment wieder ein. Wenn das nicht funktioniert, halten Sie die Tasten `Ctrl` + ⌘ gedrückt und drücken dann den Einschaltknopf. Wenn alle Stricke reißen, bleibt Ihnen nichts anderes übrig, als den Stecker zu ziehen (oder den Akku aus dem Laptop zu entfernen), was jedoch nur der allerletzte Ausweg sein sollte.

Einen sicheren Systemstart durchführen (Safe Boot)

Eine weitere Möglichkeit, Ihren Mac wieder ins Leben zu holen, ist ein Systemstart im sicheren Modus (auch *Safe Boot* genannt). Dabei wird eine Reihe von Dingen in Gang gesetzt: Die Festplatte wird überprüft und gegebenenfalls repariert (siehe nächsten Abschnitt), nur die wesentlichen Kernel-Erweiterungen (Systemdateien) werden geladen, Zeichensatz-Cachedateien werden gelöscht sowie Start- und Anmeldeobjekte deaktiviert.

Um Ihren Mac im sicheren Modus (*Safe Mode*) zu starten (er sollte dazu ganz ausgeschaltet sein), drücken Sie zuerst ganz normal den Einschaltknopf, halten dann, sobald der vertraute Startsound ertönt, die ⇧-Taste gedrückt und lassen sie erst wieder los, wenn das graue Apple-Logo sowie eine Fortschrittsanzeige (ein sich drehendes Rad) erscheinen. Wenn Sie alles richtig gemacht haben, wird das Wort *Safe Boot* im Anmeldefenster angezeigt. (Wenn Sie eine ältere OS X-Version haben, erscheint der Begriff Safe Boot bereits auf dem Startbildschirm; diese Möglichkeit ist übrigens erst seit OS X 10.2 verfügbar.)

Das Hochfahren (oder *Booten*) des Mac im Safe Mode dauert aufgrund der Reparaturarbeiten im Hintergrund unter Umständen erheblich länger als beim normalen Startvorgang, was aber völlig normal ist. Haben Sie also ein wenig Geduld. Beachten Sie außerdem, dass einige Funktionen im sicheren Modus nicht zur Verfügung stehen, so können Sie zum Beispiel weder AirPort noch ein USB-Modem nutzen, auch iMovie, der DVD-Player und einige andere Anwendungen funktionieren nicht. (Im Safe Mode können gegebenenfalls weitere Schritte zur Lösung des Problems vorgenommen werden. Dies sollten Sie jedoch nur dann durchführen, wenn Sie genau wissen, was Sie tun müssen.)

Um den Safe Mode nach der Überprüfung wieder zu verlassen, starten Sie den Computer wieder normal, ohne weitere Tasten. Der Mac sollte nun hoffentlich fehlerfrei wieder hochfahren.

Für den seltenen Fall, dass selbst diese Maßnahme nicht erfolgreich war, ist es an der Zeit nachzusehen, ob die Garantie für Ihren Mac noch läuft, und wenn nötig Hilfe bei Apple oder einem anderen Experten zu suchen (mehr dazu finden Sie weiter hinten in diesem Kapitel).

Das Festplatten-Dienstprogramm

Im Sport ist es immer gut, einen Ersatzspieler auf der Bank zu haben, der notfalls in jeder wichtigen Position eingesetzt werden kann. Das *Festplatten-Dienstprogramm* ist ein solches Allroundtalent, das festplattenbezogene Probleme aller Art zu lösen vermag. Es gibt Ihnen einen umfassenden Überblick über alle vorhandenen Festplatten, deren Kapazität, freien Speicherplatz sowie die Anzahl von enthaltenen Dateien und Ordnern.

In den folgenden Abschnitten konzentriere ich mich auf die beiden Hauptaufgaben des Festplatten-Dienstprogramms: das Reparieren von Festplatten und das Finden und Korrigieren fehlerhafter Zugriffsrechte (siehe Abbildung 21.5). Für einen kleinen Einblick in seine anderen

Fähigkeiten lesen Sie den Kasten »Probieren Sie das (meiste) nicht zu Hause aus« in diesem Kapitel.)

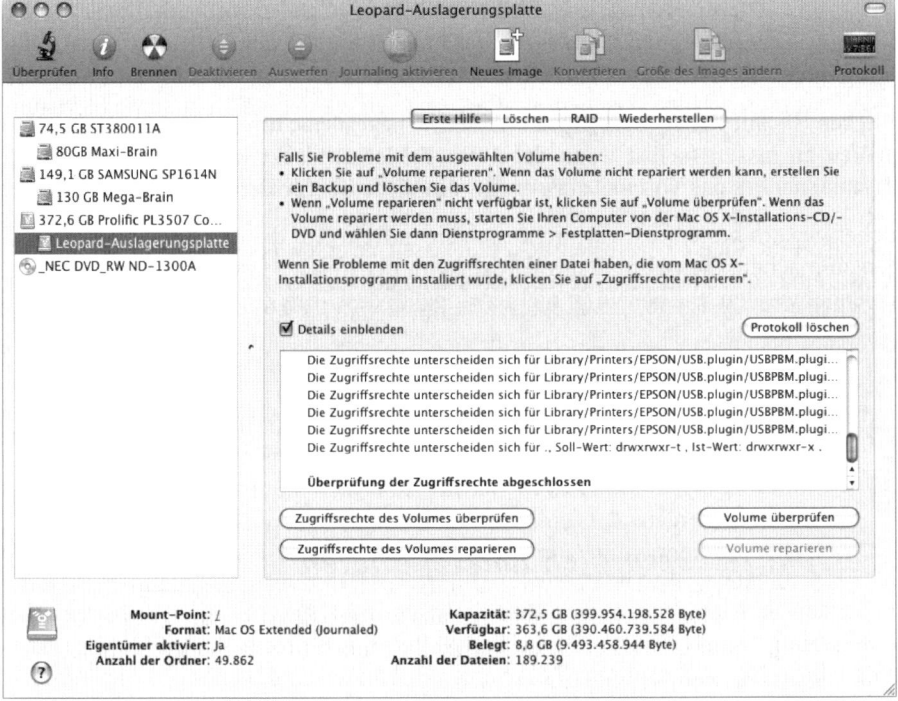

Abbildung 21.5: Das Festplatten-Dienstprogramm repariert Zugriffsrechte und Festplatten.

Zugriffsrechte überprüfen und reparieren

Als Administrator Ihres Mac haben Sie das Recht, alle Programme, Ordner und Dateien auf Ihrer Festplatte nach Belieben zu öffnen, anzusehen und zu verändern. Die anderen Benutzer Ihres Rechners – sofern Sie ihnen beim Anlegen ihrer Accounts nicht auch Administratorstatus eingeräumt haben (siehe Kapitel 5) – haben in der Regel weniger Rechte, was das Lesen und Ändern von Dateien angeht. Um steuern zu können, wer was tun darf, verfügt der Mac über ein ausgeklügeltes System von Zugriffsrechten.

Es kann jedoch passieren, dass dieses Rechtesystem durcheinandergerät, zum Beispiel durch neu installierte Software oder einen Stromausfall. Die Folge sind eingefrorene oder nicht startende Programme. Dann wird das Festplatten-Dienstprogramm zum Retter in der Not. Noch besser ist es aber, es nicht erst einzusetzen, wenn das Kind bereits in den Brunnen gefallen ist, sondern als vorbeugende Maßnahme, besonders, nachdem Sie ein größeres Betriebssystem-Update oder eine neue Anwendung installiert haben.

Sie können die folgenden Schritte daher auch einfach so durchführen, um zu überprüfen, ob alles im Lot ist:

1. **Öffnen Sie das Festplatten-Dienstprogramm aus dem** DIENSTPROGRAMME-**Ordner.**

2. **Klicken Sie in der Leiste links auf den Namen Ihrer Festplatte (und wechseln Sie falls nötig in den Bereich** ERSTE HILFE**).**

3. **Klicken Sie auf** ZUGRIFFSRECHTE DES VOLUMES ÜBERPRÜFEN**, um diese ohne Änderung überprüfen zu lassen (selbst wenn dabei ein Fehler entdeckt wird), oder klicken Sie auf** ZUGRIFFSRECHTE DES VOLUMES REPARIEREN**, um diese überprüfen** *und* **reparieren zu lassen.**

Versuchen Sie am besten erst gar nicht, sich einen Reim auf die verwirrenden Protokollmeldungen zu machen, die während des Vorgangs im Fenster des Festplatten-Dienstprogramms eingeblendet werden. Sie bedeuten nicht zwingend, dass Ihre Zugriffsberechtigungen fehlerhaft sind.

 Sie können die Zugriffsrechte übrigens nur bei der Festplatte überprüfen, von der aus Sie OS X starten.

Die Festplatte überprüfen und reparieren

Wenn Sie den Verdacht haben, dass Ihre Festplatte beschädigt ist (weil selbst ein Neustart keine Besserung bringt), klicken Sie im Festplatten-Dienstprogramm auf VOLUME ÜBERPRÜFEN, um mögliche Fehler aufzuspüren. Falls Fehler vorhanden sind, benötigen Sie Administratorenrechte, um sie zu reparieren. Außerdem lassen sich weder schreibgeschützte Festplatten noch CDs oder DVDs reparieren (oder überprüfen).

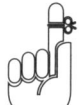 Die wichtigste Einschränkung beim Reparieren von Festplatten besteht jedoch darin, dass Sie mit dem Festplatten-Dienstprogramm die Festplatte, die Sie gerade verwenden, zwar überprüfen (sowie ihre Zugriffsrechte überprüfen und reparieren) lassen können, die Reparatur selbst aber erst durchführen können, wenn Sie den Rechner von einer anderen Festplatte (mit OS X darauf) aus starten. In Ermangelung einer zweiten Festplatte mit installiertem Mac OS X nehmen Sie zu diesem Zweck Ihre OS X-Installations-CD oder -DVD zur Hand, die Sie hoffentlich griffbereit haben.

Angesichts dieser Tatsache ist es vielleicht keine schlechte Idee, gleich nach der Reparatur – solange Sie dran denken – eine Kopie der Installations-CD anzufertigen und sie an einem sicheren Ort zu verwahren.

Hier die einzelnen Schritte:

1. **Starten Sie den Mac von der OS X-Installations-CD/DVD aus.**

   Legen Sie die Installations-CD/DVD ein, starten Sie Ihren Mac neu (über NEUSTART aus dem -Menü) und halten Sie beim Startvorgang die Taste C gedrückt.

Wählen Sie Ihre Sprache. Kurz darauf wird der Mac OS X-Installations-Bildschirm eingeblendet. Klicken Sie jetzt *keinesfalls* auf FORTFAHREN – schließlich wollen Sie *nicht* das Betriebssystem neu installieren!

2. **Wählen Sie den Menübefehl** DIENSTPROGRAMME|FESTPLATTEN-DIENSTPROGRAMM.

   Das Fenster des Festplatten-Dienstprogramms wird geöffnet.

3. **Markieren Sie links im Fenster die Festplatte, die Sie reparieren möchten, und klicken Sie dann (im Bereich** ERSTE HILFE**) auf** VOLUME REPARIEREN.

   Wurden keine Fehler gefunden, lautet die Diagnose MACINTOSH HD IST ANSCHEINEND IN ORDNUNG, was schon mal eine gute Nachricht ist.

   Wenn es allerdings schlecht läuft, sagt Ihnen das Festplatten-Dienstprogramm, dass Ihre Festplatte beschädigt ist und es Ihnen nicht weiterhelfen kann. Sie haben dann die Möglichkeit, sich an den Apple-Support zu wenden oder sich eine spezielle Reparatursoftware wie DiskWarrior für OS X zu besorgen (im Apple Store erhältlich).

Beenden Sie das Festplatten-Dienstprogramm (FESTPLATTEN-DIENSTPROGRAMM|FESTPLATTEN-DIENSTPROGRAMM BEENDEN). Um wieder in die gewohnte Arbeitsumgebung zurückzugelangen, wählen Sie DIENSTPROGRAMME|STARTVOLUME, klicken Ihre Festplatte an und dann zwei Mal auf NEUSTART.

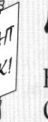

Probieren Sie das (meiste) nicht zu Hause aus

Einige der anderen Fähigkeiten des Festplatten-Dienstprogramms sind für Computerneulinge geradezu beängstigend, aber dennoch erwähnenswert. So können Sie mit dem Programm zum Beispiel all Ihre Festplatten löschen, und zwar so, dass die Daten *nie* wiederhergestellt werden können. Falls Sie kein Weltklasse-Agent sind, sollten Sie diese Funktion im Normalfall *auf gar keinen Fall* ausprobieren. Von unschätzbarem Wert ist sie hingegen, wenn Sie zum Beispiel Ihren alten Mac verkaufen und zuvor die Festplatte säubern wollen (und sollten!), um zu verhindern, dass Ihre wertvollen Daten in die Hände des neuen Besitzers gelangen.

Das Festplatten-Dienstprogramm kann außerdem Festplatten *partitionieren*, das heißt sie in separate Bereiche unterteilen, die Mac OS X dann wie getrennte Festplatten behandelt. Des Weiteren lassen sich damit sogenannte *Disk Images* (mit dem Inhalt eines Ordners oder einer Festplatte) erzeugen; das sind Dateien, in denen wiederum andere Dateien und Ordner (häufig komprimiert) enthalten sind und die für verschiedene Zwecke eingesetzt werden können, zum Beispiel zum Sichern, Archivieren, Übertragen und Versenden von Daten.

Und zu guter Letzt können Sie mit dem Festplatten-Dienstprogramm ein sogenanntes *RAID-System* erstellen. RAID steht für *Redundant Array of Independent Disks* (= Redundante Anordnung unabhängiger Festplatten) und ist die Fachbezeichnung für ein System, bei dem zwecks größerer Datensicherheit und Speicherkapazität mehrere separate Festplatten zu einem einzigen Volume zusammengefasst werden.

Den S.M.A.R.T-Status überprüfen

Sie können den Zustand einer Festplatte zusätzlich über die S.M.A.R.T-Status-Anzeige im Festplatten-Dienstprogramm überprüfen. *S.M.A.R.T.* steht für *Self-Monitoring Analysis and Reporting Technology* (= selbstüberwachende Analyse- und Berichterstattungstechnologie), eine Technologie zur fortlaufenden Überwachung potenzieller Fehler, die in manchen Festplatten integriert ist. Wenn Sie eine mit dieser Technik ausgestattete Festplatte im Festplatten-Dienstprogramm anklicken (in diesem Fall das obere Festplattensymbol), wird unten rechts im Fenster ihr S.M.A.R.T-Status angezeigt. Steht dort ÜBERPRÜFT, ist die Festplatte in guter Verfassung.

Steht dort allerdings in roten Buchstaben DROHT AUSZUFALLEN, ist die Festplatte eine tickende Zeitbombe und Sie sollten schleunigst ein Backup der enthaltenen Daten (oder zumindest der wichtigsten Dateien) erstellen und sie dann austauschen.

Startprobleme in den Griff kriegen

Ein paar Möglichkeiten, sich aus misslichen Lagen zu befreien, habe ich Ihnen bereits vorgestellt. Was aber, wenn Sie den Computer gar nicht erst starten können?

Das ist in der Tat ungewöhnlich. Prüfen Sie als Erstes, ob Ihr Mac vielleicht keinen Saft bekommt, weil der Netzstecker sich gelockert hat (schieben Sie es auf den Hund oder die Katze), der Schalter der Verteilersteckdose aus oder der Akku leer ist. Möglicherweise ist auch ein Stromausfall schuld (falls die Lichter ausgegangen sind, sollte Ihnen das aufgefallen sein).

Wenn Sie fehlenden Strom als Ursache ausschließen können, dann greifen Sie auf diese Wiederbelebungstechnik zurück: Drücken Sie den Einschaltknopf und halten Sie dann die Tasten ⌘, ⌥, P und R so lange gedrückt, bis der Computer erneut startet und der Startsound *zum zweiten Mal* ertönt ist. Damit haben Sie den *PRAM*-Speicher (*Parameter Random Access Memory*) Ihres Mac zurückgesetzt und somit hoffentlich Ihr Problem gelöst. Unter Umständen müssen Sie danach ein paar Grundeinstellungen neu festlegen.

Falls Sie kurz zuvor eine AirPort-Karte oder eine andere Komponente in den Mac eingebaut haben und er sich nun weigert zu starten, prüfen Sie die neu installierte Hardware noch mal und versuchen es dann erneut. Funktioniert das nicht, entfernen Sie das Bauteil wieder und versuchen es ohne. Hat auch das nichts gebracht, müssen Sie eventuell Ihren Garantie-Anspruch geltend machen.

Mac OS X neu installieren

Wenn ein bestimmter Fehler Ihren Rechner immer wieder in die Knie zwingt und keine der genannten Methoden Abhilfe schafft, sollten Sie in Erwägung ziehen, Ihr Lieblingsbetriebssystem neu zu installieren. Es ist ein Jammer – denken Sie nur an den langwierigen Einrichtungsprozess aus Kapitel 2 –, aber es ist wohl unausweichlich. Und verständlicherweise machen

Sie sich jetzt auch Sorgen um Ihre Dateien und die eingerichteten Benutzereinstellungen und -Accounts.

Doch das müssen Sie gar nicht. Befolgen Sie stattdessen einfach die folgende Anleitung. (Zuvor sollten Sie jedoch unbedingt ein Backup Ihrer wichtigen Daten erstellen!)

1. **Legen Sie die OS X-Installations-CD/DVD ein und doppelklicken Sie im daraufhin angezeigten Fenster auf das Symbol MAC OS X INSTALLATION und dann auf NEUSTART.**

   Alternativ können Sie Ihren Mac bei gedrückter ⒞-Taste einschalten, um von der Installations-CD/DVD aus zu starten. Wählen Sie Ihre Sprache und Sie gelangen zum Installationsbildschirm. Klicken Sie auf FORTFAHREN und arbeiten Sie sich durch die einzelnen Installationsschritte bis zum Bildschirm ZIELVOLUME AUSWÄHLEN vor.

2. **Wählen Sie das Zielvolume aus, indem Sie auf das Symbol der Festplatte klicken, auf der Sie Mac OS X installieren möchten.**

   Sofern Sie nicht mehrere Festplatten besitzen, steht nur eine zur Wahl, nämlich die eingebaute Macintosh HD.

3. **Klicken Sie auf OPTIONEN.**

   Sie sind an einem der wichtigsten Punkte des Vorgangs angelangt. Hier können Sie zwischen drei beziehungsweise vier Installationsarten wählen, je nachdem, was mit den Daten auf Ihrem Rechner geschehen soll.

4. **Aktivieren Sie die Optionen ARCHIVIEREN UND INSTALLIEREN sowie BENUTZER- UND NETZWERK-EINSTELLUNGEN BEIBEHALTEN.**

   Damit stellen Sie sicher, dass sowohl Ihre Daten als auch Ihre gesamten Benutzereinstellungen bei der Neuinstallation erhalten bleiben. Sie erhalten lediglich eine frische Kopie des Betriebssystems. Wenn Sie dagegen die Option LÖSCHEN UND INSTALLIEREN wählen, machen Sie völlig reinen Tisch und fangen ganz von vorn an – denken Sie daran, dass Sie diese Wahl *nicht* rückgängig machen können!

5. **Bestätigen Sie mit OK und klicken Sie auf FORTFAHREN.**

6. **Passen Sie bei Bedarf die zu installierenden Komponenten an.**

   Am einfachsten ist es, auf INSTALLIEREN zu klicken, und damit die von Apple empfohlene Standardinstallation durchzuführen. Wenn Sie jedoch daran interessiert sind, Festplattenspeicher einzusparen, klicken Sie auf ANPASSEN, um ein paar höchstwahrscheinlich unnötige Komponenten zu deaktivieren, zum Beispiel ZUSÄTZLICHE SCHRIFTEN, SPRACHPAKETE wie Japanisch, Chinesisch, Finnisch und so weiter oder DRUCKERTREIBER, die Ihr Drucker gar nicht benötigt.

7. **Klicken Sie auf INSTALLIEREN.**

   Dieser Vorgang kann ein wenig dauern. Nach dem Neustart des Rechners finden Sie sich in Ihrer gewohnten Arbeitsumgebung wieder.

8. Da die soeben installierte Mac OS X-Version vermutlich nicht mehr ganz dem neuesten Stand entspricht, starten Sie das Programm SOFTWAREAKTUALISIERUNG aus dem -Menü und installieren alle noch ausstehenden Betriebssystem-Updates.

 Nach der Daten schonenden Neuinstallation (wie oben beschrieben) finden Sie auf Ihrer Festplatte einen Ordner mit dem Namen PREVIOUS SYSTEMS, der Ihr altes Betriebssystem enthält, für den Fall, dass Sie noch etwas daraus benötigen. Bewahren Sie ihn ruhig eine Weile auf – wenn nach einiger Zeit noch alles rund läuft und Sie nichts vermissen, können Sie ihn getrost entsorgen.

 Wenn Sie Ihre Daten mit Time Machine gesichert haben (wie in Kapitel 7 beschrieben) und Mac OS X neu installieren müssen, können Sie nach der Neuinstallation von Mac OS X alle Programme, Dateien und Benutzereinstellungen ganz einfach aus einer Time Machine-Sicherung wiederherstellen.

Das System direkt aus einer Time Machine-Sicherung wiederherstellen

Sollten Sie in die unerfreuliche Lage kommen, Mac OS X Leopard neu installieren zu müssen, weil offenbar Ihr System oder Ihre Startfestplatte beschädigt sind, gibt es noch eine weitere, komfortable Lösung, bei der Sie sich ebenfalls nicht um Ihre Dateien und Benutzereinstellungen sorgen müssen.

 Falls Sie nach der Lektüre von Kapitel 7 brav meinem Rat gefolgt sind und – neben anderen Sicherheitsvorkehrungen – die Datensicherung auf einer zweiten Festplatte mit Time Machine umgesetzt haben, sind Sie fein raus. Da sich praktisch Ihr komplettes System auf Ihrem Time Machine-Volume befindet (sofern Sie die Systemdateien nicht vom Backup ausgeschlossen haben), können Sie es problemlos aus einer der zahlreichen Sicherungen wiederherstellen.

Tun Sie Folgendes (zuvor sollten Sie allerdings Ihre beschädigte Festplatte reparieren beziehungsweise durch eine neue ersetzen):

1. Stellen Sie sicher, dass die Backup-Festplatte, die Sie für Time Machine-Sicherungen verwenden, am Mac angeschlossen und eingeschaltet ist.

2. Legen Sie die Mac OS X-Installations-CD/DVD ein und doppelklicken Sie auf das Symbol des Mac OS X-Installationsprogramms, um es zu starten.

Alternativ können Sie Ihren Mac bei gedrückter C -Taste einschalten, um von der Installations-CD/DVD aus zu starten. Wählen Sie Ihre Sprache und Sie gelangen zum Installationsbildschirm.

1. Wählen Sie DIENSTPROGRAMME|SYSTEM VON DER DATENSICHERUNG WIEDERHERSTELLEN.

2. Klicken Sie im Fenster SYSTEM WIEDERHERSTELLEN auf FORTFAHREN.

3. Klicken Sie auf das Time Machine-Sicherungsvolume, um es auszuwählen.

4. **Wählen Sie die Time Machine-Sicherung aus, die Sie wiederherstellen möchten.**

5. **Befolgen Sie die weiteren Anweisungen.**

 Nur damit Sie später nicht sagen, ich hätte Sie nicht gewarnt: Wenn Sie Ihr System von einer Time Machine-Sicherung wiederherstellen, wird dabei selbstverständlich das aktuell installierte System mit allen Daten unwiederbringlich gelöscht.

 Sie können diese Möglichkeit zur Wiederherstellung Ihres Systems aus einer Time Machine-Sicherung auch nutzen, um eine vorherige Version von Mac OS X Leopard wiederherzustellen, für den Fall dass nach einem Betriebssystem-Update Probleme auftreten. Beachten Sie auch hier, dass alle Änderungen, die Sie eventuell seit der Installation der neuen OS X-Version vorgenommen haben beim Wiederherstellen der vorherigen Version gelöscht werden. Diese Daten sollten Sie zuvor mit Time Machine sichern (sodass sie sich später via Time Machine innerhalb von Mac OS X wiederherstellen lassen).

Mit Alltagsproblemen fertig werden

Mit etwas Glück wird sich Ihr Mac nie in die Computernotaufnahme begeben oder größeren operativen Eingriffen unterziehen müssen. Aber ein wenig erste Hilfe hier und da ist gelegentlich doch vonnöten. In den folgenden Abschnitten widme ich mich einigen geringfügigen Zipperlein.

Die Maus spielt verrückt

Echte Mäuse lieben Staub und Schmutz geradezu. Und lange Zeit galt das auch für ihre elektronischen Computergegenstücke, die nur allzu gerne Staub (und andere Dinge) an der kleinen Kugel auf ihrer Unterseite ansammelten und deshalb nach einer Weile nicht mehr sonderlich wendig waren. Optische Mäuse dagegen – die schon seit Langem standardmäßig mit dem Mac geliefert werden – haben stattdessen eine Art elektronisches Auge auf der Unterseite (das ständig die Oberfläche abtastet) und haken deshalb so gut wie nie.

Achten Sie jedoch darauf, Ihre optische Maus nicht auf reflektierenden Flächen wie Glas oder Ähnlichem zu verwenden, darauf ist sie nämlich orientierungslos. Legen Sie in diesem Fall ein Mauspad oder einfach ein Blatt Papier unter.

Sollte Ihre Maus trotzdem nicht reagieren, ziehen Sie probehalber den USB-Stecker heraus und stöpseln ihn wieder an, um sicherzugehen, dass er richtig sitzt, oder probieren Sie mal einen anderen USB-Anschluss aus. Wenn Sie eine drahtlose Maus verwenden, sollten Sie die Batterien prüfen.

 Falls Sie übrigens die Geschwindigkeit des Mauszeigers oder die Klickgeschwindigkeit anpassen möchten, statten Sie der Systemeinstellung TASTATUR & MAUS einen Besuch ab (siehe Kapitel 4).

Eine CD sitzt fest

Es ist schon eine coole Sache, wie so ein Mac mit CD-Schlitz eine CD quasi »einsaugt«. Weniger cool ist es allerdings, wenn er sie nicht mehr ausspucken will. Probieren Sie in diesem Fall eine der folgenden Methoden:

- ✔ Schließen Sie das Programm, das die CD gerade verwendet, und drücken Sie die Auswerfen-Taste auf Ihrer Tastatur.

- ✔ Öffnen Sie ein Finder-Fenster und klicken Sie in der Seitenleiste auf das kleine Auswerfensymbol rechts neben dem CD-Symbol.

- ✔ Ziehen Sie das CD-Symbol von Schreibtisch auf den Papierkorb.

- ✔ Melden Sie sich ab (im -Menü) und drücken Sie die Auswerfen-Taste auf Ihrer Tastatur.

- ✔ Starten Sie den Mac neu und halten Sie während des Startvorgangs die Maustaste gedrückt.

Ihr Mac kann Ihnen die Uhrzeit nicht mehr sagen

Es kann vorkommen, dass Ihr Mac einfach nicht mehr in der Lage ist, Ihnen die richtige Uhrzeit und das aktuelle Datum anzusagen. Das kann daran liegen, dass seine interne Batterie das Zeitliche gesegnet hat. Leider können Sie sie nicht selbst austauschen und müssen Ihren Mac dafür wohl oder übel zu einem autorisierten Mac-Händler in Ihrer Nähe bringen.

Das falsche Programm öffnet sich

Aufgrund der Endungen von Dateien (wie .jpg oder .doc) stellt der Mac gewisse Vermutungen darüber an, in welchem Programm eine bestimmte Datei geöffnet werden soll. So verwendet Leopard zum Beispiel zur Anzeige von JPEG-Dateien und PDF-Dokumenten standardmäßig das Programm Vorschau, während Dokumente mit der Erweiterung .doc in das Aufgabengebiet von Microsoft Word fallen. Was aber, wenn Sie möchten, dass künftig die Adobe-Anwendungen Photoshop und Reader für JPEGs beziehungsweise PDFs verantwortlich sind oder ab sofort TextEdit sich um DOC-Dateien kümmern soll?

Tun Sie dann einfach Folgendes:

1. **Markieren Sie das Symbol der Datei, die in einem anderen Programm geöffnet werden soll, und drücken Sie** ⌘+Ⓘ**.**

2. **Klicken Sie im Fenster INFOS ZU auf den Pfeil neben dem Eintrag ÖFFNEN MIT und wählen Sie aus dem Einblendmenü das gewünschte Programm.**

   In diesem Beispiel habe ich eine DOC-Datei genommen, die normalerweise in Word geöffnet wird, und als neues Programm TextEdit gewählt. Steht das gewünschte Programm nicht in der Liste, wählen Sie die Option ANDEREM PROGRAMM.

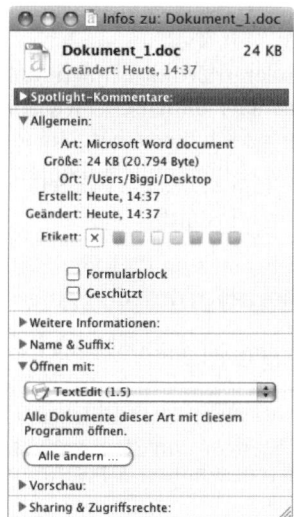

_Abbildung 21.6: Eine Datei mit einem
anderen Programm öffnen lassen._

Alternativ können Sie auf die ÖFFNEN MIT-Option zugreifen, indem Sie die Datei markieren und den Menübefehl ABLAGE|ÖFFNEN MIT wählen; mit ABLAGE|INFORMATIONEN öffnen Sie das beschriebene Info-Fenster. Beide Menübefehle finden Sie auch im Kontextmenü, das Sie per ⌈Ctrl⌉-Klick beziehungsweise Rechtsklick auf die ausgewählte Datei aufrufen.

 Wenn Sie möchten, dass ab jetzt alle Dateien dieses Typs von dem gewählten Programm geöffnet werden, dann klicken Sie im Fenster INFOS ZU zusätzlich auf ALLE ÄNDERN.

Eine Kernel-Panik bricht aus

Auch dieses Szenario ist möglich: Sie arbeiten nichts ahnend an Ihrem Mac und ganz plötzlich, aus heiterem Himmel verdunkelt sich der Bildschirm und Sie werden gebeten, Ihren Computer neu zu starten, und das gleich in mehreren Sprachen. Was ist passiert? Ihr Mac hat sich gerade eine sogenannte _Kernel-Panik_ eingefangen. (Ja, das heißt tatsächlich so.) Der Grund für diese panische Reaktion liegt meist bei beschädigter oder inkompatibler Software. (Sie kann auch durch beschädigte Hardware ausgelöst werden, was aber eher unwahrscheinlich ist.)

Die gute Nachricht ist, dass ein Systemneustart das Problem in der Regel behebt, ohne dass mit weiteren Folgen zu rechnen ist. Sollte das einmal nicht funktionieren, dann entfernen Sie eventuell kürzlich installierte Speicherbausteine oder Hardware. Wenn es scheint, dass irgendeine neu installierte Software der Übeltäter ist, dann suchen Sie die Website des Anbieters auf und sehen nach, ob möglicherweise ein Patch (zum Reparieren des Fehlers) oder Upgrade (Aktualisierung) zum Download angeboten wird, oder wenden Sie sich direkt an den Hersteller.

DNS-SOS

Wenn Sie mit Safari oder einem anderen Browser im Web surfen und die Meldung *DNS-entry not found* erhalten, haben Sie entweder die falsche Webadresse eingegeben oder die betreffende Website existiert nicht mehr oder hat vorübergehend technische Probleme. DNS steht übrigens für *Domain Name System*. Eine ähnliche Fehlermeldung lautet *404 not found on this server*.

Der Papierkorb lässt sich nicht leeren

Sicher kennen Sie das: Sie wollen den Papierkorb Ihres Büros leeren, schaffen es aber nicht, weil sperrige Teile darin festklemmen und nicht herauskommen wollen. Der virtuelle Papierkorb Ihres Mac leidet manchmal unter ähnlichen Blockaden. Dann liegt eine Datei im Papierkorb und rührt sich nicht von der Stelle, wenn Sie PAPIERKORB ENTLEEREN aus dem FINDER-Menü wählen.

Wählen Sie in diesem Fall den Befehl PAPIERKORB ENTLEEREN bei gedrückter ⌥-Taste.

Es gibt nur wenige mögliche Erklärungen dafür, warum eine Datei sich nicht problemlos entsorgen lässt. Als Erstes können Sie natürlich keine Datei löschen, die noch geöffnet ist, denn der Mac lässt Sie nicht so ohne Weiteres etwas wegwerfen, an dem Sie womöglich gerade arbeiten. Vielleicht versuchen Sie auch, eine Datei zu löschen, für die Sie keine ausreichenden Zugriffsrechte haben (zum Beispiel die Datei eines anderen Benutzers). Die wahrscheinlichste Erklärung ist aber, dass die Datei *geschützt* ist. Um die Sperre aufzuheben, wählen Sie ABLAGE|INFORMATIONEN und entfernen das Häkchen im Markierungsfeld GESCHÜTZT.

Wenn ein Programm unerwartet abstürzt, finden sich nach dem Neustart der Anwendung oft Ordner mit *geretteten Objekten* im Papierkorb. Ihre Programme produzieren bei der Arbeit sogenannte *temporäre Dateien* und löschen sie danach wieder, doch bei einem Absturz werden sie oft nicht gelöscht. Wenn Sie diese Dateien nachher durchsehen und etwas Wichtiges dabei ist, ziehen Sie es wieder aus dem Papierkorb, doch in den allermeisten Fällen können Sie sie einfach mit dem restlichen Müll wegwerfen.

Sinnvolle Routinewartungsmaßnahmen

Regelmäßige Pflege schadet auch dem Mac nicht – er arbeitet dann umso flinker. In den folgenden Abschnitten finden Sie ein paar sinnvolle Wartungstipps.

Unnötige Dateien und Programme löschen

Wenn Sie Ihren Mac schon eine Zeit lang besitzen, dann haben sich darauf vermutlich inzwischen eine ganze Reihe von Programmen und Dateien angesammelt, die Sie nicht mehr benötigen. Vielleicht handelt es sich dabei um Druckertreiber eines Druckermodells, das Sie schon vor Jahren ersetzt haben, oder um Software, von der Sie gar nicht mehr wissen, was Sie daran fasziniert hat. Selbst wenn diese Dateien Ihr System nicht verlangsamen, so nehmen sie doch unnötig Speicherplatz in Beschlag. Außerdem ist es gut möglich, dass manche Programme, selbst wenn Sie sie nicht mehr nutzen, weiterhin im Hintergrund aktiv sind. Hier gibt Ihnen die zuvor in diesem Kapitel erwähnte Aktivitätsanzeige möglicherweise Aufschluss.

Fazit: Es ist an der Zeit, solch ungeliebte Dateien und Programme über den Jordan zu schicken. Wie Sie Dateien in den Papierkorb befördern und löschen, wissen Sie ja bereits. Doch gerade bei einem Programm ist nicht immer ganz klar, _welche_ Dateien Sie loswerden müssen, um es komplett zu entsorgen, und _wo_ diese sich befinden, denn manche Anwendungen verteilen ihren Unrat über die gesamte Festplatte.

Geben Sie in diesem Fall den Namen des zu löschenden Programms in das Suchfeld eines Finder-Fensters oder in das Spotlight-Suchfeld ein und versuchen Sie mit gesundem Menschenverstand zu entscheiden, welche der gefundenen Dateien zu dem Kandidaten auf der Abschussliste gehören.

Falls ein Programm eine Option zum Deinstallieren anbietet, sollten Sie stattdessen diese nutzen.

Bitte löschen Sie nur Dateien, deren Herkunft Sie eindeutig bestimmen können. Die Konsequenzen, die das versehentliche Löschen einer wichtigen Systemdatei hat, sind alles andere als schön. Falls Sie doch einmal unbekannte Dateien beseitigen müssen, dann lassen Sie sie lieber erst ein, zwei Tage im Papierkorb liegen, bis Sie ganz sicher sind, dass Sie (und Ihr Mac) darauf verzichten können.

Wertvolle Daten regelmäßig sichern

Ich weiß, wir sind im Laufe dieses Buches schon zur Genüge auf diesem Thema herumgeritten, aber man kann es einfach nicht oft genug erwähnen: Sichern, sichern und noch mal sichern! Dabei ist es egal, ob Sie nun Time Machine nutzen, mithilfe des Festplatten-Dienstprogramms Image-Dateien Ihrer wichtigen Daten erstellen und sie brennen, das .Mac-Programm Backup oder eine Dritthersteller-Backup-Software verwenden oder auf andere Weise vorgehen – nur: _Tun Sie es_! _Je früher, desto besser_. Lektion beendet.

Die Zugriffsrechte reparieren

Einzelheiten zum Thema Zugriffsrechte reparieren finden Sie im Abschnitt »Das Festplatten-Dienstprogramm« weiter vorn in diesem Kapitel.

Die Software aktualisieren

Entweder Sie wählen routinemäßig SOFTWAREAKTUALISIERUNG aus dem -Menü, um eigenhändig nach neuen Updates zu suchen, oder Sie öffnen die Systemeinstellung SOFTWAREAKTUALISIERUNG und richten Ihren Mac so ein, dass er selbstständig regelmäßig nach Updates sucht beziehungsweise sie gleich installiert. Ich selbst lasse wöchentlich nach neuen Updates suchen, Sie können die Softwareaktualisierung aber auch täglich oder nur monatlich (was ich allerdings nicht empfehle) durchführen lassen. Und selbst wenn Sie die automatische Update-Suche eingestellt haben, schadet es nicht, ab und zu auch unplanmäßig – wenn Sie ohnehin in den Systemeinstellungen zugange sind – die Softwareaktualisierung aufzurufen und auf JETZT SUCHEN zu klicken.

Falls Sie Software von Drittherstellern verwenden, suchen Sie in regelmäßigen Abständen deren Websites auf, um nachzusehen, ob Updates zur Verfügung stehen. Der Download ist in der Regel kostenlos.

Hilfe von außen in Anspruch nehmen

Fast alle Ticks, Aussetzer und Notfälle, die ich in diesem Kapitel beschrieben habe, sollten Sie in den meisten Fällen mithilfe der angegebenen Kniffe ganz gut selbst beheben können. Doch möglicherweise werden Sie eines Tages mit Situationen konfrontiert, die Ihr Wissen übersteigen, besonders wenn es sich um ernsthafte Hardwarefehler handelt; oder Sie haben einfach nur nicht genügend Zeit, Geduld, Muße oder Selbstvertrauen. Ich verstehe Ihre Zurückhaltung. Zum Glück gibt es eine Menge von Anlaufstellen, wo man Ihnen gerne behilflich ist, wenn auch nicht immer kostenfrei.

Software von Drittanbietern

Auch wenn der Mac bereits mit einer Reihe leistungsfähiger Tools zur Fehlerbehebung ausgestattet ist, gibt es eventuell Problemfälle, die Sie mit Software von Drittherstellern angehen müssen. In diesem Abschnitt nenne ich Ihnen einige nützliche Programme, die Ihnen aus der Bredouille helfen oder Sie bei Routinewartungsaufgaben unterstützen können. Die Preise und Versionsnummern ändern sich natürlich ständig und wenn Sie einen Intel-Mac besitzen, sollten Sie sicherstellen, dass Sie die Universal-Version der Software erhalten.

✔ Disk Warrior für OS X (erhältlich im Apple Store für 119 Euro) ist ein leistungsfähiges Festplattenreparaturprogramm der Firma Alsoft, das Sie vor drohendem Festplattenversagen warnt.

✔ Cocktail, das Sie für günstige 15 US-Dollar unter `www.macosxcocktail.com` erhalten, ist ein Shareware-Dienstprogramm mit vielseitigen Wartungsfunktionen.

✔ OnyX ist ein kostenloses Programm der Firma Titanium Software (`www.titanium. free.fr`), mit dessen Hilfe Sie eine Vielzahl von Wartungsaufgaben durchführen können. (Bei Drucklegung des Buches war lediglich eine Beta-Version für Leopard verfügbar; es empfiehlt sich, auf die ausgereifte Version zu warten.)

✔ Prosoft Data Rescue II, das Sie in der deutschen Version für zirka 100 Euro bei verschiedenen Onlinehändlern bekommen können, ist in der Lage, Dateien von einer beschädigten Festplatte zu retten und wiederherzustellen.

✔ SpringCleaning von Allume Systems ist darauf ausgelegt, die Leistung Ihres Mac zu steigern, indem es unnötige, auf der Festplatte verstreute Dateien ausfindig macht und beseitigt. Sie erhalten es für knapp 50 Euro unter `www.allume.com/store/germany.html`.

✔ TechToolPro von Micromat ist ein Allroundtalent, wenn es um die Wartung von Festplatten und anderer Hardware geht. Sie erhalten es für 98 US-Dollar zum Beispiel auf der Website des Herstellers unter `www.micromat.com`.

AppleCare

Wenn Sie einen Mac neu kaufen, haben Sie Anspruch auf einen 90-tägigen kostenlosen Telefon-Support sowie eine einjährige Hardwaregarantie (beides wird durch autorisierte Apple-Service-Partner bereitgestellt). Mit dem Garantieerweiterungsprogramm _AppleCare_ können Sie diesen Garantieanspruch und damit die kostenlose beziehungsweise günstige Unterstützung und Reparatur durch Apple-Experten auf bis zu drei Jahre ab Kaufdatum verlängern.

Unter die Hardwaregarantie fallen der Mac selbst, AirPort Express und Extreme Basisstationen sowie Apple-RAM-Speicher (der selbstverständlich mit dem Mac genutzt werden muss). Bei einigen Mac-Modellen (zum Beispiel Mac mini) umfasst der _AppleCare Protection Plan_ zudem ein Apple-Display, wenn es zum selben Zeitpunkt gekauft wurde.

 Der AppleCare Protection Plan kann nur innerhalb der einjährigen Garantiefrist erworben werden. Apple empfiehlt natürlich, den Plan am besten gleich beim Kauf des Geräts mit abzuschließen. Das geht im Apple Store oder bei einem Apple Händler; einen gekauften AppleCare-Plan müssen Sie registrieren lassen.

Die Kosten für einen AppleCare Protection Plan richten sich nach dem versicherten Modell oder Zubehörteil: Ein Apple Display kostet 99 Euro, ein Mac mini 199 Euro, ein iMac oder eMac 219 Euro, ein MacBook 319 Euro, ein Mac Pro oder Power Mac 329 Euro und ein MacBook Pro oder PowerBook 439 Euro. Wie jede Art von Versicherung ist auch eine Garantieerweiterung immer so etwas wie ein Schuss ins Blaue, der sich aber für manchen Mac-Besitzer (besonders eines Mac-Laptops) durchaus lohnen mag.

 Auch wenn Sie keinen AppleCare-Plan abgeschlossen haben und Ihre einjährige Garantie bereits abgelaufen ist, können Sie selbstverständlich die Hilfe von Apple in Anspruch nehmen – gegen Cash versteht sich. Ihren Hilferuf berechnet Apple (pro sogenanntem »Problemfall«) je nach Art des Problems mit 35 bis 219 Euro.

Andere Anlaufstellen

Ob Sie's nun glauben oder nicht, kostenlose (oder günstige) Hilfeangebote gibt es wirklich an (fast) jeder Ecke – Sie müssen nur fragen.

✔ Wenden Sie sich an den Computerfreak aus der Nachbarschaft, Ihren Zimmergenossen oder eine Ihrer alten und neuen Bekanntschaften aus dem World Wide Web.

✔ Besuchen Sie Apple-spezifische Benutzerforen wie `www.macuser.de`, um Antworten auf Ihre dringenden Fragen zu erhalten.

✔ Schauen Sie bei der deutschsprachigen Newsgroup `de.comp.sys.mac` (`www.de-soc-mac.de`) vorbei (mehr zum Thema Newsgroups lesen Sie in Kapitel 12).

✔ Finden Sie unter `www.apple.com/de/usergroups` eine Mac-Benutzergruppe in Ihrer Nähe. Die Mitglieder treffen sich meist regelmäßig und tauschen sich aus oder organisieren sogar Workshops. Die Termine regionaler und überregionaler Events können Sie hier auch abrufen.

✔ Werfen Sie einen Blick auf die Seite `www.apple.com/de/support`. Konsultieren Sie die *Knowledge Base*, indem Sie Suchbegriffe zu einem bestimmten Problem in das Suchfeld eingeben, laden Sie sich Handbücher und Software-Updates herunter oder nehmen Sie an Diskussionsforen teil.

✔ Lesen Sie regelmäßig Fachzeitschriften wie *Macwelt, MACup* oder *Mac-Life*. So erfahren Sie eine Menge Wissenswertes, erhalten Tipps und Kniffe und bleiben auf dem Laufenden.

✔ Bevor ich Sie aus diesem Kapitel über Fehlerbehebung (und damit aus dem Teil des Buches, der sich überwiegend mit technischen Fragen und Problemen befasst) entlasse, will ich Ihnen keinesfalls den schnellsten und naheliegendsten Weg zu Rat und Hilfe verschweigen: Das HILFE-Menü, das Sie in fast jedem Programm finden sowie im Mac-Finder selbst, wo Sie direkt in die umfassende MAC-HILFE gelangen. Zwar werden Sie dort unter Umständen nicht immer eine zufriedenstellende Antwort auf Ihre Fragen erhalten, doch bevor Sie in Panik ausbrechen und auf der Suche nach Erleuchtung unnötig die Pferde scheu machen, ziehen Sie zuerst das HILFE-Menü zu Rate – es steht Ihnen von Beginn an treu zur Seite.

Teil VI

Der Top-Ten-Teil

The 5th Wave   By Rich Tennant

Im Podcast »Lampengeflüster« wurde
es »praktisch«

*»Die Fassungen müssen hin und wieder gereinigt werden. Vergewissern
Sie sich zuerst, dass das Netzteil der Lampe nicht ans Stromnetz
angeschlossen ist, dann ... «*

In diesem Teil ...

Ich nenne Interessierten ja immer gerne meine zehn Lieblings-
filme eines bestimmten Jahres oder Genres, aber leider trägt
dieses Buch nicht den Titel *Filmgeschichte für Dummies*. Und
auch eine Liste meiner zehn absoluten Lieblingssongs ist an
dieser Stelle wahrscheinlich eher unangebracht.

So erfülle ich also mein Pensum an Dummies-Top-Ten-Listen
und präsentiere Ihnen in diesem Teil zehn Topadressen von
Apple- und Mac-spezifischen Websites, zehn praktische Dashboard-Widgets und zehn weitere Mac-Kunststücke, die Ihr Mac
(mit ein wenig Hilfe Ihrerseits) vollführen kann.

(Pssst, verraten Sie mich nicht, aber es gibt da noch *Der Pate,
Citizen Kane* ...)

Zehn clevere Dashboard-Widgets

22

In diesem Kapitel

▶ Amazon-Suche

▶ Cocktail

▶ Countdown Plus

▶ Rückwärtssuche mit dem DasTelefonbuch-Widget

▶ eBay-Suche

▶ Fernsehen

▶ Morse-Code-Übersetzer

▶ Songtexte abrufen mit Sing that iTune

▶ SMS senden

▶ Wikipedia

Betrachten Sie die Widgets, die ich Ihnen in Kapitel 6 vorgestellt habe, als Spiegelbild unseres heutigen betriebsamen und hektischen Lebens. Ständig werden wir von irgendwelchen Dingen abgelenkt oder vereinnahmt, stehen unter Zeitdruck, müssen schnell hierhin und dorthin, dies und das erledigen. Meist wissen wir genau, was wir wollen – und wir wollen es am besten *sofort*. In unserer Fast-Food-Gesellschaft scheint deshalb auch Snack-Software unvermeidlich.

In diesem Kapitel präsentiere ich Ihnen in alphabetischer Reihenfolge eine Liste mit zehn leckeren Widgets. Da es mehrere Tausend Widgets gibt, dürfte es nicht schwer sein, dieses Menü um zehn und noch mal zehn weitere Widgets zu erweitern. Sie finden sie unter `www.apple.com/de/downloads/dashboard`.

Amazon-Suche

In das Suchfeld des Amazon.de-Suche-Widgets können Sie Buchtitel, Autoren oder Stichwörter eingeben und werden umgehend auf die deutsche Amazon-Website zu den gewünschten Inhalten weitergeleitet.

Abbildung 22.1: Such mir ein Buch

Cocktail

Wissen Sie, wie man einen Apple Martini mixt? Oder einen Kamikaze? Oder einen Sex on the Beach? Mit dem kostenlosen Cocktail-Widget von Seven können Sie Ihre Freunde bei der nächsten Party mit Ihren Fähigkeiten als Barkeeper beeindrucken. Tippen Sie einfach den Namen eines Cocktails ein. Cocktail enthält zirka 7.000 Rezepte. Klicken Sie auf FEELING THIRSTY? und Sie bekommen einen zufälligen Vorschlag serviert. Das schicke Martini-Glas (siehe Abbildung 22.2) macht Cocktail zu einem der optisch ansprechenderen Widgets.

Abbildung 22.2: Darauf einen Cocktail

Countdown Plus

Das simple Countdown Plus-Widget von Steven Chaithoff sagt Ihnen, wie viel Zeit noch bis zu einem bestimmten Datum bleibt – zum Beispiel bis zur Geburt Ihres Nachwuchses, bis zu Ihrem nächsten Urlaub, Ihrem Geburtstag oder dem Tag Ihrer Pensionierung.

eBay-Suche

Und noch ein praktisches Suchfeld, diesmal für das Auktionshaus eBay. Hier bekommen Sie den Browser gleich mitgeliefert und können nach Eingabe eines Suchbegriffs in der Dashboard-Umgebung selbst den gesuchten Artikel finden und nach Herzenslust stöbern. Im Browser-Fenster des eBay.de-Widgets stehen Ihnen alle normalen eBay-Funktionen zur Verfügung; Sie können aber auch festlegen, dass das Suchergebnis im normalen Browser geöffnet wird. Ein Klick auf das eBay-Logo bringt Sie auf die reguläre eBay-Seite.

Fernsehen

Sie sind es leid, sich jede Woche eine Fernsehzeitschrift zu kaufen? Dann bietet Ihnen TV-Today mit dem Fernsehen-Widget eine praktische Methode _schnell_ mal online nachzusehen, was abends in der Glotze läuft – oder am nächsten Tag oder in einer Woche. Und Sie müssen auch nicht mehr alle Programmseiten zeitaufwendig nach den wenigen Sendungen durchfilzen, die

Sie wirklich interessieren. Mithilfe von Gruppen und Filtern können Sie sich quasi eine Hitliste zusammenstellen, in der nur Ihre persönlichen Favoriten angezeigt werden. Und das Beste: Sie können sich an eine Sendung erinnern lassen, die Sie auf keinen Fall verpassen möchten. Das Widget ist außerdem EyeTV-kompatibel, für den Fall, dass Sie direkt über Ihren Computer fernsehen und Sendungen aufnehmen.

Abbildung 22.3: Nie wieder eine Sendung verpassen

Morse-Code-Übersetzer

.../---/... SOS ist so ziemlich der einzige Morse-Code, an den ich mich aus meinen Pfadfinder-tagen noch erinnern kann. Aber das macht gar nichts, dank des praktischen Morse-Code-Über-setzers (siehe Abbildung 22.3). Damit können Sie das Morse-Alphabet erlernen und sich Text in Morse-Code (und umgekehrt) übersetzen lassen. Sie sollten lediglich Ihren Mac schnell zur Hand haben, wenn Sie mit Ihrer Jacht unterwegs sind und einen Notruf absetzen müssen.

Abbildung 22.4: »Punkt, Punkt, Punkt, Strich, Strich, Strich«;
das Morse-Code-Übersetzer-Widget

Ach ja, und vielleicht sollten Sie sich die folgenden Punkte und Striche einprägen:

..../../.-../..-.././--..--//--/./../.-//-.-./---/--/-..-/..-/-//./.-/..//..-/-/.-././../../.-/-/-/

Das ist der Morse-Code für den Satz: *Hilfe, mein Computer streikt!*

Rückwärtssuche mit dem DasTelefonbuch-Widget

Das DasTelefonbuch-Widget für die Rückwärtssuche ist eine praktische Sache für all diejenigen unter uns, die sich gerne mal eine Telefonnummer auf einem kleinen Papierfetzen notieren und dann den Namen der dazugehörigen Person vergessen. Geben Sie einfach Vorwahl und Telefonnummer in das Suchfeld ein; ist der Anschlussinhaber im Telefonbuch verzeichnet, bekommen Sie Name und Anschrift angezeigt.

Sing that iTune

Oh, was für ein trauriger Refrain! Dies ist eins meiner Lieblingswidgets und hinter dem fantasievollen Namen verbirgt sich eine Funktion, die jeder wahre Musikfreund zu schätzen wissen dürfte, der schon einmal ein Stück vor sich hin singen (oder mitsingen) wollte und den Text nicht mehr wusste.

Sing that iTune zeigt den Text von Stücken an, die Sie gerade in iTunes hören (zumindest von einigen) sowie das zugehörige CD-Cover. Ein Klick auf das CD-Cover bringt eine Steuerung zum Vorschein, mit der Sie die Lautstärke anpassen, das Stück anhalten oder zum nächsten beziehungsweise vorherigen Stück in iTunes springen können.

Manchmal dauert die Suche etwas länger. Wird ein Songtext nicht gefunden, können Sie aus dem Widget heraus (klicken Sie auf das *i*-Symbol) eine Google-Suche starten. Darüber hinaus können Sie den Inhalt des Textfensters auswählen, in die Zwischenablage kopieren und später in ein beliebiges Dokument einfügen. Und Sie können in das Textfenster hineinschreiben.

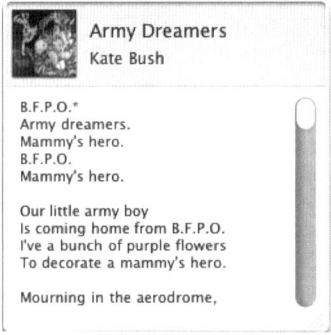

Abbildung 22.5: Wie war der Text doch gleich?

SMS senden

Wie der Name vermuten lässt, können Sie mit diesem Widget SMS-Nachrichten versenden. (*SMS* steht für *Short Message Service*, ein internationaler Standard für das Versenden kurzer Textnachrichten an Mobiltelefone.) Mit Send SMS von Alco Blom Software können Sie Textnachrichten von Ihrem Computer aus an ein Mobiltelefon verschicken. Auf der Vorderseite der Handy-Grafik tippen Sie Ihre Nachricht in das Textfeld ein, auf der Rückseite (klicken Sie auf das *i*-Symbol) geben Sie einen Empfänger und eine Telefonnummer ein.

Jede versandte SMS kostet 10 Cent (egal ob innerhalb von Deutschland oder ins Ausland). Um den SMS Mac-Service zu nutzen, müssen Sie unter `www.smsmac.com/de/` ein Abo abschließen, das 10 Euro pro Jahr kostet (die Zahlung erfolgt über PayPal). Beim Erstkauf beträgt der Preis 15 Euro; in diesem Betrag ist dann die Ein-Jahres-Gebühr sowie 50 SMS (für 5 Euro) enthalten. Eine kostenlose Alternative finden Sie unter `http://keakaj.com/sms.htm`.

Wikipedia

Über die kostenlos zugängliche Wikipedia-Online-Enzyklopädie (die ich in Kapitel 12 genauer beschreibe) können Sie Informationen zu nahezu jedem erdenklichen Thema abrufen und mit dem dazugehörigen Widget geht es noch schneller und stilvoller. Geben Sie einfach Ihren Suchbegriff in das Feld ein und drücken Sie die ⏎-Taste, schon wird in einem eignen Widget-Fenster der entsprechende Inhalt aufgerufen. Oder versuchen Sie es mit einem Klick auf das Fragezeichensymbol, um einen zufällig ausgewählten Artikel anzeigen zu lassen (etwa über die Dänischen Parlamentswahlen von 1975 oder über Modern Kung Fu). Denken Sie aber daran, dass wirklich *jeder* Beiträge zu Wikipedia beisteuern darf, weshalb die enthaltenen Informationen oft Auslegungssache und möglicherweise fehlerhaft sind. Klicken Sie auf WIKIPEDIA, um die vollständige Website im normalen Browser aufzurufen.

Bonus-Widget: Mirror (Spiegel)

Und weil Sie bis hierhin gelesen haben, gibt es zur Belohnung dieses praktische Bonus-Widget, das ich besonders den weiblichen Mac-Nutzern auf keinen Fall vorenthalten will.

Abbildung 22.6: Spieglein, Spieglein auf dem Monitor

Ab heute brauchen Sie nämlich keinen Schminkspiegel mehr – das übernimmt Ihr Mac für Sie. (Fehlt nur noch, dass er Ihnen den Lippenstift reicht und eine Typberatung vornimmt.)

Sie sind überraschend zum Abendessen eingeladen worden und wollen noch schnell einen lästigen Pickel ausdrücken und Ihren Scheitel in Form bringen, haben aber gerade keinen Spiegel zur Hand? Wenn Sie über eine integrierte oder externe Webcam verfügen, dann zeigt Ihnen das Mirror-Widget das von Ihnen aufgenommene Bild spiegelverkehrt an, eben wie ein Spiegel.

Aber auch die Herren der Schöpfung dürften diese Innovation zu schätzen wissen, nämlich dann, wenn ihre Partnerin mal wieder stundenlang das Bad blockiert. (Vielleicht sollten Sie aber die Tastatur abdecken, bevor Sie sich rasieren.)

Zehn unverzichtbare Mac-Websites

23

In diesem Kapitel

*I*n meiner Branche bekomme ich in E-Mails oder Telefonaten immer wieder vorwurfsvolle Sätze zu hören wie »Warum haben Sie *dies* oder *das* getan beziehungsweise *nicht* getan?«, zum Beispiel »Warum haben Sie nicht über meine Firma oder mein Produkt berichtet?«. Ich bin deshalb nicht im mindestens schockiert, wenn die Leute mich auf dieses Kapitel ansprechen und sagen: »Hey, warum hast du nicht *meine* Lieblings-Mac-Website erwähnt?« Sich in einer Liste auf zehn Punkte zu beschränken, ist ziemlich schwierig, besonders wenn es sich um hilfreiche Computerwebsites handelt. Ich weiß, dass es noch mindestens tausend andere, großartige Webadressen gibt, aber ich hoffe, die vorliegende kleine Sammlung kann Sie wenigstens ein bisschen begeistern, selbst wenn Ihr Favorit nicht dabei sein sollte.

MacUser-Community

www.macuser.de

Auf der Website der MacUser-Community finden Sie Lösungen und Antworten zu nahezu allen Problemen und Fragen, die Sie mit Mac-Software und -Hardware so haben können. Sie können die Beiträge zu bestimmten Themen durchlesen oder als Mitglied mitdiskutieren, Fragen stellen und beantworten. Wenn Sie nur höflich genug sind und Ihr Problem genau schildern, bekommen Sie meist innerhalb von Stunden Antworten von anderen Mitgliedern, die gerne bereit sind zu helfen. Oder Sie lernen in der MacUser-Bar einfach ein paar nette Leute kennen ...

MacTechNews

www.mactechnews.de

Hier wird unter anderem Mac-Software und -Hardware auf Herz und Nieren getestet und auch schon mal ein Mac in seine Einzelteile zerlegt. Alles in allem sind die hier vertretenen Inhalte ein wenig technischerer Natur.

Apfelgerüchte

www.apfelgeruechte.de

Apple ist bekanntermaßen eines der geheimniskrämerischsten Unternehmen des Universums. Nur selten sickern irgendwelche Infos über neue Produkte im Voraus durch. Das hält selbstverständlich die zahlreichen Apple-Beobachter nicht ab, darüber zu spekulieren, mit welchen neuen Errungenschaften aus Cupertino demnächst zu rechnen ist. Und wer liebt es nicht, ab und zu mal in die Gerüchteküche hineinzuschnuppern? Wird Apple mit Nintendo fusionieren? Gibt es bald ein noch besseres iTunes? Hier lesen Sie den neuesten Klatsch und Tratsch aus dem Apple-Lager.

MacKauf

www.mackauf.de

Wenn Sie mal nicht wissen, welche Mac-Produkte Sie wo (außer im Apple Store) bekommen können. Bei MacKauf finden Sie eine ziemlich vollständige Liste von verfügbaren Mac-Produkten mit Beschreibungen sowie Infos, bei welchem Anbieter Sie ein Produkt am günstigsten erwerben können. Des Weiteren gibt es eine Liste ausgewählter Händler inklusive Shopbewertung sowie eine Nachrichtenseite.

Macwelt

www.macwelt.de

Fast alles, was Sie so brauchen, finden Sie in der Macwelt (eines von drei großen deutschen Mac-Magazinen): News, Tipps & Tricks, Hardware- und Softwaretests, Downloads, archivierte Artikel und Sonderausgaben der Macwelt.

ApfelWiki

www.apfelwiki.de

Sie ahnen es schon – dies ist das Wikipedia für Apple-Jünger, laut den Betreibern eine freie Sammlung von Artikeln und Antworten rund die Themen Apple und Macintosh, sozusagen eine Enzyklopädie von Mac-Fans für Mac-Fans. Denn wie bei Wikipedia kann hier jeder Beiträge beisteuern und sein Wissen mit den anderen teilen, gemäß dem Motto der Seite: »Wir alle haben eine Antwort!«

Mac-TV: Magazin für Apple-Fans mit TV

www.mac-tv.de

Wenn Sie sich in Kapitel 15 mit iTunes auseinandergesetzt haben, dann wissen Sie, dass Podcasts kompakte Mediendateien im Audio- oder Videoformat sind, die ähnlich wie Radio- oder Fernsehsendungen über das Internet bezogen, aber zeitunabhängig konsumiert werden können.

Wie jeder weiß, sind Filme oftmals anschaulicher als Textbeschreibungen. Das haben sich auch die Macher von Mac-TV, einem TV-Magazin für Apple-Nutzer gedacht. Dort können Sie gegen eine Gebühr (einmalig für fünf Filme oder im Monatsabo) interessante Videobeiträge (Produktpräsentationen und -tests, Workshops und so weiter) zu einer Vielzahl von Mac-Themen als Podcasts herunterladen und in iTunes abspielen. (Ein paar Filme gibt es zum Testen auch kostenlos.) Wenn Sie auf die Rubrik Filme klicken, präsentiert sich Ihnen ein Archiv mit einer Riesenauswahl. Im Abonnement gibt es pro Woche drei bis fünf neue Beiträge, eine Live-Ausstrahlung jeden Sonntag sowie Sondersendungen zu aktuellen Anlässen.

Für anspruchsvolle Mac-Nutzer, die gerne auf dem neuesten Stand sind, kann dieses Mac-Internetvideoangebot trotz Kostenpflichtigkeit wirklich lohnend sein.

Think Secret

www.thinksecret.com

Habe ich schon erwähnt, dass Apple Neuigkeiten gern für sich behält? Die englischsprachige Website Think Secret (angelehnt an Apples Werbeslogan »Think Different«) hat es sich zur Aufgabe gemacht, nach Apple-Insiderwissen zu forschen und wird auch ziemlich häufig fündig. In der Tat hat Apple 2005 den 19-jährigen Betreiber der Site (wegen angeblichen Diebstahls von Geschäftsgeheimnissen) verklagt. Think Secret hatte wahrheitsgetreu über Entwicklungen berichtet, die schließlich den Mac mini und den iPod Shuffle hervorbrachten – *vor* deren Veröffentlichung. (Gegen zwei andere Websitebetreiber ging Apple zu dieser Zeit ebenfalls vor.) Auch Silicon Valley hat eben seine Maulwürfe.

VersionTracker

www.versiontracker.com/macosx

Diese englischsprachige Seite gehört zum Grundinventar eines jeden Mac-Nutzers. Sie finden dort nämlich eine wirklich umfangreiche Sammlung von Mac-Software aller Art und für fast jeden Zweck, die Sie entweder kostenlos, als Shareware oder als Update herunterladen können. Klicken Sie auf den Namen eines Programms in der Liste, um mehr über seine Funktionsweise zu erfahren und wie es von anderen bewertet wurde. Sie können durch Eingabe von Schlagwörtern auch nach bestimmter Software suchen.

Und last, but not least: Apple

www.apple.com/de

Die Apple-Website ist natürlich die naheliegendste Wahl, wenn Sie ein Apple-spezifisches Anliegen haben. Höchstwahrscheinlich sind Sie gleich dort gelandet, als Sie Safari zum ersten Mal geöffnet haben, und fühlten sich womöglich ein wenig erschlagen von den großformatigen Mac- und iPod-Werbeanzeigen (obwohl sich Ihr Herz nach der Lektüre dieses Buches bestimmt für so manches Apple-Produkt erwärmt haben dürfte).

Wie schon in Kapitel 21 angesprochen, ist die Apple-Website neben Werbung voll von hilfreichen Inhalten zu fast allen Mac-Bereichen, die sich in erster Linie, aber bei Weitem nicht nur an Einsteiger richten. Unter der Rubrik Download können Sie Software-Updates herunterladen und unter Support Anleitungen und Artikel lesen, Handbücher herunterladen, in Diskussionsforen Fragen stellen und so weiter; außerdem können Sie auf die *Knowledge Base* zugreifen (Apples Datenbank mit Produktinformationen, technischen Spezifikationen und Informationen zur Fehlerbehebung), indem Sie Schlagwörter in das Suchfeld eingeben. In den meisten Fällen werden Sie die Seiten um einige Infos reicher verlassen sowie mit dem guten Gefühl, dass Apple seine Kunden nicht im Regen stehen lässt.

Diverse Mac-Websites

Damit Sie nicht behaupten können, ich hätte nicht nach Kräften versucht, auch diejenigen unter Ihnen zufriedenzustellen, denen zehn Vorschläge einfach zu wenig sind, nenne ich Ihnen zum Schluss noch eine kleine Liste anderer deutschsprachiger Mac-Webadressen:

✔ MACUp (www.macup.de), MacLife (www.maclife.de): Die Websites der anderen beiden großen deutschen Mac-Magazine

✔ MacTrade (www.mactrade.de): Ein auf Apple-Produkte spezialisierter Onlineshop

✔ Macgadget (www.macgadget.de): Nachrichten, Kolumnen, Kleinanzeigen, eine umfangreiche Liste mit Mac-Händlern sowie eine Liste mit lokalen Mac-User-Gruppen

✔ MacEssentials (www.mac-essentials.de), MacNews (www.macnews.de) und Apfeltalk (apfeltalk.de): Nachrichten, Gerüchte, Community, Tipps und mehr

✔ MacEinsteiger (www.maceinsteiger.de): Diese Website richtet sich trotz des Namens nicht nur an Einsteiger. Sie bietet verschiedene Hardware- und Softwaretests sowie Anleitungen und ein Hilfe- und Support-Forum

✔ Macinplay (www.macinplay.de): Die Anlaufstelle für Mac-Gamer, mit Neuerscheinungen, Features, Software- und Hardwaretests

✔ Die Mac-Suche von Google (www.google.de/mac) durchsucht das WWW nach Seiten zum Thema Apple Macintosh.

Zehn Tipps & Tricks zum Abschluss

24

In diesem Kapitel

*N*un sind wir schon fast am Ende des Buches angelangt und es gibt immer noch so viele Dinge kennenzulernen. Ich könnte wahrscheinlich noch hundert weitere Seiten schreiben und würde es dennoch nicht schaffen, allen Fähigkeiten des Mac gerecht zu werden. Aber auch wenn die in diesem Kapitel vorgestellten Programme, Funktionen und Eigenschaften erst so weit hinten auftauchen, weil sie in keinem der anderen Kapitel so recht Platz gefunden haben, sollten Sie sie auf keinen Fall als ungeliebte Nachzügler sehen.

Für Bequeme: Die Mac-Fernbedienung

Kaum größer als ein handelsübliches Feuerzeug oder ein iPod Shuffle ist die schlichte, in weiß gehaltene Fernbedienung von Apple, die seit geraumer Zeit mit fast allen neueren Mac-Modellen ausgeliefert wird, und auch die ringförmig angeordneten Schalter wirken irgendwie minimalistisch: Abspielen/Pause, Lauter/Leiser, Schnellvorlauf, Rücklauf und Menü. Ihr Hauptzweck besteht darin, die freundlichen kleinen Symbole und Menüs der Front Row-Benutzerschnittstelle (siehe Kapitel 4) zu steuern, mit deren Hilfe Sie aus einiger Entfernung auf Ihrem Mac Musik, DVDs und Videos abspielen oder Fotos ansehen können. Die multitalentierte Apple-Fernbedienung kann außerdem zur Steuerung eines iPod eingesetzt werden, vorausgesetzt, dieser verfügt über einen sogenannten Universal Dock-Adapter.

Stellen Sie sich vor, Sie besitzen mehrere Macs, die mit der Apple-Fernbedienung oder einem Apple-Accessoire wie der iPod Hi-Fi-Stereoanlage kompatibel sind. Wie können Sie die Fernbedienung auf ein bestimmtes Gerät *einstimmen*, um zu vermeiden, dass ein Knopfdruck alles Mögliche in Bewegung setzt? Ganz einfach: Richten Sie die Fernbedienung in einem Abstand von 0,7 bis 1 m auf den entsprechenden Mac und halten Sie die Schnellvorlauf- und die Menütaste gleichzeitig zirka 5 Sekunden lang gedrückt. Daraufhin wird ein kleines Kettensymbol auf dem Monitor angezeigt, zum Zeichen, dass die Verbindung hergestellt wurde. (Um sie wieder aufzuheben, öffnen Sie die Systemeinstellungen, wählen SICHERHEIT und klicken auf TRENNEN.)

Für Mathe-Genies

Ich behaupte nicht, eine Konchoide (siehe Abbildung 24.1) von einem Lorenz-Attraktor unterscheiden zu können, denn die Geheimnisse der höheren Mathematik sind für mich ehrlich gesagt ein Buch mit sieben Siegeln. Mit dem Mac OS X-Programm Grapher (im PROGRAMME-Ordner) können Sie zwei- oder dreidimensionale mathematische Gleichungen grafisch darstellen; darüber hinaus sehen die entsprechenden Animationen extrem cool aus. Und wenn Sie neugierig sind, wie die beiden zu Beginn genannten Formen und andere 2-D- und 3-D-Formeln und -Gleichungen aussehen, dann öffnen Sie einen neuen Graphen und wählen ein Beispiel aus dem BEISPIELE-Menü.

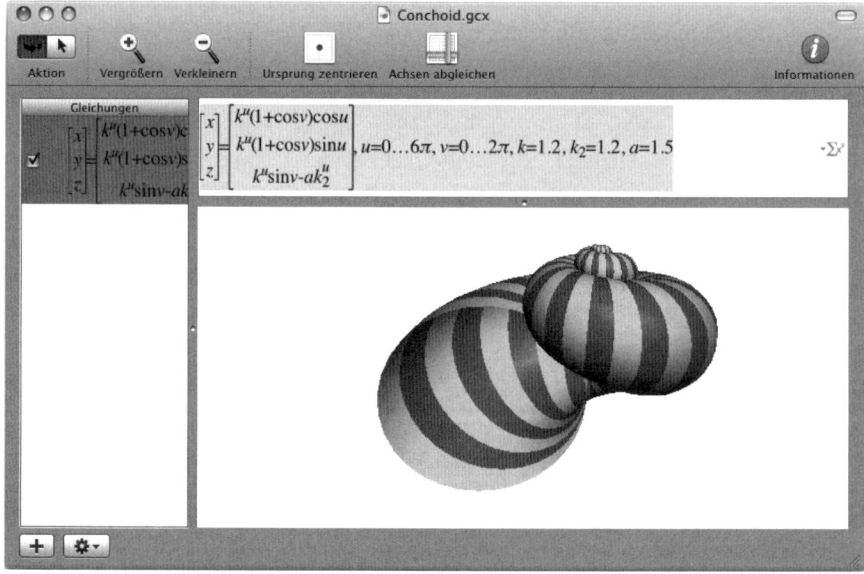

Abbildung 24.1: Mit Grapher eine Konchoide erstellen

Für Sprachbegabte

Es ist schon eine Weile her, da haben Sie bei der Einrichtung des Mac Ihre Landessprache festgelegt. Aber die Zeiten ändern sich. Plötzlich ergibt sich für Sie die Möglichkeit, eine Zweigstelle in Tokio zu eröffnen, und Sie müssen Japanisch lernen.

Um die bevorzugte Landessprache Ihres Mac zu ändern, wählen Sie SYSTEMEINSTELLUNGEN aus dem -Menü und klicken auf LANDESEINSTELLUNGEN. Ziehen Sie dann in der Liste im Bereich SPRACHEN die gewünschte Sprache (für Menüs, Dialogfenster und so weiter) an die oberste Stelle.

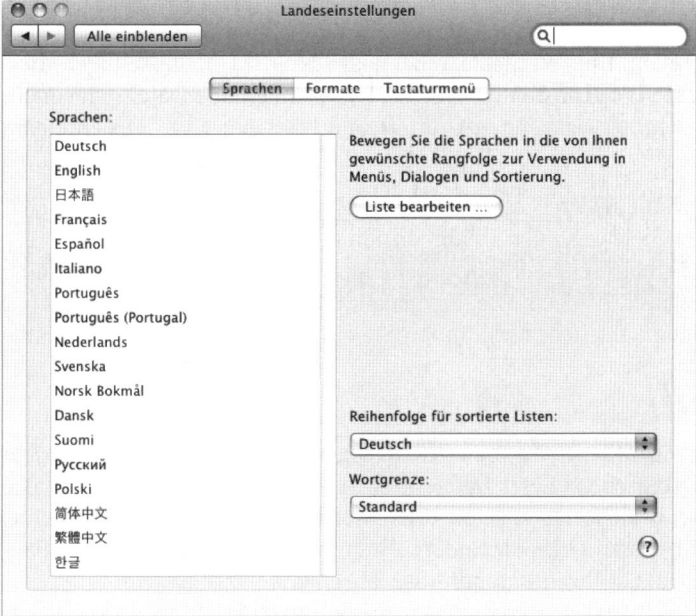

Abbildung 24.2: Der Mac, das Sprachgenie

Klicken Sie anschließend auf FORMATE, um die Region Ihres neuen Domizils sowie Datum, Uhrzeit und Landeswährung (und bei Bedarf das Maßsystem) festzulegen. Im Bereich TASTATURMENÜ können Sie außerdem eine andere Tastenbelegung, Eingabemethode oder Palette wählen (zum Beispiel die japanische Kana-Palette oder die koreanische Hangul-Eingabemethode).

ZIP-Komprimierung

Aus dem Internet heruntergeladene Dateien landen oft in komprimierter Form, im sogenannten *ZIP*-Format (oder *gezippt*), auf Ihrer Festplatte – und das aus gutem Grund. ZIP-Dateien nehmen nämlich sehr viel weniger Speicherplatz in Anspruch und werden deshalb auch sehr viel schneller heruntergeladen als unkomprimierte Dateien.

Gezippte Dateien erkennen Sie leicht an der Dateierweiterung *.zip* (ein unter OS X und Windows üblicher Standard) und bevor Sie sie nutzen können, müssen Sie sie zuerst *entpacken*. Früher wurde dazu standardmäßig das Programm Stuffit Expander von Allume Systems verwendet, seit dem Tiger-Betriebssystem geht es auch ohne.

Doch Stuffit erweist sich immer noch als nützlich, wenn es um das Entpacken anderer komprimierter Dateitypen wie *.sit* oder *.sitx* geht. Unter `www.stuffit.com/mac` und bei anderen Onlinequellen können Sie entweder die kostenlose Version herunterladen oder die aktuelle kostenpflichtige Deluxe-Version erwerben. Mit Stuffit Deluxe können Sie Dateien nicht nur entpacken, sondern auch auf einen Bruchteil ihrer Normalgröße schrumpfen, sie verschlüsseln sowie Backups davon erstellen.

Seit Mac OS X Tiger können Sie komprimierte ZIP-Dateien auch ohne Stuffit erstellen. Klicken Sie dazu bei gedrückter ⌜Ctrl⌝-Taste (oder klicken Sie mit der rechten Maustaste) auf eine zu komprimierende Datei (oder mehrere markierte beziehungsweise einen Ordner) und wählen Sie „X" beziehungsweise X Objekte komprimieren aus dem Kontextmenü (X steht für die Anzahl ausgewählter Dateien). Es wird dann am Speicherort der Originaldatei(en) eine neue komprimierte Datei mit der Erweiterung *.zip* sowie dem Originalnamen erstellt. Sollte ein Windows-Nutzer, dem Sie eine auf diese Art komprimierte Datei schicken, Probleme haben, sie zu öffnen, dann greifen Sie auf Stuffit Expander zurück.

FTP-Zugriff

Manche Firmen oder Einzelpersonen richten sogenannte *FTP*-Websites (*File Transfer Protocol*) ein, um den Austausch größerer Dateien (oftmals Video- oder Bilddateien) über das Internet zu ermöglichen beziehungsweise zu erleichtern. Der Mac verfügt über einen integrierten FTP-Server, mit dessen Hilfe Sie anderen Benutzern (zum Beispiel innerhalb eines lokalen Netzwerks) Zugriff auf Ihren Computer gewähren können.

Rufen Sie dazu die Systemeinstellungen auf und klicken Sie auf Sharing. Aktivieren Sie in der Diensteliste das Markierungsfeld File Sharing (siehe Abbildung 24.3), klicken Sie dann auf Optionen und aktivieren Sie die Option Dateien und Ordner über FTP bereitstellen. Nun können andere Benutzer, die über ein Benutzerkonto auf Ihrem Rechner verfügen, über einen Webbrowser oder mithilfe einer FTP-Software auf Dateien und Ordner auf Ihrem Mac zugreifen.

Allerdings sollten Sie sich sehr genau überlegen, wem Sie Zugriff auf Ihren Computer gewähren. Bedenken Sie zuvor die möglichen Sicherheitskonsequenzen!

Wenn Sie Ihrerseits auf eine FTP-Site zugreifen möchten, wählen Sie aus dem Gehe zu-Menü des Finders die Option Mit Server verbinden, geben im entsprechenden Feld die Serveradresse ein und klicken dann auf Verbinden. Je nachdem, wo Sie sich anmelden, müssen Sie eventuell einen Benutzernamen und ein Kennwort eingeben.

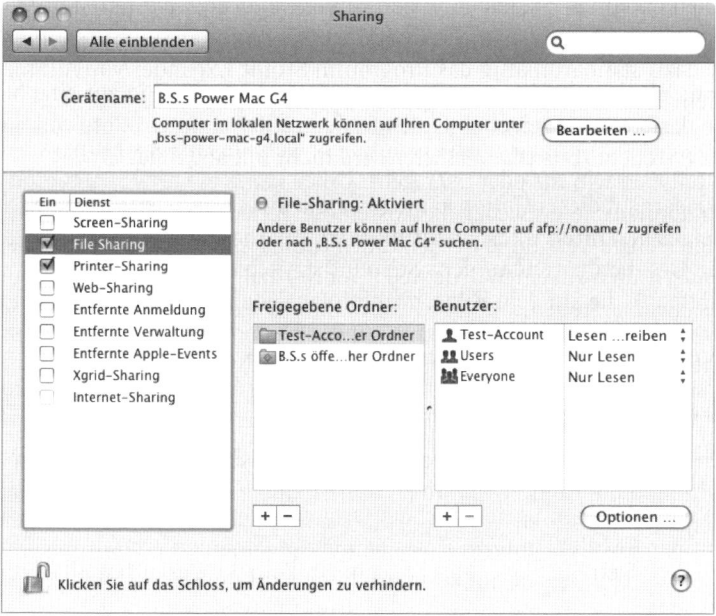

Abbildung 24.3: FTP-Zugriff gewähren

Nun sollten Sie in der Lage sein, Dateien von Ihrem Rechner auf den FTP-Server zu kopieren und umgekehrt. Meist ist es aber einfacher, eine spezielle FTP-Software einzusetzen. Ich persönlich verlasse mich auf ein kleines Programm namens Fetch (www.fetchsoftworks.com), Alternativen sind Transmit (www.panic.com) und RBrowser (www.rbrowser.com). Einige kostenlose FTP-Programme sind auch unter www.versiontracker.com erhältlich.

Bildschirmfotos erstellen

Sofern Sie kein Buch wie dieses verfassen möchten, in dem sich ja jede Menge Bildschirmfotos finden, werden Sie sich fragen, warum in aller Welt Sie Ihren Bildschirm abfotografieren sollten. Nun, da gibt es eine Reihe von Möglichkeiten: Vielleicht möchten Sie für eine berufliche Präsentation ein bestimmtes Bildschirmszenario festhalten oder wollen einer Person eine komplizierte Fehlermeldung zeigen, damit sie Ihnen helfen kann, das Problem zu lösen; so müssen Sie sich außerdem keine Notizen machen. (In diesem Fall schreiben Sie eventuell wirklich ein ähnliches Buch wie dieses.)

Wie auch immer, um ein Foto des Mac-Bildschirms (oder beliebiger Fenster und Menüs) zu machen, öffnen Sie zunächst das Programm BILDSCHIRMFOTO aus dem Ordner DIENSTPROGRAMME des PROGRAMME-Ordners. Im Menü FOTO finden Sie die folgenden Optionen:

✔ **Ausgewählter Bereich:** Wählen Sie AUSGEWÄHLTER BEREICH (⬆+⌘+A) und markieren Sie dann durch Ziehen den betreffenden Bildschirmausschnitt.

✔ **Fenster:** Wählen Sie FENSTER (⇧+⌘+W), klicken Sie im folgenden Dialogfenster auf FENSTER AUSWÄHLEN und dann in das Fenster, das Sie ablichten möchten.

✔ **Bildschirm:** Wählen Sie BILDSCHIRM (⌘+Z) und klicken Sie auf eine beliebige Stelle außerhalb des daraufhin erscheinenden Dialogfensters, um ein Foto vom gesamten Bildschirm zu erstellen. (Das Dialogfenster wird nicht mit abgebildet.)

✔ **Selbstauslöser:** Mit dieser Option können Sie mit einer Verzögerung von 10 Sekunden eine Aufnahme des gesamten Bildschirms machen. Auf diese Weise haben Sie genügend Zeit, bestimmte Gegebenheiten auf dem Schreibtisch schaffen (zum Beispiel ein bestimmtes Menü zu öffnen), die auf dem Bildschirmfoto zu sehen sein sollen. Wählen Sie SELBSTAUS-LÖSER (⇧+⌘+Z), klicken Sie im folgenden Dialogfenster auf STARTEN, nehmen Sie die gewünschten Einstellungen vor und warten Sie die Selbstauslösung ab.

Speichern Sie das jeweilige Bild mit ABLAGE|SICHERN.

Die Bildschirmfotofunktionen (außer dem Selbstauslöser) können Sie auch ausführen, ohne Bildschirmfoto zu öffnen, und zwar mithilfe dieser Tastenkombinationen:

✔ Drücken Sie ⇧+⌘+3, um ein Foto des gesamten Bildschirms zu erstellen.

✔ Drücken Sie ⇧+⌘+4, um ein Foto eines ausgewählten Bereichs zu erstellen.

✔ Drücken Sie ⇧+⌘+4 und dann die Leertaste. Bewegen Sie dann den Kamera-Cursor über ein Objekt, das Sie fotografieren wollen, und klicken Sie hinein. Diese Funktion eignet sich gut, um eine Aufnahme eines geöffneten Fensters, Menüs, der Menüleiste oder des Docks zu machen. Wenn Sie statt zu klicken, die Leertaste erneut drücken, können Sie stattdessen einen Bereich mit der Maus auswählen, erneutes Drücken der Leertaste wechselt wieder in den Kameramodus. Mit der ESC-Taste können Sie die Aktion ganz abbrechen.

Die mithilfe von Tastaturkurzbefehlen erstellten Bildschirmfotos werden als .png-Dateien auf dem Schreibtisch gesichert. Wenn Sie ein Bildschirmfoto nach der Aufnahme lieber gleich in ein Dokument einfügen wollen, dann halten Sie zusätzlich die Ctrl-Taste gedrückt, während Sie die entsprechende Bildschirmfoto-Tastenkombination drücken. Dadurch wird das Bildschirmfoto in die Zwischenablage des Mac gelegt und kann danach mit ⌘+V sofort in das betreffende Dokument eingefügt werden.

Den Mac als TV verwenden

Trotz der vielseitigen multimedialen Fähigkeiten des Mac gab es bislang (zumindest bis zum Zeitpunkt der Drucklegung dieses Buches) kein Modell mit eingebautem TV-Empfänger. (Dies ist einer der wenigen Bereiche, in denen Windows-PCs mit der Microsoft-Software Media

Center einen Schritt voraus sind.) Das heißt jedoch nicht, dass Sie auf diese Funktionalität verzichten müssen, denn es gibt diverse Unternehmen, die Mac-kompatible TV-Tuner nebst Software vertreiben. So zum Beispiel die Firma Elgato-Systems, mit deren verschiedenen EyeTV-Lösungen (Hardware und Software) Sie Ihren Mac ganz leicht in einen Fernseher und digitalen Videorecorder verwandeln können.

Mit einer solchen Lösung können Sie

✔ direkt auf dem Computermonitor fernsehen (auch in HD-Qualität),

✔ Livesendungen anhalten und zurückspulen,

✔ Sendungen auf Festplatte aufzeichnen, um sie später anzusehen,

✔ langweilige Werbespots herausschneiden,

✔ aufgenommene Sendungen auf den iPod exportieren und archivieren,

✔ mithilfe einer praktischen elektronischen Programmzeitschrift Sendungen leichter finden, markieren, aufnehmen und so weiter.

Um herauszufinden, welche EyeTV-Hardware für Sie am geeignetsten ist, besuchen Sie am besten www.elgato.com. Dort geben Sie Ihr Land sowie Ihren Fernsehsignaltyp an (Analoges Kabel, Digitaler Satellit und so weiter) und erhalten dann einen passenden Vorschlag. Die EyeTV-Software kann auch separat erworben und mit kompatibler Drittstellerhardware verwendet werden. Eine dieser Hardwarealternativen ist MigliaTV; weitere Infos finden Sie auf www.miglia.com. (EyeTV-Produkte und Miglia-Produkte erhalten Sie auch im Apple Online-Store.)

Mac-Magazine

Es wird nicht lange dauern, bis die nächste Version von Mac OS X auf dem Weg ist (oder zumindest angekündigt wird), und zwar – wie üblich – mit jeder Menge Neuerungen im Gepäck. Da fast jede Art von Technologie von Natur aus ein recht kurzes Verfallsdatum hat und gerade der IT-Markt besonders heiß umkämpft ist, müssen die beteiligten Unternehmen ein hohes Maß an Flexibilität beweisen, um im Rennen zu bleiben. Apple hat dabei erfahrungsgemäß die Nase stets weit vorn und bietet ständig neue Produkte an.

Obgleich ich gewisse Hoffnungen hege, dass die meisten Inhalte dieses Buches wenigstens in absehbarer Zukunft noch aktuell und manche vielleicht sogar auf lange Sicht nützlich sein werden, ist es wohl unvermeidlich, dass vieles irgendwann seine Gültigkeit verliert. Damit Sie weiterhin auf dem Laufenden bleiben, empfehle ich Ihnen die regelmäßige Lektüre eines renommierten Mac-Magazins wie *MACup*, *Macwelt* oder *Maclife*.

Wie wär's mit einer Partie Schach?

So ähnlich lautete auch die Frage des aufsässigen Computers HAL 9000 in dem Filmklassiker *2001: Odyssee im Weltraum*. Ja, auch der Mac kann ein ziemlich hartnäckiger Schachgegner sein, aber im Gegensatz zu HAL lehnt er sich dabei nicht gegen seinen menschlichen Gegenspieler auf. Mit dem Mac-Schachprogramm Chess können Sie sowohl gegen den Computer als auch gegen einen menschlichen Schachpartner spielen.

In den Einstellungen (CHESS|PREFERENCES) können Sie das Aussehen der Schachfiguren und des -bretts verändern (zum Beispiel GRAS, MARMOR oder METALL; siehe Abbildung 24.4) und mit dem Schieberegler den Schwierigkeitsgrad beziehungsweise die Spielgeschwindigkeit bestimmen. Die Schachbrettansicht lässt sich außerdem mit der Maus in sämtliche Richtungen schwenken.

Abbildung 24.4: Jetzt sind Sie am Zug.

Genauso wie der Computer HAL kann auch der Mac seine Züge mit gesprochenen Worten kommentieren, und zwar in zirka zwei Dutzend verschiedenen Stimmen (die Option SPEAK COMPUTER MOVES muss aktiviert sein). Und wenn Sie die Option ALLOW PLAYER TO SPEAK MOVES aktivieren, können auch Sie Ihre Züge verbal ankündigen (wenn auch nur in Englisch). Dies funktioniert mithilfe der Spracherkennung des Mac, wobei wir schon beim nächsten Thema sind.

Spracherkennung

Gehören Sie zu den Zeitgenossen, die anderen gerne lautstark Befehle erteilen? Wenn ja, werden Sie diese Funktion mögen. Der Mac kann nämlich auch gesprochene Befehle entgegennehmen, wenn auch nur englische wie »*Quit this application*«(Diese Anwendung schließen) oder »*Switch to Finder*«(Zum Finder wechseln). Für Menschen, die aufgrund körperlicher

Einschränkungen die Maus nicht bedienen können, ist die Spracherkennung unter Umständen die einzige Möglichkeit, mit dem Computer zu arbeiten.

Öffnen Sie die SYSTEMEINSTELLUNGEN und klicken Sie auf SPRACHE. Aktivieren Sie dann im Bereich SPRACHERKENNUNG die Option SPEAKABLE ITEMS (EIN) (siehe Abbildung 24.5). Abbildung 24.6 zeigt das runde Spracherkennungs-Feedback-Fenster, das daraufhin auf Ihrem Schreibtisch erscheint. In seiner Mitte wird die Taste angezeigt (standardmäßig ESC), die Sie gedrückt halten müssen, während Sie einen Befehl sprechen, um den Mac dazu zu veranlassen, seine Lauscher aufzustellen.

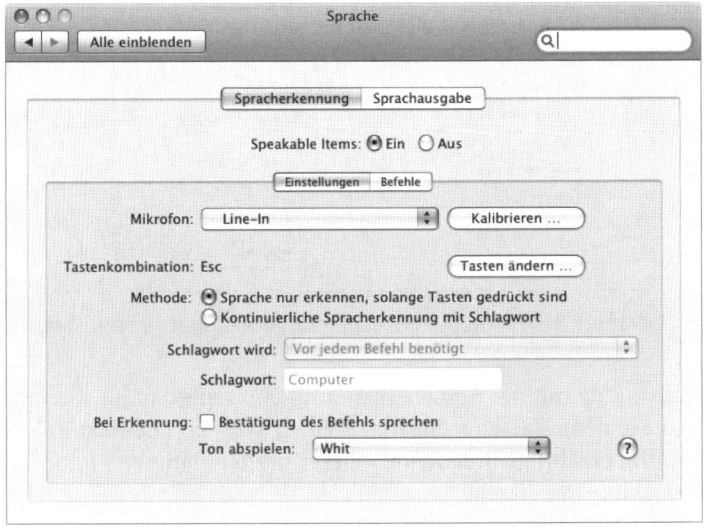

Abbildung 24.5: Der Mac ist auch ein guter Zuhörer.

Abbildung 24.6: Das Spracherkennungs-Feedback-Fenster

Um eine Liste aller verfügbaren Befehle anzeigen zu lassen, klicken Sie auf den kleinen Pfeil im unteren Teil des runden Feedback-Fensters und wählen FENSTER|BEFEHLE ZUR SPRACHERKENNUNG ÖFFNEN. (Hierzu müssen im SYSTEMEINSTELLUNGEN-Fenster SPRACHE unter SPRACHERKENNUNG (im Bereich BEFEHLE) einige Befehlsarten (ADRESSBUCH, MENÜLEISTE, etc.) aktiviert sein.) Alternativ können Sie auch einen Blick in den Ordner SPEAKABLE ITEMS werfen.

Klicken Sie unter der Rubrik EINSTELLUNGEN auf KALIBRIEREN, um die Leistung Ihres internen oder externen Mikrofons zu optimieren. Dabei müssen Sie den Schieberegler bewegen (siehe

Abbildung 24.7) und gleichzeitig die angegebenen Sätze laut sprechen (zum Beispiel »*Open a document*«*(Öffne ein Dokument)*), bis diese zu blinken beginnen, als Zeichen, dass der Rechner sie erkannt hat.

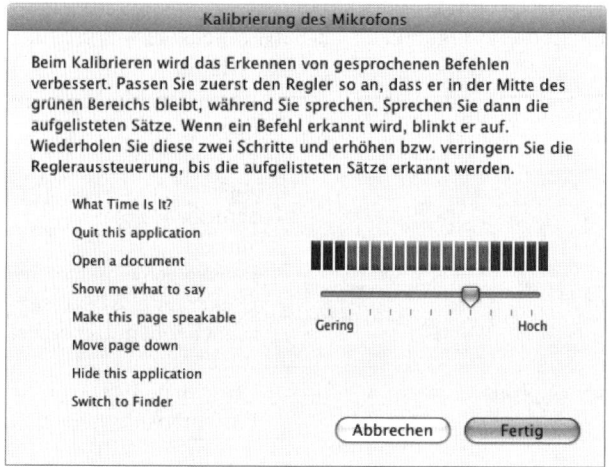

Abbildung 24.7: *So helfen Sie dem Mac, Sie optimal zu verstehen.*

Und wenn Sie mit der Spracherkennung ein wenig Spaß haben wollen, dann befehlen Sie dem Mac einfach, Ihnen einen Witz zu erzählen. *(»Tell me a joke«).* Daraufhin erzählt er Ihnen einen dieser uralten, lahmen »*Knock, knock*« *(Klopf, klopf)* -Witze wie diesen:

Mac: »*Knock knock.*«

Sie müssen antworten: »*Who's there?*« *(Wer ist da?)*

Mac: »*Thistle.*« (»*Distel*«; dieses Wort wird genauso ausgesprochen wie *this'll (be)* = *das wird (sein)* oder in diesem Fall *das ist.*)

Sie müssen antworten: »*Thistle who?*« *(Thistle-Wer?)*

Mac: »*Thistle be my last knock knock joke.*« *(Dies ist mein letzter Klopf, klopf-Witz.)*

Und dies ist auch zugleich *mein* letzter Witz.

Stichwortverzeichnis

DAS NETZ DER TAUSEND MÖGLICHKEITEN ENTDECKEN

Anti-Virus für Dummies
ISBN 978-3-527-70203-9

eBay-Schnäppchen für Dummies
ISBN 978-3-527-70147-6

Google-Suche für Dummies
ISBN 978-3-527-70282-4

Internet für Dummies
ISBN 978-3-527-70399-9

Mein eBay-Shop für Dummies
ISBN 978-3-527-70204-6

Podcasting für Dummies
ISBN 978-3-527-70392-0

Suchmaschinenoptimierung für Dummies
ISBN 978-3-527-70317-3

TCP/IP für Dummies
ISBN 978-3-527-70109-4

VoIP für Dummies
ISBN 978-3-527-70262-6

Wireless LAN für Dummies
ISBN 978-3-527-70170-4

TOLLE WEBSEITEN VON ANFANG AN RICHTIG PROGRAMMIEREN

Ajax für Dummies
ISBN 978-3-527-70288-6

HTML 4 für Dummies
ISBN 978-3-527-70209-1

Java 2 für Dummies
ISBN 978-3-527-70174-2

Joomla! für Dummies
ISBN 978-3-527-70335-7

MySQL 5 für Dummies
ISBN 978-3-527-70118-6

PHP 5 für Dummies
ISBN 978-3-527-70102-5

PHP- und MySQL-Applikationen
für Dummies
ISBN 978-3-527-70212-1

Visual Web Developer 2005
Express Edition für Dummies
ISBN 978-3-527-70290-9

Webdatenbanken für Dummies
ISBN 978-3-527-70062-2

Webdesign für Dummies
ISBN 978-3-527-70329-6

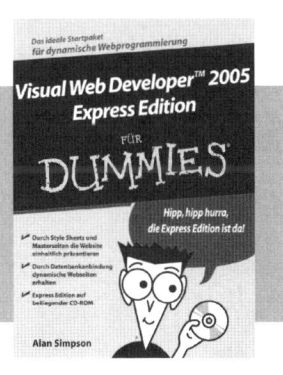

Webseiten für Dummies
ISBN 978-3-527-70408-8

MIT WEG ZUM ERFOLG IM BUSINESS

Businessplan für Dummies
ISBN 978-3-527-70178-0

Controlling für Dummies
ISBN 978-3-527-70153-7

Erfolgreiches Stressmanagement
für Dummies
ISBN 978-3-527-70362-3

Management für Dummies
ISBN 978-3-527-70240-4

Projektmanagement für Dummies
ISBN 978-3-527-70345-6

Prozessmanagement für Dummies
ISBN 978-3-527-70371-5

Strategische Planung für Dummies
ISBN 978-3-527-70365-4

Zeitmanagement für Dummies
ISBN 978-3-527-70363-0

MACianer aufgepasst!

ISBN 978-3-527-70330-2

ISBN 978-3-527-70361-6

»Mac für Dummies« ist ein wahrer Rundumschlag zum Thema Macintosh. Mac-Neulinge erfahren alles Wissenswerte vom Einschalten des Computers über das Arbeiten mit Mac OS und anderen Programmen bis zum Einsatz des Mac im Internet oder als Multimedia-Tool mit iTunes, iMovie und iPhoto.

MACianer im Glück! Das jüngste Betriebssystem von Apple macht einen Riesensatz nach vorn. »Mac OS X Leopard für Dummies« erklärt die zahlreichen neuen Features und gibt Tipps, wie man den Leoparden zähmen kann. Vom integrierten Boot Camp über Mail bis Time Machine und vieles mehr.

ISBN 978 3 527-70424-8

iPod & iTunes stehen für Musik und coolen Lifestyle. Aber nutzt man wirklich alle Möglichkeiten, die ein iPod bietet? Dieses Buch erklärt alles Wissenswerte vom Einrichten des iPods über den legalen Download von Musik und Podcasts und gibt Tipps fürs Troubleshooting.

Qualität ist der Schlüssel zum Erfolg

ISBN 978-3-527-70429-3

Was ist Qualität? Welche Bedeutung haben Qualitätsstandards? Wie kann die Prozessqualität messbar gemacht und verbessert werden? In »Qualitätskontrolle für Dummies« geben die Autoren Antworten auf diese und weitere Fragen. Sie führen in die Grundlagen des Qualitätsmanagements ein und zeigen, wie verschiedene Methoden und Instrumente zur Problemlösung und Qualitätssicherung eingesetzt werden können.

ISBN 978-3-527-70207-7

Six Sigma ist eine auf Effizienz ausgerichtete Qualitätssicherungsmethode, mit deren Hilfe die Fehlerabweichung von einem genau definierten Ziel minimiert werden soll. Sie wird bereits von vielen Unternehmen erfolgreich eingesetzt, sei es zur Verbesserung eines Produktionsprozesses oder der Kundenorientierung. Was genau Six Sigma ist und wie man die Vorteile der Methode für sich nutzen kann, erklärt dieses Buch.